BECK'SCHE SONDERAUSGABEN

HERMANN MÜLLER-KARPE

# Geschichte der Steinzeit

VERLAG C. H. BECK MÜNCHEN

Mit 33 Tafeln

Die Vorlagen für die Tafeln wurden gezeichnet von G. Endlich, W. Eschmann, G. Lanz und M. Ritter, Institut für Vorgeschichte der Universität Frankfurt a. M.

ISBN 3 406 05356 4

Umschlagentwurf: Wolfgang A. Taube, München

Satz und Druck: Georg Appl, Wemding
Printed in Germany

# VORWORT

Zusammenfassende Behandlungen der Steinzeit sind selten, wenn man von Darstellungen der steinzeitlichen Fundhinterlassenschaften einzelner Gebiete und von kursorischen Überblicken absieht. Dennoch steht fest, daß die Steinzeit mit ihren beiden so wesensverschiedenen Abschnitten, dem eiszeitlichen Paläolithikum und dem nacheiszeitlichen Neolithikum, seit mehr als einem Jahrhundert nicht nur in der prähistorischen Fachforschung, sondern ebenso in der breiten, geschichtlich interessierten Öffentlichkeit ausgesprochen große Beachtung findet. Dabei galt und gilt dieses Interesse vornehmlich der Steinzeit als frühem und frühestem Abschnitt der universalen Menschheitsgeschichte. In gleichem Maße wie diesem *universalhistorischen* Aspekt kommt der *quellenkundlichen* Seite von Steinzeitdarstellungen eine Bedeutung zu, geht es doch darum, daß das in vieler Hinsicht für unser Selbstverständnis als Einzelne wie als Gemeinschaft sich stellende Problem der Anfänge unserer geschichtlichen Entwicklung über die darüber möglichen spekulativen Überlegungen hinaus von seiten der empirischen Vorgeschichtsforschung eine wissenschaftliche, d.h. quellenbezogene Behandlung erfährt; und die Zahl derer ist heute groß, die sich nicht mit fertigen Theorien über die frühen und frühesten Abschnitte menschlicher Geschichte begnügen wollen, sondern die nach den verfügbaren Quellen und den sich aus diesen ergebenden Erkenntnismöglichkeiten fragen. Freilich sind konkrete historische Erkenntnisse bzw. gültige Einsichten in bestimmte Ausprägungen frühmenschlicher Geschichtlichkeit oft nicht unmittelbar einzelnen archäologischen Fundzeugnissen abzulesen; hier bedarf es der subtilen Quellenkritik und der komplexen Anwendung erprobter Beurteilungsmethoden, die dem nicht unmittelbar in der Fachforschung Stehenden zum fundierteren Verständnis der vorgetragenen Interpretation wenigstens in den Hauptzügen und in ihrer prinzipiellen Problematik angedeutet werden sollten. Denn von dem Umfang, in dem eine historische Beurteilung der frühen und frühesten Abschnitte der Menscheitsgeschichte mit dem verfügbaren Quellenbestand übereinstimmt, d.h. diesen widerspruchslos zu erklären vermag, hängt das Maß ihrer Glaubwürdigkeit ab.

Angesichts dieser Bedeutung quellennaher, den derzeitigen Forschungsstand widerspiegelnder Darstellungen der Steinzeit ist es erstaunlich, wie selten solche bisher unternommen worden sind. Die Ursache dürfte darin gesucht werden, daß durch das ständige, mancherorts stürmische Voranschreiten der Fachforschung gerade im Hinblick auf die Steinzeit die Gewinnung eines verläßlichen Überblickes erschwert und der Mut zu einer Niederschrift durch die Sorge vor übersehenen Details oder vor gewichtigen Neuentdeckungen gedämpft wurde. Nach J. Déchelettes vortrefflichem Steinzeitband im Rahmen seines „Manuel d'Archéologie" (1908) war das monumentale Werk O. Menghins „Weltgeschichte der Steinzeit" ($^{1}$1931, $^{2}$1940) als eine dem inzwischen angewachsenen Fundbestand entsprechende monographische Darstellung der älteren und jüngeren Steinzeit gedacht; doch stand es stark unter dem Einfluß der ethnologischen „Kulturkreislehre", die nicht nur als gleichgewichtige Erkenntnisquelle für die Alt- und Jungsteinzeit neben den prähistorischen Fundhinterlassenschaften gewertet, sondern die darüber hinaus als interpretatorischer Rahmen für die historische Beurteilung der letzteren genommen wurde. So ist dieses Werk repräsentativ für eine bestimmte Forschungsrichtung der Zwischenkriegszeit, die sich insgesamt als Irrweg für die Steinzeitforschung erwiesen hat.

Ein erneuter Versuch, die Steinzeit als historisches Gesamtphänomen monographisch darzustellen, kann jedenfalls nicht an diese Forschungsrichtung anknüpfen, sondern muß sich möglichst umfassend und ausschließlich auf den derzeit vorliegenden Bestand steinzeitlicher Kulturerzeugnisse archäologischer (und faunistischer) Art stützen. Einen solchen Versuch stellt der vorliegende Band dar. Er besteht im wesentlichen aus den Kapiteln IV: Lagerplätze bzw. Siedlungen; V: Wirtschaft; VI: Soziale Verhältnisse; VII: Regionale Gruppenbildungen und Kulturbeziehungen; VIII: Kunst; IX: Kult und Religion des Handbuches der Vorgeschichte, Bd. I: Altsteinzeit (1966) und Bd. II: Jungsteinzeit (1968). Gegenüber diesen ursprünglichen Fassungen wurden (abgesehen von einem Verzicht auf die Literaturanmerkungen) nur geringfügige Änderungen angebracht, die dadurch notwendig wurden, daß die übrigen Teile dieser Handbuchbände, vor allem die einen breiten Raum einnehmende Behandlung nichtprähistorischer Theorien über die Alt- und die Jungsteinzeit, der Forschungsgeschichte und des Fundstoffes in seiner zeitlichen Gliederung, weiterhin die Regesten wichtiger Funde sowie der Tafelanhang, hier nicht aufgenommen wurden. Damit beschränkt sich der vorliegende Band unter Weglassung der vornehmlich der fachwissenschaftlichen Primärordnung und der Dokumentation dienenden Handbuchteile auf die kulturgeschichtlich auswertenden Partien. Wer sich über einzelne hier behandelte Themen anhand einschlägiger Literatur genauer unterrichten oder über die angeführten Fundorte Näheres wissen möchte, sei auf diese beiden Handbuchbände verwiesen. Das im Anhang zusammengestellte Schrifttum umfaßt nur eine kleine Auswahl grundlegender Werke, wie auch die Abbildungen auf das Allerwesentlichste beschränkt wurden, um wenigstens eine allgemeine Anschauung der besprochenen Kulturerscheinungen zu vermitteln. Zu wesentlichen Änderungen des Textes gegenüber den 1966 und 1968 erschienenen Fassungen scheint kein Anlaß zu bestehen. Natürlich gibt es Einzelfragen, die in der Forschung kontrovers beantwortet werden; und was in den letzten Jahren an Studien publiziert und an Neufunden bekannt geworden ist, unterstreicht dies.

Daß die folgende Darstellung nichts Abgeschlossenes und Endgültiges bieten kann, ist klar; dafür befindet sich die Vorgeschichtsforschung viel zu sehr im Fluß. Aber die Überlegung des Verlags C.H. Beck ist gewiß berechtigt, daß über die Benutzer des mit ausführlichem wissenschaftlichen Apparat versehenen „Handbuches der Vorgeschichte" hinaus einem größeren Kreis historisch Interessierter ein von der Fachforschung vertretener und verantworteter Überblick über das heute über die Steinzeit Wissenswerte und Wißbare zugänglich gemacht werden sollte.

Frankfurt a. M., Februar 1974 Hermann Müller-Karpe

# INHALT

### 4. *Soziale Verhältnisse*



### 5. *Kunst*

## 6. *Kult und Religion*

# EINLEITUNG

Zu den für den Menschen wesentlichsten Grundfragen gehört die nach seinem Ursprung. Was im Verlauf der letzten dreitausend Jahre an verschiedenartigen religiösen und philosophischen Anschauungen über den Menschen, seine Stellung einerseits zur Natur, andererseits zur metaphysischen Dimension, über seine Abhängigkeit von Gesetzen und über seine geschichtliche Freiheit ausgesprochen und geglaubt wurde, spiegelt sich in den verschiedenen Vorstellungen von den Anfängen des Menschengeschlechtes wider.

Schon in der Antike standen sich darüber zwei konträre Auffassungen gegenüber. Die eine ging von der religiösen Überzeugung aus, daß die Menschen als göttliche Geschöpfe ursprünglich gut gewesen seien, was bedinge, daß ihr Zusammenleben harmonisch und ihr Dasein Gott wohlgefällig gewesen sei. Sie hätten dann die ihnen gegebene und sie wesenhaft kennzeichnende sittliche Freiheit zum Sündigen, d.h. zum Ungehorsam gegen Gott und seine Gebote, mißbraucht, wodurch Bosheit und (das Bewußtsein von) Unglück, soziale Unordnung und Krieg in die Welt gekommen sei. Diese Vorstellung ist aus altorientalischen Mythen bekannt. Sie klingt an in Hesiods Goldenem Zeitalter und in Platons Darstellung im III. Buch der Nomoi. Besonders ausgeprägt wird die Ansicht, der Mensch sei von Anbeginn an hinsichtlich seiner Geistigkeit und seiner sittlichen Freiheit so geartet gewesen, daß er in Harmonie mit Gott glücklich hätte existieren können, in den monotheistischen Religionen vertreten: im alttestamentlichen Jahweh-Glauben, im Christentum und im Islam (mosaischer Paradiesesbericht).

Diametral dem entgegengesetzt ist eine andere Konzeption vom Wesen des frühesten Menschendaseins. Sie entspringt einer Geisteshaltung, die die religiöse Bindung des Menschen an Gott und die kreatürliche Herkunft von ihm leugnet, indem sie den Menschen rein als Bestandteil der Natur und in seinem Menschsein als prinzipiell autonom ansieht. Konsequent werden dann die Anfänge der Menschheit als tierähnlich, roh und bar jeder Sitte und Moral dargestellt. Diese Ansicht ist – soweit wir wissen – in entschiedener Klarheit erstmalig von Kritias verkündet worden. Sie dürfte in der griechischen Aufklärung des 5. Jh. v. Chr. entstanden sein. Bis in die späte römische Antike hinein hatte sie Anhänger. Am bekanntesten ist die einschlägige Schilderung in Lukrez' De rerum natura V 931 ff.

Die mittelalterlich-scholastische Lehre von der menschlichen Urzeit, wie sie Thomas von Aquin vertrat (Summ. Theol. 96 f.), stellte eine neuartige Interpretation des Paradiesberichtes dar. War bei den spätantiken Kirchenvätern das Paradies ein mythischer Zustand, der zwar in heilsgeschichtlicher, besser: in heilstheoretischer Hinsicht bedeutsam war, der aber nichts mit der realen Geschichte hier auf der Erde zu tun hatte, so ist Adam (= der Mensch) für Thomas ein Kollektivname für die Menschheit im Urstand. Nach ihm ist das Paradies ein durchaus reales, viele Generationen lang dauerndes Zeitalter, in dem die Menschen von der Jagd und vom Sammeln lebten, den Ackerbau und die Viehzucht aber noch nicht kannten. Hinsichtlich der Sozialordnung in diesem paradiesischen Urstand stellt Thomas fest, daß allgemein mit einer Ungleichheit der körperlichen und geistigen Anlagen und Fähigkeiten zu rechnen sei, wozu auch gehöre, daß einige zur verantwortlichen Führung begabter gewesen seien als andere. Aber die aus diesem „Überragen an Wissen und Gerechtigkeit" erwachsende ‚Herrschaft' habe nichts zu tun mit der in nachparadiesischer Zeit aufkommenden Versklavung, sondern habe die Absicht verfolgt, die Menschen (die von Natur aus *animales sociales* seien) „zu deren eigenem Gut oder zum Gemeingut hinzulenken". Was diese Urmenschen wesentlich von den späteren Geschlechtern unterscheide, sei, daß sie die Sünde, also das Begehren, Gott gegenüber autonom sein zu wollen, nicht kannten.

Der erste, der die verschiedenen Kultur-, Wirtschafts- und Gesellschaftsformen seiner Zeit wissenschaftlich ordnete und zu einem entwicklungsbedingten Gesamtsystem zusammenstellte, war Ibn Ḫaldūn (1332–1406). In seiner nordafrikanischen Heimat hatte er den tiefgreifenden Gegensatz zwischen nomadisierenden Wüstenbewohnern, seßhaften Bauern und Bewohnern der Städte vor Augen. Diese verschiedenen Lebensweisen versuchte er, in ihrem Zustandekommen als Etappen eines die gesamte Menschheitsgeschichte durchwaltenden Entwicklungsprozesses zu begreifen und eine allgemeine Kultur- und Gesellschaftslehre zu begründen. Wenn er die Gesamtheit historischen Geschehens zum Gegenstand einer in dieser Art neuen Wissenschaft machte, so nahm er Gedanken vorweg, die im Abendland erst im 18. Jahrhundert von Vico, Montesquieu, Herder u. a. vertreten und weitergeführt wurden. Ibn Ḫaldūn war der Ansicht, daß nach einer nicht näher erschließbaren Urzeit (die sich nicht mehr in bestimmten Verhältnissen seiner Zeit erhalten habe, sondern die nur allgemein zu postulieren sei) zunächst das viehzüchterische Nomadentum entstanden sei, das sich dann allmählich zu einer seßhaften Lebensweise mit zunehmend in den Vordergrund tretendem Ackerbau weiterentwickelt habe, aus der schließlich das Städtewesen und das Königtum entstanden seien. Wie schon im Altertum Hippokrates und Aristoteles, so betonte auch Ibn Ḫaldūn den Einfluß der landschaftlichen Umwelt auf die Formen menschlicher Institutionen, hauptsächlich auf die Ausprägung der Wirtschaft, welche ihrerseits wiederum in enger Verbindung mit der Gesamtkultur und der Sozialform stehe. Als treibende Kräfte dieser Entwicklung, von der er betonte, daß sie sich in jeweils kleinen Schritten vollzogen habe, indem die Entstehung eines Stadiums aus dem vorangehenden allmählich erfolgt sei, betrachtet er die ʿaṣabīja, ein Begriff, der etwa mit „Gemeinsinn" wiedergegeben werden kann: Gemeint ist die in den einzelnen Trägern eines Sozialverbandes lebendige Geisteshaltung, die das Selbstbewußtsein dieser Gemeinschaft ausmacht. Diese ʿaṣabīja ist es nach Ibn Ḫaldūn, die sich eigentlich wandelt und entwickelt, und die zu den einzelnen Kulturen, Wirtschaftsformen und Gesellschaftsstrukturen führt.

Im Abendland wurde vom 18. Jahrhundert an – angeregt durch die seit Beginn der Neuzeit verstärkt ins Blickfeld tretenden naturvölkischen Verhältnisse – eine Urgeschichtstheorie entwickelt, die mit einem durch eine rein jägerische Lebenshaltung gekennzeichneten Urzustand rechnete, einem nächsten Stadium, das durch das nomadisierende Hirtentum charakterisiert wurde, und einem auf dieses folgenden, in dem der Ackerbau hinzukam. Wenngleich diese sog. Dreistufentheorie seitens der Sprachwissenschaft eine vermeintliche Stütze erfuhr, indem J. Grimm die Benennungen einiger Haustiere für gemeinindogermanisch glaubte erweisen zu können, wohingegen die Kulturpflanzen in den indogermanischen Einzelsprachen durchweg besondere Bezeichnungen aufwiesen, wurden vielfach Zweifel an dem generell höheren Alter der Viehzucht gegenüber dem Ackerbau geäußert, und zwar unter Berufung auf völkerkundliche Beispiele, die besagen, daß der Ackerbau unmittelbar auf eine jägerische Lebenshaltung folgen kann. In neuerer Zeit wurden vonseiten der Völkerkunde Fälle aus Afrika namhaft gemacht, die zeigen, daß und unter welchen konkreten Verhältnissen aus einer zunächst gemischtwirtschaftlichen Kultur durch Absplitterung bzw. Verarmung ausgesprochene Hirtenkulturen mit nomadisierender Lebensweise entstehen können.

Neben den ethnologischen Theorien, die zu einer frühmenschlichen Kulturentwicklung anhand rezent-naturvölkischer Wirtschaftsformen zu kommen suchten, stehen andere, die sich primär auf bestimmte naturvölkische Gesellschaftsformen stützen und diese typologisch gliedern, um daraus eine Stufenfolge allgemein-menschlicher Kulturentwicklung abzuleiten. Die bekannteste diesbezügliche Theorie ist die von L. H. Morgan, die den menschlichen Urzustand verkörpert sieht in wilden, durch reine Promiskuität gekennzeichneten Horden ohne Sippenverbände, während ein nächstes Stadium durch eine streng exogame Sippengliederung mit matrilinearer Generationsfolge charakterisiert würde. Bevor dieser Theorie vonseiten der ethnologischen Feldforschung der Boden entzogen wurde (abgesehen freilich davon, daß von vorne herein völlig unbegründbar war, wieso bestimmte Sozialverhältnisse moderner Naturvölker ein näher bestimmbares allgemeinmenschliches Entwicklungsstadium fixiert haben und widerspiegeln sollten), wurde diese Theorie von F. Engels in die marxistische Geschichtslehre aufgenommen, wo sie noch heute eine Rolle spielt. Ähnlich erging es der zuvor von A. Comtes aufgestellten Positivismustheorie sowie der Animismustheorie von A. Taylor. Comtes unterschied drei Evolutionsstufen der menschlichen Geistesgeschichte, eine erste – die mythologisch-religiöse –, in der die Menschen das Naturgeschehen vom Willen persönlicher höherer Mächte hätten abhängen lassen, anfänglich von belebt gedachten Naturdingen selbst (Fetischismus), dann von Göttern (Polytheismus) und schließlich von einem einzigen Gott (Monotheismus), eine zweite – die metaphysische –, die durch den Glauben an die Wirksamkeit abstrakter Kräfte und Wesenheiten gekennzeichnet sei, und eine dritte – die „positive" –, in der die Menschen endlich das Wesen der Dinge wissenschaftlich zu begreifen begännen. Taylor unternahm demgegenüber – wiederum unter Berufung auf gewisse Beobachtungen im naturvölkischen Bereich – den Versuch, die Entstehung der Religion aus dem Seelenglauben plausibel zu machen (eine psychologische Alchimie, wie R. Otto später treffend bemerkte).

Im Rahmen des von der ersten Hälfte des vorigen Jahrhunderts an um sich greifenden philosophischen Materialismus wurde die theoretische Beurteilung der Urmenschheit weiterhin beeinflußt von der Deszendenztheorie Chr. Darwins. Dabei handelt es sich nicht um das in Darwins 1858 erschienenen Hauptwerk über die Veränderlichkeit der Arten zusammengetragene Beweismaterial für die Tatsache der Wandelbarkeit der Arten als solche (diese Tatsache war damals nicht mehr neu), sondern um die Hypothese, diese Erscheinung beruhe ausschließlich auf einem Zufallsmechanismus. Dieser Gedanke, namentlich von Darwins Nachfolgern (in Deutschland vor allem E. Haeckel) auf die Entstehung des Menschen und seine frühe Entwicklung angewandt, führte durch eine Überschreitung der Aussagemöglichkeiten naturwissenschaftlicher Beobachtungen zu einem materialistisch-mechanistischen Bild frühmenschlicher Geschichtlichkeit (Monismus). Im Gegensatz dazu entwarf Teilhard de Chardin nach dem Zweiten Weltkrieg eine Evolutionsschau, in der das Verhältnis von Geistigkeit und Materiellem in einer anderen Weise zu deuten versucht wird: Die menschliche Geschichte wird als integrierender Bestandteil einer kosmischen Gesamtentwicklung aufgefaßt, der Mensch geradezu als zum Bewußtsein ihrer selbst gelangte Evolution. Der Kontinuität dieser Evolution widerspreche nicht der Umstand, daß der Beginn des Ichbewußtseins, also jenes der Tierwelt fremden Zustandes, bei dem nicht nur etwas aufgefaßt, wahrgenommen und wiedererkannt wird – das tun auch Tiere –, sondern bei dem in allem, was wahrgenommen wird, zugleich etwas Subjekthaftes vorhanden ist, dem gegenüber das in der Welt Wahrgenommene ein gegenständliches Außen ist, daß diese „Schwelle der Reflexion" eine absolut neue Daseinsform entstehen läßt, ein explosiver Durchbruch einer immanent das naturhafte Leben durchziehenden Kraft zu einer etwas Neues setzenden Konzentrierung des Lebens auf sich selbst. Die Gesamtevolution, die bei aller Kontinuität doch als ein gewaltiger, einmaliger Sprung (der sich uns wahrhaft als Ursprung darstellt) zur Entstehung des Menschen geführt hat, findet nach Teilhard mit diesem Ereignis nicht ihren Abschluß, sondern geht gleichsinnig weiter und durchzieht die menschliche Geschichte.

So bedeutsam theoretische Überlegungen über die Anfänge menschlicher Geschichte sind, so offenkundig ist, daß heutzutage theoretische Überlegungen nicht ausreichen, soll eine Beurteilung dieses Problemkomplexes den Anspruch auf Wissenschaftlichkeit erheben (sofern darunter eine geschichtswissenschaftliche Begründetheit verstanden wird). Legt man diese methodischen Maßstäbe an, so können weder ethnologische noch entwicklungspsychologische Befunde und typologische Analysen als gültige Erkenntnisquellen für die menschliche Frühzeit gewertet werden.

Als unabdingbares Kriterium einer historischen Quelle hat ihr authentischer, unverfälschter Charakter zu gelten. Soweit geschichtliche Erkenntnisse wissenschaftlich gewonnen werden sollen, müssen sie von Quellen ausgehen, deren zeitliche und räumliche Beziehung zu dem Erkenntnisgegenstand begründbar und überprüfbar ist. Dies ist allein der Fall bei den prähistorischen Fundzeugnissen, die die Grundlage der Vorgeschichtsforschung bilden. Mögen sie noch so dürftig, spröde und vielfach schwer deutbar sein; nur sie vermögen eine empirische Erkenntnis der frühen und frühesten Ausprägungen menschlicher Geschichtlichkeit zu begründen. Auf ihre möglichst umfassende Sichtung, systematische Ordnung und methodische Auswertung kommt daher viel an. Seit dem mittleren Drittel des vorigen Jahrhunderts bemüht sich die Forschung zielstrebig, in dieser Hinsicht die Grundlagen zu festigen und zu erweitern. Dabei bürgerte sich für die ältesten Abschnitte der Menschheitsgeschichte die Bezeichnung „Steinzeit" ein, indem man die seit alters vertretene Ansicht, wonach vor Erfindung der Metallverarbeitung die Menschen nur Steingeräte gekannt hätten, auf die in steigender Anzahl bekannt werdenden, durch Steinbeile, -äxte und -dolche gekennzeichneten Grab- und Siedlungsfunde übertrug.

Nachdem um die Mitte des vorigen Jahrhunderts die Erkenntnis sich allgemein durchsetzte, daß der Mensch bereits Zeitgenosse heute längst ausgestorbener, fossiler Tierarten war und er in ein geologisch von dem heutigen unterschiedenes Erdzeitalter, das sog. Diluvium, zurückreicht, für das jedenfalls eine unermeßlich lange Zeitspanne in Betracht zu ziehen ist, wurde eine Unterteilung der Steinzeit vorgenommen: der diluviale bzw. eiszeitliche Abschnitt (Glaziale mit Interglazialen-Pleistozän) wurde als Altsteinzeit (Paläolithikum) bezeichnet, der folgende, geochronologisch nachpleistozäne Abschnitt als Jungsteinzeit (Neolithikum).

Klarheit bestand und besteht dabei aber darüber, daß es sich bei dieser somit ins zeitlich Unermeßliche ausgedehnten Steinzeit nicht insgesamt um ein historisch zusammengehöriges Zeitalter handelt, daß wir es vielmehr bei der Altsteinzeit und der Jungsteinzeit mit zwei Geschichtsabschnitten zu tun haben, die tiefgreifend voneinander unterschieden sind. Es ist gerechtfertigt zu sagen: wenn man die gesamte Menschheitsgeschichte von ihren Anfängen bis heute in zwei Hauptabschnitte teilen müßte, würde man die Zäsur zwischen das Paläolithikum und das Neolithikum legen. Inmitten dessen, was zusammengenommen als Steinzeit bezeichnet wird, verläuft demnach ein historischer Entwicklungseinschnitt gewichtigster und folgenschwerster Art, den zu würdigen und in seiner Bedeutung zu „verstehen“ nicht nur für die Beurteilung der Steinzeit, sondern der gesamten Menschheitsgeschichte entscheidend ist.

Die Altsteinzeit wird gekennzeichnet durch eine Naturverbundenheit und -abhängigkeit, die unmittelbar erschließbar ist aus den bekannten Techniken, den Behausungen und den Wirtschaftsformen (ausschließlich aneignende Art der Nahrungsgewinnung: Jagd und Sammeln), und die darüber hinaus beredt aus dem Kunstschaffen spricht. Demgegenüber wird die Jungsteinzeit wesenhaft bestimmt durch ein Streben nach weitergehender Selbständigkeit und Unabhängigkeit von den natürlichen Bedingungen der Umwelt, das sich am deutlichsten äußert in der Entwicklung neuer Techniken (Keramik, Metallverarbeitung, die stärker als zuvor in die Gegebenheiten der Natur eingreifen und diese verändern), in neuen Wirtschaftsformen (produzierende Art der Nahrungsgewinnung: Pflanzenanbau, Viehhaltung und Vorratswirtschaft), weiterhin in der damit Hand in Hand gehenden Erbauung fester Siedlungen sowie von Befestigungen, der Ausbildung von spezifischen Waffenarten und in der daraus und aus den bildlichen Darstellungen zu erschließenden Bedeutung einer kriegerischen Haltung. Damit legt das Neolithikum unmittelbar den Grund für die geschichtliche Entwicklung, die zu den Hochkulturen des Orients, Europas und Chinas führte.

Was den absolutchronologischen Ansatz der Altsteinzeit anlangt, so berechtigen die verfügbaren naturwissenschaftlichen Anhalte zu einer Datierung seines Endes (d.h. Ende des Eiszeitalters) in die Zeit um 8000 v.Chr. Im Großen läßt sich aufgrund stratigraphischer Befunde eine Untergliederung in Alt-, Mittel- und Jungpaläolithikum vornehmen (s.S. 53). Dabei dürfte das Jungpaläolithikum etwa zwanzig- bis dreißigtausend Jahre gedauert haben; es wird wiederum dank stratigraphischer Superpositionen charakteristischer Fundkomplexe in mehrere Abschnitte gegliedert, am differenziertesten in Frankreich. Dort wird der letzte Abschnitt als Magdalénien bezeichnet und noch einmal in eine Früh-, Mittel- und Spätphase unterteilt; davor liegt das sog. Solutréen, das gleichfalls aus einer Früh-, Mittel- und Spätphase besteht, davor das sog. Gravettien, davor das sog. Aurignacien, das zusammen mit dem z.T. nochmal älteren Châtelperronien den Beginn des Jungpaläolithikums verkörpert. Erheblich länger als das Jungpaläolithikum – gewiß mehrere Jahrzehntausende – hat das Mittelpaläolithikum gedauert. Sein jüngerer Abschnitt fällt in Europa noch in die Zeit des letzten Glazials (Würmeiszeit), sein älterer Abschnitt bereits in das letzte Interglazial (Riß-Würm-Zwischeneiszeit). Eine noch viel längere Zeit ist für das Altpaläolithikum zu veranschlagen; seine Anfänge verlieren sich im Altpleistozän, indem teils der Artefaktcharakter geologisch zuweisbarer Fundstücke nicht sicher zu erweisen ist, teils als intentionell bearbeitet erweisliche Fundstücke – also Kulturzeugnisse des Menschen – nicht sicher in das geochronologische Gerüst der Pleistozänstufen eingereiht werden können.

Die Jungsteinzeit umfaßt die Zeitspanne vom 8. bis zum Beginn des 3. vorchristlichen Jahrtausends, wobei der Anfang auf dem naturwissenschaftlich ermittelten Ende des Eiszeitalters (Warvenmethode und Radiokarbonbestimmungen) beruht, das Ende jedoch auf der durch die historische Tradition bestimmbaren frühdynastischen Stufe in Ägypten (1. und 2. Dyn.) sowie der Anfangsstufe der sumerischen Hochkultur (Uruk IV-Zeit). Innerhalb dieser Zeitspanne sind in den einzelnen Geschichtsräumen jeweils mehrere Kulturausprägungen in chronologischer Abfolge zu unterscheiden, die ihrerseits sich mit räumlich benachbarten Erscheinungen verknüpfen lassen, so daß im heutigen Stand der Forschung ein zwar unterschiedlich dichtes und festes, insgesamt aber doch bestehendes Netz archäologischer Zeugnisse als quellenmäßige Grundlage einer kulturgeschichtlichen Beurteilung dieses Zeitalters verfügbar ist. Die dabei erkennbaren Entwicklungsabschnitte und Zeitstufen, soweit sie für unsere nachfolgende Darstellung von Bedeutung sind, werden auf den Tabellen Taf. 32 und 33 zusammengestellt, wobei zur Veranschaulichung eine Kennzeichnung durch keramische bzw. lithische Leitformen hinzugefügt ist. Auf eine nähere archäologische Umschreibung dieser Kultur- und Stufenbegriffe müssen wir hier verzichten. Hierfür – ebenso wie für die methodische Begründung dieser Stufenumschreibung und -abfolge sowie der Verbreitung der Einzelerscheinungen sowohl der Jungsteinzeit als auch der Altsteinzeit – sei auf die ersten beiden Bände des „Handbuches der Vorgeschichte“ verwiesen.

Mit dem in der Forschung vielerorts geläufigen Begriff „Mesolithikum“ werden solche Fundgruppen bezeichnet, die einerseits nachpaläolithisch sind, andererseits aber die für die vollneolithischen Kulturen kennzeichnenden, wesensbestimmenden Eigenheiten technologischer, ergologisch-typologischer und ökonomischer Art nicht – oder doch so gut wie nicht – zeigen, und demnach auf Populationen zurückzuführen sind, die zwar gleichzeitig mit neolithischen Kulturen anderer Geschichtsräume (eventuell sogar neben solchen in derselben Landschaft) lebten, aber kulturell sich von diesen unterschieden und diesen gegenüber „rückständig“ waren.

Was uns heute an Fundzeugnissen aus der Alt- und der Jungsteinzeit insgesamt vorliegt, ist umfangmäßig außerordentlich reichhaltig, aufgrund seiner archäologischen Natur – vielfach ergänzt durch naturwissenschaftliche Bestimmungen – in seiner historischen Auswertbarkeit jedoch mannigfach eingeschränkt. Und dies nicht nur wegen der allenthalben noch immer bestehenden Lückenhaftigkeit des durch die Ausgrabungsbefunde vermittelten kulturgeschichtlichen Bildes (dieses wird erfreulicherweise laufend durch neue Forschungen komplettiert und verdichtet), sondern mehr noch wegen des prinzipiellen historischen Zeugniswertes prähistorisch-archäologischer Quellen, die im Gegensatz zu literarischen Quellen weder in das Wirken von Einzelpersönlichkeiten noch unmittelbar in das politische Geschehen und die sozialen Verhältnisse Einblicke gewähren. Freilich sind die archäologischen

Befunde nicht schlechthin „stumm“: in jeder untersuchten Siedlung und jedem Grabfund, in jedem handwerklichen Erzeugnis und jeder Opferdeposition treten uns konkret Einzelne bzw. eine konkrete Menschengruppe mit einer bestimmten Aussage entgegen; und es bleibt durchaus nicht bei jeweils Einzelnem; aus der Zusammenfassung jeweils gleicher oder ähnlicher Erscheinungen ist Typisches und Allgemeines erkennbar. Auch dieses drückt jedoch nicht zusammengehörige und fortlaufende Geschehnisse aus, sondern vermittelt Aufschlüsse über bestimmte zuständliche Seiten der je einzelnen Kultur, durch eine Verknüpfung dieser Befunde dann auch über deren Entwicklung und Beziehungen. In dieser Hinsicht – so darf füglich festgestellt werden – sind unsere Erkenntnismöglichkeiten vielfach ausgesprochen vielseitig und verläßlich, so daß wir einen Einblick, wenngleich nicht in das Geschehen selbst, so doch in die Geschichtlichkeit der Menschheit während der steinzeitlichen Jahrtausende zu gewinnen vermögen, der zwar nicht selten undeutlich und fragmentarisch ist, auch vielfach noch der Erhärtung durch weitere Fundzeugnisse bedarf, im Ganzen aber doch den Vorzug hat, auf authentischen Quellen zu beruhen.

# 1. GESCHICHTLICHE KONTAKTE UND GRUPPENBILDUNGEN

## A. ALTSTEINZEIT

### *Altpaläolithikum*

Die Steingeräte des reinen Altpaläolithikums bestehen so gut wie ausschließlich aus Gesteinsarten, die in der betreffenden Gegend natürlich vorkommen, was darauf hinweist, daß die Artefakte dort, wo man sie benötigte, auch hergestellt wurden. Als Beispiel sei auf zwei etwa 20 km voneinander entfernte Fundplätze bei Toulouse hingewiesen, von denen der eine, im Gebiet der oberen Kreide gelegen, nur Geräte aus Kreidefeuerstein, der andere, im Miozängebiet gelegen, ebenso ausschließlich Quarzitgeräte geliefert hat. Analoge Befunde können aus allen Teilen der altpaläolithischen Welt namhaft gemacht werden. Da die betreffenden Fundkollektionen in der Regel von mehrmaligen Belegungen herrühren, die stets dieselben materialmäßigen Kennzeichen aufweisen, entsteht auf diese Weise eine regionale Gruppenbildung, die auf rein natürlichen Voraussetzungen beruht, nicht aber eine kulturgeschichtliche Eigentümlichkeit darstellt. Etwas Ähnliches wie für die Werkzeugherstellung dürfen wir auch für andere Tätigkeiten der frühen Menschen vermuten. Sowohl hinsichtlich der Jagdtiere als auch hinsichtlich der gesammelten pflanzlichen Nahrung bestand zweifellos eine völlige Abhängigkeit von den jeweils vorgefundenen Naturgegebenheiten, was beträchtliche Unterschiede in der Lebensweise der Menschen in den einzelnen Landschaftszonen je nach deren klimatischen, faunistischen und floristischen Verhältnissen mit sich brachte.

In einer anderen Richtung aufschlußreich sind gewisse Beobachtungen, die auf regionale Beziehungen bzw. eine räumliche Gruppengliederung prinzipiell geschichtlicher Art hindeuten. Da wären zunächst vereinzelte Geräte zu nennen, die aus einer in der Fundgegend nicht natürlich vorkommenden Gesteinsart bestehen. Sofern die fundmäßige Provenienz solcher zumeist bemerkenswert qualitätvoller Stücke verbürgt ist, sind sie als Zeugnisse der vorauszusetzenden Wanderungen einer Population zu bewerten. Bemerkenswert sind sodann die weitgehenden Übereinstimmungen in der technischen und formalen Gestaltung der Steingeräte in nahezu allen Teilen der altpaläolithischen Ökumene. Könnte man bei den primitiven Geröllwerkzeugen (Choppers und Pebble-tools) angesichts ihrer Einfachheit und reinen Zweckhaftigkeit nicht ausschließen, daß sie immer wieder neu „erfunden" wurden, so sind die Herstellungstechniken und Gerätetypen, die als Abbevillien, Acheuléen, Clactonien und Levalloisien bezeichnet werden, doch so kennzeichnend, daß ihr von England bis Südafrika und Zentralasien reichendes Auftreten das Bestehen kultureller Beziehungen im gesamten altweltlichen Bereich voraussetzt. Die Art, wie sich dieser Kontakt im einzelnen vollzog, d. h. inwieweit dabei das zur Lebensweise dieser Frühmenschen gehörende Wandern und inwieweit andere geschichtliche Verhaltensweisen mitwirkten, muß dahingestellt bleiben.

Ob das Fehlen entsprechender Geräteserien in Ostasien besagt, daß die dortige Kulturentwicklung abseits der übrigen Alten Welt ihre eigenen Wege ging – was anthropologisch womöglich bedeuten würde, daß die mongolide Rasse bereits in dieser Urzeit sich als etwas Besonderes zu entwickeln begonnen hätte –, oder ob uns nur der Zufall vergleichbare Fundkomplexe in Ostasien bis jetzt vorenthalten hat, wird in der Zukunft zu klären sein. Die bisher bekannt gemachten altpaläolithischen Fundgruppen des Fernen Ostens, die sich hauptsächlich dadurch auszeichnen, daß ihnen volltypische Faustkeile und Levalloisien-Geräte fehlen, können schwerlich als Beleg für einen eigenen Formenkreis angesehen werden, der dem bis Indien reichenden Faustkeilkreis gegenüberstehen würde. Nicht nur der Umstand, daß die fernöstlichen Gerätekollektionen der Frühzeit einen wenig ausgeprägten Habitus besitzen, so daß sie eher als eine periphere Verarmungserscheinung denn als Zeugnisse eines eigenwüchsigen Entwicklungsstammes anmuten, sondern auch die neuerliche Entdeckung faustkeilartiger Geräte in China mahnt hier zur Vorsicht. Amerika und Australien gehören – soweit wir bisher wissen – nicht zur altpaläolithischen Ökumene.

Für die Beurteilung der weltweiten Kontakte der altpaläolithischen Menschheit wäre es belangvoll, die Ausdehnung der während dieser Zeit bewohnbaren Landstriche und deren natürliche Verbindungen zu kennen, was jedoch bis jetzt nur in sehr beschränktem Ausmaß der Fall ist. Hinsichtlich der Verbindung zwischen Afrika und Europa steht fest, daß der Spiegel des Mittelmeeres zwischen den Interglazialen und Glazialen zwar beträchtlichen Schwankungen unterworfen war, daß aber eine feste Landbrücke während des ganzen Pleistozäns zwischen Europa und Afrika an keiner Stelle bestand. Daß die Menschen der Frühzeit die immerhin etwa 15 km breite Straße von Gibraltar überquert hätten, und zwar nicht nur ganz vereinzelt, sondern so regelmäßig, daß daraus kulturelle Beziehungen erwachsen konnten, wird man ausschließen dürfen. Aus dem Umstand, daß die Mittelmeerinseln, soweit diese im Pleistozän nicht landfest waren (wie z.B. Capri), keine altpaläolithischen Funde ergeben haben – Sizilien ist nur etwa 5 km vom Festland entfernt –, möchte man schließen, daß die Menschen damals nicht geneigt waren, das Meer in einer nennenswerten Breite zu überqueren. Demnach stand Westeuropa ausschließlich über den Balkan, der mit dem vorderasiatischen Landmassiv mindestens zeitweilig fest zusammenhing, mit Afrika in Verbindung.

Aus der altweltlichen Verbreitung der Faustkeile und Levalloisien-Geräte auf ein näher begrenztes Ursprungsgebiet dieser Formen bzw. einer bestimmten Formenkombination zu schließen, ist im derzeitigen Forschungsstand kaum irgendwie zu begründen. Weder ist dafür die Fundstatistik auszuwerten, die in Westeuropa und in Afrika besondere Dichtezentren aufweist, noch ist mit Hilfe geochronologischer Vergleiche hinreichend verläßlich das älteste Auftreten in einem bestimmten Gebiet anzugeben. Vermutungsweise mag es vertretbar sein, dem im Zentrum dieses Gesamtraumes gelegenen vorderasiatisch-nordafrikanischen Bereich eine besondere Rolle zuzubilligen.

## *Mittelpaläolithikum*

Im europäisch-vorderasiatisch-nordafrikanischen Raum läßt sich über Kulturbeziehungen und regionale Sonderentwicklungen während des Mittelpaläolithikums etwas mehr aussagen, als dies für den vorangehenden Zeitabschnitt möglich ist. In den übrigen Gebieten sind die einschlägigen Funde noch überaus sporadisch. Daß sich die Ökumene im mittleren gegenüber dem älteren Paläolithikum ausgeweitet habe, erscheint fraglich. In Amerika wie auch in Australien fehlen sichere Spuren einer mittelpaläolithischen Besiedlung, was vermutlich nicht mit einer bloßen Forschungslücke zu erklären ist.

In Ost- und Südasien gibt es zwar vereinzelte Fundkomplexe, die mit dem westlichen Moustérien eine mehr oder minder große Ähnlichkeit besitzen, so daß der Gedanke eines Zusammenhanges aufkommen kann und in der Forschung auch vertreten wurde. Andererseits aber scheint der vorhandene Fundstoff doch die Annahme nahezulegen, daß der Ferne Osten an der zirkummediterran-vorderasiatischen Entwicklung, wie sie durch das Moustérien gekennzeichnet wird, nicht, oder doch mindestens nicht voll Anteil nahm. Etwas der westlichen Kultur Ebenbürtiges an Steingeräten und anderen Kulturäußerungen (Bestattungen, kultische Knochendeponierungen, Verwendung von Farbstoff usw.) ist im Fernen Osten nicht bekannt. Was das Verhältnis zwischen dem zirkummediterranen Gebiet und dem mittleren und südlichen Afrika anlangt, so verdient festgehalten zu werden, daß moustérienartige, durch die Kombination von Handspitzen und qualitätvollen Schabern gekennzeichnete Fundkomplexe in Afrika auf einen nördlichen Streifen beschränkt sind, während Faustkeile darüber hinaus bis in den Süden des Kontinents in großer Menge vorkommen. Unabhängig von der Frage, ob bzw. in welchem Umfang die zentral- und südafrikanischen Faustkeile in dieselbe Zeit gehören wie die formal entsprechenden altpaläolithischen Funde des zirkummediterranen Gebietes, möchte man aus diesem Verbreitungsbefund schließen, daß im Mittelpaläolithikum die Bevölkerung des mittleren und südlichen Afrika nicht im selben Maße mit dem nördlich anschließenden Raum in Kontakt stand wie während des Altpaläolithikums, so daß sie an der dortigen Kulturentwicklung nicht voll partizipierte. Wie im zentralen und östlichen Asien, so sind auch in den mittleren und südlichen Teilen Afrikas bisher außer den Steingeräten keine weiteren mittelpaläolithischen Kulturerzeugnisse bekannt geworden, so daß einstweilen nichts zu der Ansicht berechtigt, Mittel- und Südafrika hätten eine besonders blühende Kultur beherbergt, die den zirkummediterranen Kreis hätte beeinflussen können.

Die Moustérien-Kultur ist gewiß innerhalb ihres europäisch-vorderasiatisch-nordafrikanischen Verbreitungsgebietes aus der dortigen end-altpaläolithischen Kultur erwachsen. Aufgrund des vorliegenden, sich auf eine lange Zeitspanne verteilenden Fundstoffes ist es allerdings unmöglich, ein enger begrenztes Ursprungsgebiet des Moustérien ausfindig zu machen, zumal die ungleichmäßig verteilten archäologischen Quellen uns ja nur einige wenige, z.T. nicht einmal wesentliche Äußerungen dieser Kultur überliefern. Am ehesten dürfte es wohl berechtigt sein, dem Vorderen Orient eine kulturschöpferische Rolle während des Mittelpaläolithikums zuzuschreiben. Es wäre allerdings wohl abwegig, sich vorzustellen, daß die für das Moustérien typischen Geräteformen in einem engeren Gebiet entstanden wären und sich von da ausgebreitet hätten. Vielmehr sind diese kulturellen Gemeinsamkeiten vermutlich aus einem allgemeinen Kontakt der Bevölkerung im Raum vom Atlantik bis zum Tien-Schan erwachsen. Daß diese Gemeinsamkeiten sich nicht auf technische und typologische Merkmale der Steingeräteherstellung beschränkten, beweisen die Moustérien-Bestattungen von der Dordogne bis Palästina und Usbekistan.

Bei den Gruppenbildungen im Mittelpaläolithikum wirken sich vielfach – wie im Altpaläolithikum – natürliche Gegebenheiten der Landschaft und des Gesteinsvorkommens aus.

Andererseits wurde die auffallende Tatsache, daß mancherorts mittelpaläolithische Fundkomplexe sehr reichlich Schaber aufweisen, andernorts indes nur ganz wenig, damit zu erklären versucht, daß diese Geräte für bestimmte Tätigkeiten (z.B. Fellbearbeitung) verwendet worden seien, die nicht in allen Landschaften gleicherweise verrichtet wurden. Im Rahmen eines saisonbedingten Lagerplatzwechsels bzw. eines jahreszeitlichen Wandels der Jagdverhältnisse seien die betreffenden Arbeiten beispielsweise nur in solchen Gebieten durchgeführt worden, wo traditionell überwintert wurde.

Vermutlich sind bei den erkennbaren Unterschieden zwischen einzelnen mittelpaläolithischen Stationen in den Geräteformen und Bearbeitungstechniken (s. S. 53) darüber hinaus auch noch andere Ursachen in Betracht zu ziehen, nämlich bestimmte Konventionen und Traditionen einzelner Bevölkerungsgruppen. Man möchte die Häufigkeit besonders schöner Schaber in der La Quina-Facies in dieser Weise deuten, vielleicht auch das sog. Vasconien in Spanien. Die Herstellung von zweiseitig flächenretuschierten Blattspitzen ist unverkennbar eine Besonderheit des süd- und mitteldeutschen Mittelpaläolithikums. Bei aller im übrigen Formenbestand von Moustérien-Art bestehenden Verwandtschaft zwischen Mittel- und Westeuropa kommt in der Beliebtheit von Blattspitzen ein kulturgeschichtlicher Sondercharakter Mitteleuropas zum Ausdruck. Eine kantonale Sonderentwicklung spiegelt auch das mittelpaläolithische Fundmaterial des ungarischen Raumes wider, wo Blattspitzen wiederum eine besondere Rolle spielen. Auch das vorderasiatische Mittelpaläolithikum besitzt trotz seiner allgemeinen Zugehörigkeit zum Moustérien und Levalloisien ein formenkundliches Eigengepräge. Das gleiche gilt für die zeitlich entsprechende Kultur Nordafrikas, die als etwas Besonderes gestielte Geräte führt (Atérien).

Trotz dieser Hinweise auf gewisse kulturgeschichtliche Besonderheiten im zirkummediterranen Bereich müssen wir uns im klaren darüber sein, daß es sich hier nicht um scharf abgrenzbare Gruppen (sowohl der geographischen Verbreitung als auch der archäologischen Umschreibung nach) handelt, sondern um Regionalfacies mit fließenden Übergängen. Zudem sind diese derzeit lediglich in jeweils einigen Eigentümlichkeiten der Steingeräte faßbar. Wir sind daher weit davon entfernt, hier von „Kulturgruppen“ als von festen Einheiten sprechen zu dürfen. Die einstweilen zu erkennenden Regionalausprägungen bezeugen nur, daß trotz der oben herausgestellten, den gesamten weiten Verbreitungsbereich des Moustérien zusammenhaltenden Beziehungen der Normalzustand der einzelnen Populationsgruppen nicht ein nomadisierendes Durchstreifen dieses ganzen Raumes war. Vielmehr sind sehr wohl enger begrenzte Wander- und Jagdareale anzunehmen, innerhalb derer ein stärkerer Kontakt der einzelnen Bevölkerungsgruppen untereinander bestand als mit Gruppen eines anderen Areals.

Inwieweit die für die Zeit des Mittelpaläolithikums zu erschließenden klimatischen Schwankungen (im eurasiatischen Raum Wandel von einer Warmzeit zu einer nachfolgenden Kaltzeit) eine Veränderung des Lebensraumes und damit eventuell eine temporäre Isolierung mancher Gebiete und ihrer Bevölkerung mit sich brachten, läßt sich heute nicht einmal in den allgemeinsten Umrissen angeben. Grundsätzlich werden wir derartiges ins Auge fassen müssen. Eine solche Isolierung konnte dann auch die Ausbildung gewisser rassischer Sondermerkmale zur Folge haben. So wäre es denkbar, daß der bis jetzt nur aus einer fortgeschrittenen Phase des Mittelpaläolithikums nachgewiesene extreme Neandertaler eine solche Spezialisationsform darstellt. Wenn in der Zeit vor dem Auftreten des glazialen Neandertalers eine größere somatische Variationsbreite erkennbar ist und dabei außer neandertaloiden auch sapienstümliche Merkmale vorhanden sind, die dann im Jungpaläolithikum allein das rassische Bild der Menschheit bestimmen, so ist zu erwarten, daß gleichzeitig mit den extremen Neandertalern auch in Europa noch andere anthropologische Typen existierten. Das einstweilige Fehlen solcher Funde kann angesichts des wenig umfangreichen näher bestimmbaren und datierbaren Skelettmaterials nicht viel besagen. Die mittelpaläolithischen Menschenfunde vom Karmelgebirge zeigen eine erstaunliche gestaltliche Vielfalt. Die unternommenen Versuche, diese Vielfalt zu entwirren und als eine Vermischung ursprünglich „reiner“ Ausgangsformen zu begreifen, bleiben hypothetisch. Viel diskutiert ist das Problem, ob bestimmte somatische Menschenformen sich mit jeweils besonderen Ausprägungen des Steingerätbestandes verknüpfen lassen. Über vage Vermutungen kommt man dabei aber einstweilen nicht hinaus. Auch Überlegungen darüber, ob und gegebenenfalls woher der Neandertaler in den zirkummediterranen Raum eingewandert, oder ob seine Ausspezialisierung erst dort, etwa in Westeuropa, erfolgt sei, können aufgrund des derzeit vorliegenden Fundmaterials zu keinem begründbaren Ergebnis führen.

## *Jungpaläolithikum*

Im Verlaufe des Jungpaläolithikums erweitert sich der menschliche Lebensraum gewaltig: Amerika und Australien wurden besiedelt.

Daß die Erstbesiedlung Amerikas von Nordostasien aus erfolgte, kann nicht zweifelhaft sein. Die Meerenge zwischen der heutigen Tschuktschen-Halbinsel und dem nordwestamerikanischen Festland ist zwar nicht so breit, daß eine Überquerung durch den primitiven Menschen undenkbar wäre; und sogar eine Verbindung von der Alaskahalbinsel über die Alëuten, die Beringinsel, die Kamtschatkahalbinsel und die Kurilen mit dem ostasiatischen Raum kann für das Spätpaläolithikum nicht ausgeschlossen werden. Dennoch möchte man eher annehmen, daß die Neue Welt erstmalig auf dem Landweg erreicht wurde, was in den Glazialzeiten durchaus möglich war. Während des Höchststandes der würm- bzw. wisconsinzeitlichen Vergletscherung im eurasiatischen und nordamerikanischen Bereich, der durch die Hortung großer Wassermengen ein Absinken des Meeresspiegels von nahezu 100 m zu Folge hatte, waren die beiden Erdteile durch eine Landbrücke von fast 1000 km Breite miteinander verbunden. In den Phasen, in denen die Gletscher der sibirischen Gebirge östlich der Lena und des Aldan ihre größte Ausdehnung erreichten und auf amerikanischer Seite der zusammenhängende kanadische Eisschild einen breiten Riegel entstehen ließ, war eine Benützung dieser Landbrücke durch menschliche Populationen freilich unmöglich, selbst wenn ein Küstenstreifen von Alaska eisfrei gewesen sein sollte. Zwischen den Phasen extremer Klimadepression im Verlauf der würm- bzw. wisconsinglazialen Jahrzehntausende gab es indes mildere Abschnitte. In solchen Zeiten, in denen die Gletscher zurückgewichen bzw. noch nicht vorgerückt waren, der Meeresspiegel sich aber gegenüber der maximalen Senkung beträchtlich gehoben hatte, ohne seine heutige (und interglaziale) Höhe zu erreichen, muß mit einer gewissen Landverbindung im Beringgebiet gerechnet werden, die genug Pflanzenwuchs besaß, um den Aufenthalt von Großwild – und damit von Menschen – zu ermöglichen. Die spätpaläolithischen Rentierjäger der Hamburger Gruppe führen vor Augen, wie vorzüglich damals Jägergruppen in einer eisnahen Landschaft sich einzurichten verstanden.

Nach allgemeiner Annahme erfolgte die Erstbesiedlung des amerikanischen Kontinents nicht im Rahmen von Wanderungen mit dem Ziel einer planmäßigen Landnahme, sondern in Gestalt eines allmählichen Ausweitens des Lebensraumes einer Jäger- und Sammlerbevölkerung, die auf der Suche nach pflanzlicher und tierischer Nahrung unmerklich von Nordsibirien in die durch die klimatischen Wandlungen nach dem letzten Interglazial bewohnbar gewordenen Landstriche im Beringgebiet und von da nach Alaska und so weiterschreitend durch den ganzen Doppelkontinent bis nach Patagonien gelangt sei, wo sie – wenn man C 14-Datierungen trauen darf – vor dem Schluß des Paläolithikums angelangt sei.

Die charakteristischen Speerspitzenformen des nordamerikanischen Jungpaläolithikums, vor allem die Clovis- und die Folsom-Form, sind offensichtlich innerhalb dieses ihres Verbreitungsgebietes entwickelt worden. An altweltliche Bildungen sind sie nicht anzuschließen. Daß trotz einer gewissen Verwandtschaft zwischen eurasiatischen Jungpaläolithgeräten und solchen nordamerikanischer Fundkomplexe die letzteren nicht direkt auf bekannte Kulturerscheinungen westlich des Beringgebietes zurückgeführt werden können, wird durch das Fehlen eines überaus charakteristischen Gerätes, des sog. Stichels, in Amerika unterstrichen. Die daraus erschließbare Eigenartigkeit und Eigenständigkeit der Neuen Welt drückt sich auch im physisch-anthropologischen Habitus der Paläoindianer und Indianer aus. Diese zeigen zwar eine merkliche mongoloide Grundkomponente, können aber nicht unmittelbar den ostasiatischen Mongoliden an die Seite gestellt werden. Die ins Spätpleistozän gehörigen Schädel aus Nordamerika scheinen anzudeuten, daß die Erstbesiedlung der Neuen Welt aus dem ostasiatischen Raum in einer Zeit erfolgte, als dort die Ausbildung des mongoliden Rassentypus bereits begonnen hatte, aber noch nicht abgeschlossen war.

Aufgrund der derzeitigen Kenntnis altsteinzeitlicher Kulturäußerungen in Nordamerika und Ostasien gelingt es noch nicht, den Beginn der amerikanischen Paläolithentwicklung in geschlossenen Fundgruppen zu fassen und damit archäologisch die Einwanderungsschicht von der dann einsetzenden amerikanischen Sonderentwicklung zu unterscheiden. Wenn im Gegensatz zum Gebiet östlich der Rocky Mountains, wo häufig flächig retuschierte Speerspitzen erscheinen, westlich davon viele spätpleistozäne Fundkomplexe sich durch ein Vorherrschen primitiver Geröllgeräte und mousteroider Schaber einfacher Art auszeichnen, so ist es doch wohl zu gewagt, daraus auf zwei verschiedene Populationen mit gesonderter Herkunft aus asiatischen Ursprungsgebieten zu schließen: einerseits dem Bereich blattspitzenführender Kultur um den Baikalsee herum und andererseits einem durch Geröllgeräte gekennzeichneten Bereich im südlicheren Ostasien. Nur so viel dürfte sicher sein, daß sowohl die Technik und die Grundform der blattspitzenartigen Speerspitzen als auch die mousteroiden Geräte mit der altweltlichen Kultur in eine genetische Verbindung zu bringen sind, ohne daß allerdings vorerst dafür ein spezieller Ausgangsbereich namhaft gemacht werden könnte.

Inwieweit nach der Erstbesiedlung Amerikas noch Kontakte über das Beringgebiet mit der Alten Welt bestanden, und welche Kultureigenheiten in welcher Zeitstufe vermittelt wurden, läßt sich im derzeitigen Forschungsstand noch nicht klar angeben. Grundsätzlich werden wir aber mit solchen Verbindungen wohl rechnen müssen.

Die Landnahme Australiens erfolgte wahrscheinlich in der letzten Phase des Pleistozäns von Neuguinea aus, wohin wegen des Absinkens des Meeresspiegels eine Landbrücke bestanden haben dürfte. Zwischen Neuguinea, den Molukken und den großen bzw. kleinen Sundainseln müssen zwar Meeresstraßen vorausgesetzt werden; doch dürften diese so schmal gewesen sein, daß ein Überqueren keine unüberwindlichen Schwierigkeiten bereitete. Nach herrschender Ansicht sind die großen Sundainseln, vor allem Java, bereits vor dem Spätpleistozän erstmalig von Menschen erreicht worden, als infolge eines glazialen Tiefstandes des Meeresspiegels Sumatra, Java und Borneo landfest mit dem asiatischen Festland verbunden waren. Sofern den paläolithischen Funden aus dem Bereich Indonesiens (vor allem den Geräten aus dem Solo-Fluß auf Java) etwas hinsichtlich der dortigen Kulturverbindungen zu entnehmen ist, so wäre es dies, daß der Kontakt mit dem asiatischen Festland zeitweilig unterbrochen oder doch jedenfalls sehr schwach war. Infolge einer geographischen Isolierung scheint eine kulturelle Verarmung (und eventuell eine rassische Spezialisation) eingetreten zu sein. Ähnlich scheinen die Verhältnisse in Australien zu liegen, dessen Verbindung mit Indonesien in nachpleistozäner Zeit vorübergehend ganz unterbrochen war, so daß eine eigengeartete, sehr bescheidene Entwicklung die Frühzeit dieses Kontinentes kennzeichnet. Japan hat bisher nur wenig sichere Spuren einer paläolithischen Besiedlung ergeben. Da diese Inseln sich endgültig erst in nachpleistozäner Zeit vom Festland gelöst haben und vorher auch unter sich zeitweilig verbunden waren, ist damit zu rechnen, daß zusammen mit fossilen Tierarten (Megaceros, eine Hirschart, und Mammut) auch der diluviale Mensch in diese fernöstlichen Gebiete vorgedrungen ist.

In der Alten Welt standen während des Jungpaläolithikums – ähnlich wie bereits im mittleren Paläolithikum – Teile von Ostasien sowie Zentral- und Südafrika abseits der Kulturentwicklung des europäisch-westasiatisch-nordafrikanischen Raumes. Das bezieht sich nicht nur auf die Typen und Herstellungstechniken der Steingeräte, sondern auch auf andere Kulturäußerungen, soweit sie uns archäologisch greifbar sind. Das historisch wichtige Problem, ob die fernöstlichen sowie die afrikanischen Teile der jungpaläolithischen Menschheit kulturell etwas Eigenständiges begründet haben, das der zirkummediterranen Entwicklung ebenbürtig gegenübersteht, läßt sich heute noch nicht aufgrund positiver Daten klären. Einstweilen sprechen keine fundmäßigen Hinweise für eine besondere Kulturentfaltung in jenen östlichen und südlichen Teilen der Alten Welt, so daß die Annahme berechtigt zu sein scheint, diese Zonen seien im wesentlichen kulturell retardierend gewesen.

Innerhalb des gesamten zirkummediterran-eurasiatischen Bereiches, der von der Atlantikküste über den Südrand Skandinaviens bis nach Sibirien zu verfolgen ist, bestanden enge Kulturbeziehungen, und zwar sowohl in der Herstellung von Steingeräten (Schmalklingengeräte) als auch in anderen Kulturäußerungen. Die Kunstwerke dieses riesigen Bereiches zeigen in ihrem Stil und ihren Motiven weitgehende Übereinstimmungen. War dies bei den Tiergravierungen und den vollplastischen Frauenfigürchen seit langem bekannt, so lassen neuere Entdeckungen auf der Garganhalbinsel und aus Baschkirien (eventuell sogar die von der Lena in Sibirien) erkennen, daß auch die mehrfarbigen Höhlenmalereien, die bis vor kurzem auf die franko-kantabrische Provinz beschränkt zu sein schienen, weit darüber hinaus vorkommen. Ebenso weisen die Art der Totenbehandlung und die rituelle Deponierung von Teilen des Jagdwildes, die Jagdmethoden und die Herrichtung des Lagerplatzes gemeinsame Züge in diesem Gesamtgebiet auf. Diese Einzelbeobachtungen beziehen sich auf ganz verschiedene Lebenssphären: Teils handelt es sich um technische Errungenschaften und Fertigkeiten, teils um künstlerische Ausdrucksformen, teils um religiös-geistige Verhaltensweisen und Vorstellungsäußerungen. Die Vergesellschaftung dieser so verschiedenartigen Kulturphänomene innerhalb dieses weiten Raumes muß als Beweis dafür gewertet werden, daß ein umfassender, langdauernder kultureller Kontakt stattgefunden hat, der für die historische Kennzeichnung dieses Zeitalters wesentlich ist.

Bei den Steingeräten stehen neben Typen mit einer allgemein eurasiatischen oder doch west- und mitteleuropäischen Verbreitung solche, die einen engeren Vorkommensbereich haben. Die Solutréen-Kerbspitzen (*Taf. 32, 17*) treten nur in Westeuropa, und auch dort nur südlich der Loire, auf. Die Solutréen-Blattspitzen mit konkaver Basis sind überhaupt auf Kantabrien beschränkt. Die Solutréen-Spitzen mit symmetrischem Stiel stellen einen ausgesprochen katalonischen Typus dar. Auch bei den jungpaläolithischen Blattspitzen mit konvexer oder spitzer Basis sind mannigfache regionale Gruppierungen mehr oder minder klar erkennbar, wenngleich hier die allgemeine formale Ähnlichkeit bei fließenden typologischen Grenzen die Gruppierung nicht so augenfällig sein läßt wie bei den anderen Spitzenformen. Insgesamt sind Blattspitzen des Solutréen eine typische Erscheinung Westeuropas. In Mitteleuropa treten Blattspitzen in jeweils besonderer Ausprägung nur in östlichen Gebieten auf: in Mähren, der Slowakei, Ungarn und in der Ukraine. Klar zu umreißen ist die Streuung der ostmitteleuropäischen Pappelblattspitzen vom Moravany-Typ, kaum weniger gut diejenige der ungarischen Szeletien-Spitzen. Font-Robert-Spitzen haben eine westeuropäische Verbreitung, Kostjenki-Kerbspitzen eine osteuropäische. Kerbspitzen der Hamburger Facies stellen wiederum etwas Besonderes dar. Die Reihe solcher regionaler Besonderheiten im lithischen Gerätebestand könnte beliebig fortgesetzt werden.

Trotz einer unverkennbaren Bevorzugung örtlich zu findender Gesteinsarten bei der Werkzeuganfertigung ist im Jungpaläolithikum gegenüber den vorangehenden Zeitaltern eine größere Unabhängigkeit von den jeweils lokalen Bedingungen, d.h. eine stärkere Verwendung ortsfremder Gesteinsarten, festzustellen. So bestehen von 730 Geräten aus der Magdalénien-Station von Andernach etwa 630 aus dem örtlich vorkommenden Süßwasserquarzit, während 90 aus Kreidefeuerstein und die restlichen aus anderen, gleichfalls in der Umgebung nicht natürlich zu findenden Gesteinen gefertigt sind. Von etwa 300 Geräten aus der Wildscheuer bei Steeden a.d. Lahn waren die meisten aus Lahngeröllen (Kieselschiefer) hergestellt, 22 aber aus Kreidefeuerstein, der entweder von der Maas oder aus Westfalen, also jedenfalls über 100 km weit, herbeigeschafft werden mußte, 2 aus einem bei Münzenberg in der Wetterau, also etwa 45 km entfernt, vorkommenden Sandstein und 30 aus Halbopal, den es im Siebengebirge oder in der Westerburger Gegend gibt, also mindestens 20 km vom Fundplatz entfernt. In der Station von Munzingen im Breisgau erscheinen neben den in der Mehrzahl befindlichen Geräten aus Rheingeröllen nicht wenige aus weißem oder rötlichem Jaspis, der in Knollen etwa 25 km entfernt vorkommt, sodann solche aus Hornstein, der in mindestens 9 km Entfernung ansteht, und solche aus Kieseloolit, der im Breisgau gar nicht natürlich bekannt ist. Der gelbe Jaspis, der auf dem magdalénienzeitlichen Lagerplatz vom Röthekopf bei Säckingen verarbeitet ist, kommt natürlich erst in 40 km Entfernung vor. Von dem im ukrainischen Kostjenki als Werkstoff verwendeten Feuerstein wird versichert, daß er mindestens 100 km weit herbeigeholt werden mußte. Dasselbe ist der Fall bei den Feuersteingeräten von Unterwisternitz. Auf dem Lagerplatz von Ceahlău-Dîrțu in den Ostkarpaten ergab sich, daß die aus den unteren und mittleren Schichten stammenden jungpaläolithischen Geräte aus örtlichen Silexarten hergestellt sind, während die Gravettien-Geräte der oberen Schicht zu 60% aus ortsfremdem Pruth-Feuerstein bestehen, dessen natürliches Vorkommen mehr als 150 km weit entfernt ist. Vereinzelt wurden sogar die örtlich verfügbaren Gesteinsarten wegen ihrer schlechten Qualität gar nicht als Werkstoff verwendet, wie es von der ukrainischen Station Timonovka berichtet wird, wo der verarbeitete Feuerstein durchweg aus mindestens 10 km Entfernung herbeigeholt wurde. Auf mährisch-slowakischen Freilandlagerplätzen ließ sich feststellen, daß mitunter die (der gleichen archäologischen Stufe angehörenden) Steingeräte dicht benachbarter Fundstellen aus verschiedenen Gesteinsarten bestehen. So sind bei Moravany die Gravettien-Geräte des Fundplatzes Noviny fast nur aus nordischem Feuerstein gearbeitet, diejenigen des Fundplatzes Žarkovska fast nur aus rotem Radiolarit, diejenigen des Fundplatzes Podkovica außer aus Feuerstein auch aus Jaspis, Karneol und Bergkristall. Auf dem Lagerplatz von Pavlov bestanden die Geräte zweier nebeneinanderliegender Fundareale das eine Mal aus Feuerstein, das andere Mal vorwiegend aus Karpatenradiolarit. Es ist klar, daß sich darin Eigentümlichkeiten verschiedener Belegungen ausdrücken. Besonders begehrte Gesteinsvorkommen, wie beispielsweise der Chalzedon vom Avasberg bei Miskolc, wurden nachweislich im weiten Umkreis verarbeitet, und zwar von Gruppen unterschiedlicher artefaktmorphologischer Prägung. Der in der Gegend von Swieciechow an der oberen Weichsel vorkommende graue, weiß gesprenkelte Feuerstein begegnet, zu jungpaläolithischen Geräten verarbeitet, in den südslowakischen und oberungarischen Höhlen. Geräte aus dem schokoladenfarbigen Feuerstein vom Swietokrzyskie-Gebirge in Mittelpolen sind z.T. weit über 200 km von diesem natürlichen Rohstoffvorkommen zutage gekommen.

Ähnlich wie bei den Steinwerkzeugen liegen die Verbreitungsverhältnisse bei den Geräten aus Elfenbein, Knochen und Geweih. Die französischen Frühmagdalénien-Harpunen vom sog. Prototyp haben offensichtlich ein recht eng begrenztes Verbreitungsgebiet, ebenso die etwas jüngeren vom kantabrischen Typ. Das eng begrenzte Vorkommen von Magdalénien-Propulsoren bezieht sich nur auf Exemplare aus Bein oder Rengeweih, was freilich auch kulturgeschichtlich aufschlußreich ist; verwandte Stücke aus Holz können sehr wohl auch in anderen Gegenden bekannt gewesen sein. Den vielen Bein- und Geweihgeräten ausgesprochen westeuropäischer Art stehen einige ebenso ausgesprochen östliche Formen gegenüber, so löffelartige Geräte, die von Mähren bis Südrußland bekannt sind.

Zu allen Zeiten pflegen sich Gruppenbildungen und Kulturbeziehungen in besonderem Maße in der Kleidung und im Schmuck widerzuspiegeln. So dürfte es auch im Paläolithikum gewesen sein. In der Form, der Zusammensetzung, der Herstellungsweise und der Farbigkeit der Kleidung werden wir mit einer gewissen Differenzierung rechnen müssen, die – würden wir sie näher kennen – uns einen umfassenderen Einblick in die Gruppenbildung und die Kulturbeziehungen gewähren würde, als es die Stein- und Knochengeräte vermögen.

Von der Kleidung haben wir jedoch so gut wie keine unmittelbare Kenntnis. Die in den eurasiatischen Magdalénien-Stationen überaus häufigen feinen Nähnadeln mit Öhr dürften im wesentlichen zur Anfertigung der Kleidung gedient haben. Die jungpaläolithischen Statuetten zeigen zwar normalerweise keine Kleidung, doch ist das freilich eine Eigenart künstlerischer Darstellung und besagt nichts über das Aussehen der Menschen in Wirklichkeit. Sibirische Statuetten von Malta und Buret (*Taf. 1, 16*) weisen eine Musterung auf, die wohl als Wiedergabe einer Kleidung gedeutet werden darf. Die schachbrettartig unterteilten, jeweils verschiedenfarbigen Felder zwischen den Tierbildern von Lascaux beziehen sich zwar sicher nicht auf Kleidungsstücke, wohl aber auf geflochtene, gewebte oder zusammengenähte Matten, Tücher oder dgl. Das könnte allgemein die Annahme nahelegen, daß ähnliches auch bei der Kleidung bekannt war.

Einen schwachen Ersatz für die uns nicht erhaltene Kleidung bieten die Schmuckstücke aus Zähnen, Konchylien, Knochen, Geweih, Stein und anderen unvergänglichen Materialien. Sie wurden, wie Lagebeobachtungen bei südfranzösischen, ligurischen und osteuropäischen Bestattungen lehren, am Kopf, am Hals, an den Hüften, an den Ellenbogen, den Handgelenken, den Knien und Knöcheln getragen. Diese Fundbeobachtungen werden ergänzt durch diesbezügliche Details an gleichzeitigen Statuetten, was nicht nur für die trachtmäßige Verwendung der einzelnen Zierstücke, sondern auch insofern von Wichtigkeit ist, als daraus die Bedeutung erhellt, die die Jungpaläolithiker diesem Körper- und Kleiderschmuck beimaßen, beschränken sich diese Figuren doch unter Weglassung vieler Einzelheiten auf die Wiedergabe dessen, was für wesentlich gehalten wurde.

Die bei Skeletten von Grimaldi, Arene Candide, Combe-Capelle, Le Placard, La Madeleine, Saint-Germain-la-Rivière und Kostjenki am Schädel gefundenen Zierstücke dürften auf einem Kopfband oder einer Kappe aufgenäht gewesen sein. Bei dem einen Grimaldi-Skelett waren es vier übereinander liegende Reihen durchlochter Nassaschnecken. Bei einem anderen handelte es sich um einen noch größerflächigen Besatz einer Kopfbedeckung mit diesen Schnecken, der mit einer unteren Reihe von Cervidenzähnen abgeschlossen war. Vergleichbar ist vermutlich der Kopfschmuck einer Frauenfigur von Brassempouy (*Taf. 1,2*) und derjenige eines Männerkopfes von Grimaldi.

Der aufschlußreichste, weil in seiner ursprünglichen Anordnung in situ beobachtete Halsschmuck gehörte zu einem Jünglingsskelett von Grimaldi. Er besteht aus zwei oberen Reihen Fischwirbeln und einer unteren Reihe Nassaschnecken; dazwischen sind Hundezähne eingeschoben. Ein ähnliches dreireihiges Collier trägt ein Mann auf einer gravierten Knochenplatte von Isturitz (*Taf. 2,1*). Bei dem Skelett von Saint-Germain-la-Rivière bestand der Halsschmuck aus 70 Cervidengrandeln, bei einem von Grimaldi aus Elfenbeinanhängern, durchbohrten Fischwirbeln und Hirschgrandeln.

Die Molluskenfunde an den Handgelenken und Armen gehörten entweder zu selbständigen Armbändern, oder sie waren auf einem Kleidungsstück aufgenäht. Bei gravierten Menschendarstellungen (*Taf. 2,1*), vielleicht auch bei der Statuette von Willendorf (*Taf. 1,9*) ist ein ähnlicher Armschmuck angegeben. Konchylienschmuck an den Beinen ist selten. Er rührt vermutlich von schmäleren oder breiteren Knöchel- oder Wadenbändern her, wie sie auch auf bildlichen Darstellungen erscheinen (*Taf. 2,1*).

Besonders auffällig ist die Verwendung großer Cypraea-Muscheln, die bei einem Skelett von Laugerie-Basse in streng symmetrischer Anordnung den Kopf (zwei Paare), die beiden Oberarme (je ein Paar), die beiden Knie (je zwei Paar) und die beiden Füße (je ein Paar) schmückten. Ist auch die spezielle Verwendungsart dieses schönen Zierates ungewiß – man hat daran gedacht, daß die Muscheln in der Art von Knebeln zum Verschließen von Kleidungsstücken dienten –, so ist immerhin bemerkenswert, daß die Ausstattung mit paarweise verwendeten Cypraeen nicht eine singuläre Eigenheit des Toten von Laugerie-Basse ist.

Einen Leibgürtel trägt die männliche Figur auf einem Stein von Laussel. Skelette von Duruthy, La Rochette und aus der Kindergrotte von Grimaldi besaßen einen Konchylienschmuck unterhalb der Gürtelgegend. Bei den beiden Kinderskeletten des letztgenannten Fundplatzes bedeckten durchbohrte Nassaschnecken jeweils eine zusammenhängende Fläche von der Hüfte bis zu den Oberschenkeln, so daß hier wohl ein Röckchen- oder Schürzenbesatz vorliegt.

Insgesamt treten in der Schmuckausstattung der südfranzösischen und ligurischen Gräber die gemeinsamen Züge stark hervor. Besonderheiten, die als Ausdruck engerer regionaler Gruppen aufzufassen wären, lassen sich am derzeit bekannten Fundstoff nicht nachweisen. Auch die bis in Einzelheiten gehende Gleichartigkeit der Schmuckbeigaben einiger Bestattungen aus der Barma Grande ebenso wie die Beobachtung, daß in den Grimaldi-Höhlen die gleiche Schmuckausstattung an Skeletten verschiedener Schichten wiederkehrt, spricht allgemein für die Einheitlichkeit und Langlebigkeit bestimmter Schmucksitten, läßt aber wohl noch nicht auf eine speziell in dieser Gegend ausgebildete Gruppentradition schließen.

Wie bei den Steingeräten hauptsächlich örtlich vorkommende Gesteinsarten verwendet wurden, so handelt es sich auch bei den zu Schmuckzwecken verarbeiteten Konchylien, Tierzähnen und Mineralien größtenteils um Arten, die in den betreffenden Gegenden natürlich zu finden waren. Daneben spielen aber auch ortsfremde Sorten eine bemerkenswerte Rolle. In den Stationen um Les Eyzies, rund 200 km von der Atlantikküste entfernt, kamen in großem Umfang gelochte Konchylien aus dem Atlantik zum Vorschein, außerdem aber auch solche fossiler Arten aus der Touraine und aus Anjou, die also gleichfalls aus einer Entfernung von rund 200 km an ihren Fundplatz gelangt sind. Vereinzelt begegnen in den jungpaläolithischen Stationen des Dordognegebietes sogar mittelmeerische Muscheln. In Höhlen des Pyrenäenvorlandes liegen mitunter Schmuckmuscheln aus dem Atlantik neben solchen aus dem Mittelmeer. An der ligurischen Küste wurden begreiflicherweise überwiegend quartäre Mittelmeerarten getragen, vereinzelt aber auch solche fremder Herkunft, darunter mindestens sieben Arten aus dem Atlantik. Die Konchylien von Le Placard in der Charente stammen großenteils aus dem mehr als 120 km entfernten Atlantischen Ozean, außerdem aus der Touraine, aus Anjou, aus dem Pariser Becken, aus der Gegen nördlich von Bordeaux und aus den Landes, also insgesamt aus einem Areal von etwa 500 km Länge. Etwa 300–400 km von ihrem Fundort entfernt, nämlich aus den Tälern des Cher und der Loire, stammen einige durchlochte Muscheln in der mittelfranzösischen Höhle bei Issoire (Puy-de-Dôme).

Ähnliche Beobachtungen liegen auch aus Mitteleuropa vor. Auf dem Lagerplatz von Mainz-Linsenberg kamen zwei gelochte Mittelmeerschnecken zum

Vorschein, eine gleichfalls mittelmeerische Pectunculus in der Höhle am Schloßfelsen von Birseck in der Schweiz, mehr als 80 Mittelmeermuscheln in der Station am Hundssteig bei Krems in Niederösterreich, eine aus demselben Gebiet stammende durchbohrte Cypraea in Moravany in der Slowakei. Einige Columbella rustica-Muscheln gehören auch zu den Kopfbestattungen der Ofnethöhle im Nördlinger Ries. Die Magdalénien-Stationen in der Schaffhausener Gegend (Schweizersbild und Keßlerloch ergaben u. a. Muscheln aus dem Mainzer Becken, wahrscheinlich der Gegend von Bordeaux, aus Oberbayern oder Niederösterreich sowie aus dem Mittelmeer.

Für die Frage, ob die ortsfremden Konchylien durch Tauschverbindungen an ihren Fundplatz gelangt oder Zeugnisse von Wanderungen der betreffenden Bevölkerungsgruppen sind, ist der Umstand beachtenswert, daß es sich in den meisten Fällen um Arten handelt, die weder durch ihre Form noch ihre Färbung besonders in die Augen fallen (vor allem die grünliche, braune, gelbe oder graue Nassa neritea und Litorina litorea). Bei ihnen möchte man annehmen, daß sie gesammelt und zu Schmuckstücken verarbeitet wurden, als die betreffenden Bevölkerungsgruppen sich im natürlichen Vorkommensbereich dieser Mollusken aufhielten. Daß daneben auch bisweilen durch Vererbung, Geschenk oder Tausch einzelne Zierate von einer Gruppe zu einer anderen gelangen konnten, wird man nicht ausschließen wollen, zumal wir ja keine begründbare Vorstellung davon haben, wie unter Verwendung der Konchylien und womöglich noch anderer, vergänglicher Materialien die Tracht- und Schmuckstücke im einzelnen aussahen (Hauben, Brusttücher, Gürtel, Wadenbinden, Schuhe). Anders steht es bei der großen Muschel Cypraea lurida und der etwas kleineren Cypraea pyrum, deren auffallender Charakter eine weite Verbreitung auf dem Tauschweg sehr wohl begreiflich macht. Noch im Schmuck der frühmittelalterlichen Völker Mitteleuropas spielten diese exotischen Muscheln eine Rolle. Die Art und Weise, wie die schönen Cypraeen den Toten von Laugerie-Basse zierten, spricht beredt für ihre hohe Wertschätzung.

Einige Zierformen sind in einem auffallend weiten Raum bekannt. Geknotete Elfenbeinstäbchen, über deren Verwendung wir zwar nichts wissen, die aber doch wohl allgemein zum Schmuck gerechnet werden dürfen, liegen aus Westeuropa, aus Süddeutschland und aus der Ukraine vor.

Bei einigen Schmuckfunden aus Mähren muß einstweilen noch offen gelassen werden, inwieweit es sich auch bei ihnen um regional begrenzte Formen handelt. Singulär ist bis jetzt die Ausstattung eines Mannes von Brünn, der einen Schmuck aus über 600 abgeschnittenen Dentaliummuscheln und zwei große und zwei kleinere Kalksteinscheiben mit einem Mittelloch sowie elf flache Scheiben aus Mammutknochen, -backenzähnen und -stoßzähnen bei sich hatte. Ohne Gegenstück ist auch eine Kette aus sieben Elfenbeinringen von Pavlov. In mehreren Exemplaren kamen in Pavlov große gewölbte Elfenbeinplatten zutage, die auf der Vorderseite verziert und an den spitz zulaufenden Enden durchlocht sind (*Taf. 3, 23*). Sie mögen am Kopf oder auf dem Gürtel getragen worden sein. Außerhalb von Mähren sind unmittelbare Entsprechungen unbekannt; in etwa Verwandtes stammt aus Südrußland und Sibirien.

Als Vögel gedeutete Elfenbeinfiguren von Malta in Sibirien waren aufgrund von Durchlochungen auch zum Anhängen bestimmt (*Taf. 4, 18*). Aus anderen Gebieten sind vergleichbare Bildungen unbekannt, so daß die Annahme einer fernöstlichen Spezialform naheliegt. Ein gut beobachtetes Kinderskelett von Malta mit reicher Schmuckausstattung ist deswegen wichtig, weil es über die Tragweite der einzelnen Zierformen Aufschlüsse gibt: Ein elfenbeinerner Reif um die Stirn dürfte zu einer Kopfbedeckung gehört haben; eine Kette aus 120 flachen und 6 achterförmigen Perlen sowie einem punktverzierten Anhänger aus Elfenbein (*Taf. 3, 13*) schmückte den Hals; eine auf der Leibmitte gelegene Knochenplatte mit Mittelloch mag auf einem Gürtel befestigt gewesen sein; ein vogelförmiger Anhänger und ein Armring vervollständigen diese kostbare Schmuckgarnitur, die sich von ukrainischen Funden, wie etwa dem Elfenbeinschmuck von Mezin mit seinen bewundernswert sorgfältigen Ritzornamenten (*Taf. 3, 22*), deutlich unterscheidet. Dennoch läßt gerade dieser sibirische Schmuck weitreichende Beziehungen anklingen: Die beiden rechteckigen Zierplatten mit Mittelloch von Malta (*Taf. 3, 18*) sind bis jetzt – ähnlich wie die Vogelanhänger – zwar nur von dieser Station bekannt. Die konzentrischen Kreise der einen Platte scheinen aber motivisch eine Brücke zu den mittel- und westeuropäischen runden Scheiben mit Mittelloch (*Taf. 3, 19*) zu schlagen, über deren Tragweise noch keine sicheren Fundbeobachtungen Aufschluß geben, bei denen aber doch eine Verwendung analog den sibirischen Rechteckplatten einleuchtend wäre.

Was die Verbreitung der einzelnen jungpaläolithischen Kulturerscheinungen insgesamt im Hinblick auf die sie bedingenden historischen Verhältnisse erkennen läßt, ist dies: Trotz der nomadisierenden Lebensweise muß durchaus mit enger begrenzten Arealen gerechnet werden, innerhalb deren die Gruppen lebten, wanderten, jagten und gewisse kulturelle Besonderheiten ausbildeten. Diese durch Übereinkunft und Herkommen entstandenden Areale waren weder scharf begrenzt, noch blieben sie durch das ganze Jungpaläolithikum hindurch unverändert. Ein mehr oder minder enger Kontakt mit den Gruppen eines Nachbarareals muß als Normalzustand angenommen werden. Dadurch fanden technische Erfahrungen, ökonomische Praktiken, soziale Verhaltensweisen und geistige Vorstellungen schnell eine weite Verbreitung. Außer einem Kontakt von Einzelgruppe zu Einzelgruppe verließen zweifellos manchmal einzelne Gruppen die angestammten Areale und suchten sich anderswo einen neuen Lebensraum. Was die *Ursachen* solcher Weitwanderungen waren, können wir nicht ergründen; für uns wichtiger ist der Umstand, daß ihre *Folge* ein Ausweiten und Verdichten bevölkerungsmäßiger und kultureller Kommunikationen war.

## B. JUNGSTEINZEIT

### *Mikrolithische Kulturerscheinungen*

Von den für die vorderasiatische Natuf-Gruppe typischen und dort eine funktionale Einheit bildenden Kulturerscheinungen zeigen die geometrischen Mikrolithen im Gegensatz zu anderen Eigenheiten eine formale Ähnlichkeit und – wie allgemein angenommen – genetische Verwandtschaft mit ensprechenden mikrolithischen Geräteserien des nördlichen, östlichen und südlichen Afrika, des westlichen, mittleren und nördlichen Europa, der Ukraine und Indiens. Innerhalb dieses große Teile der drei altweltlichen Kontinente umfassenden Bereiches lassen sich bei den Mikrolithen selbst (*Taf. 11,8–11*) und den mit ihnen vergesellschafteten Kulturhinterlassenschaften gewisse regionale Gruppenbildungen erkennen. Diese beruhen teilweise auf Unterschieden in den jeweils verfügbaren Gesteinsarten (z.B. Feuerstein im ägyptischen Sebilien und im nordafrikanischen Capsien, Quarz im Early Khartum, Obsidian im Kenia-Capsien, in der Wilton-Gruppe Rhodesiens wieder Quarz), manchmal auch auf besonderen Erhaltungsbedingungen (z.B. Maglemose-Kultur mit zahlreichen Knochen- und Geweihgeräten, neben dem Tardenoisien, in dem diese so gut wie völlig fehlen), oder auf einer unterschiedlichen Beherrschung bestimmter Techniken. Andererseits aber weisen sie auf Unterschiede in der kulturellen Haltung der betreffenden Populationen hin, vor allem hinsichtlich der Weiterführung alten Traditionsgutes und der Aufnahme neuer Einflüsse, ganz abgesehen davon, daß Unterschiede in der landschaftlichen Umwelt (z.B. zwischen dem kühleren Nordeuropa und dem tropischen Ostafrika, zwischen Küstengebieten und innerkontinentalen Bereichen, zwischen Wald- und Steppenlandschaften) die Ausbildung verschiedenartiger Kulturerscheinungen gefördert haben dürften. Es sind dies dieselben Faktoren, die auch während des Paläolithikums die Entstehung regionaler Kultureigenheiten bewirkten.

Ebenso dürfen wir die bei den mikrolithischen Gruppen greifbaren typologischen, technologischen und allgemein kulturellen Übereinstimmungen in z.T. weit auseinanderliegenden Gebieten – ähnlich wie die analogen Erscheinungen innerhalb des paläolithischen Fundstoffes – auf die Wanderbewegungen jägerisch-sammlerischer Bevölkerungsgruppen und die sich aus dieser Lebensweise ergebenden Kontakte zwischen den Gruppen angrenzender Areale zurückführen. Auf diese Weise muß auch das diese Kultur prägende Phänomen der geometrischen Mikrolithik in weiten Bereichen der Ökumene verbreitet worden sein, und mit ihm die durch die Mikrolithen bezeugten

Waffentypen (s. S. 145 ff.). Diese bringen eine kriegerische Haltung und Gesinnung zum Ausdruck, von der wir annehmen möchten, daß sie in dieser Form damals neuartig war.

Diese kämpferische Haltung scheint ihrer Entstehung nach dem in der Herausbildung von Pflanzenanbau und Tierhaltung sowie der Entwicklung neuer Techniken sich ausdrückenden Streben nach weitergehender Selbständigkeit in der Versorgung mit Nahrungsmitteln und bei der Verarbeitung diverser Rohstoffe wesensverwandt zu sein. Gehören diese uns archäologisch faßbaren Kulturerscheinungen aber ursprünglich insofern zusammen, als sie verschiedene geschichtliche Auswirkungen ein und desselben primär geistigen Entwicklungsprozesses darstellen, so ist im Hinblick auf die Verbreitung dieser Kulturerscheinung überaus bezeichnend, daß das Mikrolithikum unvergleichlich viel schneller und erheblich weiterreichend Aufnahme und Nachahmung fand als die übrigen neolithischen Neuerungen. Man ist versucht zu sagen: Verglichen mit den positiven Auswirkungen der das Neolithikum heraufführenden Psychoevolution, die in der Schaffung einer Ausgangsbasis für eine Kulturentfaltung ungeheuren Ausmaßes bestanden (aber mit geistigen Leistungen und Kenntnissen, mit Arbeit und Geduld verbunden waren), konnten sich die negativen Begleiterscheinungen dieser kulturbegründenden Entwicklung wesentlich leichter und rascher ausbreiten. Die Entstehung einer kriegerischen Lebenshaltung wäre somit die Kehrseite eines Kulturfortschrittes. Die hinter der Herausbildung des Neolithikums stehende Evolution des menschlichen Bewußtseins schloß in sich gleicherweise die Möglichkeit ein, die neu erwachenden geistigen Fähigkeiten zum produktiven Schaffen auf technischem, wirtschaftlichem und kulturellem Gebiet einzusetzen wie andererseits zum gewaltsamen Sichaneignen des Besitzes und des Lebensraumes anderer. Dies letztere konnte sich leicht verselbständigen und als bestimmende Grundhaltung auch von solchen Populationen übernommen werden, die im übrigen nicht in der Lage waren, die neolithische Lebenshaltung in ihrer komplexen Vielgestaltigkeit nachzuvollziehen.

Vergegenwärtigen wir uns die vorauszusetzende (und teilweise an Hand diesbezüglicher Befunde zu belegende) Weite der Wanderareale nomadisierender Jägergruppen, so dürfen wir wohl in Betracht ziehen, daß die etwa 4000 km weite Entfernung zwischen Vorderasien und Britannien sowie dem westlichen Nordafrika und Spanien, aber auch die etwa 6000 km weite Entfernung zwischen Vorderasien und Südafrika bei der Ausbreitung des Mikrolithikums in einer vergleichsweise kurzen Zeitspanne durchmessen sein kann (als Schätzung mögen etwa zwanzig Generationen genannt sein).

Außerhalb des Verbreitungsgebietes geometrischer Mikrolithen, im westlichen und zentralen Afrika, im östlichen Europa sowie im nördlichen und östlichen Asien bezeugen die in unseren Zeitraum gehörigen Funde teilweise gewisse Beziehungen zur Kultur des oben umschriebenen Gebietes, sei es, daß (wie bei der Kunda-Kultur des nördlichen Osteuropa) durch das Vorkommen von Waffentypen ein Anschluß möglich ist, sei es, daß (wie bei der Shabarakh-Kultur des nordchinesisch-mongolisch-mandschurischen Raumes) zwar eine ausgeprägte Mikrolithik typisch ist, diese aber keine geometrischen Formen zeigt. Demnach könnte angenommen werden, daß in nachpaläolithischer Zeit eine kriegerische Lebenshaltung sich auch in Bereichen außerhalb des Vorkommens geometrischer Mikrolithen verbreitete.

## *Vollneolithische Kulturen*

Die gestaltenden Kräfte, die zur Entstehung vollneolithischer Kulturen führten und deren Ausbreitung als geschlossenes Gefüge oder in einzelnen Wesenszügen bewirkten, waren prinzipiell anderer Art als diejenigen, die in der weltweiten Verbreitung mikrolithischer Kulturerscheinungen zum Ausdruck kommen. Die mit den neuen Wirtschaftsformen von Pflanzenanbau und Tierhaltung zusammenhängende Lebensweise ließ in Verbindung mit einer namhaften Bevölkerungsvermehrung und einer Festigung entsprechender Sozialordnungen eine stärkere Bindung an eine enger begrenzte Landschaft entstehen. Dadurch kam es zur Bildung regionaler Gruppen, die in ihrem Wesen gegenüber denen der vorneolithischen Zeit etwas Neues darstellten. Indes waren diese Gruppen nicht selbstgenügsam und ausschließlich auf die Bewahrung des Erworbenen bedacht. Vielmehr wohnte ihnen offensichtlich in der Regel ein Drang zur Ausbreitung inne. Dabei ist im Gegensatz zur Ausbreitung des Mikrolithikums nicht so sehr an eine reine Kulturübertragung zu denken, die durch allgemeine Kontakte von Stamm zu Stamm sich vollzogen hätte, sondern in viel stärkerem Maße an eine Kolonisation. Dennoch werden wir die zur Nachahmung einladende Strahlkraft vollneolithischer Kulturen in den Kolonisationszonen auf die jeweils im Lande lebende Vorbevölkerung anderer Kulturprägung nicht gering einschätzen dürfen. Freilich mag diese anziehende Wirkung nicht selten dazu geführt haben, daß Angehörige nicht-neolithischer Gruppen in die Siedlungsgebiete neolithischer Kulturen plündernd und zerstörend eindrangen. Sowohl bei der Kolonisation als auch der Akkulturation wurde vielfach nur ein Teil der vollneolithischen Ausgangskultur übernommen, wodurch es zur Ausbildung von spezialisierten Kulturtypen kam (beispielsweise reine Viehzüchternomaden) oder von Kulturen, die in siedlungsgeschichtlicher, in soziologischer oder in zivilisatorischer Hinsicht nicht die Vielgestaltigkeit der im Vorderen Orient entwickelten Erscheinungen zeigten (beispielsweise die mitteleuropäischen Kulturen). Daß wir in dieser Hinsicht archäologisch nur einen Ausschnitt des einst Vorhandenen zu erfassen vermögen, ist selbstverständlich. Gruppen, die weder die Keramikherstellung noch die Errichtung stabiler Häuser übernahmen, sind für uns schwer in Erfahrung zu bringen. Immerhin scheint das Vorhandene gewisse Grundzüge dieser Ausbreitung und der damit gegebenen regionalen

Gruppenbildung erkennen zu lassen, die uns eine allgemeine Vorstellung dieses zweifellos differenzierten und komplizierten Vorganges vermitteln.

Wenn wir von der Natuf-Kultur absehen, so fällt die vergleichsweise weite Verbreitung der vorderasiatischen Tellkultur von ihren ältesten Ausprägungen an auf, die von Südanatolien bis zum südwestlichen Iran nachzuweisen ist. Unmittelbare Kontakte werden augenfällig durch die verarbeiteten Rohstoffe bezeugt: Beispielsweise wurden im frühen Jericho Muscheln aus dem Roten und dem Mittelmeer, Türkise von der Sinaihalbinsel und Obsidian vermutlich aus der Türkei gefunden. Das natürliche Vorkommen von Obsidian am Rande der südanatolischen Konia-Ebene und in der Gegend des Vansees war weithin bekannt und geschätzt. Die Kultur im mesopotamischen Tiefland war von Anbeginn an auf gewisse Rohstofflieferungen aus dem Gebirgsland angewiesen. Aber auch die einzelnen Kulturäußerungen spiegeln z.T. enge Beziehungen innerhalb des vorderasiatischen Raumes wider. Könnte man das Auftreten übereinstimmender Pfeilspitzenformen in der palästinensischen Tahune-Gruppe und im ägyptischen Helwan eventuell noch mit streifenden Jägergruppen verbinden, so drücken sich in den ältesten Keramikformen, in den Sichelblättern, den Steinmörsern, den geschliffenen Steingeräten und in der Siedlungsweise Kultureigenheiten vollneolithischer Art aus. Was historisch hinter der regionalen Gruppierung der entwickelt-neolithischen und chalkolithischen Kultur Vorderasiens steht, ist noch weithin unsicher. Soviel steht indes fest, daß es sich dabei nicht ausschließlich um eine durch die naturlandschaftlichen Verhältnisse bedingte Gliederung in zusammenhängende Siedlungsräume mit dazwischen liegenden trennenden Barrieren handelt. Vielmehr müssen sich hierbei Bindungen ausgewirkt haben, die nur aus einer geschichtlichen Zusammengehörigkeit der betreffenden Populationen begreiflich werden. Dabei ist bemerkenswert, daß die einzelnen Kulturerscheinungen (Hausformen und Bestattungsweisen, Schmuckformen, stilistische Eigenheiten und Keramikgattungen) sehr unterschiedliche Verbreitungen aufweisen.

In Nordafrika kam es zu einer festen Besiedlung und vollneolithischen Kulturentfaltung nur im Niltal. Zweifellos machte sich hier die Nähe Vorderasiens bemerkbar, die eine altneolithische Kolonisation ermöglichte. Wenn im südlichen Palästina Keulenköpfe aus ortsfremdem Gestein und beim Kibbutz Gilat Statuetten aus einem grauen Granit gefunden wurden, deren Ursprung im Sinaigebiet oder in Ägypten gesucht wird, so weist dies unmittelbar auf alte Kontakte hin. Daß die älteste agrarische Kultur des Niltales sich offensichtlich in Oberägypten entwickelte, muß nicht auf eine Landnahme durch den Wadi Hammamat vom Roten Meer her hindeuten und der Annahme widersprechen, daß die Kolonisation vom Delta aus erfolgte. Die natürlichen Bedingungen des Landes, die enorme Fruchtbarkeit des Bodens, in Verbindung mit einer hochentwickelten landwirtschaftlichen und sozialen Struktur, sowie die vergleichsweise Abgeschlossenheit nach allen Richtungen ließen hier eine in dieser Art einzig dastehende Kultur erwachsen, die trotz gewisser Unterschiede zwischen dem Süden und Norden eine große Einheit bildete. In den an das Niltal angrenzenden Gebieten konnte selbst während der auf die postpluviale extreme Trockenzeit folgenden, klimatisch etwas günstigeren Zeitspanne, in der die Wüstenteile und Oasengebiete Nordafrikas für Mensch und Tier bessere Lebensbedingungen boten als heute, keine Besiedlung vollneolithischer Art Fuß fassen. Agrarischen Populationen im Fajum und in der Oase Kharga war offenbar keine lange Dauer beschieden; daneben lebten dort Viehzüchternomaden, die teils in mikrolithischen Fundkollektionen, teils in Felsbildern greifbar sind.

Setzten die naturlandschaftlichen Verhältnisse in Nordafrika der von Vorderasien ausgehenden vollneolithischen Kolonisation außerhalb Ägyptens unüberwindliche Grenzen, so bereitete der Übergang von Anatolien nach Südosteuropa kaum nennenswerte Schwierigkeiten. Am besten erkennbar sind die vielfachen Beziehungen in der Zeit der Hacilar-Kultur; doch wird damit ein vergleichsweise entwickeltes Stadium erfaßt, in dem sich kulturelle Kontakte zwischen dem südlichen und westlichen Anatolien, den ägäischen Inseln (Chios, Kos, Skyros, Syros) und dem griechischen Festland ebenso vielgestaltig und umfassend auswirkten wie zwischen dem südanatolischen Bereich und Kilikien (z.B. Mersin) und Nordsyrien (z.B. Ras Schamra). Die Erstbesiedlung Cyperns und der anscheinend nicht wesentlich später anzusetzende Beginn der Besiedlung Kretas zeigen, daß die altneolithische Kolonisation vor Seefahrten gewissen Umfanges nicht zurückschreckte. Dennoch dürfte die eine vollneolithische Kultur begründende Landnahme Griechenlands hauptsächlich über Nordwestanatolien und Thrakien stattgefunden haben. Von da aus wurde zur selben Zeit Bulgarisch-Thrakien kolonisiert und das untere Donaugebiet erreicht. Wie die griechischen, so zeigen auch die bulgarischen und rumänischen Neolithkulturen in ihrer Siedlungsweise und ihren Wirtschaftsformen, in den geläufigen Techniken (bis zu der im Jungneolithikum aufkommenden Metallverarbeitung) in ihrem keramischen und lithischen Formenbestand, in ihren künstlerischen und ihren kultischen Eigenheiten vielerlei Züge, die allgemein an entsprechende Erscheinungen Vorderasiens anzuschließen sind. Jedoch tritt von der ältesten Stufe an eine eigenständige Note in so gut wie allen Kulturäußerungen deutlich in Erscheinung. Die charakteristische Karanovo-Criş-Starčevo-Keramik wurde wohl nicht während der ersten Kolonistengenerationen entwickelt, sondern erst eine geraume Zeit danach. Einmal als Ausdruck eines von Thrakien bis Slavonien, zum mittleren Theißgebiet und zur Moldau reichenden kulturellen Zusammenhaltes entstanden, besaß dieser in sich mancherlei Schattierungen zeigende Kulturkreis einen beträchtlich langen Bestand. Schließlich machte er anderen Kulturen Platz, die enger begrenzte Verbreitungsgebiete aufweisen, u.a. die Veselinovo-Gruppe in Thrakien, die Hamangia-Gruppe in der Dobrudscha, die Boian-Kultur in Rumänien und Nordbulgarien und schließlich die Theiß-Kultur im östlichen Ungarn sowie die jungneolithische Marica-Gumelniţa-Kultur in

Bulgarien und im südlichen Rumänien, die Ariuşd-Cucuteni-Kultur in Siebenbürgen und der Moldau und die Vinča-Kultur im kroatisch-nordserbischen Gebiet. Hauptsächlich gründet sich diese Unterscheidung auf die Keramik. Mitunter sind aber auch andere Kulturerscheinungen damit verbunden, ohne daß es allerdings gelänge, eine entsprechend detaillierte Gruppengliederung an Hand der Steingeräte, der Haus- und Grabformen, bestimmter Schmucktypen oder dgl. herauszustellen.

Die verfügbaren Ausgrabungsbefunde und Fundvergleiche lassen erkennen, daß die geschichtlichen Kräfte, die bei der regionalen Gruppengliederung und den erweislichen Kulturbeziehungen zusammenwirkten, sehr verschiedener Art waren: Materialexpeditionen und Güteraustausch, Ausbreitung kultischer Bräuche und geistiger Vorstellungen, Wirkung technischer Neuerungen und modischer Eigenarten, Wanderbewegungen, Landsuche von Jungmannschaften und – vor allem im Jungneolithikum – kriegerische Auseinandersetzungen. Bei subtilen archäologischen Fundanalysen zeigt sich, daß die an einzelnen Siedlungsplätzen oder in einzelnen Gruppen miteinander kombinierten Keramikformen, -techniken und -ornamente oftmals jeweils unterschiedliche Verbreitungen aufweisen. Sie sind also nur in einer ganz bestimmten Vergesellschaftung repräsentativ für eine Gruppe. So erscheinen in der serbischen Vinča-Kultur gewichtige ägäisch-anatolische Elemente gepaart mit solchen ausgesprochen donau-theißländischen Charakters (Mäander- und Spiralmuster), welch letztere in den bosnischen Vinča-Stationen südlich der Save fehlen, während jene südlichen Elemente in den ungarischen und siebenbürgischen Fundplätzen dieser Kultur ganz zurücktreten oder völlig ausbleiben. Analoge Beobachtungen ergeben sich bei einem Vergleich der südosteuropäischen Keramikgruppierung immer wieder. Gleichfalls nicht selten ist zu bemerken, daß einzelne Typen in mehreren Gruppen sonst unterschiedlichen Charakters auftreten; als Beispiel sei auf eine charakteristische Form von Ritualgefäßen der Danilo- und Kakanj-Gruppe hingewiesen, die ganz ähnlich bis nach Mittelgriechenland hin vorkommt. Andererseits sind einige Gruppen durch eine unverwechselbar typische Dekorationsweise gekennzeichnet, wie z.B. die Vădastra-Gruppe Westrumäniens und die Butmir-Gruppe Bosniens, oder durch einen besonders beliebten Gefäßtyp, wie z.B. die Sălcuţa-Gruppe im westlichen Rumänien.

Mitunter drängt sich bei neolithischen Erscheinungen, die speziell in Küstenregionen anzutreffen sind, die Vermutung auf, daß bei ihrer Entstehung Verbindungen über das Meer eine Rolle spielten. Das wurde mit gutem Grund bei der altneolithischen Impressakeramik erwogen, die an der westbalkanischen Küste und auf einigen Inseln des Adriatischen Meeres ebenso zu finden ist wie an der Ostküste Süditaliens, in Ligurien und der spanischen Ostküste. Überall bezeichnet sie den Beginn einer vollneolithischen Kulturentwicklung, so daß hier anscheinend der Niederschlag von Kolonisationsbewegungen vorliegt, die, von Vorderasien ausgehend, die Küsten des Mittelmeeres entlang

z. T. wohl auch die Meeresteile überquerend, erfolgten. Bei anderen Gruppen, so z. B. bei der jungneolithischen Lisičići-Gruppe Dalmatiens, wurden ebenfalls für die Entstehung in maßgeblichem Umfang überseeische Verbindungen verantwortlich gemacht. Die Verschiedenartigkeit der küstenländischen Lisičići-Gruppe und der etwa gleichzeitigen, nur wenige Kilometer davon entfernten, unmittelbar jenseits der Wasserscheide beginnenden Butmir-Gruppe ist jedenfalls auffallend. Auch das entwickelte Neolithikum der Apenninhalbinsel, vor allem die bemaltkeramischen Ripoli-, Capri- und Serra d'Alto-Gruppen, bezeugen enge Beziehungen über das Meer mit Südosteuropa.

Nach der Entstehung der südosteuropäischen Karanovo-Criş-Kultur bezeichnet diejenige der mitteleuropäischen Bandkeramikkultur eine weitere Etappe in der Ausbreitung vollneolithischer Kulturerscheinungen. Wenngleich gewiß angenommen werden darf, daß die neolithisierende Kolonisation von Thrakien und dem unteren sowie mittleren Donaugebiet aus kontinuierlich über den westungarisch-niederösterreichisch-mährischen Raum nach Böhmen, Südpolen, Mittel- und Westdeutschland bis in die Niederlande, ins Elsaß und ins Pariser Becken vorgetragen wurde, stellt die durch diese Bewegung in Mitteleuropa sich bildende Kultur nicht einfach eine Periphererscheinung der altneolithischen Kultur Südosteuropas dar. Vielmehr haben wir in der Bandkeramikkultur einen Verband charakteristischer Kulturäußerungen vor uns, der trotz unverkennbar genetischer Abhängigkeit von der älterneolithischen Kultur des Südostens doch in sich weitgehend selbständig und eigengeartet ist. Der archäologische Fundstoff läßt in seiner zeitlichen Gliederung eine stufenweise Ausweitung des von dieser Kultur eingenommenen Areals erkennen: Die ältesten Ausprägungen sind auf den Raum von Mähren bis zum Rhein beschränkt; die weitest vorgeschobenen Kolonisationsgebiete an der Seine, in Pommern und in der Moldau wurden erst in einer spätesten Stufe erreicht.

Gesetzt den Fall, die vollneolithische Kolonisation Mitteleuropas hätte irgendwann im 6. Jt. v. Chr. in der oberungarischen Tiefebene mit 50 Familien ihren Anfang genommen und jede Familie hätte in jeder Generation *eine* weitere Familie für den Landausbau bzw. die Kolonisation beigesteuert, so würden es nach zwei Jahrhunderten (d. h. etwa acht Generationen) bereits 3200 Familien gewesen sein, die sehr wohl innerhalb des etwa 800 km weiten Raumes von Mähren bis zum Niederrhein sich auf die nachmalig von der Bandkeramikkultur belegten Gebiete verteilen konnten. Manches spricht dafür, daß die neolithische Kolonisation Mitteleuropas ein verhältnismäßig schnell sich vollziehender Vorgang war, der nicht gleichmäßig von Gebiet zu Gebiet vorgetragen wurde, sondern, siedlungsungünstige Zonen umgehend, in großzügigem Ausgreifen die geeignet erscheinenden Gebiete in Besitz nahm. Vermutlich nicht so sehr naturlandschaftliche Umweltbedingungen, wohl auch nicht eine Beeinflussung seitens einer im Lande angetroffenen Vorbevölkerung jägerisch-sammlerischer Wirtschaftsform, sondern die im Zuge der Kolonisation entstehenden Verhältnisse und die dabei gewahrten Kontakte bevölkerungsmäßiger und kultureller Art ließen dann die Bandkeramikkultur entstehen. Ob dabei die einzelnen Kulturäußerungen (Haus- und Siedlungsformen, Wirtschaftsweisen, Grabformen und Bestattungssitten, Schmuckarten und technische Fertigkeiten der Steinbearbeitung, Keramik und Gerätetypen) sich zusammen herausbildeten, oder ob diese Erscheinungen in einer zeitlichen Staffelung entwickelt wurden, läßt sich noch nicht sagen. Archäologisch greifbar wird uns die Bandkeramikkultur erst in einem Stadium, in dem die wichtigsten Eigenheiten voll entfaltet vorhanden sind. Wenn einstweilen Belege des charakteristischen Haustypus der Bandkeramikkultur aus der ältesten keramisch bekannten Stufe fehlen, so muß angesichts der allgemeinen Quellenlage in Betracht gezogen werden, daß dafür nur der Zufall verantwortlich zu machen ist. Ins Stadium der Kolonisation selbst reicht die älteste Bandkeramik-Stufe sicher nicht zurück.

In Zusammenhang mit dem sich in Mitteleuropa während des Mittelneolithikums vollziehenden Landausbau und einer Bevölkerungszunahme machten sich in zunehmendem Maße regionale Sonderkontakte geltend, die bei Wahrung gewisser Gemeinsamkeiten im Rahmen der Bandkeramikkultur einzelne gruppengebundene Besonderheiten in den Vordergrund treten ließen. So entstanden beispielsweise die Šárka-Gruppe in Böhmen, die Plaidt-Gruppe im Niederrheingebiet und die Hinkelstein-Gruppe in Rheinhessen sowie andere jungneolithische Gruppen. Wie in Südosteuropa so ist auch in Mitteleuropa damit zu rechnen, daß die geschichtlichen Verhältnisse und Kräfte, die eine Gruppengliederung der jungneolithischen Kultur verursachten, differenzierter waren als diejenigen in der Frühstufe des Vollneolithikums. Unterschiedliche Traditionen berührten sich mit Einflüssen aus verschiedenen anderen Bereichen, die sich zudem auf die einzelnen Kulturerscheinungen uneinheitlich auswirkten. Hauptsächlich stützt sich die Forschung in dieser Hinsicht auf die Keramik. Jedoch werden in wachsendem Umfang auch Grabfunde, Hausreste und andere Kultureigenheiten bekannt, so daß das sich uns bietende Bild der Gruppierung jungneolithischer Kulturerscheinungen in Mitteleuropa allmählich deutlichere Züge annimmt.

Die von Mitteldeutschland und Niederbayern bis Böhmen, Mähren und zum oberen Weichselgebiet reichende Verbreitung der älteren Stichbandkeramik ist offenbar als Ausdruck eines (ein Erbe der Bandkeramikkultur verkörpernden) traditionellen Kontaktes innerhalb dieses Raumes aufzufassen. Während der Entwicklung dieser Keramikgattung engte sich ihr Vorkommensbereich ein; parallel damit vollzogen sich in anderen Kulturäußerungen (Hausformen, Steingeräte, Bestattungssitten) Wandlungen, die umfassender und gewichtiger zu sein scheinen als die bei der Keramik festzustellenden. Damit reagierte die Stichbandkeramikkultur auf allgemeine Zeiterscheinungen, die sich ähnlich auch in anderskeramischen Gruppen bemerkbar machten.

Der komplexe Charakter der jungneolithischen Kulturgruppierung mag beispielhaft an der sog. Rössener Gruppe verdeutlicht werden. Ihre genetische und historische Beurteilung schwankt in der bisherigen Forschung erheblich. Teils wurde sie als Abkömmling der Bandkeramikkultur angesehen, teils als Nachfahre oder Vetter der nordischen Megalithkultur, teils als Mischung dieser beiden, wobei hinter der betreffenden kulturgeschichtlichen Kennzeichnung ein entsprechender ethnischer Charakter angenommen wurde. Mitunter wurde auch unter Hinweis auf die Unterschiede zur Bandkeramikkultur als Träger der Rössener Kultur eine „mesolithische" Jägerbevölkerung in Betracht gezogen, deren erstmalige Vollneolithisierung sie verkörpern würde; dabei dachte man als Anreger entweder an donauländische Kulturen, vor allem die Bandkeramikkultur, oder (daneben, bzw. hauptsächlich) an westeuropäisch-mittelmeerische Kulturen (Montserrat- und Chasséen-Kultur). Manchen schienen diese letzteren Beziehungen so stark zu sein, daß sie daraus sogar auf westeuropäische Einwanderer in Südwestdeutschland schließen wollten. Eine Analyse der Rössener Kulturäußerungen läßt erkennen, daß die für die Umschreibung dieser Gruppe primär herangezogene Keramik sich in eine ganze Anzahl von Untergruppen gliedert, die teils regional näher begrenzt, teils chronologisch für eine bestimmte Phase typisch sind. Dabei ergibt sich, daß einige vermutlich am Anfang der Rössener Keramiktradition stehende Erscheinungen (Eberstadter Facies) sich an solche der späten Bandkeramik anschließen lassen, daß jedenfalls der typologische Abstand zwischen ihnen geringer ist als derjenige zwischen einerseits diesen späten Formen der Bandkeramik und deren Altformen sowie andererseits zwischen jener frühen Ausbildung von Rössener Keramik (Eberstadter Facies) und entwickelteren Erscheinungen (Planiger Facies). Trotz dieser Tradition ist unbestreitbar, daß hier nicht eine gruppeninterne Keramikentwicklung (wie innerhalb der Bandkeramik) stattgefunden hat, sondern daß dazu Beziehungen mit der Stichbandkeramik, der Střelice-, der Lengyel-Keramik sowie mit gewissen südwestlichen und südalpinen Gruppen zur Geltung kommen. Der Formenvorrat, die Ornamente und die Verzierungstechniken der Rössener Keramik führen die mannigfache und differenzierte Verflochtenheit dieser Keramikgattungen mit den jungneolithischen Gruppen der umliegenden Gebiete vor Augen. Von den Rössener Schmuckformen unterstreichen die Stein- und Tonarmringe die Verbindungen zum oberitalienischen und westmediterranen Raum, ohne daß sich daraus freilich eine Ableitung der Rössener Typen begründen ließe. Die Pfeilspitzen ebenso wie die durchlochten Streitäxte der Rössener Kultur lassen sich in einen weiten Kreis entsprechender und verwandter Erscheinungen aus dieser Zeit einreihen, die sich vielerorts in die Kupferzeit hinein fortsetzen. Was die Rössener Bestattungssitten anlangt, so war in Mitteldeutschland die seitliche Hockerlage geläufig, anscheinend bevorzugt in N-S-Richtung, in Südwestdeutschland und im Elsaß entschieden die gestreckte Rückenlage, zumeist in NW-SO-Richtung. Die Abweichung von dem in der reinen Bandkeramikkultur Üblichen ist damit nicht zu übersehen. Nun zeigt sich aber, daß einige Gräber mit später Bandkeramik in Totenhaltung, -ausrichtung und z.T. sogar in ihrer nichtkeramischen Beigabenausstattung den Rössener Bestattungen ähnlicher sind als denen der übrigen Bandkeramikkultur. Hier erfolgte also eine sepulkralrituelle Wandlung nicht gleichzeitig mit der keramischen. Ein anderes Bild bieten die Rössener Haus- und Siedlungstypen. Die in Inden und Deiringsen (an der nördlichen Peripherie des Verbreitungsgebietes der Rössener Keramik) belegten trapezförmigen Großbauten stehen einerseits architektonisch und hinsichtlich der dahinter zu vermutenden Sozialform in einer Tradition von den Haustypen und der Siedlungsweise der Bandkeramikkultur (*s. S. 117ff.*), sind aber andererseits eng mit jungneolithischen Trapezbauten anderer Keramikgruppen (jüngere Stichbandkeramik Mitteldeutschlands, Brześć Kujawski-Gruppe des Weichselgebietes, Brozanky-Gruppe Böhmens) verwandt (*s. S. 128ff.*). Demgegenüber zeigen die zu einer geschlossenen Dorfsiedlung mit Rössener Keramik gehörigen kleinen Rechteckbauten vom Goldberg baukundlich und soziologisch große Ähnlichkeit mit denjenigen der Dörfer von Aichbühl, Taubried, Riedschachen und Schötz (im südlichen Peripheriegebiet der Rössener Keramik), die zwar nicht in ihren Steingeräten, wohl aber in ihrer Keramik anderen Gruppen angehören (Aichbühler und Egolzwiler Facies). Also auch bei der Gruppengliederung der Haus- und Siedlungsformen ergibt sich, daß sie nicht derjenigen der Keramik entspricht. Nimmt man die angedeuteten Befunde zusammen, so wird klar, wie komplex und vielgestaltig *das* ist, was mit der Sammelbezeichnung Rössener Kultur belegt wird. Wir haben hier nicht eine Kulturgruppe mit einem festen Bestand typischer Kulturäußerungen vor uns, sondern einen nur in gewisser Hinsicht zusammengehörigen Verband im Rahmen einer vielschichtigen z.T. auch andersgearteten Gruppierung der mitteleuropäischen Jungneolithkultur.

In Frankreich erfolgte eine Neolithisierung im Süden durch die Montserrat-Kultur, im Nordosten durch die Bandkeramikkultur. Von diesen Ausgangspositionen aus wurde dann während eines späten Abschnittes der Jungsteinzeit das Land bis zur Westküste einer bäuerlichen Besiedlung erschlossen. Auf der durch diese Landnahme entstandenen bevölkerungsmäßigen Grundlage erwuchs die in einigen keramischen Erscheinungen einheitliche, im übrigen aber beträchtliche regionale Unterschiede aufweisende Chasséen-Kultur. Diese läßt die beiden genannten Mutterkulturen sowie die offensichtlich ebenfalls Anregungen beisteuernde italienische Vasi a bocca quadrata-Kultur in gewissen typischen Bildungen noch durchscheinen. Andererseits zeigt sie aber auch Beziehungen zu den jungneolithischen Kulturen Mitteleuropas, Italiens und Spaniens. In Großbritannien entstand eine auf Ackerbau und Viehhaltung gegründete Kultur anscheinend am Übergang von der Jungsteinzeit zur Kupferzeit, nachdem ihr eine Kolonisation aus dem Bereich der Chasséen-Kultur vorangegangen war. In Schleswig-Holstein und Dänemark fanden vollneolithische Kulturerscheinungen gleichfalls ganz am Ende der Jungsteinzeit Eingang, und zwar unverkennbar wieder im Zuge einer Kolonisation, die in diesem Fall aus dem Raum der Rössener Kultur kam, wie aus manchen frühen Ausprägungen der nordischen Trichterbecherkultur (Keramik, Felssteingeräte, Hausformen) zu erschließen ist.

In Osteuropa, jenseits des kulturgeschichtlich zu Südost- bzw. Mitteleuropa gehörigen rumänischen und polnischen Karpaten-Weichselgebietes, sind vollneolithische Kulturerscheinungen erstmalig im Anschluß an solche rein mikrolithischen Charakters in einer Ausprägung zu belegen, die an eine vortripoljezeitliche Kolonisation aus dem Bereich der Criş-Kultur (Moldau und Bessarabien) denken läßt. Die diesbezüglichen Fundzeugnisse sind auf die Ukraine beschränkt, wo allein auch während des Jungneolithikums eine vollneolithische Kulturgruppe in Gestalt der eng mit der Cucuteni-Gruppe Rumäniens verbundenen Tripolje-Kultur blühte. Es ist unwahrscheinlich, daß nur der Fundzufall uns entsprechende Befunde in den nördlich anschließenden Bereichen vorenthalten hätte. Die Tripolje-Kultur wurde wegen der Ähnlichkeit gewisser keramischer Erscheinungen mit solchen der ostasiatischen Yang-shao-Kultur wiederholt mit der Annahme weitreichender Kulturbeziehungen oder sogar Wanderungen von der Ukraine nach dem Fernen Osten in Zusammenhang gebracht. Ein Vergleich zwischen dem keramischen Formen- und Ornamentbestand der Tripolje-Kultur und demjenigen der Yang-shao-Kultur am Hwang-ho läßt deutlich werden, daß gewisse auf den ersten Blick frappierende Gemeinsamkeiten nur Einzelzüge betreffen, die im Rahmen der übrigen, anders gearteten Kulturäußerungen schwerlich eine unmittelbare Verknüpfung beweisen können. Daß im nördlichen Kaukasusvorland, am Nordrand des Kaspischen Meeres, im Tiefland von Turan und in der Kirgisensteppe eine vollneolithische Besiedlung existiert habe, ist bisher durch keinerlei Fundhinweise belegt. Erst im südlichen Turkmenistan ist eine Kulturgruppe bekannt (Anau-Namazga-Gruppe), die als Periphererscheinung des iranischen Kreises bemaltkeramischer Neolithgruppen aufzufassen ist.

Die Neolithisierung des Iran und der östlich anschließenden Gebiete ist noch nicht hinreichend an Hand einschlägiger Funde zu verfolgen. Immerhin sind im Iran von der ältesten ausscheidbaren Stufe an Beziehungen zu Vorderasien offenkundig, denen in dieser Hinsicht eine maßgebliche Bedeutung beizumessen ist. Alles bis jetzt Bekannte spricht dafür, daß in Afghanistan und Pakistan eine vollneolithische Kultur später einsetzte als im Iran und daß, verglichen mit dem Hochland, dies im Industal nochmals später erfolgte, nämlich ganz am Ende der Jungsteinzeit. Teilweise gut bekannt sind in diesen Gebieten voll entwickelte Gruppen, die jedoch nicht eine neolithische Landnahme widerspiegeln, sondern von einer bereits vorhandenen Neolithbevölkerung aufgrund kultureller Kontakte und traditioneller Beziehungen geschaffen wurden. Nach Osten reicht dieser Kulturbereich bis zum Industal, das nicht nennenswert überschritten wurde. Einstweilen berechtigt nichts zu der Annahme, eine neolithische Kolonisation hätte in dem hier behandelten Zeitraum südlich des Himalaja weiter nach Südosten ausgegriffen. Demgegenüber weist das Erscheinen der vollneolithischen Yang-shao-Kultur in Nordchina darauf hin, daß irgendwie eine Verbindung zwischen Turkmenistan-Afghanistan und dem Hwang-ho-Gebiet bestanden haben muß. Sie mag entweder nördlich des Tien-schan verlaufen sein oder – wahrscheinlicher – nördlich des Hindukusch über Pamir und Ost-(Chinesisch-)Turkestan. Dort fehlt es nicht an frühen Besiedlungszeugnissen, wenngleich das einstweilen Vorliegende nicht als Etappenstation einer neolithisierenden Kolonisation gedeutet werden kann. Immerhin ist eine wenn auch eventuell nicht lange dauernde Besiedlung dieser damals nachweislich günstigere Lebensbedingungen bietenden Landstriche durch vollneolithische Bevölkerungsteile nicht auszuschließen. Wenn zwischen der bemalten Keramik (und anderen Kulturäußerungen) der südturkmenischen Anau-Namazga-Gruppe oder der pakistanischen Zhob-Gruppe und den mehr als 4000 km entfernten bemaltkeramischen Gruppen Griechenlands zwar nicht unmittelbare, aber doch mittelbare Beziehungen unbestreitbar (und nie bestritten) sind, so sollte auch die ebenso weite Entfernung zwischen den pakistanisch-turkmenischen Siedlungsplätzen und denen der Yang-shao-Kultur für eine neolithisierende Kolonisation nicht zu weit sein.

## *Hochkulturen*

Von einer Hochkultur pflegt man zu sprechen, wo eine Schrift bekannt ist. Im frühen 3. Jahrtausend v. Chr. ist dies nur im südlichen Mesopotamien (von der Stufe Uruk IV a an), in Elam (mit Ausstrahlungen nach dem übrigen Westiran) und in Ägypten (von der 1. Dyn. an) der Fall. Ob die Kenntnis der Schrift damals wirklich auf diese Gebiete beschränkt war oder ob uns nur der Fundzufall bzw. widrige Erhaltungsbedingungen Zeugnisse eines Schriftgebrauches in anderen Bereichen des Vorderen Orients vorenthalten, kann nicht definitiv entschieden werden. Die altsumerische und die frühdynastisch-ägyptische Schrift verkörpern in ihren ältesten nachweisbaren Entwicklungsstadien ausgesprochen urtümliche Stufen, die auf den tatsächlichen Anfang des Schriftprinzips hinweisen (*s. S. 236ff.*). Die protoelamische Schrift, die zwar mit der frühsumerischen eng verwandt ist, aber formal nicht von dieser abgeleitet werden kann, hielt sich eine Zeitlang und wurde dann von der aus der frühsumerischen Schrift der Uruk-Zeit erwachsenen babylonischen Keilschrift verdrängt. Dies läßt an die Möglichkeit denken, daß eventuell auch anderwärts in Vorderasien zu Beginn des 3. Jahrtausends Schriftansätze vorhanden waren, die sich auf die Dauer jedoch nicht zu behaupten vermochten. Freiliche würden dies schwerlich unabhängige Schrifterfindungen sein; vielmehr müßte wohl – wie im Falle der frühsumerischen und der protoelamischen Schrift – ein genetischer Zusammenhang vorausgesetzt werden, zumindest hinsichtlich des Schriftprinzips.

Alle verfügbaren Anhalte sprechen dafür, daß die erste Schrift im Lande Sumer, vermutlich in Uruk, erfunden wurde. Sie stellt offensichtlich die Frucht einer Bewußtseinsentwicklung dar (s. S. 238), die auch in anderen Kulturäußerungen des frühen Sumerertums zum Ausdruck kommt: der Monumentalarchitektur, der bildenden Kunst, dem Königtum, dem Kult und gewissen technischen Leistungen. Die Wurzeln dieser Kulturblüte reichen in die Zeit lange vor dem Ende des 4. Jahrtausends zurück. In den Besiedlungsverhältnissen an vielen Orten Mesopotamiens, in der Kultkontinuität, wie sie besonders deutlich in Eridu (*Taf. 24, B*) zu belegen ist, sowie in der Entwicklung des plastischen und graphischen Bildens wird ein enger Traditionszusammenhang zwischen den älteren Stufen der mesopotamischen Kultur und den Ausprägungen der Zeit um 3000 v. Chr. spürbar, so daß der Entwicklungsschritt während der Uruk IV-Zeit als eine konsequente Weiterführung des in diesem Kreis Angelegten erscheint. Daß die Träger dieser ältestens Hochkultur Sumerer waren, steht fest. Über die Herkunft der Sumerer, eine eventuelle Einwanderung nach Babylonien und die Rolle einer hypothetischen indigenen Vorbevölkerung wurden in der Forschung mannigfache Vermutungen angestellt. Wenngleich ein abschließendes Urteil noch aussteht, darf heute die Ansicht, wonach mindestens ein wesentliches Element des urukzeitlichen Sumerertums autochthon ist, als gesichert gelten. Inwieweit dieses eventuell aus sprachlich und herkunftsmäßig verschiedenen Teilen bestand, die zu einer ethnischen Einheit zusammenwuchsen, und wie sich diese von den Bevölkerungen in Obermesopotamien, in Elam und den angrenzenden iranischen sowie in den syrischen Gebieten abhob, ist noch weithin unklar. Dem Fundstoff ablesen läßt sich nur, daß die frühsumerische Hochkultur eine beeindruckende Strahlkraft besaß: Rollsiegel von Djemdet Nasr-Art kamen bis Mittelpersien, Ägypten, Syrien, Anatolien und den Kykladen zum Vorschein; und letztlich sind eventuell sogar die Tonscheiben mit eingedrückten Zeichen von Turdaş und Tărtăria in Siebenbürgen als ein ferner Abglanz von Erzeugnissen der mesopotamischen Hochkultur aufzufassen.

Der Einfluß der Sumerer auf ihre vorderasiatische Umwelt dürfte sich in sehr verschiedenartigen geschichtlichen Formen vollzogen haben. Eine Rolle spielten wirtschaftliche Beziehungen. Die meisten wichtigen Rohstoffe mußten in Babylonien von außerhalb bezogen werden: Holz und Steine, Elfenbein, Erdpech und Gips, Gold, Silber und Kupfer. Manches konnte aus verhältnismäßig nahe gelegenen Gebieten erworben werden, anderes kam von weiter her. Hier werden wir mit einem geordneten Gütertausch bzw. einem regelrechten Handel zu rechnen haben. Auch kriegerische Unternehmungen mögen wegen notwendiger Rohstofflieferungen stattgefunden haben. Die Kulturverwandtschaft Susas mit Sumer wurde sogar gelegentlich als Folge einer sumerischen Eroberung gedeutet, was in diesem Fall angesichts der weitgehenden

Eigenständigkeit der protoelamischen Kultur wenig wahrscheinlich ist. Das Auftreten rein sumerischer Erzeugnisse (vor allem Rollsiegel) im nordmesopotamischen Tell Brak ließ die Vermutung aufkommen, daß an diesem später verkehrs- und militärpolitisch wichtigen Platz bereits in der Frühzeit eine sumerische Kolonie bestanden hätte. Andererseits mußten Einrichtungen und Errungenschaften der frühsumerischen Stadtkönigreiche bei benachbarten und entfernteren Gemeinschaften, mit denen ein allgemeiner Kontakt bestand, anziehend und vorbildhaft wirken, womit zweifellos ein sehr differenzierter Vorgang angedeutet ist. Technische Neuerungen konnten vergleichsweise leicht aufgenommen und nachgeahmt werden, eventuell auch wirtschaftliche Produktionsweisen, bis zu einem gewissen Grad sodann Architektur- und andere künstlerische Formen. Wesentlich schwieriger muß eine Übernahme der für die frühe Hochkultur spezifischen Sozialordnung gewesen sein, als deren wesentliche Kennzeichen das Königtum, der Tempelstaat und das Städtewesen anzusehen sind. Freilich ist es beim Auftreten von Kulturerscheinungen diesbezüglicher Art außerhalb Babyloniens nicht leicht, sie als hochkulturelle Elemente zu erweisen, also über ihre formale Abhängigkeit von sumerischen Erscheinungen hinaus wahrscheinlich zu machen, daß mit ihrer äußeren Gestalt der in Babylonien sie bedingende und erfüllende geistige Urgrund mit übernommen wurde. Wenn beispielsweise die Architektur in Mersin Schicht XII und in Hacilar Schicht I einen Charakter zeigt, den man als burgartig kennzeichnen und mit einem fürstlichen Bauherrn und Bewohner in Verbindung bringen möchte, so ist dieses Sozialphänomen natürlich nicht auf das sumerische Königtum zu beziehen (nicht nur wegen der chronologischen Diskrepanzen). Andererseits läßt sich nicht ausschließen, daß in den großen Tempeln vom Tepe Gaura und der überreichen „fürstlichen" Ausstattung einiger Gräber von dort sich Verhältnisse widerspiegeln, die von denjenigen in Babylonien beeinflußt sind. Das wichtigste Kriterium der Hochkultur ist offenbar das Vorhandensein einer Schrift, die der unmittelbarste und am schwersten nachzuvollziehende Ausdruck einer spezifisch hochkulturellen Geisteshaltung ist.

In der Zeit von Uruk IV und der damit zu parallelisierenden protoelamischen Kultur vollzog sich nur noch in Ägypten eine geschichtliche Entwicklung, die zur Ausbildung einer Hochkultur im Vollsinn dieses Begriffes führte. Alle entscheidenden Merkmale der frühsumerischen Kultur (Königtum, Staatsverwaltung, Schrift, differenzierte Kulturverhältnisse, zentrale Wirtschaftslenkung) finden sich von der frühdynastischen Zeit an auch in Ägypten. Wenngleich offenbar nicht unerhebliche Unterschiede in den konkreten Ausprägungen dieser hochkulturellen Phänomene zwischen beiden Ländern bestehen, kann doch nicht zweifelhaft sein, daß zwischen ihnen ein Zusammenhang besteht. Über die Art dieses Zusammenhanges, über die ihn vermittelnden Personen und die dafür in Betracht kommenden Wege besteht in der Forschung keine Einmütigkeit. Daß in Ägypten in vielen Bereichen der archäologisch faßbaren Kultur von den prädynastischen Naqada-Stufen bis zur Ära des *‚Skorpion'*, *Narmer* und *Hor Aha* sich eine starke Tradition als wirksam erweist (die bei einer Beschränkung der Betrachtung auf Ägypten sogar einige Forscher an die Möglichkeit denken ließ, daß hier eine ausschließlich innerägyptische Entwicklung vorliege), widerspricht nicht der Tatsache, daß am Beginn des frühdynastischen Zeitalters mesopotamische Kulturelemente auffallend hervortreten. Zumal diese Erscheinungen (Monumentalarchitektur mit Nischengliederung: *Taf. 26, A.B*, Rollsiegel, typologisch und stilistische Eigentümlichkeiten der Prunkpaletten, Ikonographie von Repräsentations- und Ritualdarstellungen: *Taf. 21*) vorwiegend auf das sich damals konstituierende Pharaonentum Bezug nehmen, ist unverkennbar, daß bei der Entstehung der ägyptischen Hochkultur ein mesopotamischer Einfluß maßgebend beteiligt war. Die allgemeinen Kulturverhältnisse machen die bis in die neueste Zeit mitunter erwogene Annahme der Neueinwanderung einer vorderasiatischen Bevölkerung im Niltal sehr unwahrscheinlich. Dies aber schließt die Möglichkeit nicht aus, daß einige in Mesopotamien Beheimatete, denen die sumerische Tempelstadt in ihren religiösen, soziologischen, künstlerischen und wirtschaftlichen Aspekten vertraut war, im Bereich der Naqada-Kultur ansässig wurden, eine einflußreiche Stellung einnahmen und bei der Begründung des ägyptischen Königtums entscheidend mitwirkten.

Von Bedeutung dürfte gewesen sein, daß diese Kontakte zwischen dem Zweistromland und Ägypten am Ende der Naqada II-Stufe nicht gänzlich unvermittelt und unvorbereitet einsetzten. Die einzelnen Kulturbereiche des Vorderen Orients unterhielten während der neolithisch-chalkolithischen Zeit mehr oder weniger enge kulturelle Verbindungen miteinander, die sich nicht in technischen und ökonomischen Praktiken erschöpften, sondern auch wesentlichere Ebenen der Kultur betrafen. Was die dabei benutzten Wege anlangt, so wird mitunter ein Seeweg um Arabien herum angenommen; vom Roten Meer aus war dann durch das gebirgige Wadi Hamamat und andere Wadis die oberägyptische Thebais leicht zu erreichen. Dazu wird darauf hingewiesen, daß einige ägyptische Schiffsdarstellungen (nicht nur aus dem Niltal, sondern auch aus dem östlich angrenzenden Wüstengebiet) an mesopotamische Schiffstypen erinnern. Demgegenüber möchten andere nur Verbindungen zwischen Mesopotamien und den syrisch-palästinensischen Gebieten und von dort entweder zu Schiff oder zu Land nach dem Nildelta bzw. von Südpalästina über den Golf von Akaba und das Rote Meer zum Wadi Hamamat und von dort nach Oberägypten in Betracht ziehen. An Hand des Fundstoffes lassen sich Beziehungen zwischen dem palästinensisch-syrischen Gebiet und Ägypten nachweisen, bei denen das erstere nicht nur ein Durchgangsland für Einflüsse aus Mesopotamien, sondern selbst Beziehungspartner war. Dennoch fehlen jegliche Anhalte dafür, daß – wie erwogen wurde – in diesem Zwischenbereich die Wurzeln der hochkulturellen Entwicklung zu suchen seien, die von dort einerseits nach Ägypten und andererseits nach Babylonien gewirkt hätten. Die Bedeutung von Byblos für den ägyptischen Handel reicht nachweislich in frühe Zeit zurück. Die Wichtigkeit des Libanon für Babylonien hat ihren Niederschlag im Gilgameš-Epos gefunden. Kupfer und Malachit sowie wahrscheinlich Türkis von der Sinai-Halbinsel spielten für Ägypten schon in prädynastischer Zeit eine Rolle; und der von den Ägyptern geschätzte Lapislazuli dürfte aus den Euphratländern gekommen sein. Angesichts dieser allgemeinen Beziehungen tritt die Frage, welche speziellen Wege beim Zustandekommen der für die Kulturentfaltung zu Beginn der 1. Dyn. entscheidenden Kontakte benutzt wurden, an Wichtigkeit zurück gegenüber der als gesichert zu wertenden grundsätzlichen Feststellung, daß dabei nur an eine *unmittelbare* Verbindung zwischen Babylonien und Ägypten, den beiden Enden des ‚fruchtbaren Halbmondes', gedacht werden kann.

## 2. TECHNIK UND WIRTSCHAFT

### A. ALTSTEINZEIT

Wenn man unter „Technik" alles das versteht, was der Mensch ersinnt und unternimmt, um die Kräfte und Materialien der Natur zur Sicherung, zum Ausbau und zur Vereinfachung seines praktischen Daseins auszunutzen, so ist bemerkenswert, daß während des gesamten Paläolithikums – soweit wir durch Fundzeugnisse in dieser Hinsicht unmittelbare Kenntnisse besitzen – sich die Technik durch eine ausgesprochene Naturnähe auszeichnet, d. h. das gebrauchsfertige Produkt stellt nur eine vergleichsweise geringfügige, wenig umfassende Veränderung des natürlichen Grundstoffes unter sehr eingeschränkter Anwendung von Naturkräften dar. So offenkundig dies für die Altsteinzeit als Ganzes gilt, so unverkennbar läßt sich innerhalb dieses langen Zeitraumes (vor allem für die letzten etwa hunderttausend Jahre, die uns durch diesbezügliche Fundzeugnisse zugänglich sind) eine Entwicklung vom ganz Einfachen zum etwas Komplizierteren verfolgen.

Am deutlichsten zu erkennen ist dies anhand der Steingeräte. Diese wurden während der gesamten Altsteinzeit ausschließlich durch Behauen und Retuschieren hergestellt (Schleifen und Durchbohren kamen erst in nachpaläolithischer Zeit hinzu); dies ist insofern auffällig, als die Technik des Schleifens bei der Anfertigung von Steinstatuetten und Schmuckstücken sowie bei der Herstellung von Knochengeräten seit Beginn des Jungpaläolithikums bekannt war. Das Retuschieren erfolgte durch Hieb oder Druck, d. h. die Späne wurden entweder vermittels eines Schlagsteines abgeschlagen oder durch einen aus Holz oder Knochen bestehenden, geschickt angesetzten Druckstock abgesprengt. Das letztere ermöglichte eine beträchtlich feinere Formung der Geräte.

Zwei Arten der paläolithischen Artefaktherstellung sind zu unterscheiden, die sog. Kernsteintechnik und die Abschlagtechnik. Bei der ersteren wurden von einem Rohstück so viele Späne entfernt, bis als Kern das beabsichtigte Gerät übrigblieb. Bei der Abschlagtechnik wurden demgegenüber von dem Rohstein (Nukleus) Späne abgesprengt mit der Absicht, diese als Geräte zu verwenden, sei es ohne weitere Zurichtung, indem die beim Absprengen entstandenen scharfen Kanten als Schneiden dienten, sei es, daß diese Abschläge die Ausgangsstücke für eine weitere Geräteformung durch partielle oder vollständige Retuschierung darstellten. Allgemein übte das Gesteinsmaterial zwar einen gewissen Einfluß auf die Formgebung der Geräte aus; doch hing die spezielle Gestalt primär vom menschlichen Formwillen ab. Dieser konnte sich freilich an einem geeigneten Gestein besser verwirklichen als an einem qualitativ schlechten. Aber auch – und gerade – bei diesem ist oft eine ausgeprägte Gestaltungsabsicht erkennbar, die sich den natürlichen Bedingungen zum Trotz durchzusetzen bemüht.

Im Altpaläolithikum sind in Kernsteintechnik hergestellte Faustkeile sowie in Abschlagtechnik gefertigte Schaber die charakteristischen Gerätegattungen. Dabei wurden in einem älteren Abschnitt für beide ausschließlich einfache, rohe Techniken angewandt: bei den Faustkeilen wurde ein Schlagstein benutzt (die dadurch entstandenen Geräte werden als Abbevillien bezeichnet: *Taf. 32, 30*), die Abschläge durch „harte" Stöße eines Steinknollens gegen eine steinerne Unterlage (Amboß) erzeugt (die dadurch entstandenen Geräte werden als Clactonien bezeichnet: *Taf. 32, 33*). Ein mittlerer Abschnitt des Altpaläolithikums wird technologisch gekennzeichnet durch das Aufkommen einer entwickelteren Kernsteintechnik, bei der vermittels eines Schlag*holzes* feinere Faustkeile zustande gebracht wurden (sog. Acheuléen: *Taf. 32, 31*). Daneben blieben die Techniken und Geräteformen der vorangehenden Zeit in Geltung. Ein wiederum jüngeres Stadium wird verkörpert durch Abschlaggeräte in der sog. Levalloisien-Technik, die als etwas Neues zu den bestehenden tritt (*Taf. 32, 32*). Sie besteht darin, daß die als Rohstücke dienenden Silexknollen zunächst auf der Oberseite retuschiert werden, sodaß der Nukleus die Form eines Diskus oder einer Schildkröte erhält; diese retuschierte Oberfläche diente dann als Schlagfläche, von der die Abschläge sicherer und planmäßiger abgesprengt werden konnten als von der unretuschierten Schlagfläche der Clactonien-Nuklei. Ins ausgehende Altpaläolithikum gehört das sog. Micoquien, das wiederum gewisse technologische Neuerungen bringt, u. a. die Anfertigung von Halbkeilen, d. h. faustkeilartige Geräte, die aus einem Abschlag, nicht aus einem Kernstein, hergestellt sind.

Das Mittelpaläolithikum wird in seinem Bestand an Steingeräten – Moustérien genannt – charakterisiert durch eine abermalige Weiterentwicklung der altpaläolithischen Techniken und Formen. Neben verfeinerten Faustkeilen in Kernsteintechnik werden vor allem aus Abschlägen mannigfache Geräte in typischen Ausprägungen geformt: sog. Handspitzen, Schaber, Blattspitzen u. a. m. (*Taf. 32, 27–29*). Dabei wird die Flächenretusche vielfach zu einer zuvor unbekannten Perfektion gebracht.

Bezeugen mittelpaläolithische Steingeräte – gerade flächenretuschierte Blattspitzen aus Mitteleuropa gehören hierzu – mitunter eine Kenntnis und Beherrschung von Bearbeitungstechniken, die schlechterdings unüberbietbar zu sein scheinen und in der Folgezeit in der Tat nicht mehr übertroffen wurden, so zeichnet sich das Jungpaläolithikum noch einmal durch die Entwicklung neuer Techniken aus, die einen merklichen Fortschritt gegenüber dem bis dahin Bekannten darstellen. Vor allem ist es die Schmalklingentechnik, die die serienmäßige Anfertigung parallelseitiger, langschmaler Klingen ermöglichte (*Taf. 32, 19–26*). Diese bilden die Ausgangsformen für vielerlei Geräte, die den jungpaläolithischen Typenbestand insgesamt differenzierter und ausgeprägter erscheinen lassen als denjenigen der vorangehenden Abschnitte. Dabei treten wiederum verschiedene Techniken in Erscheinung, deren regional und chronologisch unterschiedlich intensive Handhabung und Beherrschung zu dem vielgestaltigen Bild beiträgt, das die jungpaläolithischen Kulturerzeugnisse bieten. Bereichert wird dieses Bild durch die während des Jungpaläolithikums eine beträchtliche Rolle spielende Technik der Knochen- und Geweihbearbeitung, die ebenso virtuos gehandhabt wurde wie die Steinbearbeitungskunst. Geschnitzt wurden Speerspitzen und Harpunen (*Taf. 32, 13–15*), Menschen- und Tierfiguren (*Taf. 1.2.4*), Armbänder (*Taf. 3, 22*) und Anhänger, Nähnadeln und Knöpfe. Hinzukommen im Jungpaläolithikum an bekannten Techniken die bei den Höhlenmalereien angewandten Malweisen (*s. S. 168*), die ähnlich wohl auch zur Bemalung des menschlichen Körpers führten, die Meißel- und Schleiftechnik, die die Steinplastiken und -reliefs entstehen ließen (*s. S. 184 ff.*), die Flechtkunst, die bei der Anfertigung von Matten und eventuell auch der Behausung angewandt wurde. Die Errichtung dieser letzteren setzte die Beherrschung auch anderer Techniken voraus.

Überblickt man die aus Fundbelegen zu erschließenden Techniken der Altsteinzeit, so zeigt sich, daß trotz einer im Verlauf dieses langen Zeitraumes zu verfolgenden Zunahme der Kenntnisse und Fertigkeiten und einer am Ende dieses Zeitalters feststellbaren bewundernswert vollkommenen Beherrschung gewisser Techniken diese insgesamt doch materialverhaftet sind, d.h. die natürlichen Rohstoffe nur gestaltlich-äußerlich, nicht aber in ihrem Bestand verändern.

Dieselbe Naturverhaftetheit zeichnet auch die paläolithische Art der Nahrungsgewinnung aus: während dieses ganzen Zeitraumes bildeten die Jagd und das Sammeln von Früchten, Beeren, Wurzeln, Samen und Kräutern die Grundlage der Ernährung. Während wir aus den archäologischen und faunistischen Überresten eine vergleichsweise gute Kenntnis der Jagd gewinnen können, sind die Zeugnisse von gesammelter vegetabilischer Nahrung überaus dürftig. Nur ganz selten sind die Erhaltungsbedingungen so günstig, daß Reste von Pilzen, Wildäpfeln, Haselnüssen und anderen Früchten nachgewiesen werden können, so in der mittelpaläolithischen Station von Ehringsdorf. In der jungpaläolithischen Figuralkunst treten Pflanzendarstellungen gegenüber den Tausenden von Tierbildern stark zurück. Doch kann daraus natürlich nicht auf das anteilige Verhältnis von tierischer und pflanzlicher Nahrung geschlossen werden. In dieser Hinsicht bestanden zweifellos beträchtliche Unterschiede zwischen den einzelnen Landstrichen und Zeitstufen, entsprechend den sehr verschiedenartigen Klima- und Vegetationsverhältnissen. Gesammelt und genutzt wurde zweifellos jeweils das, was zu finden war. Da die Anthropoiden ursprünglich wohl nur von Pflanzennahrung lebten – die Pongiden sind heute noch reine Pflanzenfresser –, wird angenommen, daß die Menschen anfänglich reine Vegetarier gewesen seien und erst allmählich eine Entwicklung zum zusätzlichen Genuß von Fleisch eingesetzt habe. Unter extremen Umweltverhältnissen, etwa während einer ausgesprochenen Kaltzeit im Wirkungsbereich des Inlandeises, mag die Ernährung durch Fleisch sogar überwogen haben.

Allgemein müssen wir für das gesamte Paläolithikumg mit einem reinen Aneignen dessen rechnen, was die Natur bot. Es fehlte völlig eine produktive Nahrungsgewinnung durch planmäßiges Anbauen von Nutzpflanzen und durch Halten von Haustieren, wie sie im Prinzip die nachpaläolithische Wirtschaft kennzeichnet. Diese rein jägerische Einstellung muß in einer durch allgemeines Herkommen sanktionierten grundsätzlichen Bewertung der Tierwelt und der Umwelt insgesamt begründet gewesen sein: Die umgebende Natur wurde so, wie sie war, als gegeben und unabänderlich angesehen. Zu den selbstverständlichen Gegebenheiten gehörte die natürliche Lebensweise der Tiere. Um diese zum eigenen Nutzen zu verändern, bedurfte es einer menschlichen Bewußtseinsstufe, die offensichtlich erst die postdiluviale Zeit charakterisiert.

Gewiß müssen wir voraussetzen, daß der altsteinzeitliche Mensch ein Bewußtsein seiner selbst und der Umwelt als eines Gegenübers hatte. In ihrem ersten Anfang dürfte diese Reflexion den Beginn des Menschseins überhaupt bezeichnen (*s. S. 70*). Eine Entfaltung dieses Bewußtseins könnte durch die Inbesitznahme der Höhlen in weiten Teilen der besiedelten Welt am Ende des Altpaläolithikums angedeutet werden (*s. S. 96*). Der Beginn des Jungpaläolithikums mit seinen mannigfachen Neuerungen (Kunst, Schmuck) stellt einen weiteren in dieser Richtung gehenden Entwicklungsschritt dar (*s. S. 157ff.*). Wieder ein nächster wird archäologisch am Beginn des neolithischen Zeitalters faßbar. In diesem Stadium war der Mensch (bzw. waren die diese Entwicklung tragenden Gemeinschaften) nicht mehr willens, den Ungewißheiten und Zufälligkeiten der Jagd mit dem damit verbundenen Risiko ausgesetzt zu sein. Der Wunsch, über die Bildung und Verteilung lebender Fleischvorräte frei verfügen zu können, führte zur Domestikation und zur Viehhaltung. Die Preisgabe einer rein jägerischen Einstellung dem fleischspendenden Tier gegenüber ist der Ausdruck einer tiefgreifenden Wandlung der gesamten Lebenshaltung, die primär nicht auf ökonomischen Motiven beruht, sondern im Bereich des Geistigen und des Bewußtseins wurzelt.

Anders zu beurteilen ist die Domestikation des Hundes. Die vorhandenen diluvialen Canidenfunde vermitteln allerdings noch kein zuverlässiges Bild vom Alter und Charakter der ältesten Haushunde. Die zoologische Forschung ist sich nicht einmal im klaren darüber, ob der Vorfahr des gezähmten Hundes der Wolf, der Schakal oder ein eigener Wildhund war, wobei die Übergänge zwischen diesen Formen fließend gewesen sein können. Canidenknochen aus einigen russischen Stationen des Jungpaläolithikums (Timonovka, Afontova, Vercholenska, Mezin) sind von sowjetischen Zoologen als solche von Hunden klassifiziert worden. Ob sieben fast vollständige Wolfsskelette in einer Grube des gravettienzeitlichen Lagerplatzes von Pavlov und die „Bestattung“ eines Wolfes in der Veternica-Höhle als Hinweis auf eine frühe Domestikation der Caniden zu bewerten sind, ist allerdings fraglich. Merkwürdig ist auch ein Befund von Grimaldi, wo bei dem Skelette eines „Wolfes oder Hundes“ etwa 30 olivenförmige Schneckenhäuser lagen. In Borševo waren Wolfsknochen in einer auffälligen Anordnung deponiert, die für beabsichtigt-rituell gehalten wird. F. Hančar folgerte daraus, daß diese Tiere eine besondere Bedeutung für den Menschen gehabt haben müßten. Da es sich aber nicht um Fleischlieferanten handelt und ihr Wert als Pelztierlieferant schwerlich eine herausgehobene Behandlung rechtfertigen würde, möchte er in Betracht ziehen, daß die Caniden bereits die Funktion von menschlichen Jagdhelfern hatten. Wenn auch diese Canidenfunde an Eindeutigkeit noch zu wünschen übriglassen, so wird man eine Zähmung des Hundes in einem rein jägerischen Kulturmilieu doch sehr wohl für möglich halten. Wilde Caniden mögen sich in der Nähe der Lagerplätze als Beuteräuber aufgehalten haben; daraus kann allmählich ein permanentes Zusammenleben geworden sein, wobei die Caniden sich den Gewohnheiten der Menschen anpaßten und die Menschen aus der Anwesenheit dieser Tiere Vorteile zogen, indem sie diese etwa als Jagdhelfer oder als Lagerplatzwächter benutzten. Zwar wäre eine solche Art der Domestikation nicht ein rein natürlicher Vorgang, sondern müßte in gewisser Weise als eine Kulturtat des Menschen aufgefaßt werden, aber sie würde nicht dieselbe geistig-bewußtseinsmäßige Haltung zum Tier und allgemein zur umgebenden Natur voraussetzen wie die Domestikation der fleischspendenden Tiere. Immerhin würde es sich hier um den Beginn einer bewußten Dienstbarmachung lebender Tiere für die menschliche Daseinssicherung und -erleichterung handeln.

## *Jagd*

*Alt- und Mittelpaläolithikum:* Die ältesten archäologischen und faunistischen Zeugnisse einer jagdlichen Betätigung des paläolithischen Menschen betreffen die Jagd auf große Dickhäuter: Steppen- und Waldelefant sowie Waldnashorn. Die Erlegung dieser wegen ihrer Körpergröße und Verteidigungskraft äußerst gefährlichen Tiere erforderte vom Jäger nicht nur ein besonderes Maß an Mut, Entschlossenheit und Geschicklichkeit, sondern auch eine beträchtliche Überlegung, Planung und Voraussicht jagdlicher Art, verbunden mit einer guten Kenntnis der Eigenarten dieses Wildes. Sofern die Fauna aus den älterpleistozänen Schottern von Mauer bei Heidelberg wirklich teilweise als menschliches Jagdwild gedeutet werden dürfte, was von der Forschung im allgemeinen angenommen wird, würden bereits die alterältesten nachweisbaren menschlichen Bewohner Europas eine Jagd auf große Dickhäuter betrieben haben. Das ist bei der anzunehmenden körperlichen Konstitution des

Urmenschen nur so zu erklären, daß sein urtümliches Bewußtsein ihm psychisch eine gewisse Überlegenheit diesen Tieren gegenüber gab.

Da die pithecinen Vorläufer des Menschen sich vermutlich nur von pflanzlicher Kost ernährten, ist der Gegensatz zwischen ihnen und den sich als Jäger auf Elefanten und Nashörner betätigenden Urmenschen denkbar groß. Die alt- und mittelpaläolithische Jagd auf große Dickhäuter wurde offensichtlich auf zweierlei Art betrieben, einmal als Angriffsjagd mit einem hölzernen Stoßspeer, zum anderen als Fangjagd mit Hilfe von Fallgruben.

Die verkohlte Holzspitze von Torralba in Spanien, die zusammen mit Elefantenknochen und Steingeräten gefunden wurde, und die Holzspitze von Clacton-on-Sea in England, die gleichfalls mit interglazialer Fauna und Steingeräten vergesellschaftet zutage gekommen ist, werden als Reste langer Holzspeere gedeutet. Der einzigartige Fund von Lehringen in Niedersachsen vermittelt einen wünschenswert guten Einblick in eine der Arten urzeitlicher Dickhäuterjagd: In einem interglazialen See lag das fast vollständige Skelett eines etwa 45 Jahre alten Waldelefanten mit einem 2,5 m langen Eibenholzspeer zwischen den Rippen. Der Speer besitzt eine im Feuer gehärtete Spitze. Im Umkreis lagen einige flüchtig zurechtgeschlagene Steingeräte. Offensichtlich haben wir es mit einem Tier zu tun, dem von einem Paläolithiker – ganz ähnlich wie neuzeitliche Elefantenjäger es zu tun pflegen – aufgelauert und von schräg vorne ein Holzspeer in die Brust gestoßen worden war. Das verwundete Tier, dem sich beim Davonlaufen die Jagdwaffe immer tiefer ins Fleisch gebohrt haben mochte, flüchtete sich an ein kleines Gewässer, brach dort ermattet und verblutet zusammen und sank in den weichen Untergrund ein. Die verfolgenden Jäger konnten anscheinend nur die aus dem Wasser herausragenden Teile der Beute mit Steingeräten, die sie an Ort und Stelle fertigten, ablösen und in Besitz nehmen. Das übrige Tier samt der tief im Körper steckenden Jagdwaffe blieb im Tümpel liegen.

Nahe Fritzlar in Hessen kamen Reste eines Elefanten zum Vorschein, die sich im wesentlichen auf die fleischarmen Teile des Skelettes beschränken. Daß die übrigen Partien einschließlich der Stoßzähne von paläolithischen Jägern mitgenommen worden waren, wird durch einige im Umkreis gefundene rohe Steingeräte nahegelegt. Umgekehrt wie bei den Jagdplatzfunden ist die Auswahl der Skeletteile an den Lagerplätzen, wie z. B. in Salzgitter-Lebenstedt, wo hauptsächlich Knochen der fleischreichen Körperteile anzutreffen sind.

Die wichtigste alt- und mittelpaläolithische Jagdwaffe, der Holzspeer, wurde gewiß überwiegend oder gar ausschließlich zum Stoßen benützt. Oft war seine Spitze nur zugeschnitzt und feuergehärtet. Daneben aber waren auch gesondert gearbeitete, aufgesetzte Spitzen bekannt. Eine Knochenspitze von Salzgitter-Lebenstedt ist wohl so zu deuten, ebenso frühe Blattspitzen aus Stein.

Die auffallende Häufung von Faustkeilen und anderen Steingeräten auf engem Raum in Bed IV der Oldoway-Schlucht wurde von L. S. B. Leakey ansprechend mit der Erlegung von Großwild in Verbindung gebracht. Er erinnerte dabei an Verhältnisse im modernen Ostafrika: Nach Tötung eines großen Dickhäuters pflegen innerhalb weniger Stunden zahlreiche Eingeborene der Gegend sich einzufinden und einen Tag oder auch länger dort zu verbleiben, um mit ihren einfachen Werkzeugen von der Jagdbeute abzuschneiden, solange der Vorrat reicht. Man kann sich unschwer vorstellen, daß an Flußufern, wo dem Großwild besonders gut aufzulauern war, auf diese Art und Weise innerhalb eines längeren Zeitraumes sehr wohl Zehntausende von Faustkeilen und anderen Steingeräten in den Boden gelangen konnten, wie das vor allem in Westeuropa und in Afrika nicht selten festzustellen ist.

Mit einer anderen Jagdmethode, nämlich dem Fangen in Fallgruben, wird die von W. Soergel durchgeführte Analyse des Knochenmaterials einiger pleistozäner Fundplätze verbunden. Danach entspricht an Orten, wo keine Spuren menschlicher Jagdtätigkeit nachweisbar sind, das Verhältnis von jungen zu erwachsenen Waldelefanten und Waldnashörnern etwa der natürlichen Altersstaffelung innerhalb der betreffenden Herden, so daß irgendwelche Naturereignisse den Tod der Tiere an diesen Plätzen verursacht haben dürften. Von dieser Altersrelation stark unterschieden ist diejenige an solchen Plätzen, wo archäologische Funde (Steingeräte und Feuerstellen) die Anwesenheit menschlicher Jägergruppen bezeugen und die Annahme nahelegen, daß die Tierknochen von menschlicher Jagdbeute herrühren. Vor allem kommen da die Stationen an den Tümpeln und größeren Wasserstellen im Travertinbildungsgebiet des Ilmtales bei Weimar in Betracht. So waren in Taubach von den 65 ermittelten Altelefanten 25% unter 6 Jahren, weitere 29% zwischen 6 und 20 Jahren, also auch noch nicht fortpflanzungsfähig. Auf die Altersstufe von 20–25 Jahren entfielen 29%; über 50 Jahre waren 17%. Noch auffälliger ist die altersmäßige Staffelung der in Taubach zum Vorschein gekommenen Waldnashörner. Von den über 100 bestimmbaren Tieren waren 72% juvenil. Daß der Mensch als Jäger für dieses Zahlenverhältnis alter und junger Tiere verantwortlich zu machen ist, wird als sicher angenommen. Die Fundumstände der Knochen sowie auch der Umstand, daß Knochen von fleischreichen *und* fleischarmen Körperteilen und sogar einmal ein vollständiges Elefantenskelett (Ehringsdorf) gefunden wurden, werden so gedeutet, daß hier die Tiere sowohl erlegt und zerlegt als auch verspeist wurden. Jagd- und Lagerplatz fallen hier demnach zusammen, d.h. es wurde als Lagerplatz ein Ort gewählt, wo mit einer sicheren Jagdbeute gerechnet werden konnte. Das war in der Nähe der Wasserstellen im Ilmtal der Fall, wo die Tiere wohl regelmäßig zur Tränke gingen. Da mochten die Paläolithiker Fallgruben ausgehoben und mit Reisig verblendet haben. Der zahlenmäßig höhere Anteil jugendlicher Tiere wurde erklärt durch die bei heutigen Elefanten und Nashörnern zu beobachtende Gangart. Bei Nashörnern pflegen die Jungtiere allgemein vor den Muttertieren einherzulaufen. Bei Elefanten gehen die erwachsenen Tiere zwar auf dem Marsch voraus, dicht vor der Tränke wird diese Ordnung aber aufgegeben, indem die Jungen vorauseilen. So konnten diese in größerem Umfang in die Gruben stürzen.

Als im glazialen Abschnitt des Mittelpaläolithikums der Waldelefant von dem etwas kleineren, durch ein langhaariges, zottiges Fell ausgezeichneten Mammut und das Waldnashorn durch das gleichfalls dem kalten Klima angepaßte Wollhaarnashorn abgelöst wurde, konnte der Mensch die altbewährten Jagdmethoden beibehalten: die Angriffsjagd mit dem Speer und die Anlage von Fallgruben.

Im Mittelpaläolithikum spielte mancherorts die Bärenjagd eine bedeutende Rolle. Sie galt dem jetzt ausgestorbenen Höhlenbären, der nicht unbeträchtlich größer war als der rezente Braunbär und namentlich in gebirgigen Felsgegenden lebte, wo er in Höhlen Unterschlupf suchte und überwinterte. Man findet dort massenweise Knochen dieser Tiere, an einzelnen Plätzen Reste von mehreren tausend Individuen. Selbstverständlich handelt es sich dabei nicht nur um menschliche Jagdbeute. Ebenso aber steht fest, daß der Paläolithiker diese Höhlen in jägerischer Absicht aufsuchte. Mitunter zeigen Bärenschädel Spuren von Verletzungen, die mehr oder minder deutlich auf einen Kampf mit menschlichen Jägern hindeuten. Zumeist sind es vernarbte Verwundungen in der Augengegend und am Jochbogen. Im Stirnbein eines Bärenschädels aus der Pocala-Höhle war als Zeugnis eines jägerischen Angriffes eine Moustérien-Spitze eingekeilt. Menschliche Zeugnisse in Bärenhöhlen des Hochalpengebietes (Drachenloch 2445 m hoch, Wildkirchli 1500 m hoch, Wildenmannlisloch 1628 m hoch) lassen annehmen, daß der paläolithische Jäger in diese entlegenen Gegenden eigens wegen der dort anzutreffenden Bären gestiegen ist.

Wo natürliche Gegebenheiten es nahelegten, konzentrierte der frühzeitliche Mensch auch sonst seine Jagd auf bestimmte Tierarten. So betrug auf dem mittelpaläolithischen Höhlenrastplatz von Tešík-Táš im Hochgebirge von Usbekistan (1500 m hoch) der Anteil einer wilden Bergziegenart über 80% des Wildprets. Die Tiere scheinen am Ort des Erlegens zerteilt worden zu sein. Zum Lagerplatz transportiert wurden dann nur die fleischreichen Körperteile, wie aus den dort geborgenen Knochen hervorgeht. Der Knochenbestand einer anderen Mittelpaläolithstation aus Usbekistan (Amán-Kután) läßt erkennen, daß dort die Jagd auf die Bergziege (5 nachgewiesene Tiere) gegenüber derjenigen auf das Mufflon (116 nachgewiesene Tiere) ganz zurücktrat. An der nördlichen Schwarzmeerküste (Ilinka, Achštýrskaja sind ausgesprochene Bärenhöhlen bekannt, ganz entsprechend denen des Alpengebietes, in denen Knochen von Hunderten von Höhlenbären zusammen mit mittelpaläolithischen Steingeräten zum Vorschein kamen. Kein Zweifel, daß an diesen Plätzen besonders intensiv Jagd auf diese Tiere gemacht wurde. Ganz anders wiederum stellt sich die Jagdbeute auf dem unweit von Achštýrskaja gelegenen Freilandlagerplatz von Ilskaja dar. 60% der Jagdtiere entfallen auf den Wisent; der Rest verteilt sich auf Mammut, Pferd, Wildesel, Saiga, Höhlenbär usw. Es wird geschätzt, daß auf diesem Lagerplatz weit über 2000 Wisente verzehrt wurden. Ein ähnliches Vorwiegen des Wisents unter dem Jagdwild zeigt auch der mittelpaläolithische Lagerplatz von Stalingrad. 366 ermittelten Tieren dieser Art stehen 51 Mammute, 42 Pferde und 36 Saigaantilopen gegenüber. Auf der Krim wurde mancherorts (z.B. in Starosélje, Cholódnaja Bálka in besonderem Maß der Onager, eine schnelle Wildeselart gejagt, während in anderen Stationen die Saigaantilope als Jagdwild vorherrscht (z.B. Sjuren, Čokurča). Die Bewohner der Repolust-Höhle bei Peggau in der Steiermark lebten hauptsächlich von der Jagd auf Steinböcke. Im nordspanischen Castillo sowie im elsässischen Achenheim war während des Mittelpaläolithikums der Hirsch das Hauptjagdwild. Nach Ausweis der Knochenmengen müssen wahre Massenjagden auf diese Tiere veranstaltet worden sein.

Eine Mannigfaltigkeit von nacheinander an einer Stelle erlegten Tieren zeigt der Jagdplatz von Wallertheim in Rheinhessen. Dort lag ein Tümpel, der von Pferde- und Wisentherden, aber auch von anderen Tieren als Tränke benutzt wurde. Wie einfache Steingeräte andeuten, lauerte der Mensch hier dem Wild auf. Außer Pferden und Boviden wurden Bären, Rentiere, Hirsche und Nashörner seine Beute.

*Jungpaläolithikum:* Die Wirtschaftsform des Jungpaläolithikums wird als „höheres Jägertum" bezeichnet und dem „ursprünglichen Jägertum" der älteren und mittleren Altsteinzeit gegenübergestellt. Nach Ausweis des an den Lagerplätzen angetroffenen Knochenmaterials und der bildlichen Tierdarstellungen bestehen innerhalb des Jungpaläolithikums beträchtliche Unterschiede in der mengenmäßigen Verteilung der einzelnen Jagdtiere. Hingewiesen sei da beispielsweise auf die unterschiedliche Häufigkeit bestimmter Tiere in einzelnen franko-kantabrischen Bilderhöhlen: In Rouffinac steht das Mammut an erster Stelle (42 Tiere gegenüber 17 Pferden und 14 Wisenten), während in Lascaux das Pferd überwiegt (weit über 60 Tiere, gegenüber 7 Wisenten und gar keinem Mammut), ebenso in Les Combarelles (116 Pferde, gegenüber 37 Wisenten und 13 Mammuten). In Altamira und Font-de-Gaume ist der Wisent das häufigst dargestellte Tier, wohingegen in den spanischen Höhlen von Castillo und Parpalló der Hirsch eine Rolle spielt wie nirgends in den französischen Fundstätten. Dieses Vorherrschen verschiedener Tierarten beruht teilweise sicherlich auf verschiedenen Landschaftsverhältnissen mit einer jeweils eigenen Tierwelt, welche in gewissem Umfang auf die klimatischen Schwankungen innerhalb des lezten Glazials reagierte. Darüber hinaus aber scheint die Auswahl und Bevorzugung bestimmter Jagdtierarten als Besonderheit einzelner Populationen gelten zu können.

Allgemein war in West- und Mitteleuropa nördlich der Pyrenäen und Alpen das Mammut hauptsächlich in einem älteren Abschnitt des Jungpaläolithikums ein häufig gejagtes Tier. In einer fortgeschrittenen Stufe scheint das Pferd vielerorts den ersten Platz unter den Jagdtieren eingenommen zu haben, während ein besonderes Hervortreten der Wisentjagd eine Spätphase des westeuropäischen Jungpaläolithikums kennzeichnet. Im östlichen Mitteleuropa und weiter im Osten war das Mammut noch länger als in Westeuropa bevorzugtes Jagdwild. Auf dem gravettienzeitlichen Großlagerplatz von Unterwisternitz machen Mammutknochen 90% des faunistischen Gesamtmaterials aus. In Předmost wird die Zahl der erlegten Mammute auf über 1000 geschätzt. Das gleiche Bild bieten die ukrainischen Stationen. Dort spielte die Jagd auf Mammute bis zum Ende des Paläolithikums eine hervorragende Rolle: In Mezin wurden Reste von 18, in Timonovka von über 50 und in Honci von über 60 Tieren nachgewiesen. Wenn diesen in Mezin 10, in Timonovka sogar nur 3 Rentiere gegenüberstehen, so ist noch zu berücksichtigen, daß über das reine Zahlenverhältnis der Individuen hinaus ein Mammut an Wildpret um ein Vielfaches ergiebiger ist als ein Ren, so daß die Fleischversorgung ganz überwiegend durch die lukrative Mammutjagd gedeckt wurde. Selbst in der Spätpaläolithstation von Malta in Sibirien, wo 9 Mammute, 11 Wollhaarnashörner und 407 Rentiere eruiert wurden, wird man von einer namhaften Bedeutung der Jagd auf große Dickhäuter sprechen dürfen. Wo die Möglichkeit bestand, diese wildpretreichen Tiere in größerer Zahl zu erlegen, konnte die betreffende Jägergruppe verhältnismäßig lange ortsfest bleiben. Daher scheinen die Lagerplätze von Mammutjägern im allgemeinen vergleichsweise lange belegt worden zu sein.

In West- und Mitteleuropa starben das Mammut und das Wollhaarnashorn im Magdalénien aus; jüngere Belege sind jedenfalls nicht bekannt. Auch weiter im Osten scheinen diese Tiere nicht viel länger gelebt zu haben. Lediglich in Sibirien hielt sich das Mammut noch eine Zeitlang. Die oft aufgeworfene Frage, ob der Mensch das Aussterben der beiden großen Dickhäuterarten durch die intensive Jagd auf sie bewirkt habe, darf mit Sicherheit verneint werden.

Die jungpaläolithische Elephantidenjagd dürfte derjenigen des Mittelpaläolithikums weitgehend entsprochen haben. In Betracht zu ziehen sind wiederum in erster Linie die Angriffsjagd mit einem Stoßspeer und das Fangen in einer Fallgrube. Auf die erstere Art weisen vielleicht einige gemalte und gezeichnete Mammutbilder hin, bei denen in der Brustgegend eine Stelle besonders hervorgehoben ist, offensichtlich diejenige, wo der Stoß mit der Jagdwaffe zu sitzen hatte (*Taf. 7, 5*). Ein erlegtes Mammut – vergleichbar dem mittelpaläolithischen Waldelefanten von Lehringen – stammt von Sučkino am Sejm. Analoge Befunde sind aus Nordamerika bekannt. Ein bei Naco entdecktes Mammut war von mehreren mit Steinspitzen bewehrten Speeren getroffen, von denen einer an der Schädelbasis, einer nahe der linken Schulter, zwei zwischen den Rippen und einer an einem Rückenwirbel beim Verenden des Tieres noch im Körper steckten. Da keine Anzeichen auf ein vollständiges Zerlegen des Mammuts hindeuteten, scheint das Tier mit den Jagdwaffen im Körper den verfolgenden Jägern entkommen zu sein; oder aber diese haben nur geringfügige Teile des Wildprets an sich genommen. Anders war es bei zwei in einer Entfernung von etwa 700 m voneinander erlegten Mammuten von Santa Isabel Iztapan. Auch bei ihnen fanden sich noch die Steinspitzen der Stoßspeere. Darüber hinaus aber zeigen Schnittspuren an den Mammutknochen und einige ad hoc zurechtgeschlagene Steingeräte, daß die Jäger ihre Beute weitgehend ausgenutzt haben. Als Hinweis auf die Mammutjagd vermittels Fanggruben oder Schwerkraftfallen wird gemeinhin eine Zeichnung von Font-de-Gaume gewertet.

In der Höhle von Rouffinac, eventuell auch in der von Font-de-Gaume, finden sich Mammutreihen, wohl Darstellungen ganzer Herden, die sich auf besonders beeindruckende Jagderlebnisse beziehen dürften. Dies wirft die Frage auf, ob die Jungpaläolithiker bei der Mammutjagd vielleicht auch Methoden anwandten, bei denen nicht nur jeweils einzelne aus der Herde herausgelöste Tiere, sondern ganze Herden erlegt wurden. Hier wäre etwa an Treibjagden mit Steppenbränden zu denken, wie sie in neuerer Zeit von afrikanischen Eingeborenen bei Elefantenjagden veranstaltet wurden. Dabei trieben die Jagdteilnehmer die eingekreisten Tiere immer wieder auf die Flammen zu, bis sie, durch den Rauch betäubt, eine leichte Beute der Jäger wurden. Ein unmittelbarer Beweis für eine Anwendung dieser Methode bei der Mammutjagd liegt freilich nicht vor. Mit der Möglichkeit wird man aber rechnen müssen, da Treibjagden auf andere Tierarten, vor allem Pferde, nachweislich durchgeführt wurden.

An Gefährlichkeit stand der Jagd auf große Dickhäuter diejenige auf Boviden (Wildrinder, Wisente) kaum nach. Auch hier kam es darauf an, einzelne der in Herden lebenden Tiere aus dem Verband zu lösen und ihnen im Angriffskampf mutig und geschickt den Speer von der Seite her in den Leib zu stoßen. Bildliche Darstellungen geben uns Einblicke in Einzelheiten solcher Jagdunternehmen. Da sind ruhig dahinziehende Herden dieser krafterfüllten Tiere wiedergegeben (*Taf. 9, 16*), wie sie der aus dem Versteck heraus beobachtende Jäger erlebte. Die Ruhe schlug in heftigste Wildheit um, wenn es zum Kampf kam. Ungestüm springende oder anrennende Einzeltiere sind oft dargestellt. Auf den Sitz des Speerstoßes kam es an. Traf er gut, war der Jagderfolg sicher; ging er daneben, lief der Jäger Gefahr, den Kampf mit dem Tode zu bezahlen. Daher kreiste die Erwartung und die Erinnerung eines Bovidenjägers besonders um *die* Stelle des Tierkörpers, wo der Speer treffen mußte, weshalb diese Stelle auf nicht wenigen Darstellungen eigens angegeben ist (*Taf. 10,4*). Auch der Umstand, daß auf der Höhlendecke von Altamira (*Taf. 7,7–9*) – eventuell auch in anderen Höhlen – tote Wisente dargestellt sind, unterstreicht, welche Bewertung der jagdlichen Erlegung dieser gefürchteten Tiere zukam.

Eine ausgeprägte Bisonjagd ist im Spätpaläolithikum auch in Nordamerika nachgewiesen. Inwieweit dort freilich bestimmte Populationsgruppen auf dieses Jagdwild spezialisiert waren und inwieweit Fundplätze, wo der Bison das einzige belegte Jagdwild ist, nur auf spezielle Jagdgelegenheiten Bezug nehmen, muß dahingestellt bleiben. Ein Fund wie der von Folsom, wo Reste von 23 Bisons zusammen mit 19 steinernen Speerspitzen der nach dieser Station benannten Form entdeckt wurden, führt allgemein die Bedeutung der Bisonjagd vor Augen. Hier scheint jeweils eine größere Anzahl von Jägern einer ganzen Bisonherde entgegengetreten zu sein.

Gleichfalls wohl hauptsächlich mit dem Stoßspeer gejagt wurden Bären und Wildschweine. Der im Mittelpaläolithikum geläufige Höhlenbär trat im älteren Jungpaläolithikum stark zurück und starb während dieses Zeitalters ganz aus. Dafür gewann der wegen seines wohlschmeckenden Fleisches geschätzte Braunbär an Bedeutung. Eine überragende Rolle spielte die Bärenjagd allerdings nirgends. Dasselbe gilt für die Wildschweinjagd. Ob für die Erlegung von Mammuten, Nashörnern, Boviden, Bären und Wildschweinen dieselben Speere benutzt wurden, oder ob für einzelne Tierarten bestimmte Speere, ausgezeichnet etwa durch ihre Dicke, Länge oder die Art ihrer Spitze, bevorzugt wurden, wissen wir einstweilen nicht. Die jungpaläolithischen Holzspeere waren teils mit Spitzen aus Elfenbein, Knochen oder Geweih, teils mit solchen aus Stein bewehrt.

Eine Reihe magdalénienzeitlicher Speerspitzen zeichnet sich durch eine längslaufende Rille aus. Dabei handelt es sich entweder um Blutrinnen, die den Zweck hatten, ein schnelleres Verbluten der getroffenen Tiere zu bewirken, oder diese Rinnen waren zur Aufnahme von Giftstoffen bestimmt, wie es ähnlich bei rezenten Primitivvölkern in Übung ist, um damit die Wirkung einer einfachen Verwundung zu erhöhen. Ob das letztere möglich sei, hängt nicht nur davon ab, ob es im west- und mitteleuropäischen Verbreitungsgebiet dieser Magdalénien-Speerspitzen während des letzten Glazials Pflanzen oder Tiere gab, die die Möglichkeit zum Entzug rasch wirkender Giftstoffe boten, sondern vor allem auch davon, ob die hinter einer solchen Verwendung von Gift stehende komplizierte Denkweise dem Paläolithiker zugetraut werden kann.

Anders als die Jagd auf die bisher angeführten Tierarten, denen wegen ihrer Wehrhaftigkeit und Körperkraft nur durch einen Mut und Geschicklichkeit verlangenden Angriff mit dem Stoßspeer oder durch listenreiches Locken in Fanggruben bzw. Schwerkraftfallen beizukommen war, mußte die Jagd auf Wildpferde betrieben werden. Im eurasiatischen Raum war hauptsächlich eine kleine, ponyartige Form vertreten (Risthöhe kaum 1,45 m, die der heute nur noch in Zentralasien zu findenden, nach ihrem Entdecker Przewalski benannten Pferdeart entspricht. Sie ist im Sommer kurz, im Winter lang behaart. Daneben gab es den Tarpan und den Steppenwildesel. Diese Tiere lebten in kleinen oder größeren Herden und waren überaus scheu. Die Jagd auf sie war nicht gefährlich, sondern schwierig wegen der Schnelligkeit, mit der dieses Wild bei jeder Annäherung des Menschen die Flucht ergriff. Dieser Charakter der Pferdeherden kommt in manchen bildlichen Darstellungen trefflich zum Ausdruck (*Taf. 5,1.3.4*).

Eine zweckmäßige Art, diesem scheuen, flüchtigen Wild beizukommen, war die Treibjagd. Dazu waren erstens ein geeignetes Gelände, möglichst mit Steilabstürzen, Engpässen, Felswänden oder dergl., und zweitens eine große Zahl von Jägern und Jagdhelfern notwendig, die einem einheitlichen Kommando unterstanden. Bei solchen Veranstaltungen, deren Erfolg von der guten Verständigung der Beteiligten untereinander abhing, mochten Signalpfeifen aus Renfalangen benützt worden sein, wie sie auf jungpaläolithischen Lagerplätzen nicht selten begegnen. Hinsichtlich der Geländesituation und des bei solchen Treibjagden zu erzielenden Erfolges vermittelt Solutré eine besonders eindrucksvolle Vorstellung. Am Fuße eines von der einen Seite schräg aus der Ebene ansteigenden, nach der anderen Seite steil abfallenden Inselberges wurde auf einer Fläche von fast 3800 qm eine 0,3 bis 2 m mächtige gravettienzeitliche Schicht von Tierknochen, vorwiegend von Pferden stammend, angetroffen. Man hat geschätzt, daß es sich hier um die Reste von etwa 100000 Pferden handelt, die während eines vermutlich längeren Zeitraumes herdenweise den Hang hinaufgehetzt wurden und sich dann den Steilabfall herunter zu Tode stürzten. Wenn auch die Gunst dieses Platzes diese Jagdmethode nahelegte, so haben wir in ihr doch die traditionsgebundene Kultureigenheit einer bestimmten archäologischen Stufe vor uns. Während der Entstehungszeit der über der Gravettien-Schicht liegenden solutréenzeitlichen Kulturschicht herrschten in Solutré andere Jagdverhältnisse (Ren als Hauptwild).

Auf andere im Rahmen einer Hetzjagd angewandte Fangarten, um der flüchtigen Wildpferde habhaft zu werden, scheinen einige bildliche Darstellungen hinzudeuten, so eine in der Höhle von Montespan, wo die Pferde offenbar auf eine Fallgrube zu rennen, oder eine von Les Combarelles, wo eine Schleifenlinie eine Schlinge wiedergeben könnte.

Aufgrund eines Bildes von Lascaux erscheint die Annahme begründet, daß bei der Pferdejagd auch Pfeile verwendet wurden. Eine subtile Prüfung der Pferdeknochen auf Schußverletzungen hin würde in dieser Hinsicht zweifellos zu detaillierten Ergebnissen führen. Vom Gravettien an waren Pfeil und Bogen bekannt und spielten eine namhafte Rolle als Jagdwaffe. Die für das Gravettien typischen Gravette- und Kerbspitzen *(Taf. 32,18.19)* sind sicher großenteils als Pfeilspitzen zu deuten.

Während des ganzen Jungpaläolithikums von allgemeiner Bedeutung war die Jagd auf Cerviden. Im eurasiatischen Raum nördlich der Pyrenäen und Alpen stand das Ren an erster Stelle. Ob vereinzelte Rentierknochen in jungpaläolithischen Lagerstätten Nordspaniens und an der Riviera beweisen, daß hin und wieder Tiere bis in diese südlichen Landstriche gelangten, oder ob es sich dabei um Zeugnisse weiter Jagdexpeditionen in die Gebiete nördlich der Pyrenäen bzw. Alpen handelt, muß dahingestellt bleiben. Im großen und ganzen nahm in den Ländern rund um das Mittelmeer der Hirsch *die* Stelle ein, die im eurasiatischen Bereich das Ren innehatte. In West- und Mitteleuropa verschwand das Ren mit dem Magdalénien, eine Folge des damals sich vollziehenden Klimawandels.

Die Jagd auf das Ren mußte sich der besonderen Lebensweise dieses Wildes anpassen. In geschlossenen, oft großen Herden durchzog es das Land, wobei es ziemlich feste Wanderrouten einhielt und innerhalb eines Jahres weite Strecken zurücklegte. Vielfach pendelten die Rentiere jahreszeitlich zwischen eisnahen Gebieten im Sommer und eisfernen im Winter. Demnach war in einzelnen Gegenden die Rentierjagd nur saisonweise möglich. Das bedeutete für eine Jägerbevölkerung, daß sie entweder – sofern sie einem enger begrenzten Lebensraum verhaftet war – während *der* Spanne des Jahres, in der die Renherden nicht im Lande waren, anderem Jagdwild nachstellen mußte, oder aber – sofern sie während des ganzen Jahres auf die Rentierjagd nicht verzichten wollte – den Renherden nachziehen und deren weite Wanderungen mitmachen mußte. Beides ist während des Jungpaläolithikums offensichtlich geschehen.

Die letztgenannte Art einer Spezialisierung auf die Renjagd, wie sie in neuerer Zeit bei den südlich des Chesterfield-Golfs lebenden Karibu-Eskimos ausgeprägt ist, war die herrschende Wirtschaftsform einer magdalénienzeitlichen Bevölkerung, deren im Sommer benützte Lagerplätze nahe dem damaligen Eisrand in der Hamburger Gegend entdeckt und untersucht wurden (Meiendorf, Stellmoor, Borneck). Unter den Tierknochen dominieren solche vom Ren entschieden, wogegen solche von Hase, Pferd und einigen Vogelarten ganz zurücktreten. Der Fleischbedarf dieser Gruppen wurde beinahe hundertprozentig durch die Renjagd gedeckt. Nach Ausweis der Wachstumsstadien der Geweihe wurden diese Tiere nur in den Monaten des kurzen arktischen Sommers (Juni bis September) gejagt. Da kaum die Möglichkeit besteht, daß die vorhandenen wenigen Knochen anderer Tiere die Jagdbeute der übrigen Monate darstellen, in denen das Ren nicht zur Verfügung stand, und eine außerjagdliche Nahrungsbeschaffung in diesen eisnahen Gebieten nicht recht vorstellbar ist, müssen wir annehmen, daß diese Jägergruppen während der kalten Monate sich in südlicheren Landstrichen aufhielten, indem sie den Renherden nachzogen (sog. „wildfeste" Jagdart, im Gegensatz zu einer „revierfesten" und einer „ortsfesten" Jagd).

Anders scheinen die Verhältnisse in West- und Mitteleuropa zu liegen. Lagerplätze mit Resten von jeweils vielen hundert erlegten Rentieren gibt es auch hier (z.B. Gourdan: etwa 3000 Tiere). Während der älteren Stufen des Jungpaläolithikums spielte das Ren als Jagdwild im allgemeinen eine vergleichsweise untergeordnete Rolle. Erst während des Solutréen nahm es an Bedeutung zu und erreichte im Magdalénien bis zu 75–80% des Knochenmaterials. Die in den nordschweizerischen Stationen gefundenen schädelechten Rengeweihe mit anhaftenden Schädelstücken beweisen, daß die Tiere dort im Sommer gejagt wurden, was mit Rücksicht auf die Nähe der letztglazialen Alpengletscher ohnehin anzunehmen ist. In einigen spätmagdalénienzeitlichen

Höhlenlagerplätzen Südfrankreichs stammen die schädelechten Renstangen nur von Renkühen und Jungtieren, während von männlichen Rentieren fast nur abgeworfene Geweihe festgestellt wurden. Das beweist, daß hier die Renjagd in die Wintermonate (November bis Februar) fiel. Solche Einzelbeobachtungen dürfen aber nicht verallgemeinert und daraus auf ein regelmäßigjahreszeitliches Pendeln der Renherden und der ihnen folgenden Jäger zwischen dem Alpengebiet und Südfrankreich geschlossen werden. Denn es fehlt beispielsweise im Périgord nicht an Lagerplätzen, wo die Rengeweihe eine Jagd ausschließlich in den Sommermonaten bezeugen, oder wo alle Wachstumsstadien des Rens vertreten sind, so daß hier nachweislich das ganze Jahr hindurch Renjagd betrieben wurde. Aus den bis jetzt bekannten Befunden ergibt sich, daß auch in West- und Mitteleuropa mit Wanderungen der Renherden zu rechnen ist, daß die menschlichen Gemeinschaften jedoch nicht so spezialisiert auf dieses Wild waren wie die Träger der Hamburger Gruppe. In stärkerem Maße „revierfest", haben sie den Rentieren nachgestellt, wenn diese in der betreffenden Gegend anzutreffen waren, im übrigen aber Jagd auf andere Wildarten (Pferde, Boviden u.ä.) gemacht.

Archäologische und faunistische Befunde geben Aufschluß über gewisse Einzelheiten der jungpaläolithischen Cervidenjagd. Danach wurden Rentiere und Hirsche entweder mit dem Pfeil bzw. der Wurflanze erlegt, mit dem Lasso gefangen oder im Rahmen von Hetzjagden in Fanggehege getrieben. Hinweise auf die Verwendung von Pfeilen geben einige Renknochen (Schulterblätter und ein Halswirbel) mit Einschußlöchern von Meiendorf und Stellmoor. In einem Knochen steckte noch eine schräg von hinten eingeschossene Steinspitze, in einem anderen eine Steinspitze. Eine Steinspitze im Wirbel eines Hirsches stammt aus einer magdalénienzeitlichen Schicht von Montfort, Dép. Ariège; eine Gravette-Spitze im Kiefer eines Riesenhirsches von Ruremonde a.d. Maas. In einer endpaläolithischen Schicht von Stellmoor wurden einige Dutzend aus Kiefernholz geschnitzte Stäbe von 20–75 cm Länge und 0,5–1 cm Durchmesser gefunden, die als Pfeilschäfte angesprochen werden. Sie zeigen an einem Ende eine Kerbe zum Aufsetzen auf die Bogensehne und teilweise eine Vorrichtung für die Bewehrung mit einer Silexspitze. Die bildliche Wiedergabe eines von gefiederten Pfeilen getroffenen Cerviden liegt von La Colombière vor. Auch ein in der Höhle von La Pasiega dargestellter Hirsch mit hochaufgeworfenem Kopf zeigt eine dreizipfelige Spitze im Leib, offensichtlich das tödliche Geschoß, und zwar wieder einen gefiederten Pfeil. Daß die Pfeile mit dem Bogen abgeschossen wurden, dürfte ziemlich sicher sein. Dargestellt ist der Bogen freilich erst auf den nachpaläolithischen Felsbildern der spanischen Levante.

Neben Pfeil und Bogen spielte bei der Jagd auf Rentiere und Hirsche vor allem die Wurflanze eine hervorragende Rolle, die sich im Gegensatz zu den mit einer glatten Spitze versehenen Stoßspeeren durch eine harpunenartig gezähnte Spitze auszeichnete. Diese ist für eine Wurfwaffe zweckmäßig, da sie bei einem von hinten getroffenen, flüchtenden Tier ein Herausrutschen der Lanze verhindert. In all ihren paläolithischen Abarten sind die Harpunenspitzen auf das Magdalénien beschränkt (*Taf. 32, 13 –15*), was vermutlich mit dem Dominieren der Renjagd während dieser Zeit zusammenhängt. Das Schulterblatt eines Renkalbes von Meiendorf zeigt eine Verletzung, die der Größe nach nicht von einem Pfeil, sondern höchstwahrscheinlich von einer Harpunenlanze herrührt, die von schräg hinten auf das Tier geschleudert worden war. Ob die aus Rengeweih geschnitzten Harpunenspitzen des Magdalénien fest mit dem Holzschaft verbunden waren, oder ob sie sich nach Art der bei der Jagd auf Seewild üblichen Harpunen nach dem Treffen lösten und, mit einer Schnur am Schaft befestigt, diesen hinter sich herschleiften und so das Entkommen des getroffenen Wildes erschwerten, ist nicht mit Sicherheit auszumachen. Nur bei einer speziell kantabrischen, der Hirschjagd dienenden Variante, die dicht hinter der Zackenreihe eine Schaftöse oder ein Schaftloch besitzt, scheint das letztere der Fall zu sein, während die nordpyrenäischen und mitteleuropäischen Harpunen des Magdalénien dieses Befestigungsdetail vermissen lassen und daher vermutlich nichtlöslich geschäftet waren.

Die mit einer Harpunenspitze versehenen Wurflanzen wurden teilweise (oder zumeist) nicht mit der bloßen Hand, sondern unter Verwendung eines Hilfsgerätes geschleudert. Diese Speerschleudern (Propulsoren) erscheinen etwa in derselben Zeit, in der Harpunenspitzen aufzutreten beginnen (*Taf. 4, 1, 11*). Es sind stabartige, mit einem Haken versehene Geräte, wie sie ähnlich bei rezenten Jägervölkern bekannt sind. Mit ihrer Hilfe konnte dem Lanzenschaft eine größere Schwungkraft und Treffsicherheit verliehen werden. Zwar kennen wir solche Propulsoren nur aus einem Teil des Verbreitungsgebietes magdalénienzeitlicher Harpunen, aber es ist zu bedenken, daß die vorliegenden Exemplare aus Geweih oder Elfenbein geschnitzt und nach herrschender Ansicht größtenteils gar nicht als Gebrauchsgeräte, sondern als rituelle Nachbildungen von solchen zu deuten sind, während die praktisch benützten Propulsoren im allgemeinen aus Holz bestanden haben dürften und nicht erhalten sind.

Eine Verwendung von Lassos bei der Cervidenjagd, wie es die Alaska-Eskimos auch jetzt noch beim Renfang tun, wird aus einer Zeichnung von Les Combarelles gefolgert. Malereien von La Pasiega und Niaux scheinen Fangnetze oder Sperrzäune darzustellen, wie sie ähnlich noch in historischer Zeit bei der Jagd auf Cerviden manchmal in Gebrauch standen. Der vergleichsweise hohe Prozentsatz von Resten jugendlicher Rentiere unter dem Knochenbestand einiger magdalénienzeitlicher Lagerplätze (z.B. Meiendorf, Schweizersbild) könnte dafür sprechen, daß hier Hetzjagden veranstaltet worden waren, da bei solchen Unternehmungen die starken, erwachsenen Tiere leichter entkommen konnten als die jungen. Auch das Fehlen starker Renbullen unter den Hunderten von nachgewiesenen Rentieren in Badegoule könnte in dieser Richtung interpretiert werden. Einige Darstellungen in der spanischen Höhle von La Pileta sind offensichtlich als Fanggehege anzusprechen (*Taf. 3, 18*). Tierköpfe im Innern der Umzäunung unterstreichen diese Bedeutung. Kurze Doppelstriche bezeichnen wohl Fußspuren von Tieren, wie sie der Jäger sah. Es erhebt sich die Frage, ob es sich hier um ein Fangmittel rein jägerischer Art handelt, oder ob in diesen Gehegen die Tiere eine Zeitlang gefangengehalten wurden und nacheinander jeweils in *dem* Umfang getötet (nicht eigentlich „erlegt", sondern eher „geschlachtet") wurden, wie es für die Fleischversorgung der betreffenden Bevölkerungsgruppe zweckdienlich war.

So naheliegend dieser Schritt vom reinen Jagen zu einer gewissen Tierhaltung – wenn auch nur in Form des zeitweiligen Gefangenhaltens von Wildtieren – mit der Absicht einer Vorratsspeicherung erscheinen mag, so werden wir doch bedenken müssen, daß ihm psychologisch eine entscheidende Wandlung zugrunde liegt, die das grundsätzliche Verhältnis des Jägers zu seinem Jagdwild betrifft. Der Wunsch nach einer dauernden Verfügbarkeit von Fleischnahrung ist nicht mehr rein jägerisch, sondern führt psychologisch bereits unmittelbar zur nachpaläolithischen Domestikation hin.

Steinböcke und Gemsen, die in Europa erst in nachpaläolithischer Zeit auf die Hochgebirgsregionen abgedrängt wurden, hatten vorher einen viel weiteren Lebensraum inne. Die Jagd auf sie dürfte hauptsächlich mit Pfeil und Bogen betrieben worden sein, daneben aber auch in Form einer Hetzjagd. Erheblich weiter verbreitet als heute war im Spätpleistozän auch der durch ein zottiges Fellkleid ausgezeichnete Moschusochse, der in Größe und Körperform eine Mittelstellung zwischen Schaf und Rind einnimmt. Heute in der Alten Welt ganz ausgestorben, stand er dem Jungpaläolithiker als Jagdwild weithin im eurasiatischen Raum zur Verfügung, wie faunistische Reste bezeugen. In der bildenden Kunst wurde er nur selten dargestellt.

Im allgemeinen spielte die Jagd auf kleine Tiere nur eine untergeordnete Rolle. Hasen, und zwar sowohl der Schneehase als auch der sog. Alpenhase, der im Sommer ein graues, im Winter ein weißes Fell besitzt, und Vögel (Schneehuhn, Kranich, Gans, Ente, Schwan) begegnen unter den Speiseabfällen der Lagerplätze und auch unter den bildlichen Darstellungen. Wenn in der Petersfelshöhle den 870 Hasen nicht weniger als 640 Rentiere, 100 Wildpferde und 10 Wildrinder gegenüberstehen, so ist klar, daß für die Fleischversorgung die Jagd auf Kleinwild doch nur eine ergänzende Bedeutung hatte. Schußverletzungen an Knochen von einem Schneehuhn und einem Kranich von Meiendorf beweisen, daß diese Tiere mit dem Pfeil gejagt wurden. Sicher nicht des Jagdertrages wegen, sondern nur erzwungenermaßen, nämlich aus Notwehr, trat der Paläolithiker den großen Raubkatzen entgegen, dem Höhlenleoparden und vor allem dem erst in nachpaläolithischer Zeit ausgestorbenen Höhlenlöwen, der den rezenten afrikanischen Löwen um ein Drittel an Körpergröße übertraf. Auf Höhlenwänden und auf beweglichen Steinen und

Knochenstücken sind Höhlenlöwen manchmal dargestellt (*Taf. 10,5*), wobei die unheimliche Macht dieser gefährlichen Raubtiere trefflich zum Ausdruck gebracht ist. Eine gewisse Rolle spielte der Fischfang. Vor allem begehrt war der Lachs. An der Küste wurden auch in gewissem Umfang Seesäuger gejagt.

## *Feuergebrauch*

Was bereits in antiken Mythen und philosophischen Spekulationen über die menschliche Urzeit zum Ausdruck gebracht wurde, hat die empirische Forschung unserer Zeit erhärtet: die Beherrschung des Feuers reicht in die Frühstufe der Menschheit zurück und hat als eine der großen Kulturtaten der Urzeit zu gelten. Die ältesten Belege für eine menschliche Feuernutzung reichen ins Altpaläolithikum zurück. In Afrika gehören sie einem Spätabschnitt dieses Zeitalters an; in Europa sind sie etwas älter, aber nicht so alt wie die ältesten Geräteserien. Die Datierung der frühesten asiatischen Funde bereitet noch Schwierigkeit; älter als die europäischen Zeugnisse sind sie indes keinesfalls. Was an vermeintlich älteren Spuren der menschlichen Feuernutzung namhaft gemacht wurde, konnte einer kritischen Prüfung nicht standhalten.

Die oft ausgemalte Erzählung, wie durch einen Wald- oder Steppenbrand infolge eines Blitzeinschlags ein Vor- oder Urmensch veranlaßt wurde, erstmalig diese Naturkraft zu nützen, zu bewahren und sich dienstbar zu machen, gehört in die Reihe der Aitien. Gerade weil die dieser märchenhaften Erzählung zugrunde liegende Überlegung so plausibel ist, verführt dieses Aition dazu, von der historischen Problematik des Phänomens als solchem abzulenken, die in der Frage liegt, wie diese bedeutende Kulturtat, die dem Menschen eine merkliche Überlegenheit wilden Tieren gegenüber sicherte und ihn befähigte, sich wesentlich besser in der Natur zu behaupten, im Rahmen der frühen Menschheitsgeschichte dasteht.

Zwar impliziert die von Anbeginn an geschichtliche Lebensform des Menschen das Vorhandensein der Kultur als Äußerung dieser spezifisch menschlichen Daseinsart. Von der Beurteilung der Geschichtlichkeit im Abstrakten und der Kultur im Konkreten ist es aber abhängig, welche Rolle einer schöpferischen Kulturtat wie der erstmaligen Dienstbarmachung des Feuers zuerkannt wird. Eine (materialistische) Betrachtungsweise, die von der Voraussetzung ausgeht, die Geschichtlichkeit und die Kultur seien genuine Weiterentwicklungen vormenschlich-pitheciner Daseinsformen, sieht das wesenhaft Primäre – und darum entwicklungsmäßig Ursprüngliche – des Menschseins in der Ausbildung neuartiger Verfahren und Hilfsmittel zur physisch-biologischen Daseinsbehauptung: die Entstehung einer Kultur habe den körperlich im ‚Kampf ums Dasein' unterlegenen und in seinem Fortbestand gefährdeten pithecinen Vorläufer des Menschen vor dem drohenden Untergang bewahrt und ihn recht eigentlich erst lebensfähig gemacht; dazu gehöre in entscheidendem Maße die Prometheus-Tat. Eine andere Art der Geschichtsbetrachtung geht von der Überzeugung aus, daß die erstmalige Entstehung technischer Hilfsmittel für die physisch-biologische Daseinsbehauptung nicht eine Voraussetzung, sondern ihrerseits eine Äußerung der menschlichen Geschichtlichkeit (bzw. Kultur) ist. Diese beruht in der spezifisch menschlichen Seinsart, die sich wesenhaft in dem nur dem Menschen eigenen Bewußtsein ausdrückt. In seiner ursprünglichsten Entstehung in Gestalt eines uranfänglichen Erwachens des Ich ist diese das Menschsein ausmachende Reflexion unabhängig von natürlich-körperlichen Konstitutionsänderungen und technischen Fähigkeiten und diesen gegenüber primär.

Das Problem, inwieweit eine Kulturtat eine Entwicklung des Bewußtseins zur Folge hat und inwieweit sie ihrerseits die Frucht einer Bewußtseinsentwicklung ist, stellt sich in der Geschichte sehr oft. Mit der Feststellung, daß hier offensichtlich eine Wechselwirkung besteht, ist das Phänomen nicht hinreichend gekennzeichnet. Ein Analyse späterer, quellenmäßig besser bekannter Geschichtsabläufe in ihrem Zusammenspiel von technisch-materiellen und geistig-bewußtseinsmäßigen Wandlungen läßt erkennen, daß hierbei zu unterscheiden ist zwischen den kulturschöpferisch tätigen Einzelnen und den nachvollziehenden Vielen. Für die letzteren ist evident, daß mit technisch-materiellen Kulturäußerungen auch die damit verbundenen Bewußtseinsausprägung übernommen und verwirklicht wird. Ganz anders bei den schöpferisch Tätigen, bei denen die einer Kulturleistung zugrunde liegende Bewußtseinshaltung jener gegenüber als ursprünglich zu gelten hat. Auf die Dienstbarmachung des Feuers angewandt, besagt dies: Ein Blitzeinschlag mit einem Steppenbrand hätte ein prometheisches Wesen nicht zur Nutzung dieser Kraft anregen können, wenn dieses Wesen die dafür notwendige Prädisposition nicht besessen hätte.

Wenn wir versuchen, die wenigen Kulturäußerungen der altpaläolithischen Menschheit, von denen wir durch unmittelbare Zeugnisse Kenntnis haben (Werkzeugherstellung, Jagd auf Großwild, Feuernutzung), physiognomisch miteinander zu vergleichen, so werden wir sagen dürfen, daß bei der ursprünglichen Werkzeugherstellung der Weg vom beabsichtigten Zweck über das naturgegebene Rohmaterial zum fertigen Artefakt vergleichsweise kurz ist, während die Prometheus-Tat nicht nur ein größeres Maß vernünftigen Wollens mit einer differenzierten Intelligenz, sondern vor allem eine ausgeprägtere Form des Bewußtseins voraussetzt. Dieser physiognomische Unterschied zwischen frühester Werkzeugherstellung und frühester Feuernutzung ist freilich kein Beweis, aber doch wohl ein allgemeiner Hinweis auf das entwicklungsmäßig-chronologische Verhältnis beider Phänomene zueinander. Ob allerdings die ältesten bis jetzt bekannten Zeugnisse einer Feuernutzung tatsächlich annähernd den Zeitpunkt der erstmaligen Indienstnahme dieser Naturkraft kennzeichnen, muß angesichts der das Altpaläolithikum allgemein betreffenden Quellenlage dahingestellt bleiben.

Die Belege für einen Feuergebrauch durch den Menschen reichen ins reine Altpaläolithikum zurück: verbrannte Knochen in der geologisch und faunistisch als mittelpleistozän geltenden Station von Vértesszöllös in Ungarn, eine Brandfläche in einer durch Faustkeile von Acheuléen-Art gekennzeichneten Kulturschicht des Abri Pech-de-l'Azé in Frankreich, ein Holzstab mit einer verkohlten Spitze aus der Acheuléen-Schicht von Torralba in Spanien, verbrannter Silex in der Mittelacheuléen-Schicht von Cagny-la-Garenne in Frankreich, verkohlte organische Substanzen und verbrannter Silex in den acheuléenzeitlichen Schichten von Swanscombe in England, verkohltes Holz in den Acheuléen-Schichten von Hoxne in England. Vermutlich ins späte Altpaläolithikum gehören auch die Fundschichten mit Zeugnissen einer Feuernutzung von Et Tabun im Berg Karmel, aus der sog. Cave of Hearths im Makapansgattal, Transvaal, der Höhle Montagu in der Kapprovinz und möglicherweise auch von den Kalambo-Fällen in Sambia. In Ostasien haben vor allem die Höhlen von Chou-k'ou-tien frühe Spuren der Feuernutzung erbracht.

Die frühen Zeugnisse eines Feuergebrauches stammen zumeist aus Abri- bzw. Höhlenstationen. Es wurde vermutet, daß zwischen diesen beiden Phänomenen eine ursächliche Verbindung bestehe derart, daß die Benutzung von Höhlen erst möglich geworden sei, als das Feuer als Waffe und Sicherungsmittel gegen die vorher alleine die Höhlen bewohnenden Raubtiere zur Verfugung stand (*s. S. 96*).

Allgemeine Erwägungen sprechen dafür, daß wir eine Frühstufe, in der das Feuer zwar bewahrt, aber noch nicht erzeugt wurde, zu unterscheiden haben von einem fortgeschritteneren Stadium, in dem auch die intentionelle Feuererzeugung geübt wurde. Die Ethnographie kennt noch aus der Neuzeit Volksstämme, wie die Andamanen, die nur mit der Feuerbewahrung vertraut waren, und die, wenn bei ihnen das Feuer erlosch, zu Nachbarn gehen und um einen neuen Brand bitten mußten. Es wäre denkbar, daß auch im Altpaläolithikum vielfach nur dieses Feuerbehüten bekannt war. Vom Mittelpaläolithikum an ist zudem ein Feuererzeugen zu erschließen. Jedenfalls kamen in Moustérien-Stationen Schwefelkiesknollen zum Vorschein, bei denen freilich nicht direkt beweisbar, aber immerhin wahrscheinlich ist, daß sie zum Feuerschlagen verwendet wurden. Bekanntlich sind die durch einen Schlag gegen ein Schwefelkiesstück entstehenden Funken so heiß, daß sie brennbare Stoffe leicht zur Entzündung bringen. Schwefelkiesknollen treten auch an jungpaläolithischen Lagerplätzen auf. Ein Stück von Trou de Chaleaux in Belgien zeigt sogar deutlich Schlagspuren; hier ist die Verwendung als Feuerzeug also gesichert.

Hinsichtlich der Verwendungsart des Feuers im Paläolithikum geben diverse Fundbeobachtungen mancherlei Hinweise. Zunächst und vor allem wichtig sind selbstverständlich die Herde in Freiland-, Abri- und Höhlenlagerplätzen. Sie haben sehr unterschiedliche Größe und Form. Die größten sind etliche Meter lang (z.B. Unterwisternitz: 35 qm). Mitunter sind ursprüngliche Begrenzungssteine noch in situ erhalten. Dabei haben die Ausgräber gelegentlich den Eindruck, daß diese Randsteine als Sitzplätze benutzt wurden. In einigen Fällen konnten die Reste einer backofenartigen Überdeckung von Herden festgestellt werden (z.B. Pavlov, Unterwisternitz). Wie die flächenmäßige Ausdehnung so schwankt auch die Dicke der Aschenschicht, aus der die Dauer und Intensität der Feuerhaltung zu erschließen ist. Zwischen Plätzen, wo offensichtlich nur einmal kurzfristig ein Feuer entzündet wurde, bis zu Herden mit mehr als 1 m mächtigen Aschenschichten gibt es alle Übergänge.

Als Brennmaterial dienten Holzstücke und Tierknochen. Während der ausgesprochenen Kaltzeiten wurden in den waldarmen Gebieten namentlich die Knochen großer Dickhäuter (Mammut und Wollhaarnashorn) für Feuerzwecke benützt. Wo andere geeignete Brennstoffe zu haben waren, griff man auch zu diesen. In der nordmährischen Station von Ostrava-Petřkovice, zweihundert Meter von der Stelle entfernt, wo ein natürliches Steinkohlenvorkommen an die Oberfläche tritt, war dieses Heizmaterial bekannt und wurde benutzt, wie einige Stücke bei den Feuerstellen des Lagerplatzes beweisen.

Die Herde dienten außer zum Wärmespenden und zum Fernhalten wilder Tiere vor allem natürlich zum Braten von Fleischnahrung. Darüber hinaus wurden im Feuer aber auch Spitzen von Holzspeeren gehärtet, wie die Funde von Lehringen und Torralba beweisen. Weiterhin war im Jungpaläolithikum das Brennen von Tonfiguren bekannt. Die mährisch-slowakischen Freilandstationen haben Statuetten und noch ungeformte Tonklumpen in Herdstellen geliefert. Zur Entstehung einer regelrechten Keramik, d.h. zur Herstellung gebrannter Tongefäße, kam es aber im Paläolithikum nirgends.

## B. JUNGSTEINZEIT

### *Rohstoffgewinnung und -verarbeitung*

Verglichen mit dem vorangehenden Zeitalter zeichnen sich die volltypischen Neolithkulturen durch eine auf vertieften Kenntnissen beruhende, auf einen weitergehenden Nutzen ausgerichtete, umfassendere Selbständigkeit der Umwelt gegenüber aus, gleicherweise wie bei der Gewinnung der hauptsächlichen Nahrungsgüter pflanzlicher und tierischer Art (was zur Entstehung von Pflanzenanbau und Tierhaltung führte, *s. S. 78ff.*) so auch im Verhältnis zu den übrigen Rohstoffen und ihrer ökonomischen Nutzung und technischen Verarbeitung. Typische Schöpfungen dieser Zeit, von denen wir dank des

Fundstoffes Kenntnisse haben, sind die Keramik, die Metallverarbeitung, neue Steinbearbeitungsverfahren, die Zimmermannskunst, die Steinarchitektur und die Lehmbauweise (Pisétechnik und Ziegelschichtung).

Die *Keramikherstellung*, d.h. das durch Brennen erfolgte Härten von (als Gefäß oder Figuralplastik) geformten, mit einem Magerungsmittel versehenen Tongegenständen – ursprünglich wohl mit der beginnenden Vorratsaufbewahrung und den sich dabei ergebenden Erfordernissen zusammenhängend – stellt aller Wahrscheinlichkeit nach eine frühneolithische Erfindung des vorderasiatischen Bereiches dar. Dort wurden die einzelnen Techniken der Formung (Wulsttechnik, ‚Treib'-Technik, Korbformweise, langsam rotierende Scheibe, sog. Tournette, und schnellrotierende Drehscheibe) jeweils verhältnismäßig früh ausgebildet, ebenso die einzelnen Techniken der Oberflächenglättung und -politur, des Slipauftrages und der Bemalung, die sowohl die funktionale Bedeutung einer Porenfüllung (Wasserundurchlässigkeit) als auch eine ästhetische Wirkung hatten. Außerhalb des Vorderen Orients wurden andere Verfahren hinzugefügt. Für Mitteleuropa zu nennen ist beispielsweise der typische schwarze Politurglanz bandkeramischer Gefäße. Dieser entstand durch teerige Substanzen, die sich bei mäßig hoher Temperatur durch schwelendes, nasses Holz bildeten und auf der Wandung niederschlugen. Bei der Keramikherstellung bediente man sich normalerweise der jeweils örtlich zu findenden Rohstoffe. Mitunter aber wurden bestimmte dabei verarbeitete Stoffe von weither besorgt, etwa der Graphit, der als Magerungs- und Überfangmaterial in einigen neolithischen Keramikgruppen (ostmitteleuropäische Bandkeramik, unterdonauländische Marica- und Gumelnița-Kultur) eine Rolle spielte. Beim neolithischen Hausbau wurde nur ausnahmsweise eine größere Haltbarkeit von Lehmteilen (Ziegel, Estrich, Herdsockel) durch Brennen zu erzielen gesucht. Normalerweise begnügte man sich bei Fachwerk-, Pisé- und Ziegelwänden mit einer Lufttrocknung des Lehms.

Ebenso einschneidend und folgenschwer wie die während des Neolithikums aufkommende und weithin in Europa, Asien und Nordafrika sich verbreitende Verwendung von Ton zur Herstellung von Gefäßen und von Lehm zum Hausbau war die zur selben Zeit einsetzende Bearbeitung schwerer Holzbalken. Zwar wurde Holz auch in der Altsteinzeit in gewissem Umfang zur Herstellung von Behausungen, Geräten und Jagdwaffen benützt; aber eine regelrechte Zimmermannstechnik und überhaupt eine differenzierte Holzverarbeitung entstand offensichtlich erst im Neolithikum. Das uns davon Erhaltene, vor allem zum Hausbau gehörig (*s. S. 117ff.*) aber auch Möbel, Kisten u. a., bezeugt die Beherrschung verschiedener Techniken und Konstruktionsprinzipien. Für die Bedeutung der Holzbearbeitung in den neolithischen Kulturen – auch dort, wo wegen der Erhaltungsbedingungen unmittelbare Zeugnisse fehlen – sind die dafür verwendeten Steingeräte meißel- und dechselartigen Charakters beredte Hinweise, z.B. die Schuhleistenkeile (*Taf. 32,7*) und andere Steinbeiltypen, die zu den geläufigsten neolithischen Fundhinterlassenschaften gehören. Der Grabungsbefund beispielsweise des Dorfes von Aichbühl (*Taf. 30, C*) führt den ungeheueren Holzbedarf dieser Siedler vor Augen: Zum Bau *eines* Hauses wurden etwa 150–190 Baumstämme benötigt; in der ganzen Siedlung waren demnach etwa 3500 Bäume verbaut.

Die das Neolithikum charakterisierenden Neuerungen auf dem Gebiet der Steinbearbeitung – hauptsächlich Schliff, sodann Durchbohrung – haben von jeher zur archäologischen Definition des Neolithikums beigetragen. Außer zur Herstellung von Beilen für die Holzbearbeitung und von Streitäxten und -keulen aus Felsgestein (*Taf. 11,2.3.7*) wurde die Schleiftechnik auch zur Anfertigung von Steingefäßen und von Schmuckstücken (Armringe, Anhänger, Perlen) angewandt. Dazu wurden viele Gesteinsarten verarbeitet, auch Halbedelsteine, u. a. Achat, Karneol, Lapislazuli, Türkis, Amethyst, Alabaster, Bergkristall, Porphyrit, Steatit, Haematit, Marmor usw., die nicht selten weit von ihrem natürlichen Vorkommensgebiet entfernt auftreten. Dies gilt auch von besonders geeigneten Gesteinsarten für Gerättypen: Felsgesteine für Beile, Feuerstein und Obsidian für Messer und Spitzen. Bei der z. T. weiten Verbreitung bestimmter Rohstoffe werden wir gewiß nicht an regelrechte Händler zu denken haben, aber auch nicht an einen einfachen Gütertausch im Sinne einer Weitergabe von Stamm zu Stamm, vielmehr eher daran, daß jede Siedlungsgemeinschaft für sich „Expeditionen" zur Beschaffung diverser Rohmaterialien aussandte, die das Vorkommen der Gesteine im Umkreis mehrerer Tagereisen mehr oder weniger gut kannten. Neben den im Neolithikum neu aufkommenden Steinbearbeitungstechniken wurden die vom Jungpaläolithikum her geläufigen Techniken (Kernstein-, Abschlag-, Klingentechnik, Steil- und Flächenretusche) weitergeführt. Auf dem Gebiet der Klingentechnik, die seit dem Gravettien eine kaum mehr zu überbietende Perfektion erreicht hatte, wurde mit der in nachpaläolithischer Zeit geläufig werdenden sog. Mikrosticheltechnik noch ein letzter Fortschritt erzielt (*s. S. 36f.*). Auch die während des Mittel- und Jungpaläolithikums mancherorts bereits zu einer Blüte gelangte Technik der Flächenretuschierung wurde während des Neolithikums in der Alten und Neuen Welt zum geläufigen Verfügungsbesitz, von dem in vielen Gruppen und Stufen vor allem zur Herstellung von Speer- und Pfeilspitzen Gebrauch gemacht wurde.

Allgemein üblich war im Neolithikum sodann die Verarbeitung von Geweih, Knochen und Elfenbein zu Geräten, Waffen und Schmuckstücken. Eine viel geringere Rolle spielte demgegenüber die Metallverarbeitung. Wenn man den neuen Funden vom Tell as-Sauwan, von Ali Kosch und Çatal Hüyük Glauben schenken darf, reicht die Kenntnis des Kupfergusses und -hämmerns ins Altneolithikum zurück, d. h. in die Zeit des Keramikbeginns. Sie fand aber dann nicht dieselbe schnelle Verbreitung wie die Keramikherstellung, sondern trat erst von der Zeit um 3000 v. Chr. an im Vorderen Orient und in Südosteuropa stärker hervor. Dabei wurde das Rohkupfer zunächst nicht etwa nur in Anlehnung an die Steinbearbeitungsweisen durch Klopfen und

Hämmern bearbeitet; vielmehr war von Anfang an ein einfaches Gußverfahren (Gußschmiedeverfahren) bekannt. Dies läßt den Schluß zu, daß die Metallverarbeitung technologisch nicht so sehr der Steinbearbeitung als vielmehr der Keramikherstellung verwandt ist (in beiden Fällen werden in der Natur vorgefundene Rohstoffe durch Feuer in ein neuartiges Material verwandelt).

## *Jagd, Fischfang, Pflanzensammeln*

Die während der Altsteinzeit allgemein herrschenden Formen der rein aneignenden Nahrungsgewinnung spielten während der neolithischen Jahrtausende in den einzelnen Erdgebieten und Kulturgruppen eine sehr unterschiedliche Rolle. In weiten Bereichen der Alten und in der Neuen Welt blieben Jagd, Fischfang und Pflanzensammeln sogar die alleinigen Formen des Nahrungserwerbs. Aber auch dort, wo die neolithischen Neuerungen von Pflanzenanbau und Viehhaltung Eingang fanden und produzierende Wirtschaftsweisen entstehen ließen, wurden als Ergänzung dazu die alten Formen des Nahrungsaneignens weiterbetrieben, wobei sowohl die Auswahl dessen, was gejagt, gefischt und gesammelt wurde, als auch der Umfang, in dem dies jeweils geschah, nicht nur von den natürlichen Gegebenheiten (Wildreichtum, Vorhandensein fischreicher Gewässer, Vorkommen geeigneter Wildpflanzen verschiedenster Art) abhing, sondern als Ausdruck der besonderen kulturellen Eigenart der einzelnen Populationsgruppen aufzufassen ist.

Was an gesammelter vegetabilischer Nahrung in jungsteinzeitlichen Siedlungen nachgewiesen werden kann, ist zweifellos ein so winziger und aufgrund der Erhaltungsbedingungen zufälliger Ausschnitt, daß daraus kein einigermaßen abgerundetes Bild des insgesamt Vorauszusetzenden abzuleiten ist. Auffallend sind beispielsweise die Mengen von Nüssen auf gewissen Maglemose- und Ertebølle-Wohnplätzen Nordeuropas, die den Gedanken nahelegen, daß hier eine Art Vorratsspeicherung vorliege, was im Hinblick darauf, daß dieser Kultur Pflanzenanbau (und Viehhaltung) unbekannt waren, bemerkenswert erscheint. Die Gewohnheit einer Vorratsspeicherung könnte hier eventuell als Einfluß von seiten vollneolithischer Agrarkulturen erklärt werden.

Besser als das Sammeln von Pflanzennahrung ist dasjenige von Muscheln archäologisch nachzuweisen. In Dänemark (Ertebølle) und in Westeuropa (Muge, Hoëdic, Téviec), in Nordafrika, Indien, Ostasien und Nordamerika (Tennessee-River) stammen die zumeist an der Meeresküste, mitunter aber auch an Binnengewässern liegenden, als Speiseabfall zu deutenden Muschelhaufen großenteils aus der fraglichen Zeit. Natürlich bildete das Muschelsammeln nicht die einzige Art der Nahrungsgewinnung dieser Populationen, wie aus mitgefundenen Jagdwildknochen hervorgeht.

Was die jungsteinzeitlichen Jagdtechniken anlangt, so führen sie diejenigen des Jungpaläolithikums weiter. Treibjagden (auf Steilwände zu) sind nur ausnahmsweise aus Funden sicher zu erschließen. Weithin üblich war der Gebrauch des Stoßspeeres bei Boviden, Wildschweinen und Bären, des Wurfspeeres mit Harpunenspitze (ähnlich *Taf. 32,13*) bei flüchtigen Tieren, vor allem Hirschen, Rehen, Gazellen und Wildpferden sowie bei Seesäugern und Fischen. Neben dem geschleuderten Speer wurden Pfeil und Bogen bei der Jagd auf Cerviden, Capriden und Equiden aber auch auf Vögel und Raubtiere verwendet. Auf spanischen Felsbildern (*Taf. 11,1.12*) und auf den Wandmalereien von Çatal Hüyük (*Taf. 12,21–23*) ist die Jagd mit Pfeil und Bogen oftmals dargestellt. Die Stoß- und Wurfspeere ebenso wie die Pfeile waren (wohl zumeist) mit einer Spitze aus Stein oder Knochen bewehrt. Speer- und Pfeilspitzen unterscheiden sich oftmals nur in der Größe voneinander (*Taf. 32,5.6*). Neben den Pfeil*spitzen* gab es Pfeil*schneiden* (auch querschneidige Pfeilspitzen genannt: *Taf. 32,1.2*). Sie dienten vermutlich der Jagd auf bestimmte Tierarten bzw. hingen mit bestimmten Jagdmethoden zusammen. Pfeilschneiden verursachten größere, stärker blutende Wunden als Pfeilspitzen, die statt dessen leichter in den Tierkörper eindrangen. Man könnte sich denken, daß diese unterschiedlichen Vorzüge bei dem speziellen Verwendungszweck dieser Pfeilarten eine Rolle spielten, indem die einen vor allem für den Angriffskampf, die anderen für die Verfolgung flüchtiger Tiere bestimmt waren. Im Hinblick darauf verdient Beachtung, daß auf ägyptischen und sumerischen Darstellungen von Löwenjagden mit Pfeil und Bogen deutlich Pfeilschneiden erkennbar sind (*Taf. 14,11*). Vielfach wurden beide Pfeilarten nebeneinander benützt, was daraus hervorgeht, daß sie nicht nur an denselben Fundplätzen, sondern vereinzelt als gemeinsame Grabbeigaben vorkommen. Im Sakkara-Grab des Udimu lagen mehrere hundert Holzpfeile teils mit einer Steinschneide, teils einer Holz- oder Elfenbeinspitze, teils einer gezackten Knochenspitze. Andererseits gibt es Kulturen, die eine der beiden Pfeilarten bevorzugten oder sogar ausschließlich verwendeten (z.B. die Stichbandkeramikkultur die Pfeil*schneiden;* die Butmir-Kultur die Pfeil*spitzen*). In Amerika scheinen überhaupt nur Pfeil*spitzen* bekannt gewesen zu sein. Zuweilen trat innerhalb einer Kultur auch eine Wandlung ein (z.B. Byblos Schicht I a.b nur Pfeil*spitzen;* Schicht I c nur Pfeil*schneiden*), was auf Veränderungen der Jagdsitten schließen läßt.

Was bei Pfeilspitzen zweckmäßig war, nämlich seitliche Widerhaken, erwies sich auch bei den Spitzen von Wurfspeeren als wirkungsvoll. Neben den Stein- und Kupferspitzen mit spitzwinkligen Flügeln wurde dieses Prinzip am ausgeprägtesten bei der Harpunenform verwirklicht, die typologisch und funktional in einer Tradition von den Magdalénien- und Azilien-Harpunen steht (*Taf. 32,13.14*). Wenngleich ihre Verwendung bei der Jagd auf Seehunde und große Fische beglaubigt ist, steht doch fest, daß sie vor allem auf Landwild eingesetzt wurde. Jagdhelfer war der Hund, der auch in rein jägerischen, keine Haltung von fleischspendenden Tieren kennenden Kulturen nachgewiesen werden kann, z.B. im westeuropäischen Tardenoisien, der nordeuropäischen Maglemose-Ertebølle-Kultur und der ostbaltischen Kunda-Kultur. Auf einer spanischen Jagddarstellung von Alpera und einer solchen von Çatal Hüyük sind Hunde wiedergegeben.

An Fischereigeräten verwendet wurden Netze, Reusen und Angelhaken. Beim Fischfang wurden auch Boote benutzt.

In Amerika waren die wichtigsten Jagdtiere Bison, Wildpferd, Hirsch und Antilope; eine Rolle spielten weiterhin Faultier und Tapir. Die jägerische Art der Fleischgewinnung war in der gesamten Neuen Welt während der jungsteinzeitlichen Jahrtausende die allein bekannte. Neben den rezenten Arten standen einige heute ausgestorbene Arten zur Verfügung, in Mittelamerika offenbar anfänglich sogar noch Mammute. In Afrika wurden nach Ausweis der als menschliche Speiseabfälle zu deutenden Tierknochen und der Darstellungen auf den Felsbildern Boviden, Antilopen, Steinböcke und Gazellen, Strauße und Giraffen, Elefanten, Flußpferde und Nashörner, Zebras und Wildschweine gejagt, daneben auch kleinere Tiere. In den meisten Teilen dieses Kontinents war die Gewinnung von Fleischnahrung ausschließlich jägerischer Art. Auch in Ägypten war die Jagd offenbar noch zur Zeit der Siedlungen von Fajum und Merimde dominierend; von der Stufe der großen prädynastischen Gräberfelder an trat sie jedoch gegenüber der Viehhaltung stark zurück. Später waren sportliche oder repräsentative Jagdzüge auf Großwild der Wüste und – solange solche noch vorhanden waren – auf große Dickhäuter des feuchten Niltales bei ägyptischen Vornehmen ausgesprochen beliebt. Ein frühdynastischer Pharao ließ sich auf der Flußpferdjagd darstellen; und Harpunen aus Kupfer gehören zu den ältesten Metallgegenständen der Naqada-Kultur.

In Asien trafen holozäne Jäger im Osten des Kontinents anscheinend noch mit pleistozänen Großwildarten (Mammut und Wollhaarnashorn) zusammen, während im Westen die Anfänge der Tierhaltung die Bedeutung der Jagd in den Hintergrund treten ließen. Die in den Natuf-Siedlungen Mugharet el Wad; Nahal Oren; Eynan usw.) ermittelten Rinder, Ziegen, Hirsche, Equiden, Gazellen und Schweine zeigen durchweg keine Domestikationsmerkmale und dürften mindestens größtenteils gejagt worden sein. Dasselbe gilt für die frühneolithischen Stationen von Suberde und Karim Schahir, wo Schaf, Ziege, Schwein, Rind, Reh, Gazelle, Hirsch und Hase als Fleischnahrung bezeugt sind.

Wenn bei den Knochen von Schaf/Ziege, Gazelle, Rind, Onager und Schwein von Ali Kosch keine Domestikationsmerkmale feststellbar sind, so läßt doch eine stratigraphisch zu verfolgende Zunahme der Häufigkeit von Schafen und Ziegen im Verhältnis zu Gazellen eine beginnende Herdenbildung annehmen. Das Nebeneinander dieser beiden Wirtschaftszweige kennzeichnet viele vorderasiatische Neolithkulturen. In den älteren Stufen von Jericho, in Djarmo und in El-Chiam überwiegt das Jagdwild gegenüber domestizierten

Tieren entschieden. Auch im altneolithischen Çatal Hüyük und im Tell Hassuna spielen Gazellen, Wildesel, Hirsche, Wildschafe und Wildschweine, eventuell auch Wildrinder neben domestizierten Tieren für die Fleischversorgung der Bevölkerung eine beträchtliche Rolle. Während in diesen Fällen normalerweise ein entsprechender Reichtum an Jagdgeräten, vor allem Pfeilspitzen und Harpunen, vorhanden ist, gibt es auch Gruppen, wo trotz des Vorhandenseins von Jagdwildresten entsprechende Jagdgeräte fehlen.

In Europa waren die Träger des Tardenoisien und verwandter mikrolithischer *Kulturen* ausgesprochene Jäger, die Hirsche, Rehe, Wildschweine, Auerochsen, Biber, Wildpferde, Bären und Vögel (vor allem Schwäne, Enten, Gänse), in West- und Südeuropa auch Wildschafe und Wildziegen, in Nord- und Osteuropa auch Elche und Fischotter erlegten. In Star Carr, dem am vollständigsten untersuchten Wohnplatz dieser Kultur, wurden 80 erlegte Hirsche, 33 Rehe, 11 Elche, 9 Auerochsen und 5 Wildschweine sowie zahlreiche Wasservögel festgestellt. Betont jägerisch war offensichtlich auch die Wirtschaftsform der Kultur, die die ostspanischen Felsmalereien schuf (*Taf.* 20,32). In denkbar starkem Gegensatz zu diesen Gruppen stand die mitteleuropäische Bandkeramikkultur, bei der die Jagd als Wirtschaftszweig eine ganz untergeordnete Rolle spielte, sowohl nach Aussage des faunistischen Fundmaterials als auch aufgrund der Seltenheit von Jagdgeräten, was keinesfalls an den natürlichen Verhältnissen im Siedlungsareal der Bandkeramiker liegen kann. Ein stärkeres Gewicht kam der Jagd bei einigen jungneolithischen Kulturgruppen Mittel- und Südosteuropas zu, wobei nach Aussage der Tierknochen mitunter bis über die Hälfte des Fleischbedarfes durch Wildtiere gedeckt wurde und in den betreffenden Stationen auch Harpunen und Pfeilspitzen entsprechend häufig sind. Demgegenüber ging in der Ukraine innerhalb des Neolithikums die Bedeutung der Jagd im Verhältnis zur Viehhaltung von Zeitstufe zu Zeitstufe zurück. Anfänglich herrschte die Jagd allein. In Taš-Air ist der allmähliche Rückgang stratigraphisch zu verfolgen, der dann in der älteren Tripolje-Kultur (Luka-Vrublevetskaja) zu einem Anteil von etwa 50% und in den jüngeren Tripolje-Stufen von nur noch etwa 15% des Knochenmaterials führte.

## *Pflanzenanbau*

Seit Beginn einer Erforschung des Neolithikums gilt der Pflanzen-, vor allem der Getreideanbau als eine der wesentlichsten Neuerungen dieses Zeitalters, die den tiefgreifenden Gegensatz zur vorangehenden Altsteinzeit verkörpern. Zumal dieses wirtschaftsgeschichtliche Phänomen auf das engste mit den für das Neolithikum neuartigen gesellschaftlichen und allgemein-kulturellen Erscheinungen zusammenhängt, ist das Problem, wie es zum Pflanzenanbau (und der kulturhistorisch und chronologisch damit verbundenen Domestikation von Tieren) gekommen ist, welche Ursachen sich hier entscheidend auswirkten und wie dieser Vorgang sich praktisch vollzog, für die geschichtliche Gesamtbeurteilung der Jungsteinzeit hochbedeutsam. Dabei kann kein Zweifel darüber bestehen, daß die kulturellen und sozialen Lebensformen des Neolithikums nicht einfach als Folgeerscheinung jener wirtschaftlichen Neuerungen aufzufassen sind, sondern daß diese letzteren ihrerseits integrierende Bestandteile und insofern Äußerungen der komplexen Geschichtsstruktur dieses Zeitalters sind. Diese Überlegung läßt die Bedeutung von Gegebenheiten und Wandlungen der Naturverhältnisse (Klima, Landschaftscharakter, Vorkommen geeigneter Wildpflanzen) für die Entstehung pflanzenanbauender Wirtschaftsformen im rechten Licht erscheinen: so wertvoll die möglichst umfassende Erhellung dieser äußeren Bedingungen auch ist, so wenig läßt sich verkennen, daß der Vorgang als solcher dadurch nicht vollgültig erklärt werden kann, da er aus diesen äußeren Verhältnissen und Wandlungen heraus nicht mit Notwendigkeit resultierte. Die eigentliche Ursache werden wir vielmehr in der besonderen psychischen Konstitution einer Menschengruppe bzw. in einem psychischen Konstitutionswandel zu suchen haben. Ohne diesen hätten äußere Verhältnisse nicht verändernd auf die Kultur- und Wirtschaftsentwicklung einwirken können. Daß nach Entstehen der neuen Wirtschaftsform diese ihrerseits zur Festigung und Verbreitung der sie bedingenden psychischen Struktur wesentlich beitrug, darf füglich angenommen werden. Als deren kennzeichnender Wesenszug ist das Streben nach einer umfassenderen und neuartigen Selbständigkeit anzusehen. Die das gesamte *Paläolithikum* hindurch bestehende, die Wirtschaftsweise und darüber hinaus gewiß allgemein die Kultur und Lebenshaltung prägende Abhängigkeit von den Naturgegebenheiten verlor die Bedeutung eines verbindlich und selbstverständlich angenommenen Daseinsprinzips. Das Bedürfnis erwachte, den unsteten, oftmals unsicheren Gegebenheiten bei der ausschließlich aneignenden Nahrungsgewinnung durch geeignete Vorkehrungen zu begegnen und Maßnahmen zu treffen, die, aus Kenntnissen und Einsichten in die Eigenart naturgesetzlicher Verhältnisse erwachsen, eine gesteigerte Sicherung des Nahrungserwerbs durch einen aktiven Einsatz persönlicher Mühe und eine planende Voraussicht bezweckten.

Wir werden diesen psychischen Konstitutionswandel als eine *Entwicklung des Bewußtseins* der diesen historischen Vorgang tragenden Bevölkerungsgruppen begreifen dürfen. Ihrem Wesen nach wird damit eine im Bereich des Geschichtlichen sich vollziehende *Psychoevolution* fortgesetzt, die wir in einer älteren Etappe als Beginn des Jungpaläolithikums vor allem an Hand der Entstehung einer darstellenden Figuralkunst und in einer nochmals älteren Etappe im Beginn eines Feuergebrauches und einer freizügigen Höhlennutzung innerhalb des Altpaläolithikums erschließen können (*s. S. 157ff. 70f.*). Was für jene Entwicklungsschritte gilt, dürfte ebenso für die den Beginn des Neolithikums heraufführende geistige Bewegung anzunehmen sein, daß nämlich diese

Neuerung zunächst von einer kleinen Menschengruppe verwirklicht wurde und sich dann ausbreitete, wie geistige, technische und ökonomische Errungenschaften sich auszubreiten pflegen. Wenn in neuerer Zeit für diesen Vorgang die Bezeichnung „*Neolithische Revolution*“ gebraucht wird, so scheint damit treffend gekennzeichnet zu sein, daß als Folge einer geistigen Krisisepoche und einer neuen Bewußtseinsformierung relativ plötzlich veränderte kulturelle, wirtschaftliche und soziale Ordnungen unter Preisgabe bestehender Lebensformen geschaffen wurden, nicht als Auswirkung eines natürlichen Mechanismus, sondern aus der bewußten Beurteilung bestehender Gegebenheiten, Möglichkeiten und Anliegen seitens einer vergleichsweise kleinen Gruppe konkret Einzelner. Die wirtschaftsgeschichtlichen Neuerungen des Neolithikums sind für die historische Erhellung dieses Zeitalters für uns insofern von besonderer Bedeutung, als sie aus den verfügbaren archäologischen, faunistischen und floristischen Quellen deutlicher zu erschließen sind als andere Aspekte des geschichtlichen Daseins und daher großenteils stellvertretend für diese stehen müssen.

Am augenfälligsten und wohl tatsächlich am bedeutsamsten innerhalb des jungsteinzeitlichen Pflanzenanbaues ist derjenige von Getreide, während der von Hülsenfrüchten, Wurzelgewächsen und anderen Nutzpflanzen (Datteln, Oliven) eine zweitrangige Rolle spielte. Als Heimat der altweltlichen Getreidearten wird allgemein Vorderasien angesehen, wo die betreffenden Wildgrasformen z.T. in geschlossenen Verbänden natürlich vorkommen. In den altneolithischen Tellsiedlungen des obermesopotamischen Flachlandes (Tell as-Sauwan), der östlich angrenzenden Gebirgszone (Djarmo), Palästinas (Beidha) sowie in Südanatolien (Çatal Hüyük, Hacilar) lassen sich mehrere domestizierte Getreidearten durch verkohlte Körner oder durch Abdrücke in Gefäßscherben bzw. Lehmwänden nachweisen. Mengenmäßig steht dabei Gerste im Vordergrund, wobei mitunter eine besondere Nähe zu verwandten Wildgräsern hervorgehoben wird. Häufig erscheinen daneben die Spelzweizenarten Emmer (Zweikorn) und Einkorn sowie Zwergweizen (die älteste Nacktweizenart). Zunächst wurde angenommen, daß zu der Zweizeilgerste erst in einem fortgeschrittenen Stadium der Jungsteinzeit die ergiebigere Sechszeilgerste getreten sei. Die neuen Entdeckungen im Tell as-Sauwan haben indes das hohe Alter auch der letzteren erwiesen.

Aus den allerältesten Siedlungsschichten der vorderasiatischen Tellkultur stehen einstweilen sichere Belege für den Getreideanbau noch aus. Doch sprechen diverse Befunde indirekt dafür, daß diese Wirtschaftsform von Anfang an dieser Kultur eigentümlich war und sich zusammen mit deren übrigen Wesenszügen (vor allem der Tellsiedlungsweise) entwickelt hat. Wichtig ist in dieser Hinsicht außer nicht näher spezifizierten Gramineenresten in der natufzeitlichen Siedlung von Eynan das Vorkommen von Silex- und Obsidianklingen mit Sichelglanz sowie von Mahlsteinen und Steinmörsern (wie *Taf. 32,10.12; 22,2)* in den am Beginn der nachpaläolithisch-jungsteinzeitlichen

Kulturentwicklung stehenden Siedlungen von Nahal Oren, Eynan, Mugharet el-Wad, Beidha, Tell Far'a, Byblos, Megiddo, Abu Gosch, Zawi Tschemi Schanidar, Djarmo, Tell as Sauwan, Tell Hassuna, Çatal Hüyük und Aşikli Hüyük. Freilich ist grundsätzlich nicht auszuschließen, daß die Mahlsteine und Mörser zum Zerkleinern von Farbstoff verwendet wurden oder aber im Falle einer Benutzung zum Mahlen von Körnern diese nicht von angebautem Getreide, sondern von gesammelten Wildgräsern stammten. Ebenso könnte man in Betracht ziehen, daß die nachweislich bis zu 32 cm langen Sichelgeräte (vgl. Megiddo und Hassuna) zum Schneiden von Wildgräsern oder sogar von Schilf dienten. Aber andererseits drückt sich in diesen Steingerättypen von ihren ältesten zu ermittelnden Vorkommen bis zu den jüngeren Stufen, in denen sie unstreitig zum Ernten und Verarbeiten von Getreide verwendet wurden (*Taf. 32, 8–10*), eine so offenkundige Tradition aus, daß man der Annahme einer funktionalen Übereinstimmung der frühen mit den entwickelteren Beispielen eine hohe Wahrscheinlichkeit beimessen möchte. Die Fundverhältnisse im natufzeitlichen Eynan, wo ein großer Steinmörser mit einer 30 cm tiefen Aushöhlung in der Mitte eines Rundhauses während einiger Umbauten unverändert an seinem Platz verblieb und kontinuierlich benutzt wurde, lassen die zentrale Bedeutung dieses Gegenstandes für das (wirtschaftliche) Leben dieser Gemeinschaft deutlich werden, wie sie eigentlich nur für den Fall begreiflich ist, daß dieser Mörser zum regelmäßigen Zerstampfen von angebauten Körnerpflanzen diente. Einleuchtend wurde auch angesichts der Größe einiger frühneolithischer Ansiedlungen (z.B. Jericho) zu bedenken gegeben, daß hier eine produzierende Form der Nahrungsgewinnung eigentlich vorausgesetzt werden müsse.

Während im nördlichen Mesopotamien, im anschließenden iranischen und nordsyrischen Bereich sowie im südlichen Anatolien die naturlandschaftlichen Verhältnisse einen Regenfeldbau ermöglichten (durchschnittlich 200 mm Regen im Jahr), mußten im Südirak und in Ägypten die Voraussetzungen für einen geregelten Getreideanbau erst durch künstliche Bewässerungssysteme geschaffen werden. Die Anfänge dazu dürften im Schwemmland von Euphrat und Tigris gemacht worden sein, und zwar, wie die Entdeckung des Tell as-Sauwan andeutet, bereits im Altneolithikum. Die Bewässerungskanäle waren anfänglich vermutlich zwar einfach; doch ist die Tatsache als solche, daß derart umfassende Eingriffe in den Landschaftscharakter vorgenommen und damit schwerwiegende Veränderungen der natürlichen Umwelt zum erklärten Nutzen des Menschen bezweckt und erreicht wurden, für die psychische Grundhaltung und die damit Hand in Hand gehenden technischen Fähigkeiten dieser frühagrarischen Bevölkerungsgruppen bezeichnend. Der in diesen technisch-wirtschaftlichen Leistungen zum Ausdruck kommende schöpferische Gestaltungswille ist prinzipiell derselbe, der zu Beginn des Neolithikums die erstmalige Pflanzendomestikation verwirklichte. Dabei müssen im Irak wegen der im Vergleich zum Vegetationsrhythmus herrschenden

Unregelmäßigkeit im Steigen der Flüsse die Schwierigkeiten einer Kultivierung noch größer gewesen sein als in Ägypten, wo die agrarische Wirtschaftsform zusammen mit dem Anlegen von Bewässerungskanälen vermutlich etwas später Eingang fand. Die mit der Bewässerungswirtschaft verbundene Mehrarbeit – verglichen mit dem Regenfeldbau – wurde durch reichere Ernteerträge belohnt; die Entwicklung der Sechszeilgerste aus der ursprünglichen Zweizeilgerste wird damit in Zusammenhang gebracht. Auch beim Leinsamen kann bei einer Bewässerungswirtschaft eine Ertragssteigerung erzielt werden.

Im Gegensatz zum Zweistromland und zum Niltal wurden im übrigen Vorderasien anscheinend nur sporadisch und vorübergehend künstliche Bewässerungssysteme geschaffen. In Jericho dürfte mit derartigem zu rechnen sein; gewisse architektonische Anlagen werden damit in Verbindung gebracht. Auch bei der jungneolithischen Ghassul-Gruppe in Nordpalästina möchte man dies annehmen. Ohne eine planvolle Regulierung der von den Randhöhen des Jordangrabens kommenden Gewässer wäre in dem Verbreitungsgebiet dieser Gruppe schwerlich eine Besiedlung mit einem Anbau von Datteln und Oliven – wie er belegt ist – möglich gewesen. Hier ist wohl eine gartenartige Pflanzenpflege zu erschließen, der aber nur eine vorübergehende Blüte beschieden war. Welche Bedeutung der landwirtschaftlichen Arbeit für das Dasein der Gemeinschaft beigemessen wurde, erhellt daraus, daß in Ägypten das älteste Bild eines Pharao diesen mit einer Hacke für den Feldbau oder die Anlage eines Bewässerungskanals in der Hand darstellt (Votivkeule von Horus „Skorpion"). In den frühdynastischen Königsgräbern von Sakkara erscheinen als Grabbeigaben auch landwirtschaftliche Geräte (Holzsicheln mit Feuersteinschneiden: *Taf. 32,9*). In Mesopotamien dienten Tonsicheln teilweise als Votivgaben, was gleichfalls ihre Wertschätzung unterstreicht.

Daß der Getreideanbau in Europa von demjenigen in Vorderasien abhing und durch Kolonisationsvorgänge verbreitet wurde, darf als sicher gelten. Von den ältesten erfaßten Neolithstufen an sind in Griechenland, den Donauländern und dem westbalkanischen Gebiet Getreidereste bzw. -abdrücke bezeugt: Einkorn, Emmer, Zwergweizen, gemeiner Weizen, verschiedene Gerstenarten und Hirse. Auch Mahlsteine (*Taf. 32,12*) und Sichelblätter (*Taf. 32,10*) sind in den europäischen Jungsteinzeitkulturen geläufige Zeugnisse der agrarischen Wirtschaftsform.

Da Getreidepollen größenstatistisch von Wildgraspollen unterschieden werden können, wobei allerdings die Variationsbreite beider sich beträchtlich überschneidet, läßt sich Getreide mit einer gewissen Wahrscheinlichkeit auch pollenanalytisch ermitteln. Dadurch kam man im Federseegebiet einem Getreideanbau aus einer Zeit auf die Spur, bevor sich dort eine keramikführende Neolithkultur entwickelte, was erst in einem jüngeren Abschnitt der Jungsteinzeit der Fall war. In Frankreich, außerhalb des Verbreitungsgebietes der Bandkeramik- und der Montserrat-Kultur, wo eine keramikführende Neolithkultur ebenfalls erst in einer Spätphase der Jungsteinzeit einsetzte, ergaben pollenanalytische Befunde einen mehrmaligen prozentualen Anstieg von Gräserarten im Verlauf des Atlantikums, jeweils mit einem Anstieg von Hasel, Birke und Kiefer dazwischen, was nach Ansicht der Botaniker nicht durch rein natürliche Verhältnisse, sondern nur durch eine zeitweilige Urbarmachung dieser Gebiete mit nachfolgender Wiederbewaldung erklärbar sei. Nicht erweislich scheint jedoch zu sein, daß es sich bei den betreffenden Gramineenpollen wirklich um Getreidepollen handelt. Für die französische Chassey-Kultur sind mehrere Weizenarten und Gerste bezeugt. In Nordeuropa fand erst mit der altkupferzeitlichen Trichterbecherkultur ein ausgeprägter Getreideanbau (mit Nacktgerste, Nacktweizen, Einkorn, Emmer) Eingang. Vereinzelt wurde im Rahmen der vorangehenden Ellerbeck-Kultur pollenanalytisch Wegerich ermittelt; dieser erscheint zwar später oft als Getreidebegleiter; doch kann dies kaum als Hinweis auf die Anfänge eines Pflanzenanbaues in diesem Kulturbereich gelten.

In der Ukraine ist die jungneolithische Tripolje-Kultur durch einen entwikkelten Getreideanbau gekennzeichnet. An erster Stelle steht *Hirse*. Daneben sind Weizen und Gerste belegt. Außerhalb der Ukraine ist in der europäischen und der sibirischen UdSSR während des hier behandelten Zeitraumes nicht mit dem Beginn eines Feldbaues zu rechnen. Indes ist ein solcher im südlichen Turkmenistan als Randzone des iranischen Kreises mit seinem frühen Getreideanbau nachgewiesen, ebenso im Hochland von Afghanistan, in Pakistan und im Industal sowie schließlich im nordchinesischen Hwang-ho-Gebiet, wo im Rahmen der Yang-shao-Kultur vor allem Hirse sehr verbreitet war. Es wurde sogar der Gedanke einer dort erfolgten Kultivierung erwogen, was jedoch vor allem mit Rücksicht auf die noch unsicheren chronologischen Verhältnisse nicht genügend begründet werden kann. Eher möchte man trotz einstweilen fehlender Zwischenbelege annehmen, daß der ostasiatische Pflanzenanbau des Jungneolithikums auf einem Einfluß, d.h. einer Kolonisation vom Westen, beruht, so daß die altweltliche Agrarwirtschaft insgesamt einen gemeinsamen, in Vorderasien zu suchenden Ursprung haben würde.

Hinsichtlich der Anfänge des Pflanzenanbaus in Amerika ist in letzter Zeit aufgrund neuer Entdeckungen und Überlegungen die Diskussion stark in Gang gekommen. Als Entstehungsgebiet des Pflanzenanbaues in der westlichen Hemisphäre wird übereinstimmend das nördliche Mesoamerika, d.h. das Hochland von Mexiko, vermutet. Die äußeren Bedingungen klimatischer und naturlandschaftlicher Art sowie die natürlich vorkommenden, sich für eine Kultivierung eignenden Pflanzen sind dort wesentlich andere als in den eurasiatischen Gebieten, die neolithische Agrarkulturen beherbergen. Als Getreide kommt in Amerika so gut wie ausschließlich Mais in Betracht. Daneben stehen Sqash, Kürbis, Birne, Fuchsschwanz, Pfefferminze. Die Tatsache, daß später in den mesoamerikanischen Hochkulturen der Mais eine ähnlich zentrale Rolle für die Ernährung spielte wie die altweltlichen Getreidearten in den dortigen Neolithkulturen, rückte die Frage nach dem Beginn des Maisanbaues in den Brennpunkt der Bemühungen, die ökonomischen Wurzeln der eigenständigen Kulturentwicklung in der westlichen Welt zu ergründen. Die stratigraphischen Grabungen in New Mexiko und Mexiko (Bat Cave, Tehuacan) erbrachten den Nachweis einer Verwendung des Mais' als Nahrung bereits in sehr früher (unmittelbar nachpleistozäner) Zeit. Dabei ließ sich ein allmähliches Größerwerden der Körner und der Kolben verfolgen. Daß dies als Auswirkung einer pfleglichen Behandlung durch den Menschen aufzufassen sei, wird von biologischer Seite als sicher angesehen. Diese Pflanzenpflege kann in einer Befreiung der Maisstengel von wucherndem Unkraut oder dgl. bestehen, wie sie prinzipiell auch im Rahmen einer sammlerischen Wirtschaftsweise möglich erscheint. Wo dabei die Grenze zum wirklichen Pflanzenanbau lag, ist schwer anzugeben. Die zahlreichen Mahlsteine und Steinnäpfe in den nachpaläolithischen Wohnstätten Nordamerikas bezeugen zwar eine Zubereitung vegetabilischer Nahrung; aber es besteht kein Zweifel darüber, daß es sich dabei um gesammelte Pflanzen handelte. Nirgendwo im Bereich der amerikanischen Archaic-stage-Kultur, auch nicht in den Teilen Mesoamerikas, in denen der Mais und eventuell andere Pflanzen verhältnismäßig früh bevorzugt gesammelt, in ihrem Wachstum gefördert und vielleicht sogar richtig angebaut wurden, lassen sich Anzeichen eines allgemeinen Kulturaufschwunges analog demjenigen, der im altweltlichen Bereich mit dem Beginn eines Pflanzenanbaues verbunden war, erkennen. Die aus den amerikanischen Fundzeugnissen zu erschließenden wirtschaftlichen Verhältnisse sind im Prinzip nicht dem altweltlich-neolithischen Agrarphänomen an die Seite zu stellen. Die tropische Vegetation Mexikos bot Bedingungen, die eher denen Zentralafrikas und Südasiens entsprachen, wo (vermutlich in späterer Zeit) sich ein Pflanzenanbau entwickelte, in dessen Mittelpunkt nicht Getreide, sondern Knollengewächse standen. Er unterschied sich wesentlich von dem Getreideanbau der gemäßigten Zone (und vor allem der regenarmen Gebiete) dadurch, daß wegen der ganzjährigen Erntemöglichkeiten eine planmäßige Vorratswirtschaft nicht notwendig war. Dieses letztere Element ist aber für den spezifisch neolithisch-altweltlichen Pflanzenanbau von ausschlaggebender Wichtigkeit. Mit ihm hängt untrennbar die dort von Anfang an einsetzende Neuformierung der gesamten Kultur zusammen. Insofern hat das Problem, wann in Amerika begonnen wurde, Mais nicht nur zu ernten, sondern in gewissem Umfang für seine geschlossene Verbreitung und sein Wachstum zu sorgen – so aufschlußreich dies für die Kenntnis des „Archaic stage" ist –, nicht dieselbe fundamentale Bedeutung für die Beurteilung der Kulturentwicklung wie diejenige der ersten Getreidekultivierung im vorderasiatischen Neolithikum.

Im eurasiatisch-nordafrikanischen Raum hängen Pflanzenanbau und Vorratsspeicherung eng miteinander zusammen. Die archäologischen Befunde legen ein beredtes Zeugnis ab von der Bedeutung, die in den neolithischen

Siedlungen der Aufbewahrung der Feldfrüchte über die Winterzeit hin beigemessen wurde: Oft wurden außerhalb der Wohnhäuser eingetiefte oder ebenerdige, runde Silos angelegt, deren Wände aus lehmverstrichenem Flechtwerk oder Ziegelmauerwerk mit einer häufig (eventuell alljährlich) erneuerten Verputzschicht (zur Sauber- und Trockenhaltung) bestanden (z.B. Fajum, Merimde, Hemamije, Tell Hassuna, Telul eth-Thalathat, Eynan, Beidha, Ghassul, Tell el-Djudaide, Bylany). Fallen diese Anlagen nicht selten durch eine bemerkenswert sorgfältige Bauweise auf, so gibt es mitunter regelrechte Monumentalbauten, bei denen – unbeschadet ihrer kultischen Bedeutung – die Funktion als Vorratsspeicher erschlossen werden kann (z.B. Tell Arpachije: *Taf. 22,3* Tell Tschagar Bazar, Tepe Gaura: *Taf. 24, A XVII. XI A;* Beersheba, Horvat Beter; *s.S. 104ff.).* Auch bei den frühen Eridu-Tempeln *(Taf. 24, B)* wurde dies erwogen. Ziemlich sicher ist es bei den mächtigen Bauten des frühen Jericho. Andererseits enthielten Wohnhäuser vielfach besondere Kammern oder Lehmkisten zur Lagerung von Getreidevorräten (z.B. Beycesultan; Sotira, Kökenydomb). Wenngleich bei den Großbauten der Bandkeramikkultur keine unmittelbaren Anhalte für ihre funktionale Bestimmung aus den angetroffenen Befunden zu gewinnen sind, liegt die Annahme nahe, daß ihre überaus feste Bauweise wesentlich auch im Hinblick auf eine sichere Lagerung der Getreideernte motiviert war *(s.S. 117ff.).*

## *Tierhaltung*

Die Domestikation fleischspendender Tiere gehört ernährungswirtschaftlich engstens zum beginnenden Pflanzenanbau. Auch die erstmalige Tierhaltung bringt ein gesteigertes Bedürfnis nach Selbständigkeit und Unabhängigkeit den unwägbaren Zufälligkeiten der natürlichen Umwelt gegenüber sowie nach einer umfassenderen Verfügungsgewalt über die Gewinnung und Speicherung bestimmter Nahrungsmittel zum Ausdruck. Allgemein wird hervorgehoben, daß die Tierhaltung ihrem Wesen nach nicht aus einer rein jägerischen Einstellung zum fleischspendenden Tier *(s.S. 55ff.)* abgeleitet werden könne, daß hier vielmehr eine tiefgreifende Verschiedenartigkeit vorliege. Gewisse historisch bekannte Übergangsformen (etwa bei den Renhirten und -jägern) müssen offenbar als sekundäre Mischungen ursprünglich getrennter Typen gelten, die nicht modellhaft den Vorgang der erstmaligen Domestikation beleuchten. Einzelne Domestikationsvorgänge haben sich nachweislich mehrmals vollzogen, beginnend mit Einkreuzungen von Wildtieren bis hin zur Übertragung des Domestikationsprinzips auf neue Tierarten unter Zugrundelegung der bereits bekannten viehzüchterischen Wirtschaftsform. Wenn daher in bestimmten neolithischen Kulturgruppen an Hand datierbarer Fundkomplexe archäologisch oder faunistisch die Entstehung von Haustierformen aus vorangehenden Wildtierarten (oder auch nur eine beginnende Herdenhaltung von in den betreffenden Gebieten wild lebenden Tieren, ohne daß damit die Bildung osteologischer Domestikationsmerkmale verbunden sein müßte) festzustellen ist, so kann den betreffenden Befunden nicht ohne weiteres abgelesen werden, inwieweit dabei kulturgeschichtlich Sekundärdomestikationen vorliegen und wo wir es mit Zeugnissen aus dem primären Ursprungsherd der Tierhaltung zu tun haben. Allgemein liegt die Vermutung nahe, daß angesichts der wirtschaftstypologischen Verwandtschaft der Tierhaltung mit dem Pflanzenanbau auch die Primärdomestikation im vorderasiatischen Raum erfolgt ist. Dort sind diverse Wildformen für die wichtigsten neolithischen Haustiere zu finden: für die Ziegen die Bezoarziege, für die Schafe diejenigen der Mufflon-, Urial- und Argali-Art, für das Rind der Ur (Bos primigenius), der außerdem in Europa und Nordafrika vorkommt.

In den frühneolithischen Siedlungen Palästinas sprechen gewisse Anzeichen für eine Herdenhaltung von Ziegen und Schafen. In Jericho zeigen die Ziegenhörner Formveränderungen, wie sie später typisch für Hausziegen sind. In Beidha sind bei den Ziegen 75% Jungtiere, bei den Gazellen 30%, was nur durch die Annahme einer Herdenhaltung von Ziegen begreiflich erscheint. Zu dieser Annahme führt auch die Statistik des Knochenmaterials von Ali Kosch. Die Ziegenknochen der Tahune-Schichten von El-Chiam werden als Haustiere angesprochen, da in den vorangehenden Schichten dieses Fundplatzes gar keine Ziegen vertreten sind, während diese in der damit etwa gleichzeitigen Ansiedlung von Eynan erscheinen, eine Haltung allerdings fraglich ist. In den frühen Schichten von Çatal Hüyük sind – außer dem Hund – als einzige Haustiere Schafe und Ziegen nachgewiesen, ebenso in den altneolithischen Schichten von Djarmo.

Bezeichnend ist die stratigraphisch zu verfolgende Wandlung im Faunenbestand der Ghar-i-Kamarband am Kaspischen Meer: in den untersten Schichten hauptsächlich Seehunde, dann Gazellen und Wildrinder, dann mehr als 80% Gazellen (davon 3% Jungtiere) und 17% Ziegen/Schafe (davon 17% Jungtiere), was im Sinne einer Auslese im Rahmen einer Tierhaltung gedeutet wird, und schließlich 3% Gazellen und mehr als 75% Schafe und Ziegen (davon erst 21%, dann 60% Jungtiere), was als Hinweis dafür gewertet wird, daß diese Tiere nun als Milchlieferanten gehalten wurden, so daß die männlichen Jungtiere geschlachtet wurden.

Bei der Gegenüberstellung von Schafen/Ziegen und Gazellen ist freilich zu bedenken, daß auch bei den letzteren eine gewisse Herdenhaltung nicht von vornherein ausgeschlossen werden kann; in Ägypten wurden später nachweislich diesbezügliche Versuche unternommen. Wie in Vorderasien so sind kleine Wiederkäuer (Schaf/Ziege) offensichtlich auch in Ägypten die ältesten Haustiere: Die in Gräbern von El-Badari zum Vorschein gekommenen Ziegenfelle zeigen in ihrer Färbung typische Domestikationskennzeichen. Daneben waren in Ägypten bereits in prädynastischer Zeit mindestens Rind und Esel domestiziert. Der Umstand, daß auch späterhin das Wildrind als Jagdtier und als symbolische Figur bei den Ägyptern eine Rolle spielte, spricht nicht dagegen.

In Mesopotamien standen mindestens seit der Halaf-Zeit als Haustiere neben dem Hund mehrere Schaf- und Ziegenarten, Rind und Schwein, sodann wohl auch Esel. Ähnliches läßt sich in Palästina und Südanatolien für das Chalkolithikum feststellen. In Griechenland sind von den ältesten neolithischen Siedlungen an (Argissa, Otzaki, Nea Nikomedeia, Nea Makri) Schaf/Ziege, Rind und Schwein nachweisbar, wobei anfänglich die kleinen Wiederkäuer mit z.T. mehr als 80% weitaus überwiegen. Diese waren zunächst sogar offensichtlich die einzigen Haustiere. Schaf/Ziege und Rind sind auch die geläufigen Haustiere der adriatischen, ligurischen und westmediterranen Impressakeramikkultur (z.B. Smilčić). Sowohl in Rumänien (La Adam) als auch in Frankreich wurden in Kulturschichten mit einem epipaläolithischen bzw. mikrolithischen Gerätebestand vor Beginn einer durch Keramik gekennzeichneten vollneolithischen Kultur Knochen von Schafen und Ziegen gefunden. Aufgrund statistischer Verhältnisse wird eine Herdenhaltung angenommen. In den Tardenoisien-Stationen von Martinet b. Sauveterre, Cuzoul und Téviec ist außerdem eine kleine domestizierte Rinderrasse belegt. Von den neolithischen Kulturerscheinungen fand hier die Kenntnis der Tierhaltung offensichtlich früher Eingang als andere Neuerungen dieses Zeitalters.

In der *Criş*-(Körös-) *Kultur* wurde erstmals eine Art kleiner Wiederkäuer gehalten, die sich durch Hornlosigkeit auszeichnet, was als eindeutiges Domestikationsmerkmal angesehen wird. Die Rinderformen dieser Kultur stehen osteologisch zwischen Wild- und Hausrind, was für eine autochthone Domestikation bzw. eine Einkreuzung von Wildtieren spricht. Ähnlich sind die Verhältnisse in der Bandkeramikkultur, wo domestizierte Schafe, Ziegen, Rinder und Schweine mehr als 90% des Fleischbedarfs deckten. Daß die Schafe und Ziegen im Verbreitungsgebiet dieser Kultur als Haustiere eingeführt, d.h. im Zuge der Kolonisation mitgebracht wurden, ergibt sich schon daraus, daß in Mitteleuropa (im Gegensatz zu Südosteuropa) entsprechende Wildformen nicht vorhanden waren. Die Rinder der Bandkeramiker waren von der älteren Stufe an in der Regel auffallend klein (Widerristhöhe schätzungsweise 1,3 m) und damit so weit von den heimischen Wildrindern entfernt, daß gleichfalls mit einer Einführung bereits domestizierter Tiere zu rechnen ist. Andererseits fehlen große Tiere nicht; praktisch sind alle Übergänge zu den Wildrindern vorhanden. Soweit bisher feststellbar, fand im Laufe der mitteleuropäischen Neolithstufen kein allmähliches Kleinerwerden der Rinder statt; die Variationsbreite blieb vielmehr durch alle Zeitabschnitte hindurch ziemlich gleich. Dies ist nur so erklärlich, daß immer wieder Einkreuzungen heimischer Wildtiere stattfanden, sei es aus Absicht, sei es – wahrscheinlicher – auf der Weide ohne züchterisches Zutun des Menschen. Das Rind ist im Knochenmaterial der bandkeramischen Siedlungen mit mehr als 60% vertreten. Vor allem angesichts des größeren Fleischwertes des Rindes gegenüber

Schwein und Schaf/Ziege wird dadurch die dominierende Stellung des Rindes in der Viehhaltung dieser Kultur deutlich. Die Untersuchung des mitteldeutschen Fundstoffes ergab, daß die Rinder der Bandkeramiker in der Regel mit 3 bis 7 Jahren geschlachtet wurden, d.h. gleich nach Erreichung des Erwachsenenalters. Es erscheint daher fraglich, ob die Rinder als Milchlieferanten gehalten wurden. Der Nachweis von Kastrierungen führte zur Annahme, daß mitunter Ochsen als Zugtiere Verwendung fanden. Verheilte Brüche zeigen, daß man die Tiere bei Bewegungsunfähigkeit nicht gleich schlachtete. Die Schafe der Bandkeramiker waren klein, die männlichen Tiere besaßen Hörner, die weiblichen keine.

In der Ukraine ist unter den Haustieren ebenfalls das Rind mit z.T. mehr als 65% am zahlreichsten vertreten. Neben kleinen, torfrindartigen Tieren sind größere, dem Wildrind (Bos primigenius) nahestehende Formen nachzuweisen, außerdem Übergangsformen zum Wisent, der auch als Jagdwild vereinzelt unter dem Speiseabfall dieser Kultur erscheint. Wenn von der russischen Forschung unter Hinweis auf diese osteologischen Befunde eine örtliche Hausbarmachung des Tripolje-Rindes angenommen wird, so ist dies gewiß nur in demselben Umfang zutreffend wie in Südost- und Mitteleuropa, nämlich im Sinne einer (vermutlich unbeabsichtigten) Kreuzung mit Wildtieren, die den osteologischen Habitus der Haustiere immer von neuem in eine gestaltliche und genetische Verbindung mit den örtlich vorkommenden Wildrindern (Ur und Wisent) brachten. Selbstverständlich besagt dies nicht einen „polyzentrischen Tierhaltungsanfang“ im Sinne einer von äußeren Beeinflussungen freien Primär-Domestikation von Wildtieren.

Ein für die Rinderzüchtung im westlichen Südasien typisches Tier ist das Buckelrind, das im Hochland von Pakistan und im angrenzenden Industal im Jungneolithikum erscheint (Rana Ghundai).

Das Schwein scheint in Mitteleuropa bereits von der bandkeramischen Frühstufe an gehalten worden zu sein. Wenngleich damit gerechnet wird, daß im Rahmen der der Ausbildung der Bandkeramikkultur vorangehenden Kolonisation Hausschweine nach Mitteleuropa mitgebracht wurden, ist bei diesen Tieren wegen ihrer freien Hegung im Wald in noch größerem Ausmaß als bei den Rindern die Möglichkeit einer dauernden Einkreuzung mit Wildschweinen gegeben. Auch bei den Hausschweinen fehlen unter den Speiseabfällen ausgesprochen alte Tiere. Im Jungneolithikum spielte das Schwein unter den Haustieren mitunter eine besondere Rolle; allgemein aber steht es hinter dem Rind zurück. Eine Untersuchung der neolithischen Schweineknochen Ungarns ergab, daß in der Körös-Kultur Belege für domestizierte Tiere fehlen, diese vielmehr erst der Theiß-Kultur angehören.

Bei den im Rahmen der Bandkeramikkultur auftretenden wenigen Equidenknochen besteht Einmütigkeit darüber, daß es sich um Wildpferde handelt. Mit domestizierten Equiden ist in Europa erst in nachneolithischer Zeit zu rechnen. Durch einige Knochen in vier ungarischen Siedlungen der Körös-

Kultur belegt ist die Art Equus asinus hydruntinus, ein eselartiges, im Pleistozän geläufiges, heute ausgestorbenes Tier, das gewiß ebenfalls zum Jagdwild zu rechnen ist. Daß es sich hier eventuell um hausbar gemachte Tiere handeln könnte, die mit frühen Belegen des Esels in südosteuropäischen und vorderasiatischen Neolithkulturen zu verbinden und als Zeugnis der orientalischen Wurzeln der Tierhaltung in den altneolithischen Kulturen Mitteleuropas anzusehen seien, hat wenig Wahrscheinlichkeit für sich.

Hinsichtlich der Art der neolithischen Tierhaltung haben die vorliegenden Grabungsbefunde so gut wie keine unmittelbar auswertbaren Anhalte ergeben. Hinweise für eine regelrechte Stallwirtschaft fehlen ganz, wenngleich andererseits von den Befunden her nicht auszuschließen ist, daß mitunter Tiere mit in die Häuser hineingenommen wurden. Immerhin ließ sich in Egolzwil viel Mist vor allem von kleinen Wiederkäuern inmitten des Dorfareals feststellen, was dafür spricht, daß diese Tiere in der Siedlung selbst (vielleicht während der Nacht oder im Winter) gehalten wurden. Die Umzäunungen neolithischer Dörfer (z.B. *Taf. 28; 30,A*) hatten aller Wahrscheinlichkeit nach nicht nur den Zweck, Wild von den Wohnhäusern fernzuhalten, sondern ebenso, die Haustiere beisammenzuhalten. Andererseits muß schon im Hinblick auf die oben angedeuteten vielfach vorauszusetzenden Kreuzungen zwischen Haus- und Wildtieren mit einer freien Herdenhaltung auf Weideflächen und im Wald gerechnet werden.

# 3. LAGERPLÄTZE UND SIEDLUNGEN

## A. ALTSTEINZEIT

### *Freilandlagerplätze*

Aus den älteren Abschnitten der Altsteinzeit sind keine Befunde bekannt, die Aufschlüsse über die Lage und Herrichtung der menschlichen Lagerplätze zu geben vermöchten. Höchstens könnte da auf den Umstand hingewiesen werden, daß auffallend zahlreiche altpaläolithische Funde in der Nähe von Flußläufen zutage gekommen sind, was vielleicht damit zusammenhängen könnte, daß sich der Mensch dieser Frühzeit bevorzugt in der Nähe von Gewässern aufhielt, wo sich ihm günstige Jagdaussichten boten. Jedenfalls werden wir bereits für das Altpaläolithikum – entsprechend der für diese Zeit belegten planvollen Anfertigung von zweckdienlichen Steingeräten – grundsätzlich eine Errichtung von Behausungen irgendwelcher Art anzunehmen haben. Einfache Wind- und Regenschirme, Laubdächer und Erdhütten rezenter Naturvölker vermitteln eine anschauliche Vorstellung von der letztmöglichen Einfachheit menschlicher Behausungsformen, wie sie ähnlich wohl auch für die Altpaläolithiker in Betracht gezogen werden können (ganz unabhängig von der Frage, ob jene rezenten Völker tatsächlich einen Urzustand menschlicher Geschichte und Kultur unverändert bis in unsere Tage bewahrt haben, oder ob ihre Primitivität sekundärer Art, d.h. eine Verarmungserscheinung ist).

Im Gegensatz zu den altpaläolithischen Freilandlagerplätzen liegen von denen des Mittel- und vor allem des Jungpaläolithikums nähere Fundbeobachtungen vor. Was die geographische Lage betrifft, so kann im allgemeinen die Nähe zum Wasser, vor allem zu einem Fluß, als kennzeichnend gelten. Dabei wird eine windgeschützte Stelle auf einem Hochufer bevorzugt; doch fehlt es nicht an Lagerplätzen in der feuchten Flußniederung; zuweilen scheinen sogar Inseln aufgesucht worden zu sein (z.B. Weimar-Ehringsdorf).

Gewisse Anhaltspunkte für die Beurteilung mittelpaläolithischer Behausungen ergeben sich aus zwei südrussischen Befunden. Im Molodóva wurde eine ovale Setzung großer Mammutknochen mit einer äußeren Erstreckung von 10 × 7 m beobachtet. Der Ausgräber deutete sie einleuchtend als Stütze einer Hüttenwand analog ähnlichen Knochenringen jungpaläolithischer Lagerplätze. Die Hüttenwand selbst dürfte aus Stangen mit Fellen und dgl. bestanden haben. Das 8 × 5 m große Innere dieses Knochenringes wurde von einem Streifen großer Mammutknochen durchzogen, der auf eine Unterteilung des Hüttenraumes hinweisen könnte. Zu jedem Teil scheint ein Zugang bestanden zu haben. Auf dem gleichfalls mittelpaläolithischen Lagerplatz von Ilskaja wurde außer mehreren freiliegenden Feuerstellen mit Steinumhegung ein Steinkreis von etwa 5 m Durchmesser gefunden, der Feuerstellen und besonders zahlreiche Geräte umschloß. In dem Steinkreis sahen die Ausgräber die Randbeschwerung eines Zeltes oder das Widerlager einer Hüttenwandung. Der letztinterglaziale Lagerplatz von Tata in Ungarn lag auf einem Tuffkegel nahe einem See; die Behausungen waren in natürlichen Mulden errichtet, deren eine fast senkrecht ansteigende, 1,5 bis 2 m hohe Wände aufwies, also geradezu ideale Voraussetzungen für eine Wohnstätte bot.

Aus dem Jungpaläolithikum sind Reste von Behausungen aus mehreren europäischen Ländern und aus Sibirien bekannt. Inwieweit die dabei erkennbaren Eigentümlichkeiten formaler und konstruktiver Art speziell für bestimmte Landschaften oder Zeitabschnitte typisch sind und inwieweit wir es hier mit zufällig erhaltenen Beispielen eines allgemein eurasiatischen Bestandes kennzeichnender Formen und Techniken zu tun haben, ist im derzeitigen Stand unserer Fundkenntnis nicht auszumachen.

Mitunter sind die Behausungen tief in den Boden eingegraben. Der eindrucksvollste Befund in dieser Hinsicht ist der von Timonovka in der Ukraine, wo sechs jeweils paarweise zusammenliegende, rechteckige Gruben von 6 bis 10,5 m Länge, 3 bis 3,5 m Breite und 2,5 bis 3 m Tiefe senkrechte Wände mit Spuren einer Holzverkleidung aufwiesen. Nach gewissen Anzeichen bestand die Bedachung dieser Erdwohnungen aus horizontalen Balken und einer darüber errichteten Erdanschüttung. Von außen führte ein rampenartiger Gang von etwa 1 m Breite und 2 m Länge in diese ganz unterirdischen Räume. Von den paarweise zusammenliegenden Gruben besaß jeweils die größere eine Herdstelle, zu der in einem Fall ein Rauchabzug aus lehmverstrichener Rinde festgestellt werden konnte. Außerhalb dieser für ein glaziales Klima zweifellos überaus zweckmäßigen Erdwohnungen lagen konische Vorratsgruben und zwei Werkplätze von Steingerätschlägern. Zwischen 1,5 und 2 m eingegraben war auch eine Wohnstelle ovaler Form von Afontova Gora bei Krasnojarsk.

Vergleichbar mit den Erdwohnungen von Timonovka ist eine solche annähernd runder Form von Langmannersdorf in Niederösterreich, die 2,5 m im Durchmesser groß und 1,7 m tief in den Erdboden versenkt war. Auch hier waren die Wände steil, bis auf eine Seite, auf der der Zugang vermutet wird. Die Bedachung haben wir uns wohl mit Rücksicht auf die etwas geringere Eintiefung als in Timonovka nicht in Form eines ebenerdigen, sondern eines pultartigen Balkenbelages mit Erdbedeckung vorzustellen. Feuerstellen sowie Werkplätze von Steingerätschlägern lagen außerhalb dieser Behausung. Unweit davon wurde ein künstlicher Steinbelag von etwa 3 m Länge festgestellt, der als Tranchierplatz angesprochen wird.

In den meisten Fällen waren die Behausungen nicht so tief in den Boden eingegraben wie in Timonovka, Afontova Gora und Langmannersdorf. Alle Übergänge bis hin zu ganz ebenerdigen Anlagen sind bekannt. Häufig wurden nur noch die zu Behausungen gehörenden Gruben gefunden. Sie haben runde (Telman, Gagarino, Dobraničevska und Honci in der Ukraine, Olten in der Schweiz, Unterwisternitz und Pavlov), ovale bis unregelmäßig längliche (Kostjenki, Avdejevo, Buret, Mezin, Puškari, Unterwisternitz, Pavlov, Ostrava Petřkovice), vereinzelt auch mehr oder minder rechteckige Form (Moravany, Campo delle Piane). Dabei beträgt bei den runden Gruben der Durchmesser und bei den ovalen bzw. länglichen die Breite 2 bis 5 m. Die Länge ist sehr unterschiedlich. Die größten Hüttengruben sind über 30 m lang. Die Sohle dieser Gruben ist zuweilen mit Kieselsteinen gepflastert, die Wände mit Kalksteinplatten verkleidet. Auch estrichartige Böden kommen vor (Mainz-Linsenberg, Honci).

Gelegentlich enthielten die Hüttengruben nachweislich keine Herdstellen; oft waren aber solche vorhanden. Hin und wieder wurden diese von Steinen begrenzt, oder ihr Boden war mit Steinplatten ausgelegt. Bei einigen mährischen Herdstellen waren Reste eines backofenartigen Aufbaues erhalten (Pavlov, Unterwisternitz). In Pavlov war ein Herd umgeben von mehreren kesselartigen Gruben, die als Vorratsbehältnisse gedeutet werden. Bemerkenswerterweise fanden sich in den Hüttengruben nicht selten mehr als eine Feuerstelle. Mitunter waren es deren zwei (Tibava, Pavlov, Unterwisternitz, Ostrava Petřkovice). Bei einigen ukrainischen Anlagen waren es noch erheblich mehr: Die 12 m lange Grube von Puškari enthielt drei, eine Grube von Kostjenki zehn, eine andere Grube von dort neun Herde (*Taf. 3,10*). Diese waren jeweils in einer Reihe entlang der Längsachse der Grube angeordnet, was typisch für diese Bauten zu sein scheint und möglicherweise gewisse Rückschlüsse auf eine soziale Gliederung der Erbauer zuläßt: offenbar wurden diese Langhütten von Gemeinschaften errichtet und bewohnt, die aus mehreren Untergruppen mit jeweils einer eigenen Herdstelle bestanden.

Für die Beurteilung der jungpaläolithischen Hüttengruben und die Rekonstruktion ihres Oberbaues aufschlußreich sind der Befund von Tibava, wo in der Längsachse einer 4,5 m langen Grube drei Pfostenlöcher festgestellt wurden, sowie derjenige von Barca in der Slowakei: von vier Hüttengruben konnten bei den größeren Pfostenlöcher beobachtet werden, jedoch nur bei der einen offenbar so vollständig, daß daraus Schlüsse auf den Oberbau gezogen werden dürfen. Eine über die Grube hinausreichende Reihe von fünf Pfosten mit einem jeweiligen Abstand von 1-2-2-1 m voneinander kann nach überzeugender Ansicht des Ausgräbers nur als Firstträger eines Satteldaches angesprochen werden. Das Dach ragte demnach auf beiden Seiten über den Grubenrand hinaus. Daraus ist ersichtlich, daß die Form und Größe einer Hüttengrube nicht dem Grundriß der betreffenden Hütte entsprechen muß und in der Regel wohl auch nicht entsprach. Der Befund von Barca läßt noch etwas Weiteres erkennen: Die Pfostenlöcher lagen in regelmäßigen Abständen voneinander, was für eine bemerkenswerte Regelmäßigkeit der Pfostenreihe und damit vielleicht allgemein der Konstruktion spricht, wodurch der Bau ein ganz anderes Aussehen erhalten haben dürfte, als aufgrund der unregelmäßigen Hüttengrube – die sonst ja zumeist allein festgestellt ist – zu vermuten wäre. In dieser Hinsicht verdient auch Beachtung, daß von den ebenerdigen Hüttenstellen mit zu ermittelnder Grundrißbegrenzung diejenige von Malta in Sibirien eine auffallend regelmäßige Form besitzt (*Taf. 3,9*).

Vom Oberbau jungpaläolithischer Hütten stammen Steinplatten sowie Stoßzähne, Röhrenknochen und Schulterblätter vom Mammut, die gelegentlich noch am Hüttenrand senkrecht im Boden steckend angetroffen wurden, meistens aber, losgelöst aus ihrer einstigen Lage, sich im Innern der Gruben fanden. Sie dienten als Wandstützen. In Buret ließ sich zeigen, daß Mammutschenkelknochen, die mit dem größeren Gelenkkopf nach oben, mit dem anderen, abgeschlagenen Ende senkrecht in die Erde gestoßen, mit Steinen verkeilt und mit angelehnten Kalksteinplatten versehen waren, in regelmäßigen Abständen den Rand einer Hüttengrube begleiteten (Rekonstruktionsversuch: *Taf. 3,12*). Eine Behausungsanlage von Oelknitz in Thüringen bestand aus zwei Pfostenringen; die Holzpfosten waren mit Steinen und Knochen sorgfältig verkeilt. Der innere Pfostenring besaß einen Eingang mit einem Schwellstein. In einigen Fällen konnte glaubhaft gemacht werden, daß die Hütten ein unmittelbar vom Boden schräg aufsteigendes Zeltdach besaßen. Das wird bezeugt durch einige Pfostenlöcher bei Hüttenstellen von Unterwisternitz und Oelknitz, die teils von senkrechten, teils von schrägen Pfosten herrührten. Bei zwei Langgruben von Kostjenki war die Kulturschicht in der Mittelzone erheblich mächtiger als an den Randzonen, was wohl auch darauf zurückzuführen ist, daß an den Rändern infolge des schräg ansteigenden Daches ein Aufenthalt nur in beschränktem Maße möglich war (Rekonstruktionsversuch: *Taf. 3,11*).

Allgemein darf für das Jungpaläolithikum gewiß nur mit zeltartigen oder zelthüttenartigen Anlagen gerechnet werden, nicht aber mit Häusern, d.h. mit Bauten, bei denen Dach und Wand selbständige tektonische Elemente sind. In diesem Zusammenhang spielen die sog. „Tectiformes" der frankokantabrischen Höhlenmalerei eine Rolle. Aller Wahrscheinlichkeit nach stellen die darunter zusammengefaßten Zeichen nicht ein und dieselbe Sache dar. Gemeinsam ist ihnen offensichtlich nur, daß sie technische Erzeugnisse und Anlagen darstellen. Bei einigen Zeichen (z.B. *Taf. 9,5.6*) scheint immer noch die Erklärung als Behausung am glaubhaftesten zu sein, trotz aller Einwände, die dagegen erhoben wurden. Daß die Wände nicht senkrecht stehen, sondern sich nach außen neigen, könnte entweder darauf hindeuten, daß diese Partie in den Boden eingetieft war wie bei den Grubenwohnungen von Timonovka und Langmannersdorf, oder aber daß hier eine leichte, zelthüttenartige Wand gemeint ist, deren Schrägstellung von dem Gewicht des aufgebundenen

Daches oder von einer Verschnürung nach außen herrührt. Als Häuser wären diese Behausungen gewiß nicht anzusprechen, wenngleich ihnen ein gewisses Maß von Festigkeit zugetraut werden darf. Schwere Steingeräte, die für eine Bearbeitung stattlicher Holzbalken geeignet wären – entsprechend den neolithischen Steinbeilen – gehören nicht zum typischen Formenbestand des Jungpaläolithikums.

Wie die einzelnen Behausungen eines Lagerplatzes zueinander lagen, läßt sich nur durch großflächige Ausgrabungen feststellen. Die einzigen in dieser Hinsicht aufschlußreichen Befunde stammen aus der UdSSR und Mähren. Von den rechteckigen Grubenwohnungen von Timonovka und ihrer paarweisen Zueinanderordnung war schon die Rede. Einige Erkenntnisse lassen sich sodann aus der Fundsituation von Avdejevo gewinnen. Eine auf einer Fläche von über 45 m Länge und 20 m Breite nachgewiesene, scharf begrenzte Kulturschicht scheint einen geschlossenen, vielleicht durch einen Zaun abgegrenzten Wohnplatz zu bezeichnen. Entlang dem Rand dieses Platzes lagen mehr als ein halbes Dutzend länglich unregelmäßige Gruben, die wohl zu hüttenartigen Behausungen gehörten. Die Längsachse der Gruben – und damit doch vermutlich der Hütten – verlief durchweg quer zu der Begrenzung des Platzes. Aus dieser Anlage scheint hervorzugehen, daß die Anordnung der Hütten im Rahmen des Gesamtlagerplatzes nicht gänzlich zufällig war, sondern eine gewisse Planmäßigkeit verrät. Noch schwerer zu beurteilen ist die Station Kostjenki I, wo in einer etwa 40 m langen und 15–17 m breiten, künstlichen Einsenkung acht Herdstellen in ziemlich gleichen Abständen (etwa 2 m) reihenweise hintereinander lagen. Auch hier verdient die auffallend regelmäßige Anordnung der Herdstellen Beachtung.

Neben den Fundzeugnissen, die sich auf die Ernährung und den Schutz vor der Witterung beziehen (Herdstellen, Tierknochen, Reste von Behausungen), sowie den Spuren technischer Verrichtungen, vor allem der Herstellung von Stein- und Knochengeräten, treten an den jungpaläolithischen Lagerplätzen die Zeugnisse religiösen Charakters merkbar hervor. Zu nennen sind da die weiblichen Statuetten, die nicht selten nahe dem Herd oder am Rand der Hüttengruben, zuweilen in nischenartigen Mulden, gefunden wurden. Daß in ihnen ein religiöses Anliegen seinen sichtbaren Niederschlag gefunden hat, ist unbestritten (*s. S. 269 ff.*). Das gleiche gilt für die häufig auftretenden Tiergravierungen auf Steinplatten oder Knochenstücken (*s. S. 267 ff.*). Wenn die große, vielleicht einer ganzen Lagerplatzgemeinschaft dienende Feuerstelle von Unterwisternitz eine weibliche Statuette enthielt, so weist das wohl darauf hin, daß die am Herd verrichtete Tätigkeit eines religiösen Aspektes nicht entbehrte. In dieselbe Richtung weisen die Entdeckungen von Stellmoor und Meiendorf unweit von Hamburg, wo dicht neben dem spätpaläolithischen Lagerplatz in einem ehemaligen Tümpel weibliche, junge Rentiere mit schweren Steinen im geöffneten Brustkorb versenkt worden waren, zweifellos als Opfer der Lagerplatzangehörigen (*s. S. 241*). Eine runde, 5–6 m im Durchmesser große Hüttenstelle von Unterwisternitz enthielt in der Mitte einen Herd und in diesem und um diesen herum etwa 2200 gebrannte Lehmstücke, welche teilweise als Reste von plastischen Tierfiguren bestimmt werden können.

Die Freilandlagerplätze sind sehr unterschiedlich groß. Einige scheinen von einer mäßig umfangreichen Jägergruppe nur ein einziges Mal aufgesucht worden zu sein. Demgegenüber bedecken einige ostmitteleuropäische und ukrainische Stationen eine Fläche von mehreren Kilometer Länge (z.B. Předmost, Unterwisternitz, Moravany, Kostjenki). Wenn gründlichere Beobachtungen vorliegen, läßt sich gelegentlich nachweisen, daß die so erstaunlich großflächige Fundstreuung auf diesen Plätzen nicht von jeweils einer einmaligen Belegung herrührt, sondern durch ein Zusammenwachsen vieler Einzelbelegungen zustandegekommen ist. Diese gehören teilweise derselben archäologischen Stufe an, was dann ihre Erkennung und Unterscheidung erschwert. Da bedarf es subtiler Untersuchungsmethoden, um bestimmte Artefaktstreuungen als Hinterlassenschaft einzelner Belegungen herausstellen zu können.

In welchen zeitlichen Abständen dieselben Plätze wiederholt aufgesucht wurden, läßt sich natürlich nicht sicher ausmachen. Offensichtlich gab es mitunter einen jahreszeitlichen Lagerwechsel. Die bei Hamburg, nahe dem letztglazialen Eisrand gelegenen Stationen Stellmoor und Meiendorf waren nur in den Sommermonaten belegt, wie aus den Wachstumsstadien der von der Jagdbeute herrührenden dort gefundenen Rengeweihe zu schließen ist. Die Winteraufenthalte dieser so gut wie ausschließlich von der Renjagd lebenden Jägergruppen werden weiter im Süden oder Südwesten gelegen haben. Diese jahreszeitliche Lagerverlegung erfolgte zweifellos entsprechend den Wanderungen der Renherden, die im Sommer aus den landeinwärts gelegenen Gebieten wegen der dortigen Mückenplage in die Zone nahe dem Eisrand zogen.

Die Großlagerplätze Mährens, Niederösterreichs, der westlichen Slowakei und der Ukraine waren eine beträchtlich lange Zeit hindurch belegt. Daher kam es vielfach zur Entstehung mehrerer Kulturschichten mit teilweise voneinander abweichendem archäologischen Typenbestand, so in Předmost, Willendorf, Kostjenki und Telman. In anderen Fällen können topographisch gesonderte Fundgruppen unterschiedlichen archäologischen Charakters als Zeugnisse verschiedener Belegungen herausgestellt werden wie in Moravany. Wo nachweislich durch einen längeren Zeitraum hindurch an derselben Stelle immer wieder ein Lager aufgeschlagen wurde, erhebt sich die Frage, ob nur bestimmte landschaftlich-natürliche Vorzüge jeweils verschiedene Populationen zum dortigen Verweilen einluden, oder ob zwischen den einzelnen Belegungen eine geschichtliche Tradition bestand. Teilweise darf man wohl das letztere annehmen.

## *Höhlen*

Wohl nicht auf einen Zufall der Fundüberlieferung zurückzuführen ist der Umstand, daß menschliche Hinterlassenschaften, die älter wären als das ausgehende Altpaläolithikum, in Höhlen und Halbhöhlen so gut wie ganz fehlen. Da für diesen auffälligen Befund nicht klimatische Verhältnisse verantwortlich gemacht werden können, eine Höhlenbenützung vielmehr im ganzen Altpaläolithikum dieselben Vorzüge bot wie später, diese Vorzüge aber – wie stratigraphische Befunde aus den drei altweltlichen Kontinenten beweisen – nur von Tieren, vor allem von Bären und großen Raubkatzen, ausgenützt wurden, so besagt dies doch wohl, daß der Mensch die durch ihre Dunkelheit unheimlichen Höhlen mit Rücksicht auf die dort hausenden Raubtiere anfänglich mied. Allenfalls dürfte er diese Plätze vorübergehend als Unterschlupf aufgesucht, nicht aber längere Zeit und wiederholt sich dort aufgehalten, Geräte gefertigt, die Jagdbeute zerlegt und an Herdstellen zubereitet haben. Die dauernde Inbesitznahme der Höhlen am Ende des Altpaläolithikums bzw. die damals erlangte Möglichkeit, nach Belieben von den Höhlen Besitz zu ergreifen und sie wirksam gegen tierische Konkurrenten zu verteidigen, spiegelt einen wichtigen geschichtlichen Prozeß wider, wichtig nicht wegen der Höhlenbenützung als solcher, sondern weil diese Tatsache symptomatisch ist für eine daraus zu erschließende Bewußtseinshaltung bzw. -entwicklung. Denn zur Erklärung des Phänomens der Inbesitznahme von Höhlen genügt nicht der Hinweis, daß dafür die freie Verfügung über das Feuer eine wichtige Voraussetzung war (*s. S. 69*). Vielmehr werden wir in Betracht ziehen müssen, daß der Mensch am Ende des Altpaläolithikums im Rahmen seines psychischen und sozialen Lebens eine bewußtere Daseinsform entwickelte, die ihn dazu brachte, bestehende Naturgegebenheiten – wie die Tatsache, daß in Höhlen gefährliche Raubtiere hausen – zum eigenen Nutzen zu verändern. Für die vorangehende Zeit werden wir demgegenüber mit einer Lebensweise rechnen müssen, in der diese psychische Bereitschaft nicht in diesem Ausmaß vorhanden war, in der sich der Mensch vielmehr noch weitergehend den natürlichen Umweltverhältnissen anpaßte.

Die ältesten näherhin bekannten Höhlenlagerplätze Asiens sind die von Chou-k'ou-tien unweit von Peking. Nach den Wachstumsstadien der dort zum Vorschein gekommenen Hirschgeweihe wurden die Tiere nur im Winter gejagt. Die Höhlen wurden also nur während der kalten Jahreszeit von menschlichen Gemeinschaften aufgesucht. Wichtige Bestandteile dieser Lagerstätten waren die offenen Herdfeuer, in denen die Fleischnahrung bereitet wurde, und die zur Fernhaltung großer Wildkatzen (Tiger und Leoparden) notwendig waren. Die sommerlichen Lagerplätze der betreffenden Gruppen werden wir im Freiland zu suchen haben.

In Afrika beginnt die Höhlenbelegung in einer Stufe, die dem ausgehenden

Altpaläolithikum Europas entsprechen dürfte. Die Cave of Hearths im Tal von Makapansgat ist dafür der beste Beleg. Auch hier spielen die Feuerstellen eine hervorragende Rolle; die ältesten Herde dieses Platzes enthalten mehr als 1 m dicke Lagen reiner Asche.

In derselben Zeit wie in Afrika setzen die menschlichen Hinterlassenschaften auch in den Höhlen Europas ein. Anfänglich wurden vor allem flache Felsaushöhlungen und Abris aufgesucht (z.B. Klausennische, Heidenschmiede, Bockstein, Vogelherd, Balver Höhle). Bei der vom Mittelpaläolithikum an geläufigen Besiedlung großer Höhlen (sie erstrecken sich bekanntlich oft viele hundert Meter in den Berg hinein, einige sogar mehrere Kilometer) beschränkte man sich durchweg auf die vorderen Partien. Dort finden sich in der Regel Feuerstellen, gelegentlich mit einer Steineinfassung oder in regelrechten Plattenkisten (Drachenloch). Außerdem berichten die Höhlenausgräber nicht selten von auffälligen Steinen mit flacher Oberseite, die teils als Sitzsteine, teils als Werkunterlage für Steingerätschläger gedeutet werden. Das letztere wird mitunter durch eine besonders dichte Streuung von Absplissen und halbfertigen Geräten um solche Arbeitssteine herum erhärtet.

Von einer architektonischen Ausgestaltung der Höhlenlagerplätze wissen wir überaus wenig, was angesichts der häufigen Wiederbelegung der Höhlen und der verändernden Wirkung von Deckenabbrüchen, Frostbruchbildungen, fließendem Wasser und Tierwühlereien nicht verwunderlich ist. In der württembergischen Brillenhöhle wurde eine künstliche Steinsetzung nahe einer Feuerstelle als Rest eines mit Fellen oder dgl. bedeckten Einbaues innerhalb der Höhlenhalle gedeutet. Unter dem Abri von La Ferrassie scheint die in 4,5 m Abstand von der Felswand, parallel zu dieser verlaufende absichtlich gelegte Steinreihe das Widerlager einer aus Holzstangen, Fellen und dergl. bestehenden schrägen Wand zu sein, die oben gegen die Felswand gelehnt war. Unter dem Felsdach Fourneau du Diable war eine künstlich geebnete Fläche von 12 × 7 m Größe und unregelmäßig rechteckiger Begrenzung von Steinblöcken, Trockenmauern und Erdanhäufungen umgeben, sicherlich auch der Rest eines Behausungseinbaues ähnlich denen der osteuropäischen Freilandstationen. Zweifellos ist mit dem einstigen Vorhandensein derartiger Einbauten in weit größerem Umfang zu rechnen, als durch Spuren nachzuweisen ist.

Unverkennbar waren die Höhlenlagerplätze auch Stätten religiöser Handlungen. Zwar finden sich Wandgravierungen und -malereien oftmals weit hinten im Höhleninneren, jenseits der als Lagerplatz benutzten vorderen Partien; doch gibt es durchaus auch Höhlen, bei denen die vorderen, besiedelten Räume mit Wandzeichnungen und -malereien versehen waren und diese nachweislich mit den Kulturhinterlassenschaften der Lageraufenthalte gleichzeitig sind (Angles-sur-l'Anglin, La Ferrassie, Laugerie-Haute, La Madeleine, Les Roches, Abri Labatut und Abri Blanchard, Belcayre, Teyjat, La Mairie). Daß die Felsbilder an und über den bewohnten Plätzen nicht als dekorativer „Zimmerschmuck“ im Sinne römischer oder moderner Wandbilder aufzufassen sind, sondern ihnen dieselbe religiöse Bedeutung eigen war, die für die Bilder im unbewohnten Höhleninneren vorauszusetzen ist, dürfte klar sein.

Die Fundumstände der in den Höhlen zusammen mit Steingeräten und Speiseabfällen gefundenen Knochenstücke und Steinplatten mit eingravierten Tier- und Menschenfiguren bieten zumeist keinen Hinweis auf ihre einstige Aufstellung bzw. Verwendung. Da aber feststeht, daß diese figürlichen Darstellungen zu den Lagerhinterlassenschaften gehören, nicht etwa von einer Benützung dieser Plätze speziell als Kultstätte herrühren, werfen sie ein bezeichnendes Licht auf den religiösen Aspekt des sich auf diesen Lagerplätzen abspielenden Lebens.

Zumeist läßt sich schwer feststellen, ob eine Kulturschicht in einer Höhle auf eine einmalige Belegung zurückgeht oder auf eine Folge mehrerer Aufenthalte, bei denen es wegen der Kürze des zeitlichen Abstandes nicht zur Entstehung steriler Zwischenstraten gekommen ist. Wenn ein archäologisch einheitlicher Formenbestand in Kulturschichten von mehreren Meter Mächtigkeit erscheint, wie es nicht selten der Fall ist, muß natürlich eine mehrmalige Benutzung der Höhlen als Lagerplatz angenommen werden. Dabei kann teilweise an eine periodische, vielleicht jahreszeitliche Wiederkehr derselben Gruppen gedacht werden. Mitunter aber möchte man eine lange, viele Generationen andauernde Tradition in Betracht ziehen.

## B. JUNGSTEINZEIT

### *Vorderer Orient*

*Altneolithikum:* Während Höhlen- und Abrifundplätze in ihrem archäologischen Charakter die Reihe jungpaläolithischer Lagerplätze fortsetzen, zeichnen sich einige palästinensische Ansiedlungen der sog. Natuf-Kultur durch gewisse Eigenheiten aus, die sie an den Beginn der neolithischen Siedlungstradition rücken. Oftmals fällt bei ihnen eine enge Bindung an eine Quelle oder eine sonstige Wasserstelle auf (Jericho, Nahal Oren). Aufgrund der Fundstreuung ist mitunter eine beträchtliche Größe der Siedlungsplätze erweislich (z.B. Eynan: 1000 qm), wobei freilich damit zu rechnen ist, daß manchmal erst eine langdauernde oder eine wiederholte Besiedlung der Plätze zu dieser Ausdehnung geführt hat.

Der Befund in der untersten Schicht von Nahal Oren legt die Annahme nahe, daß anfänglich die Ansiedlungen kleinere Ausmaße hatten: dort umschloß eine aus unterschiedlich großen Steinen erbaute Mauer eine 7 × 10 m große Fläche, innerhalb der zwar keine eigentlichen Hüttenreste, wohl aber

Herde, Mörser und Silos angetroffen wurden. In Eynan wurden Reste von Rundbauten festgestellt (Dm. bis 7 m), deren bis 1 m breiter Mauersockel z.T. noch fast 1 m hoch erhalten war. In der Mitte des besterhaltenen Baues, dessen obere Partien aus Lehm – eventuell mit einer stützenden Holzkonstruktion – bestand, lag ein quadratischer Herd, daneben ein großer Stein mit einer 0,3 m tiefen künstlichen Aushöhlung, zweifellos ein Mörser zum Getreidestampfen. Bei einer Neuanlage dieser Hütte wurden die Mauer und der Herd etwas verschoben; der Mörser blieb jedoch unverändert, wohl ein Hinweis auf die zentrale Bedeutung gerade dieses Teiles der Hütteneinrichtung. Im Typus entsprechen die jüngeren (der sog. Tahune-Kultur angehörenden) Rund- und Ovalbauten von Nahal Oren (*Taf. 22, 2*), die 9–15 qm groß waren und zumeist auf der Südseite einen Eingang besaßen. Innerhalb des Steinmauersockels war der Fußboden einmal steingepflastert, sonst mit einem Estrichbelag versehen. Auf ihm lag ein Herd.

Bei der Neuanlage eines Hauses oder einer ganzen Siedlung wurde der Lehm der älteren Bauten an Ort und Stelle planiert, so daß er die Steinsockel der alten Hausmauern bedeckte. Durch diesen sich wiederholenden Vorgang entstanden vom Altneolithikum an die Siedlungshügel, die sog. Tells (Tepes, Hüyüks), die bis zum Beginn des 3. Jahrtausends mitunter eine beträchtliche Höhe (bis 20 m) erreichten, manchmal freilich auch nur auf einige wenige Schichten beschränkt blieben.

In Beidha und in Jericho besaßen die natufzeitlichen Ansiedlungen noch keine Lehmarchitektur, so daß die ältesten Kulturschichten zwar topographisch, nicht aber baugeschichtlich zur nachmaligen Tellsiedlung gehörten. In Beidha ebenso wie in Jericho zeigten die Häuser der ältesten Tellschichten Rundform. In Jericho war dank der Höhe der erhaltenen Mauerreste erkennbar, daß sie sich nach oben kuppelförmig zusammenschlossen. Als Baumaterial wurden handgeformte, luftgetrocknete Lehmziegel mit flacher Unter- und gewölbter Oberseite verwendet. Der Fußbodenanstrich war gebrannt. Rundbauten sind auch für die älteste Kultur Cyperns typisch. In Khirokitia wurden deren 47 ausgegraben (*Taf. 22, 1*). Die stratigraphischen Verhältnisse in einzelnen dieser Tholoi (bis zu zwölf Fußböden übereinander, vielfache Umbauten und das Übereinanderliegen mehrerer Rundbauten) beweisen, daß dieser Haustypus während einer langen Zeitspanne üblich war. Anfänglich wurden die Häuser offensichtlich rein aus Lehm – eventuell mit einer zusätzlichen Holzkonstruktion – errichtet, jedenfalls ohne einen Steinsockel, wie er von einer fortgeschritteneren Phase an die Regel wurde. Der äußere Durchmesser der Tholoi von Khirokitia betrug zumeist weniger als 6 m; nur ausnahmsweise ging er darüber hinaus (bis 10 m). Die erhaltene Höhe der ebenerdig errichteten Steinsockel betrug in einigen Fällen 2–3 m. Dabei ließ sich wiederum eine bienenkorbartige Verjüngung feststellen. Die auf diesen Mauersockeln aufsitzende Kuppel bestand aus Lehmziegeln oder Stampflehm. Entweder ruhte sie auf einem mehr oder weniger hohen, oben gerade oder falzartig abschließenden Mauersockel (*Taf. 22,16*), oder sie stieg auf der Innenseite des zur Stütze dienenden Mauersockels bereits vom Fußboden an auf. Türen waren oft, Fenster nur selten erhalten. Auf den aus Stampflehm gebildeten, mitunter bemalten Fußböden standen entweder frei im Raum oder an die Hauswand gelehnt ein runder oder ovaler Herd, der entweder nur mit Steinen umstellt war oder aus einem Steinpflaster bzw. einem gepflasterten Lehmsockel bestand. Zu den sonstigen Bestandteilen dieser Rundhäuser, die höchstwahrscheinlich unterhalb des Kuppeldaches eine horizontale Holzdecke besaßen, gehörten siloartige Vorratsgruben.

In Ägypten war neben der Bauweise mit Holzbalken (Merimde) ebenfalls von Anfang an die Errichtung von Häusern aus Lehm üblich, wie die aus strohuntermischten Lehmwülsten und aus ausgestochenen Lehmpatzen gebauten ovalen Anlagen von Merimde (*Taf. 22,7*) und Hemamije beweisen. Inwieweit es sich dabei freilich um Wohnhäuser handelt und inwieweit sie Wirtschaftszwecken dienten, scheint nicht recht klar zu sein. Immerhin wurden mitunter Herde in ihnen beobachtet.

Neben den Rundbauten, die trotz ihrer technischen Vorzüge sich nur in begrenztem Maße erweitern und weiterentwickeln ließen, waren im Vorderen Orient vom Beginn der Tellsiedlungen an rechteckige Bauten bekannt. Diese besaßen wie die Rundbauten mitunter einen Steinsockel (z.B. Hacilar, Mersin); in anderen Fällen fehlte ein solcher (z.B. Çatal Hüyük: *Taf. 23,1;* Tell as-Sauwan: *Taf. 31,A*). Die Lehmmauern waren entweder aus luftgetrockneten Ziegeln (z.B. Çatal Hüyük, alle Schichten; Hacilar, untere Schichten; Ras Schmra; Jericho; Hassuna, Schicht Ib–III; Tell as-Sauwan oder in Tauf- bzw. Pisétechnik errichtet (z.B. Djarmo; Matarra). Die beiden letzteren Bauweisen unterscheiden sich dadurch voneinander, daß bei der sog. Tauftechnik jeweils eine strohgemischte Lehmschicht aufgetragen und verstrichen wird, die man einen Tag lang trocknen läßt, bevor man die nächste Schicht aufsetzt. Demgegenüber wird bei der Pisétechnik der Lehm zwischen zwei feste Holzverschalungen gepreßt. Neben Rechteckhäusern mit reinen Lehmwänden gibt es – ähnlich wie bei den Rundbauten – solche, die zusätzlich eine Holzkonstruktion aufweisen. Dabei ergab sich in Çatal Hüyük, daß in den älteren Schichten diese Holzkonstruktionen eine wichtigere tektonische Funktion hatten als in den jüngeren. Mitunter scheinen Holzeinbauten nicht zur Wandstützung, sondern nur zum Tragen eines hölzernen Obergeschosses oder einer Holzdecke gedient zu haben.

Der Vorzug rechteckiger Häuser gegenüber runden besteht in der Möglichkeit der Vergrößerung und des Aneinanderreihens mehrerer Räume zu einem umfassenden architektonischen Gesamtgefüge. Im jordanischen Beidha enthielten die einzelnen Tellschichten verschiedene Typen von Hausgrundrissen, die in ihrer stratigraphischen Reihenfolge eine Entwicklung widerspiegeln: auf Rundbauten der Frühzeit folgten in Schicht IV einräumige Einzelhäuser mit gewölbten Seiten, die aus sorgfältig aufeinandergeschichteten Steinplatten bestanden und eingetiefte Fußböden besaßen, zu denen Steinstufen hinabführten. Von Schicht III an traten ausgeprägt rechteckig-geradseitige, ebenerdige Häuser auf, die mehrräumig (z.T. auch mehrgeschossig) waren und wabenförmig aneinander anschlossen. Auch im nordirakischen Tell Hassuna wurden in Schicht I b lediglich Reste eines einräumig-viereckigen Hauses festgestellt, während kompliziertere mehrräumige Grundrisse erst von einer nächstjüngeren Schicht an (I c) auftraten. Der letztere (sog. agglutinierende) Grundrißtypus ist der in den neolithischen Tellsiedlungen des Vorderen Orients vorherrschende *(Taf. 23,1, vgl. die Rekonstruktion Taf. 25, A)*. Dabei haben die Räume sehr unterschiedliche Ausmaße. Die größten sind 6–9 m lang und etwa 4 m, ausnahmsweise sogar 7 m breit. Vielfach ist eine Zugehörigkeit von zwei oder mehr kleinen Kammern zu einem größeren Raum erkennbar. Wandbänke in den größeren weisen darauf hin, daß sie Wohnräume waren, während bei den kleineren manchmal Getreidereste eine Verwendung als Vorratsspeicher annehmen lassen. Andererseits kommen aber auch innerhalb großer Räume Siloschächte vor. Runde oder viereckige Herde (zuweilen mit halbkugeliger Kuppelwölbung aus Lehm) liegen entweder ebenfalls *in* den Wohnräumen oder außerhalb derselben in offenen Höfen. Die Mauersockel zeigen manchmal an den Ecken eine besonders sorgfältige Machart, so im kilikischen Mersin, wo die Hausecken aus gleichmäßig aufeinandergeschichteten Steinplatten, die übrigen Wandpartien aus kleinen Rollsteinen bestanden.

Zu ebenerdigen Eingängen gehörten Holztüren, deren Angelzapfen in einem mitunter erhaltenen Lochstein der Türschwelle lief. Vielfach aber waren keine ebenerdigen Eingänge nachzuweisen (Hassuna Schicht II; Çatal Hüyük in allen Schichten). Der Befund von Çatal Hüyük in seiner einzigartig dastehenden Großflächigkeit und seiner diesbezüglichen Einheitlichkeit vom Beginn bis zum Ende der lange bestehenden Siedlung bürgt dafür, daß hier das feste Merkmal eines bestimmten Haustypus vorliegt. Ein Zugang vermittels einer Holztreppe muß von einer hochgelegenen Tür aus oder durch eine Öffnung auf dem Flachdach ermöglicht worden sein. Die Wandhöhe (Dachansatz in einigen Fällen erhalten) betrug in Çatal Hüyük mitunter 2,7 m.

Die Wände, Herde, Lehmpodien und Fußböden waren in der Regel verputzt; nicht selten ließen sich mehrere übereinanderliegende Putzschichten feststellen (in Beidha mehr als 25; in Çatal Hüyük sogar mehr als 100). Der weiße Putz trug nicht selten eine Bemalung aus roten Streifen oder reichere Malereien, wie sie am großartigsten in Çatal Hüyük zum Vorschein kamen *(Taf. 23, 2–8)*. Neben figürlichen Darstellungen treten dabei Muster hervor, die an Mattenbehänge erinnern. Bei den mit roter, grüner, schwarzer und gelber Farbe ausgemalten und darüber hinaus mit bemalten Wandreliefs versehenen Räumen von Çatal Hüyük erhebt sich die Frage, wo die Grenze zwischen „einfachen“ Wohnhäusern und Kulträumen liegt (*s. S. 277*). Man hat an diesem Ort den Eindruck, daß diese Grenze nicht nur im Hinblick auf unsere archäologische Klassifizierung, sondern auch auf die tatsächliche funktionale Bestimmung dieser Räume fließend war. Nicht nur in den mit reichem Wandschmuck versehenen Räumen, sondern auch in solchen schlichteren Aussehens waren Wandpodeste mitunter durch aus Lehm modellierte, bemalte Bovidenköpfe z.T. mit eingesetzten echten Bovidenhörnern begrenzt, die gewiß nicht als bloße Dekoration aufzufassen sind, denen vielmehr ein symbolischer Bezug auf bestimmte religiöse Anliegen und kultische Handlungen eigen war. Zweifellos mit diesem religiösen Aspekt hängt zusammen, daß in den altneolithischen Tellsiedlungen Vorderasiens üblicherweise Tote unter den Fußböden bestattet wurden (*s. S. 291ff.*), sei es als Primärbeisetzung, sei es als Sekundärbestattung mit oder ohne Beigaben.

Im Gegensatz zu den vom Anfang der nachpaläolithischen Zeit an bekannten kleinen Ansiedlungen, wie sie in Nahal Oren ermittelt wurden, zeichnen sich die Tellsiedlungen bereits in ihren ältesten Phasen mitunter durch eine beträchtliche Ausdehnung und durch beeindruckende Befestigungsanlagen aus. Die auf einer Felserhöhung im Winkel zwischen der Meeresküste und einem dort einmündenden Fluß angelegte westsyrische Ansiedlung von Ras Schamra besaß eine vermutlich umlaufende wallartige Steinanschüttung, die als Befestigung der Frühzeit gedeutet wird. Die Ansiedlung des Tell as-Sauwan dicht am Tigrisufer (*Taf. 31,B*) war auf drei Seiten von einem künstlichen, 2,5 m breiten und 3 m tiefen Graben umzogen, der beiderseits in das Tigrisbett einmündete und mindestens zeitweilig mit Tigriswasser gefüllt war. Die imponierendste Befestigungsanlage wurde in Jericho freigelegt: eine mehrfach erneuerte, aus übereinandergeschichteten Steinen errichtete Mauer von 1,75 m Breite und noch 3 m Höhe mit einer starken Erdanschüttung dahinter und einem 3 m tiefen, z.T. bis 9 m breiten, in den gewachsenen Boden eingearbeiteten Graben davor. An diese Mauer angelehnt, fand sich ein abgeplattet-kegelförmiger Turm von 9 m unterem Durchmesser und 9 m Höhe, in Trokkenmauertechnik erbaut, mit einer zwanzigstufigen Treppe im Innern, die zu einer oberen Plattform führte (*Taf. 22,5*). So imponierend diese fortifikatorischen Werke sind, so widersprechen sie nicht prinzipiell der Annahme, daß der betreffenden Ansiedlung ein dörflicher Charakter eigentümlich war. Der in diesen Befestigungsanlagen zum Ausdruck kommende kommunale Gemeinschaftswille prägte auch andere Züge der Siedlungen. In der auf einem Bergrücken in einer Flußschleife gelegenen Ansiedlung von Khirokitia auf Cypern führte eine bei der Ausgrabung noch 185 m weit verfolgte, in Wirklichkeit aber noch längere, gepflasterte Straße von einem Ufer auf die Höhe und eventuell auf der anderen Seite wieder herunter; zu beiden Seiten dieser mehrmals erhöhten Straße, die in ihrem Verlauf unverändert während der mehrere Jahrhunderte dauernden Besiedlung des Platzes bestand, lagen die Häuser (*Taf. 22,1*).

Die aufeinanderfolgenden altneolithischen Tellschichten drücken mitunter eine beachtliche Konstanz der Besiedlung aus, indem die Häuser in ihrer Grundrißform, Bauweise und Ausrichtung unverändert blieben (z.B. Matarra,

Çatal Hüyük, Khirokitia). Andererseits aber zeigen sich nicht selten Wandlungen nach einer die Siedlung zerstörenden Brandkatastrophe oder nach einer siedlungsfreien (an Humusbildungen erkennbaren) Zwischenphase (z.B. Hassuna, Jericho).

*Zeit von Halaf, Obed und Hacilar:* Über die ägyptischen Siedlungsformen der den vorderasiatischen Stufen von Halaf und Obed entsprechenden Zeit wissen wir im Gegensatz zu den durch zahllose Grabfunde bestens bekannten Bestattungssitten nur sehr wenig, wohl einfach deshalb, weil die bäuerlichen Dörfer ebenso wie die späteren städtischen Siedlungen im Fruchtland des Niltales lagen, wo nur geringe Möglichkeiten einer Auffindung und Untersuchung bestehen. Immerhin steht fest, daß aus der urtümlichen Bauweise mit Lehmwülsten und ausgestochenen Lehmpatzen eine Ziegelarchitektur entwickelt wurde, die mit quaderförmigen, in Holzschalen geformten, luftgetrockneten Lehmziegeln arbeitete. Solche Ziegel wurden in Badari und Ma'adi festgestellt. Am letzteren Platz kamen Grundrißteile von Rechteckbauten zum Vorschein. Das Vorkommen von Korbsilos mit einer äußeren Lehmabdichtung in Merimde und im Fajum legt die Annahme nahe, daß auch beim Hausbau Schilfmattenwände eine Rolle spielten. Offenbar auf ein Lehmziegelhaus bezieht sich das rechteckige Terrakottamodell von El-Amrah (*Taf. 27,1*). Es handelt sich um einen einfachen Baukörper, dessen Grundriß später bei Entstehung der Hieroglyphen zur allgemeinen Bezeichnung von „Haus" (□) verwendet wurde.

In Mesopotamien, Syrien und der südlichen Türkei herrschte in der Halaf/Obed-Zeit die agglutinierende Bauweise in Tellsiedlungen. Im Tell Arpachije und im Tepe Gaura scheint die älteste Besiedlung eine größere Fläche eingenommen zu haben als diejenige, welche dann die Tells entstehen ließ. Dies weist vielleicht darauf hin, daß außer der Lehmbauweise erst eine gewisse Form der Siedlungskonzentration zur Tellbildung führte. Sinnfälliger Ausdruck dieses Zusammenrückens ist der agglutinierende Haus- und Siedlungstypus. Einige besonders hohe Tells sind freilich vornehmlich durch Tempelbauten angewachsen. Mitunter liegt neben dem Tempelhügel ein ausgedehntes Siedlungsgelände, so in Eridu, wo sich der durch Scherbenfunde ermittelte obedzeitliche Siedlungsbereich mehr als 500 m weit erstreckt, oder beim Tell Uqair. Hinsichtlich der Bautechnik lassen sich mancherorts stratigraphisch gewisse Wandlungen feststellen, die jedoch höchstens örtliche Bedeutung haben. So waren im Tell Uqair die ältesten Obed-Häuser in Pisétechnik erbaut, die jüngeren aus Ziegeln. Auch in Mersin waren Lehmziegel erst in einem fortgeschrittenen Stadium der Schichtenfolge zu belegen. Im Tepe Gaura standen in den unteren sieben Schichten die Lehmziegelbauten unmittelbar auf dem Erdboden (*Taf. 24, A XIX–XVII*); erst in Schicht XIV erscheint ein Steinsockel. Die Lehmziegel weisen in den einzelnen Plätzen und Phasen unterschiedliche Ausmaße und Formen auf. Teils sind sie so breit, daß sie die ganze

Mauerstärke ausfüllen, teils sind sie schmäler, so daß jeweils zwei nebeneinanderliegende Ziegel eine Mauerdicke ergeben. In Jericho wurden plankonvexe, gebrannte Lehmziegel verbaut, ein in dieser Zeit ungebräuchliches Baumaterial. In El-Obed waren offenbar nur einige Innenteile der Häuser, vor allem die Herde, aus Lehmziegeln erbaut; die Außenwände scheinen aus lehmüberstrichenen Matten oder aus Stampflehm zwischen einem Holzgerüst bestanden zu haben. Die Häuser besaßen teils einen ebenerdigen Eingang, teils aber fehlte ein solcher; hier muß ein Obergeschoß angenommen werden, zu dem von außen eine Holztreppe führte. In Hacilar zeigten die Wände rechteckige Fenster und im Innern Nischen. In einer solchen Nische fand sich eine Statuette. Wie in den altneolithischen Siedlungen so standen auch in den chalkolithischen die Herde bald innerhalb der Häuser, bald außerhalb derselben.

Im Bereich der Siedlungen wurden neben den geradseitig-rechtwinkligen, vielräumigen Häusern, zwischen denen Straßen verliefen, nicht selten Rundbauten unterschiedlicher Größe und Bauweise angetroffen. Kleine, zumeist eingetiefte, manchmal mit Bodenpflaster versehene Anlagen sind eindeutig als Silos anzusprechen. Größere Rundbauten (Dm. mehr als 5 m, z.B. Tepe Gaura: *Taf. 24, A XVII)* waren aus Lehmziegeln errichtet und besaßen einen Eingang sowie Zungenmauern im Innern zur Stütze einer Decke oder des Daches. Hier einzureihen sind die halafzeitlichen Tholoi von Arpachije, die dort teils im Bereich des Tells neben den rechtwinklig-geradseitigen Häusern, teils außerhalb der Siedlung lagen. Dabei zeichnen sich die ersteren durch ein dickes Steinfundament aus (*Taf. 22,3*), auf dem sich die Lehmkuppel erhob. Einige Rundbauten außerhalb des Tells besaßen keinen Steinsockel und waren etwas eingetieft. In einer älteren Stufe hatten die Tholoi keinen Anbau, während in einer jüngeren ein solcher zugefügt wurde. Vergleichbare Tholoi wurden in Tschagar Bazar festgestellt. Das Tonmodell eines Rundbaues liegt von Jericho vor. Daß unter dem Fußboden eines solchen Rundbaues vom Tepe Gaura zwei beigabenlose Bestattungen lagen, daß im Tell Aprachije mehrere dieser Anlagen nacheinander auf demselben Platz errichtet wurden, daß am Rande des einen Baues zwei ungewöhnlich reich ausgestattete Gräber entdeckt wurden, und daß schließlich eine andere Tholos von dort zahlreiche weibliche Statuetten sowie ausgesucht feintonige Gefäße enthielt, berechtigt noch nicht zu der Annahme, daß es sich hier um reine Kultbauten handele. Wie aus ihrer Lage und ihrer Bauweise hervorgeht, müssen diese Tholoi eine besondere Bedeutung für die Gesamtsiedlung besessen haben. Wenngleich dabei offensichtlich kultische Handlungen vorgenommen wurden, schließt dies nicht aus, daß die zentrale Bedeutung für die Siedlungsgemeinschaft auch eine praktische Seite hatte, nämlich die Verwendung als Vorratsspeicher. Der formalen und bautechnischen Ähnlichkeit mit den kleinen, glockenförmigen Getreidesilos könnte sehr wohl eine funktionale Verwandtschaft entsprechen. Für die frühen Agrarkulturen war die sichere Lagerung der Getreideernte in höchstem Grade lebenswichtig. Daher ist es begreiflich, daß die dafür vorgesehenen Bauten besonders sorgsam ausgestattet wurden, daß sie in der Form sich von den Wohnungen unterschieden und stärker den urtümlichen Typus des Rundbaues bewahrten, und daß sie darüber hinaus Stätten eines Kultvollzuges waren (*s. S. 278*).

Neben unbefestigten Ansiedlungen gab es solche, die durch eine Umfassungsmauer umschlossen waren. Im Tell Halaf bestand diese aus Lehmziegeln auf einem Steinsockel, ebenso in Mersin, wo erstmalig in Schicht XVI Befestigungsanlagen errichtet wurden. Die Mersin-Mauer war 1,5 m breit und versetzt (*Taf. 25, C*); an sie schlossen sich innen in regelmäßiger Anordnung nach einheitlichem Schema erbaute Räume an, deren innere Abschlußmauer eine gerade Linie bildete, und die nach außen jeweils zwei 20 × 50 cm große Fensterschlitze besaßen. Die Decke dieser Kasemattenreihe diente offensichtlich als Rampe der Befestigungsmauer. Die innen vorgelagerten Räume waren weniger regelmäßig und aufgrund der schwächeren Mauer wohl weniger hoch als die Kasematten. Besonders gesichert war das Tor: Zwei starke Türme flankierten eine schmale Torgasse. Auch in Hacilar waren nur die beiden letzten Besiedlungsschichten befestigt. Im einen Fall lehnten sich an die starken Ziegelmauern Räume an, ohne daß Fensterschlitze erkennbar gewesen wären. Ein schmaler Mauerdurchlaß an der Nordseite dürfte nicht der einzige Zugang ins Innere dieser festungsartigen Siedlung gewesen sein. Die Gebäude der letzten Hacilar-Schicht zeigten in Bauart, Grundrißgestalt und Ausrichtung eine einheitliche Planung und machten, wie der Ausgräber feststellte, mehr den Eindruck einer Burg als einer bäuerlichen Siedlung. Die Außenmauern waren 2 m dick (*Taf. 25, F*).

Im Gegensatz zur agglutinierenden Bauweise der vorderasiatischen Tellsiedlungen blieb auf Cypern die Form des auf einem Steinsockel ruhenden, aus Lehmwänden bestehenden Einzelhauses auch nach dem Altneolithikum üblich. Ein Unterschied zu der in Khirokitia herrschenden Grundrißform besteht darin, daß neben den reinen Rundbauten auch viereckige Grundrisse erscheinen und dazwischen mannigfache Übergänge vorkommen. Am deutlichsten zeigt dies die Siedlung von Sotira (*Taf. 22, 4*): Bei einigen aneinanderstoßenden Hausgrundrissen ist unklar, inwieweit sie zu gleichzeitig bestehenden Gebäuden gehörten und inwieweit – was gewiß zumeist der Fall sein dürfte – zu zeitlich aufeinanderfolgenden. Das vermutlich ziemlich flache Dach dieser Häuser wurde nachweislich durch Holzpfosten gestützt. Regelmäßig gefundene Herde, Mahlsteine und zuweilen Silogruben sichern die Bestimmung dieser Bauten als Wohnhäuser.

*Zeit der thinitischen Dynastien und der Uruk-Tempel:* Wenn in Ägypten schon zu den großen Friedhöfen der Naqada-Zeit entsprechend große und geschlossene Ansiedlungen vorauszusetzen sind, so erst recht für diejenigen der frühdynastischen Zeit. Von diesen ist jedoch unmittelbar so gut wie nichts erhalten, so daß es dahingestellt bleiben muß, inwieweit sie den Charakter von

Dörfern hatten, und inwieweit eventuell bereits städtische Strukturelemente in Betracht gezogen werden können, etwa bei der zur Nekropole von Helwan gehörigen Siedlung, wahrscheinlich das nachmalige Memphis. Eventuell geben bildliche Darstellungen gewisse Hinweise auf das Aussehen der Königspaläste. Das auf Hor Aha-Siegeln abgebildete Bauwerk (*Taf. 16,15*), das typologisch sich in jüngeren Kapellenbauten fortsetzt, scheint aus einem mit Matten behängten Stangengerüst bestanden zu haben, eine Bauform, die mit einer urtümlichen Tradition in Verbindung gebracht wird. Anderer Art waren die monumentalen Bauten, deren Fassade in der Serechdarstellung wiedergegeben ist (*Taf. 16,13*). Daß diese offensichtlich aus Ziegeln errichteten, mit einer Nischengliederung versehenen Bauten ebenso wie die genannten Stangen-Matten-Gebäude mit dem Leben des Königs in Verbindung stehen, darf als sicher gelten, wenngleich die Bezeichnung „*Palast*" dafür wohl nicht passend erscheint. Die geschweifte obere Abschlußlinie des frühen Serechtypus (*Taf. 16,14*) erinnert an die entsprechende Eigenart des älteren Hausmodells von El-Amrah (*Taf. 27,1*).

In Mesopotamien bieten die urukzeitlichen Tellschichten oftmals ein anderes Bild als die vorangehenden Schichten. Tempelbezirke nehmen einen unvergleichlich größeren Raum ein als zuvor. Diese benachbarten Gebäude, die Wohn- und Gewerbezwecken dienten, waren vielfach deutlich auf die *Tempel* bezogen. Am stärksten tritt dies in Uruk in Erscheinung. Abgesehen von der monumentalen Architektur (*s. S. 197ff.*) entsprechen die einfachen Ziegelbauten in agglutinierender Raumanordnung der Bauweise der vorangehenden Zeit. Die typische Ziegelform ist das sog. Riemchen.

Aufschlußreiche Einblicke in das Gefüge urukzeitlicher Siedlungen Nordmesopotamiens vermitteln die Straten XII–VIII des Tepe Gaura. Wo während der späten Obed-Zeit ein Tempelbezirk lag (*Taf. 24, A XIII*), drängten sich einige Zeit später kleinere und größere Räume. Einigen dürfte eine sakrale Bedeutung eigen gewesen sein; im ganzen gesehen, handelt es sich aber um ein Wohnrevier. Das bunte Nebeneinander von Räumen zweifellos unterschiedlicher Höhe mit dazwischenliegenden Höfen ist in seiner Gliederung und der speziellen Zweckbestimmung seiner Einzelteile schwer zu erhellen. Auffällig ist der während einer nicht ganz kurzen Zeitspanne auf dem Gipfel des Tells stehende 18 × 19 m große Rundbau, dessen Außenmauer bis 2 m dick war, und der eine regelmäßige, offensichtlich für eine Mehrgeschossigkeit berechnete Innengliederung aufwies (*Taf. 24, A XIA*). Die typologische Ähnlichkeit mit den wesentlich kleineren Rundbauten aus Schicht XVII liegt auf der Hand. Wenn in einigen Räumen der urukzeitlichen Riesentholos Getreidekörner gefunden wurden, so möchte man nicht daran zweifeln, daß wir hier einem monumentalen Vorratsspeicher gegenüberstehen, der beherrschend die Siedlungsmitte einnahm und seinen Dimensionen nach sehr wohl der ganzen Siedlungsgemeinschaft gedient haben kann.

In Westsyrien und Palästina vollzog sich am Ende des in Rede stehenden

Zeitraumes in den Tellsiedlungen eine Entwicklung, die neuerdings mitunter als „Urbanisation" bezeichnet wird. Zu belegen ist die Erbauung von Befestigungen, Tempeln und Wohnhäusern sowie deren Zusammenfassung zu geschlossenen Siedlungsbezirken. Über die Siedlungsformen der vorangehenden Zeit sind wir bis jetzt nur in geringem Umfang unterrichtet. Der Befund von Telelat Ghassul zeigt trotz einer auf den ersten Blick bestehenden Verwandtschaft mit der agglutinierenden Bauweise Mesopotamiens ein stärkeres Hervortreten des ein- und zweiräumigen Einzelhauses, das auch bei einer baulichen Verbindung mit anderen Häusern seinen individuellen Charakter behält (*Taf. 25,D 1*). Die auf einem Steinsockel ruhenden Ziegel- oder Piséwände waren teilweise mindestens 4 m hoch. Zu den typischen Bestandteilen der Häuser gehörten Herde und überwölbte Öfen, Wandbänke, viereckige Bodenpflaster, auf denen anscheinend Getreide gemahlen wurde, und Silos, in denen sich Reste von Getreide, Oliven und Datteln fanden. Ähnliche Hausgrundrisse wie in Ghassul, gleichfalls mit dem Zugang auf einer Breitseite, wurden in Mezer freigelegt, ferner in Horvat Beter, Safadi und Abu Matar b. Beersheba, in Mezer dazu solche von Apsidenbauten.

Der *Ghassul-Beersheba-Kultur* gehört eine südpalästinensische Gruppe von Hausossuarien an, von denen die meisten in einem Kammergrab von Azor zum Vorschein gekommen sind (*Taf. 25,E*). Freilich läßt sich noch nicht klar beurteilen, inwieweit diese Ossuarien die damals üblichen Häuser realistisch nachbilden. Der Umstand, daß in dieser Kultur bei einigen Gefäßformen auch theriomorphe Anklänge erkennbar sind, ohne daß die realistische Darstellung eines Tieres beabsichtigt wurde, läßt mit der Möglichkeit rechnen, daß gewisse Eigentümlichkeiten jener Ossuarien speziell von ihrer funktionalen Bedeutung her erklärlich sind (bzw. daß sie entsprechende Holzsärge nachbilden), nicht aber auf ein diesbezügliches Aussehen der wirklichen Häuser schließen lassen. Das gilt nicht nur für die mitunter erscheinenden Füßchen, sondern auch für den stets *über* dem Boden beginnenden Eingang, der freilich an das bei wirklichen Häusern nicht selten festzustellende Fehlen von ebenerdigen Türen erinnern könnte, sodann die hochgezogenen Giebelflächen auf den beiden Schmalseiten und die niemals fehlende Gesichtsandeutung über dem Eingang. Wenn die Hausossuarien den Eingang durchweg auf einer Schmalseite haben, so widerspricht das den wirklichen Häusern, bei denen die Eingänge auf einer Breitseite zu liegen pflegen.

Anscheinend der in Ghassul belegten Hausform und Bauweise ähnlich waren diejenigen von Beycesultan in Südwestanatolien. Der Typus des rechteckigen, verputzten Lehmziegelhauses ohne Steinsockel mit rechteckigem oder rundem, an eine Wand gelehntem oder freistehendem Herd und gleichfalls im Hausinnern angelegten Lehmkästen zur Aufbewahrung von Getreide begegnet hier gleichbleibend in nahezu zwanzig Schichten. Erst ganz am Schluß dieser Entwicklung wurde die Siedlung durch eine Umfassungsmauer befestigt.

Von den ebenerdig errichteten Häusern diverser Grundrißgestalt und Baukonstruktion, die allgemein in einer typologischen und technologischen Tradition vom Altneolithikum her stehen, unterscheiden sich grundsätzlich eingetiefte Behausungen mit vermutlich leichter Bedachung, wie sie im Tell el-Far'a und in Jericho sowie in Kalavassos und Erimi auf Cypern ermittelt wurden. Mitunter handelt es sich sogar um mehrere Meter in den Boden gegrabene Höhlenkammern (Beersheba, Horvat Beter, Safadi, Abu Matar). Herde und mehrfach erneuerte Fußböden beweisen, daß hier tatsächlich Wohnstätten vorliegen; einige Höhlenräume oder Teile davon wurden nachweislich auch zur Vorratsspeicherung benützt. Diese unterirdischen Wohnungen sind zwar angesichts des benötigten Arbeitsaufwandes bemerkenswert – sie mögen für die klimatischen Verhältnisse dieser wüstennahen Gegend recht geeignet sein –, sie stellen aber keine besonderen architektonischen Leistungen dar, sondern haben etwas Primitives an sich. Vielleicht wurden sie von Bevölkerungsgruppen errichtet, die bis dahin eine nomadisierende Lebensweise führten und erst in dieser Zeit in den Kreis seßhafter, agrarisch-viehzüchterischer Kulturen traten.

## *Süd- und Ostasien*

Im Iran und dem angrenzenden Turkmenistan, in Afghanistan und Pakistan war beim neolithischen Hausbau die vorderasiatische Lehmbauweise bekannt, die im westlichen Teil dieses Bereiches bereits früh innerhalb des Neolithikums zur Entstehung von Tellsiedlungen führte. Im Tepe Sijalk waren die Häuser in der ältesten Stufe (I) in Pisétechnik errichtet, in der folgenden (II) aus handgeformten Lehmziegeln, wobei diese zunächst nur bei den Sockeln verwendet wurden, während die aufgehenden Wände noch aus Stampflehm bestanden und erst in einem fortgeschritteneren Stadium die Wände insgesamt aus Ziegeln erbaut wurden; in der Stufe III traten erstmalig Steinfundamente auf, und die Ziegel waren nicht mehr hand- sondern kastengeformt. Daß anfänglich die Lehmhäuser in Pisétechnik und erst später aus Ziegeln errichtet wurden, konnte auch in Mundigak und Amri festgestellt werden. In den iranischen Tells herrschte von der ältesten Schicht an die in Vorderasien geläufige agglutinierende Bauweise vor (z.B. Tell-i-Bakun: *Taf. 25, G* Tepe Sijalk; Tepe Hissar). Demgegenüber trat in Turkmenistan, Afghanistan und in Pakistan stärker das Einzelhaus in Erscheinung. Besonders ausgeprägt ist dies in der Frühstufe, wie sie in Džeitum erschlossen wurde. In der nachfolgenden Zeit wurden die Einzelhäuser durch Anbauten und Hofmauern stärker miteinander verbunden, behielten aber doch eine merkliche Selbständigkeit (z.B. Yassy-Depe: *Taf. 25, J;* Dašlydši-Depe). Ein ähnliches Bild bieten die Architekturbefunde in Mundigak (*Taf. 25, H*) und Amri.

Die Innenseiten der Hauswände waren in der Regel weiß verputzt und häufig rot oder polychrom bemalt. Dabei fällt auf, daß Wandbemalung –

ähnlich wie in Vorderasien – bereits in solchen Kulturgruppen auftritt, die kaum Gefäßbemalung kennen, und daß polychrome Wandbemalung mitunter üblich war, wo eine Polychromie bei der Gefäßbemalung fehlt. Auch der Fußboden, der in Janik Tepe einen Gipsverputz zeigte, war mitunter rot oder schwarz bemalt. Wohnräume waren durch freistehende oder angelehnte, rechteckige oder ovale Herde gekennzeichnet, kleinere Vorratsräume z.T. durch Pithosfunde. Türlose Räume dürften als Sockel- oder Kellergeschosse mit Speichercharakter gedeutet werden. Solche eingangslosen Räume besaßen mitunter hochgelegene Fenster. In Mundigak fanden sich in einem älteren Niveau Herde in den Häusern, in einem jüngeren solche außerhalb derselben. Ein 8 m tief verfolgter Brunnenschacht war in seinen oberen (durch Kulturschichten gehenden) Partien mit Stampflehm ausgemantelt.

In Kot Diji war die höchste Stelle des Siedlungshügels von einer starken, in einer Höhe von z.T. 4 m erhaltenen Befestigungsmauer umzogen, die aus einem Trockenmauersockel und im übrigen aus Lehmziegeln bestand. Ähnliche Befestigungen von Zitadellen sind in der nachfolgenden Harappa-Kultur der Kupferzeit bekannt.

Lassen sich die Siedlungen bis zum Indus typologisch, strukturell und technologisch im großen ganzen mit den zeitlich entsprechenden Ansiedlungen Mesopotamiens und der westasiatischen Länder zu einem großen Kulturbereich zusammenfassen, so zeigen diejenigen der nordchinesischen Yangshao-Kultur wesentlich andere Züge. Einen umfassenden Einblick in diese fernöstliche Siedlungsweise vermitteln die Untersuchungen in Pan Po. Die Häuser besitzen zumeist runden, nicht selten aber auch quadratischen oder rechteckigen Grundriß (Dm 4–5 m). Sie sind häufig mehr oder minder stark eingetieft. Ihre aus Stangen- oder Reisiggeflecht mit dickem Lehmmantel bestehenden Wände neigten sich bienenkorbartig nach der Mitte zu und gingen wohl fließend in das kuppelförmige Dach über, das durch einen kräftigen Mittelpfosten oder deren mehrere gehalten wurde (*Taf. 22,6*). Der Eingang lag üblicherweise im Süden. Auf den bis zu fünfmal erneuerten Fußböden stand regelmäßig in der Hausmitte ein Herd. Von den zahlreichen Wohnhäusern dieser Art hob sich in Pan-Po ein Rechteckgebäude ab, das erheblich größer war als die übrigen (20 m Länge) und erheblich fester gebaut war als diese (die Pfostengruben waren 1,6 m tief). Die Ausgräber vermuten hier ein Bauwerk von besonderer kommunaler oder kultischer Bedeutung.

## *Südosteuropa*

*Altneolithikum:* Bevorzugt liegen die ältesten neolithischen Siedlungen Griechenlands, Bulgariens, Rumäniens und Jugoslawiens in der Nähe eines Wasservorkommens. Die vom Altneolithikum an ausgebildete Lehmarchitektur, das dichte Beisammenliegen von Häusern sowie eine gewisse Besiedlungskonstanz führten vielfach zur Entstehung von Siedlungshügeln (in Griechenland: Magulen), entsprechend den orientalischen Tells. Die Zugehörigkeit von Befestigungsanlagen (Gräben und Wällen) zu den altneolithischen Kulturschichten läßt sich in einigen Fällen mit ziemlicher Sicherheit vermuten (z.B. Nea Nikomedeia). Der Umstand, daß im Altneolithikum mitunter ausgesprochene Höhensiedlungen angelegt wurden (z.B. Bubanj), bezeugt, daß der Verteidigungsaspekt durchaus eine Rolle spielte.

In Lepenski Vir am Eisernen Tor bestand die Siedlung ausschließlich aus Häusern mit trapezförmigem Grundriß (59 Bauten wurden ermittelt), wobei die gewölbte Breitseite einheitlich nach Osten gerichtet war. Sonst waren Häuser mit rechteckigem bis quadratischem Grundriß geläufig: Argissa-Magula, Nea Makri, Nea Nikomedeia, Otzaki-Magula, Knossos, Karanovo. Ihre Größe schwankte in der Regel zwischen 8 × 11 m und 3,6 × 5 m. Teils waren sie ein-, teils mehrräumig; Vor- bzw. Anbauten waren nicht unbekannt. Die Wände besaßen manchmal einen Steinsockel; bei den ältesten Bauten von Knossos wurden dazu ausnahmsweise zusätzlich gebrannte Lehmziegel verwendet, wie solche vereinzelt auch im Orient nachweisbar sind (Jericho). Im übrigen bestanden die Wände aus luftgetrockneten Lehmziegeln, aus Stampflehm oder aus einem Gerüst aus Holzpfosten mit Stangenfüllung und dickem Lehmmantel bzw. lehmverstrichenen Flechtpartien oder nur aus lehmverstrichenen Stangenreihen (*Taf. 29, A 1*). In der Azmaska Mogila wurden Reste von kurvolinearer Wandbemalung nachgewiesen. Die Fußböden waren mit Holz ausgelegt oder mit einem Estrich versehen, der in Nea Makri eine Kieselunterlage, in Lepenski Vir rote und weiße Farbspuren aufwies. Üblicherweise enthielten die Häuser einen rechteckigen, runden oder halbrunden, freistehenden oder an eine Wand gelehnten Herd zuweilen mit einer kuppelartigen Lehmüberwölbung. Weiterhin fanden sich in den Häusern gelegentlich Mahlsteine, die in der Schicht II von Karanovo inmitten eines Lehmwalles lagen, die demnach einen festen Platz besaßen, ferner aus Lehm bzw. aus lehmverstrichenem Flechtwerk errichtete Vorratskästen.

Was die Lage der Häuser zueinander anlangt, so waren in Nea Nikomedeia mehrere Häuser um ein exzeptionell großes Mittelgebäude gruppiert, während in Karanovo die Häuser an zwei rechtwinklig aufeinander stoßenden Gassen lagen (*Taf. 29, A 1*).

Außer den Wohnräumen wurden in den Siedlungen kleinere, wenig feste Reisighütten ermittelt, die vermutlich wirtschaftlichen Zwecken dienten, außerdem kellerartige Vorratsgruben (z.B. Argissa-Magula).

*Mittelneolithikum:* In Griechenland tritt im Rahmen der mittelneolithischen Kultur erstmalig ein Haustypus auf, der nach der thessalischen Siedlung von Tsangli benannt wird (*Taf. 27, 7*). Er zeichnet sich durch einen rechteckigen z.T. dem Quadrat angenäherten Grundriß aus. Im Innern sitzen an jeder

Wandseite zwei kurze Zungenmauern, die mit einem Obergeschoß oder der Dachkonstruktion in Verbindung standen. Ebenerdige Eingänge wurden auch bei den fast vollständig freigelegten Grundrissen nicht festgestellt, so daß mit einer hochgelegenen Tür zu rechnen ist. Außer von Tsangli wurden Häuser dieses Typus in der Otzaki-Magula gefunden, vermutlich auch in Lerna. Der Tsangli-Typus zeigt Verwandtschaft mit orientalischen Hausformen, wie sie vor allem in Can Hasan, Anatolien, zum Vorschein gekommen sind, so daß sich der Gedanke einer Ableitung von dort aufdrängt. Die Sockel der Tsangli-Häuser waren häufig aus Steinen trockengemauert, bis 0,6 m dick und z.T. noch 0,6 m hoch. Die darauf sitzenden Wände bestanden üblicherweise aus luftgetrockneten Lehmziegeln oder aus Stampflehm. Die Fußböden zeigten im allgemeinen einen Estrich, manchmal aber auch ein Steinpflaster. Ein Haus von Tsangli enthielt im Innern eine aus lehmverstrichenem Flechtwerk bestehende Plattform, die als Bettstelle angesprochen wurde.

Von dem Tsangli-Typus deutlich unterschieden ist ein Haustypus, der, wie die Grabungen in der Otzaki-Magula beweisen, gleichzeitig neben diesem bestand. Er ist gekennzeichnet durch einen (zumeist noch einmal unterteilten) Rechteckraum mit einem Zugang auf einer Schmalseite, wo die Längsmauern antenartig vorgezogen sind, so daß eine überdachte, nach vorne offene Vorhalle entstand. Es handelt sich im Prinzip um die aus jüngerer Zeit geläufige Megaronform. Vermutlich verkörpern Hausreste von Sesklo ebenfalls diesen Typus, der in Anatolien bis jetzt erst aus der jungneolithischen Siedlung von Beycesultan bekannt ist.

Neben den Steinsockelhäusern mit Lehmwänden wurden in der Otzaki-Magula kleinere Bauten mit einer reinen Holzpfostenkonstruktion entdeckt (einer war 4,3 × 3,5 m groß), die aber vermutlich keine Wohnhäuser waren.

Für eine beträchtliche Siedlungskonstanz spricht es, wenn in Tsangli, in der Otzaki-Magula und in Lerna mehrmals (bis fünfmal) Häuser derselben Form und Größe an derselben Stelle errichtet wurden. Ob besonders dicke Mauerreste in Sesklo wirklich, wie der Ausgräber erwog, zu einer Befestigungsmauer gehörten (wie solche aus der jungneolithischen Siedlung dieser Magula gesichert sind), ist nicht geklärt. Bei der sesklozeitlichen Siedlung von Servia in Makedonien scheint die Zugehörigkeit eines Befestigungsgrabens jedoch erwiesen zu sein.

Aus Bulgarien liegen die bisher umfassendsten Untersuchungen einer mittelneolithischen Siedlung von Karanovo vor. Die Häuser der dortigen III. (veselinovozeitlichen) Schicht (*Taf. 29, A 2*) weichen von denen der vorangehenden Stufe ab, wenngleich sie in der Konstruktion der Wände aus dicht nebeneinandergestellten Holzstämmen mit Lehmauftrag mit diesen übereinstimmen. Nach den Angaben des Ausgräbers waren die Häuser üblicherweise mehrräumig. Einer der kleineren Räumen pflegte jeweils einen Backofen, einen Mahlstein sowie Vorratsgefäße zu enthalten. Ein Backofen in der einen Ecke und ein Mahlplatz mit hufeisenförmiger Lehmwallbegrenzung in der anderen kennzeichnen auch ein einräumiges Rechteckhaus von Veselinovo, dessen Eck- und Türpfosten eine Steinverkeilung besaßen (*Taf. 27,8*).

*Jungneolithikum:* Die jungneolithischen Siedlungen Südosteuropas liegen häufig auf Anhöhen und waren nicht selten durch Spitzgräben, Wälle oder Mauern befestigt. Auf der Otzaki-Magula hatte der spätneolithische Umfassungsgraben eine obere Breite von 4–6 m und eine Tiefe bis zu 3,5 m; mächtige Pfostenlöcher hinter dem Graben scheinen zum Balkenwerk eines etwa 2,5 m breiten Walles gehört zu haben. Bei den Siedlungen auf dem messenischen Bergkegel von Malthi, auf dem 54 m hoch aufragenden, von steilen Abhängen begrenzten Felsplateau von Asea in Arkadien, auf der Akropolis von Athen, auf derjenigen von Mykenai, auf dem Berg von Phaistos, bei der boiotischen Höhensiedlung von Eutresis und vielen anderen kann aus den allgemeinen topographischen Verhältnissen geschlossen werden, daß die verteidigungsgünstige Geländesituation zur Anlage der Siedlung veranlaßt hat, selbst wenn Befestigungswerke im einzelnen nicht bekannt sind. Das gilt auch für jugoslawische, bulgarische und rumänische Höhensiedlungen des Jungneolithikums. Die Lage im Zwickel zwischen zwei Flußläufen bot ähnliche Vorzüge (z.B. Kraljevine, Arnautovici, Nebo, Kakanj). In Danilo konnte ein Befestigungsgraben ermittelt werden. Bei der Höhensiedlung von Sălcuţa waren es zwei ungleich tiefe, dicht hintereinander verlaufende Befestigungsgräben, die die sanfteste Hangseite abriegelten. Die Höhensiedlung von Cucuteni in der Moldau wurde gleichfalls von zwei in den gewachsenen Felsboden eingearbeiteten, etwa 6 m voneinander entfernten Spitzgräben mit dahinter aufgeschütteten Steinwällen umzogen (obere Breite des einen 2,3–4 m, des anderen 5–9 m; Tiefe 2–3 m). Sie wurden in verschiedenen Zeitabschnitten angelegt; der äußere war der jüngere. Bei dem bulgarischen Tell von Karanovo ließ sich eine den Hügel umgebende Befestigungsmauer nicht mehr einer bestimmten Besiedlungsphase zuweisen. Eine 1,3 m dicke, z.T. noch 1,5 m hohe Mauer am Fuß des Tells von Zavet gehörte indes nachweislich zu einer gumelniţazeitlichen Siedlung. Die auf einer Bergnase angelegte Siedlung von Truşeşti (*Taf. 29,G*) besaß nach dem Hinterland zu einen Abschnittsgraben. Die Siedlung von Traian, auf einer steil aufragenden Anhöhe errichtet, wurde in einer älteren Besiedlungsphase an ihrer gefährdetsten Seite durch einen hufeisenförmig verlaufenden Spitzgraben geschützt. Dieser wurde noch während des Bestandes der Siedlung teilweise wieder zugefüllt und durch einen weiteren Graben ersetzt, der die inzwischen angewachsene Siedlungsfläche umschloß. Auch bei der Höhensiedlung von Hăbăşeşti war die flachste Hangseite durch Gräben und vermutlich dahinter aufgeworfene Wälle befestigt (*Taf. 31,D*). Am Rand der Höhensiedlung von Ariuşd wurden zwei Wälle und ein dazwischen verlaufender Graben festgestellt. Eine Pfostenreihe auf dem hinteren Wall wurde vom Ausgräber zu einer Palisade ergänzt. Einen besonderen Schutz gewährte die Insellage. Bei der gumelniţazeitlichen Siedlung auf der Insel im Boian-See dürften Reste einer Holzbalkenkonstruktion am Rande des besiedelten Areals zu einer zusätzlichen Befestigung gehört haben.

Über den Gesamtcharakter der Siedlungen vermögen einige großflächige Ausgrabungen Aufschlüsse zu geben. Aus Griechenland ist dabei nach wie vor nur Dimini zu nennen (*Taf. 31,C*): auf der höchsten Stelle eines 16 m hohen Hügels umzog eine unregelmäßig viereckige, starke Mauer einen inneren Hof, in dem – neben einigen kleineren, in ihrer Anordnung, Form und Größe zumeist nur unvollständig erkennbaren Bauten – ein großes zweiräumiges Haus lag, das sich hinten an die schräg dazu verlaufende Hofmauer anlehnte und vorne in zwei Anten auslief, ein typisches Megaron. Dessen zentrale Lage fällt ins Auge. In seiner Ausrichtung ist es klar auf die Hoffläche bezogen. Zwei Zugänge, beide auffallend schmal, führten von außen in den vierseitigen Hof. Der Hauptzugang war zweifellos der von Südwesten her kommende, der in gerader Linie auf die Vorderfront des Megaron stieß. Der andere erreichte von der gegenüberliegenden Seite den Innenhof. Schwieriger als diese zentralen Teile der Dimini-Siedlung lassen sich die äußeren Partien beurteilen. Die erhaltenen Mauerzüge hatten teilweise gewiß die Funktion von Stützmauern für eine Terrassierung des nach allen Seiten abfallenden Geländes. Inwieweit sie darüber hinaus von Ringmauern mit fortifikatorischem Charakter stammten und inwieweit es sich um Reste von Häusern handelt, ist schwer zu entscheiden. Allgemein aber unterstreichen der Verlauf der äußeren Mauern sowie die Größe, Form und Lage der Räume den Gesamteindruck, daß das an der höchsten Stelle des Hügels gelegene Megaron und die umgebende Hoffläche den wesentlichen Kern der ganzen Anlage darstellen. Aufgrund der wenigen jungneolithischen Mauerpartien von Sesklo könnte es so scheinen, als habe hier ebenso wie in Dimini ein großes, mehrräumiges Gebäude von Megaronart im Zentrum eines starken Mauerringes gelegen. Auch bei der Höhensiedlung von Malthi wurde an der höchsten Stelle ein bemerkenswertes Einzelbauwerk angetroffen.

Im Gegensatz zu Griechenland bestanden die jungneolithischen Siedlungen in Jugoslawien, Bulgarien und Rumänien ausschließlich aus rechteckigen Einzelhäusern, die in ihrer Größe differierten. Am umfassendsten erschlossen sind die ostrumänischen Höhensiedlungen von Hăbăşeşti (*Taf. 31,D*) und Truşeşti (*Taf. 29,G*). In Truşeşti haben die insgesamt ermittelten etwa hundert Häuser nicht alle gleichzeitig bestanden, wenngleich sie ihrem Kulturinventar nach archäologisch derselben Zeitstufe angehören. Der Ausgräber vermutet, daß aus der Frühzeit der Besiedlung der Befestigungsgraben und die von diesem am weitesten entfernten Häuser am äußersten Rand der Bergnase stammen, und daß erst im Laufe der Zeit das dazwischen liegende Gelände sich mit Gebäuden füllte. Bei dicht nebeneinanderliegenden, in ihren Grundrissen sich nicht überschneidenden Häusern muß in der Regel dahingestellt bleiben, ob sie gleichzeitig bestanden, oder ob nach dem Baufälligwerden und der (zumeist durch Brand erfolgten) Zerstörung eines Hauses unmittelbar daneben ein Nachfolgebau errichtet wurde. Grundsätzlich wird man mit dieser letzteren Möglichkeit in beträchtlichem Umfang rechnen müssen. Bei einer geschätzten Dauer der Siedlung von zwei Jahrhunderten und einer vermuteten Lebensdauer der Häuser von drei Jahrzehnten würden wir auf eine Größe des Bergdorfes von 10–20 Häusern kommen. Am Rande der Siedlungen wurden Töpferöfen festgestellt.

Wenn in Hăbăşeşti die beiden bei weitem größten Gebäude in der Mitte des Siedlungsareals lagen (*Taf. 31, D*), so könnte dies darauf hinweisen, daß es sich dabei um Häuser handelte, die für die Gesamtsiedlung besonders wichtig waren, indem ihrer topographisch zentralen Lage eine funktional zentrale Bedeutung entsprach, wie es ähnlich vermutlich in Dimini und Malthi der Fall war. In Karanovo IV und V wurden Ausschnitte von Siedlungen erfaßt, die jeweils gleichartige Häuser auffällig regelmäßig an Gassen aufgereiht zeigten (*Taf. 29, A 3.4*).

Hinsichtlich der Bauweise und der Grundrißformen führen die jungneolithischen Häuser Südosteuropas das in den vorangehenden Zeitabschnitten Bekannte weiter. Wenn manche formale und technische Eigenheiten jetzt für uns erstmalig greifbar werden, so mag dies teilweise nur an dem größeren Umfang des uns zur Verfügung stehenden Denkmälerbestandes dieser Zeit liegen.

In Griechenland hatten die Häuser in der Regel einen Steinsockel. In Knossos wurden in aufeinanderfolgenden spätneolithischen Schichten Steinsockel von vielräumigen Häusern entdeckt, die eine übereinstimmende Bauweise, aber eine unterschiedliche Orientierung zeigten (*Taf. 27, 9*). Auf dem Fußboden waren aus kleinen Steinen im Lehmverband ortsfeste, quadratische Herde errichtet, teils freistehend, teils an eine Wand gelehnt. Diese knossischen Bauten stehen einerseits in einer Tradition von kretischen Hausformen des Mittelneolithikums; andererseits ist ihre Verwandtschaft mit der minoischen Architektur der Kupfer- und Bronzezeit nicht zu übersehen. Die ortsfesten Herde der neolithischen Bauten finden jedoch in minoischer Zeit keine Nachfolge. Diese im kontinentalen Europa übliche Form der Beheizung scheint in der minoischen Kultur durch tragbare Feuerbehälter abgelöst worden zu sein. Solche transportablen Glutpfannen sind aus jungneolithischer Zeit an mehreren Orten, u. a. in der arkadischen Siedlung von Asea, zum Vorschein gekommen. Es sind dickwandige Tonschalen (Dm. mehr als 50 cm) mit Deckel und Ausschnitt.

Der Typus des Megaronhauses, wie er aus dem festländisch-griechischen Jungneolithikum vor allem von Dimini (*Taf. 31, C*) und eventuell von Sesklo vorliegt, stellt ein Erbe der vorangehenden Zeit dar, das in die nachfolgende Kupfer- und Bronzezeit hinein weiterlebt. Das Megaron von Dimini besaß einen mit kleinen Steinen gepflasterten Fußboden. Zwei Holzpfosten standen zwischen den Anten des Vorbaues, zwei ähnliche Holzpfosten im Innern des ersten Raumes; dicht davor lag ein runder Herd. Regelmäßig angeordnete

Basen von Holzpfosten sowie ein Herd wurden auch im einen Raum des megaronartigen Hauses von Sesklo angetroffen. Der im Rahmen der frühhelladischen Kultur wohlbekannte Typus des Apsidenhauses reicht in seinen Anfängen ins ausgehende Jungneolithikum zurück. Das älteste Haus dieser Art von Rakhmani besaß einen Mauersockel aus nur zwei Steinlagen; im übrigen bestanden die Wände aus Lehmziegeln; im Innern war an einer Ecke eine Estrichfläche durch Steine begrenzt; es fanden sich hier Webstuhlgewichte, Spinnwirtel und Mahlsteine. Apsidenhäuser treten nördlich von Griechenland erstmalig in derselben Zeit auf (Bylany), sind aber ebenso wie in Griechenland vor allem typisch für die Kupferzeit. Rundbauten begegnen in den griechischen Siedlungen nur als Siloanlagen (z.B. Eutresis, Durchmesser weniger als 3 m).

In Bulgarien, Rumänien und Jugoslawien besaßen auch im Jungneolithikum die Häuser keine Steinsockel; die Wände bestanden hier oft aus dicht nebeneinandergesetzten Pfosten, Stäben oder Spalthölzern mit äußerem und innerem Lehmverstrich (Vinča, Lisičići, Karanovo, Porodin, Kubrat, Kodžadermen, Izvoare). In Karanovo war das Wandfundament durch Steine befestigt. In anderen Fällen wurden die Wände durch ein lehmverstrichenes Flechtwerk zwischen starken Vertikalpfosten gebildet (z.B. Truşeşti, Pietrele). Zuweilen ließen sich keine Pfostenlöcher beobachten, so daß mit Schwellenbauten gerechnet werden muß (z.B. Cucuteni), wie sie bei kupferzeitlichen Häusern unmittelbar belegt sind. Die Holzbalken waren zuweilen kantig zugeschlagen. In Truşeşti ließen sich Ansätze runder Fenster feststellen, wie sie ähnlich bei dem Hausmodell *Taf. 27,3* von Kodžadermen erscheinen. Eine umgestürzte Hauswand von Truşeşti konnte in ihrer einstigen Höhe noch gemessen werden; sie betrug mehr als 2 m. Der Lehmverstrich der Hauswände war in der Regel auf der Außenseite weniger gut geglättet als auf der Innenseite. Gelegentlich wurden Reste einer weißen Wandtünchung festgestellt. In den Gumelnita-Siedlungen von Sultan und Karanovo konnten Bemalungsreste auf den Wänden beobachtet werden: rote Muster auf einer weiß getünchten Fläche und weiße Muster auf einer roten Fläche, und zwar geradlinige Muster und Spiralen (*Taf. 27,6*). Das aus der Gumelniţa-Kultur stammende Hausmodell von Kodžadermen (*Taf. 27,3*) zeigt ebenfalls eine großflächig die Wände bedeckende, ornamentale Bemalung, die somit nicht lediglich als eine der übrigen Keramik dieser Gruppe entsprechende Zutat des Töpfers aufzufassen ist. Ähnliche Muster und Malweisen wie auf den Gefäßen waren vielmehr auch auf den Hauswänden angebracht.

Der Fußboden der jungneolithischen Häuser in den unteren Donauländern hatte zumeist die Gestalt eines Lehmstriches (Izvoare, Poiano în Pise, Kodžadermen, Traian, Varoš, Vinča, Sveti Kirilovo). In Truşeşti, Varoš, Porodin und Karanovo bestanden die Böden aus gespaltenen Stämmen bzw. Stangen oder aus vierkantig geschlagenen Balken, die nebeneinander gelegt und mit einem dicken Lehmestrich versehen waren. Die Estrichböden sind häufig verbrannt, was indes nicht, wie teilweise vermutet wurde, vor Errichtung der Wände absichtlich aus Gründen der Trockenhaltung geschah, sondern bei der Zerstörung der Häuser erfolgte. Für das Aussehen des Daches besagen die Hausmodelle (z.B. Kodžadermen: *Taf. 27,3;* Gumelniţa) immerhin soviel, daß für die Gumelnita-Häuser mit einem vergleichsweisen steilen, schilf- oder strohgedeckten Giebeldach zu rechnen ist.

Hinsichtlich der Grundrißgestalt und der Inneneinteilung der Häuser lassen sich teilweise bestimmte Typen erkennen. So waren in Karanovo die Häuser der Schicht V einräumig, etwa 9 × 6 m groß, mit einem Eingang an einer Schmalseite sowie einem hufeisenförmigen Backofen an der dem Eingang gegenüberliegenden Seite versehen (*Taf. 29, A 3*). Die Karanovo-Häuser der Schicht VI zeichneten sich demgegenüber durch größere Dimensionen (L. bis 12 m), Zweiräumigkeit, einen runden Backofen in der einen Ecke des hinteren Raumes und einen Mahlstein in einer anderen Ecke dieses Raumes aus (*Taf. 29, A4*). Wandbänke aus Lehm dienten offenbar als Schlafstätten. Auch in Kodžadermen waren die gumelniţazeitlichen Häuser zweiräumig und besaßen einen runden Backofen sowie einen ortsfesten Mahlplatz. Ein zur selben Keramikgruppe gehöriges Haus von Pietrele war hingegen einräumig und quadratisch mit abgeschrägten Ecken *(Taf. 27,13);* ein 1 × 1,25 m großer Herd mit Randerhöhung lag in einer Ecke. Ein Haus von Tangîru scheint einen Eingang auf einer Schmalseite besessen zu haben, wo zwei seitliche (allerdings nicht in Verlängerung der Längsseite verlaufende) Pfostenpaare einen Dachvorsprung anzeigen könnten. Insofern besteht die Möglichkeit einer gewissen Verwandtschaft mit der Megaronform. Eine durch eine vorgezogene Pfostenstellung angedeutete Betonung des Einganges auf einer Breitseite weist ein Haus von Blejeşti auf. Trotz nur spärlicher Hinweise auf eine Inneneinteilung darf für die Häuser der Cucuteni-Kultur (Truşeşti, Hăbăşeşti, Traian), die in ihrer Größe stark variieren (zwischen 10 und mehr als 100 qm) eine typische Form und Gliederung angenommen werden, die von denen der südlich anschließenden Gumelniţa-Häuser abwich. Wiederum ein besonderer Haustypus ist für die serbische Vinča-Kultur zu erschließen. Während die Breite ziemlich einheitlich 5–6 m betrug – bedingt durch eine bestimmte Dachkonstruktion –, unterlag die Länge stärkeren Schwankungen (zwischen 6 und mehr als 13 m). Eine Einteilung in mehrere Räume und eine Vielzahl von Herden und Öfen sind charakteristisch für die Vinča-Häuser. Ein besonderer Haustypus wurde in Porodin ermittelt. Er zeigt zumeist trapezförmigen Grundriß und einen halbkreisförmigen Ofen.

## *Mitteleuropa*

*Tardenoisien:* Über die Hüttenformen und die Wohnweise der nachpaläolithischen Bevölkerungsgruppen Mitteleuropas, die (noch) nicht die vollneolithische Kultur mit ihren wirtschaftlichen und zivilisatorischen Neuerungen übernommen hatten, sondern die in ihrer Wirtschaftsform und Lebensweise ein paläolithisches Erbe weiterführten, wissen wir bis jetzt überaus wenig. Das liegt nicht zuletzt an der schlechten Erhaltung dieser durchweg leicht gebauten Behausungen, die selbst bei günstigen Fundbedingungen im Boden nur geringe Spuren hinterlassen. Es waren ovale oder runde Hütten mit z. T. eingetieftem Boden und einem Oberbau vermutlich aus Holzstangen und Reisig, eventuell auch mit Lehm und Stroh, die sich im Prinzip kaum von denen der Jungpaläolithiker unterschieden haben dürften (*s. S. 91 ff.*). Die bis zu 50 × 100 m großen Wohnplätze liegen bevorzugt an einstigen Seeufern oder auf Sanddünen, oft auffallend nahe beieinander. Zweifellos verteilen sie sich auf eine lange Zeitspanne; auch die Funde der einzelnen Wohnplätze rühren vielfach nicht von einer einzigen Belegung her.

Einer der bestuntersuchten Wohnplätze dieser Art ist der vom Tannstock am Federsee. Gefunden wurden ovale Gruben von 1,8–2,1 m Breite und 3,2–3,7 m Länge zumeist mit einer Feuerstelle oder einem steinumstellten Herd im Innern. Die Fischhäuser-Station im Wauwilermoos ergab ähnliche Gruben; die kleinste war dort 1,25 × 1,25 m, die größte 6 × 14,2 m groß. Vertiefungen an den Grubenrändern wie auch andere Beobachtungen mögen – wie vom Ausgräber vermutet wurde – mit dem Oberbau zusammenhängen, ohne daß jedoch einigermaßen verläßliche Einzelheiten darüber bekannt wären. Wie man die fast kreisrunde, 3 m große, 1 m tiefe und mit einer Feuerstelle versehene Grube von Eyb in Mittelfranken, die beinahe ganz mit Steinen ausgefüllt war, deuten soll, ist problematisch. Eventuell waren die Steine zusammen mit Erde einstmals über ein Holzdach gepackt. Tiefer als gewöhnlich, nämlich 1,9 m tief, war eine 2 × 3 m große Grube von Jühnsdorf, Kr. Zossen, die aufgrund einer steingefaßten Feuerstelle als Behausung angesprochen wird.

Am einleuchtendsten und besten zu begründen scheint die Form des Oberbaues bei einigen Hütten von Hörste und Oerlinghausen in Niedersachsen zu sein. Der Fußboden war nicht eingetieft. Aus der Anordnung von bis 10 cm dicken Pfostenlöchern, die auf senkrechte und schräge Gerüststangen hindeuten, wurden ovale Hütten (3 × 4 m, 2,7 × 3,1 m, 4,5 × 5,5 m) mit Flechtwerkwänden und einem Herd im Inneren erschlossen.

*Bandkeramikkultur:* Das Siedlungswesen der bandkeramischen Kultur gehört zu deren bezeichnendsten Eigenheiten, die sowohl den Gegensatz zum zeitlich Vorangehenden und Nachfolgenden als auch die Unterschiede gegenüber den gleichzeitigen Kulturen außerhalb Mitteleuropas hervortreten lassen. Die für die Bandkeramikkultur typischen Häuser sind aus dem gesamten Verbreitungsgebiet dieser Kultur von Mähren bis in die Niederlande bekannt (*Taf. 27,10.11; 28*). Es sind große Rechteckbauten, die NW-SO- bis N-S-Ausrichtungen zeigen und aus fünf Pfostenreihen bestehen. Davon dienten hauptsächlich die drei mittleren zur Stützung des Daches. Die Pfosten dieser drei Mittelreihen sind oft stärker (Dm. 0,4–0,5 m) und tiefer eingegraben (bis 1,4 m) als diejenigen der beiden Außenreihen, die vornehmlich die Flechtwerkwände hielten. Wo sich in den Pfostengruben die Standspuren der Pfosten erkennen ließen, waren diese unten stumpf und besaßen einen runden Querschnitt. Erst bei Bauten der jüngeren Bandkeramikstufe (z.B. Bochum, Hillerberg, Elsloo, Sittard) waren abgerundet vierkantige oder regelrecht vierkantig zugearbeitete Pfosten nachzuweisen. Vielfach wurden die Pfosten in den Fundamentgruben mit Steinen verkeilt. Innerhalb der einzelnen Häuser sind die Abstände der inneren Pfostendreiergruppen (Binderjoche) voneinander nicht gleich groß; sie variieren vielmehr zwischen 2 und 3,5 m, im Extremfall sogar zwischen 1,5 und 5,5 m. Als Holzart ist Eiche nachgewiesen.

Bei den meisten Häusern dieses Typus war die Nord- bzw. die Nordwestpartie des Grundrisses außen als durchlaufendes Fundamentgräbchen ausgeprägt, in dem die Pfosten dichter standen als sonst (0,3–1,0 m); mitunter wurden statt dessen eng aneinander gedrängte, isolierte Pfostengruben beobachtet. Hier muß demnach mit einem besonders festen Wandgeflecht gerechnet werden, das tiefer in den Boden reichte als bei den übrigen Teilen des Hauses. Nur einige Häuser wurden von durchlaufenden Pfostengräbchen auf allen Seiten umzogen. Dabei wurden die Wände bisweilen aus dicht stehenden Stabreihen gebildet. In Bylany war einmal eine solche Hauswand in eine daneben liegende Grube gestürzt, so daß sich ihre einstige Höhe ermitteln ließ. Sie betrug 2,3 m. Aus Abdrücken in Hüttenlehmbrocken geht hervor, daß zum Wandgeflecht außer Ruten auch Spalthölzer verwendet wurden und zwar solche von Hasel, Birke und Pappel. Hüttenlehmbrocken bezeugen ferner, daß der Lehmverstrich der Hauswände geglättet und innen weiß getüncht war (Herkheim). Erst in der Spätstufe wurden die beiden Längsaußenseiten der Häuser mitunter von je zwei parallelen Pfostenreihen gebildet (*Taf. 27,14*). Dabei standen bei den äußeren Reihen die Pfosten vielfach in größerem Abstand und waren stärker und tiefer eingegraben als diejenigen der inneren Reihen. Sie waren zweifellos dazu bestimmt, das Dach mitzutragen, während die Funktion der zweiten Reihe dünnerer Pfosten sich auf den Halt eines Wandgeflechtes beschränkte.

Die normale Breite der bandkeramischen Großbauten schwankte zwischen 5,5 und 7 m; ausnahmsweise betrug sie nur 4,5–5, im Höchstfall 7,5–8 m. Die Länge lag in der Regel bei 20–25 m.

Es gab aber einige wesentlich größere Bauten. In Köln-Lindenthal war das größte Haus 36 m lang (*Taf. 28 unten links*), in Geleen 35, m, in Postoloprty 41 m und in Bylany sogar 45 m. Andererseits fehlte es in den Siedlungen der Bandkeramikkultur nicht an kleineren Häusern, die bei nur mäßig verringerter Breite eine Länge von nur 10, im Extremfall sogar nur 8 m aufwiesen. Wo hier die Grenze zu den aus Pfosten errichteten Kleinbauten liegt, ist schwer zu sagen, denn sowohl die fünf Pfostenreihen als auch das Wandgräbchen im Nordwestteil waren nicht prinzipiell auf Großbauten beschränkt.

Innerhalb der Variationsbreite bandkeramischer Großbauten können einige zu einem besonderen Typus zusammengefaßt werden, der nach seinem Vorkommen im niederländischen Geleen benannt wird. Er zeichnet sich durch eine klare Dreigliederung des Grundrisses aus: gräbchenumzogener Nordwestteil mit zwei oder drei inneren Binderjochen, deren letztes mit dem Ende des Wandgräbchens abschließt, pfostenumstandener (nur ausnahmsweise gräbchenumzogener) Südostteil, bei dem die inneren Pfostengrubengruppen langgestreckt und zur Aufnahme jeweils von zwei (oder mehr) Pfosten bestimmt waren, und ein Mittelteil, der im Innern eine Y-förmige Pfostenstellung aufweist. Häuser dieses Typus wurden außer in Geleen (*Taf. 27, 10*) in Sittard und Köln-Lindenthal (*Taf. 28 oben*), wahrscheinlich auch in Herkheim im Ries und Gudensberg in Hessen festgestellt. Vermutlich diente jeder der drei Bestandteile des Geleen-Hauses einem bestimmten Zweck, der allerdings aus den derzeit verfügbaren Befunden nur mit einer gewissen Wahrscheinlichkeit erschlossen werden kann. Die Gruppen von Doppelpfosten im Südostteil wurden ansprechend so gedeutet, daß jeweils der eine Pfosten als Dachstütze, der andere zur Stütze eines Zwischengeschosses gedient habe (*s. Taf. 27, 12*). Das würde den Gedanken nahelegen, daß dieser Teil zum Aufbewahren von Vorräten, vor allem von Getreide, bestimmt war. Die Y-Stellung der Innenpfosten im Mittelteil des Geleen-Hauses hat vermutlich etwas mit der Dachform zu tun. Der Längsfirst lief zweifellos gerade durch. Wenn von ihm auf der Nordostseite des Daches zwei Sparren senkrecht abgingen, wo sie auf den Enden der Y-Reihe auflagen, während auf der südwestlichen Dachseite nur ein solcher senkrechter Sparrenbalken vorhanden war, so wird dies am ehesten durch die Annahme begreiflich, daß auf der sonnigeren Südwestseite zwei gaubenartige Dachoffnungen angebracht waren, die gleicherweise zur Erhellung wie zum Rauchabzug des darunter liegenden Innenraumes zweckdienlich sein mochten. Dann wäre dieser Mittelteil wohl als Küchen- und Herdraum anzusprechen. Bezüglich des durch ein Pfostengräbchen ausgezeichneten Nordwestteiles verdient Beachtung, daß die einzigen beiden Mahlsteine aus dem Bereich von Hausgrundrissen in dieser Nordwestpartie zum Vorschein gekommen sind. Das könnte dafür sprechen, daß dort bestimmte häusliche Arbeiten verrichtet wurden; eventuell lagen in diesem Teil auch die Schlafplätze.

Bei einigen anderen Hausgrundrissen weist der Mittelteil nicht die charakteristische Y-Anordnung der Innenpfosten auf wie beim Geleen-Typ, wohl aber auffallend schräg verlaufende Binderjoche, was natürlich nicht besagt, daß die Dachsparren schief gesessen hätten. Der Umstand, daß bei Bauten ohne Y-Pfostenstellung sich im Mittelteil oftmals weniger Dachstützen fanden als in den beiden anderen Teilen, könnte damit zusammenhängen, daß hier der Herdraum lag und das Dach eventuell eine gaubenartige Öffnung aufwies.

Das alte Fußbodenniveau wurde bei den bandkeramischen Häusern fast niemals erfaßt. Daher fehlen auch Herde, Öfen und andere Einzelheiten der Innenausstattung. Der Umstand, daß die Pfostengruben bei ihrer Auffindung im allgemeinen nicht tiefer als 0,5 m sind, wo doch in Anbetracht der vorauszusetzenden Pfostenhöhe mit einer wesentlich tieferen Fundamentierung zu rechnen ist, läßt erkennen, daß die alte Oberfläche zerstört und entfernt ist. Damit wird auch die Beantwortung der Frage erschwert, inwieweit zwischen den Innenpfosten Wände verliefen und geschlossene Räume bildeten. Zweifellos wird man mit solchen Zwischenwänden nicht nur in den Fällen rechnen müssen, bei denen Querriegel von durchlaufenden Wandgräbchen begleitet wurden. Gewisse Hinweise auf eine Innengliederung sind dem unterschiedlichen Abstand der Binderjoche voneinander zu entnehmen. Danach war der Nordwestteil wohl generell von dem großräumigen Mittelteil abgetrennt; ebenso müssen im Südostteil Querwände vorausgesetzt werden.

In Köln-Lindenthal (*Taf. 28, Nordfläche*) und in Bylany zeigten die längsten der an diesen Plätzen ermittelten Großbauten, die auch massiver gebaut waren als die übrigen (die Pfosten waren z.T. doppelt so dick wie gewöhnlich), an der einen Seite einen rechteckigen Anbau (*Taf. 27, 11*), dessen Außenwand durch ein Pfostengräbchen oder eine (z.T. doppelte) Pfostenreihe bezeichnet wurde. Im Innern waren keine weiteren Pfostenspuren als zugehörig zu bestimmen. Es bleibt fraglich, ob und gegebenenfalls wie diese Anbauten überdacht waren. Immerhin muß es sich um einen typischen Baubestandteil mit einer konkreten Zweckbestimmung handeln, wie aus dem übereinstimmenden Auftreten in Böhmen und am Niederrhein hervorgeht. In ihrer Verwendung ungeklärt ist auch eine in Bochum-Hiltrop unweit von Großbauten der Bandkeramikkultur entdeckte große Rechteckanlage (5 × 11,5 m), von der ein Fundamentgräbchen ohne sichere Pfostenspuren gefunden wurde. Auch hier konnten im Innern keine Pfosten, aber auch keine sonstigen Funde festgestellt werden.

Außer den Großbauten waren in der Bandkeramikkultur kleinere Häuser bekannt, die zumeist ebenfalls rechteckigen, manchmal aber auch unregelmäßig viereckigen Grundriß zeigen und in der Regel ebenso orientiert waren wie die Großbauten. Mitunter sind bei diesen kleinen Häusern einzelne Wandpartien, ausnahmsweise sogar die gesamte Außenwand, als durchlaufendes Gräbchen ausgebildet (Köln-Lindenthal: *Taf. 28*, ganz unten; Bylany) im allgemeinen besteht der erhaltene Grundriß jedoch nur aus Pfostengruben, bei den kleinsten Anlagen dieser Art aus deren vier, die die Hausecken bezeichnen, häufiger aus zwei bis vier Dreierpfostenreihen, was für eine Firstdachkonstruktion spricht. Bei einigen derartigen Bauten erscheint eine vierte Pfostenreihe. Nicht selten kommt dann auf der anderen Seite eine fünfte

Pfostenreihe hinzu, so daß wieder ein symmetrischer Grundriß entsteht. Damit haben wir es mit demselben Bauschema zu tun, nach dem auch die Großhäuser errichtet wurden, so daß es formale Übergangserscheinungen zu diesen gibt. Dadurch schließen sich die Häuser der Bandkeramikkultur – so berechtigt bei ihnen eine Unterscheidung zwischen Großbauten und Kleinbauten ist – doch zu einer Einheit zusammen.

Die weitgehende Einheitlichkeit der bandkeramischen Häuser in ihrer Ausrichtung und ihrer Grundrißgestalt legt die Annahme nahe, daß bei ihrer Errichtung feste Zimmermannsregeln angewandt wurden, die, was Einfachheit, Verbindlichkeit und Variabilität anlangt, den Gestaltungsprinzipien analog sind, die bei der Formung und Verzierung der dieser Kultur eigenen Tonware herrschend waren. Diesen Bauregeln näherhin auf die Spur zu kommen, ist natürlich schwierig, da exakte Maße kaum gewonnen werden können. In der Regel sind nur die Pfostengruben, nicht aber die unmittelbaren Standspuren der Pfosten festzustellen; zudem ist nicht sicher, ob sich das Maßverhältnis des einzelnen Hausgrundrisses auf die Außen- oder Innenseiten bezog, oder ob von Wandmitte zu Wandmitte gemessen wurde. Muß es bei dieser Sachlage aussichtslos sein, genaue Zahlenrelationen ermitteln zu wollen, so läßt sich doch immerhin glaubhaft machen, daß bei der Festlegung der Hausfläche von einer Schmalseite ausgegangen wurde, und daß von dieser Grundlinie aus die Länge des zu errichtenden Hauses durch Aneinanderreihen mehrerer gleichseitiger Dreiecke bestimmt wurde. Einige Kleinbauten sind zwei oder drei gleichseitige Dreieckshöhen lang, während die Großbauten in der Regel aus vier oder sechs, ausnahmsweise sogar aus acht Doppeldreieckslängen bestehen. Dabei nimmt der von einem Wandgräbchen umzogene Nordwestteil, ebenso der durch besonders lange Pfostengruben gekennzeichnete Südostteil und der beim Geleen-Typ eine Y-Pfostenreihe zeigende Mittelteil oftmals erkennbar auf diese Maße Bezug. Viel seltener als die sich aus gleichseitigen Dreiecken ergebenden Maßverhältnisse scheint die Quadratfigur zugrunde gelegt zu sein, und zwar sowohl bei den Kleinbauten, wo die Länge z.T. zwei oder drei aneinandergereihten Quadraten entspricht, mitunter durch einen Zwischenstreifen voneinander getrennt, als auch eventuell bei einigen Großbauten.

Dies wirft die Frage auf, wie die Bandkeramiker zu diesen Proportionen gekommen sind. An ein Konstruieren mit Schnüren möchte man kaum denken, eher daran, daß die Teilabstände unmittelbar durch Auflegen der dann beim Bau benutzten Balken gewonnen wurden. Dabei spielt wohl die Höhe des Firstes und der Seitenwände eine Rolle. Aus einem Befund von Bylany geht hervor, daß die Wandhöhe eines besonders großen Hauses mehr als 2,30 m betrug. Im Normalfall mag die Hauswand mindestens 2 m, der First etwa 4–5, maximal 6 m hoch gewesen sein; dazu kam etwa ein Meter für das Fundament. Somit würde die Länge der Firstträgerbalken der Hausbreite entsprechen, die Länge der Wandpfosten deren Hälfte. Man könnte sich vorstellen, daß mit den für den Bau bestimmten Balken die vorgesehene Grundfläche ausgelegt wurde, indem dabei die Länge durch aneinandergereihte gleichseitige Dreiecke oder Quadrate zustande kam. Dadurch würde auch verständlich, daß trotz einer bestimmten Relation von Länge zu Breite die Längsseiten vielfach nicht schnurgerade sind und der Umriß von der exakten Rechteckform abweicht.

Hinsichtlich des funktionalen Verhältnisses zwischen den Großbauten und den kleineren Pfostenbauten wurden in der bisherigen Forschung verschiedene Ansichten vertreten. Zunächst sah man in beiden Scheunen bzw. Vorratsbauten. Dann dachte man daran, daß die großen Häuser als Wohnhäuser, die kleinen als Vorrats- oder Wirtschaftsgebäude gedient hätten. Neuerdings wird mit Hinweis auf die konstruktive Verwandtschaft und die formal fließenden Übergänge wieder der Gesichtspunkt übereinstimmender Verwendung, nun aber als Wohnhaus (einschließlich Vorratsräumen), in den Vordergrund gestellt. Die letztere Deutung hat die größte Wahrscheinlichkeit für sich. In Sittard und Köln-Lindenthal (*Taf. 28*) gibt es unter den kleineren Pfostenbauten solche, die als isolierte Bestandteile von Großbauten angesehen werden können. Auch in Bylany ist derartiges bekannt.

Außer den Hausgrundrissen wurden in den bandkeramischen Siedlungen in unterschiedlicher Häufigkeit Herde, Öfen, Kellergruben und Umzäunungen gefunden. Daß Öfen sich besonders in den die Hausgrundrisse begleitenden, primär sicherlich der Lehmgewinnung für den Hausverputz dienenden Gruben erhalten haben, hängt damit zusammen, daß, wie schon erwähnt, die alte Oberfläche so gut wie nie intakt angetroffen wurde. Die Öfen haben hufeisenförmigen Grundriß, eine aus gebranntem Lehm bestehende Kuppel und zumeist eine Steinpflasterung mit Lehmaufstrich als Boden. Runde Kellergruben zeichnen sich durch steile Wände und eine (oft mehrmalige) Auskleidung mit einer gebrannten Lehmschicht aus, wie sie zum Trockenhalten von Vorräten geeignet sein mochte.

Spuren von Umzäunungen oder sonstigen Umgrenzungen sind in Gestalt von Pfosten- bzw. Palisadengräbchen oder von breiten Gräben, die einem dahinter aufgeschütteten Wall entsprechen, erhalten. Mag mitunter die Zugehörigkeit eines Spitzgrabens offensichtlich fortifikatorischen Charakters zu einer Siedlung der Bandkeramikkultur nicht beweisbar oder sogar zweifelhaft sein, so fehlt es doch andererseits nicht an Befunden, bei denen die Zugehörigkeit nicht in Zweifel zu ziehen ist (Köln-Lindenthal: *Taf. 28*; Plaidt).

Vieldiskutiert ist das Problem der Struktur und Entwicklung bandkeramischer Siedlungen. Wenngleich der Ausgrabungsbefund von Plaidt bereits vor dem ersten Weltkrieg die Annahme begründete, daß es sich hier um einen Einzelhof handelte, blieb in der Forschung die wegen der Großflächigkeit der Fundstreuung vertretene Auffassung vorherrschend, daß diese frühe Bauernbevölkerung in geschlossenen Dörfern gesiedelt habe. Diese Grundkonzeption, die zunächst von den über die Siedlungsfläche verteilten Gruben und den daraus erschlossenen unregelmäßigen Grubenwohnungen ausging, schien sich durch die planmäßige Ausgrabung von Köln-Lindenthal zu bestätigen, vor allem nachdem evident geworden war, daß nicht die unregelmäßigen Gruben, sondern die großen Rechteckbauten als eigentliche Wohnhäuser zu gelten haben. Allerdings konnte bereits in Köln-Lindenthal kein Zweifel darüber bestehen – und die in der Folgezeit bekannt gewordenen Grabungsbefunde bestätigen dies –, daß nicht alle ermittelten Häuser eines Platzes zu einem jeweils gleichzeitig bestehenden Dorf gehört haben können. Die methodischen Überlegungen, die dabei einer Aufgliederung der Einzelbauten auf mehrere Besiedlungsphasen zugrundegelegt wurden, waren unterschiedlicher Art. W. Buttler ging in Köln-Lindenthal wesentlich von den Gruben aus, in der Annahme, daß ihre Lage zueinander für die Rekonstruktion zeitlich sich ablösender Dörfer entscheidend sei. Das brachte ihn zur Unterscheidung von vier Besiedlungsstufen, zwischen denen er besiedlungsfreie Zwischenphasen annahm. Dies erklärte er mit der vermuteten Lebensweise und Wirtschaftsform der Bandkeramiker als Wanderbauern. Dieser letztere Gedanke wurde von E. Sangmeister übernommen, der im übrigen die Annahme geschlossener Dorfsiedlungen dahingehend präzisierte, daß die jeweils gleichzeitig bestehenden Häuser in ihrer Ausrichtung genau miteinander übereingestimmt hätten. Diese Prämisse machte er zur ausschlaggebenden Grundlage einer Aufteilung der auf einem Siedlungsplatz ermittelten Häuser zu einzelnen Siedlungsphasen: Die Anzahl unterscheidbarer Orientierungsgruppen war ihm gleichbedeutend mit der Anzahl verschiedener, jeweils durch siedlungsfreie Zeitabschnitte voneinander getrennter Dorfanlagen an derselben Stelle (in Köln-Lindenthal sieben, in Arnsbach vier usw.). Diese Orientierungsgruppen ergaben sich allerdings weder in Köln-Lindenthal noch anderwärts zwingend aus den Ausgrabungsbefunden. Dennoch hatten sie den Wert einer diskutierbaren Hypothese, solange sie nicht durch unmittelbare Befunde widerlegt wurden bzw. solange sich keine andere Hypothese anbot, durch die die Verteilung der Hausgrundrisse innerhalb der untersuchten Siedlungsflächen in ihrem räumlichen Nebeneinander und zeitlichen Nacheinander widerspruchsloser und plausibler erklärt werden konnte. Bei neueren Untersuchungen bandkeramischer Siedlungsplätze ergaben sich nicht nur keine positiven Hinweise für die Richtigkeit der Orientierungsgruppen-Hypothese; sondern diese wurde im Gegenteil angesichts der neuen Befunde in zunehmendem Maße unwahrscheinlich. Die vorkommenden Überschneidungen von Hausgrundrissen z. T. sehr ähnlicher Orientierung widersprechen der Annahme, Häuser gleicher Ausrichtung würden jeweils gleichzeitige Dorfphasen bezeichnen, ganz abgesehen davon, daß sich dadurch eine höchst auffällige Diskrepanz ergeben würde zwischen einer vermeintlichen Planmäßigkeit der Dorfanlage und der durch die tatsächliche Verteilung gleichgerichteter Häuser bezeugten offensichtlich planlosen Unregelmäßigkeit ihrer Lage innerhalb der Siedlungsfläche. Sofern man geneigt ist, strukturanalytischen Überlegungen ein gewisses Gewicht beizumessen, wird man darüber hinaus einen Widerspruch empfinden zwischen der bei der Orientierungsgruppen-Hypothese vorausgesetzten strengen Bezogenheit des Einzelhauses auf den Gesamtplan des Dorfes und dem erkennbaren Verhältnis zwischen Einzelelement und Ganzheit bei der Keramikdekoration: Von einer strengen Bezogenheit kann hier keine Rede sein, weder was die Relation zwischen Ornament und Gefäßform, noch was diejenige zwischen Ornamentdetail und Gesamtornament anlangt. Im Gegenteil: bei aller Regelmäßigkeit und Planhaftigkeit des jeweils einzelnen ist dieses so ausgesprochen in sich selbständig, d.h. ohne eine tektonische Einordnung höherer Art, daß man darin geradezu einen Wesenszug der Bandkeramikkultur sehen möchte. Man könnte sich nur schwer mit dem Gedanken befreunden, im Siedlungswesen wären völlig andere Strukturprinzipien bestimmend gewesen.

Bei einer Prüfung der bis jetzt bekannt gewordenen Ausgrabungsbefunde gewinnt man den Eindruck, daß das räumliche Nebeneinander der Hausgrundrisse auf den einzelnen Siedlungsflächen in noch weitergehendem Ausmaß in ein zeitliches Nacheinander aufzulösen ist, als dies bisher zumeist in Betracht gezogen wurde, und daß damit die Vorstellung von geschlossenen, aus einem Dutzend und mehr Großbauten bestehenden Dörfern als üblicher Siedlungsform der Bandkeramikkultur in Frage gestellt wird. Aufschlußreich in dieser Hinsicht ist das Verhältnis von Umzäunungen (bzw. Grabenringen) zu Hausgrundrissen. Auf der Nordfläche von Köln-Lindenthal (*Taf. 28*) fällt auf, daß der eine offenbar der letzten Besiedlungsphase angehörende (vergleichsweise vollständig erhaltene) Hausgrundriß mit durchlaufendem Wandgräbchen genau in der Mitte des eine Umfassungspalisade enthaltenden Grabenringes A liegt (der Abstand schwankt zwischen 35 und 45 m; er beträgt also ungefähr eine eineinhalbfache Hauslänge). Diese Lage ist so auffällig, daß sich der Gedanke einer unmittelbaren Zugehörigkeit der Umzäunung zu diesem Haus aufdrängt. Das dicht nordöstlich von diesem Großbau ermittelte Haus von ähnlichen Dimensionen, gleicher Bauart und ebenfalls verhältnismäßig vollständiger Erhaltung könnte mit jenem gleichzeitig gestanden haben und würde dann eventuell den nach Nordosten ausgreifenden Verlauf des sonst beinahe kreisförmigen Palisadenringes bedingt haben. Andererseits wäre aber auch denkbar, daß dieser letztgenannte Großbau der unmittelbare Vorläufer des in der Mitte des Grabenringes stehenden war, der sich zwar zeitlich mit diesem ein wenig überlappte, im wesentlichen aber diesen ablöste. Geht man davon aus, daß nach herrschender Überzeugung diese Pfostenbauten nicht länger als 30 bis 40 Jahre gestanden haben können, so ergibt sich (bei Aufgabe der Wanderbauern-Hypothese), daß etwa von jeder Generation ein neues Haus errichtet werden mußte, das bei einer Kontinuität des Siedlungsplatzes wohl unweit des alten Hauses zu suchen ist und in der Größe und der Bauweise sich an dieses angelehnt haben dürfte. Das alte Haus scheint dann häufig verbrannt und der übrigbleibende Schutthaufen eingeebnet worden zu sein, wobei die Gruben, deren Lehmmaterial zum Verputzen des neuen Hauses benutzt worden war, zugefüllt wurden. Bei dieser zweckmäßigen Planierung wurde offensichtlich auch der Fußboden des alten Hauses zerstört und verzogen.

W. Buttler vermutete auf der Nordfläche von Köln-Lindenthal mehr als dreißig Großbauten. Jedoch können nicht alle von ihm aus Spuren erschlossenen Grundrisse als gesichert gewertet werden. Bei der Hälfte muß dies vielmehr als fraglich gelten, da die Zugehörigkeit von Pfostengruppen oder Wandgräbchenstücken zu Kleinbauten oder überhaupt zu Anlagen anderer Art nicht auszuschließen ist. Hundert Meter südlich dieser Nordfläche, jenseits eines Bachlaufes, begann ein anderer Siedlungsplatz, von dem etwa ebenso viele Hausgrundrisse bekannt sind wie vom Nordfeld. Zu mehreren, zeitlich aufeinanderfolgenden Siedlungsphasen gehören Umgrenzungen, die trotz unvollständiger Erhaltung im ganzen einigermaßen sicher zu ergänzen sind, und die teilweise Hausgrundrisse schneiden oder von diesen geschnitten werden. Die älteste Umgrenzung wird durch den inneren Pfostengraben P gebildet, die nächstjüngere durch den Graben D, dessen südliche Fortsetzung wohl an der Stelle des späteren Grabens C lief, die folgende durch den nach Norden ausgreifenden Graben B und die jüngste durch den breiten Graben C. Trotz des unterschiedlichen Begrenzungsverlaufs im Norden, der während der beiden letzten Phasen die Talniederung mit dem dortigen Wasservorkommen einbeziehen sollte, umgrenzten alle diese Ringe deutlich denselben, kontinuierlich belegten Siedlungsplatz. Dieser ist eineinhalb- bis zweimal so groß wie das vom Graben A auf der Nordfläche umzogene Areal. Der westlichste Großbau mit rundum laufenden Wandgräbchen, der die Palisade P schneidet, seinerseits aber durch den Graben C geschnitten wird, gehört offenbar in die Zeit des Grabenringes B oder D. Er war demnach von der Umzäunung wesentlich weniger weit entfernt als der mittlere Großbau der Nordfläche vom Grabenring A. Dies unterstreicht die Annahme, daß hier jeweils mindestens zwei Großbauten nebeneinander bestanden. Für die letzte, durch den Graben C bezeichnete Besiedlungsphase könnte man dabei an die beiden, 40–50 m voneinander und ebensoweit vom Graben (also etwa ebensoweit wie das Mittelhaus der Nordfläche vom Graben A) entfernten Großbauten denken, die durch ihren vergleichsweise gut erhaltenen Grundriß wohl das Ende der Belegung dieses Platzes darstellen. Wie auf der Nordfläche, so läßt sich auch hier die Zugehörigkeit kleiner, rechteckiger Pfostenbauten an der Südseite der Großhäuser zu diesen glaubhaft machen. Wie die auf dieser Siedlungsfläche insgesamt nachweisbaren Hausgrundrisse sich näherhin auf die einzelnen einander ablösenden Phasen verteilen, läßt sich nicht sicher ausmachen. Die Beobachtung, daß auf der westlichen und auf der östlichen Seite dieser Fläche annähernd gleichviele Hausgrundrisse zu erkennen sind, während in einem Mittelstreifen offensichtlich niemals Großbauten standen, könnte darauf hindeuten, daß während der gesamten Belegungszeit dieses Platzes hier zwei „Höfe" bestanden.

Was das Verhältnis der Südfläche zur Nordfläche von Köln-Lindenthal anlangt, so ist die durch späte Keramik bezeichnete Entwicklungsstufe nur in der Südfläche vertreten; die Besiedlung der Nordfläche endete offensichtlich davor. Keramik dieser Endstufe kam auf der Südfläche in Gruben zum Vorschein, die sich fünf bis sieben Großbauten zuordnen lassen. Es könnte sein, daß diese Häuser den durch die drei letzten Umzäunungs- bzw. Umwallungsringe verkörperten Besiedlungsphasen entsprechen, deren älteste, die uns im Graben B vorliegt, räumlich und doch wohl auch zeitlich an die in Graben A entgegentretende Schlußbesiedlung der Nordfläche anschloß.

Diese siedlungsgeschichtliche Interpretation des wegen seiner Großflächigkeit noch immer einzigartigen Ausgrabungsbefundes von Köln-Lindenthal, läßt sich auf andere bandkeramische Siedlungsplätze übertragen und findet dort eine gewisse Bestätigung. Leider ist von der seit 1953 laufenden, umfangreichsten Grabung dieser Art, der in Bylany, bis jetzt noch kein Gesamtplan publiziert, an Hand dessen Überlegungen über den Besiedlungsverlauf angestellt werden könnten. Umso größeres Gewicht kommt den niederländischen Fundplätzen zu. In Sittard konnte aufgrund der Verbreitung bestimmter, chronologisch näher datierbarer Keramikarten und verschiedener Großbau-Grundrißtypen eine von Südwesten nach Nordosten fortschreitende, gewiß kontinuierliche Verlagerung des Siedlungsplatzes ermittelt werden. Dieser siedlungsgeschichtliche Vorgang umfaßt die gesamte Spanne der holländischen Bandkeramikkultur, für die zweifellos mehrere Jahrhunderte in Betracht zu ziehen sind. Die Anzahl der in Sittard während dieser Zeitspanne errichteten Großbauten entspricht ungefähr derjenigen auf der Köln-Lindenthaler Nordfläche. Man hat demnach in Sittard wieder den Eindruck, daß jeweils nur ganz wenig Großbauten gleichzeitig bestanden, vielleicht zeitweilig sogar nur ein einziger Hof, begleitet von einem kleineren Gebäude oder von deren mehreren. Leider ließen sich in Sittard die vielen Reste von Umzäunungen in keinem Fall zu einem kompletten Ring ergänzen, wie das in Köln-Lindenthal möglich war. Immerhin umfaßt eine wohl zur Hälfte zu verfolgende Umgrenzung eine offenbar viereckige Fläche von 100 bis 120 m Länge, was dem Köln-Lindenthaler Nordgräbchen A nahekommt. Diese Umgrenzung wurde bezeichnet durch mehrmals (anscheinend viermal) errichtete Palisaden, die vermutlich ebensovielen zeitlich sich ablösenden Großhäusern entsprachen. Andere Pfostengräbchenstücke führen zu den Annahme, daß nach Auflassung dieser etwa viereckigen Hoffläche nordöstlich davon ein mit mehreren, zeitlich zweifellos wiederum aufeinanderfolgenden Palisaden umgrenztes Hofareal belegt wurde. Verglichen mit Köln-Lindenthal fällt in Sittard auf, daß Überschneidungen von Hausgrundrissen so gut wie gar nicht vorkommen. Dies ist jedoch kein Argument für ein gleichzeitiges Bestehen aller Häuser und eine durch sie gebildete geschlossene dorfartige Ansiedlung, sondern spricht nur für die Planmäßigkeit in der räumlichen Abfolge der sich zeitlich überlappenden Einzelhäuser. Im Hinblick auf diese für die Sittarder Siedlung während der langen Zeit ihres Bestehens bezeichnende Gewohnheit verdient der Befund bei dem Großbau in der Westecke der Umgrenzungspalisade besondere Beachtung: Abweichend von allem sonst Geläufigen überschneiden sich hier zwei Hausgrundrisse so weitgehend, daß beide praktisch dieselbe Grundfläche bedecken. Das kann nur so gedeutet werden, daß ein Haus nach seiner Zerstörung unmittelbar durch ein neues ersetzt wurde.

In Geleen gehören fünf Grundrisse von Großbauten samt den diese begleitenden Kleingebäuden einheitlich der bandkeramischen Altstufe an, die sicherlich länger als ein Jahrhundert gedauert hat. Ob dieser Platz nach dieser Altstufe tatsächlich verlassen wurde – dasselbe Problem stellt sich an anderen Orten, wo nur älterbandkeramische Funde zum Vorschein gekommen sind –, oder ob die nächstjüngeren Zeitabschnitte in einem bei der Ausgrabung nicht erfaßten benachbarten Gelände vertreten sind, muß dahingestellt bleiben.

Bei den elf Hausgrundrissen von Müddersheim sprechen eine Reihe von Fundbeobachtungen für die Annahme eines weitgehenden zeitlichen Nacheinanders der betreffenden Häuser. In Plaidt scheint die Besiedlung des Platzes erst in der letzten Phase der Bandkeramik begonnen zu haben, so daß sich hier der Ausgrabungsbefund übersichtlicher darstellt als an den meisten anderen Siedlungsplätzen: Zu erschließen war ein einzelnes „Gehöft" inmitten eines durch einen Graben umgrenzten, etwa 100 m weiten Hofraumes.

Nicht selten weisen bandkeramische Siedlungsareale eine erstaunlich große Ausdehnung auf, wobei die Belegung mit Häusern freilich nicht gleichmäßig dicht war, sondern Unterbrechungen zeigte. In Bylany ist dies Areal 900 × 600 m groß; in Butzbach ist es kaum kleiner. Zudem fällt oftmals die geringe Entfernung zwischen Siedlungsplätzen der Bandkeramikkultur auf. Diese Befunde werden nur begreiflich, wenn wir nicht überall große Dörfer, sondern kleinere Siedlungen oder Einzelhöfe annehmen, bei denen die Häuser bei ihrer Baufälligkeit nicht, wie in den Tellsiedlungen Südosteuropas und des Vorderen Orients, abgerissen und an Ort und Stelle neu erbaut, sondern bei denen normalerweise die Nachfolgebauten in einigem Abstand neben den alten Häusern errichtet wurden.

Soweit bisher zu beurteilen, scheinen stärkere Umzäunungen oder Befestigungsanlagen erst in einem fortgeschritteneren und hauptsächlich späten Abschnitt der Bandkeramikkultur errichtet worden zu sein. Was bei dem Graben A von Kön-Lindenthal-Nord und dem dahinter aufgeschütteten, gewiß palisadengekrönten Wall begann, erfuhr durch den Graben C der dortigen Südfläche mit einer Breite von 5–6 m und einer Tiefe von 1,5 m eine entschiedene Steigerung; der Graben diente hier wohl zur Materialentnahme für einen stattlich hohen Wall, den man sich mit einer Palisade versehen vorzustellen hat. Regelrechte Höhensiedlungen, bei denen der Siedlungsplatz unter dem

Aspekt guter Verteidigungsmöglichkeit ausgewählt worden war, sind aus der Bandkeramikkultur jedoch so gut wie unbekannt.

Nicht zu den üblichen Siedlungsplätzen des Neolithikums zu rechnen sind Höhlen, wenngleich in diesen neolithische Fundzeugnisse ebenso geläufig sind wie solche des Paläolithikums. Vielfach mögen Höhlen vorübergehend als Unterschlupf aufgesucht worden sein. Das regelrechte Bewohnen besonders großer und geeigneter Höhlen dürfte als seltene Ausnahme gewertet werden. In dieser Hinsicht bemerkenswert ist die ungarische Kólyuk-Höhle. Zahlreiche Pfostenlöcher, die von einer durch Bükk-Keramik gekennzeichneten Belegung herrühren, bezeugen feste Holzeinbauten, die sich auf beiden Seiten an die Höhlenwand anlehnten und in der Mitte eine freie Gasse ließen.

*Jungneolithische Kulturen:* Während die Hausformen und die Siedlungsweise der Bandkeramikkultur in ganz Mitteleuropa vom Niederrhein bis Mähren überraschend einheitliche Züge aufweisen, stehen im nachfolgenden Jungneolithikum verschiedenartige Haus- und Siedlungsformen nebeneinander.

Im westlichen Mitteleuropa werden zwei ihrer Gestalt und Struktur nach sehr unterschiedliche Siedlungstypen innerhalb der durch Keramik von Rössener Art gekennzeichneten Kultur einerseits durch die nordwestdeutschen Siedlungen von Bochum-Hiltrop (*Taf. 30,B*) und von Inden-Lamersdorf (*Taf. 30,A*), andererseits durch die schwäbische Höhensiedlung vom Goldberg b. Nördlingen (*Taf. 29,F*) verkörpert. In Bochum wurden innerhalb einer 500 × 350 m großen, jungneolithische Siedlungsreste enthaltenen Fläche ein mäßig großes Pfostenhaus von leicht trapezförmigem Grundriß (10,6 × 5,8 bzw. 6,25 m) und ein an der Stelle eines älteren Baues errichtetes riesiges Trapezgebäude entdeckt. Dieses wurde in einer Länge von 65,5 m verfolgt. Seine schmale NW-Seite maß innen 2,8 m, außen 4 m; in der Mitte betrug die Breite über 8 m. Die Außenwand und einige Innenquerwände wurden durch Fundamentgräbchen bezeichnet. Außerhalb der Längswandgräbchen verlief eine Reihe vierkantig zugeschlagener Pfosten. Im Innern standen im Abstand von 4,6 bis 7,9 m Dreiergruppen starker Pfosten, die das Dach trugen. Die alte Fußbodenfläche wurde nirgends mehr intakt angetroffen. Herde und Öfen wurden daher nicht gefunden. Es kann kein Zweifel bestehen, daß der Typus dieses Gebäudes trotz seines nicht streng rechteckigen Grundrisses in der Nachfolge bandkeramischer Großbauten steht, mit denen auch die Ausrichtung NW–SO gemeinsam ist. An der SW-Seite des Bochumer Hauses schlossen zwei rechteckige Hofumzäunungen an (die äußere war 48 × 38 m groß), die zwar zu verschiedenen Zeitpunkten errichtet sein können, die aber dann doch gleichzeitig bestanden. Vermutlich sind diese großen Viereckanlagen formal und funktional den freilich wesentlich kleineren Rechteckannexen bandkeramischer Großbauten (*Taf. 27,11*) vergleichbar.

In Inden-Lamersdorf kamen auf einer fast 300 × 200 m großen Fläche 14 Grundrisse großer Trapezbauten sowie etwa ebenso viele Grundrisse kleinerer Gebäude verschiedener Form zutage (*ein Ausschnitt: Taf. 30,A*). Wenngleich die Trapezhäuser, die im Typus dem Riesenbau von Bochum-Hiltrop nahestehen, sich nicht überschneiden, brauchen sie natürlich nicht alle gleichzeitig bestanden zu haben. Sofern sie sich auf einen Zeitraum von zwei bis drei Jahrhunderten verteilen und eine Lebenszeit des einzelnen Hauses von nicht mehr als 3–4 Jahrzehnten veranschlagt wird, würde man eigentlich keine Dorfsiedlung, sondern mehr Einzelhöfe oder kleine Hofgruppen vor sich haben. In dieser Hinsicht stehen die Siedlungen von Inden und Bochum-Hiltrop offensichtlich in der Tradition der Bandkeramik-Siedlungen.

Davon deutlich unterschieden ist die von einem Palisadenzaun umzogene Rössener Goldberg-Siedlung im Nördlinger Ries. Schon die Tatsache, daß es sich hier um eine ausgesprochene Höhensiedlung handelt, wie solche, durch Rössener Keramik belegt, auch anderwärts bekannt sind (z.B. Glauberg b. Büdingen; Lamsberg b. Gudensberg; Michelsberg b. Untergrombach; Hagschütz b. Niedereggenen; Schönberg unweit Freiburg; Bürglebuck b. Riedböhringen; Kirchberg b. Reusten), stellt eine Abweichung von dem der Bandkeramikkultur Geläufigen dar. Dem entspricht die Grundrißform und Bauweise der Goldberg-Häuser (*Taf. 29, F*). Es sind kleine, mehr oder minder regelmäßige Rechteckbauten (L. 5–11 m; Br. 3,5–7 m) mit drei Pfostenreihen, auf denen das Satteldach ruhte. Die Wände waren in der Regel in Fundamentgräbchen eingelassen und bestanden aus dicht nebeneinander stehenden, unten zugespitzten Spalthölzern oder Vierkantbalken. Die Häuser waren fast ausnahmslos zweiräumig, wobei zumeist der vordere Raum kleiner war als der hintere. Der Eingang lag an einer Ecke oder in der Mitte der Südseite. Die Ausrichtung der Häuser war unterschiedlich, worin sie sich gleichfalls von denen der Bandkeramikkultur und den nordwestdeutschen Rössener Häusern von Inden und Bochum-Hiltrop unterscheiden. Im Gegensatz zu den bandkeramischen Hausgrundrissen war bei den Rössener Goldberg-Häusern das alte Fußbodenniveau mit dem in jedem Haus neben einem Mittelpfosten vorhandenen Herd zwar nicht unmittelbar erhalten, aber doch noch erkennbar. Demnach haben hier nach Auflassung der Siedlung nicht so gründliche Planierungen stattgefunden wie bei den Hausstellen der Bandkeramikkultur. Das weist darauf hin, daß das Goldberg-Plateau nach Zerstörung oder Auflassung der Rössener Häuser eine Zeitlang nicht bewohnt wurde, d.h. daß hier ein geschlossenes Dorf ein gemeinsames Ende gefunden hat.

Der Befund der Goldberg Siedlung wird durch einige weitere Beobachtungen in westdeutschen Rössener Siedlungen ergänzt. Hüttenlehmfunde in Heidelberg-Neuenheim und Großgartach lassen erkennen, daß der Lehmverputz der Flechtwerkwände nicht nur weiß getüncht war, sondern aufgemalte Muster trug. In Großgartach waren es Zickzackbänder, ein Ornament, das auch auf Rössener Keramik überaus beliebt ist. Das in den Rössener Höhensiedlungen zum Ausdruck kommende Schutzbedürfnis spiegelt sich bei Siedlungen im flachen Land in der Anlage von Befestigungswerken wider (z.B.

ein Grabenzug um die Rössener Siedlung von Monsheim und eine Palisadenreihe mit Torgasse von Inden-Lamersdorf: *Taf. 30,A oben*).

Der Dorfcharakter der Rössener Goldberg-Siedlung, der einen wesentlichen Unterschied zu den Bandkeramik-Siedlungen ausmacht, ist nicht speziell durch ihre Lage auf einem Bergplateau bedingt, sondern stellt ein allgemeines Kennzeichen jungneolithischer Siedlungen dar. Darin entsprechen dem Goldberg-Dorf die Ufersiedlungen von Aichbühl (*Taf. 30,C*), Riedschachen und Taubried am Federsee, sowie Egolzwil am Wauwilersee. In Aichbühl ebenso wie in Egolzwil wurden die dort angetroffenen 22 bzw. 50 Häuser bemerkenswert ähnlicher Form, Bauart und Ausrichtung zwar wohl nicht alle gleichzeitig erbaut; doch spricht der Gesamtbefund entschieden dafür, daß alle Häuser im wesentlichen gleichzeitig bestanden und ein geschlossenes Dorf bildeten. Die Wohnhäuser haben durchschnittlich eine Größe von 5 × 8 m (das größte Haus von Riedschachen mißt 9,8 × 10,7 m). Sie sind durch eine Querwand in einen kleineren vorderen und einen größeren hinteren Raum unterteilt. Wenn Spuren einer Querwand im Innern fehlten, wird man mit der Möglichkeit rechnen müssen, daß die Wände aus leichtem Material, etwa Strohgeflecht, bestanden. Ein einziges Wohnhaus von Aichbühl besaß drei Räume: zu den beiden Räumen üblicher Art war ein hinterer, schmälerer Raum angefügt worden. Der Hauseingang lag stets auf der dem See zugekehrten Schmalseite, wo ein rechteckiger, nicht überdachter Vorplatz mit Holzbelag anschloß. Diese Vorplätze der reihenweise nebeneinanderliegenden Häuser standen häufig durch Prügelbrücken miteinander in Verbindung. Dank der einzigartig günstigen Erhaltungsverhältnisse im Moorboden ließ sich hier über konstruktive Einzelheiten der Häuser eine umfassendere Vorstellung gewinnen als bei normalen Landsiedlungen. Danach bestand der Fußboden aus dicht nebeneinandergelegten Holzstangen oder Spalthölzern, die zuweilen auf Grundschwellen auflagen, und die einen Birkenrindenbelag mit einem Lehmestrich trugen. Der Schwellenunterbau ruhte entweder unmittelbar auf dem Ufergelände oder auf Stützpfosten, die in den festen Kiesuntergrund eingetieft waren (Pfahlbau), was dafür spricht, daß der Baugrund nicht hinreichend trocken war. Die unten zugespitzten Stützpfosten für das Firstdach reichten durch diesen Fußboden hindurch bis zum Kiesgrund. In Aichbühl war bei der Ausgrabung des besterhaltenen Hauses ein Eckpfosten noch 6 m lang; davon waren 2,65 m eingetieft; mit einer Höhe von 3,35 m ragte er aus dem Boden auf. Daraus wird auf eine Zwischendecke und einen Kniestock geschlossen. Bei einem anderen Haus von Aichbühl fanden sich über den Trümmern auf dem Estrich des jüngsten Bauzustandes zehn mit gleichem Abstand parallel zueinander liegende, vierkantige Balken, die nur von einer eingestürzten Decke herrühren können. Im Gegensatz zu den Dachstützpfosten ruhten in Aichbühl die Wände normalerweise auf dem Fußboden. Die Felder zwischen den kräftigen, das Dach tragenden Balken wurden durch senkrecht stehende Bretter oder Spalthölzer gebildet und waren mit Lehm verstrichen. Die Stützpfosten standen teils in der Wandflucht, teils weiter innen, teils aber auch weiter außen. Im letzteren Fall ist ein überstehendes Dach zu erschließen. Ausnahmsweise wurde auch eine Stabbauweise angewandt, bei der die dicht nebeneinanderstehenden Holzbretter insgesamt zur Stützung der Decke und des Daches dienten. In Taubried bestanden die Wände anscheinend durchweg aus waagerecht übereinanderliegenden Erlen- und Birkenstangen, die seitlich durch senkrechte Pfosten gestützt wurden.

Die Tür zum Vorplatz auf der SO-Seite bestand gleichfalls aus Holzbrettern und ruhte in senkrechten Zapflöchern. Die Tür war außerordentlich klein; einmal scheint sie nur 0,7 m hoch gewesen zu sein. Mitunter war eine kniehohe Türschwelle erhalten. In der Regel stand im vorderen Raum ein Backofen mit hufeisenförmigem Grundriß, mit der Rückseite an der einen Außen- oder Zwischenwand, daneben manchmal ein kuppelloser Herd, während der hintere Raum zumeist nur einen freistehenden oder an eine Wand gelehnten offenen Herd, ausnahmsweise aber auch einen Backofen enthielt. Lehmbänke an der Wand werden als Schlafstellen gedeutet. In Aichbühl und in Egolzwil wurde im hinteren (zuweilen auch im vorderen) Raum noch ein Mahlstein gefunden.

In der Regel zeigen die Häuser dieser südwestdeutsch-schweizerischen Ufersiedlungen mehrere Ausbesserungen oder durchgreifendere Umbauten bzw. Erneuerungen, sei es, daß nur der Fußbodenbelag aus Holz und Lehm (bis zu sechsmal) erneuert wurde (wodurch sich das Bodenniveau bisweilen um 0,5 m erhöhte), sei es, daß damit auch die Errichtung neuer Wände verbunden war. In Taubried soll nach den Angaben des Ausgräbers eine einheitliche Entwicklung der Grundrißform erkennbar gewesen sein: Die älteren Baustadien der Häuser seien einräumig, die jüngeren zweiräumig gewesen. Außerdem sei der durch Anten gebildete Vorraum der älteren Bauten bei den jüngeren fortgefallen. Die Fundbeobachtungen sprechen insgesamt für eine Besiedlungskonstanz und innerhalb der Siedlungen für feste Besitzverhältnisse, verbunden mit einer Parzellierung des Dorfareals, die im wesentlichen während der gesamten Besiedlungsdauer unverändert blieb.

Außer den Wohnhäusern und einigen wenigen, im Grundriß und in der Bauweise abweichenden Häusern, die als Wirtschaftsbauten nicht näher bestimmbarer Art angesprochen werden, lag in Aichbühl (*Taf. 30, C*) ziemlich in der Mitte des Dorfes, allseitig durch einen merklichen Abstand von den Wohnhäusern getrennt, ein Gebäude, das zwar Ähnlichkeiten mit den übrigen Häusern aufwies, das aber doch so stark aus dem Rahmen des Üblichen herausfiel, daß die Annahme einer besonderen Bedeutung für das gemeindliche Leben unabweislich sein dürfte. Damit ergibt sich, daß dieses Dorf nicht nur eine Ansammlung gleichwertiger Häuser darstellte, sondern als eine Einheit höherer Ordnung aufzufassen ist, indem neben den Wohnhäusern ein für alle Bewohner gemeinsames Gebäude sozialer oder (und) kultischer Funktion eine zentrale Stellung einnahm. Dies ist wohl das wesentliche Kennzeichen eines Dorfes als der in Mitteleuropa gegenüber der Einzelhof- und Hofgruppensiedlung der Bandkeramikkultur im Jungneolithikum aufkommenden Siedlungsform.

Die aus einem östlichen Teil Mitteleuropas vorliegenden Hausgrundrisse aus stichbandkeramischen Siedlungen (Zwenkau-Hart: *Taf. 27, 14;* Libenice; Dingolfing; Rybniky; Dresden-Prohlis; Strzelno; Gnichwitz; Drum) lassen ebenso wie die Rössener Häuser im westlichen Mitteleuropa eine Weiterentwicklung bandkeramischer Hausformen erkennen. Besonders aufschlußreich ist hier der Befund von Zwenkau, wo die Besiedlung in der Zeit der Bandkeramik begann und offensichtlich bis in eine Spätphase der stichbandkeramischen Kultur durchlief. Es besteht kein Grund, an einer kontinuierlichen Belegung des Platzes zu zweifeln. Allerdings läßt sich wohl schwer klären, inwieweit hier während der späten Bandkeramikkultur noch mit Einzelhöfen oder kleinen Hofgruppen zu rechnen ist und inwieweit in der Stichbandkeramikkultur mehrere Häuser nebeneinander bestanden und eine Dorfgemeinschaft bildeten. Deutlich ist indes die formale und technische Entwicklung des Einzelhauses zu verfolgen. Ausgehend von dem bereits in der Zeit der späten Bandkeramik ausgebildeten Typus mit parallelseitigen, aus Doppelpfostenreihen bestehenden Längswänden (*Taf. 27, 14: 2.4*) ging die Tendenz dahin, die Zahl der dachtragenden Innenpfosten zu verringern, um im Hausinnern mehr Platz zu gewinnen (*Taf. 27, 14: 1.5*). Das wurde dadurch erreicht, daß man den Abstand der Binderjoche voneinander vergrößerte (erst etwa 3–3,5 m, dann 5–5,6 m und schließlich bis zu 8,5 m). Zugleich wurde der Außenwand eine dachmittragende Funktion verliehen, indem von den Doppelpfostenreihen die äußere Reihe aus weiter voneinander entfernten, kräftigeren und tiefer fundamentierten Pfosten bestand als die innere Reihe, die offensichtlich nur die lehmverstrichene Flechtwerkwand zu halten hatte. Mit diesen konstruktiven Neuerungen hängt wohl zusammen, daß oftmals von der Geradseitigkeit der Längswände abgewichen und statt dessen der Grundriß gebaucht (*Taf. 27, 14: 1*) oder trapezförmig (*Taf. 27, 14: 3*) wurde. Es leuchtet ein, daß bei einer Vergrößerung des Abstandes zwischen den inneren Binderjochen und der Verlagerung eines Teiles der Dachlast auf die Außenwand die durch Wind und Witterung gefährdetsten Partien an den beiden Schmalseiten lagen. Es mußte daher die Tendenz bestehen, an den Schmalseiten die Hausbreite zu verringern, sofern das Prinzip möglichst weniger Innenpfosten beibehalten werden sollte. Dies ist besonders deutlich bei dem gut erhaltenen Hausgrundriß von Libenice zu beobachten: an der einen Schmalseite, wo die Länge des stützenlosen Innenraumes mehr als 6 m betrug, empfand man es als zweckmäßig, die Längsseiten etwas einzuziehen, da das Dach an dieser Abschlußseite im Gegensatz zur gegenüberliegenden keine Mittelstütze besaß. Bei dem Haus *Taf. 27, 14: 1* von Zwenkau, das im Südosten anscheinend eine Vorhalle besaß, wird man aus dem Fehlen von Pfostenspuren auf dieser Schmalseite wohl schließen dürfen, daß hier der Dachfirst nicht bis zum vorderen Abschluß der Längswände reichte, da gerade an dieser gefährdeten Stelle ein vorgezogener Dachfirst einen starken Mittelpfosten kaum hätte entbehren können. Eher möchte man vermuten, daß hier kein Giebel-, sondern ein Walmdach vorlag, indem der First erst dort begann, wo der erste starke Mittelpfosten stand. Das Walmdach war offenbar ein Kennzeichen einiger jungneolithischer Häuser (freilich nicht aller). Bei Trapezbauten dürfte an der schmalen Nordseite ein Walmdachabschluß am Platze gewesen sein, auf der breiteren Südseite aber ein Giebeldachabschluß.

Im Hinblick auf das Verhältnis zwischen sich überschneidenden Hausgrundrissen und dem damit in Verbindung stehenden Charakter der Gesamtsiedlung ist ein Befund im westungarischen Zengövárkony aufschlußreich. Auf der großen Siedlungsfläche, die von zahllosen Gruben bedeckt war, ergab eine ziemlich intakt angetroffene, d.h. nachträglich nicht durch Gruben gestörte Stelle Pfostenlöcher bzw. -gruben, die teilweise durch ihre spezielle Färbung und gewisse Beimischungen von Hüttenlehmbröckchen voneinander unterschieden waren und aufgrund ihrer Anordnung zu drei Häusern gehörten (*Taf.* 29, *D*). Diese stimmen in ihrer Grundrißgestalt und Größe weitgehend miteinander überein, wenn auch die Anzahl der inneren Pfostenreihen, die genauen Ausmaße und die Gestaltung der südöstlichen Schmalseite eine gewisse Unterschiedlichkeit aufweisen. Insgesamt steht fest, daß die drei Hausgrundrisse nicht partielle Reparaturen, sondern drei vollständige, von Grund auf neu errichtete Häuser bezeichnen. Die Übereinstimmung ihrer Lage schließt die Möglichkeit aus, zwischen den einzelnen Bauten sei der Platz eine Zeitlang unbesiedelt gewesen. Vielmehr muß jeweils das neue Haus unmittelbar nach dem Brand des älteren errichtet worden sein. Im Gegensatz zur Bandkeramikkultur sind solche Überlagerungen mehrerer Hausgrundrisse im Jungneolithikum und der Kupferzeit mehrfach zu beobachten und wohl mit festen Grundstückseinteilungen und -besitzverhältnissen innerhalb geschlossener Dorfflächen in Zusammenhang zu bringen. An einer allgemeinen Zugehörigkeit der drei an derselben Stelle errichteten Häuser von Zengövárkony zur Lengyel-Kultur braucht nicht gezweifelt zu werden.

Mit der westungarischen Lengyel-Kultur gleichzeitig sind Siedlungen in Ostungarn, in denen regelmäßig nebeneinanderliegende, durch Gassen getrennte rechteckige Hausböden mit einer Estrichfläche und Herden freigelegt wurden (z.B. Kökenydomb: *Taf.* 29, *E*). Hier haben wir Reste geschlossener Dörfer vor uns. Die Häuser waren im Durchschnitt 3,5–4 m breit und 6–8 m lang. Im allgemeinen zeigten sie keine in den Boden eingegrabenen Stützpfosten. Die Wände und die Dachstützen dürften auf Schwellbalken geruht haben. Die Wände bestanden aufgrund des Hüttenlehmvorkommens entweder aus einem Flechtwerk oder aus dicht nebeneinander gestellten Spalthölzern mit einem kräftigen Lehmauftrag auf der Außen- und Innenseite. Dieser war nicht selten gemustert. In einem Fall (Kökenydomb) konnte eine komplizierte Mäanderdekoration mit weißer und roter Bemalung festgestellt werden, die völlig der in dieser Gruppe üblichen Keramikornamentik und -bemalung entspricht. In Szegvár-Tüzköves zeigte die umgestürzte, in situ zu verfolgende Wand einer Hausschmalseite in der Mitte eine 0,58 m breite Tür. Inmitten dieser Türöffnung wurde ein aus Lehm modellierter Tierkopf geborgen, der augenscheinlich in luftgetrocknetem Zustand auf dem Dachgiebel unterhalb des Firstes, durch das überragende Strohdach vor dem Regen geschützt, befestigt und erst beim Brand des Hauses mit dem Hüttenlehm gebrannt worden war. Diese Giebelzier mag mit einem Tierkopf, offenbar dem eines Rindes, an dem Firstende eines Hausmodells von Jaroměřice in Mähren und dem ähnlichen Motiv an demjenigen von Střelice in Verbindung gebracht werden. Freilich muß in Betracht gezogen werden, daß bei den in diesen Modellen nachgebildeten wirklichen Häusern ein echter Bovidenschädel mit Hörnern den Giebel gekrönt haben kann.

Im Innern der theißländischen Häuser wurden außer runden und viereckigen Herden bzw. Öfen oft große Vorratsbehältnisse aus Ton gefunden, in denen nachweislich Getreide aufbewahrt worden war. Teils handelt es sich um riesige Pithoi (H. 1 m) teils um viereckige Tonkisten. Eine dieser letzteren vom Kökenydomb steht auf zwei Fußleisten, um die Trockenhaltung des Inhaltes zu sichern.

Wie im westlichen, so setzen auch im östlichen Mitteleuropa mit dem Jungneolithikum Höhensiedlungen ein. Der Kökenydomb und Lebö sind typische Beispiele aus dem Gebiet östlich der Theiß. Aus der Tschechoslowakei sind Höhensiedlungen vor allem aus der Střelicer Kultur bekannt. Diese waren wohl im allgemeinen befestigt. In Křepice wurde die Siedlung von einer dreifachen Palisade und einem tiefen, in den Fels gehauenen Graben umzogen, der nicht nur die Funktion eines Materialgrabens hatte (wie vermutlich diejenigen um bandkeramische Ansiedlungen), sondern eine eigene fortifikatorische Bedeutung. In Hluboké Mašuvky war die Siedlung umgeben von einem ovalen, 1 km langen Spitzgraben von 2,5 m Breite und 1,8 m–2,8 m Tiefe, hinter dem eine doppelte Pfahlreihe verlief. Vier Zugänge führten über den Graben; an diesen Stellen war die normale Palisade durch kräftige Pfostenbauten zweifellos torartigen Charakters unterbrochen. Die Siedlung von Nitriansky Hrádok war durch einen mehrfachen Wallring befestigt, diejenige von Branč durch eine starke Palisade. In Böhmen und Mitteldeutschland zeigen Siedlungen der stichbandkeramischen Kultur ähnliche Befestigungsanlagagen (z.B. Piskowitz, Kr. Meißen).

Was die Hausform der Střelicer Siedlungen anlangt, so wird der Grundriß eines 8,9 × 6,2 m großen Pfostenhauses von Velké Pavlovice aufgrund seiner Proportionen, seiner Wandkonstruktion und seines Einganges an einer Schmalseite mit dem zur selben Gruppe gehörenden Hausmodell von Střelice mit angedeuteten Wandpfosten, Satteldach mit Firstbalken, Dachsparren und figural ausgestaltetem Firstende (*Taf. 27,4*) in Verbindung gebracht. Der in der Hausmitte gelegene Herd reichte in eine Tiefe von 1,5 m unter den Hausfußboden hinunter. In der slowakischen Siedlung von Branč wurden neben kleinen Bauten, die aus 4, 6 oder 8 Pfostengruben zu erschließen waren, fünf rechteckige Großhäuser von etwa 30 m Lạnge und 8 m Breite ermittelt, die auf den beiden etwas eingezogenen Schmalseiten vorgezogene Anten besaßen und durch eine mittlere Querwand in zwei gleichgroße Hälften unterteilt waren.

Ans Ende des Neolithikums zu datieren sind Trapez- und Apsishäuser mit Keramik von Střelicer bzw. Jordansmühler Art aus Böhmen und Mähren (Postoloprty, Bylany; Klučov). Ihre Länge schwankt zwischen 20, 25 und 33,3 m, ihre Breite zwischen 2,4 bzw. 3 m und 12,4 m. Bei dem Trapezhaus von Postoloprty war das rundum laufende Fundamentgräbchen 0,6 m tief zu verfolgen, was damit zu erklären ist, daß in diesem Haus im Gegensatz zu denen der Bandkeramikkultur das alte Fußbodenniveau erhalten war. Daher konnten hier auch die Herde noch festgestellt werden. Es waren vier an der Zahl.

## *Apenninhalbinsel, West- und Nordeuropa*

Für die Beurteilung der Wohnweise und der Behausungsformen der Gruppen mit jägerisch-sammlerischer Wirtschaft und einer mehr oder minder ausgeprägten Tardenoisien-Mikrolithik stehen uns in Westeuropa einstweilen noch kaum aussagefähige Befunde zur Verfügung. Die Großflächigkeit diesbezüglicher Fundvorkommen besagt natürlich wenig, solange keine Klarheit über die Anzahl der Belegungen an diesen Plätzen zu gewinnen ist. Der systematisch untersuchte südenglische Wohnplatz von Star Carr besaß eine Ausdehnung von nur 14,5 × 16,5 m. Sofern diese geringen Dimensionen als Norm für die einzelnen, vorübergehend belegten Wohnplätze gewertet werden dürfen, würde erst die Anhäufung sehr vieler solcher Belegungen innerhalb eines langen (mehrere Jahrtausende dauernden) Zeitraumes zu den großflächigen Fundstreuungen geführt haben, wie sie vielfach anzutreffen sind.

Weitergehende Fundbeobachtungen als in Westeuropa liegen von Wohnplätzen Nordeuropas, vor allem Dänemarks und Norddeutschlands vor. Vornehmlich auf einstigen Trockenstellen an Seeufern oder Mooren, die womöglich nur in den warmen Sommermonaten betretbar waren, lagen jeweils einige wenige hüttenartige Behausungen (Holmegård; Kongemose; Maglemose; Øgårde; Svaerdborg, Ulkestrup Lyng, Duvensee, Hohen Viecheln, Pinnberg, Satruper Moor). Die Hüttenböden bestanden aus Rindenstücken mit einem Sandbelag, manchmal auch aus Holzbohlen mit Schilf und Rindenstücken. Mitunter scheinen sie viereckigen Grundriß gehabt zu haben. Andererseits wurden aber auch einige ovale bis schlüssellochförmige Gräbchen mit Pfostenlöchern darin von Pinnberg als Reste von Hütten gedeutet. Der Ausgräber nahm an, daß die Verfärbungen von unverputzten, verbrannten Reisigwänden herrührten. Mit einer rundlichen Hütte in Verbindung gebracht wurde auch eine Steinsetzung von Tjörn in Bohuslän, ebenso Steinpflaster mit Pfostenlöchern von Sandarna b. Göteborg. Feuerstellen lagen teils innerhalb, teils außerhalb der Hütten. Birkenzweige und Farnblätter auf einem Hüttenboden von Ulkestrup Lyng könnten auf eine Schlafstelle hinweisen. Vom Oberbau wurden am letztgenannten Platz Reste von Reisigwänden ohne Lehmverputz festgestellt. Insgesamt entsprechen diese nordeuropäischen Siedlungsformen denen des mitteleuropäischen Tardenoisien.

Wenn aus den vollneolithischen Kulturen Westeuropas und Italiens derzeit vergleichsweise viele Funde aus Höhlen und Abris bekannt sind, so beruht dies gewiß nur darauf, daß an diesen Plätzen bisher in größerem Umfang Ausgrabungen veranstaltet wurden, berechtigt aber wohl kaum zu der Annahme, daß das Wohnen in Höhlen tatsächlich als herrschende Gewohnheit gewisser vollneolithischer Populationen dieser Gebiete anzusehen sei. Planmäßige Siedlungsgrabungen wurden bisher nur in sehr beschränktem Ausmaß durchgeführt. Der dabei zum Vorschein gekommene Grundriß eines trapezförmigen Pfostenhauses von Saite-Pallaye scheint einer Spätphase des Neolithikums anzugehören und ist wohl an mitteleuropäische Trapezbauten anzuschließen.

In Italien fällt bei den durch mittel- und jungneolithische Funde bezeugten Siedlungsplätzen auf, daß bei ihnen offenkundig häufig auf gute Verteidigungsmöglichkeiten Wert gelegt wurde. So lag die Siedlung von Pescale in der Emilia auf einem Plateau mit drei steil abfallenden Felswänden im Zwickel zwischen zwei Flüßchen, die Siedlung von der Isolino Virginia auf einer Halbinsel im Vareser See, die Siedlung von Lipari, Castello auf einem steilen Felskegel, der auf drei Seiten vom Meer umspült wird. Einige 1 bis 2,5 ha große Ansiedlungen in der Gegend von Matera waren auf Anhöhen angelegt und wurden von mächtigen Befestigungsgräben umzogen (Tirlecchia, Murgecchia, Murgia Timone, Serra d'Alto). Teils wurde ein Umfassungsgraben von 2 bis 3 m Tiefe und einer oberen Breite von 2 m in den anstehenden Tuff gegraben; teils begnügte man sich nicht mit einem solchen Graben, sondern fügte in einigem Abstand einen zweiten hinzu. An Eingangsstellen sind die Gräben unterbrochen. Diese gefährdeten Stellen wurden verschiedentlich durch einen halbkreisförmigen Vorgraben geschützt, der in Murgia Timone von zwei Trockenmauern überbrückt war. Hinter den Gräben sind Wälle zu vermuten. Durch Luftbildaufnahmen wurden in der Gegend von Foggia ähnliche Grabensysteme entdeckt, die vermutlich mittelneolithische Siedlungen umschlossen. Mit mächtigen Gräben und dahinter aufgeschütteten Wällen bewehrt waren auch die sizilischen Siedlungen von Stentinello und Megara Hyblaea, wie auch die mittelitalienische von Ripoli.

Inmitten der Ansiedlungen konnten mitunter Reste eines gepflasterten Weges festgestellt werden (Serra d'Alto, Molfetta, Chiozza). Über die Form der Häuser weiß man einstweilen überaus wenig. In Stentinello waren rechteckige Pfostenbauten nachzuweisen, ebenso in Lagozza.

## *Osteuropa*

Während von den Wohnplätzen vor- bzw. nichtagrarischer Populationsgruppen aus Polen und Rußland bis jetzt nicht mehr als Gruben und Feuerstellen bekannt sind, bieten einige Grabungsbefunde in Siedlungen vollneolithischer, auf agrarischer Wirtschaftsstufe stehender Kulturen aufschlußreiche Einblicke in die Form der Gliederung der Häuser sowie die Anlage der Gesamtsiedlungen. In Polen sind Reste von großen, nordwest-südöstlich gerichteten, rechtekkigen Pfostenbauten der Bandkeramik in Brześć Kujawski zum Vorschein gekommen. Sie entsprechen offensichtlich den typischen Großbauten dieser Kultur in Mitteleuropa. Gleichfalls mit mitteleuropäischen Haus- und Siedlungsformen in Verbindung zu bringen sind die spätneolithischen, zur sog. Brześć Kujawski-Gruppe gehörigen Hausgrundrisse dieses Platzes (*Taf. 29, B*). Es sind nordsüdlich ausgerichtete Trapezbauten von 15–39 m Länge, bei denen die nördliche Schmalseite zwischen 2,5 und 5 m schwankt, die südliche zwischen 5 und 10 m. Die Wände waren aus dicht nebeneinander stehenden Pfosten errichtet, die in 1–2 m tiefe Fundamentgräbchen eingelassen waren. Mittelpfosten konnten niemals festgestellt werden. Allerdings wurde das alte Fußbodenniveau bei keinem Haus intakt angetroffen, so daß auf Schwellbalken ruhende Dachstützen vorhanden gewesen sein können und müssen. Hausgrundrisse ähnlich denen von Brześć Kujawski wurden im unweit davon gelegenen Dobre entdeckt, weiterhin bei Biskupin. Ein Grundriß des letzteren Fundplatzes ist insofern bemerkenswert, als bei ihm im Innern Stützpfosten eines Dachfirstes festgestellt wurden.

Bei den Trapezhäusern von Brześć Kujawski beruht die Zerstörung der alten Fußböden auf Planierungen, mit denen die häufigen Überscheidungen der Grundrisse zusammenhängen. Dabei scheint im Gegensatz zu den Grundrißüberschneidungen in den mitteleuropäischen Siedlungen der Bandkeramikkultur eine gewisse Regelhaftigkeit erkennbar zu sein. Zwar wurden in Brześć Kujawski niemals mehrere Häuser genau am selben Platz errichtet, wie das bei den Lehmbauten der Tellsiedlungen nicht selten vorkommt und in Mitteleuropa bei den spätneolithisch kupferzeitlichen Seerandsiedlungen, aber auch bei den Pfostenbauten von Zengövárkony (*Taf. 29, D*) nachweisbar ist. Dennoch überlappen sich in Brześć Kujawski jeweils mehrere (bis zu vier) Hausgrundrisse so weitgehend, daß man von einer Neuerrichtung des Hauses auf ein und demselben Bauplatz sprechen darf. Man hat den Eindruck, daß das Dorfareal parzelliert war und während des Bestehens dieser Siedlung die Bebauung einen ziemlich einheitlichen Charakter hatte.

Östlich des Karpatenbogens, in der Moldau, in Bessarabien und in der Ukraine bis zum Dnjepr, sind die jungneolithischen Siedlungen der Tripolje-Kultur vergleichsweise gut bekannt. Trotz deutlicher Beziehungen zu mitteleuropäischen und balkanischen Hausformen und Siedlungsweisen des Neolithikums zeigen die Tripolje-Dörfer deutlich eigene Züge. Von wann an diese ausgebildet waren, ist derzeit noch nicht sicher zu beurteilen. Wenn aus der ältesten vollneolithischen Kulturstufe dieses Raumes bis jetzt fast ausschließlich Gruben mehr oder minder unregelmäßiger Form, z.T. mit Herden und einzelnen Pfostenlöchern versehen, beobachtet wurden (die sog. Zemljanken), so fehlt es doch nicht völlig an Befunden, die den Beginn der für die folgenden Entwicklungsstufen der Tripolje-Cucuteni-Kultur charakteristischen Rechteckbauten bereits in der Frühstufe bezeugen.

Diese Häuser sind kenntlich an ihren gebrannten Estrichböden, die in der Ukraine unter der Bezeichnung ‚Plodščadken' lange vor ihrer Erklärung als Hausböden bekannt waren. Die bestbeobachteten Häuser dieser Art stammen von Kolomijščina (*Taf. 29, C*), Vladimirovka, Pjaniškovo, Truşeşti, Traian und Hăbăşeşti. Es waren Bauten von zumeist 15–20, z.T. aber bis 30 m Länge und 4,5–7 m Breite. Ihr Fußboden bestand aus einer 10–15 cm dicken Lehmschicht, die entweder unmittelbar auf dem Erdboden oder auf einer Lage Rund- oder Spalthölzer ruhte. Von einigen Ausgräbern wird die Ansicht vertreten, daß diese Estrichböden absichtlich vor Aufrichtung der Hauswände gebrannt worden seien, um die Festigkeit zu erhöhen. Neuerdings wird dies jedoch in Abrede gestellt und darauf hingewiesen, daß die bei der Ausgrabung in der Regel gebrannten Estrichböden in diesen Zustand wohl erst durch die Zerstörung des ganzen Hauses gekommen sind. Wenn Hauswände auf einem gebrannten Estrich aufsitzen, wie es beobachtet wurde, so dürfte es sich dabei nicht um einheitliche Bauten handeln, sondern um die Errichtung eines Gebäudes auf dem verbrannten Boden eines älteren. Die Außen- und die inneren Zwischenwände bestanden aus luftgetrockneten Lehmstücken oder aus Holzpfosten mit einem Flechtwerk und einem dicken Lehmauftrag. In der Längsachse der Häuser waren nur ganz selten Stützpfosten für das Dach nachzuweisen. Mitunter enthielten auch Querwände Dachstützen. In der Regel wurden mehrere (bis fünf) Fußböden übereinander gefunden, wobei zumeist nicht geklärt werden konnte, inwieweit damit eine Erneuerung auch der Wände und des ganzen Hauses verbunden war.

Durch Querwände waren diese Häuser im Innern in zwei bis fünf Räume unterteilt. Zur üblichen Ausstattung gehörten ein auf einer besonderen Plattform stehender, an eine Wand gelehnter Backofen mit Kuppelüberwölbung, der aus einem Holzrahmen mit Lehmverkleidung (1,6–2 m Seitenlänge) und einem darüber gespannten Rutengeflecht mit dickem Lehmverstrich gebildet war, ferner mehrere Lehmsockel, die als Schlafbänke gedeutet werden, und vierblattförmige, mit konzentrischen Kreisen verzierte, mitunter rot bemalte sog. „Opferstellen", die man sicherlich zu Recht mit rituell-kultischen Handlungen in Verbindung bringt (*s. S. 289*). In ofenlosen Räumen wurden große Vorratsgefäße, bis zu 15 beisammenstehend, angetroffen, weiterhin Mahlsteine und Läufer. Die aufschlußreichen Fundbeobachtungen an den Hausresten selbst werden ergänzt durch einige Hausmodelle, die nicht nur den Einblick in die Inneneinteilung verdeutlichen, sondern auch Auskunft über die Dachform geben. Demnach besaßen einige Häuser ein Walmdach mit kräftigen Sparren.

Bezeichnend wie die Form und die Bauart der Häuser ist in der Tripolje-Kultur die Siedlungsweise im ganzen. Tellartige Siedlungsplätze fehlen. Zur Entstehung mehrerer übereinanderliegender Besiedlungs- und Kulturschichten ist es nur westlich des Pruth gekommen. Die Tripolje-Cucuteni-Siedlungen zeigen einen ausgeprägten Dorfcharakter, darin den jungneolithischen Siedlungen Südost- und Mitteleuropas entsprechend. Teils waren es Höhensiedlungen (z.B. Pjaniskovo), die mitunter starke Befestigungsanlagen (Gräben und Wälle) besaßen, teils Flachlanddörfer. Die Häuser zeigen eine bestimmte Ausrichtung, wobei entweder Rücksicht auf das Gelände genommen wurde oder aber die Häuser konzentrisch in einem Ring mit radialer Längsausrichtung und dem Eingang zur Mitte hin um einen zentralen Platz angeordnet waren, auf dem ein besonders großes und offenbar auch in seiner Bedeutung zentrales Gebäude lag. Am eindrucksvollsten tritt dieser letztere Dorftypus in der jungtripoljezeitlichen Siedlung I von Kolomijščina entgegen. Daß er aber bereits in älterer Zeit ausgebildet war, geht aus der nicht ganz so weitgehend untersuchten Siedlung II von Kolomijščina hervor. Erheblich größer als die letztere (etwa 250 × 350 m) war die besiedelte Fläche bei Vladimirovka (etwa 800 × 900 m), wo durch Grabungen und Sondierungen über 200 Hausböden ermittelt wurden. Ob diese, wie vermutet wurde, ebenfalls in konzentrischen Ringen angeordnet waren, muß dahingestellt bleiben. Sicher ist nur, daß nicht alle Häuser zu einem einheitlichen Zeitpunkt erbaut wurden, sondern eine lange Belegung widerspiegeln.

# 4. SOZIALE VERHÄLTNISSE

## A. ALTSTEINZEIT

Ebenso wie hinsichtlich der Lagerplätze so sind auch bezüglich der sozialen Verhältnisse dem kulturgeschichtlich wenig aussagefähigen Fundmaterial des Altpaläolithikums keine speziellen Erkentnisse abzugewinnen.

Was die theoretische Beurteilung der Anfänge menschlicher Gesellschaftsverhältnisse anlangt, so stehen zwei verschiedene Möglichkeiten einander gegenüber. Einer materialistischen Anschauung ist es gemäß, das Zusammenleben der Urmenschen unter dem Blickwinkel einer wesensmäßig kontinuierlichen Weiterführung vormenschlich-pitheciner Lebensformen zu sehen. Demgegenüber sucht eine andere Betrachtungsweise – ohne die biologische Verflochtenheit des Menschen mit seinen tierischen Vorfahren und Zeitgenossen zu übersehen – die prinzipiell vorauszusetzende geschichtliche Daseinsform der ältesten Menschheit unter dem Blickwinkel einer wesensmäßigen Kontinuität mit der Geschichtlichkeit jüngerer Zeitalter zu begreifen. Geht man davon aus, daß der Ursprung der geschichtlichen Lebensform in einem aufkeimenden Bewußtsein besteht, welches das Selbst als Ich und den Mitmenschen als Du erleben läßt, so bedeutet das, daß es von Anbeginn der Geschichte an eine menschliche Gesellschaft gab, die zwar vom rein Naturhaften her weitgehende Ähnlichkeit mit tierischen Verhaltensweisen haben mochte, die aber dennoch ihrem Wesen nach ganz und gar nicht mit tierischen Zusammenschlüssen vergleichbar ist.

Wir sollten die historische Bedeutung dieser Urgesellschaft nicht vornehmlich auf dem Sektor physisch-biologischer Lebenssicherung suchen (Gewinnung von Nahrung, Verteidigung gegen wilde Tiere, Schutz vor der Witterung, Erhaltung der Nachkommenschaft). Die körperlichen Mängel, die nach Ansicht mancher Anthropologen den Frühmenschen im ‚Kampf ums Dasein' so benachteiligt und seine Lebenserhaltung so erschwert hätten, sind weithin hypothetischer Art. Nicht daß der Urmensch am Leben bleiben und sich seiner tierischen Feinde erwehren konnte, ist das eigentlich Bemerkenswerte, sondern daß er seine geschichtliche Lebensform durch die ungezählten Jahrtausende des Altpaläolithikums hindurch zu bewahren vermochte. Diese Kontinuität der Geschichtlichkeit ist nicht etwas Selbstverständliches, das sich natürlich vollzogen hätte wie eine biologische Vererbung. Das Bewußtsein – von seiner ursprünglichsten Ausprägung an – ist etwas prinzipiell Verlierbares, das daher anders zu bewerten ist als eine naturhaft-körperliche Eigenschaft. Mit Rücksicht auf die Unentwickeltheit des begrifflichen Denkens und der Sprache ist das Weitergeben dieses Bewußtseins von Generation zu Generation eine nicht hoch genug zu veranschlagende Leistung. Gerade für die Urzeit setzt sie eine Innigkeit des menschlichen Zusammenlebens voraus, die über das biologisch-naturhaft Notwendige hinausgeht und von Anbeginn an der menschlichen Gesellschaft ihr spezifisches Gepräge verleiht.

Vom Mittelpaläolithikum an stehen uns einige soziologisch aufschlußreiche Befunde zur Verfügung. Vor allem sind es die Bestattungen, die gewisse Einblicke in die gesellschaftlichen Verhältnisse gewähren. Die mittelpaläolithischen Nekropolen von La Ferrassie in Frankreich und aus der Mugharet es-Skhul in Israel bezugen, daß Männer und Frauen eine durchaus gleichwertige sepulkralrituelle Behandlung erfuhren. In der Körper- und Armhaltung, der Blickrichtung und der Orientierung zeigen Grab IV (Mann von 40–50 Jahren) und Grab VII (Frau von etwa 35 Jahren) aus der Karmel-Höhle völlige Übereinstimmung. Die beiden Gräber 1 (Mann) und 2 (Frau) von La Ferrassie lagen dicht beieinander in einer Achse. Ob der unterschiedlichen Körperhaltung – der Mann lag auf dem Rücken mit dem Kopf im Westen, die Frau auf der rechten Seite mit dem Kopf im Osten – eine bestimmte Bedeutung zukommt, muß einstweilen dahingestellt bleiben. Immerhin ist die Lage der beiden Skelette zueinander – sie stoßen mit den Köpfen dicht aneinander – so auffallend, daß darin wohl der Ausdruck einer besonderen Verbindung zu Lebzeiten, also einer ehelichen Gemeinschaft, gesehen werden darf. Doppelbestattungen eines Mannes und einer Frau liegen auch aus dem Jungpaläolithikum vor. In Oberkassel war ein wohl über 60 Jahre alter Mann von robustem Körperwuchs zusammen mit einer zierlichen jungen Frau von etwa 20–25 Jahren bestattet. Über die speziellen Umstände, die zur gemeinsamen Beisetzung dieses ungleichen Paares geführt haben, lassen sich keine begründbaren Vermutungen anstellen. Es mag angemerkt werden, daß das Skelett der Frau keine gewaltsamen Verletzungen aufweist, wie sie bei etlichen nachpaläolithischen Doppelbestattungen festzustellen sind und auf den Brauch der Witwenmitbestattung hinweisen. Umgekehrt wie bei dem Doppelgrab von Oberkassel ist das Altersverhältnis von Mann und Frau bei dem berühmten Paar in der Kindergrotte von Grimaldi: Ein Jüngling von 15–17 Jahren hielt mit seinem rechten Arm eine wesentlich ältere Frau umschlungen. Diese Körperhaltung und die ziemlich einheitliche Schmuckausstattung beider spricht für eine besondere Beziehung zwischen ihnen. Eine verwandtschaftliche Verbindung ist mit Sicherheit anzunehmen bei zwei Doppelbestattungen von jeweils einem Erwachsenen und einem Kind in der Arene Candide. Der Mann, die Frau und das eineinhalbjährige Kind, deren Köpfe im Hohlerstein dicht beisammenliegend und, nach derselben Richtung schauend, fraglos zum selben Zeitpunkt bestattet wurden, bildeten sicherlich eine Familie. Weniger klar ist das Verwandtschaftsverhältnis zwischen den zwanzig Toten aller Altersstufen, von kleinen Kindern bis zu alten Personen, die in einer Grube von Předmost in Mähren zusammenlagen. Doch läßt auch hier eine gewisse

Einheitlichkeit in der Körperhaltung und Ausrichtung an eine soziale Zusammengehörigkeit denken. Dasselbe ist der Fall bei den Kopfbestattungen in der Ofnethöhle im Nördlinger Ries, wo zwei dicht benachbarte Mulden die Köpfe von insgesamt vier Männern, neun Frauen und zwanzig Kindern enthielten. Freilich wird man hier in Betracht ziehen müssen, daß bei der Auswahl und anteilmäßigen Verteilung der Geschlechter und Altersstufen rituelle Gründe eine Rolle spielten, so daß das Zahlenverhältnis nicht unmittelbar als Widerspiegel einer bestimmten Gemeinschaft der Lebenden gedeutet werden kann. Auch bei den fünf Skeletten von Cro-Magnon, die von einem Greis, zwei erwachsenen Männern, einer Frau und einem Foetus stammen, besagt die Vergesellschaftung nur, daß ganz allgemein mit einem sozialen Zusammenleben zu rechnen ist, ohne daß weitergehende Schlüsse auf die Eigenart dieser Familienordnung abzuleiten wären.

Für das Verhältnis zwischen Männern und Frauen innerhalb der jungpaläolithischen Gesellschaft ist es aufschlußreich, daß nach Ausweis der Grabfunde die Angehörigen beider Geschlechter einen gleichartigen und auch etwa gleichreichen Körper- und Kleiderschmuck trugen, soweit dieser aus durchbohrten Konchylien und Tierzähnen bestand, welche den Kopf, den Hals, die Ellenbogen, die Handgelenke, die Knie und die Knöchel zierten. Wenn vielleicht unter den regulären Bestattungen der Zierrat der Männer denjenigen der Frauen ein wenig übertrifft, so muß dies angesichts der nicht allzu großen Zahl einschlägiger Befunde nicht viel besagen, zumal bei den Kopfbestattungen ein umgekehrtes Verhältnis festzustellen ist: die weiblichen Köpfe aus dem Hohlerstein, der Ofnethöhle und von Le Placard waren mit Zierketten geschmückt, die bisher bekannten männlichen Kopfbestattungen dagegen nicht.

Bezeichnend für die Bedeutung der Familie in der paläolithischen Sozialordnung ist die aus den Bestattungen erkennbare Einstellung zu den Kindern. Es ist geradezu ergreifend, mit welch liebevoller Pietät und rührender Überschwenglichkeit gerade die Kleinen beigesetzt und mit Schmuck versehen wurden. Von der Zeit an, in der die Voraussetzungen für die Erhaltung regulärer Bestattungen gegeben sind, d. h. vom Mittelpaläolithikum an, treten die Kindergräber auffallend hervor, sowohl was ihre Anzahl als auch was ihren Beigabenreichtum anlangt. Aus Rußland sind drei moustérienzeitliche Kindergräber von Kiik-Kobá, Staroselje und Tešík-Táš bekannt, aus dem Irak eines von Shanidar, aus Israel mehrere aus der Karmel-Höhle Es-Skhul, aus Frankreich ebenfalls mehrere von Le Moustier und La Ferrassie. Die letzteren – ein Foetus und drei Kinder von 3–5 Jahren – stimmen in der allgemeinen Ostwest-Ausrichtung mit den dortigen Erwachsenengräbern überein und zeichnen sich durch die Beigabe von besonders sorgfältig gearbeiteten Steingeräten aus. Übereinstimmung in Haltung, Schutz (durch Steine bzw. Mammutschulterblätter), ritueller Behandlung (Rötelstreuung) und Schmuckausstattung von Kinder- und Erwachsenenbeisetzungen ist auch in den jungpaläolithischen Stationen von Unterwisternitz und Grimaldi festzustellen. Zu den am reichsten mit Schmuck versehenen altsteinzeitlichen Grabfunden gehört das Skelett eines 5–7 Jahre alten Mädchens von La Madeleine, das durchlochte Muscheln und Zähne am Kopf und am Hals, an den Handgelenken, den Knien und Knöcheln besaß. Diese Kinderbestattungen bezeugen eindrucksvoll, daß das Zusammenleben der Paläolithiker nicht auf praktische Belange einer physischen Daseinsgestaltung und -sicherung beschränkt war, sondern daß die Familiengemeinschaft ein die Angehörigen umschlingendes Band liebevoller Fürsorge und Anhänglichkeit war, das auch die Kleinen bis hin zu den Neugeborenen mit einbegriff.

Wenn sich unter den Handabdrücken in den westeuropäischen Höhlen nebeneinander solche von Männern, Frauen und Kindern finden, so ist dies wohl wieder ein Hinweis auf die Bedeutung der Familien- oder Sippengemeinschaft, in diesem Fall als Vollzieher rituell-kultischer Handlungen (*s. S. 274f.*).

Deuten die Gruppenbestattungen von Předmost und der Ofnethöhle bereits darauf hin, daß über die einzelnen Familien hinaus mit umfassenderen sozialen Verbänden – etwa Sippen – zu rechnen ist, so wird dies durch die in der Ukraine bekannt gewordenen Lagerplatzfunde erhärtet. Die Langbauten von Kostjenki IV (*Taf. 3, 10. 11*) mit den in gleichen Abständen aufeinanderfolgenden Herdstellen können wohl nur von solchen Großfamilien herrühren. Das gleiche ist bei den gewisse Anordnungsregeln zeigenden Lagerplatzanlagen von Kostjenki I und Avdejevo der Fall. Hier möchte man an soziale Gruppen denken, die jeweils aus einer Anzahl kleinerer Einheiten, wohl Familien, bestanden, welche entweder durch die einzelnen Herdstellen oder durch die einzelnen Hütten angezeigt werden. Die Kopfzahl dieser größeren Sozialverbände, die vermutlich gemeinsam wanderten, lagerten und jagten, könnte man aufgrund der ukrainischen Lagerplatzanlagen auf 20–100 schätzen.

Aus dem Überwiegen von weiblichen Statuetten auf den jungpaläolithischen Lagerplätzen gegenüber den männlichen wird mitunter geschlossen, daß die Frau in dieser Zeit sozial eine bevorzugte oder gar beherrschende Stellung eingenommen habe, wobei gewisse Bachofen'sche Theorien eines mutterrechtlichen Urzustandes menschlicher Gesittung mit hineinspielen. Diese Ausdeutung der Fundstatistik erweist sich bei Anlegen kritischer Maßstäbe jedoch als nicht begründet (*s. S. 269ff.*).

Das Problem, inwieweit bestimmte Tätigkeiten innerhalb einer Lagerplatzgemeinschaft von einzelnen Personen für alle Angehörigen verrichtet wurden, und ob diese besonderen Aufgaben und Fähigkeiten einzelner sich zu festen sozialen Einrichtungen entwickelten, stellt sich uns vor allem bei den jungpaläolithischen Kunstwerken und Steingeräten, aber auch bei den ortsfremden Schmuckstücken und Rohmaterialien sowie im Hinblick auf die Jagd.

Was die Kunstwerke anbetrifft, so liegt angesichts der bewundernswerten Qualität vieler Zeichnungen, Malereien und Plastiken bei spontaner Betrachtung die Annahme nahe, daß hier besondere Künstler, d. h. aus der Gemeinschaft Herausgehobene, gearbeitet hätten. Eine Berücksichtigung des gesamten einschlägigen Denkmälerbestandes lehrt indes, daß es neben hervorragenden künstlerischen Werken auch bescheidene bis kümmerliche gibt. Dies sowie die so bemerkenswerte stilistische Einheitlichkeit, die der gesamten Paläolithkunst eigen ist, läßt eher daran denken, daß das Abbilden von Menschen und Tieren nicht die Spezialität einiger weniger, nämlich einer Künstlerschaft, war – wie später das Schreiben in den orientalischen Hochkulturen –, sondern daß im Jungpaläolithikum das figürliche Darstellen Sache aller war, fast wie das Sprechen.

Ausgehend von gewissen völkerkundlichen Verhältnissen werden für das Jungpaläolithikum gelegentlich eine Art Priester, Zauberer, Schamanen oder auch weibliche Kultpersonen angenommen, sozial Herausgehobene also, denen in besonderem Umfang der Vollzug ritueller Handlungen zum Wohle der Gemeinschaft anvertraut gewesen sei. Wenn auch die als Hinweis darauf namhaft gemachten archäologischen Befunde einer kritischen Prüfung durchweg nicht standhalten, so müssen wir aus allgemeinen Erwägungen heraus doch in Betracht ziehen, daß die Lagerplatzangehörigen in ihrer persönlich-religiösen Erlebnisfähigkeit Unterschiede zeigten, woraus sich leicht das Verhältnis von geistigen Führern zu Geführten bilden konnte. Es sollte aber klar sein, daß wir eine nähere Vorstellung von diesen geistig besonders wachen Einzelnen nicht durch Berufung auf irgendwelche Kultpersonen rezenter Naturvölker gewinnen können.

Auch auf dem technischen Sektor waren die Fähigkeiten und Fertigkeiten zweifellos nicht gleichmäßig bei allen Gliedern einer Lagerplatzgemeinschaft ausgebildet. Die mittelpaläolithischen Schaber, die Blattspitzen und die zahlreichen jungpaläolithischen Spezialgeräte verraten nicht selten eine erstaunliche technische Meisterschaft, die nicht nur eine lange Tradition, sondern auch eine besondere Übung und Geschicklichkeit einzelner Steinschläger voraussetzt. Daß aber deswegen mit Personen zu rechnen wäre, die über den eigenen Bedarf hinaus bestimmte Geräte serienweise fertigten, um damit einen regelrechten Gütertausch zu ermöglichen, erscheint fraglich. Positive Anhaltspunkte in Gestalt überzeugender archäologischer Befunde sind dafür jedenfalls nicht bekannt.

Stehen wir hier noch ganz am Anfang eines empirisch begründeten Wissens, so trifft das in noch stärkerem Maß für die Frage zu, in welchem Verhältnis die einzelnen Lagerplatzgemeinschaften zueinander standen. Natürlich bleibt es zweifelhaft, ob es der Forschung jemals gelingen wird, etwas über Heiratssitten innerhalb und außerhalb dieser Verbände und über sonstige soziale Beziehungen von einer Gruppe zur anderen in Erfahrung zu bringen. Immerhin könnte der stratigraphisch bezeugte häufige Aufenthalt von Gruppen desselben archäologischen Formenbestandes an derselben Stelle während eines nachweislich langen Zeitraumes – mitunter sicher mehrere Jahrtausende – für eine beträchtliche Konstanz solcher Gruppen sprechen, ohne die eine derartige Tradition kaum erklärlich wäre. Daneben aber führt eine typologische Analyse des Fundbestandes zu der Einsicht, daß diese Verbände nicht in sich abgeschlossen, sondern ausgesprochen kontaktfreudig waren. Nur so wird die Großräumigkeit vieler Kulturerscheinungen verständlich, wobei nicht nur mit bloßen Kulturbeeinflussungen, d.h. einer Weitergabe technischer, ökonomischer, künstlerischer und sonstiger kultureller Erscheinungen von Verband zu Verband zu rechnen ist, sondern auch mit einem blutsverwandtschaftlichen Zusammenhang der Lagerplatzverbände untereinander. Im Falle einer Endogamie wären die einzelnen Gruppen wohl nicht lange existenzfähig geblieben.

## B. JUNGSTEINZEIT

### *Kriegerische Jägergruppen*

Jagd- und Lagerverbände paläolithischer Art, welche, aus Einzelfamilien bestehend, sich dadurch auszeichneten, daß sie gemeinschaftlich lagerten, nomadisierend weiterzogen und jagten und in der Regel höchstens aus einigen Dutzend Mitgliedern bestanden, blieben in den nachpaläolithischen Jahrtausenden die herrschende Gesellschaftsordnung in *den* Erdgebieten, in denen die wirtschaftlichen und zivilisatorischen Neuerungen neolithischen Charakters nicht Eingang fanden. Die Wohnplatzbefunde des Tardenoisien und der kulturell nahestehenden Gruppen (Star Carr, Muge, Holmegård, Kongemose, Maglemose) zeigen, daß in der Größe dieser Sozialverbände, in dem Verhältnis von Männern und Frauen zueinander und zu den Kindern (Hoëdic, Téviec), sowie in der sich aus den wirtschaftlichen und technischen Belangen ergebenden Arbeitsteilung wesentlich Formen der vorangehenden Zeit weitergeführt wurden. Auch (womöglich nur vorübergehende) Zusammenschlüsse größerer Verbände zu gewissen Aktionen, etwa Treibjagden und überhaupt zur Jagd auf Großwildherden, stellten nichts Neues dar. Ähnliches gab es bereits im Paläolithikum.

Die zu Beginn des Neolithikums sich im Vorderen Orient entwickelnde neue Bewußtseinsstruktur scheint für das Verhältnis der Sozialverbände zueinander schwerwiegende Auswirkungen gehabt zu haben. Archäologisch spiegelt sich dies in der geometrischen Mikrolithik wider, die das augenfälligste und typologisch bestimmende Element der nachpaläolithisch-frühneolithischen Fundzeugnisse darstellt (*Taf. 11,8–11; s. S. 36ff. 74ff.*). Das Problem, was historisch hinter dieser so sonderbaren archäologischen Erscheinung steht, wird in der Forschung diskutiert, seitdem die Mikrolithik als solche bekannt ist. Ein Lösungsversuch muß von der in großen Zügen gesicherten chronologischen Einstufung der geometrischen Mikrolithen in ihrem weiten Verbreitungsgebiet und von ihrer funktionalen Bestimmung ausgehen. Solange die Ansicht vertretbar schien, die Mikrolithen seien Bestandteile besonderer Jagdgeräte und stünden mit dem Aufkommen neuer Jagdmethoden in ursächlicher Verbindung, konnte das plötzliche Erscheinen dieser Steingerättypen als letzte große Erfindung des vorneolithischen Jägertums betrachtet werden, womit die technischen Voraussetzungen für die im Mittelpunkt des Nahrungserwerbs stehende Jagd zu einer letzten Vollkommenheit geführt worden wären. Nachdem heute aber als erwiesen gelten kann, daß alle wichtigen Jagdmethoden und die dafür zweckmäßigen Geräte bereits während des Jungpaläolithikums ausgebildet waren und es zudem höchst verwunderlich wäre, daß eine jagdtechnische Neuerung diese weite Verbreitung gefunden und sich mit Kulturausprägungen sonst sehr unterschiedlicher Art verbunden hätte, kann jene früher vertretene Deutung nicht mehr befriedigen. Vielmehr erscheint die Annahme am begründetsten, daß die geometrischen Mikrolithen Bestandteile von Waffen speer- oder dolchartigen Charakters waren (*Taf. 11,6*), und zwar von Typen, die erstmalig eigens als Waffen für den Kampf Mensch gegen Mensch ersonnen und ausgesprochen mit dieser Zweckbestimmung weithin im altweltlichen Raum bekannt wurden. Auch die zusammen mit diesen Spitzwaffen in einigen Gruppen auftretenden Knochen- und Geweihäxte mit reichen Schnitzereien *Taf. 11,4.5* waren fraglos ausgesprochene Waffen.

Die am Beginn des Neolithikums sich vollziehende, den paläolithischen Urzustand der Menschheit beendende Psychoevolution, die das Selbstbewußtsein des Einzelnen und des Sozialverbandes in einer neuen Dimension erleben ließ, kann sehr wohl dazu geführt haben, daß nun das Verhalten der Populationsgruppen zueinander durch einen neuartigen Wesenszug gekennzeichnet wurde, der als spezifisch kriegerisch zu bezeichnen ist. Spontane Gewaltsamkeiten und Rivalitäten mochte es auch vorher gegeben haben. Die Ausbildung und das Umsichgreifen einer kriegerischen Gesinnung konnte demgegenüber insofern ein Novum sein, als die Erwerbung, Vermehrung und Verteidigung des Besitzes und des Ansehens in einer vorher unbekannten Weise Anliegen des Sozialverbandes wurde, wobei auch Gewalt und deren Abwehr in die Planung mit einbezogen wurde. Erst damit wurde der Krieg zu einem das Verhältnis der Bevölkerungsgruppen zueinander entscheidend beeinflussenden oder sogar bestimmenden Faktor. Die für die Paläolithiker kennzeichnende Bereitschaft, die Gegebenheiten der Umwelt willig hinzunehmen und sich ihnen anzupassen (ein Ausdruck dessen waren die alleine herrschenden aneignenden Formen der Nahrungsgewinnung), dürfte ebenso auch das tragende Prinzip ihrer Sozialordnung gewesen sein. Wie in wirtschaftlicher und technologischer Hinsicht mit dem Beginn des Neolithikums diese urtümliche Bereitschaft einem stärkeren Verlangen nach aktiver Umgestaltung der Naturgegebenheiten zum eigenen Nutzen wich, so entsprach dem offenbar eine neuartige Haltung auf der Ebene des gesellschaftlichen (und ethnischen) Zusammenlebens.

Eindrucksvolle Darstellungen von kriegerischen Konflikten dieser Zeit sind auf den ostspanischen und nordafrikanischen Felsmalereien erhalten (Morella la Vella: *Taf. 11,1*; Gasulla-Schlucht: *Taf. 11,12*; vgl. sodann Wadi Sora, Libyen; Kargur Talh, Libyen: *Taf. 19,31*; Ain Dua, Libyen; Ti-n-Tazarift, Tassili). Es ist dies – ganz im Gegensatz zur Paläolithkunst – eines der beherrschenden Themen dieser Felsbildgruppen. Die aus diesen Bildern sprechende Leidenschaft, mit der hier Verbände von Bogenschützen miteinander kämpfen, läßt die Wichtigkeit erahnen, die diesem Tun beigemessen, und die Hingabe, mit der es betrieben wurde. Die historische Bedeutung dieser ältesten Kriegsdarstellungen, die wir kennen, wird noch gesteigert, wenn wir uns vor Augen halten, daß sie nicht nur zufällig in der Reihe erhaltener Bildwerke am Anfang stehen, sondern wohl tatsächlich der Anfangszeit organisierter, planvoll durchgeführter Kriegszüge angehören. Mehr noch als die Jagd auf gefährliches Großwild weckte der Krieg das Heroische und seine Wertschätzung. In dieser Hinsicht wird das auf jenen spanischen Levante-Bildern treffend zum Ausdruck Gebrachte in einer Bestattung von Téviec in Westfrankreich unmittelbar verdeutlicht: Innerhalb einer Gruppe von Männer- und Frauengräbern zeichnete sich ein 20–30 Jahre alter Mann durch besonders reichen Kopf-, Hals- und Armschmuck aus. Er zeigte am Kiefer eine schwere Verwundung, die aber verheilt war, sowie zwei Pfeileinschüsse im Rücken, die seinen Tod herbeigeführt hatten: offenkundig ein besonders tapferer und deswegen hochgeehrter Krieger.

## *Bauernkulturen*

In den vollneolithischen Kulturen entwickelten sich aus den alten Jagd- und Lagerverbänden die Siedlungseinheiten. In ihrer Größe dürften sie jene in der Regel übertroffen haben, nicht selten sogar ganz beträchtlich. Die altneolithischen Tellsiedlungen Mesopotamiens und Westasiens umfaßten zweifellos mehrere hundert Einwohner, wenn nicht mitunter sogar mehr als tausend. Wie die stratigraphischen und topographischen Verhältnisse zeigen, war diesen Siedlungsgemeinschaften oftmals eine lange, mehrhundertjährige Dauer beschieden. Mit dieser Tradition hängt es zusammen, daß oftmals Bestattungen innerhalb des Dorfareals, unter den Hausböden und zwischen den Häusern, angelegt wurden (Hassuna, Tell as-Sauwan, Tepe Gaura, Telul eth-Thalathat, Mersin, Beidha, Khirokitia, Çatal Hüyük). Wenn dabei Kinder an erster Stelle stehen, so entspricht dies wohl den normalen Sterblichkeitsverhältnissen. Sofern in den betreffenden Kulturen eine Beigabenausstattung üblich war, wurden Kinder gleichwertig damit bedacht; in Khirokitia wurden ihnen kleinere Steingefäße mitgegeben als den Erwachsenen. Die gleichartige rituelle Behandlung und die im großen und ganzen gleichreiche Totenausstattung bei Männern und Frauen spricht für eine soziale Gleichberechtigung und – in Verbindung mit diversen Lageverhältnissen – für die herrschende Einehe. Die gesellschaftliche Stellung des Mannes drückt sich darin aus, daß von Anfang an in Männergräbern Waffen erscheinen: Keulenköpfe sowie Speer- und Pfeilspitzen (Çatal Hüyük, Benei-Beraq, Samarra), in Çatal Hüyük daneben aber auch Sicheln.

In Ägypten spiegeln sich die Dorfschaften für uns am greifbarsten in den Friedhöfen wider. Einer der größten ist der von Naqada, der mit seinen sich etwa auf ein halbes Jahrtausend verteilenden 1900 Gräbern einer mehr als 200 Einwohner umfassenden Dorfgemeinschaft entsprochen haben dürfte. Andere waren sicher kleiner. Wenn bei den badarizeitlichen Gräbern von Badari solche von Männern doppelt so zahlreich vertreten sind wie solche von Frauen, so ist dieses Verhältnis nicht zu verallgemeinern. Sonst scheinen Männer- und Frauengräber sich ziemlich die Waage zu halten. Auch im Beigabenreichtum und in der Totenhaltung und -ausrichtung herrscht völlige Übereinstimmung. Wenn für das Alte Reich durch die Privatgrabsteine die Einehe bewiesen wird, so dürfen wir dies auch für die vorangehende Zeit annehmen. Die große Zahl von Kindergräbern und die oft auffallend reiche Beigabenausstattung unterstreichen, daß bereits die Kleinen als gültige Glieder der Gemeinschaft gewertet wurden. Männergräber enthalten Waffen und Jagdgeräte. In El-Mahasna waren Mahlsteine auf Frauengräber beschränkt. Das weist darauf hin, daß das Kornmahlen Sache der Frauen war. Demgegenüber beteiligten sich an der Feldarbeit auch Männer, wie mannigfach für das Alte Reich bezeugt wird. Schminkpaletten treten häufiger in Frauengräbern als in solchen von Männern auf. Während viele Schmuckstücke von Angehörigen beider Geschlechter anscheinend gleicherweise getragen wurden, waren Haarkämme und -nadeln speziell für weibliche Frisuren typisch. In Badari trugen Frauen in der Regel mehrere bis viele Perlen, zu einer Halskette vereint, Männer jedoch nur eine einzige Perle. Dies könnte – entsprechend der späteren Sitte des Rollsiegeltragens – einen Brauch anzeigen, der unmittelbar mit einer sozialen Kennzeichnung in Verbindung stand. Denkbar wäre, daß auch die in Mostagedda nur bei Männern gefundenen Elfenbeinarmringe mit einem Knopfaufsatz in ähnlichem Sinn zu deuten sind.

In den Siedlungsgemeinschaften des Vorderen Orients, vor allem in denen der Flußgebiete des Nil und des mittleren und unteren Euphrat, wo eine bäuerliche Lebensweise nur bei künstlicher Bewässerung möglich war, trat von Anfang an das genossenschaftlich-kommunale Element stark hervor. War dies im landwirtschaftlichen Bereich unerläßlich – die Anlage und das Instandhalten von Bewässerungssystemen erforderte eine einheitliche Planung und die tätige Mithilfe vieler –, so drückt sich dies auch in der agglutinierenden Siedlungsweise (*s. S. 101 ff.*) sowie in der gewerblichen Produktion aus. Die Keramikherstellung, die Steinbearbeitung, vor allem die Anfertigung von Steingefäßen, die beginnende Metallgewinnung und -verarbeitung, das Elfenbeinschnitzen und andere technische Verrichtungen erfolgten nicht in den einzelnen Haushaltungen, sondern lagen in den Händen spezialisierter Handwerker oder Werkstätten, die jeweils eine größere Gemeinschaft mit diesen Erzeugnissen belieferten und dafür mit den nötigen Nahrungsmitteln versorgt wurden. Wo bei dieser sich entwickelnden handwerklichen Differenzierung und diesem zunehmenden Gütertausch innerhalb der einzelnen Siedlungsverbände die Grenze zwischen dörflichen Gemeinschaften und solchen städtischen Charakters liegt, ist schwer anzugeben. Will man die funktionale Gemeinschaft differenzierter Sozialgruppen als städtisches Strukturprinzip ansehen, so reichen dessen Anfänge im Vorderen Orient jedenfalls ins Neolithikum zurück.

In Europa spiegeln die griechische und die unterdonauländische Tellkultur soziale Verhältnisse wider, die denen Vorderasiens vergleichsweise nahe stehen. Darin unterscheiden sie sich von der mitteleuropäischen Bandkeramikkultur und ihren jungneolithischen Nachfolgern. Die mitteleuropäischen Grabfunde bezeugen eine gleichwertige rituelle Behandlung von Männern und Frauen (z. B. Sondershausen, Bruchstedt, Hoenheim, Flomborn, Worms, Lingolsheim, Rössen, Zengövárkony). In Italien läßt sich dasselbe in der Vasi a bocca quadrata-Kultur Liguriens sowie in der gleichzeitigen Kultur der Lombardei und der Emilia beobachten (Arma dell' Aquila und Arenę Candide, Chiozza). Im Gegensatz zu der bei Männern, Frauen und größeren Kindern typischen linksseitigen Hockerlage waren Neugeborene in anderer Körperhaltung und Ausrichtung beigesetzt: Die Allerkleinsten wurden demnach zwar nicht nach denselben rituellen Regeln bestattet wie die größeren Kinder und die Erwachsenen; aber als zum Sozialverband gehörig betrachtet und darum liebevoll bis in den Tod hinein behandelt wurden auch sie. In der späten Theißkultur war es herrschender Brauch, daß Männer auf der rechten Seite, Frauen auf der linken Seite liegend bestattet wurden (z. B. Kökenydomb).

Was die Beigabenausstattung mitteleuropäischer Gräber anlangt, so sind Frauen vielfach mit Muschelschmuck versehen, daneben bezeichnenderweise mit Mahlsteinen (Worms Hinkelstein, Nierstein) und Sicheln, Männer dagegen mit Waffen (Streitaxt bzw. -keule oder Pfeilspitzen), und zwar von der Frühphase der Bandkeramikkultur an. Das Vorkommen von Streitäxten in Kindergräbern (z. B. Kleinhadersdorf, Waiblingen, in Quatzenheim war es ein Jüngling von 13–15 Jahren) besagt wohl, daß die Waffen nicht nur als Besitzstücke dem Verstorbenen im Tod belassen wurden, sondern daß sie die seine soziale Position kennzeichnenden Attribute waren, die entsprechend auch den frühverstorbenen Knaben zur letzten Zier gereichen sollten. Welche Rolle die Bewaffnung bereits in den älteren Jungsteinzeitkulturen Mitteleuropas spielte, erhellt aus dem Umstand, daß die Techniken des Durchlochens von Steinen (Picken und Bohren) erstmalig an Waffentypen, nämlich Keulenköpfen, aufkamen (*Taf. 11,3*) und offenbar dafür entwickelt wurden. Das früher vertretbar scheinende Bild der nur friedlich ihre Äcker bestellenden Bandkeramiker ist gründlich zu revidieren. Die Haltung der europäischen Neolithiker schloß von Anbeginn an einen kriegerischen oder zumindest kampfbereiten Zug in sich ein. Darin scheint trotz der Unterschiedlichkeit in der Wirtschaftsweise und in anderen Kulturäußerungen zwischen den vollneolithischen Gruppen und denen von Tardenois-Maglemose-Art eine wesentliche Gemeinsamkeit begründet zu sein. Vergleichbar dem hervorragenden Krieger von Téviec (*s. S. 147*), zeichnen sich einige vollneolithische Männerbestattungen durch einen exzeptionellen Reichtum an keramischen, Schmuck- und Waffenbeigaben aus, worin die besondere gesellschaftliche Stellung der hier Beigesetzten zum Ausdruck kommt. Ein 35–40 Jahre alter Krieger von Hoenheim war offensichtlich im Kampf gefallen; in seinem Knie steckte noch eine Pfeilspitze. Im Rössener Friedhof von Lingolsheim lag der mit großem Abstand reichst ausgestattete Mann mit zweifach trepaniertem Schädel in einem Schacht, der doppelt so tief war wie die übrigen Grabschächte.

Die bandkeramische Siedlungsweise, die zweifellos der speziellen Sozialstruktur dieser Bevölkerung entsprach, scheint von den Erfordernissen der Kolonisation und des Landausbaues geprägt zu sein (Entsenden von Jungmannschaften und Behaupten des unter Kultur gebrachten Landes). Wenn unsere siedlungsgeschichtliche Interpretation der Grabungsbefunde (*s. S. 122 ff.*) richtig ist, haben wir es nicht mit geschlossenen Dörfern, sondern mit einzelnen Großbauten zu tun, die in der Regel zwischen sich einen beträchtlichen Abstand hatten, so daß man eigentlich von Einzelhöfen sprechen sollte. Diese Großbauten gehen in ihren beeindruckenden Ausmaßen und in ihrer Festigkeit über die Bedürfnisse und die Leistungskraft einer einzelnen Familie hinaus und lassen in ihrer Errichtung und Benutzung auf einen größeren Sozialverband schließen. Seine Größe mag etwa 30–60 Personen, Kinder mit eingerechnet, umfaßt haben. Über die innere Gliederung dieser Siedlungsgemeinschaften und über das Verhältnis der dazugehörigen Einzelfamilien zueinander lassen sich einstweilen kaum einigermaßen sichere Angaben machen. Unter Berufung auf einen spätneolithischen Hausgrundriß vom Postoloprty, wo vier annähernd in gleichem Abstand voneinander liegende Herde auf vier in diesem Haus wohnende Familien hinzuweisen scheinen, wurde vermutet, daß die etwa gleichgroßen Bandkeramikhäuser (in denen Herde niemals erhalten sind) ebenfalls vier Familien als Wohnung gedient hätten, größere Häuser entsprechend mehr, kleinere weniger. Halten wir uns an den archäologischen Befund, so ist bei den bandkeramischen Großbauten anscheinend eine Gliederung in einen Vorrats-, einen Herd- und einen Schlafteil typisch, wobei die Y-Stellung der Mittelpfosten beim Geleen-Typus (*s. S. 119*) die Annahme nahelegt, daß nur ein einziger Herd in jedem Großbau vorhanden war. Das würde bedeuten, daß nicht nur die Erbauung des Hauses, die Feldbestellung und die Vorratsspeicherung Gemeinschaftsarbeiten waren, sondern daß auch das

Leben am Herd den Gemeinschaftsbezug in den Vordergrund treten ließ. Daß die einen Siedlungsverband bildenden Familien häufig (aber nicht notwendigerweise immer) miteinander blutsverwandt waren (Großfamilie, Sippe), dürfte angenommen werden. Jedoch kann die Überlegung, wonach die Tongefäße von Frauen hergestellt worden seien und einzelne Siedlungsgruppen zuweilen eine spezielle keramische Tradition zeigen, nicht – wie in der Forschung erwogen wurde – als Hinweis für eine matriarchalische Gesellschaftsordnung gewertet werden, indem die weibliche Erblinie konstant und bestimmend gewesen sei.

Die von den Erfordernissen der Landnahme und des Landausbaues geprägte bandkeramische Sozialstruktur scheint während des Jungneolithikums vornehmlich noch in den nördlichen Randgebieten herrschend gewesen zu sein, während im übrigen Mitteleuropa eine Wandlung dahingehend stattfand, daß an Stelle der jeweils durch einen Großbau verkörperten Siedlungsverbände nun Dörfer traten. Diese bestanden aus mehr oder weniger zahlreichen Häusern, deren jedes von einer Familie bewohnt war. Damit war eine stärkere Selbständigkeit der Einzelfamilie innerhalb des Siedlungsverbandes verbunden. Dennoch wurden auch jetzt ausgesprochene Gemeinschaftswerke errichtet wie Befestigungsanlagen der Gesamtsiedlung (*s. S. 128f.*) und Häuser, die keine gewöhnlichen Wohn- oder Wirtschaftsbauten waren, sondern die einem kommunalen Anliegen des ganzen Dorfverbandes dienten (z. B. das Hallenhaus von Aichbühl: *Taf. 30, C*). Ähnlich wie in den jungneolithischen Kulturen Mitteleuropas tritt in der Siedlungsform und der Häusergliederung der gleichzeitigen Tripolje-Kultur der Ukraine einerseits die Einzelfamilie und andererseits der übergreifende Gesamtverband der Dorfschaft in Erscheinung. Verglichen mit den Siedlungsverbänden der Bandkeramikkultur dürften diejenigen des Jungneolithikums oft größer gewesen sein.

## *Das Königtum*

Am Ende des 4. Jahrtausends v. Chr. traten in Babylonien und in Ägypten Ereignisse ein, die zur Entstehung des Königtums und damit einer neuartigen Sozialordnung führten. Die unterschiedlichen, uns zur Verfügung stehenden archäologischen Denkmälergattungen – in Mesopotamien vor allem Heiligtümer, in Ägypten Gräber – erhellen jeweils verschiedene Aspekte dieser Vorgänge, die in beiden Ländern offensichtlich nicht völlig einheitlichen Charakters waren. Die Entwicklung der mesopotamischen Tempelarchitektur, wie sie in Eridu, Uruk und im Tepe Gaura zu verfolgen sind (*Taf. 24; s. S. 195ff.*), läßt als treibende Kraft auf Priesterschaften schließen, die nicht nur die Tempel und den sich in ihnen vollziehenden Kult in zunehmendem Maße zu einer äußeren Entfaltung führten, sondern die auch in anderen Bereichen des kulturellen und wirtschaftlichen Lebens gestaltend tätig waren: Der Personenkreis, der im Tepe Gaura die Tempel der obedzeitlichen Schicht XIII errichtete, war vermutlich derselbe, der für die Anlage des großen, als zentraler Getreidespeicher zu deutenden Rundbaues der Schicht XI A verantwortlich zu machen ist, und der in den fürstlich reich ausgestatteten Gräbern der Schichten IX und VIII greifbar wird. In Ägypten fallen in den Naqada-Nekropolen einige Bestattungen durch ihre Grabformen und ihren Beigabenreichtum aus dem Rahmen des Üblichen heraus, wobei die z. T. auffallend reichen Waffengarnituren anzudeuten scheinen, daß dieses Hervorragen nicht auf einem bloßen Reichtum beruhte, der mit Land- oder Viehbesitz bzw. einer Gewerbetätigkeit oder dem Handel zusammenhing, sondern zugleich eine gewisse Macht einschloß. Daneben könnte man in diesem Zusammenhang darauf hinweisen, daß während der Naqada-Stufen zunächst in den Gefäßmarkierungen (Signierung des Eigentümers) und dann in der Verwendung von Rollsiegeln zur Herkunfts- oder Besitzkennzeichnung eine Steigerung der Persönlichkeitsbewertung zum Ausdruck kommt.

Diese mesopotamischen und ägyptischen Befunde lassen allgemein die Entwicklung erahnen, die dann um 3000 v. Chr. zu den tiefgreifenden, die Sozialstruktur dieser beiden Gebiete von Grund auf neu prägenden Geschehnissen führte. Das wesenhaft Neue des ägyptischen Königtums, wie es vom Beginn der 1. Dyn. an in Erscheinung tritt und dann die mehrtausendjährige Geschichte des Pharaonentums durchzieht, ist die religiöse Konstituierung des Königs als Horus und seine dadurch bedingte Heraushebung aus der gesamten übrigen Gesellschaft, nicht nur graduell, wie es in vordynastischer Zeit für sozial Hervorgehobene der Fall sein mochte, sondern prinzipiell: der König war der Sphäre des Nur-Innerweltlichen entrückt und in den unmittelbaren Hoheits- und Wirkbereich göttlicher Mächte gehoben. Daraus entstand eine tiefe Kluft zwischen dem Pharao und den übrigen Menschen. Zwar war in frühdynastischer Zeit die von den Pyramidenerbauern an herrschende Anschauung vom König als dem Sohn des Sonnengottes Re noch nicht ausgeprägt; aber der Horus-Charakter der frühdynastischen Könige verkörpert ebenfalls die Würde dieser neuen sozialen Position. Wenn wir angesichts der Quellenlage von den historischen Verhältnissen und Geschehnissen, die diese Neuerung hervorbrachten, keine hinreichende Kenntnis haben können, so werfen die Denkmäler der 1. Dyn. doch ein vielsagendes Licht auf gewisse Züge jenes Vorganges (*s. S. 238 ff.*). Demnach war bei dem ersten Horus-König, ‚Skorpion', ein kriegerisch-kraftvolles, von Siegen, Triumphen und politischen Erfolgen gekröntes Auftreten als Held und Herrscher mit dem Bewußtsein gepaart, Verkörperung eines göttlichen Willens und einer göttlichen Macht zu sein. Die Frage, welche dieser beiden Seiten primär sei, d. h. ob das politische Wirken einer religiösen Überhöhung bedurfte, um sich zu rechtfertigen, oder ob aus dem religiösen Sendungsbewußtsein eines Einzelnen die Impulse für sein politisches Handeln erwuchsen, wird der Eigenart jenes Geschehens zweifellos nicht gerecht, die gerade darin bestand, daß die religiöse und die politische Sphäre nicht trennbar waren. So wurde aus der prädynastischen Sozialordnung der erste Staat mit dem König an der Spitze. Einmal geschichtliche Wirklichkeit geworden, blieb die auf einem neuen, religiös verankerten Selbstbewußtsein beruhende soziale Stellung des Horus ‚Skorpion' nicht eine ephemere Erscheinung, sondern wurde zur Institution. Horus Narmer, Horus Aha und alle weiteren Könige setzten das von ‚Skorpion' Begonnene fort.

Aus der ägyptischen Tradition, wonach das Gesamtreich aus den beiden Ländern Ober- und Unterägypten bestand, die durch jeweils eine eigene Krone (die weiße Krone, Hedschet, und die rote Krone, Deschert: *Taf. 15,1 links und rechts*), eine eigene Krongöttin (Nechbet und Uto, Geier und Uräusschlange) und ein eigenes Reichsheiligtum charakterisiert wurden, und deren rituelle Vereinigung zu den Zeremonien bei der Krönung jedes Königs gehörte, wurde in der modernen Forschung geschlossen, es hätten ursprünglich zwei getrennte Königreiche bestanden. Das eine, im Delta gelegen, sei von dem oberägyptischen besiegt und erobert worden; in der kultischen Fiktion habe es jedoch als eine Besonderheit weiterexistiert. Theoretisch wäre natürlich denkbar, daß die Entstehung eines Königtums sich in derselben Zeit zweimal im Niltal, einmal in Ober- und einmal in Unterägypten, vollzogen hätte. Andererseits sollte man nicht übersehen, daß positive Belege für ein selbständiges unterägyptisches Königtum analog demjenigen des Horus ‚Skorpion', Narmer und Aha nicht namhaft zu machen sind, was wohl nicht nur durch die allgemeine Fundarmut im Delta zu erklären ist. Zudem könnte die in der späteren ägyptischen Tradition geläufige gesonderte Anführung von Ober- und Unterägypten sich auf eine im Zuge der Reichsgründung geschaffene administrative Einteilung beziehen, die sich in einer getrennten Verwaltung, in zwei Regierungssitzen und zwei königlichen Begräbnisstätten ausdrückte. Das würde bedeuten, daß das Territorium des frühdynastischen Reiches nicht aus zwei vorher gleichwertigen Teilen bestanden hätte; die Eroberungen von ‚Skorpion', Narmer und Aha hätten sich nicht gegen ein „Reich", sondern gegen einzelne Gaue mit altertümlicher Sozialstruktur gerichtet. Dann wäre das ägyptische Königtum etwas prinzipiell Einmaliges, das zu Beginn der 1. Dyn. in Oberägypten ins Dasein getreten ist.

Die unter Horus ‚Skorpion' und Narmer einsetzende monumental-berichtende Bildkunst (*s. S. 213 ff.*) gibt uns Kenntnis von einer ausgesprochen grausamen Kampfesweise und von mit Mengen von Erschlagenen sich brüstenden Triumphen (*Taf. 11,14; 15,1*). Die Annahme liegt nahe, daß der durch den Horuscharakter der Monarchie entstandene tiefgreifende Abstand des Königs von den übrigen Menschen sich auch auf die Formen der Kriegführung auswirkte.

Sichtbarer Ausdruck der überragenden Stellung des Pharao sind die Königsgrabmäler. Sie bezeugen zugleich, daß die Gemahlin dem König ebenbürtig zur Seite stand und an der erhabenen Sphäre teilhatte, die seine Existenz verkörperte. Daß die Königin sogar selbständig die Regentschaft hätte führen können, wie neuerdings bei Meret-Neit erwogen wird, ist allerdings unsicher. Hinweise auf eine entsprechend standesgemäße Bestattung von Königskindern sind bis jetzt nicht bekannt. Da die Grabmonumente königlichen Charakters in der Regel jedoch ausgeplündert sind und ihre Identifizierung aufgrund des noch Vorhandenen zumeist Schwierigkeiten bereitet, bzw. überhaupt fraglich ist, ist durchaus mit der Möglichkeit zu rechnen, daß einige diesbezügliche Gräber Königskindern gehörten.

In der Umgebung des Königs spielten sodann hohe Würdenträger eine Rolle, deren Name, Titel und Amtsbezeichnung auf Siegeln erscheinen. Inwieweit sie sich aus älteren, bereits in vordynastischer Zeit vornehmen (adligen) Geschlechtern rekrutierten, und inwieweit aus Mitgliedern der königlichen Familie, oder ob der König diese Wesire nach Leistung und Eignung aussuchte, können wir nicht wissen. Sicher dürfte nur sein, daß ihr Verhältnis zum Thron dasjenige von Beamten war. Alles Ansehen und aller Einfluß, die sie während ihrer Amtsführung in Staat und Gesellschaft hatten, gründete in der Gunst und im Vertrauen des Königs. Das Abhängigkeitsverhältnis der königlichen Beamten vom Monarchen spiegelt sich in den sog. Trabantengräbern um die Königsbestattungen von Abydos und Sakkara wider. Das häufige Vorkommen von Stelen mit hieroglyphischer Namensbezeichnung in diesen Gräbern spricht für eine sozial bevorzugte Stellung der dort Bestatteten, ebenso die gelegentliche Beigabe eines Brettspieles, von Steingefäßen und von Edelmetall. Sie wurden reihenweise um den toten König herum bestattet, weil ihr Dienst mit dem Tod des Königs sein Ende gefunden hatte und sie auch im Tode ihrem Herrn nahe sein wollten (oder zu sein hatten). Der König war nicht nur Repräsentant, sondern in seiner Person Träger und Inbegriff des Staates. Vom König abhängig waren aber nicht nur die mit der Verwaltung betrauten höheren und niederen Beamten, sondern allem Anschein nach auch andere Berufsgruppen, von deren auf den König bezogener Tätigkeit die uns erhaltenen Funde Zeugnis ablegen, vor allem Schreiber, Architekten, Bauhandwerker, Steinmetzen, Soldaten, sodann wohl auch Metallhandwerker, Händler und Spediteure, die den Schiffsverkehr auf dem Nil und Karawanenzüge durch die Wüstengebiete besorgten.

In Babylonien entstand das Königtum an Ende des 4. Jahrtausends v. Chr. im Rahmen einer politischen und sozialen Ordnung, die man als „sumerische Tempelstadt" zu bezeichnen pflegt. Neben Eridu, Ur, Lagaš, Girsu (Tello), Nippur, Kiš u. a. tritt vor allem Uruk als wohl wichtigste derartige Tempelstadt hervor. An der Spitze dieser Orte stand ein König, für den die Tradition die Bezeichnungen „En", „Lugal", und „Ensi" kennt. Die letztere scheint nicht im selben Maße wie die beiden anderen auf eine unabhängige Stellung hinzuweisen, während ‚Lugal' (Lu = ‚groß', gal = ‚Mensch') die in der sumerischen Überlieferung (Epos, Hymnen und sog. sumerische Königsliste) geläufige Benennung des mornarchischen Königs ist. Mit einem Namen verbunden, also als Titel gebraucht, ist „Lugal" in Ur und Kis von der frühdynastischen Zeit an nachweisbar; die Zeichengruppe erscheint aber bereits auf Tafeln der Djemdet Nasr-Zeit. Die Bezeichnung „En" war in der Frühzeit anscheinend auf Uruk beschränkt. Epigraphisch ist dies Wort bereits auf den ältesten Tontäfelchen in Schicht IV a von Uruk belegt. Gilgameš und sein Vater Lugalbanda werden im Epos „En von Kulaba" (Teil von Uruk) genannt. In dem auf Siegeldarstellungen und anderen Abbildungen der Uruk- und Djemdet Nasr-Zeit erscheinenden Mann mit langem, zusammengebundenem Haar und langem Rock (*Taf.* 14, 1.3.6–9) wird allgemein der En von Uruk gesehen. Er ist zugleich kultisches wie politisches Oberhaupt der Stadt. In seinen Händen lag die Planung, Errichtung und Instandhaltung der riesigen Tempelbauten (das Eanna-Heiligtum dürfte damals mindestens 9 ha groß gewesen sein), die Durchführung des vielgestaltigen Kultes ebenso wie der Bau von Bewässerungsanlagen, die Bestellung der Ländereien, die Versorgung der Rinder- und Schafherden, die Beaufsichtigung der einzelnen Handwerker und des Handels, die Organisation der Verwaltung und die militärische Verteidigung. Der En war der irdische Vertreter der Stadtgottheit. Eine Vergöttlichung des Königs läßt sich erst für die Akkad-Zeit belegen. Die Bezeichnung des Königs als Sohn einer Gottheit ist erstmalig für Mesilim bezeugt. Diese Gotteskindschaft des sumerischen Königs bedeutete keine Vergöttlichung, vergleichbar derjenigen des ägyptischen Horus-Königs. Wenn auf einem urukzeitlichen Rollsiegel der En einmal mit zwei ihn flankierenden Schafen dargestellt ist (*Taf.* 14, 6), so scheint hier die Benennung „Guter Hirte" anzuklingen, die später als Titel der Könige von Babylon geläufig war. Was aus den Keilschriftaufzeichnungen der frühdynastischen Zeit ersichtlich ist, daß nämlich im Prinzip alles Land sich im Besitz der jeweiligen Stadtgottheit befand, und daß daher die gesamte Verwaltung, Wirtschaft und Kulturentfaltung auf den Tempel bezogen und durch den König in seinem religiös-weltlichen Doppelaspekt geleitet wurde, gilt gewiß bereits für die Uruk-Zeit. Die Residenz des Königs wurde später „hai-gal" („großes Haus') genannt, eine Bezeichnung, die erstmalig in den frühdynastischen Texten von Ur auftritt. Wenn in der Uruk IV/III-Zeit unter den zahlreichen Architekturresten von Uruk (und von anderen Orten) sich keine solchen herausstellen lassen, die zu einer Residenz im Sinne eines nichtsakralen Baues gehören können, so ist dies bei der Großflächigkeit der bisherigen Ausgrabungen kaum auf einen Zufall zurückzuführen, sondern muß so gedeutet werden, daß die Wohn- und Residenzräume des En innerhalb des Heiligtumsbezirkes in Bauwerken sakralen Charakters zu suchen sind.

Über die zweifellos gestaffelte Art der Abhängigkeit, in der die Bevölkerung einer frühen sumerischen Tempelstadt zum König stand, haben wir noch keine Kenntnisse. Jedenfalls gab es Sklaven. Die Wortzeichen für „Sklavin" (Weib – Fremdland) ist mehrfach auf den Uruk IV a-Täfelchen erkennbar. Sklaven dürften also zunächst Landfremde, d.h. Kriegsgefangene gewesen sein, wie sie oftmals auf Siegelbildern gefesselt vor dem En kauernd dargestellt sind (*Taf.* 14,7).

Das Königtum ist seinem Ursprung und Wesen nach offensichtlich ein integrierender Bestandteil der frühen Hochkulturen und auf diese beschränkt. In der Folgezeit breitete sich die Idee des (Sakral-) Königtums aus und blieb dabei nicht an die hochkulturelle Geschichtsstruktur gebunden, sondern wurde mehr oder weniger unabhängig von anderen Äußerungen der hochkulturellen Lebensform übernommen und abgewandelt. Von der Kupferzeit an ist dies zu verfolgen. Es läßt sich nicht erweisen, daß dies in stärkerem Ausmaß bereits vor dem 27. Jahrhundert v. Chr. begonnen habe, jedenfalls nicht außerhalb des Vorderen Orients.

# 5. KUNST

## A. ALTSTEINZEIT

### *Der Ursprung*

Die paläolithischen Malereien, Reliefs und Zeichnungen an Höhlenwänden sowie die plastischen und gravierten Werke der figürlichen und ornamentalen Kleinkunst beeindrucken den heutigen Menschen mehr als alle anderen Altsteinzeitfunde. Um diesen Kunstwerken historisch gerecht werden zu können, müssen wir versuchen, sie unter tunlicher Ausschaltung moderner Maßstäbe aus den sie bedingenden Umständen heraus zu begreifen. Von besonderer Bedeutung ist dabei das Problem des Ursprungs dieser Kunst.

Die ältesten Zeugnisse gehören dem Beginn des Jungpaläolithikums an. Wenn dabei die größte Anzahl datierbarer Denkmäler im Rahmen des Gravettien, eine geringere Zahl im Aurignacien und nur verschwindend wenige im Châtelperronien erscheinen, so dürfte dieses Verhältnis hauptsächlich damit zusammenhängen, daß die Fundkomplexe von Aurignacien- und vor allem die von Châtelperronien-Art allgemein seltener sind als diejenigen des Gravettien. In Osteuropa ist eine vorgravettienzeitliche Jungpaläolithstufe überhaupt bisher kaum nachweisbar, und in Mitteleuropa gibt es kein Äquivalent zum westeuropäischen Châtelperronien, ganz abgesehen davon, daß dieses auch in Frankreich wohl nicht generell älter ist als das Aurignacien. Aus einigen französischen Stratigraphien (z.B. La Ferrassie), bei denen in einer Châtelperronien-Schicht Zeugnisse künstlerischer Betätigung fehlen und diese erst im Aurignacien einsetzen, kann nicht gefolgert werden, es habe eine jungpaläolithische Frühstufe gegeben, in der die bildende Kunst noch generell unbekannt gewesen sei. In anderen stratigraphischen Befunden (z.B. Willendorf) treten Kunstdenkmäler erst in den Gravietten-, nicht aber den Aurignacien-Schichten auf. Hier müssen wir einfach mit Zufälligkeiten des jeweils Erhaltenen rechnen. Insgesamt dürfen wir sagen, daß die Kunst mit dem Jungpaläolithikum einsetzt und mit zu den dieses Zeitalter kennzeichnenden neuen Kulturerscheinungen gehört.

Die Kunst tritt für uns plötzlich und voll entwickelt in Erscheinung. Alle Gattungen: Malerei, Zeichnung, Relief und Vollplastik sind seit dem Aurignacien nachweisbar, und auch hinsichtlich der Darstellungsarten besteht bereits von dieser Zeit an eine beträchtliche Mannigfaltigkeit. Naturnahe Tier- und Menschenbilder (*Taf. 1, 2.4*), die eine hervorragende Beobachtungs- und meisterhafte Gestaltungsfähigkeit verraten, stehen neben Stilisierungen und symbolhaft wirkenden, der natürlichen Körperwelt entnommenen Zeichen und Abbreviationen (*z.B. Taf. 2, 15*). Wenn auch angesichts der Quellenlage der tatsächliche Anfang einer figürlichen Kunst sich für uns im empirischen Dunkel allgemeiner Denkmälerspärlichkeit und chronologischer Weitmaschigkeit verliert, so müssen wir doch feststellen, daß unter Zugrundelegung unserer derzeitigen, verhältnismäßig differenzierten zeitlichen Gliederung der jungpaläolithischen Kulturerscheinungen ein allmähliches, stufenweises Herauswachsen einer künstlerischen Betätigung aus primitiven Vor- und Frühstufen nicht erkennbar ist.

Die theoretische Möglichkeit, daß uns der Fundzufall ältere, primitive Vorstufen in anderen, noch wenig erforschten Gebieten der Erde vorenthält, ist natürlich nicht grundsätzlich von der Hand zu weisen; die Wahrscheinlichkeit dafür ist aber gering. Denn der Bereich, in dem jungpaläolithische Kunstzeugnisse bekannt und chronologisch einer älter- und mittelpaläolithischen, bisher nirgends Spuren künstlerischer Betätigung aufweisenden Kultur gegenüberzustellen sind, reicht vom Süden der Pyrenäenhalbinsel bis nach Sibirien. In Afrika, das insgesamt außerordentlich reich an Altsteinzeitfunden ist, gehören die ältesten, im nordwestlichen Teil des Kontinents bekannt gewordenen Kunstäußerungen bereits in die postpleistozäne Zeit.

Schwer ist es, innerhalb des eurasiatischen Raumes ein enger begrenztes Ursprungsgebiet der Diluvialkunst nachzuweisen. Der Umstand, daß sie in Westeuropa, speziell in Südwestfrankreich und Nordspanien, dem sog. franko-kantabrischen Kreis, besonders reichlich Spuren hinterlassen und auch offenkundig eine besondere Blüte erlebt hat, führte in der Forschung zu der Ansicht, daß dort die Wiege der Kunst zu suchen sei. Tatsächlich liegen in diesem Gebiet aus Aurignacien-Schichten bedeutende Denkmäler vor, die es gestatten, dort die Frühstufe künstlerischen Schaffens so gut zu beurteilen wie sonst nirgends. Andererseits gibt es aber auch Hinweise dafür, daß bei dem Problem der Kunstentstehung der Blick nicht ausschließlich auf Westeuropa gerichtet werden darf. So fehlen aurignacienzeitliche und gravettienzeitliche Tierplastiken in den fundreichen Stationen Frankreichs und Spaniens, während sie in Mitteleuropa recht reichlich vertreten sind (*Taf. 4, 12–14*). Auch die anthropomorphen Statuetten dieser Zeit sind außerhalb Westeuropas häufiger gefunden worden als in der franko-kantabrischen Kunstprovinz (*Taf. 1, 1. 9. 10. 15. 12. 13. 17. 18*). Das legt die Annahme nahe, daß die künstlerische Betätigung bereits in der ältesten archäologisch faßbaren Stufe in einem weiten Bereich zu regional unterschiedlichen Formen führte.

Der von der früheren Forschung beschrittene Weg, eine nähere Lokalisierung der Kunstentstehung über eine Herkunftsbestimmung des Châtelperronien und des Aurignacien zu erzielen, führt zu keinem überzeugenden Ergebnis. Für eine südwestliche Heimat der frühen Jungpaläolithkultur, in deren Rahmen die älteste Kunst auftritt, ist früher ins Feld geführt worden, daß in Westeuropa altertümlichere lithische Ausprägungen bekannt seien als im

Osten. Abgesehen davon, daß ungewiß ist, inwieweit „altertümlich", d.h. stärker mit mittelpaläolithischen Elementen durchsetzt, tatsächlich gleichbedeutend mit „älter" im rein chronolgischen Sinn ist, hat diese Feststellung jede Beweiskraft verloren, seitdem bekannt geworden ist, daß in der Levante Schmalklingengeräte in früherer Zeit typisch waren als in Westeuropa. Die entgegengesetzte Ansicht, wonach das Aurignacien im Osten wurzele, wurde damit zu begründen versucht, daß Mammutjäger, die als Träger dieser Kultur erweislich seien, nicht aus dem warmen Südwesten nach Osteuropa gewandert sein könnten. Nun ist aber keineswegs ausgemacht, daß eine Spezialisierung auf das Mammut unverrückbar *die* Population kennzeichnete, die, mit frühjungpaläolithischen Steingeräten ausgestattet, sich erstmalig künstlerisch betätigte. Was den chronologischen Vergleich von Fundkomplexen mit Kunstzeugnissen aus der Frühzeit des Jungpaläolithikums aus Ost- und Westeuropa miteinander anlangt, so sind einstweilen weder auf der Basis geochronologischer Bestimmungen noch auf rein archäologischem Wege so präzise Bestimmungen möglich, als daß mit ihrer Hilfe die Prioritätsfrage zu beantworten wäre.

Es wurde auch erwogen, der Ursprung künstlerischen Schaffens am Beginn des Jungpaläolithikums hinge eventuell mit dem Verschwinden des Neandertalers und dem Auftreten des entwickelten Homo sapiens ursächlich zusammen. Über das Erscheinen der jungpaläolithischen Menschenrassen vermögen wir aber heute erheblich weniger Sicheres auszusagen, als es vor einigen Jahrzehnten noch den Anschein hatte, so daß eine Klärung des Problems der Kunstentstehung nicht von den anthropologischen Befunden zu erwarten ist. Die Hypothese, eine dem mittelpaläolithischen Neandertaler rassisch überlegene, zu Beginn des Jungpaläolithikums nach Europa neu eingewanderte Population habe die Kunst aus einem nicht näher bekannten Ursprungsgebiet mitgebracht, ist daher nur eine unbefriedigende Scheinlösung.

Das Fehlen von figürlichen und ornamentalen Kunstwerken im Mittelpaläolithikum kann schwerlich auf Zufall oder auf schlechten Erhaltungsbedingungen beruhen, da die Zahl fundreicher Moustérien-Stationen im ganzen altweltlichen Raum beträchtlich groß ist und die Erhaltungsverhältnisse in den Höhlen und auf den Freilandlagerplätzen weitgehend denen der jungpaläolithischen Stationen entsprechen. Der Gebrauch von Farbstoffen war im Moustérien nachweislich bekannt. Sie wurden wohl zur Bemalung des menschlichen Körpers oder bestimmter Gegenstände verwendet. Auch die Technik des Knochen- und Geweihschnitzens wurde im Mittelpaläolithikum geübt. Wenn somit in dieser Zeit die technischen Voraussetzungen für die Anfertigung von figürlichen Zeichnungen und von Plastiken gegeben waren, dennoch aber Kunstwerke nirgends zum Vorschein gekommen sind, so müssen wir daraus schließen, daß es vor dem Jungpaläolithikum eine Kunst im Vollsinn des Wortes tatsächlich noch nicht gab.

Angesichts des unvermittelten Erscheinens der so erstaunlich „entwickelten" Jungpaläolithkunst wurde vielfach versucht, primitivere Vorstufen herauszustellen, die älter sein sollten als die ersten wirklichen Kunstwerke. Vor einigen Jahren wurde wieder einmal eine Kollektion sonderbar gebildeter, an Menschen- und Tierformen erinnernder Steine angeblich mittelpaläolithischen Alters als Zeugnis einer solchen Protokunststufe bekannt gemacht. Es wurde gemutmaßt, die Mittelpaläolithiker hätten diese Steine wegen ihrer menschen- und tiergestaltigen Formen aufgelesen und etwas überarbeitet. Es läßt sich aber weder ergründen, was gegebenenfalls Pälaolithiker in diese merkwürdigen Naturgebilde hineinsahen, noch kann glaubhaft gemacht werden, daß die Steine von Menschenhand nachgearbeitet wurden.

Im prinzipiellen Ansatz mit diesen Spekulationen verwandt ist eine in der Forschung vielvertretene Theorie über den Ursprung der Höhlenbildkunst. Sie geht aus von geritzten oder gerillten Linien an den lehmigen Höhlenwänden, die zumeist gänzlich ohne ersichtliche Bedeutung sind, mitunter aber in tierartige Formen übergehen *(Taf. 7, 6)*. Zur Erklärung wird angenommen, daß die Phantasie der Menschen durch zunächst gedankenlose Liniengewirre, die ihrerseits die Kratzer von Höhlenbären nachahmten, angeregt worden sei, was zur weiteren Ausgestaltung in Richtung auf bewußte Tierbilder geführt habe. Ebenso seien natürliche Unebenheiten, Felsvorsprünge und dergl. geeignet gewesen, die Vorstellung von Tieren zu erwecken, was durch zeichnerische Ergänzungen verstärkt worden sei. Dies habe zur Entstehung der ersten figürlichen Höhlenbilder geführt. Die Bekanntschaft mit der Farbe sei auf dem Wege positiver und negativer Handabdrücke gemacht worden, wie sie vielfach in den Höhlen begegnen. Dabei wurde entweder die Hand mit roter oder schwarzer Farbe beschmiert und auf die Felswand geklatscht, oder die auf die Wand gelegte saubere Hand samt ihrer Umgebung wurde mit flüssiger Farbe bespritzt, so daß bei Wegnahme der Hand eine negative Handspur sichtbar blieb (*Taf. 2, 19*).

Tatsache ist, daß jene wirren Liniengebilde an den Höhlenwänden (die sog. Makkaroni) im Verhältnis zu den ersten figürlichen Darstellungen nicht als älter zu erweisen sind. Indes wurden derartige Liniengeschlinge nachweislich noch in einer fortgeschrittenen Stufe des Jungpaläolithikums erzeugt. Ohne Zweifel bezog der paläolithische Künstler natürliche Felsvorsprünge und sonderbare Oberflächenbildungen mitunter in seine Bildgestaltung ein; dafür gibt es Belege aus allen Stufen des Jungpaläolithikums (Altamira, Font-de-Gaume, Comarque, Pech-Merle, Les Combarelles). Unbeweisbar aber ist, daß dieses Einbeziehen natürlicher Pseudobilder speziell eine Frühphase der Diluvialkunst kennzeichne und womöglich in die Zeit vor Entstehung der ersten intentionellen Darstellungen zurückreiche. Was die Handabdrücke anlangt, so läßt sich durch Überlagerungen und andere Indizien etlichemal belegen, daß sie zu den ältesten artifiziellen Wandzeichen der Bilderhöhlen gehören (Castillo; Gargas: *Taf. 2, 19*). Ob der zeitliche Abstand zu den figürlichen Darstellungen der betreffenden Höhlen aber eine entwicklungsmäßige Zeitstufe von nennenswertem Ausmaß oder nur einige Wochen oder Tage beträgt, muß freilich offenbleiben. Andererseits gibt es Handabdrücke und Handzeichnungen auch noch aus relativ junger Zeit.

Vermutlich haben diese Befunde gar nichts mit dem Ursprung der Kunst zu tun, und zwar nicht nur tatsächlich, sondern auch modellhaft. Einfache Liniengeschlinge und mechanische Handabdrücke gehören zwar zu den Felsbildern, nicht aber zu den Kunstwerken, und sinnlose Kritzeleien – das dürfen wir getrost annehmen – erzeugte der Mensch auch schon vor dem Jungpaläolithikum hin und wieder, ebenso wie natürlich bereits der Alt- und Mittelpaläolithiker negative Fuß- oder Handabdrücke von Mensch und Tier in Lehm oder im Schnee kannte und beobachtete. Mit einer Bildvorstellung und dem Bewußtwerden eines Urbild-Abbild-Verhältnisses braucht beides nichts zu tun zu haben. Wenn aber, wie es im Jungpaläolithikum der Fall ist, in ein Liniengeschlinge oder eine sonderbare Felsbildung etwas Figürliches hineingesehen und dieses entsprechend weiter ausgestaltet wurde, so geschah das, weil die Urbild-Abbild-Relation bekannt war. Ohne sie werden Liniengeschlinge und natürliche Pseudofiguren den Menschen vergebens zur Bildgestaltung „anregen". Die Linienführungen mit Figuralanklängen von Altamira, La Pasiege usw. setzen also eine entwickelte Kunst voraus, verkörpern aber nicht deren entwicklungsmäßige Vorstufe.

Abgesehen von einigen wenigen Gelehrten, die im wesentlichen profane Motive, nämlich ein autonomes ästhetisches Bedürfnis, für das paläolithische Kunstschaffen verantwortlich machen, besteht in der Forschung Einmütigkeit darüber, daß es eine religiöse Erlebnis- und Vorstellungswelt ist, die in dieser Kunst ihren Ausdruck gefunden hat. Damit ist jedoch nicht geklärt, wie aus einem solchen allgemeinen Ur-Grund der konkrete Ur-Sprung erfolgte, d.h. weshalb aus einer religiösen Vorstellungs- und Erlebniswelt heraus im frühen Jungpaläolithikum mit einem Mal Menschen- und Tierbilder gestaltet wurden. Daß die unmittelbare Ursache in einer psychologischen Konstitutionswandlung zu suchen ist, dürfte feststehen. Es erhebt sich nun aber die Frage, in welcher Weise sich die seelisch-bewußtseinsmäßige Konstitution der Paläolithiker am Übergang vom Mittel- zum Jungpaläolithikum wandelte.

Unter dem Eindruck des überraschenden Verismus', den viele paläolithische Tierbilder zeigen, ist erwogen worden, diese Darstellungen seien mechanische Reproduktionen von eidetischen Gedächtnisbildern. Daß mit dieser psychologischen Beurteilung die diluviale Figuralkunst jedoch nicht hinreichend und in ihrem Wesen zutreffend gekennzeichnet ist, geht schon daraus hervor, daß aus allen Stufen des Jungpaläolithikums Stilisierungen, Detailbetonungen und symbolische Abbreviationen bekannt sind, die aus der Tätigkeit von Eidetikern, wie sie uns die moderne Psychologie beschreibt, nicht verständlich sind. Es kann vielmehr kein Zweifel darüber bestehen, daß bei diesen Bildwerken das Naturvorbild in der inneren Anschauung des Künstlers einen Umwandlungsprozeß durchgemacht hat.

Der Ursprung der Diluvialkunst beruht gewiß nicht auf einem plötzlichen Sichauswirken naturhaft-eidetischer Veranlagungen, sondern ist ganz im Gegenteil auf eine Intensivierung des Bewußtseins zurückzuführen. Verglichen mit der vorangehenden Zeit des Alt- und Mittelpaläolithikums scheint mit dem Beginn des Jungpaläolithikums die Reflexionsfähigkeit gesteigert, das Sichbegreifen als Ich in der Konfrontierung mit der Umwelt verdichtet worden zu sein, ein Entwicklungsschritt, der, zunächst wohl auf überragende Einzelne beschränkt, dann aber insgesamt von den Trägern dieser Kulturstufe nachvollzogen, fraglos zu den bedeutendsten gehört, die die Menschheit auf dem langen Wege ihrer geistigen Geschichte erlebt hat.

Ungezählte Jahrtausende lang hatten die Menschen des Alt- und Mittelpaläolithikums in Gemeinschaften gelebt, hatten Mammute, Nashörner, Rentiere und Wisente beobachtet, verfolgt und erlegt, hatten die gefährlichen Wildkatzen gefürchtet und abgewehrt, ohne sich zu einer bildlichen Darstellung veranlaßt zu sehen. Dabei hatten die Tiere für das praktische Leben der Paläolithiker durch alle Zeitstufen hindurch durchaus dieselbe Bedeutung. Vom beginnenden Jungpaläolithikum an rückten diese Tiere und wohl allgemein die Umwelt offenbar in einer neuen Weise ins Bewußtsein der Menschen. Damit gewann das Subjekt-Objekt-Verhältnis eine solche Intensität, daß ein erlebendes Subjekt zur bildlichen Wiedergabe eines erlebten Objektes befähigt und gedrängt wurde.

Will es uns scheinen, daß das so bedeutsame Phänomen der Kunstentstehung (genauer: die Entstehung einer darstellenden Figuralkunst) der Ausdruck einer Bewußtseinsentwicklung ist, so werden wir dies nicht als ein natürliches, sondern als ein historisches Geschehen auffassen müssen. Verwirklicht wurde es letztlich gewiß durch die schöpferische Tat überdurchschnittlich begabter Einzelner, die getragen waren von dem Geist ihrer Gemeinschaft. Die weite Verbreitung der jungpaläolithischen Figuralkunst gibt uns eine Vorstellung von der auf geschichtlicher Kommunikation beruhenden Wirkungsweite dieser neuen Geisteshaltung.

Außer der Figuralkunst gibt es im Jungpaläolithikum auch eine rein geometrisch-ornamentale Kunst. Die Forschung hat sehr richtig unterschieden zwischen solchen Ornamenten, die durch weitgehende Schematisierung einstmals naturalistischer Formen entstanden sind, und den sog. technischen Ornamenten. Die ersteren gehören im Prinzip zur Figuralkunst, selbst wenn dies auf den ersten Blick nicht ersichtlich ist. Um „technische Ornamente" handelt es sich da, wo beispielsweise die Flechtstruktur einer Matte, die Kerbung einer Harpune oder die Torsion eines Seiles auf einem Gegenstand mit glatter Fläche graviert wird, d.h. wo eine menschliche Bearbeitungsweise auf einem Gegenstand dargestellt wird, auf dem sie keine technische Funktion, sondern nur eine ornamentale Bedeutung besitzt. Diese ornamentale Zierweise scheint in derselben Zeit entstanden zu sein wie die Figuralkunst. So verschiedenartig diese beiden Äußerungen künstlerischen Schaffens sind, so wesensverwandt sind sie doch ihrem Ursprung nach: Um von einem konkreten Gegenstand ein Detail oder das Aussehen seiner Struktur vorstellungsmäßig loszulösen und als Ornament auf einen anderen Gegenstand zu übertragen, bedurfte es offenbar derselben Bewußtseinsstufe, die am Beginn des Jungpaläolithikums die Menschen veranlaßte, die natürliche Wirklichkeit so weit zu apperzipieren, daß sie die lebendige Anschauung und Erinnerung in Form von figürlichen Abbildungen objektivieren konnten.

## *Ortsfeste Kunst*

*Gravierungen:* Die am häufigsten erhaltene Art figürlicher Darstellungen an Felswänden sind Gravierungen. Sie wurden mit einer unterschiedlich breiten, z.T. sehr feinen Steinspitze auf Höhlenwänden und -decken angebracht. Von wenigen Ausnahmen abgesehen, finden sich diese Ritzzeichnungen in den hinteren Teilen der Höhlen, teilweise mehrere hundert Meter vom Eingang entfernt. Ihre Seltenheit in den vorderen Höhlenpartien und unter Abris dürfte aber nur auf die dort bestehenden schlechteren Erhaltungsbedingungen zurückzuführen sein; vereinzelte Felsbrocken mit Gravierungen, die von Höhlenwänden abgeplatzt und in darunterliegende schützende Ablagerungen geraten sind (z.B. La Ferrassie, Laugerie-Haute, La Madeleine), beweisen, daß ehemals mitunter auch die vom Sonnenlicht erreichten Höhlenteile Wandgravierungen besaßen. Andererseits kann nicht bestritten werden, daß die zur Anbringung von Zeichnungen vorgesehenen Stellen oft ausgesucht schwer zu erreichen sind. Die Bilder können vielfach nur unter besonderen Schwierigkeiten, etwa auf dem Rücken liegend oder in eine enge Spalte eingeklemmt, gesehen werden. Die in ihrer Größe stark variierenden Figuren sind sehr ungleichmäßig in den Gängen und Sälen der Höhlen verteilt; teils liegen sie locker oder dichter beieinander, teils sind sie übereinander geritzt (*Taf. 9*), nicht selten so dicht, daß aus dem entstandenen Liniengewirr bestenfalls noch die letztgravierten Figuren identifiziert werden können (*Taf. 10*). Die naturgetreue Art der Darstellung ist bei diesem Übereinanderzeichnen in keiner Weise beeinträchtigt, was den Gedanken nahelegt, daß die Felswand vor jeder neuen Gravierung mit einer vorübergehend deckenden Schicht überzogen bzw. bestäubt wurde.

Das beherrschende Thema der diluvialen Höhlengravierungen sind Tiere, hauptsächlich die als Jagdwild wichtigen Arten: Pferd, Wisent, Rentier, Hirsch, Auerochse, Steinbock, Mammut, Bär. Seltener sind Raubtiere wie Wolf, Löwe, Hyäne (z.B. *Taf. 10, 5*). Vögel und Fische, in der sonstigen paläolithischen Tierbildnerei beliebte Motive, begegnen unter den Höhlenzeichnungen nur ganz ausnahmsweise. Pflanzen sucht man überhaupt vergebens. Was an anthropomorphen Figuren bekannt ist oder doch vermutungsweise dafür angesprochen wird (*Taf. 9, 1–4. 8*), unterscheidet sich von diesen

Tierbildern grundsätzlich dadurch, daß der bei diesen maßgebende perfekte Realismus im allgemeinen fehlt. Nur ganz vereinzelt sehen wir uns einem natürlich gebildeten Menschenkopf oder -körper gegenüber (z.B. *Taf. 2,9*); zumeist sind es sonderbar mensch-tierische Mischbildungen, bei denen unklar ist, ob ein tierisches Wesen einzelne anthropomorphe Züge erhalten hat, oder ob eine menschliche Gestalt in tierhafter Verkleidung erscheint. Eine letzte Gruppe gravierter Darstellungen umfaßt technische Gebilde, worunter alle solche Figuren verstanden werden, die nicht Naturvorbilder haben. Sie weisen geometrische Formen auf, oft mit rechten Winkeln und parallelen Liniengruppen (*Taf. 8,7; 9,5.6*). Dabei mögen den Darstellungen recht unterschiedliche Gegenstände als Vorbild zugrunde liegen: hüttenartige Bauten, Matten, Zelte, Tierfallen und dergl.

Hinweise auf die Reihenfolge, in der die Gravierungen einer Höhle angebracht wurden, können gelegentlich aus den Überschneidungen gewonnen werden (z.B. in Font-de-Gaume). Diese beziehen sich aber im allgemeinen nicht auf stilistisch verschiedene Figuren, so daß es nicht gelingt, durch diese Überlagerungen bestimmte Stilstufen zu umreißen, die eine Entwicklung innerhalb des Jungpaläolithikums widerspiegeln würden.

Für die Chronologie wichtiger als die Überlagerungen sind Befunde, bei denen Wandgravierungen von Kulturschichten bedeckt waren, deren Altersbestimmung für die Bilder mindestens einen terminus ante quem ergibt. So kamen die Gravierungen von Pair-non-Pair nach Wegräumung einer mächtigen Gravettien-Schicht zum Vorschein; sie dürften also ins Aurignacien oder spätestens ins Gravettien gehören. Eine Wisent-Zeichnung von La Grèze war von einer Solutréen-Schicht bedeckt; sie ist wohl gravettienzeitlich.

Noch schärfer zu datieren sind einige Gravierungen auf Steinstücken, welche von der Höhlenwand abgebrochen, in darunterliegenden Kulturschichten geborgen wurden. Von besonderer Bedeutung für die Frühzeit des Jungpaläolithikums sind solche Befunde von La Ferrassie, Belcayre und Blanchard. In allen drei Fällen handelt es sich um Aurignacien-Schichten. Für das Spätpaläolithikum ist vor allem die Magdalénien-Schicht von La Mairie von Teyjat zu nennen, die eine Anzahl abgesprungener Wand- bzw. Deckensteine mit feinen Gravierungen enthielt (*Taf. 10,1–3*).

Für die Altersbestimmung von Höhlenzeichnungen sind schließlich stilistische Übereinstimmungen mit Werken der beweglichen Kleinkunst aus zeitlich zu bestimmenden Kulturschichten jeweils derselben Höhle von Wichtigkeit. So lassen sich Wandzeichnungen von Hornos de la Peña ins Aurignacien verweisen, solche von Gargas ins Gravettien, solche von Altamira und Castillo ins Solutréen und sog. Protomagdalénien.

Ist die Zahl der auf die vorstehende Art und Weise innerhalb des Jungpaläolithikums näher datierbaren Felsgravierungen auch vergleichsweise klein, so wird dadurch doch glücklicherweise gerade die Zeichenkunst der Frühzeit (Aurignacien/Gravettien) in ihrer stilistischen Kennzeichnung und typologischen Variationsbreite gut beleuchtet. Die Tiere sind durchweg im Profil, zumeist mit kräftigen, klaren Konturlinien gezeichnet. In Körperform, Haltung und Bewegung sind sie fast durchweg gut getroffen. Nur vereinzelt wirken sie etwas steif und unentschieden. Nicht selten sind besonders kennzeichnende Eigenheiten, wie der geschweifte Hals von Pferden, absichtlich etwas übertrieben. Die Hörner von Wisenten werden bisweilen im Gegensatz zur strengen Profilansicht der Körper en face wiedergegeben (sog. verdrehte Perspektive: *Taf. 8, F*), ein stilistisches Detail, das auch in der Kleinkunst und der Höhlenmalerei wiederkehrt, und das ausgesprochen archaisch anmutet. Die verdrehte Perspektive herrscht im älteren Jungpaläolithikum aber durchaus nicht ausschließlich. Daneben gibt es natürlich-perspektivische Ansichten von Hörnerpaaren. Der verdrehten Perspektive entspricht die archaische Art, bei Vierfüßlern von den beiden Beinpaaren jeweils nur das eine, dem Betrachter zugewandte Bein darzustellen (*Taf. 7, 5*) oder alle vier Beine einfach aneinanderzureihen (*Taf. 8, F*). Aber auch diese Stileigentümlichkeit ist nicht-allgemein typisch für die Frühzeit. Mindestens seit dem Gravettien sind einzelne Tierbilder bekannt, bei denen alle vier Beine in optisch richtiger Tiefenstaffelung angegeben sind.

Die geringe Anzahl datierter Gravierungen aus dem älteren Jungpaläolithikum und deren erstaunliche stilistische Variationsbreite erschwert es, auf rein stilistischem Wege aus der Menge sonstiger Felszeichnungen diejenigen auszuscheiden, die gleichfalls dieser Frühphase angehören. Mit einiger Wahrscheinlichkeit ist das möglich bei Wisenten, Boviden und Steinböcken von La Mouthe, Hirschen, Pferden und Wisenten von Gabillou, Pferden von Hornos de la Peña, Pferden, Hirschen und Steinböcken von Lascaux sowie den Bildern der Barabao-Höhle und von Ebbou.

Den Felszeichnungen aus einem älteren Teil innerhalb des Jungpaläolithikums stehen solche gegenüber, die aufgrund ihrer Fundverhältnisse in einen jüngeren bis späten Abschnitt dieses Zeitalters gehören. Eine wichtige Rolle spielen dabei die gravierten Tierfiguren auf Tropfsteinbildungen aus Mittel-Magdalénien-Schichten von Teyjat (*Taf. 10, 1–3*). Sie zeigen eine unübertreffliche Meisterschaft in der lebendigen Wiedergabe der Körperformen und in den natürlichen Bewegungen, wobei selbst in Details und in perspektivischen Verkürzungen eine bewundernswerte Korrektheit an den Tag gelegt wird. Die Sicherheit der Formbeherrschung, in der sich unmittelbare Naturbeobachtung, innige Verbundenheit mit der lebendigen Wirklichkeit und eine lange künstlerische Tradition zu einer einzigartigen Vollkommenheit zusammenfinden, verkörpert den Höhepunkt paläolithischer Felszeichnungskunst. Der Stil von Teyjat, der trotz aller Unmittelbarkeit der Wirklichkeitswiedergabe durch die Ausbildung mannigfacher Darstellungsregeln charakterisiert ist, kehrt bei den Wandzeichnungen anderer Höhlen wieder, u. a. in der Trois-Frères-Höhle (*Taf. 10, 4–7*), in Castillo, Altamira und in Les Combarelles (*Taf. 9*).

In der Trois-Frères-Höhle sind die zahlreichen Gravierungen möglicherweise nicht alle in einer einzigen Zeitstufe angebracht worden. Einige Figuren, z. B. Wisente und Steinböcke mit in verdrehter Perspektive wiedergegebenen Hörnern, sind vielleicht älter als die überwiegende Mehrzahl der zweifellos magdalénienzeitlichen Zeichnungen. An manchen Stellen dieser Höhle liegen die Tiergravierungen ganz besonders dicht übereinander, darin etwa vergleichbar denen einiger Partien der Höhle von Lascaux. Leider wissen wir nicht, eine wie lange Zeitspanne hindurch auf solchen aus irgendwelchen Gründen immer wieder benutzten Wandpartien Zeichnungen angebracht wurden, da es nur gelingt, die jeweils letzten Figuren zu „entziffern". Diese verkörpern denselben Magdalénien-Stil wie die Bilder von Teyjat. Die Gravierungen der Trois-Frères-Höhle sind teils in eine den Kalkfelsen überziehende natürliche Tonschicht geritzt und sehen dann gelb aus; teils berühren sie die Oberfläche des Felsens und sind dann weiß; teils sind sie kräftig in den Felsen eingetieft und wirken dann bläulich-schwarz. Aber nicht nur im Hinblick auf diese beinahe polychrome Zeichenmanier nimmt die Trois-Frères-Höhle eine Sonderstellung ein; auch bezüglich der dargestellten Motive finden sich dort einige Besonderheiten, so etliche von vorne gesehene Löwenköpfe (*Taf. 10, 5*), zwei gleichfalls den Beschauer anschauende Vögel und drei sonderbare mensch-tierische Zwitterwesen (*Taf. 10, 4. 8*).

Anders als in der Trois-Frères-Höhle und in Lascaux sind die vielen hundert Figuren in Les Combarelles nur an manchen Stellen zu einem unentwirrbaren Liniengeschlinge zusammengewachsen. Im allgemeinen liegen die Figuren lokker nebeneinander oder überlagern sich nur in mäßigem Umfang. So bietet diese Höhle Gelegenheit, nicht nur über die Darstellung der Einzelfiguren, sondern auch über die Anordnung der Figuren zu bestimmenten Gruppen etwas in Erfahrung zu bringen. Mehrfach lassen sich zusammengehörige Kompositionen erkennen, z. B. Wisentherden und ein sich gegenüberstehendes Rentierpaar. Auch bei manchen Reihen hintereinanderstehender Pferde möchte man meinen, daß diese Anordnung beabsichtigt ist. Allerdings kann nicht entschieden werden, ob die einzelnen Pferde zu einem einheitlichen Zeitpunkt in dieser Aneinanderreihung gezeichnet wurden, oder ob sich dies auf einen längeren Zeitraum verteilte und dabei jeweils auf die bereits vorhandenen Figuren Rücksicht genommen wurde.

Wie in allen Bilderhöhlen, so ziehen auch in Les Combarelles die menschlichen und menschenähnlichen Figuren unsere besondere Aufmerksamkeit auf sich. Es entspricht dem Üblichen, daß realistische Darstellungen von Menschen nur ganz selten sind. Daß jedoch nicht eine grundsätzliche Scheu, den Menschen und besonders sein Gesicht abzubilden, dafür verantwortlich zu machen ist, beweisen eine sitzende Gestalt und ein Kopfprofil (*Taf. 9, 8*). Allerdings unterstreichen diese Darstellungen, daß die vieljahrtausendelange Tradition, die unter ständig neuer Beobachtung der lebendigen Natur feste Bildtypen von Tieren in künstlerischer Vollendung und in erstaunlicher Mannigfaltigkeit der Haltung und Bewegung entstehen ließ, offensichtlich nicht im selben Umfang realistische Menschenbilder pflegte. Daher stehen die Darstellungen von Menschein nicht im Rahmen einer so festen Überlieferung wie die Tierbilder, sondern scheinen mehr spontane Schöpfungen zu sein.

Es gab offensichtlich auch anthropomorphe Figuren*typen*, die allerdings eine stärkere Schematisierung und typenmäßige Erstarrung zeigen. Dazu gehört vor allem die sog. Gesäßsilhouette, die auch in Les Combarelles erscheint. Sie liegt ganz ähnlich aus der magdalénienzeitlichen Kleinkunst vor (*Taf. 2, 6.7*) und ist unmittelbar mit nahestehenden schematischen Plastiken zu verknüpfen. Außer ganzen Menschenfiguren wurden vom Aurignacien an auch einzelne Körperteile auf die Höhlenwände gezeichnet, z.B. Vulven (La Ferrassie, Blanchard, Laussel), sei es, daß deren Bedeutung zu einer isolierten Bildvergegenwärtigung veranlaßte, sei es, daß damit eine symbolhafte Abkürzung des betreffenden Gesamtkörpers beabsichtigt war.

Sowohl bei den Gravierungen auf Felswänden als auch bei den mit einem Finger oder einem Gerät in den weichen Höhlenlehm eingeritzten, bzw. eingerillten Zeichnungen sind starke Qualitätsunterschiede bemerkbar. Mitunter wachsen einfache Tierfiguren oder -köpfe aus wirren, in den weichen Höhlenlehm eingetieften Liniengeschlingen heraus (z.B. Altamira: *Taf. 7.6*). Daß solche Bildgestaltungen am Anfang der jungpaläolithischen Figuralkunst stehen würden – wie mitunter im Rahmen evolutionistischer Ideen erwogen wurde –, ist von seiten der Denkmäler und ihrer chronologischen Bestimmbarkeit nicht zu erweisen.

Im Gegensatz zu den sicher paläolithischen Felszeichnungen der sizilischen Höhle von Levanzo ist die Datierung der Felsgravierungen der kleinen Addaura-Höhle bei Palermo strittig, da sie sich sowohl hinsichtlich ihres Standortes, als auch ihrer Darstellungsmotive völlig von allem unterscheiden, was sonst bei paläolithischen Felszeichnungen bekannt ist. Sie erscheinen in einer nur 6 m tiefen Höhle und sind vom Tageslicht voll erhellt. Unter den Darstellungen stehen Menschen an erster Stelle. Diese sind, wenn auch ohne detaillierte Gesichtsangabe, außerordentlich realistisch. Sie verraten eine Beherrschung graphischer Darstellungstechniken, einschließlich der perspektivischen Verkürzung. Vermutlich sind die Addaura-Bilder nachpaläolithisch, was auch durch gewisse Beziehungen zur spanischen sog. Levante-Kunst und zu den postdiluvialen Felszeichnungen der Sahara (Hoggar, Tassili usw.) nahegelegt werden könnte.

*Malerei:* Jungpaläolithische Höhlenmalereien waren bis vor kurzem ausschließlich aus Südfrankreich und Spanien bekannt, so daß die Ansicht vertretbar zu sein schien, diese Kunstgattung kennzeichne speziell die frankokantabrische Provinz. In den letzten Jahren hat sich dieses Bild gründlich gewandelt: In Apulien, im südlichen Ural und an der Lena in Ostsibirien sind diluviale Felsmalereien entdeckt worden, die denen Westeuropas an die Seite zu stellen sind. Noch immer aber sind die Bilderhöhlen Frankreichs und Spaniens die bedeutendsten ihrer Art. Auf sie stützt sich hauptsächlich unsere Kenntnis dieses Kunstzweiges.

Wie die Felsgravierungen, so finden sich auch die Malereien überwiegend im Höhleninnern, wohin kaum oder gar kein Tageslicht dringt. Allerdings dürfte dies mit den am Höhleneingang und unter Abris stärker sich auswirkenden Witterungseinflüssen und anderen zerstörerischen Kräften zusammenhängen; denn existiert haben Felsmalereien dort auch, wie vereinzelte Wandbrocken beweisen, die mit Malresten versehen, abgesprungen und in darunterliegende Kulturschichten geraten sind. Im Gegensatz zu den paläolithischen Malereien haben sich diejenigen der sog. spanischen Levante-Gruppe vielfach recht gut unter Abris oder in den vorderen Höhlenpartien erhalten, was nicht nur auf möglichen Unterschieden in der angewandten Maltechnik und Farbzusammensetzung, sondern auf dem geringeren Alter der durchweg postglazialen Felsmalereien Ostspaniens beruhen dürfte.

Als Malfarben der jungpaläolithischen Bilder dienten Eisenocker verschiedener Art, wodurch Tönungen von Rot bis Gelb und Braun erzielt wurden, sowie pflanzliche oder tierische Kohle und Manganerde, die Schwarz ergaben. Der Auftrag dieser Farben konnte entweder trocken, sei es durch Reiben mit Farbstücken auf der Felswand, sei es durch Aufstäuben von pulverisierter Farbsubstanz, oder – und das ist in der Mehrzahl der Fälle anzunehmen – in feuchtem Zustand erfolgen, wobei an ein Auflösen der Farbstoffe in Wasser, Eiweiß, Fett, Pflanzensäften oder Blut zu denken ist. Trotz vielfacher Bemühungen ist es bis jetzt noch nicht gelungen, durch chemische Untersuchung der vorhandenen Malereien befriedigende Klarheit über die speziellen Maltechniken zu gewinnen.

Häufig sind die Malereien zusätzlich noch graviert, sei es, daß die Figuren vor Auftragung der Farbe allgemein vorgezeichnet wurden, sei es, daß nach Ausführung der Malarbeit bestimmte Details durch sorgfältiges Nachzeichnen besonders ausgestaltet und hervorgehoben wurden. Nicht selten haben sich außer geringen Farbspuren nur diese ergänzenden Gravierungen erhalten, so daß wir wohl annehmen dürfen, daß viele der heute als reine Ritzzeichnungen an den Höhlenwänden entgegentretenden Bilder einstmals gemalt waren. Andererseits ist unverkennbar, daß beide Darstellungsweisen auch getrennt nebeneinander angewandt wurden, indem entweder gemalte und gravierte Figuren in verschiedenen Teilen einer Höhle zu finden sind (z.B. Lascaux, Gargas, Niaux) oder sich überlagern (z.B. Font-de-Gaume, Altamira), oder sogar thematisch zusammengehörige Gruppen bilden (z.B. die Pferde von Lascaux: *Taf. 8, A 9. 11. 15–18)*.

Wie die Gravierungen so bedecken auch die Malereien die Wände und mitunter die Decken so enger und niedriger Höhlengänge und -säle, daß sie nicht nur unter beträchtlichen Schwierigkeiten zu erreichen sind, sondern ihre Anfertigung auch ausgesprochen beschwerlich gewesen sein muß. Eine Rücksicht auf den Betrachter im Sinne einer Bildwirkung im Raum kann nur ganz selten beabsichtigt gewesen sein. Vermutet wurde dies für den großen Saal von Lascaux mit seinen vier, die gesamte Figurenfolge beherrschenden riesigen Stieren (*Taf. 8, A 4.23.25.26*). Allgemein aber gilt, daß die Malereien ihren Wert rein in sich haben. Damit hängt es zusammen, daß sich die Einzelfiguren (wie bei den Gravierungen) häufig überschneiden oder sogar völlig überdekken.

Vielfach stehen die Einzelfiguren offensichtlich beziehungslos nebeneinander; jede existiert nur für sich. Aber es gibt auch Bildergruppen, bei denen unverkennbar eine thematische Verbindung zwischen den Einzelfiguren besteht. Bei einer Summierung gleichartiger Tiere ist freilich nicht immer zu entscheiden, ob eine mehr zufällige Zusammenfügung einzelner Figuren oder ein diesen übergeordnetes, sie bedingendes und ihnen gegenüber primäres Gesamtthema, etwa eine Herde, vorliegt. Das scheint der Fall zu sein bei der Pferdegruppe von Lascaux (*Taf. 8, A 11*). Ein gestaffeltes Hintereinander mit teilweiser Verdeckung der hinteren durch die vorderen Figuren, wie es bei den Steinreliefs bekannt ist (*Taf. 7, 14*), scheint indes bei den Malereien nicht nachweisbar zu sein. Auch eine echte Perspektive ist fremd. Mitunter kann durch eine unterschiedliche Größe der Figuren und ihre Verteilung auf verschiedene Standebenen für den modernen Betrachter ein perspektivisch-räumlicher Eindruck entstehen. Aber es ist sehr fraglich, ob der paläolithische Künstler dies ebenso empfunden und gewollt hat.

Es gehört zu den typischen Eigenheiten dieser Malereien, wie der paläolithischen Figuralkunst überhaupt, daß ihnen eine tektionische Verankerung, ein Bezogensein auf eine dargestellte Grundlinie oder Rahmung, fehlt. Die Figuren sind niemals in eine landschaftliche Umwelt gestellt; der Erdboden ist niemals, und sei es auch nur durch eine einzige Linie, angedeutet. Das ist bezeichnend für den Vorstellungsaspekt und das künstlerische Anliegen, aus dem heraus diese Malereien geschaffen wurden: Die Tiere als solche sollten dargestellt werden, wie sie als bildhafte Begriffe in der Anschauung und Erinnerung der Künstler lebten. Nur ganz selten begegnen wir einer Szene im eigentlichen Sinn, d.h. einer Gruppe aus mehreren Figuren, die in einem der bildlichen Anordnung ablesbaren inhaltlich-handlungsmäßigen Zusammenhang miteinander stehen (*Taf. 3, 3*).

Für die Datierung der Höhlenmalereien innerhalb des Jungpaläolithikums stehen der Forschung nur wenige feste Anhaltspunkte zur Verfügung. Sie bestehen in stilistischen Beziehungen zu chronologisch fixierten Gravierungen sowie in einigen Befunden, bei denen Felsbrocken mit Malereiresten von der Höhlenwand abgeplatzt und in zeitlich bestimmbaren Kulturschichten geborgen wurden. Auf die letztere Art erfahren einige leider sehr schlecht erhaltene Malereien von La Ferrassie sowie vom Abri Blanchard eine sichere Zuweisung ins Aurignacien und ein besser erkennbares, schwarz auf rot gemaltes Hirschbild vom Abri Labatut eine Datierung ins Gravettien (*Taf. 8, D*). Der Hirsch bezeugt in der grazilen Feinheit seines Kopfes und der geschmeidigen Bewegtheit seines Halses eine ausgesprochen reife, ganz und gar nicht primitiv anmutende Darstellungskunst. Nur die Wiedergabe des Geweihs in der sog. verdrehten Perspektive stellt ein archaisches Element dar.

Hirsche mit ähnlich gebildetem Geweih finden sich in den Höhlen von La Pasiega, Le Portel, Lascaux und Pech-Merle. Von La Pasiega, Castillo, Lascaux und Pech-Merle liegen außerdem Malereien von Boviden mit Hörnern in verdrehter Perspektive vor *(Taf. 8, E)*, von La Pasiega und Marcenac weiterhin Wisentfiguren mit ebenso dargestellten Hörnern, die mit den ähnlichen Wisentgravierungen von Gabillou, La Grèze und La Mouthe *(Taf. 8, F)* zu vergleichen sind.

So läßt sich eine Gruppe relativ alter Höhlenbilder umreißen, die im Aurignacien und Gravettien beginnt, über deren zeitliche Dauer (gemessen an der Stufenabfolge der Stein- und Knochengeräte) jedoch noch keine rechte Klarheit zu gewinnen ist. Malereien dieser älteren Phase finden sich reichlich in den Höhlen von Lascaux, Pech-Merle, La Pasiega und Castillo.

Die Malereien von La Pasiega sind vielleicht nicht alle völlig gleichaltrig. Einige wenige Figuren mit reicher Innenzeichnung und polychromen Zügen (oder Verwendung schwarzer Malfarbe) könnten etwas jünger sein als die große Mehrzahl der Darstellungen, wenngleich diese jüngsten Bilder offensichtlich noch nicht der spätpaläolithischen Stufe angehören, die in der nur wenige Meter von der Pasiega-Höhle entfernten Castillo-Höhle prächtige Vertreter besitzt. Sieht man von diesen wenigen, eventuell etwas jüngeren Bildern ab, so verkörpern die Malereien von La Pasiega einen recht einheitlichen Stil (vgl. z.B. die stark geschweiften Kieferpartien der Pferde). Dabei bestehen allerdings hinsichtlich der Darstellungsmanier nicht geringe Unterschiede: teils sind die Konturlinien dünn und einfach, teils breit, teigig wirkend; teils sind die Figuren nur durch eine Umrißlinie dargestellt, teils durch Innenzeichnungen in ihrer Körperlichkeit gesteigert. Figuren dieser letzteren, reif und entwickelt anmutenden Art zeigen in der Hörner- und Geweihangabe aber auch noch die verdrehte Perspektive und entsprechen darin völlig den einfachen Umrißbildern. Theoretisch könnte man erwägen, daß die verdrehte Perspektive hier bis in verhältnismäßig junge Zeit hinein herrschend geblieben wäre; doch möchte man den Befund eher so deuten, daß hier eine entwickelte Form der Innenzeichnung bereits recht früh geübt wurde.

Stilistisch nicht ganz einheitlich sind auch die Malereien von Lascaux. Der magdalénienzeitlichen Spätstufe dürften allerdings nur ganz wenige Bilder angehören (vor allem das Wisentpaar *Taf. 8, A 27*). Innerhalb der übrigen Bilder sind stilistische Unterschiede unverkennbar. Zum stilistisch und stratigraphisch ältesten Figurenbestand gehören die Bovidenköpfe mit Hörnern in verdrehter Perspektive *Taf. 8, A 12 oben* und die gleichfalls nur mit einfachen Linien dargestellten Steinböcke *Taf. 8, A 6. 8*. Gewiß zu den frühen Bildern sind auch die kleinen Hirsche *Taf. 8, A 22* zu zählen. Die vielen durchweg trächtig dargestellten Pferde, die deutlich zusammengehörige Gruppen (Herden) bilden (vgl. besonders *Taf. 8, A 3–18*), sind fast alle durch gemeinsame Stilmerkmale gekennzeichnet (z.B. kleine Köpfe). Danach darf man wohl annehmen, daß diese Figuren derselben Zeitstufe angehören. Diesem Eindruck kommt insofern eine besondere Bedeutung zu, als die Pferde in einem verschiedenen stratigraphischen Verhältnis zu den Bovidenbildern der einzelnen Höhlenteile stehen: teils überlagern sie diese (*Taf. 8, A 5.18*), teils werden sie von diesen überlagert (*Taf. 8, A 21*). Daß die großen schwarzen Rinder zu den verhältnismäßig späten Bildern gehören, beweist auch die Gruppe *Taf. 8, A 12*, bei der ein solches zwei rote Rinder überdeckt. Es ist aber mit Recht geltend gemacht worden, daß das durch diese Überlagerungen angedeutete zeitliche Nacheinander einzelner Bildschichten – abgesehen von den vereinzelten viel jüngeren, wohl magdalénienzeitlichen Figuren – sich vielleicht nur auf Jahrzehnte, nicht aber Jahrhunderte oder gar Jahrtausende bezieht.

Die magdalénienzeitliche Spätstufe der Höhlenmalerei ist besonders eindrucksvoll in Niaux (*Taf. 8, C*), Font-de-Gaume (*Taf. 8, B*) und Altamira (*Taf. 7, 7–9*) vertreten. Die Malereien von Niaux sind nur mit schwarzen Strichen ausgeführt; eine Polychromie fehlt völlig. Die Treffsicherheit, mit der die Tiere in ihren natürlichen Besonderheiten wiedergegeben sind, bis hin zur Zottigkeit des Pferdefelles und des Wisentbartes, verrät eine nicht zu überbietende künstlerische Vollendung, die den Höhepunkt der einfarbigen Tierbildnerei der Altsteinzeit bezeichnet. Darin sind die Malereien von Niaux den Gravierungen von La Mairie bei Teyjat und Les Combarelles an die Seite zu stellen, stilistisch und gewiß auch zeitlich.

Das Überwiegen des Wisents gegenüber allen übrigen Tieren, wie es in Niaux auffällt, kennzeichnet auch andere spätpaläolithische Bildergruppen, so diejenigen von Santimamiñe (*Taf. 7, 15*). Es ist wohl kein Zufall, daß in anderen Höhlen, deren Malereien sich auf eine längere Zeit verteilen, die stilistisch spätesten Figuren Wisente sind, wie in Lascaux (*Taf. 8, A 27*), La Peña de Candamo, Pindal, Marsoulas und Castillo. Auch in Font-de-Gaume und Altamira ist der Wisent das bei weitem am häufigsten dargestellte Tier.

Die beiden letztgenannten Höhlen aus der Dordogne und aus Kantabrien bieten sich dem heutigen Betrachter sehr verschieden dar. Die Malereien von Font-de-Gaume sind überaus schlecht erhalten und nur mit Mühe zu erkennen, während die prächtige Bilderdecke von Altamira zu den besterhaltenen paläolithischen Malereien überhaupt gehört, die in ihrer frischen Farbigkeit nur mit Lascaux zu vergleichen ist. Dennoch gehören die beiden Höhlen eng zusammen. Sie verkörpern beide den spätpaläolithischen polychromen Malstil in einzigartiger Vollkommenheit. Polychromie als solche ist natürlich älter; auch in Lascaux sind viele Figuren mehrfarbig. Aber die virtuose Beherrschung der Farbabstufung und -kombination hebt die Stufe von Altamira und Font-de-Gaume deutlich von der schlichteren Malweise der älteren Phase ab. Durch dickeren oder dünneren Aufstrich des Ockers, durch nachträgliches Wegschaben einzelner Partien und durch eine ergänzende Behandlung mit dunkleren

Farben wird die farbliche Wirkung gesteigert, wozu noch die minutiöse Nachgravierung bestimmter Einzelheiten, der Ohren, der Augen usw., tritt. Durch diese differenzierten Darstellungsmittel wird nicht nur die bildliche Pracht erhöht; auch die den Tieren innewohnende unheimliche Kraft wird in gesteigerter Intensität zum Ausdruck gebracht. Das spüren wir noch bei den zusammengekauerten Wisenten von Altamira, die offenbar keine angriffswütigen, sondern tote Tiere wiedergeben. Von der feinen Naturbeobachtung, dem gefühlsstarken Erleben der verschiedenen tierischen Wesensarten und der bewundernswert souveränen Bildgestaltung dieser Maler zeugt es, wenn die urwüchsige Kraft der Wisente ebenso faszinierend ins Bild gebannt wird wie die grazile Zartheit einer trächtigen Hirschkuh, oder die etwas steife Munterkeit eines Ebers, die scheue Wildheit eines flüchtigen Pferdes sowie die verhaltene Ruhe, mit der ein Rentier den Kopf zu einem vor ihm am Boden liegenden Tier neigt. Kein Zweifel: so malt nur der, für den die Natur beseelt ist.

In einigen konventionell gewordenen, formelhaften Darstellungsdetails (z.B. die Zeichnung der Hufe, der Augen, der Hörner) drückt sich eine lange Tradition künstlerischen Gestaltens und die getreue Befolgung ausgereifter, fester Bildregeln aus. Wenn mitunter eine fast manieriert scheinende Handhabung dieser Darstellungsgepflogenheiten zu einer gewissen Erstarrung des Figuralstiles führt, so berührt das nur Äußerlichkeiten, die die beeindruckende Großartigkeit dieser Kunstwerke nicht beeinträchtigen.

In Altamira sind die polychromen Bilder – fünfundzwanzig z.T. unvollständige Tiere von 1,4–2,2 m Länge – auf die Decke eines niedrigen Saales gemalt, wobei natürliche Felsvorsprünge geschickt ausgenutzt und zur reliefartigen Modellierung der Figuren verwendet wurden. Häufig überdecken diese Bilder ältere Figuren, und zwar teils solche einfacherer Ausführung, also vielleicht höheren Alters, teils solche, die gleichfalls den entwickelt polychromen Malstil zeigen, die also derselben Stufe angehören wie die überlagernden Malereien. Gelegentlich wurden die älteren Bilder abgewaschen oder abgekratzt und sind nur noch in ganz geringen Spuren erkennbar. In anderen Fällen übermalte man sie einfach. Es kommt vor, daß ein übermaltes Tier dieselbe Art und Haltung zeigt wie ein darunterliegendes; es fehlt aber auch nicht an Beispielen, wo die neue Figur auf ältere Darstellungen gar keinen Bezug nimmt. Auch in Font-de-Gaume lassen sich Übermalungen nachweisen. Einige der überlagerten Bilder sind offensichtlich stilistisch älter als die polychrome Spätphase, in der die meisten Figuren des großen Tierfrieses (zu identifizieren sind etwa sechzig Wisente) gemalt wurden. Zu den spätesten Malereien von Font-de-Gaume gehört die Mammutreihe, die stratigraphisch jünger ist als die polychromen Wisentfiguren (*Taf.* 7, 11).

*Reliefs:* Im Gegensatz zu den Felszeichnungen und -malereien, die sich überwiegend in den hinteren Teilen der Höhlen finden, sind Felsreliefs bisher nur in den vorderen, vom Sonnenlicht voll erreichten Höhlenpartien und unter

Abris entdeckt worden, und zwar ausschließlich in Südwestfrankreich. Bei ihrer Auffindung waren diese Steinreliefs nur noch in seltenen Fällen mit der Felswand verbunden; zumeist waren sie abgebrochen und lagen unterhalb der Stelle, an der sie gearbeitet oder einst aufgestellt waren, in einer Kulturschicht. Dadurch ergeben sich für die Datierung wichtige Anhaltspunkte. Über die einstige Anordnung der Reliefbilder an der Felswand lassen sich gelegentlich mehr oder minder sichere Anhaltspunkte gewinnen. Völlige Klarheit in dieser Hinsicht herrscht nur bei den noch in ursprünglicher Lage an der Felswand befindlichen Figuren. Im allgemeinen dürfen wir wohl mit einer friesartigen Aneinanderreihung der Einzelfiguren rechnen. Aufgrund von festgestellten Farbspuren ist eine Bemalung der Relieffiguren anzunehmen.

Zeitlich am Anfang steht ein Relief von Terme Pialat, das ins Aurignacien datiert ist. Es stellt zwei menschliche Figuren im Profil dar, die eigentlich nur durch eine breite Umrißrille aus der Steinoberfläche herausgehoben sind. Steht dieses Bild demnach technisch den Zeichnungen nahe, so drückt sich im Thema die Zugehörigkeit zu den Flachreliefs aus, bei denen Menschen viel häufiger erscheinen als bei den Felsgravierungen.

Besonders eindruckvoll ist die gravettienzeitliche Figurengruppe von Laussel (*daraus Taf. 1, 3*). Außer einigen wenigen Tieren enthält sie fünf menschliche Gestalten, davon vier Frauen en face und einen Jüngling im Profil. Von den Frauen sind drei stehend dargestellt, zwei davon halten einen hornartigen Gegenstand in einer ausgestreckten Hand. Die vierte Frau kauert; spiegelbildlich zu ihr erscheint, nicht als Relief, sondern nur durch eingerillte Linien angedeutet, das Oberteil eines zweiten Menschen (*Taf. 2, 17*). Offenbar haben wir hier eine Geburtsszene vor uns (vgl. auch die Felsreliefs von Angles-sur-l'Anglin: *Taf. 2, 18*). An aurignacienzeitlichen Tierreliefs ist ein großer Fisch von der Decke eines Abris bei Les Eyzies erwähnenswert.

Etwas jünger, ins Solutréen gehörig, ist der Relieffries von Le-Roc-de-Sers (*daraus Taf. 7, 13*). Er besteht aus mehreren z. T. trächtigen Pferden und Steinböcken, dazu einem sonderbaren Tier, das den Körper eines Wisents, aber einen andersartigen Kopf aufweist. In der Forschung sind die Ansichten geteilt, ob diese unwirkliche Tierbildung von Anfang an beabsichtigt war, oder ob der Kopf nachträglich umgearbeitet worden ist. Auch bei den Pferden wurde mit der Möglichkeit gerechnet, daß sie durch Umarbeitung aus ehemaligen Wisentfiguren entstanden seien. Besonders bemerkenswert ist ein großer, 1,5 m langer Steinblock, der auf einer Längs- und einer Schmalseite Reliefdarstellungen zeigt, u. a. eine offensichtlich inhaltlich zusammengehörige, sich über eine Ecke hinziehende Gruppe: ein Bovide mit in Angriffsstellung gesenktem Kopf und ein fliehender Mann mit geschultertem Stab (*Taf. 7, 13*).

Mit den Figuren von Le-Roc-de-Sers stimmen diejenigen von Le Fourneau du Diable (*Taf. 7, 14*) hinsichtlich der qualitätvollen Steinbarbeitung und des Darstellungsstiles weitgehend überein. Sie befinden sich auf einem großen Felsblock, der außerdem noch viele gravierte Tierfiguren zeigt, und der in einer Jungsolutréen-Schicht zutage kam. Kunstgeschichtlich verdient an diesem Reliefbild Beachtung, daß die beiden Tiere so gestaffelt hintereinander wiedergegeben sind, daß das vordere das hintere teilweise verdeckt, eine in ihrer illusionistischen Wirkung gelungene Komposition.

Wohl kaum wesentlich jünger als die Werke von Le-Roc-de-Sers und Le Fourneau du Diable ist der Relieffries von Le Cap Blanc (*Taf. 7,12*), der sich heute noch größtenteils in situ an der Wand unter einem Felsüberhang befindet. Eine Zeitbestimmung ergibt sich hier dadurch, daß ein Felsblock mit einem Teil des Reliefs abgestürzt und von der darunterliegenden „Protomagdalénien"-Schicht eingeschlossen war. Leider ist der aus mehreren Tierfiguren, zumeist Pferden, bestehende Fries größtenteils schlecht erhalten, so daß die einzigartig prächtige Modellierung der kräftig aus der Steinwand herausgemeißelten, teilweise über 2 m langen Tierkörper mit ihrer Reliefhöhe bis zu 0,3 m nicht mehr voll zur Geltung kommt. Immerhin genügt das Vorhandene, um die bewundernswerte Meisterschaft der Naturerfassung und der künstlerischen Gestaltungskraft zu erkennen, die einen Vergleich mit den Pferden des Phidias am Parthenonfries herausgefordert hat.

*Tonplastiken:* Eine letzte Gattung ortsfester paläolithischer Kunstwerke ist bis jetzt nur aus zwei Höhlen des französischen Pyrenäengebietes bekannt. Es sind Rundplastiken aus Lehm in den hintersten Teilen der Höhlen von Tuc d'Audoubert und Montespan, wo sie an überaus schwer zu erreichender Stelle, viele hundert Meter vom Eingang entfernt, aufgestellt sind. Während eine an die Wand angelehnte, leider recht unvollständig erhaltene Figur von Montespan, vielleicht die einer Wildkatze, mehr als Hochrelief denn als Rundplastik anzusprechen ist, ist der frei auf den Höhlenboden gelagerte Körper eines Bären von dort eine wirkliche Vollplastik. Die letztere ist ziemlich roh gearbeitet. Ein Kopf ist nicht vorhanden. Da statt dessen bei der Entdeckung zwischen den Vordertatzen die Reste eines echten Bärenschädels lagen, ist mit guten Gründen vermutet worden, daß über diese rohe Tonfigur einstmals ein echtes Bärenfell samt dem zugehörigen Kopf gestülpt wurde, – ein unheimliches Mittelding zwischen Kunst und Natur.

Demgegenüber sind die Tonplastiken von Tuc d'Audoubert Kunstwerke bester Qualität. Die beiden Figuren, ein Wisentpaar, stehen in der Mitte des hintersten Höhlensaales, an einen Stalagmiten gelehnt. Sie sind außerordentlich sorgfältig gearbeitet. Die Details, wie Augen, Nüstern, Mähne, Fell und Hörner, aber auch die trefflich gekennzeichnete Gesamthaltung der Wisentkuh und des ihr folgenden Bullen, sind in meisterhafter Weise dargestellt. Stilistisch sind sie am ehesten mit magdalénienzeitlichen Gravierungen und Malereien zu vergleichen. Was ihre Herstellungsweise anlangt, so sind die Figuren aus zwei Höhlenlehmblöcken herausgeschnitten; auch ihre weitere Ausarbeitung erfolgte durch Wegschneiden und -kratzen, nicht durch Kneten und Drücken.

Gewiß hängt die Aufstellung der Figuren von Tuc d'Audoubert und Montespan in den hintersten Höhlenpartien mit ihrer religiösen Bedeutung zusammen; dennoch wurden solche Lehmskulpturen vermutlich nicht nur an derart entlegenen Orten geschaffen. Wo aber nicht ausnahmsweise günstige Erhaltungsbedingungen gegeben waren, konnten sie natürlich die Jahrtausende nicht überdauern.

## *Bewegliche Kleinkunst*

Zahlreicher noch und weiter verbreitet als die ortsfesten Kunstdenkmäler sind die Werke der paläolithischen Kleinkunst. In besonderer Menge sind zwar auch diese im aquitanisch-kantabrischen Kreis zum Vorschein gekommen; doch gibt es entsprechende Funde nahezu im gesamten übrigen Europa, von Südspanien und England bis Norddeutschland und die Ukraine. Darüber hinaus hat Sibirien beachtenswerte Erzeugnisse geliefert.

Während bei den ortsfesten Felsbildern nur in einigen wenigen Fällen den Fundverhältnissen ein Hinweis auf die nähere Datierung innerhalb des Jungpaläolithikums entnommen werden kann, stammen die meisten Werke der Kleinkunst aus beobachteten Kulturschichten, die durch Stein- und Knochengeräte altersmäßig bestimmt sind. Dennoch ist die Forschung noch weit davon entfernt, die stilistische Entwicklung der einzelnen Kunstgattungen hinreichend klar aufzeigen zu können. Die vorhandenen vielen tausend Kunstzeugnisse verteilen sich sehr ungleichmäßig auf die einzelnen Jungpaläolithstufen und die einzelnen regionalen Kunstkreise. Am besten lassen sich die Verhältnisse im südwestlichen Frankreich überblicken.

*Figürliche Gravierungen:* Wie bei den Felsbildern, so stehen auch bei den kleinformatigen Zeichnungen auf Stein, Knochen, Geweih, Gagat und Elfenbein Tierdarstellungen bei weitem an erster Stelle. Unter diesen überwiegen Jagdtiere: Wildpferd, Ren, Wisent, Mammut, Rhinozeros, Bär, Steinbock und Hirsch; daneben sind aber auch Vögel und Fische nicht selten. Raubtiere (Löwe, Wolf) treten demgegenüber zurück. Ganz vereinzelt erscheinen Insekten. Verglichen mit den Tieren, spielen Pflanzen eine ganz untergeordnete Rolle. Einige ähren- oder zweigartige Darstellungen sind die einzigen, zudem nicht immer sicher deutbaren Belege (*Taf. 3, 17*). Etwas häufiger begegnen Menschen.

Die Tierzeichnungen sind durchweg ausgesprochen realistisch. Neben überragenden Meisterwerken stehen freilich auch solche steiferen und unbeholfeneren Charakters. Allerdings ist gerade bei diesen vielfach die Echtheit nicht in wünschenswertem Maße erwiesen. Der Verdacht, daß innerhalb des uns vorliegenden umfangreichen Materials, soweit es nicht aus ordnungsgemäßen Grabungen stammt – und auch bei diesen kommen bekanntlich Unterschiebungen vor –, noch immer allerlei Gefälschtes mitgeschleppt wird, ist nicht unbegründet.

Zu den ältesten Gravierungen gehört das Hinterteil eines Pferdes auf einem Knochenstück von Hornos de la Pena, das ins Aurignacien datiert wird. Zeugnisse aus dem Gravettien stammen von Rebières, Isturitz, Laugerie-Haute, Lespugue, Parpalló (*Taf. 6, 1*), Le Trilobite, Abri Labatut (*Taf. 7, 1. 2*), Laraux und La Colombière (*Taf. 6, 18*). Dabei dient als Bildgrund häufig ein Kieselstein. Derjenige von Abri Labatut zeigt auf der Vorder- und der Rückseite je ein Pferd, das eine sorgfältig und vollständig, das andere skizzenhaft. Der Kieselstein von Le Trilobite ist nur auf einer Seite mit übereinander liegenden Zeichnungen versehen; es sind zwei Nashörner nach links und eines nach rechts, dazu ein Wisent. Die Kieselsteine von La Colombière weisen auf der Ober- und der Untereseite jeweils fünf bis sechs Figuren auf: Pferde, Steinböcke, Bären, Rentiere, Nashörner, Mammute, Auerochsen, vielfach freilich nur die Vorderteile der Tiere. Trotz der so entstandenen verwirrenden Linienüberschneidungen sind die einzelnen Tierfiguren völlig naturrichtig gezeichnet, was nur so erklärlich ist, daß jeweils vor dem erneuten Eingravieren eines Bildes durch Auftragen oder Aufstäuben einer Deckschicht die älteren Darstellungen unsichtbar gemacht wurden. Es muß wohl angenommen werden, daß dieses Übereinanderritzen wie überhaupt das Ritzen von Tierbildern auf Kieselsteinen, Steinplatten und Knochenstücken Vorstellungen und Absichten entsprang, die über das rein Ästhetische hinausgingen und im Kultisch-Religiösen wurzelten (*s. S. 261 ff.*).

Die figürlichen Gravierungen aus der Frühzeit des Jungpaläolithikums zeigen bereits die für diese Kunstgattung kennzeichnenden Wesenszüge voll ausgebildet. Häufig werden die Körper nur durch eine feste Konturlinie wiedergegeben, die ohne Unterbrechung die Figur umzieht. Neben diesen einfachen Darstellungen gibt es aber auch Bilder wie diejenigen vom Abri Labatut (*Taf. 7, 1*) und von Laraux, die gelockerter und lebendiger wirken. Die Figuren zeigen entweder das absolute Profil (Wiedergabe jeweils nur eines Vorder- und eines Hinterbeines) oder das unbeholfene Nebeneinandersetzen der Beinpaare, mitunter aber auch bereits Bemühungen zu einer räumlichen Körperwiedergabe, indem bei den Beinen der Eindruck des Hintereinanderstehens erweckt wird (z. B. *Taf. 7, 1*). Es könnte sein, daß die archaischen Stilelemente, die eine reine Flächigkeit des Bildes bewirken, im Aurignacien allein herrschend waren. Bereits aus der Frühzeit des Jungpaläolithikums liegen vereinzelte szenische Bilder vor. Jedenfalls scheinen die beiden mit den Köpfen gegeneinanderstoßenden Mammute auf dem vorsolutréenzeitlichen Rengeweihstab von Laugerie-Haute (*Taf. 5, 17*) eine Kampfgruppe zu bilden.

Außerhalb Westeuropas sind bis jetzt figürliche Gravierungen aus einem älteren Abschnitt des Jungpaläolithikums überaus selten. Aller Wahrscheinlichkeit nach ins Gravettien gehört die Zeichnung auf einer Mammutrippe von Předmost (*Taf. 2, 8*), die eine bis zum äußersten stilisierte weibliche

Gestalt darstellt. Sie ist zwar nicht vollständig erhalten, darf jedoch gewiß symmetrisch ergänzt werden. Den Kopf mit dem Gesicht bildet ein geschweiftes Dreieck mit geometrischer Innenfüllung; die Brüste und der Unterleib werden durch mehrlinige Umrandungen wiedergegeben, die Arme durch dünne Gitterbänder. Dieses in seiner Stilisierung ornamental wirkende Kunstwerk deutet durch die Disziplin, mit der die parallelen Linien um die Brüste und den geweiteten Unterleib geführt sind, auf ein abstraktes Darstellungsprinzip besonderer Art hin. Der Westen Europas hat trotz seines großen Reichtums an diluvialen Zeichnungen nichts Vergleichbares aufzuweisen. Die einzigen, wenn auch nur von ferne anzuschließenden Darstellungen sind vielmehr aus Osteuropa bekannt (z. B. von Kiew), so daß diese sich von der realen Wirklichkeit bewußt lösende, das Begrifflich-Gedankliche des Dargestellten in den Vordergrund rückende Figuralkunst vielleicht allgemein im Osten zu Hause war.

Was in Westeuropa an figürlichen Gravierungen aus einem mittleren Abschnitt des Jungpaläolithikums (Solutréen bzw. ‚Protomagdalénien') zum Vorschein gekommen ist, setzt unmittelbar das aus dem älteren Abschnitt Bekannte fort. Aufschlußreich in dieser Hinsicht ist der Befund in der ostspanischen Höhle von Parpalló. Dort wurden in neun ohne sterile Zwischenschichten aufeinanderfolgenden Kulturschichten (von insgesamt 9 m Mächtigkeit), die vom Gravettien bis zum Frühmagdalénien reichen, etwa 5 000 Steinplatten mit Tierzeichnungen gefunden (*Taf. 6, 1–12*). Der Ausgräber wollte zwar eine stilistische Entwicklung von der untersten Schicht über die vier Solutréen- bis zu den vier Frühmagdalénien-Schichten erkennen. Jedoch können die geringfügigen dafür geltend gemachten Beobachtungen nicht über die auffallende stilistische und typologische Verwandtschaft zwischen den Zeichnungen sämtlicher Schichten hinwegtäuschen. Eine starke Bildtradition ist jedenfalls mit Sicherheit zu erschließen. Eine Besonderheit der Solutréen-Schichten von Parpalló stellen lediglich Steinplatten dar, die nicht gravierte, sondern gemalte Tierfiguren aufweisen (*Taf. 6, 8. 11*). Stilistisch stimmen sie aber mit den Gravierungen völlig überein. Vergleichbares ist im franko-kantabrischen Kreis ungeläufig.

Was der ostspanische Befund von Parpalló besonders eindringlich vor Augen führt, nämlich die kontinuierliche Weiterführung und Entfaltung konventioneller Darstellungsweisen in der jungpaläolithischen Zeichenkunst, ist entsprechend auch in Aquitanien und Kantabrien festzustellen. In der Nachfolge der gravierten Kieselsteine von Le Trilobite, Abri Labatut, Laraux und La Colombière steht u. a. ein gravierter Graphitknollen von Le Fourneau du Diable, der insofern Bezeichnend für die ganze Gattung solcher Figurensteine ist, als seine Durchlochung für eine Benutzung als Anhänger spricht. Die Sitte, mehrere Tierfiguren übereinanderzuritzen, bezeugt der solutréenzeitliche Fund von Badegoule, der aus rund 50 plattenartigen Steinstücken mit einzelnen oder mehreren Tiergravierungen besteht. Wie bei den Kieseln von La

Colombière, so ist auch bei den Steinen von Badegoule durch die vielen aufeinandergesetzten Zeichnungen mitunter ein unentzifferbares Liniengewirr entstanden.

Ihrer Qualität bzw. ihrem Stil nach sind die Gravierungen aus dem mittleren Abschnitt des Jungpaläolithikums nicht einheitlich. Neben etwas linkischen und flüchtigen oder „archaischen" (*Taf. 6,7*) Darstellungen gibt es vorzügliche, künstlerisch reife Arbeiten *(Taf. 6,10.12.9)*. Die perspektivische Wiedergabe der Hörner wie bei einer Wisentzeichnung von Le Roc de Sers ist bei aurignacien-gravettienzeitlichen Zeichnungen unbekannt. Hier finden wir bereits eine Stilform ausgebildet, die sich dann in der Spätstufe des Jungpaläolithikums zu voller Blüte entfaltete.

Ins späte Jungpaläolithikum, vor allem in das westeuropäische Frühmagdalénien, fällt die Blüte der diluvialen Zeichenkunst. Tausende von z.T. hervorragenden Fundstücken sind in den französischen, italienischen, mitteleuropäischen und osteuropäisch-sibirischen Höhlen- und Freilandlagerplätzen gehoben worden. Häufig sind die figürlichen Darstellungen auf Lochstäben (*Taf. 5,6.11; 6,23*) oder auf sog. Propulsoren angebracht, nicht selten aber auch auf einfachen Geweih- oder Knochenstäben und auf Steinplatten, nur ausnahmsweise indes auf Kieselsteinen, die in der vorangehenden Zeit als Träger figürlicher Zeichnungen so beliebt waren. Vereinzelt bedecken Gravierungen auch Gagatstücke (*Taf. 6,19*) und Bernsteinscheiben. Selbst wenn vergleichsweise viele magdalénienzeitliche Gravierungen – im Gegensatz zu denen der älteren Stufen – auf Gegenständen erscheinen, die bestimmten Typen angehören, so kann man hier doch nicht von einer Ausschmückung von Gebrauchsgeräten sprechen. Für das Magdalénien wie für das Paläolithikum überhaupt ist die Unterscheidung zwischen einer dienenden Schmuckkunst und einer zweckfrei sich entfaltenden, d.h. durch keine Rücksichten auf den Gebrauchswert des als Zeichengrund dienenden Gegenstandes eingeschränkten Kunstbetätigung nicht berechtigt. Zwar ist bei einigen gravierten Knochenplatten (*Taf. 3,2*), Steinen, Knochenscheiben (*Taf. 5,15*) und Tierzähnen aufgrund einer Durchlochung ziemlich sicher, daß sie irgendwo aufgehängt waren und vermutlich zum Körper- oder Kleiderschmuck gehörten. Aber daraus folgert nicht, daß hier Schmuckstücke verziert worden wären. Wohl mit größerer Berechtigung könnte man sagen, daß hier gravierte Figuren als Anhänger getragen wurden. Ist also schon bei diesen Gegenständen keineswegs ausgemacht, daß eine praktische Verwendung gegenüber der Zeichnung primär ist, so gilt das in noch stärkerem Maße bei anderen als Zeichengrund dienenden Typen. Über die Verwendung der Lochstäbe wissen wir bis jetzt nichts Sicheres, und auch bei den (freilich zumeist nicht gravierten, sondern mit reliefartigem oder vollplastischem Figurenschmuck ausgestatteten) Propulsoren ist eine praktische Verwendung als Speerschleuder in den meisten Fällen aus formalen Gründen unmöglich.

Die magdalénienzeitliche Zeichenkunst besitzt eine unübertreffliche Meisterschaft in der naturgetreuen Wiedergabe von Tieren jeder Art, jeder Haltung und Bewegung. Sowohl hinsichtlich der technischen Mittel als auch in Bezug auf die Bildtypen in ihrer konventionellen Umschreibung hat eine lange graphische Tradition zu dieser Vollkommenheit geführt. Die bewundernswert sichere Hand des magdalénienzeitlichen Zeichners vermag selbst auf gewölbten Flächen, wie sie die Stäbe aus Geweih oder Elfenbein boten, die Tierfiguren lebendig und fehlerfrei darzustellen. Voll erfaßbar werden diese Bilder für uns erst durch eine Abrollung (z.B. *Taf. 6,22; 5,10*). Tiere werden vereinzelt von vorne oder von oben dargestellt. Das Motiv des Tieres mit zurückgewandtem Kopf, das wahrscheinlich bereits in der vorangehenden Zeit bekannt war, begegnet nicht selten (*Taf. 5,2.10*).

Wie in den älteren Abschnitten des Jungpaläolithikums, so werden auch im Magdalénien häufig mehrere Tierfiguren auf einer Steinplatte übereinander graviert. Dabei besteht manchmal kein thematischer Zusammenhang zwischen den einzelnen Bildschichten (z.B. *Taf. 6,14*), in anderen Fällen ist ein solcher aber vorhanden, z.B. wenn Tiere derselben Art die gleiche Haltung aufweisen und nur der Kopf oder die Beine in ihrer Stellung verändert sind (z.B. *Taf. 6,20*). Andere Überschneidungen dürften sogar bereits zur Gruppe der beabsichtigten Figurenkompositionen überleiten.

Solche Gruppenbilder sind für das Magdalénien besonders kennzeichnend. Die einfachste Form einer Figurenkomposition besteht in einer Aneinanderreihung gleichartiger Tiere, womit vermutlich eine Herde bzw. ein Rudel gemeint ist (*Taf. 5,12*). An Stelle der vollständigen Tiere begnügte sich der Künstler häufig mit der Darstellung von Tierköpfen (*Taf. 6,22*). Die bei der angeführten Steinbockreihe von Gourdan zu beobachtende Staffelung zweier Köpfe entspricht einem auch bei vollständig wiedergegebenen Tieren mitunter angewandten Prinzip, das die Anordnung verlebendigt und eine räumliche Tiefenwirkung entstehen läßt (*Taf. 5,13*). Einen beträchtlichen Schritt weiter gehen einige vereinzelte Herdendarstellungen, bei denen das Erlebnis zum Ausdruck gebracht ist, daß eine Herde nicht nur die Summierung von Einzeltieren, sondern eine dem Einzeltier übergeordnete Gesamterscheinung ist. Hier zu nennen sind die Rentierherde von Teyjat, La Mairie (*Taf. 5,5*) und die Pferdeherden von Le Chaffaud (*Taf. 5,4*). Es sind großartige Versuche, die bewegte Vielfalt einer großen Herde illusionistisch darzustellen, indem jeweils nur einige Tiere vollständig, die übrigen durch skizzenhafte, den Eindruck unübersehbarer Menge erzeugende Andeutungen wiedergegeben sind. Ausnahmsweise wurden dabei auch Regeln einer wirklichen Perspektive angewendet, indem die vorderen Tiere größer, die weiter hinten vorzustellenden etwas kleiner erscheinen. Ganz anderer Art sind einige Herdenbilder von Limeuil (*Taf. 5,1–3*). Auch hier ist der optische Gesamteindruck einer Gruppe festgehalten, aber nicht durch impressionistische Abkürzungen, sondern durch das Zusammenfügen mehrerer Einzelfiguren, die in ihrer Gruppierung den Eindruck natürlicher Lebendigkeit festhalten. Dabei werden Überschneidungen nicht vermieden; doch haben diese nichts zu tun mit dem sonst üblichen beziehungslosen Sichüberlagern mehrerer Tiere; vielmehr haben wir es hier mit einem bewußt verwendeten künstlerischen Darstellungsmittel zu tun. Wie unmittelbar dem Leben abgelauscht wirkt die Stellung des Hirschrudels bei dem das in der Mitte stehende, nach vorne blickende Tier eine Beziehung zum Betrachter herstellt, wie sie vergleichbar sonst bei paläolithischen Bildern ganz selten ist (vgl. die Höhlenlöwen in der Trois-Frères-Höhle: *Taf. 10,5*). Die beiden Pferdegruppen-Zeichnungen von Limeuil besitzen Bodenstriche, die erste Geländeandeutung, die sonst in der diluvialen Kunst fremd ist.

Wenn die letztgenannten Herdenbilder von Teyjat, Le Chaffaud und Limeul kunstgeschichtlich aus den graphischen Werken des Paläolithikums herausragen, so werden wir sagen dürfen, daß hier individuelle Schöpfungen Einzelner vorliegen, welche den durch die breite Tradition vermittelten Gestaltungsrahmen sprengen. Aber mit dieser Feststellung ist imgrunde nicht viel gewonnen. Entscheidend ist die Frage, weshalb diese exzeptionellen Kunstwerke so vereinzelt blieben und nicht anregend und beispielhaft auf das gesamte Bildschaffen dieser Zeit wirkten. Daß in Limeuil drei Bilder dieser Art zutage kamen, widerspricht nicht dem Eindruck, es mit vereinzelten Schöpfungen zu tun zu haben, können doch alle drei sehr wohl von einem und demselben Zeichner stammen. Die Antwort auf jene Frage ist wohl nicht so sehr auf der Ebene künstlerischer Begabungen und traditioneller Bindungen an einen bestimmten Rahmen konventioneller Darstellungsregeln zu suchen, als vielmehr in der während des Paläolithikums allgemein vorherrschenden Darstellungsabsicht, die offenbar auf die bildliche Erfassung der jeweils einzelnen Tiere gerichtet war und auch bei einer Herde diese Einzeltiere im Auge hatte.

Die magdalénienzeitlichen Bilder, die aus einer Kombination mehrerer Tiere bestehen, stellen manchmal Szenen dar. Das ist der Fall bei den Rentierpaaren von Laugerie-Basse und aus dem Petersfels (*Taf. 6,23*), bei denen das männliche Tier dem weiblichen folgt, und bei den beiden Wisentbullen aus der Pekárnahöhle (*Taf. 5,8*), die im Kampf gegeneinanderrennen. Anders zu bewerten ist der Figurenschmuck von Lochstäben von Teyjat (*Taf. 5,6*), Limeuil, Gourdan und Isturitz sowie eines Knochenstückes von Laugerie-Basse. Hier ist das Nebeneinander von Land- und Wassertieren gewiß nicht in szenischer Hinsicht zu deuten. Das gleiche dürfte der Fall sein bei dem Bild auf dem Stab von Lortet (*Taf. 5,10*); die von einigen erwogene Interpretation: Hirsche durchwaten einen Fluß, der durch Lachse gekennzeichnet wird, kann schwerlich überzeugen.

Verglichen mit den Darstellungen von Tieren treten Bilder von Menschen unter den magdalénienzeitlichen Gravierungen zahlenmäßig stark zurück. Im Gegensatz zu den Tierbildern zeigen diejenigen von Menschen starke Unterschiede in der Stilisierungsweise. Die Variationsbreite geht von Darstellungen, bei denen vor allem der Kopf in wundervoller Klarheit und Naturtreue bei Vernachlässigung des Körpers gezeichnet ist, bis zu Figuren, bei denen nur der Körper unter Betonung der Gesäßpartie und völliger Weglassung des Kopfes wiedergegeben ist (Lalinde, Hohlenstein: *Taf. 2,7*). In seiner Art einzig dastehend ist ein Stein aus der Trois-Frères-Höhle (*Taf. 2,12*), der mehrere übereinandergeritzte Menschenfiguren aufweist, und zwar stets hochschwangere Frauen in verschiedenen Stellungen. Es kann kaum ein Zweifel darüber bestehen, daß diese Darstellungen innerhalb einer kurzen Zeitspanne entstanden und sich alle auf ein und dasselbe Vorbild beziehen.

In La Madeleine begegnen menschliche Gestalten auf einem länglichen Kieselstein und auf einem Knochenstück. Der Kiesel zeigt auf zwei Seiten eine männliche und eine weibliche Figur, wobei die erstere sicher erfaßt und selbst in Details anatomisch richtig wiedergegeben ist, bis auf den Kopf, der nicht gelungen wirkt, während die Frau insgesamt recht summarisch und flüchtig dargestellt ist. Der Mann auf der Knochenplatte unterscheidet sich durch seine ityphallische Kennzeichnung und durch den verschwommen-weichen Verlauf der Konturlinie von dem Mann des Kieselsteines. Mit diesem gemeinsam hat er jedoch die nach oben gerichtete Haltung des Gesichtes. Einzelne Darstellungen der Felswandkunst stehen nahe.

Mehrere Knochenstücke mit menschlichen Figuren oder Köpfen sind in Isturitz zum Vorschein gekommen (*Taf. 2,3*). Ein Mann mit struppigem Kopf- und Barthaar hat eine ganz ähnliche Stirn-Nasen-Linie wie der Mann von Lourdes (*Taf. 3,5*). Durch Hals-, Arm- und Knöchelschmuck zeichnen sich eine Frau und ein Mann auf einer langschmalen Knochenplatte von Isturitz aus (*Taf. 2,1*). Sie haben beide die Arme erhoben. Daß es sich hier um ein zusammengehöriges Paar handelt, möchte man ebenso annehmen wie bei den beiden Gestalten des Steines von La Madeleine. Jedoch wäre es gewiß verfehlt, in der Anordnung der beiden Figuren von Isturitz einen szenischen Zusammenhang sehen zu wollen, nämlich zwei neben- oder hintereinander liegende Gestalten, wie einige Interpreten meinten. Die oben angeführten Bilder, auf denen Landtiere in Verbindung mit Wassertieren begegnen, scheinen darauf hinzuweisen, daß die Spätpaläolithiker eine Art der Figurenkombination kannten, bei der offenbar ein thematischer, nicht aber ein szenischer Zusammenhang beabsichtigt war. Dasselbe scheint der Fall zu sein bei der feinen Zeichnung auf einem Knochenstück von Laugerie-Basse (*Taf. 2,5*). Auf der einen Seite ist das Vorderteil eines Pferdes eingraviert, auf der anderen ein Paar Rentierbeine und eine schwangere Frau mit erhobenen Armen. Daß die Darstellungen der Rentierbeine und der Frau aufeinander Rücksicht nehmen, indem die Linien der Frauenbeine an der Stelle, an der sie von den Rentierfüßen gekreuzt werden, unterbrochen sind, besagt durchaus nicht, daß die Stellung der beiden Figuren zueinander szenisch zu verstehen wäre. Darstellungen wie diejenigen auf den Lochstäben von Teyjat (*Taf. 5,6*) und Lortet (*Taf. 5,10*) beweisen, daß sehr wohl eine Figur auf eine andere Rücksicht nehmen kann (entgegen der im allgemeinen herrschenden Gewohnheit des unbekümmerten

Überschneidens), ohne daß es sich deswegen um eine szenisch-realistische Gruppierung handelt. Für die Beurteilung jenes Bildes von Laugerie-Basse ist zudem wichtig, daß die Rentierbeine nicht etwa die Reste einer ursprünglich vollständigen Tierdarstellung sind (die Beschädigung des Knochenstückes nach Anbringung der Zeichnung kann nur relativ geringfügiger Art sein), daß vielmehr eine Pars-pro-toto-Wiedergabe vorliegt, wie sie auch sonst in der Paläolithkunst vorkommt. Bei dieser Darstellungsart ist für die beiden Figuren durchaus kein einheitlicher Bildhintergrund und keine gemeinsame Standfläche vorauszusetzen. Wenn die Tierbeine *stehen*, braucht demnach die Frau nicht zu *liegen*, wie eine szenisch-realistische Bildlesung annahm. Vielmehr muß die Möglichkeit ins Auge gefaßt werden, daß die Frau in stehender Haltung dargestellt ist.

Mit einer szenischen Darstellung haben wir es dagegen offenbar bei der Zeichnung auf einer Steinplatte von Péchialet zu tun, bei der ein Bär von zwei Menschen flankiert wird. Ob diese das Tier angreifen oder, wie neuerdings in Betracht gezogen wird, umtanzen, ist unklar.

Von Mas d'Azil stammt das Stück einer ehemals wohl runden, beidseitig gravierten Knochenscheibe (*Taf.* 2,4), bei der auf der einen Seite eine menschliche Gestalt ausgesprochen geschickt in das Rund des Scheibenrundes komponiert ist, so daß der eine Fuß, das Gesäß, die Schulter und der Hinterkopf jeweils annähernd gleichweit vom Rand des Zeichengrundes entfernt sind. Die darin sich ausdrückende künstlerische Meisterschaft wird unterstrichen durch die guten Körperproportionen und die natürliche Haltung der Gestalt. In merkwürdigem Gegensatz dazu steht nur die Gesichtsform, die durch die massige Nase entstellt wird. Eine männliche Gestalt auf einem Lochstab von Gourdan (*Taf.* 2, 2) ist insgesamt flüchtiger gezeichnet als die von Mas d'Azil, aber doch durchaus naturrichtig in der Erfassung der Gesamterscheinung. Unverhältnismäßig groß sind nur die hoch gehaltenen Hände, was in diesem Fall beabsichtigt zu sein scheint und wohl einen bestimmten Bedeutungsgehalt zum Ausdruck bringen soll. Eine andere Menschenzeichnung von Gourdan fällt durch den hoch gewölbten Oberkopf auf. Außer dem von vorne gesehenen Auge ist auch die zugehörige Brauenlinie angegeben. Was eine hinter diesem Menschenkopf sichtbare sonderbare Figur bedeuten soll, ist unklar.

Ein Knochenstück von Laugerie-Basse (*Taf.* 3,4) zeigt einen Mann zusammen mit einem Wisent. Wenn die beiden Figuren thematisch auch sicherlich zusammengehören, so ist doch im einzelnen zu prüfen, welcher Art dieser Zusammenhang ist. Die geläufige Interpretation geht dahin, daß hier ein Jäger sich an ein Wisent heranschleicht. Indes kann die „liegende" Haltung des Mannes auch einfach durch die sich verschmälernde Zeichenfläche bedingt sein, so daß das Nebeneinander von Wisent und Mensch nicht realistisch, sondern als Kompositgruppe mit der allgemeinen Bedeutung: „Mensch jagt Wisent" aufzufassen wäre.

Bemerkenswerte Darstellungen stammen weiterhin von Les Eyzies (*Taf. 3,1*) und Chancelade-Raymonden (*Taf. 3,2*). Am klarsten scheint das Bild von Les Eyzies zu sein: Vor einem großen Wisent stehen acht oder neun Figuren mit rundem Ober- und spitz zulaufendem Unterteil sowie einem schrägen Querstrich, gewiß menschliche Gestalten mit geschulterten Speeren. Die beiden links neben den Menschenreihen sichtbaren Zeichen, die zweimal auch über den Menschen, um 180° gedreht, wiederkehren, dürften wohl als Bäume oder Büsche zu deuten sein. Wir haben also eine mit Jagdwaffen ausgerüstete Menschengruppe vor uns, die in freier Landschaft einem Wisent begegnet, ein einzigartiges Bildwerk im Rahmen der gesamten Paläolithkunst.

Auf der schmalen Knochenplatte von Chancelade (*Taf. 3,2*) sind offensichtlich eine Anzahl Menschen wiedergegeben, die in zwei Reihen, mit der Standfläche jeweils am Plattenrand, zu beiden Seiten eines merkwürdigen Gebildes stehen. Es ist ein Wisentkopf mit zwei nach vorne gestreckten Beinen und einem fischgrätenartigen Streifen auf der Rückenseite. Zumeist wird angenommen, daß dieser die entfleischte Wirbelsäule des Wisents andeutet. Ob dies zutrifft, oder ob es sich um eine Harpune handelt, mag dahingestellt sein. Entscheidend ist, daß der Wisentkopf eine hintere Abschlußlinie besitzt, daß also offensichtlich nicht eine Abkürzung für ein ganzes Tier, sondern tatsächlich nur ein Kopf gemeint ist. Dann kann es nur der Teil eines toten Tieres sein. Dazu paßt, daß die beiden Vorderbeine nicht kraftvoll nach vorne gestreckt sind, sondern leblos verdreht herabhängen. Es scheint hier also eine Zusammenkunft vieler Menschen um den aufgerichteten Vorderteil eines toten Wisents abgebildet zu sein.

Die Zeichenkunst des Magdalénien steht in beeindruckender Klarheit vor uns. Die Frage, wie sich diese spätpaläolithische Zeichenkunst zu derjenigen der vorangehenden Stufen verhält, wurde von einer kunstgeschichtlichen Forschungsrichtung dahingehend zu beantworten versucht, es habe eine Stilentwicklung von einem plastisch zu einem malerisch empfundenen Bild, von einem „Tastbild" zu einem „Sehbild" stattgefunden, indem nach einer Frühstufe, die die Form aus dem Wissen heraus hart und konturbetont „begriff", im Magdalénien der optische Eindruck für die Darstellung entscheidend geworden sei. Raum, Licht, Tiefe, Bewegung seien erst im Spätpaläolithikum entdeckt worden. Nicht das statische Sein, sondern den fluktuierenden Schein habe man in dieser Stufe im Bild festhalten wollen. Nicht aus dem Gewußten, sondern aus dem momentan Gesehenen seien die Figuren und Figurengruppen gestaltet worden. Diese Stilabfolge würde die Theorie von einem grundsätzlichen Entwicklungsablauf künstlerischen Darstellens bestätigen. Es kann jedoch nicht verborgen bleiben, daß eine solche Stilentwicklung nur unter Zugrundelegung einer bestimmten theoretischen Konzeption der Kunstentwicklung in den paläolithischen Denkmälerbestand hineingesehen wurde. Unmittelbar den Fundzeugnissen und ihrer chronologischen Ordnung ist sie nicht abzulesen. Weder ist das, was als kennzeichnende Stilmerkmale des

Magdalénien genannt wird, dem älteren Abschnitt des Jungpaläolithikums ganz fremd, noch fehlt es umgekehrt im Magdalénien an Bildern, die den archaischen Stil zeigen. Mit der in Ergänzung zu jener Theorie vertretenen Annahme, daß auf den „malerischen" Stil des älteren Magdalénien in der letzten Magdalénien-Stufe wiederum ein Stil mit verfestigten Konturen gefolgt sei, der in manchem zur Eigenart der Frühzeit zurückgekehrt sei, werden die Verhältnisse nicht befriedigend erklärt, da eben nicht erweislich ist, daß sich die betreffenden Stilausprägungen tatsächlich zeitlich ablösen.

Vielleicht sollten wir im Paläolithikum weniger von einer stilistischen *Entwicklung* im Sinne eines Nacheinanders verschiedener Formen des Sehens und Darstellens, als vielmehr von einer *Entfaltung* der künstlerischen Befähigung und Betätigung sprechen, womit gemeint ist, daß eine Erweiterung des Darstellungsvermögens, eine Zunahme des Erfahrungsschatzes in der graphischen Gestaltung erfolgte. Überragende Einzelpersönlichkeiten, deren schöpferisches Wirken wir im Magdalénien erkennen können, mögen allmählich den festen Bestand traditioneller Bildregeln vermehrt und eine Entfaltung des Darstellungsvermögens bewirkt haben. Auf diese Art wird die großartige Geschlossenheit und innere Gleichgestimmtheit der Diluvialkunst nicht in vermeintliche Einzelphasen aufgelöst, andererseits aber der Unterschied zwischen der Frühzeit und dem Magdalénien hinsichtlich der stilistischen Vielfalt, des motivischen Reichtums und der Ausdrucksstärke hinreichend erklärt.

*Reliefs und Contours découpés:* Zwischen den jungpaläolithischen Gravierungen und den Vollplastiken gibt es mannigfache Übergänge, wobei entweder die zweidimensionale Flächigkeit der Gravierungen sich mit der Konturbetontheit der Plastiken vereinigt oder aber die Körperhaftigkeit der Plastiken mit dem flächigen Bildgrund der Gravierungen verbunden wird. Das eine führte zur Entstehung einer Denkmälergattung, die unter der Bezeichnung „Contours découpés" bekannt ist, das andere zu derjenigen der Reliefs.

Die „Contours découpés" sind aus dünnen Knochenplatten gearbeitet, indem aus diesen der Umriß der Figur herausgeschnitten und in diese Silhouette dann eine Innenzeichnung hineingraviert wurde. Vor allem im Frühmagdalénien wurden solche kleinen Bildwerke im aquitanischen Kreis häufig verfertigt. Es sind sowohl ganze Tiere als auch – und sogar hauptsächlich – Köpfe von diesen, in erster Linie vom Pferd, seltener vom Steinbock (*Taf.* 3,6.7). Wie die häufig angebrachten Durchlochungen beweisen, waren diese Kopfplatten zum Aufhängen bestimmt. Vielleicht dienten sie als Körperschmuck. Doch ist natürlich ebensogut eine andere Verwendungsart vorstellbar. Die Figuren sind in der Regel von ganz ausgezeichneter Qualität. Wenn die Stücke beidseitig eine gravierte Binnenzeichnung aufweisen, so nähern sie sich den Vollplastiken, während die nur einseitig gravierten Exemplare stärker den normalen Gravierungen verwandt sind. Andererseits leiten diese einseitig bearbeiteten Stücke zu gewissen Halbplastiken über, die auch in Mitteleuropa in einiger Anzahl bekannt geworden sind und eine flache, glatte Unterseite und eine plastisch modellierte Oberseite besitzen (Vogelherd: *Taf. 4, 14;* Pavlov). Hier anzuschließen ist das aus einer Knochenscheibe geschnittene menschliche Gesicht von Unterwisternitz (*Taf. 2, 13*), bei dem Augen, Mund und Nase durch Einschnitte angedeutet sind.

Die andere zwischen Gravierung und Plastik stehende Kunstart ist das Relief. Hier brachte es der jungpaläolithische Künstler zu einer bewundernswerten Meisterschaft. Die Figuren sind durch Tieferlegen der Bildfläche oder mindestens der sie umgebenden Partien optisch aus dem Hintergrund herausgehoben. Durch feine Modellierung der Binnenstruktur wird ein die körperliche Wirklichkeit vortrefflich wiedergebender Eindruck erweckt. In dieser Weise sind Tiere und Köpfe von diesen an oder auf Elfenbein- und Rengeweihstäben geschnitzt (*Taf. 4, 1.11.15*), wobei oft schwer zu entscheiden ist, ob eine Figur noch als Gravierung oder schon als Relief, bzw. – wenn die Darstellung auf einem runden Stab angebracht ist – noch als Relief oder schon als Vollplastik anzusprechen ist. Nicht selten werden auch nur einzelne Partien eines Körpers reliefartig wiedergegeben, die übrigen aber einfach graviert. Andererseits aber kommt es auch vor, daß nur einzelne Teile des Körpers reliefartig gearbeitet sind, die übrigen aber vollplastisch (*Taf. 4, 1*). Nicht nur im Rahmen der Knochen- und Geweihschnitzerei wurde diese Reliefkunst gepflegt; daneben gibt es auch in Stein gemeißelte Reliefs. Diese sind mitunter ausgesprochen großzügig, so eine Serie von Werken aus Isturitz, die gerade durch den Verzicht auf Einzelheiten die wirklichkeitserfassende Treffsicherheit und die Gestaltungskraft des Künstlers verdeutlichen. Andere Steinmetzarbeiten von Isturitz zeigen eine minutiöse Durchmodellierung und die Beachtung und souveräne Handhabung fester Darstellungsregeln.

Die hervorragendsten Reliefs gehören im südfranzösischen Raum dem Solutréen und Frühmagdalénien an. Die Vogelherd-Figuren (*Taf. 4, 14*) beweisen aber, daß diese Kunstart im Prinzip bereits im Aurignacien ausgebildet war. Die Relieftechnik blieb bis ans Ende des Paläolithikums in Übung, wenn auch in der Spätzeit ihre Bedeutung deutlich abnahm.

*Plastiken:* Die kleinformatigen plastischen Werke des Jungpaläolithikums sind auf das gesamte Verbreitungsgebiet der diluvialen Kunst, von der Atlantikküste bis Sibirien, und auf alle Zeitstufen, vom Aurignacien bis zum späten Magdalénien, verteilt. Dargestellt sind Menschen und Tiere. Als Material dient Stein (Kalkstein, Speckstein, Sandstein), Elfenbein, Knochen, Geweih, Rötel, Gagat und Ton. In einigen Fällen bilden die Plastiken Grabbeigaben, in anderen lagen sie in Wohnstätten oder dicht bei Feuerstellen inmitten der Lagerplätze. Zumeist ergibt sich aus den Fundumständen kein Anhalt auf die Art ihrer einstigen Aufbewahrung und Verwendung. Die Durchbohrung einiger Stücke läßt darauf schließen, daß sie als Anhänger benutzt wurden.

Andere Schnitzereien sind an Lochstäben oder Propulsoren angebracht, ohne daß dabei von einer vorwiegend dekorativen Ausgestaltung von Zweckgeräten gesprochen werden dürften, ist doch über die Verwendung der Lochstäbe nichts Sicheres bekannt, und können jene Propulsoren mit figürlichem Schmuck ihrer feinen Ausführung und zerbrechlichen Form wegen kaum praktisch zu benützende Speerschleudern gewesen sein.

Am bemerkenswertesten sind die menschlichen, zumeist weiblichen Statuetten, von denen bis jetzt über 100 mehr oder minder vollständig erhaltene Exemplare bekannt geworden sind. Einige stratigraphisch gut beobachtete Funde beweisen die Datierung mindestens eines Großteils dieser Figuren ins Gravettien (Lespugue: *Taf. 1, 5;* Tursac: *Taf. 1, 8;* Mainz; Mauern: *Taf. 2, 11;* Willendorf: *Taf. 1, 9;* Ostrava-Petřkovice: *Taf. 1, 10;* Pavlov; Brünn; Pekárna; Unterwisternitz: *Taf. 1, 15;* Avdejevo; Kostjenki: *Taf. 1, 12. 13. 18;* vermutlich auch Grimaldi: *Taf. 1, 7).* Bei den Skulpturen von Brassempouy *(Taf. 1, 2)* erschloß H. Breuil aus den Aufzeichnungen des Ausgräbers eine Zugehörigkeit zum Aurignacien. Eine Figur aus der württembergischen Vogelherdhöhle, deren anthropomorpher Charakter freilich nicht ganz gesichert ist, gehört eindeutig dem Aurignacien an. Wird man demnach mit dem Beginn dieser Denkmälergruppe bereits im frühen Jungpaläolithikum rechnen müssen, so ist andererseits ein Weiterdauern bis in die Spätphase des Paläolithikums zu belegen (Laugerie-Basse: *Taf. 1, 11;* Mas d'Azil). Die aus der badischen Petersfelshöhle aus spätmagdalénienzeitlichem Zusammenhang vorliegenden Gagatfigürchen *(Taf. 2, 16)* und die südrussischen Figuren von Mezin *(Taf. 4, 17)* gehören gleichfalls in die Gruppe weiblicher Statuetten und sind wohl als spätdiluviale Ausläufer dieser Gattung anzusehen.

Außer den letztgenannten, stark stilisierten Bildungen vom Petersfels und von Mezin zeigen die weiblichen Statuetten des Jungpaläolithikums bei einer nicht eben geringen Variationsbreite bestimmte typologische und stilistische Gemeinsamkeiten. In der Regel sind die Figuren nackt dargestellt. Nur diejenige von Lespugue weist einen gravierten Gesäßschurz auf *(Taf. 1, 5),* während bei einigen sibirischen Exemplaren von Malta und Buret *(Taf. 1, 16)* der Körper mit Kerbreihen oder Querstrichen bedeckt ist, was wohl irgendwie eine Kleidung andeuten soll. Im allgemeinen zeigen die Statuetten eine aufrechtstehende Haltung. Die zusammengepreßten Beine enden als spitzer oder rundlicher Zapfen. Nur ganz selten sind Füße ausgebildet (Avdejevo; Kostjenki: *Taf. 1, 18).* Zumeist treten Brüste, Bauch, Oberschenkel und Gesäß stark hervor; nicht selten übersteigen sie sogar das natürliche Maß. Doch bleibt selbst bei kräftigsten Detailbetonungen ein Sinn für die natürliche Körperform im ganzen gewahrt. In der Leibesfülle dieser Figuren kommt eine beglückte Freude an der natürlichen Körperlichkeit und Fruchtbarkeit zum Ausdruck. Der von der früheren Forschung erwogene Gedanke, die kräftigen Gesäßwölbungen (vor allem bei den Statuetten von Grimaldi und Savignano) seien mit der Steatopygie heutiger Hottentotten- und Buschmannfrauen in Verbindung zu bringen und als negroides Rassenelement (und Schönheitsideal) anzusprechen, ist heute ganz aufgegeben.

Seltener als Statuetten reifer Frauen sind solche, deren schlanke Körperformen einen jugendlich-mädchenhaften Eindruck machen. Könnte man bei einer magdalénienzeitlichen Figur von Laugerie-Basse (*Taf. 1,11*) in Anbetracht der geringen künstlerischen Qualität Bedenken hegen, ob der dünne Körper in dieser Weise zu interpretieren sei, so scheint die hervorragend gearbeitete, in der Erfassung und Wiedergabe der natürlichen Körperbildung vortreffliche Rötelstatuette aus der Gravettien-Station von Ostrava-Petřkovice (*Taf. 1,10*) keinen Zweifel daran zu lassen, daß hier keine Frau, sondern ein Mädchen gemeint ist.

Die Arme bzw. Unterarme sind bei vielen jungpaläolithischen Statuetten gar nicht ausgearbeitet (z.B. *Taf. 1,14; 2,10*); bei einigen anderen liegen sie auf den Brüsten auf (*Taf. 1,5.9*), während bei einigen ukrainischen und sibirischen Exemplaren die Hände auf dem Leib ruhen (*Taf. 1,12.18*). Eine besondere Armhaltung zeigt eine Figur von Gagarino (*Taf. 1,17*), deren beide Hände zum Kinn erhoben sind. Nur in ganz wenigen Ausnahmefällen hängen die Arme gerade an den Körperseiten herab (z.B. *Taf. 1,16*). Bei einer männlichen Statuette von Brünn ist trotz des schlechten Erhaltungszustandes noch erkennbar, daß nur der linke Arm ausgearbeitet war. Ob er frei am Körper herabhing, oder eine andere Stellung einnahm, ist allerdings nicht mehr zu entscheiden. Die Arme mancher Statuetten sind auffallend dünn und schmächtig, wodurch sie sich stark von der sonstigen Körperfülle abheben. Mitunter sind die Hände deutlich angegeben (Lespugue: *Taf. 1,5*; Willendorf: *Taf. 1,9;* Kostjenki: *Taf. 1,18*). Auch die Wiedergabe von Armschmuck, wie ihn die Willendorferin zeigt, ist bemerkenswert (auch bei gravierten Menschendarstellungen ist dieses Detail mitunter angegeben: *Taf. 2,1*) und könnte darauf hinweisen, daß der die Festlichkeit unterstreichende Schmuck für das Darstellungsanliegen wesentlicher war als die Kleidung.

Sehr unterschiedlich ist die Gestaltung des Kopfes. Von Brassempouy in Südfrankreich (*Taf. 1,2*) und von Unterwisternitz in Mähren (*Taf. 1,4*) liegen elfenbeingeschnitzte Köpfe vor – leider sind die zugehörigen Körper nicht erhalten –, die trotz namhafter Beschädigungen natürlich-ausgewogene, charaktervolle Gesichtszüge erkennen lassen. Dieselbe realistische Darstellungsweise, mit der im allgemeinen die Körper gestaltet wurden, ist hier auch in der Bildung der Köpfe spürbar. Noch schlechter erhalten als die Köpfe von Brassempouy und Unterwisternitz ist derjenige der Statuette aus dem Grab von Brünn. Doch läßt sich immerhin soviel erkennen, daß auch hier das Gesicht sorgfältig geschnitzt war. Das gleiche gilt für die sibirischen Figuren von Malta und Buret (*Taf. 1,16*). Daß diese ausdrucksvolle Gesichtsmodellierung nicht nur aus dem leicht zu bearbeitenden Elfenbein herausgeholt wurde, sondern ebenso aus Stein, lehrt ein naturalistisches Steatitköpfchen aus den Grimaldi-Höhlen. Dieses ist so detailliert gearbeitet, daß man bestimmte Rassenmerkmale – nämlich solche negroiden Charakters – daran glaubt erkennen zu können.

Andere Statuetten weisen allerdings nur einen ungegliederten Kugelkopf auf (*Taf. 1,5,7,14*), wieder andere, wie die Willendorferin und eine Figur von Kostjenki, haben gekerbte Querrillen rund um den Kopf herum (*Taf. 1,9,18*), während einige Exemplare überhaupt keinen Kopf, sondern statt dessen einen einfachen Zapfen besitzen. Die früher in der Forschung vertretene Meinung, der paläolithische Künstler habe eine Scheu vor der bildlichen Wiedergabe des menschlichen Gesichtes gehabt und daher dieses nicht oder nur verdeckt dargestellt, kann angesichts des heute vorhandenen Fundmaterials nicht mehr aufrechterhalten werden. Vielleicht sollten wir in Betracht ziehen, daß einige der uns vorliegenden Steinskulpturen nur die Kerne einstiger vollständiger Figuren sind, indem diese ihre eigentliche Form durch vergängliche bzw. lösliche Zusatzpartien erhielten. Die Löcher auf der Kopfoberseite der Statuette von Unterwisternitz weisen darauf hin, daß mit irgendwelchem, in diesem Falle aufgestecktem Schmuckaufsatz aus organischen Stoffen zu rechnen ist. Auch der Auftrag von Rötel, wie er mehrfach nachgewiesen wurde (Willendorf, Mauern), kann so kräftig gewesen sein, daß er als Modellier- bzw. Graviergrund dienen konnte. Die mährischen, aus Ton gebildeten Figuren und die eventuell von ähnlichen Tonplastiken herrührenden Kaolinklumpen, die gelegentlich in jungpaläolithischen Stationen Westeuropas beobachtet wurden, können die Annahme nahelegen, daß mitunter einzelne Körperteile, wie Köpfe oder Arme, aus Ton gebildet und einer Steinfigur aufgesetzt waren. Vielleicht sollten dann bei der Willendorferin die den Kopf umziehenden gekerbten Querrippen nicht eine das Gesicht bedeckende Zopffrisur oder ein negerhaftes Kräuselhaar darstellen, wie angenommen wurde, sondern hatten lediglich den Zweck einer Aufrauhung der Steinoberfläche, um einen Aufstrich aus Ocker, Wachs oder dergl. besser haften zu lassen.

Von den während des Jungpaläolithikums vorherrschenden Statuetten in stehender Haltung unterscheiden sich einige, die sich durch eine hockende oder sitzende Körperposition auszeichnen. Besonders aufschlußreich sind die beiden aus Stein gefertigten weiblichen Figuren von Sireuil und Tursac (*Taf. 1,6.8*). In der allgemeinen Stellung stimmen sie miteinander überein: das Gesäß ist weit nach hinten gedrückt, die Beine sind angewinkelt, so daß eine Hockerstellung entsteht. Bei der Statuette von Tursac ist ganz stilisiert, aber unmißverständlich eine Frau im Augenblick der Entbindung dargestellt. Dabei beschränkt sich die Ausarbeitung auf die für den Vorgang entscheidenden Körperpartien, während der Oberkörper der Frau wie auch die Gestalt des Kindes gar nicht näher ausgeführt, sondern einfach als Zapfen gebildet sind. Wie bei der Paläolithkunst im allgemeinen, so ist auch bei dieser Darstellung eine feste tektonische Bezogenheit auf einen Bildgrund nicht erkennbar. Die Frage, wie das kleine Kunstwerk richtig aufzustellen oder anzuschauen sei, wird dem Anliegen, aus dem heraus es geschaffen wurde, nicht gerecht. Ein

Vorgang rein als solcher soll dargestellt werden, nicht dessen Verhältnis zu einer räumlichen Umgebung, und bestehe diese auch nur in einer Unterlage oder einer Standfläche.

Bei der Figur von Sireuil ist im Gegensatz zu derjenigen von Tursac der Oberkörper sorgfältig ausgearbeitet. Der Kopf ist zwar abgebrochen, aber die Brust und die Arme lassen eine Beurteilung des Gesamtcharakters zu. Wenn die Leib- und Beinhaltung angesichts der Übereinstimmung mit der Figur von Tursac ähnlich wie diese zu interpretieren ist, so werden wir vielleicht sagen dürfen, daß die Statuette von Sireuil die Haltung vor der Entbindung darstellt, darin etwa den Zeichnungen auf der Steinplatte aus der Trois-Frères-Höhle (*Taf.* 2, 12) entsprechend. Damit könnte zusammenhängen, daß bei der Figur von Sireuil im Gegensatz zu der von Tursac der ganze Körper gleichmäßig ausgearbeitet wurde, da sich bei ihr das Bildinteresse des Künstlers nicht so ausschließlich auf das Geburtsgeschehen konzentrierte, sondern allgemein der Frau galt. Die einstmals diskutierte Frage, ob die Statuette von Sireuil liegend, knieend, sitzend oder hockend vorzustellen sei, ist im Lichte der durch den Fund von Tursac gewonnenen Erklärung gegenstandslos geworden. Da sie nicht zum Betrachten und Aufstellen bestimmt war, lag keine Veranlassung vor, die Stand- bzw. Liegefläche deutlich zu kennzeichnen. Auch die Statuetten von stehenden Menschen konnten ja nicht wirklich stehen.

Nicht unbedingt mit den Skulpturen von Sireuil und Tursac verwandt sind stärker schematisierte Figuren, bei denen entweder nur das Gesäß (Mauern: *Taf.* 2, 11; Pekárna, Pavlov, Petersfels: *Taf.* 2, 16) oder nur die Bruste (Unterwisternitz: *Taf.* 2, 14.15) deutlich kenntlich gemacht sind. Das aus Kalkstein gearbeitete Exemplar von Mauern besitzt eine glatte Gesäßunterseite; die Figur kann also auf einer ebenen Fläche sitzen, während die verschieden großen, aus Gagat geschnitzten Stücke vom Peterfels oben durchlocht sind, also zum Aufhängen bestimmt waren. Von Předmost stammen 11 hockende bzw. kniende menschliche Figuren, die aus Mammutmittelfußknochen oder anderen Knochen geschnitzt sind (*Taf.* 1, 1). Ein ähnliches Stück liegt von Avdejevo in der Ukraine vor.

Tierplastiken sind in Mitteleuropa vom Aurignacien an bekannt. Auffallenderweise hat Westeuropa bis jetzt keine so alten Bespiele geliefert. In einer aurignacienzeitlichen Schicht vom Vogelherd in Württemberg kam eine Serie prächtiger Elfenbeinfiguren zum Vorschein (*Taf.* 4, 12.13). Sie sind durchweg von ausgezeichneter Qualität. Die leichte Übertreibung im Schwung des schlanken Pferdehalses und das mächtige Fettpolster am Kopf des Mammuts unterstreichen treffend Eigentümlichkeiten der dargestellten Tiere. Bei dem Mammut fällt auf, daß keine Stoßzähne wiedergegeben sind, was vielleicht darauf hinweist, daß ein juveniles Tier gemeint ist, das für den Jäger vermutlich besonders begehrt war. Die kunstgeschichtliche Bedeutung dieser Vogelherd-Figuren wird durch den Umstand erhöht, daß sie der ältesten archäologischen Stufe angehören, aus der uns überhaupt Kunsterzeugnisse bekannt sind. Die über dieser Schicht gelegene Strate der Vogelherdhöhle, die gleichfalls ins Aurignacien gehört, ergab einige Tierfiguren (*Taf. 4,14*), die im Unterschied zu jenen nicht als Rundskulpturen, sondern als reliefartige Halbskulpturen gearbeitet sind.

Vollplastische Tierfiguren des Gravettien kamen in beträchtlicher Anzahl (rund 500 Stück), vielfach freilich nur in Bruchstücken, auf den mährischen Lagerplätzen von Předmost, Unterwisternitz und Pavlov zum Vorschein. Erkennbar sind dabei Mammut, Ren, Bär, Pferd, Nashorn und Steinbock. Die Plastiken sind zumeist aus einer gemagerten Tonmasse geknetet und gebrannt. Ob der Brand allerdings beabsichtigt war, oder ob nur eine unbeabsichtigte Berührung der luftgetrockneten Figuren mit dem Feuer eines Herdes den Brand – und dadurch ihre Erhaltung bis zum heutigen Tag – bewirkte, ist nicht ganz klar. Die Qualität dieser Tierskulpturen ist sehr unterschiedlich. Aber selbst bei flüchtigen Arbeiten ist ein beachtliches Maß von Formbeherrschung spürbar. Neben den Tierfiguren aus Ton sind in den mährischen und südrussischen Gravettien-Stationen auch solche aus Stein und Elfenbein bekannt.

Aus den magdalénien-, besonders den frühmagdalénienzeitlichen Kulturschichten der Höhlen und Abris Aquitaniens stammen zahlreiche herrliche Tierplastiken, die zum Beeindruckendsten gehören, was uns an prähistorischen Kunstwerken überhaupt vorliegt. In älterer Tradition stehen einige Sandsteinplastiken von Isturitz, die in ihrer großzügigen Grundformung und ihrer sorgfältigen Oberflächenglättung eine erstaunliche Beherrschung der Steinmetztechnik verraten. Diese Figuren (von Pferd, Bär, Wisent, Cervide) sind in stark zertrümmertem Zustand auf uns gekommen, wobei eine absichtliche Zerstörung in Betracht gezogen wird.

Häufiger wurden im Magdalénien Tierplastiken nicht als selbständige Bildwerke geschaffen, sondern zusammen mit Rengeweih- oder Elfenbeinstäben geschnitzt. Bei Stäben hat entweder der ganze Schaft eine demgemäße Ausformung erfahren (*Taf. 4,11*), oder ein Tier bzw. eine Tiergruppe steht auf der einen Seite oder am Ende des Stabes (*Taf. 4,2.3.5.6.20*). Besonders auffallende Themen sind zwei sitzende, sich umarmende Cerviden aus der Trois-Frères-Höhle (*Taf. 4,16*) und eine junge Hirschkuh, die ihren Kopf zurückwendet, um auf einen unterhalb ihres Schwanzes sichtbaren Gegenstand zu blicken. Von dem letzteren Motiv sind sogar drei Ausführungen bekannt, die eine von Mas d'Azil (*Taf. 4,2*), die andere von Bédeilhac (*Taf. 4,3*), die dritte von Arudy, jeweils nur wenige Kilometer voneinander entfernt. Es wurde erwogen, die beiden letztgenannten Stücke seien von demselben Künstler geschaffen worden. Natürlich ist diese Möglichkeit nicht auszuschließen. Aber da dieses Motiv vermutlich nicht dem launigen Einfall eines Bildschnitzers entsprungen ist, sondern eine bestimmte Bedeutung besaß, konnte es bei den allgemein herrschenden künstlerischen Konventionen mehrmals in verwandter Weise dargestellt werden, ohne daß diese auf einen einzigen Künstler zurückgehen müßte. Vielleicht gehen wir nicht irre, wenn wir hier an die Darstellung der Geburt eines Hirschkalbes denken.

Nicht selten sind die abgebildeten Tiere in heftiger Bewegung begriffen, z.B. das springende Rentier von Laugerie-Basse (*Taf.* 4, 6) oder das steigende Pferd von Bruniquel (*Taf.* 4,20). Bei anderen Tierfiguren, die isoliert oder in fragmentarischem Zustand gefunden wurden, liegt die Annahme nahe, daß sie ebenfalls in Verbindung mit einem Stab standen. Das gilt z.B. für den prächtigen Wisent mit zurückgewandtem Kopf von La Madeleine (*Taf.* 4, 4), wohl auch für die Pferdeköpfe von Mas d'Azil (*Taf.* 4, 7), für einen Pferdekopf von Saint-Marcel und für das aus Elfenbein geschnitzte Pferd von Lourdes (*Taf.* 4, 9).

Wozu diese figuralverzierten Stäbe, die eine Besonderheit des Magdalénien sind, gedient haben, ist bis heute nicht geklärt. Der Umstand, daß einige einen Endhaken aufweisen, führte zu der Annahme, es handele sich um Propulsoren (Speerschleudern). Für die fein geschnitzten, gerade in der bei Speerschleudern am meisten beanspruchten Hakenpartie oft sehr zerbrechlichen skulptierten Stäbe ist jedoch allenfalls eine formale Beziehung zu den Propulsoren, nicht aber deren praktische Verwendung anzunehmen. Hinzu kommt, daß manche dieser Figurenstäbe keinen Haken aufweisen. Sicher ist, daß diese an ihrem einen Ende durchlochten Stäbe häufig in einem Holzschaft, einem Geflecht oder dergl. steckten und dort festgebunden werden konnten. Teils dürften sie senkrecht, teils aber auch horizontal eingesteckt gewesen sein. Jedenfalls scheinen diese Stäbe vornehmlich als Träger der geschnitzten Bildwerke Bedeutung gehabt zu haben, nicht aber sind umgekehrt die Figuren als Schmuck von Gebrauchsgegenständen aufzufassen.

Auch ein aus Rengeweih geschnitztes Tier – vermutlich eine große Wildkatze – von Isturitz (*Taf.* 4, 10) weist mehrere Durchlochungen auf und war irgendwo zu befestigen, wenngleich wir uns über die Verwendung im einzelnen keine begründete Vorstellung machen können. Besonders fein ist die kleinformatige Bernsteinschnitzerei eines Pferdekopfes von demselben Fundplatz, die irgendwo als Einsatz oder Aufsatz gedient haben mag, die aber auch eine selbständige Plastik gewesen sein könnte, vergleichbar den Pferdeköpfen, die auf Steinen oder Knochenstücken eingraviert wurden.

Was in den jüngeren Magdalénien-Stufen in Westeuropa an Tierplastiken geschaffen wurde, ist unbedeutend und kann einen Vergleich mit den Meisterwerken des Frühmagdalénien nicht aushalten. Offensichtlich war es eine vergleichsweise kurze Zeitspanne, während der im aquitanischen Kreis die hervorragenden Schnitzereien entstanden. Daß aber eine Bildschnitzkunst bis ans Ende des Paläolithikums gepflegt wurde, beweist u. a. das Köpfchen eines Moschusochsen sowie der in einen Tierkopf endende Stab aus dem Keßlerloch von Thayngen in der Schweiz.

*Nichtfigürliche Ornamente:* In allen Stufen des Jungpaläolithikums läuft neben der naturalistischen Figuralkunst eine geometrische Ornamentik her, die ihrem Wesen nach nicht von jener ableitbar, aber wohl dennoch, wie eingangs angedeutet, mit ihr wesensverwandt, d.h. auf demselben bewußtseinsmäßigen Nährboden erwachsen ist. Die Grenzen zwischen diesen beiden Kunstarten sind insofern nicht scharf zu ziehen, als außer den naturalistischen Tier- und Menschenbildern seit dem Aurignacien, in besonderem Umfang aber im Magdalénien, auch Stilisierungen (z.B. *Taf. 3, 15*) und Abbreviationen von figürlichen Motiven auftreten, bei denen nicht selten ohne Berücksichtigung von Übergangsformen das dahinterstehende zoomorphe oder anthropomorphe Vorbild gar nicht mehr zu erkennen ist. Mögen solche Bildungen auch rein geometrisch sein, so gehören sie doch, streng genommen, als Peripherererscheinungen zur Figuralkunst, wobei aber freilich nicht an das Endstadium einer Entwicklung zu denken ist in dem Sinn, daß die Diluvialkunst an ihrem Ende zu schematischen, leblosen Zeichen erstarrt wäre.

Neben den durch stilisierte und abgekürzte Wiedergaben natürlicher Bildthemen entstandenen Ornamenten gibt es ein sog. technisches Ornament, das nicht an organische Vorbilder anknüpft, sondern an Erzeugnisse und Tätigkeiten des Menschen: Schnitzen, Kerben, Bohren, Flechten, Binden, Drehen. Diese Tätigkeiten und die daraus entstandenen technischen Gebilde wurden vorbildhaft für ein dekoratives Ausgestalten von Gegenständen verschiedener Art (z.B. *Taf. 3, 19*). Im Übertragen der Struktur oder der Form eines technischen Erzeugnisses auf einen Gegenstand, auf dem diese Struktur bzw. diese Form nicht technisch bedingt ist, liegt der bedeutsame Schritt zum Werden des technischen Ornaments. Einmal im Prinzip entstanden, führte es dann ein gewisses Eigenleben, indem Einzelmotive erweitert und miteinander kombiniert wurden. Komplizierte Ornamente dieser Art kennen wir vornehmlich aus dem Solutréen und dem Magdalénien; doch besagt das nicht, daß erst in dieser Zeit so ausgesprochene Kunstornamente wie die Spirale (*Taf. 3, 16.18*) und der Mäander (*Taf. 3, 22*) entstanden wären. Die Spirale ist zudem nicht notwendigerweise ein rein abstraktes, in der menschlichen Phantasie frei erdachtes Ornament, kommt die Spiralform doch sowohl in der Natur (Schlange, Schnecke), als auch im Bereich menschlicher „Technik" vor (aufgewickeltes Seil). Vornehmlich die komplizierten Mäandermuster, wie sie aus dem ukrainischen Mezin vorliegen, haben kein durch die sinnliche Anschauung vermitteltes Vorbild, weder in der Natur noch in einem technischen Gegenstand. Die komplizierten Mäanderverzierungen von Mezin, denen im europäischen Westen nichts Vergleichbares an die Seite zu stellen ist, spiegeln anscheinend ein künstlerisches Gestaltungsprinzip wider, das ursprünglich nicht westeuropäisch, sondern weiter östlich zu Hause ist. Dafür könnte auch sprechen, daß die abstrakte Stilisierungsart, die die weibliche Figur von Předmost (*Taf. 2, 8*) kennzeichnet, in gewisser Weise den gedanklich-konstruierten Mäandermustern von Mezin verwandt ist.

## B. JUNGSTEINZEIT

### *Baukunst*

Von den frühesten Stufen der vorderasiatischen Neolithkultur an bezeugen die vorhandenen Architekturreste, daß über die technische und funktionale Zweckmäßigkeit der Bauten hinaus bei ihrer Anlage und Ausgestaltung auch ästhetische Gesichtspunkte mitwirkten, so daß man füglich von einer Baukunst sprechen darf. Dies drückt sich sowohl in den Grundrissen als auch in der zusätzlichen Ausstattung der Bauwerke mit Malereien und plastischem Schmuck aus.

Einen zwar technisch naheliegenden, aber in seiner architektonischen Entwicklungsmöglichkeit beschränkten Grundrißtypus stellen Rundbauten dar, wie sie im natufzeitlichen Eynan, in Jericho und Nahal Oren sowie dann in der altneolithischen Kultur Cyperns (Khirokitia bekannt sind (*Taf. 22, 1*). Der runde Grundriß in Verbindung mit der bienenkorbartig aufsteigenden Wandung ließ einen geschlossenen Baukörper entstehen, der als solcher wirkte und durch eine gewisse Vergrößerung zu einer beträchtlichen Monumentalität gesteigert werden konnte. Wird man bereits die unterschiedlichen Dimensionen der runden Wohnhäuser von Khirokitia nicht nur vom unterschiedlichen Raumbedarf einzelner Familien her erklären können, sondern darin die jeweils besondere Verwirklichung eines ästhetischen Prinzips erblikken wollen, so ist dies noch deutlicher bei den Rundbauten vom Tepe Gaura und vom Tell Arpachije der Fall (*Taf. 22, 3; 24, A XI A*). Der Umstand, daß diese Anlagen typologisch und funktional in die Reihe der Getreidesilos und -speicher gehören (*s. S. 104*), schließt nicht aus, daß hier dieser Typus zu einer beabsichtigt monumentalen Wirkung gebracht wurde. Im Tell Arpachije und im Tepe Gaura, wo sonst Häuser mit geradseitig-rechtwinkligem Grundriß üblich waren, heben sich – anders als in Khirokitia – die Rundbauten aus der Gesamtsiedlung als etwas Besonderes heraus. Die zentrale Bedeutung dieser Anlagen in wirtschaftlicher, kommunaler und kultischer Hinsicht (*s. S. 278*) fand ihren sinnfälligen Ausdruck in der architektonischen Form. Daß über diese (aus dem Grundriß ersichtliche) monumentale Großartigkeit der Baukörper als Gesamterscheinung hinaus auch die einzelnen Bauteile (Wände, Türen, Fenster, Nischen usw.) entsprechend ausgestaltet waren, ist aus den erhaltenen Resten zwar nicht unmittelbar zu belegen, darf aber angenommen werden.

Die aus kastengeformten, luftgetrockneten Lehmziegeln, aus Lehmpatzen oder in Pisétechnik mit oder ohne Steinsockel errichteten altorientalischen

Bauwerke zeigen üblicherweise geradseitig-rechtwinklige Grundrisse. Diese ermöglichten nicht nur im Hinblick auf die praktischen Bedürfnisse, sondern auch hinsichtlich der künstlerischen Gestaltung eine reichere und weitergehende Entwicklung als es der runde Grundriß vermochte. So kam es bereits im Altneolithikum zur Entstehung von stattlichen Bauwerken, bei denen zu der Stein- und Lehmbauweise auch Holz und Stuck in ausgedehntem Maße verwendet wurden. Mehrgeschossigkeit war durchaus geläufig; die bei den Ausgrabungen ermittelten Grundrisse stellen zuweilen Untergeschosse dar, deren Raumgliederung nicht ohne weiteres auf das Aussehen der oberen Hauptgeschosse schließen läßt. Die umfassendste Anschauung der altneolithischen Architektur Vorderasiens vermitteln die Befunde von Çatal Hüyük (*Taf.* 23) und vom Tell as-Sauwan (*Taf. 31, A. B*). Die Grundrisse dieser beiden Tells zeigen das im Vorderen Orient vorherrschende Prinzip des agglutinierenden Bautyps bereits in vollentwickelter Form. Die dabei trotz aller Variabilität erkennbaren Regeln der Raumanordnung, Ausrichtung und Gliederung bezeugen eine feste Planung und bestimmte künstlerische Tendenzen. Die vielräumigen Häuser vom Tell as-Sauwan stellten sich nach außen als große, rechteckige Baukörper dar, wobei allerdings ganz glatte Mauerfluchten vermieden wurden; die Außenmauern wurden vielmehr mitunter versetzt, gewiß nicht nur aus Gründen der Zweckmäßigkeit; sondern es entsprach dies einem architektonischen Schönheitssinn. Das gleiche gilt für die kleinen Vorsprünge der Außenmauer jeweils an den Stellen, wo Innenmauern aufstoßen (vgl. auch Tepe Gaura: *Taf.* 24, *A*). Zwar sind diese Mauervorsprünge ursprünglich technisch motiviert; doch läßt sich nicht verkennen, daß dieses Element dann auch in seiner dekorativen Wirkung geschätzt wurde und zu einer Gliederung der Außenwand und schließlich zur Entstehung der Nischenfassade führte. Die stratigraphisch belegte Abfolge der Tempel von Eridu (*Taf.* 24, *B*) führt diese Entwicklung deutlich vor Augen.

In Çatal Hüyük waren die Räume, denen eine bevorzugte architektonische Ausgestaltung zuteil wurde, Stätten besonderer kultischer Bedeutung, wenn auch wohl nicht spezielle Kulträume. Als dann in der Folgezeit vor allem in Mesopotamien und in Ägypten in zunehmendem Umfang der Kult zu einem selbständigen Lebensbereich wurde und eigene Räumlichkeiten benötigte, konzentrierte sich das künstlerische Bauschaffen immer mehr auf diese Kultanlagen, die somit bevorzugte, teilweise nahezu ausschließliche Gegenstände der Baukunst wurden. In Mesopotamien sind die wichtigsten diesbezüglichen Denkmäler Tempel (*Taf.* 25, *A.B*; 26, *C–F*), in Ägypten Grabbauten (*Taf.* 26, *A.B.*).

Die mesopotamische Tempelarchitektur, wie sie in vollendetster Ausprägung die sumerische Hochkultur der Uruk-Zeit repräsentiert, läßt sich in ihren Wurzeln technisch, formal, stilistisch und hinsichtlich der dekorativen Ausstattung in die älteren Kulturstufen zurückverfolgen. Das übliche Baumaterial waren nach wie vor luftgetrocknete Lehmziegel. Die Mauern waren außen und innen verputzt. Auf den Innenwänden haben sich nicht selten Reste mehrfarbiger Malereien erhalten. Diese stehen in einer Tradition, die letztlich auf altneolithische Fresken wie die von Çatal-Hüyük (*Taf. 23*) zurückgeht. Wie dort so bestehen sie auch später teils aus figürlichen Motiven teils aus geometrischen Mustern, wobei vielfach textile Vorbilder nachgeahmt wurden. In Uruk konnten einmal Reste eines bunten Mattenbehanges vergleichbarer Art festgestellt werden. Eine weitere Art der Wanddekoration war auf die Außenseite der Tempel beschränkt und kam anscheinend erst in der entwickelteren Uruk-Zeit auf: das Stiftmosaik. Rot, schwarz und weiß gefärbte Tonstifte, ausnahmsweise auch Stifte aus farbigen Gesteinen wurden dicht nebeneinander in die Lehmwand gedrückt und mit ihnen Muster erzielt (*Taf. 26, E*). Mit solchen Stiftmosaiken wurden nicht nur glatte oder nischengegliederte Wände, sondern auch halbrunde Pfeiler und mächtige Rundsäulen geschmückt. Aus bildlichen Darstellungen auf Uruk IV-zeitlichen Siegeln (*Taf. 14, 2.8*) und Modellen ist zu ersehen, daß die Tempelwände hohe rechteckige Fenster und Türen besaßen, die sich der Nischengliederung einfügten.

Die Grundrißgestaltung der mesopotamischen Tempel geht von einem zentralen Rechteckraum (oder -hof) aus, an den sich seitlich schmälere und kürzere Räume anschließen. Das Problem, inwieweit der zentrale Raum überdacht war, wird in der Bauforschung unterschiedlich beurteilt. In der Regel dürfte dieser kultisch wichtigste Teil des Tempels mit einer Holzbalkenkonstruktion überdeckt gewesen sein. Bei dem Tempel der Djemdet Nasr-Zeit vom Tell Uqair wurden in 3,8 m Höhe der Mittelwand Balkenlöcher für horizontale Dachbalken beobachtet, so daß eine Rekonstruktion des Gesamtbaues ziemlich weitgehend möglich ist (*Taf. 25, B*). In Eridu läßt sich aus den stratigraphisch aufeinanderfolgenden Tempelresten eine architektonische Entwicklung von der vermutlich bereits dreigeteilten Anlage aus Schicht XI über die Bauten aus Schicht IX (*Taf. 24, B IX*) und Schicht VIII (*Taf. 24, B VIII*) bis zu den jungobedzeitlichen Tempeln der Schichten VII und VI (*Taf. 24, B VII. VI*) ablesen. Daß die Wände in der Frühzeit auffallend dünn waren (weniger als 0,5 m) muß nicht gegen eine Überdachung des Mittelraumes sprechen, sind doch auch die Wände der sicher überdachten Außenräume nicht dicker. Ein Säulensockel in einer der großen Nischen auf der Südseite des Tempels in Schicht IX beweist, daß außer den Lehmwänden auch Holzstützen für die Dachkonstruktion verwendet wurden. Bei den nächstjüngeren Eridu-Tempeln sind die Lehmwände allgemein dicker. Die offenen Nischen der älteren Bauten sind durch Vorziehung der Mauern zu geschlossenen Räumen geworden. In einem länglichen Eckraum wurde eine Treppe eingebaut, die zum Betreten des Daches offensichtlich wichtig war. Der Grundriß dieser Tempel ist ausgewogen und harmonisch; trotz einer Symmetrie im allgemeinen wurde die Seitengleichheit nicht bis ins einzelne durchgeführt, wofür sicherlich nicht ein kultischer Grund, sondern ein Formempfinden ausschlaggebend war.

Der Wandel in der Tempelarchitektur von der Obed-Zeit (verkörpert in den jüngeren Eridu-Tempeln) zur Uruk-Zeit (verkörpert vor allem in den Tempeln von Uruk: *Taf. 26, C–F)* besteht in einer Steigerung der Monumentalität und in einer weitergehenden, auf eine strengere Symmetrie hinauslaufenden Straffung des Bauplanes. Dabei wird die an älteren Tempeln übliche Betonung der Ecken durch vorspringende Mauerpartien zugunsten eines geschlossenen Baukörpers aufgegeben. In dieser Hinsicht bezeichnend ist die stratigraphisch zu belegende Entwicklung der Tempel vom Tepe Gaura. Der große, durch einen Opfertisch als Kultraum ausgewiesene Rechteckraum in Schicht XIX (*Taf. 24, A XIX*) ist seitlich noch von keinen gleichartigen Raumgruppen flankiert; die eine zurückspringende Mauerecke läßt ihn zudem nicht voll symmetrisch sein. Dies letztere ist auch bei einem ähnlichen Raum der nächsthöheren Schicht XVIII der Fall (*Taf. 24, A XVIII*). Das Versetzen der Mauerflucht ist technisch nicht zu motivieren, so daß es sich wohl um ein beabsichtigtes künstlerisches Mittel zur Verhinderung eines voll symmetrischen Raumeindruckes handelt. Aus den wiederum höheren Schichten verdienen in diesem Zusammenhang zwei ziemlich vollständig aufgedeckte Grundrisse in Schicht XV und Schicht XIV Beachtung. Inwieweit bei diesen Anlagen ein kultischer Charakter in Betracht zu ziehen ist, kann nicht geklärt werden. An der Raumkomposition ist auffällig, daß ein rechteckiger Mittelhof oder -raum auf beiden Längsseiten von Räumen begleitet wird, die trotz einer allgemeinen Gleichwertigkeit eine strenge Symmetrie vermeiden, was durch einen versetzten Verlauf der Außenmauer unterstrichen wird. In Schicht XIII trug der Tepe Gaura (*Taf. 24, A XIII*) erstmalig keine normale Ansiedlung, sondern ausschließlich einige Kultbauten, die sich um einen großen Mittelplatz gruppierten. Wenngleich diese Tempel im Verlauf einer gewissen Zeitspanne nacheinander entstanden, bildeten sie doch den Endzustand einer Bauperiode, der in dieser Planung und Ausführung an Monumentalität bis dahin in Mesopotamien einzigartig war. Zwar ist auch in älteren Zeitstufen des Tepe Gaura sowie in anderen Tells eine architektonische Planung über das Einzelhaus hinaus unverkennbar. Daß dabei indes künstlerische Prinzipien maßgebend beteiligt gewesen wären, wie dies in Schicht XIII vom Tepe Gaura offenkundig der Fall ist, läßt sich nicht aufzeigen. Der Platz weist im Nordosten durch die regelmäßig gegliederte, mit einer zentralen Mittelnische und gleichmäßig verteilten Durchgängen versehene Mauer einen Ansatz zu einer symmetrischen Gestaltung auf, wenn diese auch nicht insgesamt verwirklicht ist. Demgegenüber zeigt der NW-Tempel in sich eine Symmetrie, die in diesem Ausmaß bei älteren Bauten nicht begegnet.

Das Treppenhaus, das bei dem etwa gleichzeitigen Tempel VI von Eridu (*Taf. 24, B VI*) noch eine Unregelmäßigkeit der Eckgestaltung verursachte, erscheint bei diesem NW-Tempel vom Tepe Gaura in seinem Grundriß ganz dem symmetrischen Gesamtplan eingefügt. Ist jener Tempel vom Tepe Gaura hinsichtlich seiner straffen Symmetrie somit den Eridu-Tempeln entwicklungsgeschichtlich einen Schritt voraus, so hat er mit diesen die Form der in je eine breite Nische einspringenden Längsseiten gemeinsam. Ein neuer Grundrißtypus der Tepe Gaura-Tempel tritt vom Beginn der Uruk-Schichten (XI) an auf. Bei ihm ist das bei den obedzeitlichen Bauten bereits ausgeprägte Prinzip der Symmetrie und der Straffung nochmals gesteigert, indem der Eingang nun in der Mitte einer Schmalseite liegt und die Längsseiten gerade, d.h. durch eine gleichmäßige Nischenfolge gegliedert, durchlaufen. Dieser Grundrißtypus ist in den Schichten XI und X aus den erhaltenen Resten nur unvollständig zu erkennen, kann aber aufgrund der Tempel aus Schicht IX und Schicht VIII (*Taf. 24, A IX. VIII*) hinreichend sicher ergänzt werden. Der nach vorne offene Eingangsraum war wohl mitüberdacht, so daß der Tempel als ein geschlossener Raumkörper wirkte, dessen Vorderfront durch eine tiefe Eingangsnische geöffnet war. Der östliche Tempel aus Schicht VIII ist in seinem Grundriß unvollständig erhalten; doch steht fest, daß der eine Seitentrakt im Gegensatz zum westlichen Tempel dieser Schicht nicht exakt rechteckig war.

Der nordmesopotamische Tempeltypus der Uruk-Zeit, wie er vom Tepe Gaura vorliegt, zeigt mit dem südmesopotamisch-sumerischen Typus derselben Zeit stilistische und formale Gemeinsamkeiten. In Uruk-Warka sind die großflächigen Ausgrabungen allerdings nur bis zu den Schichten V/IV vorgedrungen, die in einen jüngeren Abschnitt der Uruk-Zeit gehören. Zwischen den obedzeitlichen Tempeln VII und VI von Eridu (*Taf. 24, B VII. VI*) und den ältesten bis heute erfaßten Tempeln von Uruk liegt demnach eine (freilich wohl nicht sehr lange) Zeitspanne, aus der einstweilen namhafte Reste einer Tempelarchitektur in Südmesopotamien nicht bekannt sind.

Stratigraphisch am ältesten ist in Uruk der sog. „Kalksteintempel" (*Taf. 26, D*), dessen Grundriß aus den vergleichsweise wenigen Resten mit einiger Wahrscheinlichkeit ergänzt werden kann. Die Fundamente bestehen auffälligerweise aus Kalkstein, einem in der steinlosen Tiefebene überaus seltenen Baumaterial. Der Grundriß ist symmetrisch, der äußere Umriß streng rechtekkig. Diese beiden Prinzipien, die sich aus der in Eridu faßbaren Entwicklungstendenz ergeben, kennzeichnen von nun an den typischen sumerischen Tempel. Die Treppenaufgänge werden zumeist verdoppelt oder vervielfacht und gleichmäßig auf beide Seiten verteilt. Soweit erkennbar, entsprechen sich auch die übrigen Räume beiderseits des großen Mittelraumes. Daß dieser letztere überdacht war, wird manchmal mit Hinweis auf die beträchtliche Breite (10 m) in Zweifel gezogen. Jedoch spricht die Tatsache, daß die urukzeitlichen Tempel, die in den Gesamtdimensionen außerordentlich schwanken, in der lichten Weite des Innenraumes ein bestimmtes Maß nicht überschreiten, für die Annahme, daß ganz bestimmte, nämlich technische Gründe dafür maßgebend waren, die nur in der Rücksicht auf eine Überdachungsmöglichkeit bestehen können. Von der kultischen Funktion her ist diese Begrenzung der Raumbreite jedenfalls nicht zu motivieren. Wenngleich beim Kalksteintempel die Abschlußfundamente der beiden Schmalseiten nicht vollständig erhalten sind, darf es nach dem Ausgrabungsbefund doch als sicher gelten, daß dort keine Eingänge vorhanden waren. Diese finden sich vielmehr auf den beiden Langseiten, und zwar auf jeder vier. Sie liegen teils in Mauerrücksprüngen der das ganze Bauwerk gleichmäßig umziehenden Nischengliederung, teils bilden sie ihrerseits eine dieser Nischen. In beiden Fällen sind die Eingänge grundrißmäßig wenig betont, darin deutlich unterschieden von dem urukzeitlichen Tempeltyp vom Tepe Gaura.

Südwestlich des Kalksteintempels erstreckte sich ein kultischer Hof, der auf einer Seite begrenzt war von einer teils glatten, teils durch halbrunde Pfeiler gegliederten und mit Stiftmosaiken geschmückten Wand, auf einer anderen Seite von einer erhöhten, vom Hof aus durch Treppen zu erreichenden Pfeilerhalle, bei der das Dach von mächtigen, stiftmosaikgeschmückten Rundsäulen getragen wurde. Die Erhaltungsverhältnisse ermöglichen eine sichere Rekonstruktion gerade der letztgenannten Raumpartie, die eine gute Anschauung vermittelt von der monumentalen Großartigkeit dieser Architektur (vgl. auch *Taf. 26, E*).

In einer Spätphase von Uruk IV (IV a) hat sich das Bild im Eanna-Bezirk von Uruk wesentlich geändert. An Stelle der Tempel der vorangehenden Stufe waren zwei neue Tempel errichtet worden, der sog. Tempel C und der quer zu diesem ausgerichtete, riesige sog. Tempel D (*Taf. 26, D 9. 10*). Von dem letzteren, der der größte aller frühmesopotamischen Tempel sein dürfte, konnten nur noch einige Partien freigelegt werden, die immerhin – Symmetrie vorausgesetzt – über die Breite Aufschluß geben (mehr als 50 m). Die Mauern aus den üblichen luftgetrockneten Lehmziegeln waren zumeist 4 m dick. Den Ausmaßen dieses Bauwerkes entspricht eine weit kräftigere, stärker artikulierte Nischengliederung der Außenseite. Die eine erhaltene Schmalseite zeigt eine reich getreppte, gleichmäßige Nischenfolge, während die eine Langseite – und vermutlich ebenso die zweite – durch tiefe, kammerartige Nischen aufgerissen ist. Im Gegensatz zu dieser ungemein plastischen Wandgliederung, die ein reiches Licht-Schattenspiel entstehen ließ, dürfte das Obergeschoß bzw. die Dachpartie die streng rechteckige Gesamtform des Baukörpers zur Geltung gebracht haben. Die in die Außenzone des Tempels verlegten Treppenaufgänge waren teils nur von außen, teils nur von innen aus zu erreichen. Im Innenraum war die Stirnseite nischengeschmückt; die Langseiten waren glatt. Der benachbarte, 56 × 22 m große Tempel C (*Taf. 26, D 9*) ist in seinem Grundriß so weitgehend erhalten, daß er insgesamt als gesichert gelten kann. Er entspricht ziemlich vollständig dem Kalksteintempel; jedoch sind seine Außenwände glatt. Statt dessen ist die Zahl der Eingänge erhöht, wodurch eine nischenähnliche Wandgliederung erreicht wurde. Der quer zur Haupttempelrichtung liegende Kopfteil war besonders kostbar ausgestaltet: alle Innenwände des Hauptraumes und der Seitenräume waren mit einem System von Nischen und schmalen Rillen überzogen, die offensichtlich Mosaikfelder aus kleinen Stiften trugen.

Im wesentlichen gut erhalten waren die Überreste eines kleinen Tempels (sog. Steinstiftmosaiktempel) ganz im Westen des Eanna-Heiligtums (*Taf. 26, D 2*). In seiner Bauweise wich er von allem sonst Geläufigen ab. Er stand auf einem aus Stampflehm (nicht, wie sonst, aus Lehmziegeln) bestehenden, mit einem Mantel aus Backsteinen umkleideten, 1,3 m hohen Podium. Das Tempelfundament war aus Kalksteinen, das aufgehende Mauerwerk aus einer Gipsbetonmasse errichtet. Die Wände des in eine Nische auslaufenden Mittelraumes und die Außenseite des Tempels sowie die Innenseite einer ihn umziehenden, durch Rillen gleichmäßig gegliederten Kalksteinmauer trugen Stiftmosaiken. Die Besonderheiten dieses Tempels hinsichtlich seiner Raumgliederung mögen mit besonderen kultischen Bedürfnissen zusammenhängen. Daß jedoch an dem ganzen Bauwerk die sonst so beliebten Nischenfassaden fehlen, dürfte mit der sonderbaren Betonbauweise in Zusammenhang stehen.

Einige andere Tempel weisen mit den bisher genannten Typen zwar viele Gemeinsamkeiten auf, bilden aber doch eine besondere Gruppe. Es sind dies die Hochtempel, die sog. Zikurrati (akkadisch: ziqqurratu). Sie verkörpern eine Tradition, die an die Eridu-Tempel der Obed-Zeit anknüpft. Diese stehen bereits auf Hochterrassen. In Uruk fällt die Errichtung der ältesten Zikurrat im Eanna-Bezirk in die Stufe III, d.h. in die Zeit nach der Zerstörung der Tempel C und D sowie des Steinstiftmosaiktempels der Schicht IV a. Den Tempelgrundriß dieser frühen Zikurrat im Eanna-Bezirk kennt man zwar nicht, wohl aber denjenigen, der zweiten im Bereich der späteren Stadt Uruk gelegenen Zikurrat, der Anu-Zikurrat (*Taf. 26, F*). Die jüngsten der dortigen Tempelschichten gehören sicher der Stufe Uruk III an. Über die Zeitstellung der älteren ließ sich keine völlige Klarheit erzielen. Sie reichen vermutlich in die Zeit von Uruk IV zurück. Die geböschte Terrasse des ersten Tempels war etwa 9 m hoch, diejenige des darüberliegenden jüngsten Tempels 13 m hoch, 66 × 70 m groß und durch tiefe Nischen gegliedert. Der Aufgang zu dieser Hochterrasse erfolgte bei den älteren Tempeln durch eine Rampe, bei den jüngeren durch eine Treppe. Soweit erkennbar, besitzen alle Tempel einen ziemlich übereinstimmenden Grundriß. Am besten erhalten ist der späteste Bau, der nach seinem weißen Kalkanstrich „Weißer Tempel" genannt wird. Was an diesen Grundrissen auffällt, ist das deutliche Vermeiden einer strengen Symmetrie, und zwar sowohl in der Außenfassade als auch im Innern, ein Kompositionsprinzip, das bei den älteren Eridu-Tempeln, nicht aber bei denen von Eanna zu belegen ist. Wenn die Vorläufer des „Weißen Tempels" zudem einen nicht genau rechteckigen Baukörper zeigen, sondern durch einen Mittelvorsprung auf der einen Schmalseite den strengen Umriß auflockern, so weist das in dieselbe Richtung.

Die anderen bis jetzt bekannt gewordenen Hochtempel der Frühzeit sind mit dem „Weißen Tempel" von Uruk ungefähr gleichzeitig. Das gilt für den südmesopotamischen vom Tell Uqair und den nordmesopotamischen vom Tell Brak. Bei dem letzteren ist eine symmetrische Raumaufteilung nicht im mindesten angestrebt. Die Nischengliederung und die Tonstiftmosaiken der Außenwände knüpfen zwar an Geläufiges an. Die Verzierung des Innenraumes mit Steinrosetten und der Schmuck des Kultpodiums mit Nägeln aus Gold und Silber stellen jedoch etwas Besonderes dar. Der Tempel vom Tell Uqair (*Taf. 31, E*) zeichnet sich durch seine z.T. gut erhaltene Freskenbemalung aus, die den großen Mittelraum und die kleinen Seitenräume zierten. Dabei begegnen nicht nur geometrische Muster, sondern auch figürliche Motive und – an dem Kultpodest an der Stirnwand des Mittelraumes – offensichtlich eine Architekturdarstellung, wohl eine verkleinerte Wiedergabe des Tempels selbst.

Daß in der Djemdet Nasr-Zeit bei einem allgemein-mesopotamischen Grundcharakter der Tempelarchitektur in gewissem Umfang mit örtlichen Besonderheiten zu rechnen ist, die, z.T. wohl durch spezielle kultische Bedürfnisse ausgebildet, traditionell bewahrt wurden, führt eindrucksvoll der durch vier Bauschichten zu verfolgende frühe Sin-Tempel von Chafadje vor Augen (*Taf. 31, F*). Nicht nur der offenbar die ganze Länge des einen Seitenraumes einnehmende Treppenaufgang, sondern auch der mit dem Tempel zu einer baulichen Einheit zusammengewachsene Hof unregelmäßiger Form stellen Merkmale dar, die eine lokale Bautradition bezeugen.

In Ägypten sind Zeugnisse einer Baukunst erst aus frühdynastischer Zeit bekannt. Was wir an Bauresten aus prädynastischen Siedlungen kennen, enthält keine Hinweise auf eine architektonische Planung oder dekorative Ausgestaltung. Freilich berechtigt dies mit Rücksicht auf die Fundverhältnisse und die Erhaltungsbedingungen nicht zu dem Schluß, es habe in dieser Frühzeit in Ägypten so etwas wie eine Baukunst nicht gegeben. Vom Beginn der 1. Dyn. an vermitteln die Grabbauten eine umfassende Anschauung von der ägyptischen Baukunst. Den Grabbauten architektonisch ebenbürtige Kulturanlagen, wie sie aus einem jüngeren Abschnitt der Thinitenzeit in Abydos und Hierakonpolis vorliegen, dürfen gewiß auch für die vorangehenden Abschnitte der frühdynastischen Ära vorausgesetzt werden. Dasselbe gilt für königliche Residenzen. Mitunter wurde erwogen, ein ziegelgemauerter Raum mit einer bemalten Wand von Hierakonpolis (*Taf. 16, 11*) könne der Rest eines solchen Bauwerkes sein. Doch hat die alte Deutung dieser Anlage als Naqada II-zeitliche Grabkammer mehr Wahrscheinlichkeit für sich. Die ziegelgemauerten Mastabas der beiden ersten Dynastien, die in der Tradition von bescheideneren prädynastischen Grabanlagen stehen und einen Einfluß von seiten der vorauszusetzenden monumentalen Kultbauten zum Ausdruck bringen, verkörpern deutliche Beziehungen zur vorderasiatischen Baukunst. Es sind rechteckige, mehrere Meter hohe, von einer niedrigen Mauer umzogene Baukörper, die außen durch eine regelmäßige Nischenfolge gegliedert und durch eine weiße Verputzschicht mit mehrfarbiger Bemalung unter Anlehnung an Flechtmuster reich geschmückt sind. Die typische Nischengliederung ist in voll entwickelter Form von König Aha an nachgewiesen (*Taf.*

*26, A. B*). Von den älteren Grabbauten sind in Abydos nur glattwandige Mauersockel erhalten; doch ist dabei zu bedenken, daß in Abydos überhaupt nur die Fundamente der Grabmäler auf uns gekommen sind, und daß von mesopotamischen Bauten her bekannt ist, daß die Nischengliederung mitunter auf das aufgehende Mauerwerk beschränkt war. Daher ist die Möglichkeit nicht auszuschließen, daß die späterhin so typische Fassadengestaltung bereits die älteste ägyptische Monumentalarchitektur unter König ‚Skorpion' kennzeichnete.

In der Zeit, in der in Mesopotamien und in Ägypten die Hochkulturen mit ihrer monumentalen Sakralarchitektur (Tempel- und Sepulkralbauten) sich zu entwickeln begannen und blühten, wurden im westasiatischen Bereich sowie im mittleren und östlichen Iran, im anschließenden Turkmenistan, in Afghanistan und Pakistan Bauten errichtet, die typologisch die während des Altneolithikums im Vorderen Orient begründete Architektur fortsetzten, sowohl hinsichtlich der Bautechnik und der Grundrißgestalt als auch bezüglich des Verhältnisses zwischen praktischer Zweckbestimmung und Charakter als Kunstwerk. Der letztere kam – wie das schon in Çatal Hüyük der Fall war – hauptsächlich in der Ausstattung der Innenräume zur Geltung. Dies wird unterstrichen durch die häufig nachzuweisenden Wandmalereien (*Taf. 25, J*).

Auch die Hausbauten der europäischen Jungsteinzeitkulturen (*s. S. 109 ff.*) gehören in den Bereich der Baukunst, nicht nur insofern, als die dabei angewandten handwerklichen Techniken als Kunstfertigkeiten angesprochen werden – man spricht von der Zimmermannskunst, der Kunst des Strohdachherstellens, der Lehmbauweise usw. – oder insofern, als in den Proportionen der Häuser, wie sie in den Grundrissen faßbar sind, sich bestimmte Raumverhältnisse ausdrücken, die über ihre herstellungstechnische Bedingtheit und ihren praktischen Verwendungszweck hinaus ästhetisch motiviert sind; vielmehr lassen mitunter Wandverputzteile mit farbig gemalten Mustern (*Taf. 27, 6*) und Tonmodelle von Häusern (*Taf. 27, 3*) erkennen, daß die Bauwerke dekorativ und figural ausgestaltet wurden. Dabei dürften dieselben künstlerischen Triebkräfte am Werk gewesen sein wie bei der Keramikdekoration: einerseits ein reines Schmuckbedürfnis, also der Wunsch zum Verschönern um seiner selber willen, und andererseits der Versuch, durch Figuraldarstellungen oder hinweisende Zeichen einen sichtbaren Bezug auf einen gedanklichen Vorstellungskreis herzustellen. Diese beiden Aspekte durchdringen sich in mannigfacher Weise, wie in anderen Bereichen künstlerischer Betätigung so auch in der Baukunst. Beispielsweise waren in der Gumelniţa-und in der Theiß-Kultur die Hauswände nachweislich mit denselben Ornamenten verziert wie die Keramik dieser Gruppen: einerseits Spiral- und Bogenmuster, andererseits komplizierte Mäandermuster. Entsprechend sind in der mährischen Střelice-Gruppe durch Hausmodelle Tierköpfe am Dachfirst nachgewiesen (*Taf. 27, 4*); und in der Vinča-Kultur sowie in der Theiß-Kultur konnten unmittelbare Reste solcher von Hauswänden stammender Tierkopfplastiken entdeckt werden, wie sie formal und bedeutungsmäßig den Tierdarstellungen auf Tongefäßen der betreffenden Gruppen vergleichbar sind.

## *Plastik*

*Ägypten*: Die ältesten Zeugnisse eines plastischen Figuralschaffens in Ägypten gehören der Badari-Stufe an. Es sind Menschen- und Tierfiguren aus Elfenbein (*Taf. 13, 19*) und gebranntem oder ungebranntem Ton, die zwischen einer überraschend naturnahen und einer ganz schematischen Darstellungsart schwanken. Mitunter sind nicht nur die allgemeinen Körperformen, sondern zusätzlich gewisse Details durch Ritzung angegeben; andererseits sind bei Menschen nicht selten die Arme und der Kopf lediglich als Stummel angedeutet und die Beine als geschlossener Zapfen gebildet. Auf die Kennzeichnung der Figuren als weibliche Gestalten wurde allgemein Wert gelegt. Neben selbständigen Figuren wurden Tierdarstellungen an Schmuckstücken oder Geräten angebracht. Eine Flußpferdfigur (*Taf. 20, 20*) ist ein Gefäßchen. Kämme und Löffel aus Elfenbein zeigen zoomorphe Griffe. Als Anhänger erscheinen sowohl ganze Tierfiguren als auch isolierte Tierköpfe. Reste von anthropomorphen und theriomorphen Lehmfiguren kamen auch in der ältesten Neolithsiedlung Unterägyptens (Merimde) zum Vorschein.

Was in den ältesten Abschnitten der vordynastischen Kultur angelegt erscheint, findet in den Naqada-Stufen eine Fortsetzung und Entfaltung. Die Figuren bestehen nun nicht mehr nur aus Elfenbein (*Taf. 13, 21, 22*), gebranntem Ton (*Taf. 13, 20*) und ungebranntem Lehm, sondern auch aus Stein (selbständige Tierfiguren sowie tiergestaltige bzw. mit Tierfiguren, Vogel, Fisch, Flußpferd, Antilope, Schildkröte, versehene Paletten: *Taf. 20, 12*). Die Elfenbeinfiguren zeigen oft eine naturnahe Gestaltungsart. Mitunter weisen sie feine Ritzzeichnungen auf, die als Nachbildung einer Tatauierung gedeutet werden, aber eventuell auch als rein ornamentale Zutat aufzufassen sind. Gewisse Körperdetails sind manchmal durch tiefe Rillen mit andersfarbigen Einlagen angedeutet; auch Bemalung kommt vor. Besonders beliebt waren Tonplastiken, die ebenfalls oft bemalt waren. Neben kleinen Statuetten gab es große Figuren, von denen allerdings nur noch vereinzelt Reste erhalten sind; sie wurden vermutlich häufig gar nicht gebrannt. Vergleichsweise selten wurden Menschenfiguren bzw. -köpfe zur Ausschmückung von Kämmen oder anderen Gegenständen verwendet, wie dies sehr häufig mit Tierfiguren geschah (*Taf. 20, 11*).

In frühdynastischer Zeit beginnt sich im rundplastischen Kunstschaffen *der* Stil herauszubilden, der als spezifisch ägyptisch bezeichnet werden kann. Am Ende der 2. Dyn., unter Cha-sechem und Cha-sechemui, und noch deutlicher vom Anfang der 3. Dyn. an, ist diese Stilform in ihren unverwechselbaren

Grundzügen voll entwickelt, die dann mehr als zwei Jahrtausende die Kunst des Pharaonenreiches kennzeichnet. Die Kalkstein-Sitzstatue des Cha-sechem von Hierakonpolis (*Taf. 15,7*) verkörpert im Typus und im Stil dieses spezifisch Pharaonische in großartiger Vollkommenheit. Auch die steinerne Sitzfigur von Abutig (*Taf. 15,6*) steht am Beginn einer langen Reihe entsprechender Darstellungen. Zwar sind vergleichbare Steinbildnisse (vor allem solche von Königen) aus der 1. Dyn. noch nicht bekannt; aber die Pavianfigur *Taf. 21,26* mit der Königsinschrift des Narmer zeigt eine Monumentalität und eine stilistische Durchformung, die durchaus an spätere ägyptische Bildwerke denken läßt. Dies legt die Annahme nahe, daß der entscheidende Entwicklungsschritt zu Beginn der 1. Dyn. erfolgte. Der Typus jener Pavianfigur ist auch in kleinen Ausführungen bekannt (*Taf. 21,25*). Von der neuen künstlerischen Gestaltungsweise geprägt sind gleicherweise die übrigen Stein-, Elfenbein- und Fayenceplastiken aus frühdynastischen Heiligtümern und Gräbern (*Taf. 15,4*), wenngleich mitunter eine Tradition von der prädynastischen Darstellungsart her spürbar ist. Verglichen mit den vordynastischen Figuren wirken die frühdynastischen in ihrer typologischen Kennzeichnung (Gefäßträger, Kind, Gefesselter, Frau, Mann, Horusfalke u. dgl.) artikulierter und bewußter, in ihrer Naturerfassung und -wiedergabe entwickelter. Dabei läßt sich zweifellos eine Entwicklung zum spezifisch Ägyptischen erkennen. Andererseits aber sind gerade in dieser entwicklungsgeschichtlich so entscheidenden Stufe verwandtschaftliche Beziehungen zu vorderasiatischen, speziell mesopotamischen Bildwerken nicht zu verkennen (*vgl. Taf. 21,11. 12 mit 21,10; Taf. 21,14 mit 21,13; Taf. 21,17 mit 21,16; Taf. 21,25. 26 mit 21,24*).

*Vorderasien:* Am Beginn der vorderasiatischen Kunstentwicklung stehen die Elfenbein- und Steinplastiken der palästinensischen Natuf-Gruppe (Ain Sachri: *Taf. 12,7;* Umm ez-Zueitinai; *Taf. 20,19;* Mugharet el-Wad: *Taf. 19,1;* Nahal Oren; Eynan). Es sind selbständige Menschen- und Tierfiguren sowie figural ausgestaltete Gegenstände (z.T. dolchartige Waffen). Der aller Wahrscheinlichkeit nach hier einzureihende Fund von Ain Sachri stellt ein sich vereinigendes Menschenpaar dar. Trotz der schlechten Erhaltung dieses Stückes ist eine beträchtliche künstlerische Gestaltungsqualität spürbar. Diese kommt in der rot bemalten Kalksteinfigur einer kauernden Hirschkuh (?) von Umm ez-Zueitina in hervorragender Weise zum Ausdruck. Neben diesen naturalistischen Darstellungen stehen andere, die ein schematisierendes, sich mit wenig Formandeutungen begnügendes Stilprinzip zeigen. Daß diese Natuf-Plastiken unmittelbar an form- und stilverwandte Werke des Jungpaläolithikums anschließen, denen sie chronologisch nahestehen, läßt sich so lange nicht überzeugend beweisen, als aus dem vorderasiatischen Bereich Zeugnisse einer Paläolithkunst noch ausstehen, dürfte aber angesichts der allgemeinen Übereinstimmungen mit den altsteinzeitlichen Plastiken von Frankreich bis Sibirien durchaus wahrscheinlich sein.

In der vollneolithischen Tellkultur Vorderasiens treten von ihrer Altstufe an in Mesopotamien, Südanatolien, Palästina und auf Cypern Menschenstatuetten auf, seltener solche von Tieren, die aus Stein (Alabaster, Marmor, Kalkstein, Diabas, Andesit) oder aus ungebranntem bzw. gebranntem Ton bestehen. In Mesopotamien wird die älteste Stufe verkörpert durch die Serie der Alabasterfiguren vom Tell as-Sauwan (*Taf. 12,4–6*) sowie die Tonfiguren von dort. Die Steinfiguren, fast durchweg stehende weibliche Gestalten von recht einheitlichem Typus, zeigen mitunter eine Mütze aus Asphalt und Augeneinsätze aus Muscheln; einige Tonfiguren zeichnen sich durch eine charakteristische Sitzhaltung und die Angabe eines Halsschmuckes aus; vereinzelt zeigen sie männliches Geschlecht. Die etwa gleichzeitigen Tonfiguren von Djarmo im gebirgigen Kurdistan muten im allgemeinen bescheidener an als diejenigen aus dem Euphrattal; doch gibt es auch in Djarmo einige vortreffliche Modellierungen (*Taf. 12,3*). Die aufgrund der dortigen Fundverhältnisse zunächst vertretbar scheinende Annahme, im Vorderen Orient reiche die Anfertigung gebrannter Tonfiguren in frühere Zeit zurück als die Herstellung gebrannter Tongefäße, ist wohl doch nicht haltbar. Die Entstehung keramischer Figuren hängt vielmehr mit dem Anfang der Keramik überhaupt zusammen; allerdings wurde mancherorts die Technik des Brennens von Tongegenständen zunächst nur für die Statuettenherstellung übernommen. Wie in Kurdistan so erscheinen auch in Syrien und Palästina (teilweise ungebrannte) Tonfiguren von Menschen und Tieren mitunter in Kulturgruppen, denen eine Keramik nicht bekannt war: Ras Schamra, Beidha, Jericho. Während es an den beiden ersteren Plätzen durchweg einfache Gebilde sind, handelt es sich in Jericho z.T. um bewundernswerte Kunstwerke: einer älteren Schicht entstammen menschliche Kopfplastiken, die um echte Schädel (ohne Unterkiefer) herum aus einer rötlich gefärbten Gipsmasse modelliert wurden (*Taf. 12,1*). Ihre Gesichtszüge sind ungemein naturnah; die Augen besitzen Einsätze aus Kauri- oder anderen Muscheln. Der glatte untere Abschluß beweist, daß sie durchweg als isolierte Kopfplastiken geschaffen wurden. Eine dieser Kopffiguren zeigt eine rote Bänderbemalung. Einer etwas jüngeren Schicht in Jericho gehören etwa lebensgroße Lehmfiguren von Menschen (Mann, Frau, Kind) an, von denen der bemalte und mit Muschelaugeneinsätzen versehene Kopf eines Mannes besonders gut erhalten ist (*Taf. 12,2*). Im Gegensatz zu den übermodellierten Schädeln der vorangehenden Schicht enthalten diese Figuren keinen Schädelkern; sie waren auch keine reinen Kopfplastiken, sondern Ganzstatuen.

Bemerkenswert groß ist die stilistische Variationsbreite der altneolithischen Menschenfiguren von Çatal Hüyük (*Taf. 12,8–18*). In einem älteren Abschnitt sind sie überwiegend aus Stein (Kalkstein, Marmor, Alabaster, vulkanische Gesteine) gearbeitet, in einem jüngeren zumeist aus Ton. Tierfiguren begegnen nur in rohen Bildungen. Die in der Regel 5–20 cm großen Menschenfiguren stellen überwiegend stehende, sitzende oder kauernde Frauen dar. Dabei ist der Schemel mitunter zoomorph ausgestaltet, sei es, daß die Frau von zwei Feliden flankiert wird (*Taf. 12, 14*), sei es, daß sie auf einem Tier „reitet". Die Körpergestalt der Frauen schwankt zwischen sehr fülligen und schlanken Formen. Eine Zwillingsfigur besitzt zu einem Körper und einem Armpaar zwei Köpfe und zwei Brustpaare (*Taf. 12, 17*). Seltener als Frauen sind Männer bzw. Jünglinge dargestellt (nur während eines älteren Abschnittes dieser lange belegten Siedlung). Auch diese sitzen zuweilen auf einem Tier (oder einem tiergestaltigen Schemel). Neben naturalistischen Figuren erscheinen in denselben Schichten solche schematischer Art, bei denen der Kopf, die Arme, die Brüste und die kauernden Beine nur durch Rillen und Striche angedeutet sind (*Taf. 12, 10*), oder bei denen die anthropomorphe Kennzeichnung auf noch weniger Einzelheiten reduziert ist. Die Fundverhältnisse bezeugen, daß hier keine kunstgeschichtliche Entwicklung, sondern eine stilistische bzw. einfach eine qualitative Variationsspanne vorliegt. Eine besonders fein modellierte Tonfigur ist mit rot gemalten Kreuzmustern bedeckt, in denen Blumenandeutungen vermutet werden. Aus Khirokitia auf Cypern liegen isolierte Steinköpfe vor, die zeitlich jenen Plastiken von Çatal Hüyük annähernd entsprechen. Während die Steinfiguren dieser altneolithischen Siedlung, in der die Steinbearbeitung nach Ausweis der Steingefäße einen hohen Grad von technischer Vollkommenheit erreicht hatte, durchweg roh und unbeholfen wirken (*Taf. 19, 29*), wurden aus Lehm künstlerisch qualitätvollere Plastiken modelliert, die sich jedoch – da sie nicht gebrannt wurden – nur ganz ausnahmsweise erhalten haben.

Die nordmesopotamische Halaf-Gruppe führt technisch, typologisch und stilistisch die aus dem vorderasiatischen Altneolithikum kommende künstlerische Tradition fort. Abgesehen von einigen wenigen Steinfiguren (*Taf. 13, 1*) treten vor allem bemalte Tonfiguren hervor. Am häufigsten erscheint ein charakteristischer Typus sitzender weiblicher Gestalten mit dicken Oberschenkeln und zapfenförmigem Kopf (*Taf. 13, 2*). Mitunter wurden menschliche Figuren auch als Gefäßaufsätze gearbeitet (z.B. *13, 3*, in diesem Fall roh und unbemalt), wie es schon im Tell as-Sauwan zu belegen ist. Tierfiguren aus Ton kommen gleichfalls vor, ebenso Anhänger in Form eines Vogels oder eines Rinderkopfes. Die Halaf-Figurentypen setzen sich im nordmesopotamischen Verbreitungsgebiet dieser Gruppe in die folgende Obed-Zeit hinein fort (z.B. Tepe Gaura). Im Gegensatz dazu waren im südlichen Mesopotamien während der Obed-Stufe Statuettentypen anderer Art üblich (*Taf. 13, 7–9*): stehende weibliche, seltener männliche, durchweg schlanke Figuren mit vor den Leib gehaltenen Händen, oft einen Gegenstand oder ein Kind tragend, zumeist mit Schlitzaugen und hohem Kopfaufsatz, an dem Reste einer Asphaltumkleidung haften. Diese letztere Eigentümlichkeit ist schon bei den Steinstatuetten vom Tell as-Sauwan festzustellen. Auch die Kaffeebohnen-Augen mancher Obed-Figuren treten ähnlich an Tonfiguren dieser altneolithischen Siedlung auf, ein Formdetail, das an die Augeneinlagen aus Kaurimuscheln der Jericho-Kopfplastiken erinnert und in Palästina dann an Figuren von Scha 'ar ha-Golan begegnet. In dieser letzteren Gruppe sind außerdem extrem schematisierte Menschendarstellungen geläufig. Ein Stück mit überbetontem Gesäß ist an Exemplare von Çatal Hüyük (*Taf. 12,9*) anzuschließen. Noch weitergehende Schematisierungen menschlicher Gestalten dürften in einfach gerillten Steinen zu erblicken sein.

Verglichen mit den eintönigen nordmesopotamischen Halaf-Figuren und ihren obedzeitlichen Nachfahren stellen die südanatolischen Tonstatuetten der Hacilar-Art typologisch, stilistisch und hinsichtlich der künstlerischen Qualität einen bedeutsameren Denkmälerkreis dar (*Taf. 13,12–18*). Eine Tradition von der Figuralkunst von Çatal Hüyük ist unverkennbar. Vor allem in Schicht VI von Hacilar zeigen die Statuetten eine ausgeprägte Gestaltungseigentümlichkeit der Körperformen und bestimmter Details (z.B. Augen), verbunden mit einer Sicherheit in der Wiedergabe komplizierter Haltungen. Das beherrschende Thema ist die fruchtbare Frau, wobei entweder der Zustand der Schwangerschaft, die Entbindung oder die Mutter mit dem Neugeborenen dargestellt ist. Es kam zur Ausbildung eines umfangreichen Typenbestandes und zur Entstehung fester Darstellungskonventionen. Durch eine Bemalung vor allem des Kopfes wurde die Wirkung der Figuren gesteigert. Das plastische Figuralschaffen hinterließ seine Spuren auch in der Keramik: Zoomorphe und anthropomorphe Gefäße zeigen teils eine feine Erfassung und Wiedergabe der Naturvorbilder, teils eine weitgehende Stilisierung (*Taf. 19,16; 20,22*).

Wie in Ägypten vom Beginn der 1. Dyn. an, so entstanden in Mesopotamien während der Uruk-Zeit erstmalig Monumentalplastiken im Vollsinn des Wortes. Große (bis lebensgroße) Figuren gab es in Vorderasien vereinzelt schon vorher (z.B. Jericho). Aber die Steinköpfe vom Tell Brak (*Taf. 14,12–13*) und vor allem die aus Stein gearbeitete Gesichtsplastik von Uruk (*Taf. 14,15*) sowie andere Werke von Uruk (*Taf. 14,17*) bringen eine neue Art künstlerischer Monumentalität zur Geltung, die als ein typischer Zug der beginnenden Hochkultur zu gelten hat. Die ausdrucksvolle Gesichtsplastik von Uruk verkörpert eine verhaltene Ruhe und geschlossene Bewußtheit in klassicher Vollkommenheit. Das Stück ist hinten flach und muß in eine Figur aus anderem Material eingelassen gewesen sein, was auch von den (rundplastischen) Köpfen vom Tell Brak gilt. Jene monumentale Uruk-Statue besaß außerdem einen Kopfaufsatz aus organischem Stoff oder aus Metall sowie Einsätze in den Augen und Augenbrauen. Einige Steingefäße von Uruk und Chafadje bezeugen, wie vortrefflich die Kunst der Einlegearbeit damals beherrscht wurde. Denselben Geist wie jener Uruk-Kopf atmet die Steinfigur *Taf. 14,17* von dort, ebenso eine in ihrer schlichten Strenge beeindruckende weibliche Statuette und die Steinfigur *Taf. 14,16* von Chafadje. Der große Schafkopf *Taf. 20,33* und die kleinformatigen Steinfiguren von Schafen, Löwen und anderen Tieren von Uruk (*Taf. 21,10*) und vom Tell Brak (*Taf. 21,13.24*, hier großenteils als Griffe von Petschaftsiegeln) heben sich merklich von den primitiv anmutenden Tierfiguren der vorangehenden Zeit ab. Sie verraten eine bis dahin bei Tierbildern ungewohnte Kenntnis der natürlichen Formen und eine Einfühlung in die jeweils typische Körperhaltung. Die Steinfiguren besitzen mitunter farbige Einlagen, z.T. aus Lapislazuli. Exzeptionell sind einige Figuren aus anderem Material: eine Ziege besteht aus Asphalt mit einem Goldblechüberzug, ein Löwe aus massivem Kupfer.

Den plastischen Schöpfungen der frühsumerischen Kultur stehen künstlerisch verwandt und ebenbürtig solche von Susa zur Seite. Was demgegenüber sonst im Iran an Menschen- und Tierfiguren bekannt ist (z.B. Bakun, Sijalk), reicht an die künstlerische Qualität der sumerischen und elamischen Plastiken nicht heran. Dasselbe gilt für die in ihrer Art vorzüglichen Kunstwerke der südpalästinensischen Beersheba-Kultur, wo vor allem einige Elfenbeinschnitzereien bedeutsam sind (*Taf. 19,3*).

*Europa:* Daß die jungpaläolithische rundplastische Figuralkunst, die in Europa von Westfrankreich bis in die Ukraine verbreitet war (*s.S. 185*), sich in die neolithische Zeit hinein gehalten bzw. weiterentwickelt hätte, läßt sich bisher durch einschlägige Fundzeugnisse nicht belegen. Wenngleich natürlich nicht ausgeschlossen werden kann, daß dies eine Folge der Erhaltungsbedingungen ist, und bei fortschreitender Fundkenntnis eine solche Tradition vom Magdalénien in die nachpaläolithischen Jahrtausende hinein sich doch erweisen läßt, muß festgestellt werden, daß die uns bekannte neolithische Plastik Europas von derjenigen des Vorderen Orients abzuleiten ist, technisch, typologisch und stilistisch. Dieser vorderasiatische Einfluß tritt deutlich an weiblichen Tonstatuetten aus Thessalien (*Taf. 17,1.2*) in Erscheinung. Einige dieser Stücke zeichnen sich durch eine besondere Feinheit der künstlerischen Gestaltung aus. Dasselbe gilt für eine altneolithische Marmorfigur von Knossos. Die Kaffeebohnenform der Augen, wie sie an altneolithischen Statuetten aus Makedonien, Thessalien und Serbien auftritt, ist auch an altneolithischen Figuren Vorderasiens bekannt. Typisch für die frühen Figuren Südosteuropas sind lange, mitunter gar nicht näher ausgestaltete Säulenköpfe, angewinkelte, vor die Brust gehaltene Arme und ein stark hervortretendes Gesäß bzw. stark geschwollene Oberschenkel (*Taf. 17,6*). Wie in Vorderasien, so wurden auch in Südosteuropa seit der Frühzeit der Keramikherstellung Tongefäße mitunter mit Figuralschmuck versehen (z.B. *Taf. 18,1.9*) oder insgesamt anthropomorph gestaltet (*Taf. 18,18*). Typologisch isoliert steht eine Gruppe frühneolithischer Steinfiguren von Lepenski Vir am Eisernen Tor da (*Taf. 19,7*).

Die altneolithische, in Europa auf den Südostteil des Kontinents beschränkte Figuralplastik findet ihre kontinuierliche Fortsetzung in Griechenland in den Figuren der Sesklo-Stufe, in Bulgarien in denen der Veselinovo-Stufe. In Griechenland verkörpern Statuetten von Chaironea (*Taf. 19,6*), Tsani, Tsangli und Sesklo (*Taf. 17,1*), zumeist aus Ton, vereinzelt mit den für die zugehörige Keramik kennzeichnenden Mustern, mitunter aber auch aus Stein, die Variationsbreite des sesklozeitlichen Typenbestandes, ohne daß zu ermitteln wäre, welche dieser Stücke eventuell in eine Frühstufe des Neolithikums zurückreichen. Neben naturnahen Bildungen sind solche schematischer Art bekannt, wie dies auch im Altneolithikum der Fall war. Die Sesklo-Typen umfassen stehende, auf einem Schemel sitzende und auf dem Boden hockende, überwiegend weibliche Gestalten, dazu Tiere. Eine mit den griechischen Sesklo-Plastiken annähernd gleichzeitige, aber nicht von diesen abzuleitende Gruppe höchst charakteristischer Tonstatuetten liegt aus dem südöstlichen Rumänien und aus Ostbulgarien vor (Cernavoda: *Taf. 17,9;* Baia: *Taf. 17,8;* Cernica: *Taf. 17,13;* Karanovo: *Taf. 17,7;* Jasătepe). Stehende, sitzende und hockende Gestalten überwiegend weiblichen Geschlechts sind auch hier die wichtigsten Bildtypen. Die spezielle Stilisierung des Zapfenkopfes, der Beinstummel, der flachen Rückenpartie, der Spitzbrüste und der Arme verleiht dieser Figurengruppe einen unverwechselbar eigentümlichen Charakter. Die Arme sind mitunter bei zur Brust hin gewinkelter Haltung formal in die Brustdarstellung hineingenommen; die Haltung der zum Unterleib herabhängenden Arme (*Taf. 17,8*) kann zu einer scheibenförmigen Gestaltung des Oberkörpers führen. Vereinzelt zeigen diese Figuren eine Abrollverzierung, wie sie auf der zugehörigen Feinkeramik geläufig ist (*Taf. 33*). Trotz einer allgemeinen stilistischen Verwandtschaft dieser Statuetten von Hamangia-Art zeigen sie einen unterschiedlichen Stilisierungsgrad: Von ganz abstrakten Darstellungen geht die Reihe bis zu den beiden Stücken *Taf. 17,23.24* von Cernavoda, die nicht nur durch die Sitzhaltung der einen männlichen Figur, sondern auch durch die Gesichtsangabe beider Exemplare einzig dastehen. Ob es sich hier wirklich um singuläre Schöpfungen eines in der allgemeinen Gestaltungstradition stehenden, besonders begabten Künstlers handelt oder um Vertreter von selteneren Typen, mag dahingestellt sein. Dieselbe Stilisierungsart wie bei den Tonstatuetten drückt sich in der vereinzelten Knochenfigur *Taf. 17,13* aus.

In der Zeit der Sesklo-, Veselinovo- und Hamangia-Kultur war die vollplastische Figuralkunst nicht auf Südosteuropa beschränkt. Statuettenfragmente von Lipari und der Arene Candide in Ligurien sowie einige Belege aus der Bandkeramikkultur deuten an, daß diese Kunstart auf der Apenninhalbinsel und in Mitteleuropa Eingang gefunden hatte, wenn sie dort auch lange nicht so heimisch wurde wie im Südosten des Kontinents. Außer anthropomorphen Figuren kannte die Bandkeramikkultur von einem frühen Entwicklungsabschnitt an auch Tierfiguren und -gefäße (*Taf. 20,29*). Dabei ist die Tierart zumeist nicht näher bestimmbar. In welchem chronologischen Verhältnis zu diesen mitteleuropäischen Tierplastiken einige dänische, gemeinhin der Maglemose-Kultur zugerechnete Bernsteinfiguren (*Taf. 20,27.28*) stehen, ist unsicher. Schon das Material sichert eine nordische Herstellung; eine formale Verwandtschaft mit mitteleuropäischen Tierfiguren ist nicht erkennbar, deswegen aber freilich nicht auszuschließen.

Im Jungneolithikum wurden hauptsächlich in Südost- und im östlichen

Mitteleuropa rundplastische Menschen- und Tierfiguren in einer Reihe charakteristischer Typen hergestellt, die teilweise an ältere Ausprägungen anschließen und mitunter auf bestimmte regionale Gruppen beschränkt sind. In Griechenland stehen Statuetten wie *Taf. 19,4.24* in einer Formtradition von Figuren der Sesklo-Zeit. Das Exemplar von Lerna unterscheidet sich durch seine ebenmäßig schlanken, mädchenhaften Züge von den meisten anderen weiblichen Figuren. Aufgrund der schwarzen Bemalung gehören einige Figuren der Dimini-Gruppe an (*Taf. 17,20.26*). Bemerkenswert ist unter diesen die sitzende weibliche Gestalt mit einem Kind im Arm, ein Motiv, das in Vorderasien altbekannt ist (*Taf. 3, 9.16*), und das während des Jungneolithikums auch anderwärts in Europa wiederkehrt. Die bei Dimini-Statuetten begegnende dreieckige, schräg nach oben erhobene Gesichtsfläche (*Taf. 17,21*) ist typisch auch für Figuren der gleichzeitigen Vinča-Gruppe (*Taf. 19,19*). Ein von Thessalien und Attika bis zum Peloponnes, Kreta und den ionischen Inseln verbreiteter Statuettentypus stellt eine auf dem Boden hockende weibliche Gestalt z.T. mit übereinandergeschlagenen Beinen dar (*Taf. 17,18. 19.25*). Zumeist aus Ton, mitunter aber auch aus Stein (z.T. angeblich Inselmarmor) bestehend, weichen diese Stücke durch eine unterschiedlich starke Stilisierung voneinander ab. Das kretische Exemplar von Kato Jerapetra ist das ausdrucksvollste und bestdurchgeformte. Diese Sitzart ist sonst an europäischen Neolithfiguren ungeläufig; Vergleichbares ist jedoch (bereits aus wesentlich älterer Zeit) in Vorderasien zu finden. Anzuschließen sind Statuetten, die in der allgemeinen Körpergestaltung denselben Stil wie jene Sitzfiguren zeigen, aber eine stehende Haltung wiedergeben (*Taf. 19,4*). Ganz ans Ende des griechischen Neolithikums gehört ein Statuettentyp, der aus einem roh geformten, schematischen Tonkörper mit einem Halsloch und einem in diesem steckenden Steinzapfen als Kopf besteht; dieser sticht durch seinen sorgfältigen Schliff und seine Bemalung stark von dem Körper ab (Rakhmani). Nahestehende Stücke sind aus Serbien und Rumänien bekannt (vgl. auch die ganz schematische Figur *Taf. 17,15*).

Besonders entfaltet war das rundplastische Bildschaffen in der bulgarisch-rumänischen Gumelniţa-Gruppe, die im ausgehenden Jungneolithikum beginnt (*Taf. 19,5.8.11.12.21*). Die Tonstatuetten sind zumeist wenig sorgfältig geformt: durch zwei Fingereindrücke sind Nase und Augenbrauenbögen herausmodelliert, die Augen selbst durch Linien oder aufgesetzte Buckel angedeutet, ausnahmsweise auch mit Perlmuttereinlagen versehen, die Arme als kurze, abstehende Stummel gebildet. Die Ohren besitzen nicht selten Löcher für einen Schmuck. Mit Ritzlinien wird das Geschlecht, mitunter auch ein Halsschmuck, ein Gürtel und andere Kleidungsstücke angedeutet. Die Linien sind z.T. rot und weiß inkrustiert. Der auffallend sorgfältig gearbeitete Kopf einer vorgumelniţazeitlichen besonders großen Figur von Vidra (*Taf. 17,4*) zeigt eine weiße Bemalung an den Augen und der Stirn sowie eine rote Bemalung am Mund und an den Ohren. Bei einigen Gumelniţa-Figuren sind die beiden Arme ausgearbeitet: Sie liegen vor dem Leib oder der Brust *(Taf. 18, 12)* oder sind nach oben gerichtet, wo sie zuweilen ein Gefäß tragen *(Taf. 18,6)*. Vereinzelt ist eine Hand zum Kinn geführt, so daß eine Geste des Nachdenkens dargestellt zu sein scheint *(Taf. 19,8.12)*, vergleichbar dem sog. „Denker" von Cernavoda *(Taf. 17,24)*. Auch der Typ eines Menschenpaares und derjenige einer Mutter mit Kind sind bekannt *(Taf. 19,5)*. Einige extrem schematische Figuren bestehen nur aus einem Zapfen mit einer rohen Gesichtsangabe am oberen Ende *(Taf. 19,11)*; auf der flachen Unterseite ist zuweilen ein anthropomorphes Zeichen eingeritzt *(Taf. 19,10)*. Eine typische Schematisierung kennzeichnet Menschenfiguren aus Knochenplatten *(Taf. 17,12)*. In den Ohrlöchern einer Figur von Vidra hingen kleine Kupferringe.

Von den Gumelniţa-Figurentypen unterscheiden sich diejenigen der nordrumänischen Cucuteni-Gruppe *(Taf. 19,15)*, an die die Figuren der älteren Tripolje-Kultur Südrußlands anzuschließen sind. Zapfenkopf, Armstummel, die an den Enden durchlocht sind, starke Hüft- und Gesäßschwellungen und spitz zulaufende Beine sind die festen Merkmale dieser Statuetten, die häufig mit kräftigen Linienmustern bedeckt sind. Während die Keramik dieser Gruppe reich bemalt ist *(Taf. 33)*, sind die Statuetten durchweg unbemalt. Bei einer Gruppe sog. Schildfiguren sind die anthropomorphen Anklänge nur schwach spürbar *(Taf. 17,16)*. Dieser letztere Typus wurde auch aus Metall (Kupfer) hergestellt (Truşeşti).

Die in Südwestrumänien verbreitete Vădastra-Gruppe lieferte Figuren, bei denen das plastisch-anthropomorphe Element gegenüber den mit geometrischen Ornamenten bedeckten Flächen ganz in den Hintergrund tritt *(Taf. 19,18)*. Eine andere, gegenüber den Gumelniţa- und den Cucuteni-Tripolje-Figuren eigengeartete jungneolithische Statuettengruppe ist in Siebenbürgen und in Serbien verbreitet; Turdaş *(Taf. 17,3)* und Vincă *(Taf. 19,14.19.30)* sind die wichtigsten Fundorte. Vor allem typisch ist die Gestaltung des Kopfes mit dem zumeist dreieckigen, schräg nach oben gerichteten Gesicht. Vielfach sind die Augen durch dreieckige oder D-förmige Linien, dazu die herabhängenden bzw. gescheitelten Haare oder eine kegelförmige Frisur oder Kopfbedekkung angegeben, ausnahmsweise auch eine hochgesteckte Scheibenfrisur. Gelegentlich ist ein Halsschmuck oder eine Kleidung dargestellt. Die Zwillingsfigur mit einem Körper und zwei Köpfen *(Taf. 19,14)* vertritt ein altorientalisches Motiv *(Taf. 12,17)*, das in Europa auch an figuralen Henkelaufsätzen der mittelitalischen Ripoli-Gruppe zu belegen ist. Vereinzelt treten im Rahmen der spätneolithischen Vinča-Gruppe Steinfiguren auf, die stilistisch wiederum solchen der thessalischen Dimini-Gruppe *(Taf. 17,15)* verwandt sind.

Eine bosnische Gruppe jungneolithischer Plastiken (Butmir-Gruppe), die entsprechend der übrigen Keramik dieser Gruppe Ritz- und Stichmuster sowie eine Bemalung aufweist *(Taf. 33)*, umfaßt neben einfachen, schematischen Exemplaren fein modellierte Stücke von beachtlichem künstlerischen Rang

(*Taf. 17, 10. 11*). Wie in diesen Butmir-Plastiken so drücken sich auch in denjenigen der Theiß-Kultur sowie denjenigen der mährisch-westslowakischen Střelice-Gruppe regional eng begrenzte Kunstkreise aus. Die beiden wichtigsten Tonstatuetten der Theiß-Kultur sind die von Szegvár-Tüzköves (*Taf. 19, 20*) und Bordjoš (*Taf. 18, 16*). Die erstere stellt einen auf einem Schemel sitzenden Mann dar, der mit einem Gürtel angetan ist und einen sichelartigen, eher als Erntegerät denn als Waffe zu deutenden Gegenstand über der Schulter hält, die andere eine sitzende Frau, die eine große Schale auf dem Schoß trägt. Für das Attribut der Figur von Tüzköves läßt sich bei den neolithischen Statuetten Europas nichts Entsprechendes finden; eventuell vergleichbar sind die etwa derselben Zeit angehörenden Tonmodelle von Sicheln in mesopotamischen Heiligtümern. Die Gefäßträgerin von Bordjoš leitet zu anderen Verkörperungen dieses Motivs (*Taf. 18, 13*) und zu den damit formal und funktional in Verbindung stehenden anthropomorphen Gefäßen über. Den Tonfiguren der Střelice-Gruppe (*Taf. 19, 22. 23. 26–28*) sind in der Regel eine besondere Ausbildung des Kopfes oft mit geritzter Frisurangabe, seltener mit Halsschmuck, kräftig gerundete Hüft- und Gesäßpartien und durchweg getrennte Beine eigentümlich. Vermutlich waren die meisten dieser Figuren einst pastos bemalt, wovon jetzt aber nur wenige Reste erhalten sind. Dies dürfte begreiflich machen, weshalb viele der sorgfältig geformten Statuetten keinerlei Gesichtsandeutung erkennen lassen. Bezeichnend ist die Armhaltung: abgesehen von einfach abstehenden Armstummeln sind seitlich oder nach vorne erhobene Hände z.T. mit gespreizten Fingern besonders typisch (*Taf. 19, 23*).

In vielen jungneolithischen Gruppen Südost- und Mitteleuropas war es neben der Anfertigung von Menschen- und Tierplastiken üblich, Tongefäßen eine anthropomorphe oder zoomorphe Gestalt zu geben. Dabei schwankt das Verhältnis von „Figur“ und „Gefäß“ zwischen Bildungen, bei denen eine Tierfigur durch eine geringfügige Vertiefung auf dem Rücken zur Aufnahme gewisser Naturalien geeignet gemacht wurde, und Gefäßen, denen durch formale Zutaten (bzw. Relief- oder Ritzdarstellungen) eine Anlehnung an eine Tier- oder Menschengestalt zuteil wurde (*Taf. 18, 3. 11. 12. 17; 19, 30; 20, 21. 23*). Das Prinzip ist im Vorderen Orient vom Altneolithikum an in mannigfacher Form bekannt und läßt sich auch in Europa von relativ frühen Stufen an nachweisen. In Mitteleuropa sind einige Gefäße der Bandkeramikkultur hier zu nennen, die teilweise vermutlich einem Frühstadium dieser Kultur angehören. Am weitestgehend figural gestaltet ist das leider nur in Bruchstücken erhaltene Gefäß von Erfurt (*Taf. 18, 13*). Es ist in Form einer Sitzfigur gebildet, die ein kleines Gefäß in den Händen hält. In zwei Exemplaren liegt ein Gefäßtyp von Branč vor (*Taf. 18, 11*): Brüste, Augen und zwei erhobene Arme verleihen ihm einen anthropomorphen Charakter; die Arme weisen oben teils geöffnete Hände auf (wie bei *Taf. 19, 27*), teils kleine Gefäße. Einige Figurengefäße der Gumelniţa-Kultur zeigen auf einem gedrungenen Körper oben einen fest angearbeiteten Kopf und seitlich davon als Arme zwei schräg nach oben gerichtete Tüllenöffnungen (*Taf. 18,3*).

Eine andere Gruppe anthropomorpher Gefäße stellt eine stehende oder sitzende Gestalt dar, deren Hände flach auf den Leib gelegt sind. Die große Figur von Vidra (*Taf. 18,12*) und zwei Exemplare von Kökenydomb (*Taf. 18,17*) sind die bedeutsamsten Beispiele. Die erstere trägt, durch kräftige Linien angedeutet, stiefelartige Beinkleider sowie einen kurzen, reich gemusterten und offenbar mit aufgesetzten Rosetten versehenen Rock, unter dem der naiven Bildtreue wegen Einzelheiten der Körperformen dargestellt sind. Die Unterarme und der Hals sind geschmückt. Der in einem Randfalz sitzende, als Deckel dienende Kopf ist nicht erhalten; wie solche Kopfdeckel aussahen, veranschaulicht das Exemplar *Taf. 18,15*. Das Figurengefäß *Taf. 18,17* scheint keinen gesondert gearbeiteten Kopfdeckel besessen zu haben; bei einem ähnlichen Exemplar ist eine Gesichtsandeutung unterhalb des Gefäßrandes angebracht. Dasselbe Prinzip tritt bei einem anthropomorphen Gefäß von Vinča (*Taf. 19,30*) in Erscheinung, das im Typus den in dieser Gruppe geläufigen Statuetten entspricht. Das Gesicht bzw. der Kopf konnte aber auch völlig weggelassen werden. Beschränkte man sich im Zuge des Pars-pro-toto-Prinzips mitunter auf die Wiedergabe der Beine, so bei anderen Typen auf diejenige des Gesichtes,oder des Kopfes. Das letztere führte zur Bildung von kopfförmigen Deckeln auf normalen Gefäßen. Diese sind bereits in Hacilar belegt (*Taf. 19,16.17*).

Unter den jungneolithischen Tierfiguren lassen sich Vögel, Schweine, Rinder, Schafe und Ziegen bestimmen (*Taf. 20,30*). In der Střelicer Gruppe erscheinen zuweilen Tierfiguren und Tierköpfe als Aufsätze von Gefäßen, während in der italienischen Serra-d'Alto-Gruppe Tierköpfe bevorzugt auf Gefäßhenkeln sitzen.

*Ostasien:* In Asien reicht der geschlossene, mannigfach gestaffelte Kulturbereich, innerhalb dessen rundplastische Menschen- und Tierfiguren der jungsteinzeitlichen Jahrtausende bekannt sind, bis Turkmenistan (*Taf. 19,13*), Afghanistan und Pakistan. Zusammen mit anderen neolithischen Kulturerscheinungen ist die Tonbildnerei aber bis nach Nordchina gelangt, wo sie in anthropomorphen Kopfdeckeln von Tongefäßen der Yang-shao-Kultur (*Taf. 19,9*) zu belegen ist. Die räumliche Entfernung von sibirischen Stationen am Baikalsee, wo von Malta und Buret spätpaläolithische Menschenfiguren vorliegen (*Taf. 1,16*), ist zwar geringer als die Entfernung von den nächsten Fundplätzen mittelasiatischer Neolithplastik; aber einstweilen läßt sich eine Weiterentwicklung der plastischen Paläolithkunst in Ostasien nicht durch Funde belegen. Wenngleich eine solche Tradition im Hinblick auf die sibirischen Felsbilder nicht für unmöglich zu erachten ist, kann die Figuralplastik der Yang-shao-Kultur nicht auf eine solche hypothetische Wurzel zurückgeführt werden. Vielmehr wird man sie an west- und mittelasiatischen Erscheinungen anzuschließen haben. Freilich sind im Westen einstweilen keine speziellen Typen namhaft zu machen, von denen jene chinesischen Formen abgeleitet werden könnten. Deren stilistische Gestaltung, vor allem die Gesichtsbemalung, ist typisch chinesisch.

## *Relief*

*Ägypten:* Das ägyptische Flachrelief ist der Ausdruck bestimmter künstlerischer Gestaltungsabsichten, für die feste Bildregeln entwickelt wurden. Einerseits liegt dieser Kunstgattung die Absicht zugrunde, mehrere Einzelfiguren in einer festen Zueinanderordnung bildlich zu fixieren, was nur auf einer Bildfläche möglich ist. Dabei erfolgte die Darstellung der einzelnen Figuren und ihre Anordnung nicht nach illusionistischen, sondern nach vorstelligen Grundsätzen: nicht die optisch sich bietende Momentansicht mit ihren perspektivischen Verkürzungen, sondern die gedankliche Vorstellung in dem logischen Nebeneinander jeweils wesentlicher Einzelheiten verkörperte die darstellenswerte Wirklichkeit. Andererseits kommt in den Reliefs das Bestreben zur Geltung, den dargestellten Personen und Gegenständen eine wirklichkeitsangenäherte Körperlichkeit zu verleihen, denn in der Vorstellung existieren diese nicht als zweidimensionale Bilder, sondern als dreidimensionale Körper; zudem steigert die reliefartige Heraushebung der Figuren aus dem Bildgrund das allgemeine Darstellungsanliegen: die Fixierung eines Vorstellungsinhaltes und seine Bewahrung für die Zukunft.

Die Anfänge des Flachreliefs reichen in Ägypten nicht nennenswert in die vordynastische Zeit zurück. Die in Relieftechnik an einigen Naqada-Gefäßen applizierten Tierfiguren gehören eigentlich mehr in die Gattung flacher Rundplastiken. Dasselbe gilt für Widderköpfe auf einem steinernen Keulenknauf von Abutig (*Taf. 21,8*) und die menschliche Maske auf einem Steingefäß. Regelrechte Reliefbilder, bei denen die oben umrissenen Wesenszüge dieser Kunstgattung voll ausgeprägt sind, erscheinen erst am Ende der Naqada-Kultur bzw. am Beginn der frühdynastischen Zeit an Elfenbeinschnitzereien (*Taf. 11,13; 21,18*) auf Steingefäßen (*Taf. 21,5*) sowie auf Steinpaletten und -keulenköpfen (*Taf. 11,15; 15,1.2; 21,3.2; 16,35*). Sie weisen deutlich Beziehungen zur mesopotamischen Kunst der Uruk-Zeit auf (*vgl. Taf. 21,18.3 mit 21,19; Taf. 21,5 mit 21,4.9 und 14,14; Taf. 21,8 mit 21,6.7; Taf. 16,35 mit 16,28*), so daß die Annahme naheliegt, von dort seien die entscheidenden Impulse zur Entstehung dieser dann für Ägypten so kennzeichnenden Kunstart gekommen. Die Darstellungen auf dem Messergriff von Gebel el-Arak (*Taf. 11,13*), die einen Kampf zu Lande und zu Schiff, das Danielsmotiv sowie Tierkampfgruppen zeigen, werden einerseits mit ägyptischen Schiffsbildern auf Naqada-Gefäßen sowie mit der Malerei im spätnaqadazeitlichen Grab von Hierakonpolis (*Taf. 16,11*), andererseits aber mit Darstellungen des frühen

Sumer und des frühen Elam in Verbindung gebracht. Diese Bilder nehmen großenteils auf kriegerische oder kämpferische Vorgänge Bezug, sei es, daß Menschen gegen Menschen, sei es, daß Menschen gegen Tiere, sei es, daß Tiere gegen Tiere kämpfen. Einigen dieser Bildmotive dürfte eine symbolische Bedeutung zukommen, so dem Motiv „Mann zwischen Tieren" und den Tierkampfgruppen; in anderen aber scheint die Erinnerung an ein wirkliches Geschehen festgehalten zu sein. War es in der vorangehenden Zeit üblich, nur etwas Typisches, üblicherweise sich Vollziehendes bildlich darzustellen, so scheint in dem Kampfbild des Messergriffes von Gebel el-Arak etwas Außerordentliches, übernormal Bedeutsames wiedergegeben zu sein. Wir gehen in der Annahme wohl nicht fehl, daß es sich dabei um die politischen und kriegerischen Ereignisse handelt, die zur Konstituierung des Königtums am Beginn der 1. Dyn. führten. Neben den großen Votivmessern waren die ebenfalls kultischen Zwecken dienenden großen Steinpaletten und Keulenköpfe Träger dieser neuen Bildkunst. Die Paletten *Taf. 15, 8; 21, 2* sind noch stark im Naqada-Formenbestand verhaftet; sie dürften in der Reihe reliefverzierter Paletten am Anfang stehen. Die nur einseitig bebilderte Löwenjagdpalette (*Taf. 15, 2*) sowie zwei auf der Ober- und Unterseite mit Darstellungen versehene Paletten mit Fabeltierpaaren am Rand (*Taf. 21, 3*) verkörpern eine zweite, entwickeltere Gruppe. Zu einer dritten, jüngsten Gruppe gehören die fragmentarisch erhaltenen sog. Schlachtfeldpalette, die sog. Städtezerstörungspalette, die vermutlich von dem ersten König ‚Skorpion' herrührt (*Taf. 11, 15)* sowie schließlich die große, durch eine Königsinschrift signierte Narmer-Palette (*Taf. 15, 1*). Auf einer der frühen Paletten sind in symmetrischer Gruppierung einige Gestalten dargestellt, die symbolisch den in der Welt hervortretenden Gegensatz zwischen dem friedlichen Element, verkörpert durch Palme, Giraffe und Großvogel, und der zerstörerischen Gewalt, verkörpert durch den Löwen und ein langhalsiges Ungeheuer, andeuten sollen. Dasselbe ist noch augenfälliger auf der mehrfigurigen Palette *Taf. 21, 3* zum Ausdruck gebracht: Löwen und Greifen, langhälsige Ungeheuer und Wildcaniden bedrohen Steinböcke und Antilopen, Vögel und Wildrinder, wobei wieder sethartige Tiere die Szene flankieren. Eine ähnlich bewegte Vielfalt von Figuren kennzeichnet die Palette *Taf. 15, 2*, die außer Tieren zahlreiche Menschengestalten aufweist, dazu ein Rind mit zwei Köpfen und ein Heiligtum. Das Hauptproblem der Interpretation dieses Reliefbildes besteht in der Frage, ob die an den Längsseiten der Palette angeordneten, in Kopfschmuck, Kleidung (mit Schwanz) und Haltung übereinstimmenden, in den Attributen variierenden Männer als die Gefolgschaft des auf der Schmalseite erscheinenden Löwenjägers aufzufassen sind, oder ob es sich neunzehnmal um ein und dieselbe Gestalt handelt. Bisher setzte man das erstere als selbstverständlich voraus; doch sollte das letztere nicht außerhalb der Diskussion stehen. Unter den Attributen fallen die beiden Falkenstandarten auf, ein auf späteren ägyptischen Denkmälern geläufiges Symbol. Gleichwohl ob die Figuren verschiedene

Gestalten oder verschiedene Ansichten einer einzigen darstellen, feststeht, daß mit dieser bildlichen Wiedergabe eine Verherrlichung des Königs bezweckt wurde. Die Reihung ein und derselben Gestalt würde an die Abrollung von Siegelzylindern erinnern, die in dieser Zeit erstmalig aufkamen. Auf dieser Palette tritt der zweimal abgebildete Löwe als das mächtige, vom König besiegte und ihm ebenbürtige Tier auf. Im Gegensatz dazu erscheint auf einer anderen Palette (sog. Schlachtfeldpalette) der Löwe als Sieger über gefesselte Feinde.

Am ausgereiftesten tritt der frühägyptische Reliefstil auf der Narmer-Palette (*Taf. 15, 1*) entgegen. Erstmalig erscheint oben in der Mitte die Palastfassade mit den königlichen Namenshieroglyphen, dort wo bei der Löwenjagdpalette (*Taf. 15, 2*) bereits ein Palastzeichen angebracht war. Dem Doppelkopfrind der Löwenjagdpalette (die Palette *Taf. 21,2* zeigt im Grunde dieses Motiv isoliert) entspricht auf der Narmer-Palette das seitliche Rinderkopfpaar mit Menschengesicht. Die unteren Felder zeigen fliehende, durch Zeichen signierte Gegner, auf der Vorderseite dazu den königlichen Wildstier als Angreifer. Diese Vorderseite weist ein zweigeteiltes Mittelfeld auf. Auf der unteren Hälfte wird das ganz klein und unwichtig gewordene Schminknäpfchen durch die sich kreuzenden Hälse zweier großkatzenartiger Ungeheuer gebildet, die typologisch denen anderer Paletten (*Taf. 21,3*) und Messergriffen (*Taf. 21,18*) entsprechen und andererseits frühsumerischen sowie protoelamischen Langhalsungeheuern mit sich kreuzenden Hälsen (*Taf. 21, 19*) an die Seite zu stellen sind. Erscheinen auf den anderen Paletten diese furchterregenden Ungeheuer aber in ungezügelter Wildheit, so sind sie auf der Narmer-Palette gebändigt. Das Feld darüber zeigt den Pharao mit der unterägyptischen Krone und anderen Insignien sowie mit Namenshieroglyphen, gefolgt von einem Diener, der ihm die Sandalen und ein rituelles Tüllengefäß nachträgt, und einem anderen Diener, der zusammen mit vier Standartenträgern ihm vorangeht, bei einer Besichtigung von Schiffen und von Reihen gefesselter und enthaupteter Feinde, die ihre Köpfe zwischen den Beinen liegen haben. Auf der Rückseite trägt der die Höhe des Mittelfeldes voll einnehmende Pharao die oberägyptische Krone; er ist im Begriff, einen am Schopf gepackten Feind mit der Keule zu zerschmettern. Der Zusammenbrechende und der den König begleitende, sandalentragende Diener sind durch Hieroglyphen gekennzeichnet. Vor dem König steht eine Zeichengruppe, der ebenfalls sowohl ein Bild- als auch ein Schriftcharakter innewohnt.

Von den im Reichsheiligtum von Hierakonpolis geweihten Monumentalkeulenköpfen zeigen zwei bedeutsame Flachreliefbilder. Der eine stammt vom ersten ägyptischen König, dessen Namenshieroglyphe ein Skorpion ist, der andere von König Narmer. Auf dem ersteren sind oben einige Standarten dargestellt, an denen Kiebitze hängen, im Hauptfeld der König mit der oberägyptischen Krone und einer Hacke in den Händen, von Palmwedel- und Standartenträgern begleitet, dazu Papyrusstauden, den Zeichen Unterägyptens, sowie Untertanen. Die andere Keule (*Taf. 16, 35*) zeigt König Narmer mit der unterägyptischen Krone, unter einem von der oberägyptischen geiergestaltigen Krongöttin überflogenen Baldachin thronend, dazu Diener, Standartenträger, Gefesselte, Tribute oder Beute verschiedener Art und ein Reiherheiligtum.

Dieser auf den repräsentativen Votivdenkmälern der Reichseinigungszeit ausgebildete Reliefstil tritt während der frühdynastischen Zeit auf mehreren Fundgruppen auf, von denen Rollsiegel und Grabsteine die wichtigsten sind. Die ersteren (*Taf. 21, 23; 16, 12–16*) enthalten hieroglyphische Angaben von Namen, Titeln und Kulthandlungen sowie Angaben bzw. Darstellungen von Opfergaben und Kultplätzen. Die durch die Technik der Siegelabrollung ermöglichte Wiederholung der Bildwiedergabe unterstreicht die den Reliefs prinzipiell zugrundeliegende Gestaltungsabsicht. Unter den Grabstelen zeichnen sich diejenigen der Königsgräber von Abydos dadurch aus, daß sie in schlichter Monumentalität die königlichen Namenshieroglyphen zeigen. Allen voran ist der Stein des Djet *(Taf. 21, 15)* ein Werk hoher Gestaltungskraft und vollendeter künstlerischer Harmonie, in dem die Hoheit des göttlichen Falken und die Klarheit des Serech neben dem einprägsamen Namenszeichen ‚Schlange' die Bildfläche beherrschen. Schlichter ist eine vor allem in Helwan und Sakkara bekannte Gruppe von Grabstelen *(Taf. 15, 3)*, die am Ende der 1. Dyn. begann und während der 2. Dyn. ihre volle Ausprägung erhielt. Sie stellen den Verstorbenen vor einem Opfertisch sitzend dar; die übrige Bildfläche ist mit hieroglyphischen Aufzählungen und bildlichen Darstellungen von Opfergaben ausgefüllt. Diese Stelenbilder verkörpern das von da an in der ägyptischen Kunst herrschende Prinzip der geradvorstelligen Figurenwiedergabe in vollentwickelter Form: Kopf, Hüfte und Beine werden im Profil, Augen und Schulter en face dargestellt; bei dem Schemel wird entweder eine strenge Seitenansicht gewählt, oder es wird zusätzlich die Sitzfläche in Draufsicht dargestellt. Die Reliefbilder aus der Frühzeit der 1. Dyn. zeigen die geradvorstelligen Darstellungsregeln noch nicht in der für das klassische Ägyptertum charakteristischen Strenge: Wenn bei den hervorragendsten Meisterwerken der Frühzeit, so der Narmer-Palette, einzelne Figuren verschiedene Ansichten von Kopf, Brust und Beinen zeigen, so erscheint dies durch die Gesamthaltung des Körpers bedingt; wo diese Voraussetzung nicht gegeben ist, sind die Schulter, der Kopf und die Hüfte gleicherweise im Profil wiedergegeben (z.B. *Taf. 15, 1 rechts*: die Standartenträger und die Ungeheuerbezwinger). Die dabei bewiesene Geschicklichkeit sticht merklich von der später bei solchen Versuchen an den Tag gelegten Steifheit ab. Offenbar wurden bei der Herausbildung der für die ägyptische Reliefkunst der nächsten zwei Jahrtausende gültigen Darstellungskonventionen aus einer anfänglich vorhandenen größeren Unbefangenheit künstlerischer Körperwiedergabe bestimmte Züge als feste Regeln verallgemeinert und dafür andere Darstellungsmöglichkeiten aufgegeben.

*Vorderasien:* Die mesopotamische Reliefkunst blühte in der Uruk IV/III-Stufe voll auf: Rollsiegel und Steingefäße sind ihre wichtigsten Träger. Die Anfänge dieser Darstellungsart reichen im Zweistromland in die vorangehende Obed-Zeit zurück. Namentlich Stempelsiegel, die in der Halaf-Zeit nur geometrische Muster zeigten, wurden nun mit figürlichen Motiven versehen, erst nur Tieren, dann auch Menschen, zuletzt mehrfigurigen Gruppenbildern (*Taf. 16, 24–26*). Damit waren die in dieser Kunstgattung beschlossenen Wiedergabe- und Ausdrucksmöglichkeiten erreicht. Ob sich diese Bildart während der Obed-Zeit auf die Glyptik beschränkte, oder ob es nur an den Erhaltungsverhältnissen liegt, daß uns anderweitige Zeugnisse nicht bekannt sind, muß dahingestellt bleiben. Wichtig sind die obedzeitlichen Siegelbilder und die durch sie bezeugte altmesopotamische Wurzel der urukzeitlichen Reliefkunst vor allem im Hinblick darauf, daß in Ägypten für die dort am Ende der Naqada-Kultur einsetzende Reliefkunst *keine* entsprechenden Vorstufen zu belegen sind.

Die urukzeitliche Reliefkunst erhielt ihre höchste Vollendung in Südmesopotamien, vor allem offenbar in Uruk selbst, wo erlesenste Werke geschaffen wurden, die an Feinheit der Ausformung und an rhythmischer Bewegtheit der Komposition ihresgleichen suchen, sowohl bei den Rollsiegeln (*Taf. 14, 1–10*), als auch bei Steingefäßen. Bei den letzteren finden sich teilweise Flachreliefs, die stilistisch, typologisch und in der friesartigen Anordnung der Einzelfiguren den Rollsiegelbildern gleichen (*Taf. 14, 14*; hier anzuschließen ist auch das Stelenfragment *Taf. 14, 11*). Eine andere davon stark abweichende Gruppe von Steingefäßen ist durch ausgesprochene Hochreliefs gekennzeichnet. Diese zeigen komplizierte Kompositionen von Menschen und Tieren (*Taf. 21, 4*). Dabei sind hinsichtlich der Reliefhöhe alle Übergänge bis zu Werken vertreten, die eigentlich mehr als Rundplastiken anzusprechen sind. Auf einer Steintüllenkanne erscheint oben eine rundplastische Tierfigur, was den Eindruck des das Gefäßunterteil bedeckenden Hochreliefs als plastischen Gesamtkörper unterstreicht. Der Kulturaufschwung Sumers und Elams während der Uruk-Zeit, der die Gattung des Flachreliefs durch neue Darstellungsintensionen und Gestaltungskräfte zum vollen Erblühen brachte, ließ offenbar die Gattung des Hochreliefs als etwas Neues entstehen, gewiß nicht nur als Auswirkung entwickelterer Techniken, sondern vor allem als Ausdruck eines neuen Bedürfnisses nach Monumentalität.

*Europa:* In den europäischen Jungsteinzeitkulturen wurde die Relieftechnik nur für die Darstellung einzelner Menschen und Tiere auf Gefäßen angewandt. Im Prinzip handelt es sich um plastische Figuren, die sich von den selbständig-rundplastischen Statuetten nur dadurch unterscheiden, daß sie mit einem Gefäß verbunden sind, dessen Wandung als Bildhintergrund dient. Relieffiguren dieser Art (applizierte Figuren) waren in Vorderasien lange vor Entstehung einer regelrechten Reliefkunst bekannt (*Taf. 13, 3*). Solche Relieffiguren begegnen in der altneolithischen Kultur Griechenlands und der angrenzenden bulgarisch-rumänisch-serbisch-ostungarischen Starčevo-Körös-Kultur (*Taf. 18,9; 20,24–26*). Dabei unterscheiden sich die Menschenreliefs von den rundplastischen Statuetten der betreffenden Gruppe durch eine dezidiertere und detailliertere Angabe der Arme und Hände, vor allem wenn diese erhoben sind. Hier wurden die technischen Vorzüge dieser Darstellungsart ausgenützt. Sie machten sich auch bei den Tierwiedergaben bemerkbar. Lange Hörner von Capriden oder verzweigte Geweihe von Cerviden waren als Rundplastik kaum anzugeben. Mitunter wurden auch mehrere verschiedenartige Relieffiguren auf einem Gefäß angebracht, so einmal ein Tier und eine ganz schematisch dargestellte Frau, wobei diese Kombination vermutlich nicht rein ornamentalen Charakter, sondern eine bestimmte inhaltliche Bedeutung besaß.

Die entwickelt- und jungneolithischen Kulturen Südosteuropas, ebenso die mitteleuropäische Bandkeramikkultur und einige ihrer jungneolithischen Nachfolger, vereinzelt auch italienische Gruppen dieser Zeit übernahmen die in den südosteuropäischen Kulturen des Altneolithikums ausgebildeten bzw. von Vorderasien übernommenen Relieffigurentypen (*Taf. 18,1.2.4.8*). Für die Doppelfigur *Taf. 18,7* von Truşeşti, die in gleicher Form viermal auf einem großen Gefäß der Cucuteni-Kultur erscheint, sind zwar m. W. einstweilen keine Entsprechungen aus älteren Kulturen bekannt; doch hat sie typologisch, stilistisch und wohl auch bedeutungsmäßig ihren Platz ganz in diesem altüberkommenen Formenkreis (*s. S. 333*).

Die anthropomorphen Relieffiguren der europäischen Jungsteinzeitkulturen zeichnen sich allgemein dadurch aus, daß sie eine en-face-Ansicht wiedergeben, während es zu den festen Regeln der orientalischen Reliefkunst seit der Uruk-Stufe Mesopotamiens und dem Beginn der frühdynastischen Zeit Ägyptens gehört, daß die Figuren im allgemeinen im Profil erscheinen. Dies war offenbar eine Voraussetzung dafür, daß in dieser Bildtechnik Figurenkompositionen entstanden, wie sie in Europa nicht nachzuweisen sind. Ein siebenbürgisches Fragment von Turdaş (*Taf. 18,14*), das zwei menschliche Beine im Profil zeigt, läßt leider keine Vorstellung von der betreffenden Gesamtfigur gewinnen. Immerhin ist mit der Möglichkeit zu rechnen, daß hier die vollständige Profilansicht eines Menschen vorlag. Sofern es sich dabei nicht um eine spontane Bildschöpfung handelt, die ein künstlerisch Begabter gegen die herrschende Darstellungstradition und -konvention verwirklichte, könnte man eventuell vorderasiatische Anregungen (etwa in Gestalt von Siegelabdrücken der Uruk- oder Djemdet Nasr-Art) in Betracht ziehen, wobei man sich daran erinnern würde, daß in dieser siebenbürgischen Turdaş-Gruppe auch bei den Zeichenscheibchen von Tărtăria (*Taf. 31, H*) an eine Verbindung mit vorderasiatischen Bildwerken und mesopotamischen (Schrift-)Zeichen gedacht wird.

## *Malerei*

*Nordafrika*: Im mittleren Teil Nordafrikas, hauptsächlich im Bereich des Hoggar mit dem nördlich vorgelagerten Tassili-n-Ajjer, in den östlich davon liegenden Tibesti- und Ennedi-Gebieten sowie dem Gebirgsland von Auenat, finden sich in Höhlen, unter Abris und auf freien Felswänden Malereien, die – technisch, stilistisch und thematisch sehr verschiedenartig – zweifellos chronologisch nicht einheitlich zu beurteilen sind. Die anfänglich erwogene Ansicht, die ältesten reichten ins Jungpaläolithikum zurück, ließ sich nicht aufrechterhalten. Heute gilt als ausgemacht, daß der Beginn der nordafrikanischen Felsmalerei in die neolithischen Jahrtausende fällt und mit einer Bevölkerung verbunden ist, die in starkem Maße Viehzucht (vor allem Rinderzucht) trieb, der aber auch in gewissem Umfang Pflanzenanbau bekannt war. Eine relative Altersordnung dieser Felsmalereien stößt auf große Schwierigkeiten, ebenso wie über das Verhältnis zu den im selben Gebiet begegnenden Felsgravierungen noch nicht befriedigende Klarheit gewonnen ist. Darstellungen von Kamelen sowie von Pferden mit Wagen lassen sich zwar als jünger ausscheiden; mitunter besteht auch durch eine mehr oder minder sicher zu belegende Verwandtschaft mit ägyptischen Darstellungen aus schrifthistorischer Zeit eine gewisse Möglichkeit der Zeitbestimmung; auch fehlt es nicht an Überlagerungen mehrerer Bildschichten und an ausgeprägten Stileigentümlichkeiten, die die formale Gestaltung der Einzelfiguren wie auch die Komposition mehrfiguriger Bilder betreffen, und die jeweils als repräsentativ für eine wohl nicht allzulange Zeitspanne angesehen werden können. Aber aus diesen Befunden kann keine chronologisch auszudeutende allgemeine Stilentwicklung erschlossen werden. Soviel dürfte feststehen, daß bis zum Beginn des 3. Jahrtausend v. Chr. in den einzelnen Zentren der nordafrikanischen Felsmalereien mit mannigfachen typologischen und stilistischen Ausprägungen zu rechnen ist. Als Malfarbe spielen Rotbraun, Schwarz bis Dunkelviolettbräunlich und Gelb bis Hellbraun die Hauptrolle. Weiß wird für zusätzliche Innenzeichnungen oder als Grundfarbe für ganze Figuren verwendet.

Thematisch stehen Darstellungen von Tieren, in erster Linie Rinder, neben solchen von Menschen (*Taf. 19, 31*). Die Rinder, die aufgrund ihrer Hörner mindestens zwei Rassen angehören, zeigen oftmals eine Scheckung, also eine ausgesprochene Züchtungserscheinung; es handelt sich demnach um domestizierte Tiere. Zumeist wurden Herden durch Nebeneinandersetzen von Einzeltieren dargestellt; von wann an Rinderherden als ein natürlich gestaffeltes Hintereinander von Tieren wiedergegeben wurden, kann bis jetzt nicht bestimmt werden. Die nordafrikanischen Rindermalereien sind großenteils naturalistisch, jedoch überwiegend stereotyp. Sie lassen in der Regel die lebendige Bewegtheit vermissen, die viele Menschendarstellungen auszeichnet.

Diese erscheinen vielfach in Verbindung mit Rindern, als deren Begleiter oder Beschützer, mitunter mit erhobenen Armen oder in einer anderen als kultische Geste gedeuteten Haltung, zuweilen auch beim Tanz. Vereinzelt scheinen Menschen auch in einem runden Zelt oder einer Hütte dargestellt zu sein.

Eine besondere Bedeutung kommt der Wiedergabe von kämpfenden Bogenschützen zu. Auch wenn diese bei Rindern erscheinen *(Taf. 19, 31)*, sind offensichtlich keine Jagddarstellungen gemeint; das Bogenschießen richtet sich vielmehr gegen Menschen, die die Rinderherden oder die Weidegründe streitig machen wollen. Diese Kampfbilder sind beeindruckend in der lebendigen Unmittelbarkeit ihrer Komposition und Einzelgestaltung. Trotz fester typologischer Konventionen und Stilisierungsprinzipien besteht eine bewundernswerte künstlerische Virtuosität, die die den Kämpfern innewohnende temperamentvolle Hingabe trefflich zum Ausdruck bringt. Zwar lassen sich auch bei diesen Menschenbildern Unterschiede in der künstlerischen Qualität nicht verkennen; aber insgesamt dürfte die Ansicht begründet sein, daß trotz der zahlenmäßig bei weitem im Vordergrund stehenden Tierdarstellungen die Wiedergabe von Menschen für die Entfaltung dieser Kunstgattung von zentraler und maßgebender Bedeutung war: Hier entzündete sich der künstlerische Gestaltungsdrang und ließ Werke von überragender Ausdruckskraft entstehen. Auch Anzeichen für individuelle Eigenheiten einzelner Malerpersönlichkeiten, wie sie aus einer subtilen Untersuchung der Felsmalereien im Kargur und im Wadi Sora in Libyen sich zu ergeben scheinen, spiegeln sich vor allem in den Menschenbildern wider. In diesem Zusammenhang ist auf eine Gruppe exzeptionell kleiner und zugleich qualitätvoller Malereien hinzuweisen, die den Gedanken nahelegen, daß es außer diesen Felsmalereien auch entsprechend kleinformatige Bilder auf beweglichen Gegenständen gab, wie dies analog im europäischen Paläolithikum der Fall ist. Weiter westlich sind stilistisch sehr ähnliche Figuren wesentlich größer, geradezu monumental im Tassili-n-Ajjer.

Die frühen Felsmalereien finden sich in Nordafrika nicht in einem zusammenhängenden Verbreitungsgebiet, sondern in einzelnen Zentren, die heute zwar auch wüst und vegetationslos sind, einstmals aber wesentlich bessere Lebensmöglichkeiten boten. Sie sind durch weite Strecken voneinander getrennt, in denen keinerlei Malereien (und Gravierungen, wie auch sonstige Besiedlungszeugnisse) bekannt sind, und die während der hier in Betracht kommenden Jahrtausende gewiß bereits so ausgetrocknet waren, daß eine regelmäßige Verbindung (für die das Kamel notwendig ist) nicht angenommen wird. Dies kann die regionalen Besonderheiten der Felsmalereien in den einzelnen Zentren erklären. Andererseits bestehen offenkundige Verwandtschaftszüge zwischen diesen nordafrikanischen Felsmalerei-Zentren untereinander und mit den Malereien der spanischen Levantegruppe *(s. S. 229ff.)*. Wenngleich aus dieser die Darstellungsweise und die Thematik betreffenden

Gemeinsamkeit allgemein auf eine historische Verbindung geschlossen werden darf, so ist doch schwerlich an eine unmittelbare genetische Abhängigkeit zu denken, etwa dergestalt, daß die afrikanische Felsbildkunst von der ostspanischen abzuleiten sei. In der Forschung wurde großes Gewicht auf die Tatsache gelegt, daß in Nordafrika die Felsmalereien nur bis zum Auenat verbreitet sind, weiter östlich (im Niltal und in Nubien ebenso wie in Vorderasien) aber fehlen. Jedoch können die durch die oben erwähnten kleinfigurigen Felsbilder Libyens wahrscheinlich gemachten Malereien auf beweglichen Gegenständen (Holz, Elfenbein, Leder, Ton) auf die Möglichkeit eines Kontaktes mit ägyptischen und vorderasiatischen Kunstäußerungen hinweisen. Diese gehören zwar nicht in die Gattung der Felsmalereien, zeigen aber stilistisch und motivisch auffallende Beziehungen zu nordafrikanischen Felsbildern. Hier wird man die altneolithischen Wandmalereien von Çatal Hüyük (*Taf. 12, 21–24*) ebenso zu nennen haben wie gewisse älternaqadazeitlichen Gefäßmalereien von Badari, die stilistisch und der Maltechnik nach in Ägypten aus dem Rahmen der vordynastischen Menschendarstellungen auf bemalter Keramik herausfallen.

Die früheste ägyptische Malerei findet sich auf der Naqada I-Keramik. Die wichtigste Gattung zeigt weiß gemalte Tiere und Menschen, daneben auch pflanzliche Motive und geometrische Muster auf rötlich-braunem bis dunklem Grund *(Taf. 13, 23.26)*. Die Tiere (Flußpferde, Krokodile, Capriden) sind in der Regel ausgesprochen steif gezeichnet, aus geraden Strichen zusammengesetzt, als wenn diese Bildtypen von einer anderen Darstellungsgattung in die Pinseltechnik des Malens übernommen worden wären. Normalerweise wurden diese Tiere als Einzelfiguren konzipiert, auch wenn sie aneinandergereiht oder anderweitig miteinander kombiniert sind. Viel seltener als Tiere erscheinen Menschen, zumeist in Strichform, mitunter aber auch mit breiten Dreieckskörpern.

In der Stufe Naqada II nahm die Gefäßbemalung an Häufigkeit und Verbreitung beträchtlich zu. Die nun typische rotfigurige Keramik ist gleichartig von Unterägypten bis Nubien, vor allem reichlich aber in den Nekropolen Ober- und Mittelägyptens zum Vorschein gekommen. Neben geometrischen Mustern und solchen, die eine Gesteinsmaserung imitieren, spielen figürliche Darstellungen eine beherrschende Rolle: Schiffe mit Menschen darauf, Standarten und Palmwedel, Reihen von Straußen, Gruppen von Gazellen, Antilopen oder anderen Tieren, wobei – verglichen mit den weißfigurigen Malereien der Stufe Naqada I – solche des sumpfigen Niltales seltener sind als solche der Wüste *(Taf. 22, 24; 33)*. Die Art und Weise, wie auf dieser Keramik die einzelnen Bildtypen sich wiederholen und miteinander kombiniert sind, legt die Annahme nahe, daß sie nicht auf die Töpferei beschränkt, vermutlich nicht einmal dort entstanden sind. Vergleichbare Malereien, wie wir sie auch in Häusern und Heiligtümern erwarten möchten, sind uns unmittelbar nur von den Wänden einer Grabkammer von Hierakonpolis erhalten *(Taf. 16, 11)*:

Mit schwarzer, brauner und weißer Farbe sind dort auf hellbraunem Grund Schiffe unterschiedlicher Form mit Aufbauten, Standarten und Steuermännern, Tiergruppen, dazu Menschen in ritueller Haltung oder als Kämpfende, neben Gefangenen oder zwischen zwei anspringenden Löwen dargestellt. Die Figuren sind zumeist steif und schematisch. Spezifisch ägyptische Wesenszüge sind in diesen Darstellungen eigentlich noch nicht zu entdecken. Es sind naive Bildschöpfungen, bei denen Gegenstände und Körper jeweils in der am charakteristischsten erscheinenden Ansicht wiedergegeben sind, Tiere und Schiffe, menschliche Köpfe und Beine in der Seitenansicht, der menschliche Rumpf, die Hörner einiger Tiere und gewisse Details des Schiffsaufbaues in der Vorderansicht, eine Kreisfläche, an deren Rand fünf Capriden stehen, in der Draufsicht. Ein wichtiger Anhalt dafür, daß in prädynastischer Zeit außer der Naqada I- und II-Gefäßmalerei im Niltal auch mit einer Wandbildkunst zu rechnen ist, bieten die Felsbilder des westlichen und östlichen Wüstengebietes, deren Datierung zwar großenteils mit Schwierigkeiten verbunden ist, von denen aber doch einige verläßlich mit bestimmten Naqada-Erscheinungen zu verbinden sind (*Taf. 13,25*). Schiffe, Jagdtiere und Menschen sind die wichtigsten Bildthemen.

Aus der frühdynastischen Zeit sind vergleichsweise wenig Zeugnisse ägyptischer Malkunst auf uns gekommen. Die Königsgräber von Sakkara waren innen reich mit vielfarbigen, an Textilien erinnernden Mustern ausgemalt. Figürliche Darstellungen sind dabei nicht nachgewiesen; doch wird man diese vermuten dürfen. Einige Elfenbeinplättchen, Holzbrettchen und andere Gegenstände mit feinen, mehrfarbigen Darstellungen von Tieren und Hieroglyphen (*Taf. 16,29.37; 20,10*) vermitteln eine Vorstellung von der Malkunst dieser Zeit.

*Vorderasien*: Die Entdeckungen in Çatal Hüyük gewähren einen einzigartigen Einblick in das Frühstadium altorientalischer Malerei. Auch von anderen Plätzen Mesopotamiens (Tell as-Sauwan) sowie Syriens und Palästinas (Ras Schamra, Byblos, Jericho) ist bekannt, daß die Häuser der altneolithischen Tellkultur auf den weiß getünchten Wänden mitunter eine Bemalung trugen. Aber erst in Çatal Hüyük konnte diese Ausmalung umfassend und zusammenhängend durch zehn Siedlungsschichten hindurch verfolgt werden (*Taf. 23,2–8; 12,16–24*). Ebenso wie die Menschen sich selbst an Augen, Lippen, Wangen und anderen Körperteilen bemalten, ihre Kleidung bunt färbten, Holzgegenstände und Tonfiguren (zunächst jedoch bemerkenswerterweise nicht Tongefäße) mit farbigen Mustern bedeckten, so benutzten sie auch die Wandflächen der Innenräume zur Anbringung ein- oder mehrfarbiger Malereien. Die wichtigsten Malfarben waren verschiedene Schattierungen von Rot (bis Braun, Gelb, Rosa und Orange), hergestellt aus Eisenoxyd, d.h. Ocker, Quecksilberoxyd und Haematit; daneben kommen Grau, Schwarz und Blau vor, letzteres allerdings nur ganz vereinzelt, während es zur Bemalung menschlicher Körper häufiger verwendet wurde. Ausnahmsweise wurde den Farben Glimmer beigemischt, was ein glitzerndes Aussehen bewirkte. Die Malereien wurden, wie unfertige Darstellungen beweisen, unmittelbar ohne Vorzeichnung auf die weiße Wandfläche aufgetragen; dabei waren nachweislich z.T. feine Pinsel in Gebrauch. Oftmals lagen mehrere (bis 12) Malschichten übereinander, jeweils durch eine oder mehrere weiße Putzschichten voneinander getrennt. Häufig erscheinen auf ganzen Wandflächen oder nur auf Sockeln oder Mauerpfeilern ein- oder mehrfarbige, geometrische Ornamentfelder, bei denen vielfach so große Ähnlichkeit mit Textilmustern besteht, daß eine weitgehende Nachahmung von gewebten Wandbehängen angenommen werden muß. Daneben stehen Zeichen, denen eine Symbolbedeutung beizumessen ist: Kreis, Kreuz, Stern, Wabenmuster, Hand. Die Handdarstellungen (*Taf. 12, 20*) sind oft rote und schwarze Abklatsche wirklicher Hände. Weithin unsicher ist die Deutung der meisten Zeichen. Der Ausgräber dachte bisweilen an Blüten und Insekten, die eventuell den Frühling und die Sonne symbolisieren sollten. Mitunter wurden in aufeinanderfolgenden Malschichten verschiedenartige Ornamente auf eine Wand gesetzt, so daß der bei der Ausgrabung angetroffene Befund nicht eine einzige, zusammengehörige Bemalung bezeichnet. Daß ganz ins Ornamentale gezogene figürliche Darstellungen gleichzeitig neben solchen prinzipiell naturnaher Art bekannt sein konnten, wird durch analoge Befunde (z.B. Hacilar), ebenso aber auch durch das Nebeneinander von schematischen und naturalistischen Menschendarstellungen unter den Steinplastiken von Çatal Hüyük unterstrichen. Am meisten ziehen unter den Wandmalereien von Çatal Hüyük die Bilder von Menschen und Tieren die Aufmerksamkeit auf sich. Überwiegend sind es Darstellungen von Jagden oder doch von Handlungen, die mit der Jagd zu tun haben. Als Jagdwild erscheinen Stiere, die durch ihre unverhältnismäßig riesigen Dimensionen etwas von ihrer Gefährlichkeit erahnen lassen, und Hirsche, die letzteren zuweilen als geschlossene Rudel, aus Hirschen, Hindinnen und Hirschkälbern bestehend. Einige Tiere sind anscheinend in erlegtem Zustand wiedergegeben. Einmal begleitet den Jäger ein Hund. Die rot gemalten, mit schwarzen Haaren, zuweilen auch mit einem schwarzen Bart versehenen Jäger sind teils unbekleidet, teils mit einer weißen, schwarz gepunkteten oder gelblichen Tierhaut (also einem Fell vom Leoparden, dem gefährlichsten Raubtier dieser Gegend, und Löwen stammend) um die Hüften angetan. Sie führen als Waffen zumeist Pfeil und Bogen, seltener Schleuder und Keule, vielleicht auch Lasso. Üblicherweise sind sie in lebhafter Bewegung dargestellt, mit erhobenen Armen oder in schnellem Lauf, zu szenischen Gruppen zusammengefügt. Mitunter scheinen sie tanzartige Handlungen auszuführen. Einige Jäger sind zur einen Hälfte rot, zur anderen weiß gemalt, dazu ohne Kopf. Da ein Zufall oder eine unvollständige Erhaltung auszuschließen sind, schloß der Ausgräber auf eine absichtliche Darstellungseigenart und vermutete, daß hier Verstorbene gemeint seien, indem „keine volle Farbe“ und Kopflosigkeit typisch für die Darstellung von Toten gewesen seien. Die Wandmalereien dreier Räume zeigen kopflose Menschen zusammen mit riesigen Vögeln, zweifellos Geiern, die sich über jene Menschen, gewiß Verstorbene, hermachen, um das Fleisch von den Knochen zu hacken (*Taf. 23,4.5.8*). Die Wiedergabe der Geier läßt erkennen, daß ihnen keine präzisen Naturbeobachtungen zugrunde lagen, sondern mehr ein allgemeiner Eindruck. Seltener als Männer sind Frauen dargestellt. Sie sind entweder rot oder weiß gemalt, mitunter mit einer Kopfbedeckung aus Leopardenfell und mit rotem Hals- und Beinschmuck versehen. Einzigartig ist die weiße Gestalt mit erhobenen Händen *Taf. 12,19*. Einigemal finden sich unter den Malereien isolierte Köpfe; der am sorgfältigsten wiedergegebene Kopf (*Taf. 12,16*) zeigt deutlich geschlossene Augen, stellt also einen Verstorbenen dar, gleichsam die rituelle Entsprechung zu den auf den Bildern dargestellten kopflosen Gestalten.

Die Wandmalereien von Çatal Hüyük zeigen trotz einer ausgeprägten Typisierung der Einzelfiguren in ihrer Form, Haltung und Bewegung im ganzen gesehen eine erstaunliche Lebendigkeit und Spontaneität der Naturerfassung und der naturrichtigen Bildwiedergabe, die gleicherweise von einer hohen künstlerischen Begabung wie von einer festen Tradition Zeugnis ablegen. Der Schatz bekannter Bildthemen und einzelner Figurentypen war beträchtlich groß. Unter den vielen hundert Figuren befinden sich außer den häufig wiederkehrenden Bildmotiven einige selten oder nur ein einziges Mal vertretene. Angesichts dieses künstlerischen Gestaltungsvermögens, dem etwas Urwüchsiges und Naives innewohnt, und das getragen wurde von dem Bedürfnis, einer erlebten Wirklichkeit oder einer lebendigen Erinnerung durch das Abbilden anschauliche Gegenwärtigkeit zu verleihen, dürfte es diskutabel erscheinen, mit J. Mellaart ein singuläres Bild zu deuten als Darstellung einer Siedlung mit regelmäßigen Häusern und Straßen, wohl Çatal Hüyük selbst, und einem doppelgipfeligen Berg dahinter, dessen höherer Teil einen Vulkanausbruch zeigt (*Taf. 23,2*). In Sichtweite von Çatal Hüyük, am Rand der Konya-Ebene, liegt der doppelgipfelige Hasan Dağ (3253 m), dessen einer Gipfel ein erst im 2. Jahrtausend v. Chr. erloschener Vulkan ist. Der Berg war den neolithischen Bewohnern von Çatal Hüyük wegen des dortigen Vorkommens von Obsidian wohlbekannt. Das grandiose Erlebnis eines Vulkanausbruches während des Bestehens dieser Siedlung konnte – so möchte man annehmen – die Bewohner zu jener bildlichen Darstellung veranlaßt haben.

Das hohe Alter der Bildkunst von Çatal Hüyük wirft die Frage nach ihrem Verhältnis zu den jungpaläolithischen Höhlenmalereien (*s. S. 167*) auf. Zwar spielen bei diesen auch Jagddarstellungen die beherrschende Rolle, wie auch gewisse verwandte Züge bei der Tierwiedergabe unbestreitbar sind. Jedoch ist die stilistische Darstellungsart der Tierbilder unterschiedlich. Dies gilt erst recht für die Menschenwiedergabe und die Kompositionsweise, d. h. die szenische Gruppierung, die von allem für die Paläolithkunst Typischem abweichen.

Für die auf die altneolithische Stufe folgenden Kulturen Vorderasiens dürfen wir wohl ebenfalls mit dem Vorhandensein von Wandmalereien rechnen; aber Befunde analog denen von Çatal Hüyük stehen noch aus, so daß wir für die Beurteilung der Malerei dieser Zeitspanne so gut wie völlig auf die bemalte Keramik angewiesen sind. Soweit bisher bekannt, begann die figurale Gefäßbemalung mit der zentralmesopotamischen Samarra-Ware *(Taf. 33)*,in der sowohl anthropomorphe Gesichtsdarstellungen als auch Tiere (Capriden, Skorpione, Fische) und Menschen zumeist im Innern von Schalen, in ornamentaler Weise zu straffen Wirbelmustern angeordnet, mit dunkler Farbe auf hellen Grund gemalt wurden *(Taf. 20, 13.14)*. Wenngleich die in Silhouettentechnik oder mit geometrisch-gegittertem Körper gezeichneten Figuren recht einfach und schematisch sind, erhalten sie durch ihre Gruppierung eine überraschend lebendige Wirkung. Die originellen Kombinationen von zwei oder vier jeweils z. T. dieselben Beine besitzenden Tieren, die vier geradflügeligen Vögel mit Fächerschwanz und Wellenhals, die im Maul einen Fisch halten, sowie die sechs Menschen mit ausgestreckten Armen und nach einer Seite fliegendem Kopfhaar, die jeweils am linken Fuß von einem riesigen Skorpion gestochen werden (nicht etwa die Skorpione zertreten), bilden organisch-bewegte Motive, denen zweifellos über ihren dekorativen Charakter hinaus ein symbolischer Wert eigen war (*s. S. 325*).

Von dieser Samarra-Malerei hebt sich der Figurenstil der in Obermesopotamien bis nach Westsyrien und Südostanatolien verbreiteten Halaf-Keramik merklich ab. Für einen älteren Entwicklungsabschnitt derselben sind verhältnismäßig naturnah in Silhouettentechnik oder mit gepunkteten Körpern dargestellte Tiere kennzeichnend: Vögel, stehend oder fliegend, Schlangen, Vierfüßler: Rinder, Schafe, Ziegen, Hirsche, Antilopen, große Wildkatzen (*Taf. 20, 2–8*), Menschen (*Taf. 13, 4–6*) und Pflanzen (*Taf. 20, 1*). Neben diesen vollständigen Figuren setzt bereits in der frühen Phase der Halaf-Gruppe ein Typus ein, der in der Folgezeit an Bedeutung gewinnt und schließlich die Figuraldarstellung in einem Ausmaß beherrscht, daß er geradezu als Leitmotiv der Halaf-Buntkeramik gilt: der Rinderkopf (zuerst *Taf. 20, 6*, dann *20, 7*). Stilistische Beziehungen zwischen Samarra- und Halaf-Malerei sind nicht zu übersehen. Die Entwicklung innerhalb der Halaf-Gefäßmalerei geht dahin, daß naturnahe Tier- und Menschendarstellungen in den Hintergrund treten und dafür die Feinheit der geometrischen Ornamentik gesteigert wird.

Inwieweit die figürlichen Motive der obedzeitlichen Gefäßbemalung Mesopotamiens (z. B. *Taf. 13, 11*) auf eine keramische Halaf-Tradition zurückgehen und inwieweit an eine Übernahme von anderen Zweigen des kunsthandwerklichen Schaffens oder an Neuschöpfungen zu denken ist, kann noch nicht geklärt werden. Die Darstellungen sind überaus schlicht und schematisch, dem geometrischen Charakter dieser Keramikdekoration angeglichen. Auch die folgende Uruk- und Djemdet Nasr-Zeit kennt in Nord- wie in Südmesopotamien keine künstlerisch hochwertige Gefäßmalerei. Zwar fehlen Menschen- und Tierbilder nicht völlig (*Taf. 13, 10*); aber sie zeigen eine ganz einfache Gestaltung. Das Motiv des Hirsches mit zurückgewandtem Kopf ist ähnlich schon in der Halaf-Malerei geläufig. Der Skorpion als Verkörperung des Gefährlichen und Bösen, sowie die säugende Ziege als Verkörperung des Friedlichen und Fruchtbaren wurden in demselben Sinn schon bei der Samarra-Malerei verwendet. Dort kommt auch das Motiv des Vogels, der einen Fisch frißt, bereits vor, das dann auf Djemdet Nasr-zeitlichen Gefäßen wiederkehrt (*Taf. 20, 34*).

Deutet somit die Gefäßmalerei der Uruk- und Djemdet Nasr-Zeit auf eine Tradition von der Figuralkunst der vorangehenden mesopotamischen Keramikgattungen hin, so wurden in Uruk und im Tell Uqair Reste bedeutender Wandmalereien erschlossen, die im Motivschatz, in den Bildkompositionen und in der stilistischen Behandlung die sumerische Hochkultur repräsentieren. Die geometrischen Muster dieser in Tempeln zu findenden monumentalen Wandmalereien haben Ähnlichkeit mit der gleichzeitigen polychromen Keramikdekoration. Denselben Ornamentcharakter zeigen die vor allem in Uruk an den Kultbauten dieser Zeit angebrachten Mosaiken, die gerade Wandflächen, Halbsäulen und vollrunde Säulen bedeckten, und die aus schwarz, rot und weiß gefärbten Tonstiften, vereinzelt auch aus verschiedenfarbigen Steinstiften bestehen (*Taf. 26, E*). Teilweise recht ähnlich ist die Ornamentik der Wandmalereien in den ägyptischen Königsgräbern der 1. Dyn. von Sakkara. Figürliche Darstellungen großen Formats wurden bisher am besten und großflächigsten im Tempel vom TellUqair festgestellt (*Taf. 31, E*). Es sind mehrfarbige, auf einen weißen Gipsputz gesetzte Bilder einer Monumentalarchitektur sowie von liegenden und sitzenden Großfeliden, Rindern und Menschen. Die genaue Haltung und Bewegung der letzteren sind leider nicht mehr erkennbar. An Farben verwendet wurde Rot, Gelb, Braun und Schwarz.

Etwa in dieselbe Zeit wie diese ausgesprochen hochkulturellen Fresken vom Tell Uqair gehören die Wandmalereien vom Telelat Ghassul in Palästina (*Taf. 25, D 2*). Sie schmückten Innenräume von Häusern, die als Wohnbauten anzusehen sind (*Taf. 25, D 1*). Dargestellt sind (unter Verwendung von brauner, roter, schwarzer und weißer Farbe) große Sterne, Vögel, Anlagen oder Bauten vermutlich kultischer Art, stehende, schreitende und sitzende menschliche Gestalten, sonderbare Köpfe oder Masken mit unheimlich wirkenden Rundaugen in en face-Ansicht, ein geflügeltes Wesen phantastischer Art im Profil, aber mit zwei nebeneinandersitzenden Augen. Mitunter wurden mehrere Freskenbilder übereinandergemalt, nachdem die Wand zuvor frisch übertüncht worden war. So hochbedeutsam diese Wandmalereien typologisch und in religionskundlicher Hinsicht sind, so unverkennbar ist, daß sie in ihrer künstlerischen Qualität weit hinter den Monumentalmalereien vom Tell Uquair zurückstehen. Stilistisch sind sie steif und naiv. Wenngleich natürlich innerhalb der sumerischen Wandmalereien gewisse stilistische Unterschiede bestanden haben mögen (ein Blick auf die mesopotamischen Rollsiegelbilder lehrt, wie uneinheitlich der Stil und die Qualität innerhalb dieser Kunstgattung waren), werden wir doch damit rechnen dürfen, daß das Verhältnis der Freskenmalereien vom Telelat Ghassul zu denjenigen vom Tell Uqair allgemein typisch ist für den Unterschied zwischen der Malkunst dieser Zeit im palästinensischen Bereich und derjenigen in der frühsumerischen Hochkultur.

Im Iran fehlen zwar Zeugnisse einer Wandmalerei; dafür ist aber die Gefäßmalerei um so reicher vertreten. Beginnend in einer Zeit, die der Obed-Stufe Mesopotamiens entspricht, erscheinen hier zumeist sehr stilisierte Tierfiguren, die sich dem ornamentalen Charakter der übrigen Keramikbemalung einfügen. Sowohl diese figürlichen Motive als auch einige geometrische Dekorationselemente zeigen eine Verwandtschaft nicht nur mit der mesopotamischen Obed-Kunst, sondern auch mit derjenigen der Samarra-Stufe. Aus den Anfängen figürlichen Darstellens in der Stufe Sijalk II entwickelte sich eine blühende Figuralkunst, der nichts Gleichartiges in Mesopotamien an die Seite zu stellen ist. Ein charakteristischer Malstil wurde im Tell-i-Bakun und im Tell-i-Gap ermittelt (*Taf. 31,1; 33*). Er ist gekennzeichnet durch eine schier unerschöpfliche Vielfalt komplizierter Muster und figürlicher Motive, die mit dunkler Farbe auf einen hellen Grund gemalt sind. Zonen- und Radialgliederungen sind dabei ebenso geläufig wie Rapportmuster und große Bildfelder, die mit geometrischen Streifen abwechseln. Die figürlichen Motive (Capriden, Vögel, Löwen, Fische, Menschen) zeigen vereinzelt naturnahe Formen, zumeist jedoch eine Stilisierung, bei der entweder die Konturen des Körpers oder des Gehörns zu einem bewegten Kurvenspiel oder zu einem kantenreichen, aus geraden Linien zusammengesetzten Gefüge werden; teils stehen sie selbständig in einem Bildfeld, teils sind sie einer ornamentalen Wirkung wegen dicht aneinander gereiht; mitunter erscheinen sie im Rahmen eines geometrischen Ornaments, dessen Charakter sie sich anpassen oder mit dem sie sogar eine formale Verbindung eingehen (*Taf. 31,2.5*). Vergleichsweise selten sind einzelne ganzfigurige Menschengestalten, bei denen der Körper mit den erhobenen Händen en face, der Kopf und die Beine jedoch im Profil wiedergegeben sind (*Taf. 31,1*). Häufiger erscheinen in geometrische Bestandteile aufgelöste Figuren, die senkrecht nebeneinander oder horizontal hintereinander angeordnet sind (*Taf. 31,2.5*). Dabei zeigt der rhombische Kopf in der Regel zwei weiße Punkte oder Kreise als Augen; die Arme sind stets erhoben, der Leib oft geweitet, die Beine gespreizt, mit einem nicht selten in einer Wellenlinie endenden Dreieck dazwischen. Stilistisch besteht eine Verwandtschaft mit mesopotamischen Figuralmustern der Samarra-Art, wenn die Einzelfiguren ornamental miteinander verflochten sind.

Die Malerei von Sijalk (*Taf. 20,15*) erhält ihr typisches Gepräge durch die neben der vergleichsweise einförmigen Ornamentik stark hervortretenden Figuraldarstellungen. Beliebt sind Friese oder abgetrennte Bildfelder mit jeweils gleichen Tieren: Steinböcke, Hirsche, Rinder, Löwen, Vögel. Auch

Kombinationen mehrerer Tierarten kommen vor, sei es, daß Vögel die zwischen Steinböcken, Hirschen oder Löwen verbleibenden Flächen füllen, sei es, daß die Tiere thematisch zusammengehören, vor allem bei Tierkampfgruppen. Auch Skorpione und Schlangen treten auf. Die Darstellung von Menschen, zumeist zu Gruppen vereinigt, spielt eine beachtliche Rolle. Die Hände sind dabei zur Brust, gerade nach unten oder nach oben gehalten. Einigemal scheint eine Tanzbewegung dargestellt zu sein; in anderen Fällen wurde Wert auf die Angabe weit geöffneter Hände gelegt. Die Verbindung von Menschen mit Rindern, Steinböcken, hochbeinigen Vögeln oder Blumen bezweckt gewiß mehr als eine rein dekorative Wirkung. Mit Ausnahme von einigen Vögeln sind Tiere in Sijalk im Profil dargestellt, nur der Skorpion in der Draufsicht, während bei den Menschen der Körper und die Hände en face, der Kopf und die Beine im Profil wiedergegeben sind. Solche Ansichtenkombinationen sind bei Tieren seltener. Die in Sijalk blühende Malerei kehrt nordöstlich davon im Tepe Hissar in vereinfachter Ausprägung wieder (*Taf. 20, 16*). Beherrschend sind dort Reihen von Steinböcken, oft bis zum Äußersten schematisiert, in der Regel eine Rosette in der Hornwindung, vereinzelt auch mit Großkatzen abwechselnd.

Der Kreis iranischer Gefäßmalerei hat seine östlichen Ausläufer in Afghanistan und Pakistan, wo nicht nur in der geometrischen Ornamentik, sondern auch in den Tierdarstellungen gewisse Beziehungen mit dem Iran deutlich sind. Jedoch zeigen in der Rana Ghundai-Gruppe von Nordbelutschistan die Tierfriese ein eigenes Gepräge, sowohl hinsichtlich der dargestellten Tierarten (statt des iranischen Steinbockes treten geradhörnige Antilopen, statt der vorderasiatischen Rinder indische Buckelrinder auf) als auch hinsichtlich der Stilisierungsart. Daß die Beine oft überlang werden und die zwischen ihnen bestehende Fläche mit Querstrichen gefüllt wird (*Taf. 20, 17*), ist typisch für diesen Malkreis. Bezeichnend ist auch der vergleichsweise große Anteil vegetabilischer Motive.

Wie bei der Plastik so sind auch bei der Gefäßmalerei östlich von Pakistan nur in der nordchinesischen Yang-shao-Kultur Zeugnisse verwandter Art bekannt (*Taf. 20, 18*). Die Bemalung ist dort polychrom und umfaßt einen reichhaltigen Bestand ornamentaler Motive spiraloider und geradseitig geometrischer Art, dazu einige anthropomorphe Darstellungen, teils ganze Figuren, aus geraden Strichen und einem Kopfkreis zusammengesetzt, teils abgekürzte Gesamtfiguren mit erhobenen Armen, die ganz in ein dekoratives Ornamentsystem eingefügt sind, teils isolierte Kopfdarstellungen mit strichförmigen Augen (vermutlich nicht Schlitzaugen als Merkmal des mongoloiden Rassentypus', sondern geschlossene Augen, als Kennzeichen eines Toten, ähnlich wie bei *Taf. 12, 16*) und einer Kopfbedeckung.

*Europa*: In Südosteuropa sind bei der neolithischen Gefäßmalerei geometrische Muster geläufig, wie sie ähnlich auch bei der in einigen Beispielen belegten und wohl in größerem Umfang vorauszusetzenden Wandmalerei üblich waren *(Taf. 27,6)*. In dieser Ornamentik ist die künstlerische Betätigung dieser Gruppen für uns am umfassendsten zu verfolgen, was die Bedeutung der Gefäßmalerei nicht nur für die regionale und chronologische Gliederung der Jungsteinzeitkulturen, sondern auch für die Erschließung der südosteuropäischen Kunst dieses Zeitalters begründet. Figürliche Motive begegnen, verglichen mit der Häufigkeit plastischer Menschen- und Tierfiguren, auffallend selten. Immerhin verdient hervorgehoben zu werden, daß in Thessalien bereits die älteste durch bemalte Keramik gekennzeichnete Stufe vereinzelt figürliche Darstellungen kennt, die zweifellos – ebenso wie die Technik der Gefäßbemalung – vom Vorderen Orient abzuleiten sind. Gemalte Gesichtsdarstellungen der jungneolithischen Dimini-Gruppe stehen geritzten und in Relieftechnik hergestellten Gesichtsangaben nahe. Das gleiche gilt für die Schlange im Innern einer Schale der jungneolithischen Marica-Gruppe in Bulgarien *(Taf. 20,31)*.

Neben diesen Zeugnissen neolithischer Malerei in Südosteuropa ist im Südwesten des Kontinents, in einem eng begrenzten Gebiet Ostspaniens, eine Gruppe von Felsmalereien bekannt *(Taf. 11,1.12; 20,32)*. Nach der neuerlichen Entdeckung der altneolithischen Wandmalereien von Çatal Hüyük lassen sich diese ostspanischen Malereien in ihrer zeitlichen und kulturellen Stellung besser beurteilen, als es bis vor kurzem möglich war. Sie werfen auf die in diesen Jahrtausenden wirksamen Kulturbeziehungen zwischen dem vorderasiatischen Bereich und Europa ein bezeichnendes Licht. Diese sog. spanische Levante-Gruppe ist im gebirgigen Hinterland der Küstenzone von der Provinz Lerida im Norden bis zur Provinz Murcia im Süden verbreitet. Bisher an insgesamt rund fünfzig Plätzen in Trockentälern festgestellt, treten die Malereien oft in flachen Nischen, zuweilen auch an glatten Felswänden, nur ganz ausnahmsweise zusammen mit zugehörigen Gravierungen auf. Im Gegensatz zu den paläolithischen Felsbildern erscheinen sie niemals im Inneren von Höhlen, sondern stets an Stellen, wo das Sonnenlicht vollen Zutritt hat. Wenngleich sie demnach stark der Witterung ausgesetzt sind, haben sie sich teilweise vorzüglich erhalten. Zumeist sind die Figuren einfarbig: rot bis rotbraun oder schwarz, seltener weiß oder gelb. Die Naturfarbstoffe (Manganerde, Holzkohle, Haematit, Limonit, Ocker) wurden, in pulverisierter Form mit einem Bindemittel vermischt, in dünnflüssigem Zustand aufgetragen. Nur ganz selten begegnet eine ausgesprochene Polychromie. Typisch sind reine Silhouettendarstellungen. Mitunter wurden zunächst die Umrisse mit dünner Farbe gezeichnet, dann die Flächen ausgefüllt. Ausnahmsweise sind die Konturen zusätzlich geritzt. Üblicherweise sind die Bilder unmittelbar auf die Felswand gemalt. In Albarracin wurde demgegenüber zunächst ein getönter Malgrund auf den Fels gelegt, der dann die roten Figuren trug.

Die Figuren der spanischen Levante-Kunst sind durchweg recht klein, zumeist nur einige Dezimeter hoch, oft noch kleiner. Darin und vor allem in den Bildthemen unterscheiden sie sich stark von den paläolithischen Höhlenbildern. Typisch sind Darstellungen von Menschen in heftiger Bewegung, wobei eine großartige Ausdruckskraft erzielt wird. Zumeist erscheinen nicht einzelne Menschen und Tiere, sondern zusammengehörige Gruppen und Szenen. Hinsichtlich des Vorrates an Bildthemen und hinsichtlich des Darstellungsstiles zeigt beinahe jede Station, mitunter jede einzelne Nische innerhalb einer Station gewisse Besonderheiten. Allgemein typisch sind Jagd- und Kriegsszenen. Dabei wird ausnahmslos vom Pfeil und Bogen Gebrauch gemacht. Die Pfeilschützen erscheinen in allen möglichen Stellungen: im Augenblick des Bogenspannens, des Pfeilanlegens, des Zielens, des Abschusses, des Bogensenkens, des triumphierend den Bogen Hochhaltens, während des Laufens mit dem Bogen in der einen Hand und einem Pfeil oder einem Pfeilbündel in der anderen. Eine Fülle diesbezüglicher Bilder begegnet in den Nischen der Valltorta-Schlucht. Dabei lassen sich mehrere Stilausprägungen der menschlichen Körperdarstellung unterscheiden, die sich auf eine längere Zeitspanne verteilen und innerhalb dieser offenbar verschiedene Traditionsreihen verkörpern.

Die Jagddarstellungen der spanischen Levante-Bilder zeigen die Verfolgung von Hirschen und Hirschkühen, die Erwartung eines offenbar von Treibern gehetzten Hirschrudels durch bogenschießende Jäger, die Erlegung eines Wildschweines, den besonders gefährlichen Kampf mit Wildrindern, wobei mitunter fliehende Jäger den Ernst der Situation unterstreichen. In der Gasulla-Schlucht tritt ein Jäger einem Steinbock entgegen, dessen Fährte mit dargestellt ist; ein andermal wurde ein Steinbock durch seine Körpergröße und die riesigen Hörner als gefährlicher Gegner hingestellt. Insgesamt ist unverkennbar, daß viele Jagdbilder in ihrer packenden Lebendigkeit eine Verherrlichung der Jäger beabsichtigten.

In noch ausgeprägterer Form zeigen die Kampfesdarstellungen den Charakter von Ruhmesbildern. Bei einer Gruppe in fliegender Eile dahinstürmender bewaffneter Männer von der Cueva del Val Charco del Agua Amarga und bei einer ähnlichen Gruppe in der Gasulla-Schlucht ist man nicht im Zweifel, daß Krieger, nicht Jäger gemeint sind. In der Gasulla-Schlucht (*Taf. 11,12*). in der Valltorta-Schlucht und in der Morella la Vella (*Taf. 11,1*) stürmen Bogenschützen gegeneinander, wobei neben dem mutigen Kämpfen auch das Schießen aus dem Hinterhalt, neben dem heldenhaften Standhalten auch das Fliehen und das Getroffensein von den Geschossen des Gegners dargestellt ist. Sonderbar und schwer zu deuten ist ein in der Gasulla-Schlucht mehrfach wiederkehrendes Motiv: vor einer Gruppe Männer, die Pfeil und Bogen nach oben strecken, liegt am Boden ein Mann, offenbar von Pfeilen tödlich getroffen. Es wurde vermutet, daß es sich hier nicht um einen regulären Kampf, sondern um eine Erschießungsszene handelt.

Seltener als Männer sind in der spanischen Levante-Kunst Frauen dargestellt. Sie sind durchweg bekleidet, und zwar mit einem über die Knie herabreichenden Rock. Auch bei ihnen ist mitunter eine beabsichtigte Gruppierung erkennbar, ohne daß indes Klarheit über die wiedergegebenen Handlungen und Szenen zu gewinnen wäre. Bei den Frauen von Cogul hat man an Tanzende gedacht; problematisch und nach den vorhandenen Resten nicht hinreichend zu begründen ist die Deutung einer kleinen, angeblich männlichen Gestalt inmitten der Tänzerinnen.

Hinsichtlich der Zeitstellung der ostspanischen Felsbilder wurde vielfach die Ansicht vertreten, diese Kunstgruppe reiche mit ihrem Beginn ins Jungpaläolithikum zurück. Dabei wurde auf formale und stilistische Beziehungen zwischen einigen Bildern und solchen der eiszeitlichen franko-kantabrischen Gruppe hingewiesen. Doch sind Unterschiede nicht zu übersehen. Auf gestaltliche Details wie die verdrehte Perspektive bei Rinderhörnern und Hirschgeweihen ist in dieser Hinsicht natürlich nichts zu geben, da es sich dabei um allgemein-primitive, nicht um typisch paläolithische Stilmerkmale handelt. Wichtiger ist die Beobachtung, daß in dem großen Bildfries von Minateda mit seinen zahlreichen Übermalungen zu einer frühen Bildschicht eine Hirschzeichnung gehört, die zweifellos große Ähnlichkeit mit paläolithischen Darstellungen zeigt. Schien früher die Verbreitung der Levante-Kunst außerhalb des Vorkommens franko-kantabrischer Höhlenmalereien die Annahme eines gleichzeitigen Nebeneinanders zu gestatten, so ist diese Möglichkeit nach Bekanntwerden von Parpalló in Ostspanien mit seiner Paläolithkunst in rein franko-kantabrischem Stil (*Taf. 6, 1–12*) nicht mehr gegeben. Sofern die ältesten Bilderschichten jener ostspanischen Felswände – wie es der stratigraphische Befund von Minateda und der Cueva del Val del Charco del Agua Amarga andeuten könnte – allgemein nur aus Tierdarstellungen paläolithisch anmutender Art bestehen würden und deren diluviale Zeitstellung angenommen werden dürfte, würde dadurch nur der Verbreitungsbereich eiszeitlicher Felsmalereien erweitert, nicht aber etwas über den Beginn der spezifischen Levante-Kunst ausgesagt. Denn dazu gehören vor allem die typischen Menschendarstellungen, die in ihrem Stil, ihrer szenischen Gruppierung und ihren Themen so stark von allem aus dem Paläolithikum Bekannten unterschieden sind, daß eine Gleichzeitigkeit schwerlich in Betracht gezogen werden kann. Die gravierten, stilistisch den spanischen Levante-Bildern verwandten Menschendarstellungen in der nischenartigen Addaura-Höhle bei Palermo, die auch thematisch und kompositionell nahestehen, sind nicht für die Altersbestimmung der Levante-Kunst zu verwerten, da ein endpaläolithischer Ansatz der Addaura-Gravierungen als sehr unwahrscheinlich zu gelten hat. Daß unterhalb von mehreren Bildfelsen der Levante-Gruppe nachpaläolithische Steingeräte und Keramik gefunden wurden (Cueva de Doña Clotilde, Cocinilla del Obispo, Albarracin-Prado del Navazo, Valltorta-Schlucht, Cogul-Roca dels Moros, Araña, kann zwar nicht unmittelbar das Alter der betreffenden Malereien beweisen, ist aber doch ein gewichtiger einschlägiger Hinweis (ebenso wie natürlich andererseits das ausnahmslose Fehlen paläolithischer Funde an diesen Plätzen).

Von entscheidender Bedeutung für die Beurteilung der spanischen Levante-Kunst sind die altneolithischen Wandmalereien von Çatal Hüyük (*Taf. 12, 16–24*). Die Verwandtschaft zwischen diesen beiden Kunstgruppen erstreckt sich nicht nur auf eine allgemein-stilistische Ähnlichkeit und die Silhouettentechnik, sondern auch auf die Kompositionsart und die auftretenden Bildthemen: Jagd auf Rinder und Hirsche (und Kampf), mit Pfeil und Bogen ausgeführt, häufig in ausgesprochen heftiger Bewegung. Daß die Boviden mitunter in überdimensionaler Größe dargestellt sind, fällt bereits in Lascaux auf (*Taf. 8, A*) und mag mit der besonderen Gefährlichkeit dieser Jagdtiere zusammenhängen; dennoch erinnert die Art, wie die Riesenboviden in Minateda den kleinen Jägern gegenüberstehen auffallend an die ähnlichen Darstellungen in Çatal Hüyük. Die Ähnlichkeit zwischen der Levante-Kunst und den Malereien in den Räumen jener südanatolischen Siedlung kann nicht auf Zufall beruhen, sondern muß als Ausdruck zirkummediterraner Kulturbeziehungen gewertet werden. Dabei war zweifellos der Osten der kulturschöpferische Flügel. Da die Ackerbau und Viehzucht treibenden Bewohner von Çatal Hüyük auf diesen Wandgemälden nur Jagdszenen darstellten, nicht aber Motive des Ackerbaues und der Viehhaltung, kann das Entsprechende der ostspanischen Felsbilder nicht mehr als Beweis dafür gewertet werden, daß als Verfertiger dieser Malereien eine Jägerbevölkerung ‚mesolithischen' Charakters anzunehmen sei.

## *Zeichnungen*

Ritzzeichnungen auf Stein, Holz, Elfenbein, Ton oder Lehm sind den Malereien eng verwandt; gewisse Befunde deuten an, daß mitunter beide Darstellungsarten nebeneinander geübt wurden. Andererseits kommt den Ritzzeichnungen nicht nur eine technische Eigentümlichkeit zu; sie bilden vielmehr in gewisser Weise auch kunstgeschichtlich eine Gattung.

*Nordafrika*: In den nordafrikanischen Felsbilderzentren, die sich von den Südhängen des Atlas über den Hoggar und das Tassiligebirge, den Fezzan und das Gebirgsland von Tibesti, Ennedi und Auenat bis zum oberägyptischen und nubischen Niltal und ins östlich anschließende Gebiet der nubischen Wüste hin erstrecken, finden sich vielfach Gravierungen neben Malereien (*s. S. 219*) an denselben Felswänden und in denselben Höhlen, im selben Stil und dieselben Figurentypen (Tiere und Menschen) darstellend, so daß an einem engen Zusammenhang dieser beiden Kunstgattungen nicht gezweifelt werden kann. Überdies gibt es Felsgravierungen mit Farbspuren. Trotz dieser vielfachen Beziehungen steht fest, daß durchaus nicht alle neolithischen Bevölkerungsgruppen in den nordafrikanischen Felsbilderzentren Malereien und Gravierungen gleichwertig nebeneinander kannten. In manchen Gebieten sind beide Darstellungsarten auf bestimmte Felswände oder Täler beschränkt: im Kargur Talh finden sich in den tieferen Teilen der Täler beide Arten nebeneinander, in den oberen Partien indes nur Malereien. In dem an Malereien so reichen Ain Dua fehlen Gravierungen völlig, während umgekehrt sowohl in Südoran als auch im Bereich des Nil und östlich davon ausschließlich Felsgravierungen bekannt sind. Nicht nur dort, sondern auch im Tassili, im Fezzan, in Tibesti und im Hoggar, wo Gravierungen und Malereien vorkommen, zeigen die ersteren nicht selten Bildtypen und -themen, die unter den letzteren nicht begegnen. Besondere Beachtung fanden in dieser Hinsicht Darstellungen von Wildtieren (Elefanten, Nashörner, Flußpferde, Boviden, Giraffen, Gazellen, Antilopen, Strauße und Löwen). Selbst wenn einige dieser Arten mitunter in Gefangenschaft gehalten werden konnten, besteht doch kein Zweifel darüber, daß im großen und ganzen sich diese Bilder auf die Jagd beziehen. Dies führte in der Forschung zu der Annahme, daß diese Kunstgattung primär auf eine Jägerbevölkerung und -kultur zurückgehen würde, die der die Rindermalereien (*s. S. 40*) hervorbringenden „neolithischen" Viehzüchterbevölkerung und -kultur gegenüberzustellen sei. Hinreichend zu begründen ist diese Vermutung nicht. Vielmehr könnten die bestehenden Unterschiede sich unschwer aus dem Umstand ergeben, daß die Wildtiergravierungen im Gegensatz zu den Rindermalereien während jagdlicher Streifzüge angefertigt wurden und dabei die äußeren Voraussetzungen oder die Muße für eine komplizierte Farbzurichtung fehlten. Auch der Umstand, daß in der Reihe früher Wildtiergravierungen der fossile Bubalus erscheint, kann nicht als Hinweis auf ein höheres Alter dieser Bildergruppe gegenüber den frühesten (gemalten) Herdentierdarstellungen gewertet werden, da wir über die Zeit, in der diese Tierart in Nordafrika anzutreffen war, nichts wissen. Daß allgemein mit einem völlig anderen Landschaftscharakter und einer anderen Tierwelt in Nordafrika zu rechnen ist, geht ohnehin aus den Bildern von Elefanten, Nashörnern und Boviden in diesen heute völlig wüsten Gebieten zur Genüge hervor.

Die meisten und qualitätvollsten Felsgravierungen sind aus dem Fezzan bekannt, der damals offensichtlich ein besonders bevorzugtes Siedlungsgebiet war. Die größten Tiergravierungen gibt es im Wadi Djerat im Tassili-Bergland, wo Nashörner fast 8 m lang und Giraffen mehr als 7 m hoch sind. Im Maghreb und dem südlich angrenzenden Saharastreifen lassen sich Felsgravierungen mit Kulturschichten in eine chronologische Verbindung bringen, die durch Steingeräte von Capsien- und Neolithique de tradition capsienne-Art gekennzeichnet sind. In entsprechenden Schichten kamen auch Steinplatten und Straußeneierschalen mit feinen Gravierungen zum Vorschein, die teils figürliche Darstellungen, teils Ornamente zeigen, und die für den Beginn auch der Felsgravierungen aufschlußreich sind. Ähnlich besteht bei den Felsgravierungen im oberägyptischen und nubischen Gebiet ein Datierungsanhalt durch Beziehungen zur prädynastischen Gefäßmalerei. Vor allem die häufig dargestellten Schiffe mit Kultstandarten, Zierat und Menschen (*Taf. 13, 25*) machen dies augenfällig. Was die künstlerische Qualität anlangt, so reichen die ägyptisch-nubischen Felszeichnungen an diejenigen des libyschen Auenat und erst recht an diejenigen des Fezzan nicht heran. Eine auffällige Gruppe von Menschenfiguren zeichnet sich durch eine sonderbare Stilisierungsweise aus, bei der außer dem Gesäß vor allem auf die Angabe eines geschwollenen Leibes Wert gelegt wurde.

Auf den Naqada I- und II-Gefäßen, vor allem der glatten rotpolierten Ware, sind nicht selten nach dem Brand Ritzungen verschiedenster Art angebracht, darunter auch figürliche Darstellungen *(Taf. 16, 30–33)*. Es sind Tiere (Flußpferde, Rinder, Giraffen, Elefanten, Gazellen, Löwen, Strauße, Hunde, Krokodile und Skorpione) und Menschen, einmal auch ein Bauwerk mit einem Vogel darauf. Teilweise stimmen die Figuren typologisch und stilistisch völlig mit solchen der weißbemalten Naqada I- oder der rotfigurigen Naqada II-Ware überein. Indes gilt das nicht für alle diese Ritzungen. Das mehrfach vorkommende Motiv: ein Raubtier fällt ein anderes Tier oder einen Menschen an (*Taf. 20, 9*) gehört nicht zum geläufigen Bildbestand der Naqada-Gefäßmalerei. Sofern wir annehmen dürfen, daß diese Ritzzeichnungen nicht von den Keramikherstellern in den handwerklichen Betrieben, sondern von den Benutzern herrühren, wäre dies ein Hinweis darauf, daß die Fähigkeit, durch wenige Striche eine Menschen- oder Tierfigur treffend zu skizzieren, nicht auf eine vergleichsweise kleine Gruppe von Spezialhandwerkern beschränkt war, sondern sich auf weitere Bevölkerungskreise erstreckte. Ähnliche Ritzzeichnungen wie auf Tongefäßen wurden in prädynastischer Zeit mitunter auf Steinpaletten angebracht.

In der frühdynastischen Stufe spielten Ritzungen auf Ton- und Steingefäßen, auf Holz- und Elfenbeintäfelchen, auf Kämmen, Steinpaletten und Steinmonumenten sowie auf Felswänden im nubischen Niltal und im beiderseitigen Wüstengebiet eine mindestens ebenso große Rolle wie vorher. Neben Tierdarstellungen, die sich von solchen der Naqada-Zeit nicht merklich unterscheiden, begegnen Zeichen, denen ein hieroglyphischer Charakter eigen ist, wie die beiden erhobenen Hände, die von Unterägypten bis Nubien besonders häufig vorkommen *(Taf. 16, 34)*. Dazu treten Königsnamen, die nicht nur in den Königsnekropolen von Abydos und Sakkara und in dem großen Heiligtum von Hierakonpolis, sondern auch in anderen Friedhöfen vorkommen, sowie schließlich bildliche Darstellungen, darunter solche des Königs, einer Göttergestalt (so auf einem Steingefäß von dort: *Taf. 15, 5*) oder von Gefangenen (so auf einem Elfenbeinstab von Abydos und dem Sockel einer Königsstatue von Hierakonpolis: *Taf. 15, 7*). Wenngleich in frühdynastischer Zeit sich ein Unterschied in der künstlerischen Gestaltungsqualität zwischen dem Kreis um den König und der breiten Landbevölkerung bemerkbar macht, zeigen doch auch einfache Ritzzeichnungen der letzteren z. T. eine hervorragende Sicherheit in der Körpererfassung und -wiedergabe.

*Vorderasien*: In Israel und Jordanien sind Felsgravierungen möglicherweise in die Natuf- und Tahune-Stufe zu datieren. Offenbar war es nirgends in Vorderasien üblich, neolithische Keramik mit figürlichen Ritzzeichnungen zu versehen. Indes wurden mitunter Bilder auf Steine (und vermutlich vergängliche Stoffe) geritzt, wie durch einen Fund chalkolithischer Bildsteine von Megiddo bewiesen wird. Dargestellt sind hier Jagdtiere (vor allem Antilopen, Rinder und Gazellen) und Raubtiere sowie Menschen, soweit bestimmbar: Männer mit Waffen. Die Zeichnungen sind zumeist flüchtig hergestellt; umso bemerkenswerter ist trotz einiger steifer und unbeholfener Züge die gut getroffene Körperwiedergabe. Man möchte kaum annehmen, daß es sich hier um völlig vereinzelte Bildschöpfungen handelt; vielmehr dürfte eher an eine Tradition und an eine weiter verbreitete Darstellungsmanier gedacht werden.

*Europa*: In den europäischen Jungsteinzeitkulturen, soweit sie nicht eine Gefäßbemalung kannten, sind die geritzten, gekerbten und gestochenen, oft weiß oder rot inkrustierten Muster der Keramik die für uns wichtigsten Zeugnisse des ästhetischen Empfindens und künstlerischen Schaffens (*Taf. 33*). Deutlich sind dabei bestimmte Stilarten zu erkennen, so die Stile der alten und der jüngeren Bandkeramik, der Bükker Stil, der Theiß-Stil, der Rössener Stil, der Chassey-Stil, dazu eine Reihe stilistischer Sonderausprägungen, wobei nicht selten Beziehungen zur Dekoration und Gestalt verschiedenartiger anderer Gegenstände, Materialien oder Techniken erkennbar sind (Holzschnitzerei, Flechtarbeiten, Webereien, genahte Lederarbeiten). Überwiegend handelt es sich um geometrische Ornamente. Daneben aber begegnen vereinzelt figürliche Darstellungen, vor allem solche von Menschen (*Taf. 17,14; 18,5.10*). Diese eingeritzten oder eingestochenen Zeichnungen sind zwar in religionskundlicher Hinsicht beachtlich (*s. S. 321 ff.*), für die Beurteilung der künstlerischen Gestaltungseigenart der betreffenden Kulturen jedoch wenig ergiebig. Durchweg sind es schematische, aus geraden Linien und Kreisen bestehende Gebilde, die sich dem geläufigen Dekorationsstil anpassen. Vielfach ist die Angleichung an reine Ornamentmuster so groß, daß die Entscheidung, ob wirklich noch an einen figürlichen Charakter gedacht werden darf, nicht klar zu fällen ist (*Taf. 17,17*).

Was an Ritzzeichnungen, sowohl solchen geometrischer als auch solchen figürlicher Art, in Nordeuropa bekannt ist, zeigt einen anderen Charakter, bei dem ungewiß ist, ob ein Zusammenhang mit Zeichnungen der mitteleuropäischen Jungsteinzeitkulturen besteht. Als Träger dieser Ritzungen kommen – da Keramik völlig ausscheidet – Knochen-, Geweih- und Bernsteingegenstände in Betracht. Teils sind es einfache Naht-, Kerbreihen-, Schachbrett-, Waben- und Dreiecksmuster, teils aber auch Menschen- und Tierfiguren unterschiedlichen Stilisierungsgrades (*Taf. 11,4–6*). Mag auch die kunstgeschichtliche Stellung und die Genese dieser Maglemose-Zeichnungen derzeit noch unklar sein, so ist doch festzuhalten, daß eine unmittelbare Ableitung aus dem Jungpaläolithikum nicht zu belegen ist.

In Skandinavien und in Nordwestrußland sind vielerorts Felsbilder anzutreffen, die, häufig zu Gruppen zusammengeschlossen, bevorzugt dicht an der Küste oder an Flußufern steil aufragende, von Natur aus glatte und schwer zugängliche Felswände bedecken, zuweilen auch unter einem Felsüberhang etwas vor der Witterung geschützt sind. In diesen Fällen haben sich in den eingetieften Linien der Bilder mitunter Farbreste (Rot, Violett, Braun) erhalten. Die Eintiefung in die Felswand wurde entweder durch Schleifen mit Hilfe eines härteren Steines oder durch Picken erzielt. Eine im Gegensatz zu agrarischen und viehzüchterischen Bildthemen ausschließlich auf jägerische Motive beschränkte Gattung von Felsbildern (sog. Weidmannsbilder) umfaßt Darstellungen vor allem von Tieren, in erster Linie Cerviden (Ren, Elch, Hirsch), daneben Bären, Seehunde, Wale und Vögel, ganz vereinzelt auch Menschen, häufiger geometrische Zeichen und Muster. Die Tierfiguren zeigen beträchtliche Unterschiede in der Größe (teils nur wenige Zentimeter, teils Lebensgröße, teils 6–8 m) und in der stilistischen Form, bzw. der künstlerischen Qualität. Zweifellos verteilen sie sich auf eine lange Zeitspanne. Für uns belangvoll ist nur die älteste erweisbare Stufe dieser Weidmannsbilder. Wo Figuren verschiedener Art auf derselben Felswand liegen und in ihrem chronologischen Verhältnis zueinander bestimmt werden können, lassen sich die in Schleiftechnik angebrachten, naturnah gebildeten, zumeist offenbar in der Größe den betreffenden Tierarten nahekommenden Darstellungen als die ältesten ermitteln. Sie finden sich offenbar nur im nördlichen Norwegen, vor allem in Finnmarken. Daß sie mit der dort verbreiteten ‚mesolithischen' Komsa-Kultur zu verbinden seien, ist eine naheliegende Vermutung, wenngleich bis jetzt ein Beweis durch datierende Befunde noch aussteht.

Demnach wird man mit einem Beginn der nordnorwegischen Weidmannsbilder in der Zeit der auch stilistisch z.T. verwandten südskandinavischen Maglemose-Zeichnungen auf Geweih-, Knochen- und Bernsteinstücken zu rechnen haben. Deswegen kann eine genetische Abhängigkeit der ersteren von der letzteren noch nicht als erwiesen gelten; doch dürfte dieser Annahme einige Wahrscheinlichkeit beigemessen werden.

## *Schrift*

*Ägypten*: Am Ende der prädynastischen Zeit erscheinen in Ägypten die ersten Zeugnisse einer Schrift. Es sind Beischriften zu Bildern auf Votivpaletten und Votivkeulen *(Taf. 11, 15; 15, 1; 16, 35)*, die nicht nur chronologisch in das Zeitalter der Reichseinigung gehören, sondern die auch thematisch auf diese Geschehnisse bezogen sind. Dabei werden wir damit rechnen dürfen, daß dieses erstmalige Auftreten von Inschriften nicht nur der Eigenart der Quellenüberlieferung zu verdanken ist, indem jene Votivgaben der Reichseinigungszeit erstmalig in monumentaler Form dauerhaft dargestellt hätten, was im Prinzip längst vorher vorhanden gewesen wäre. Denn in der ägyptischen Schrift (und zwar den von den Griechen so benannten Hieroglyphen) haben wir nicht das Ergebnis einer langen Entwicklung vor uns, deren Ursprünge sich im Dunkel der neolithischen Kultur des Niltales verlieren, sondern eine einheitliche Konzeption, eine wirkliche Erfindung. Dabei ist über die Frage, ob diese Erfindung selbständig erfolgte, oder ob ihr eine Anregung von außen zugrundelag, zunächst nichts ausgesagt (*s. S. 47ff.*).

Die Hieroglyphen gehen nicht von einzelnen Lauten (wie die Buchstabenschrift) aus, sondern von ganzen Wörtern. Jedes Zeichen dieser Bilderschrift entspricht einem Wort, abgesehen von den Determinativzeichen, die stumm sind. Die Hieroglyphen bezeichnen aber nicht nur das, was sie bildlich darstellen; ihnen ist vielmehr ein Lautwert eigen, der im wesentlichen den Konsonantenbestand des durch den Gegenstand dargestellten ägyptischen Wortes umfaßt. Dadurch wurden die Bildzeichen zu wirklichen Schriftzeichen, und damit auch zur Wiedergabe von Wörtern geeignet, die unmittelbar bildlich gar nicht wiedergegeben werden können; außerdem ließ sich dadurch mit einer begrenzten Zahl von Zeichen auskommen, im Gegensatz zu einer reinen Begriffsschrift wie dem Chinesischen, wo jeder Begriff durch ein eigenes Zeichen geschrieben wird. Neben dem Lautwert wurden Hieroglyphen aber während ihrer gesamten Lebenszeit auch zur Wiedergabe dessen verwendet, was sie unmittelbar darstellen. Außerdem blieben bis in die Spätzeit hinein einzelne Hieroglyphenzeichen in Geltung, die wiederum eine andere Bedeutung hatten, nämlich eine rein symbolische, die weder lautlich noch sachlich mit dem dargestellten Zeichen erkennbar zusammenhängen. Diese letztere, durchweg dem kultischen Bereich angehörende Gruppe von Zeichen ist in die prädynastische Zeit zurückzuverfolgen. Sie wurden als ehrwürdiges Symbolgut mit in die Schrift übernommen. Für den Vorgang und den Zeitpunkt der Schriftentstehung sagen sie nichts aus.

Das Nebeneinander einer bildtragenden und einer lauttragenden Bedeutung der entwickelten Hieroglyphen führte in der älteren Forschung zu der Annahme, daß die erstere Verwendung die primäre und die letztere erst allmählich hinzugekommen sei. Wenn sich auch an Hand des vorliegenden Bestandes an Inschriften der Frühzeit eine gewisse Entwicklung der Hieroglyphenschrift verfolgen läßt, die ihre Verwendbarkeit erweiterte, bis sie in der 4. bis 6. Dyn. die Vollkommenheit erreichte, die sie zur Niederschrift auch umfangreicher und komplizierter Texte geeignet machte, so gibt es doch keine Anhalte dafür, daß der entwickelten Hieroglyphenschrift ein Frühstadium vorangegangen sei, in dem die Bildzeichen ausschließlich *das* bedeutet hätten, was sie darstellen (also nicht eine Bilderschrift im eigentlichen Sinn des Wortes, sondern eine Folge von Erzählbildern nach Art der Biblia pauperum oder der berühmten Indianerbriefe). Insofern kann die auch späterhin noch geläufige bildgemäße Verwendung von Hieroglyphen nicht als Relikt einer älteren Schicht der Schriftentwicklung angesehen werden. Die scheinbar bildmalende (piktographische) Verwendung ist wohl so zu verstehen (und zustandegekommen), daß primär nicht die dargestellte Sache, sondern das betreffende Wort wiedergegeben wurde. Wenn diese beiden in den betreffenden Fällen auch faktisch zusammenfielen, ist es zum Begreifen der Schrifterfindung und für die Würdigung dieses Vorganges als einer bedeutenden geistigen Schöpfung doch notwendig, sich diesen fundamentalen Unterschied klarzumachen.

Vom reinen Bild, d.h. der anschaulichen Darstellung des Gemeinten, führt kein logischer Weg zur Schrift. Die Schrift unternimmt es nicht, die Wirklichkeit in ihrer sinnlich wahrnehmbaren Unmittelbarkeit oder vorgestellten Symbolhaftigkeit, sondern in ihrer konkreten sprachlichen Gestalt wiederzugeben. So gesehen ist die Schrift, selbst wenn sie sich bildlicher Zeichen bedient und sich dadurch einen gewissen Anschaulichkeitsgehalt bewahrt, nicht einfach eine Weiterentwicklung älterer Bilderzählungen. Dennoch hat die Entstehung der ägyptischen Schrift auch im Rahmen der Kunstgeschichte ihren Platz, nicht nur insofern, als die Hieroglyphen in der Regel in enger Verbindung mit Bildwerken auftreten und ihnen ein ornamentaler Wert zukommt. Vielmehr gehört die älteste Schrift insofern in einen Zusammenhang mit der Entwicklung der bildenden Kunst, als ihre Entstehung eine Wandlung der allgemeinen Geisteshaltung der betreffenden Menschengruppen voraussetzt, die wir uns vermutlich analog der Wandlung der Geistigkeit am Beginn des Jungpaläolithikums vorzustellen haben, als erstmalig eine bildende Kunst geschaffen wurde *(s. S. 157ff.)*. Werden wir dort annehmen dürfen, daß eine Intensivierung des Bewußtseins die Menschen psychisch in die Lage versetzte, ihre natürliche Umwelt so weitgehend zu objektivieren, daß diese bildlich dargestellt werden konnte, so wurde am Ende der ägyptischen Naqada-Kultur nicht nur die Umwelt in ihrer anschaulichen Unmittelbarkeit, sondern die sie ausdrückende Sprache soweit objektiviert, daß diese darstellbar wurde. Man könnte hier von einer doppelstufigen Wiedergabe der Wirklichkeit sprechen, indem das einfache Bild unmittelbar die Wirklichkeit, die Schrift aber die sprachliche Wiedergabe dieser Wirklichkeit wiederzugeben unternimmt. Dies ist offenkundig der Ausdruck eines abermals verdichteten, intensivierten Bewußtseins.

Der archäologische Rahmen, in dem die ältesten schriftlichen Zeugnisse in Ägypten erscheinen, gibt aufschlußreiche Hinweise auf die historische Struktur der aus der Schriftentstehung zu erschließenden Bewußtseinsentwicklung. Die ältesten Inschriften begleiten bildliche Darstellungen, die auch kunstgeschichtlich etwas Neues verkörpern. Stellten die Bilder auf neolithischen Paletten und anderen Geräten, Waffen und Gefäßen allemal etwas Allgemeines und Typisches dar, so heben sich davon die Darstellungen der monumentalen Paletten und der gleichfalls riesigen Streitkeulen denkbar stark ab, die erstmals bestimmten Königen zugewiesen werden können, einmal dem König ‚Skorpion' *(Taf. 11,15)*, und zum anderen König Narmer *(Taf. 15,1; 16,35)*. Sie zeigen eine Felderunterteilung der Bildfläche und vor allem Hieroglyphen. Die 'Skorpion'-Palette ist leider nur in ihrem untersten Teil erhalten. Auf der Rückseite zeigt sie Reihen mit Rindern, Eseln, kleinen Wiederkäuern und Fruchtbäumen, neben denen ein Krummstab, die Hieroglyphe für Libyen, steht. Auf der Vorderseite sind unter großen menschlichen Gestalten, deren Füße z. T. gerade noch erhalten sind, sieben Stadtfelder mit Zinnenummauerung dargestellt, darin jeweils mehrere quadratische Felder und ein Bildzeichen (Käfer, Menschenpaar, Reiher, Eule, Busch, Matte, „Ka"), darüber jeweils ein Bildzeichen sowie eine Hacke. So eindeutig es ist, daß diese Figuren nicht nur „angeschaut", sondern „gelesen" werden müssen, um das damit Ausgedrückte zu verstehen, so offenkundig sind die Schwierigkeiten, die einer „Lesung" dieser frühen Hieroglyphen entgegenstehen. Die Hacke über den Stadtfeldern, die formal ganz dem Gerät entspricht, mit dem auf der Keule des ‚Skorpion' der König offenbar eine friedliche Landarbeit ausführt, ist auf der Palette offenbar bereits als Hieroglyphe verwendet, so daß sie hier wohl im Sinne von „zerstören" gebraucht wird. Das wird dadurch unterstrichen, daß die Hacke stets in das Zinnenfeld eingreift, einmal sogar einige Zinnen „zerstört" hat. Aller Wahrscheinlichkeit nach sind diese Darstellungen nicht so zu verstehen, daß sieben Städte, deren Namen durch die in den Zinnenfeldern stehenden Figuren angegeben wären, durch sieben verschiedene, hackend dargestellte Mächte zerstört wurden. Eher wird man anzunehmen haben, daß hier siebenmal dasselbe Ereignis gemeint ist: *eine* Stadt wird von *einer* Macht, die nur der König sein kann, zerstört. Der Name der Stadt wäre in dem mittleren Feld der untersten Reihe angegeben. Das Zeichen könnte analog späteren Belegen den Lautwert p besitzen und sich auf Buto beziehen. Auch der Begriff „Thron" = Regierungssitz wird später mit einem Mattenzeichen geschrieben. Da noch in den Pyramidentexten von den „Geistern" (den „Ka") in Buto die Rede ist und in diesem Zusammenhang die „Käfer" und der „Busch" erwähnt werden und ein Reiher als heiliges Tier von Buto gilt, erscheint die Ansicht begründet, daß alle Stadtzeichen sich auf ein und denselben Ort, nämlich Buto, die alte Hauptstadt Unterägyptens, beziehen. Den Namen des Königs hätten wir über *dem* Stadtfeld vor uns, das auch den Stadtnamen enthält: Er wird mit dem Skorpionsbild geschrieben (was bedeutet, daß sein Name durch die Konsonanten des ägyptischen Wortes für „Skorpion" gekennzeichnet ist). Anders zu bewerten wäre das Löwenbild rechts daneben. Es wäre nicht zu „lesen", sondern wäre sinnbildlich zu verstehen, entsprechend dem Löwenbild auf einer anderen Palette. Die beiden Standarten mit Falken auf dem links anschließenden Stadtfeld sind zweifellos Teile des königlichen sog. Horusgeleites, wie es auch auf anderen Denkmälern dieser Zeit erscheint (erstmalig *Taf. 15,1* rechts oben) und die Gegenwart des Königs anzeigt. Der Falke auf dem rechten Stadtfeld der oberen Reihe ist eindeutig das Horus-Symbol, das hier stellvertretend für den König steht. Links daneben könnte ein Seth-Tier zu ergänzen sein, dessen Bedeutung analog der des Horus-Falken anzunehmen wäre. Über diesem unteren Feld der Palette mag der König selbst dargestellt gewesen sein, wie ihn seine Prunkkeule zeigt. Das Namenstier (nicht Symbol) Skorpion, verbunden mit dem Horus-Falken ziert in reihenhafter Wiederholung auch ein steinernes Votivgefäß von Hierakonpolis (*Taf. 21,5*).

Von König Narmer sind gleichfalls eine Palette und eine Keule bekannt. Die erstere (*Taf. 15,1*) zeigt auf der Vorder- und der Rückseite oben zwischen den Kuhköpfen der Himmelsgöttin Hathor die Hieroglyphen des Namens Narmer, unten auf der Vorderseite einen Wildstier, das Sinnbild der Königsmacht, einen Feind niedertretend, vor einem geöffneten Zinnenmauerring mit einer Beischrift, auf der Rückseite fliehende Feinde mit Beischriften („Mauer“ = Memphis). Auf der Rückseite steht der König mit der oberägyptischen Krone beherrschend in der Mitte, mit der Keule einen Gegner zerschmetternd, der hieroglyphisch als zum „Harpunengau“ gehörig bezeichnet ist, hinter ihm wieder der durch eine Rosettenbeischrift charakterisierte Diener. Rechts oben ist der Unterägypten symbolisierende Papyrusbusch dargestellt, mit einem anthropomorphen Kopfansatz versehen und dem daraufsitzenden Horus-Falken, der „Unterägypten“, an einem Strick haltend, dem König zuführt.

Die weiße Kalksteinkeule des Narmer (*Taf. 16,35*) aus Hierakonpolis zeigt den hoch thronenden König mit *unter*ägyptischer Krone unter einem Baldachin, wie er ähnlich in späterer Zeit auf Darstellungen des „Jubiläumsfestes“ bekannt ist, über ihm die *ober*ägyptische Krongöttin, vor ihm zwei Palmwedelträger, vier Standartenträger mit demselben Zeichen wie auf der Narmer-Palette, eine Sänfte mit einer kauernden Gestalt, drei vielleicht gefesselte Männer, darunter die hieroglyphische Angabe: „120000 Gefangene, 400000 Rinder, 1422000 Stück Kleinvieh“, auf der anderen Seite des Königs die Namenshieroglyphen mit dem Horus-Falken, der Diener und der Beamte mit denselben Beischriften, wie sie die entsprechenden Gestalten auf der Narmer-Palette aufweisen, und drei Lanzenträger. Auf einem letzten Bildfeld steht über sich tummelndem Wild ein Reiher in einem umzäunten Bezirk, sicherlich der Reihergott der unterägyptischen Landeshauptstadt Buto.

In beeindruckender Deutlichkeit verherrlichen die Darstellungen auf den letztgenannten Paletten und Keulen Siege der ersten beiden oberägyptischen Könige über Unterägypten, jenes Geschehen, das als Begründung des einheitlichen Reiches am Beginn der ägyptischen Geschichte steht. Diese erstmalige Vereinigung von Städten, Stämmen und Gauen zu einem Einheitsreich wurde nicht nur von den Späteren als ein Geschehnis besonderer Art in historischer Erinnerung bewahrt und rituell wiederholt; auch von den Zeitgenossen muß es als gewaltig, in seiner Tragweite tiefgreifend und einmalig empfunden worden sein. Jedenfalls unternahmen die siegreichen Könige eine monumentale

Verherrlichung dieser Taten und Erfolge, wie es bis dahin in Ägypten und überhaupt in der Menschheitsgeschichte unbekannt war. Mit den Taten wurde in erster Linie *der* verherrlicht, der sie vollbrachte, der König. Er war es, dem durch diese Denkmäler zu unsterblichem Ruhm verholfen werden sollte. Die bildliche Darstellung allein, so neuartig und monumental sie auch sein mochte, genügte nicht. Denn das reine Bild konnte nur allgemein einen König, allgemein eine Stadt, allgemein ein Land, irgend wie viele Gefangene und Beutestücke darstellen. Das Individuelle vermochte nur durch die fixierte Sprache, die Schrift, bewahrt zu werden. Daher begnügte man sich bei der Kennzeichnung des Königs auf der Narmer-Keule nicht mit der *unter*ägyptischen Krone und der *ober*ägyptischen Krongöttin. Erst die Beifügung seines Namens mit Horus-Zusatz bot die Gewähr dafür, daß für alle Zeiten er als *der* in Erinnerung blieb, als der er sich fühlte.

Man hat ganz zu Recht betont, daß mit der Erfindung der Schrift nicht nur quellenkundlich und damit methodologisch ein neuer Geschichtsabschnitt einsetze, sondern dieser Vorgang auch die Entstehung einer neuen Form des Geschichtsbewußtseins bedeute. In Ägypten erwuchs die Erfindung der Schrift aus dem neuen Geschichtsbewußtsein, das in der Zeit um 3000 v. Chr. mit der Gründung des Einheitsreiches und des Königtums zusammenhing, und gab ihrerseits ihm den adäquaten Ausdruck.

Aus einer Gegenüberstellung der Schriftzeugnisse aus der Ära der Reichsgründung und der frühdynastischen Zeit mit denen der Pyramidenzeit geht hervor, daß Deutzeichen, Lesehilfen, die Berücksichtigung auch von Halbkonsonanten, Endungen und andere Zusätze, die die Hieroglyphen erst zur Wiedergabe zusammenhängender Sätze geeignet machten, erst im Laufe der Zeit hinzugefügt wurden. Einmal vorhanden, wurde die Anwendbarkeit und der Geltungsbereich der Schrift durch kleine, aber wichtige Verbesserungen rasch erweitert. Die ältesten Schriftzeugnisse waren offensichtlich nur geeignet, wenige Aussagen zu fixieren. Das unterstreicht, daß wir bei den ältesten Hieroglyphen aus der Reichseinigungszeit ein Anfangsstadium der ägyptischen Schrift vor uns haben und die Erfindung tatsächlich in diese Zeit fällt.

*Vorderasien:* Die Erfindung der babylonischen Schrift fällt in die Uruk-Zeit. Die Tontäfelchen aus Schicht IVa von Uruk, die ältesten, die bisher bekannt geworden sind (*Taf. 31, G*), zeigen ein Nebeneinander von naturalistischen Zeichen, solchen, die einen Gegenstand abgekürzt wiedergeben und ganz schematischen Zeichen ohne erkennbaren Bildwert. Teilweise knüpfen die naturalistischen Zeichen an Bildtypen an, die in der mesopotamischen Kunst dieser Zeit geläufig waren. Aber das kann nur für einen vergleichsweise kleinen Teil der Zeichen gelten. Selbst unter den Zeichen mit erkennbarem Bildcharakter befinden sich etliche, die nicht aus dem vorhandenen Repertoire figürlicher Darstellungen genommen werden konnten und sogar nicht den allgemeinen Regeln künstlerischen Darstellens entsprechen, die also offensichtlich Neuschöpfungen sind. Dies gilt erst recht für die abgekürzten Bildzeichen und die ganz abstrakten Zeichen.

Wie die ägyptische Hieroglyphenschrift so ist auch die älteste sumerische Schrift eine ausgesprochene Wortschrift. Wie jene so unterscheidet auch diese sich von bloßen figürlichen Bildwiedergaben dadurch, daß nicht eigentlich Gegenstände, sondern Wörter dargestellt werden, d.h. daß auch klanglich verwandte, inhaltlich nicht zusammenhängende Wörter mit ein und demselben Bild oder Zeichen wiedergegeben werden können. Daß bereits in der Zeit der Täfelchen von Uruk und Djemdet Nasr der Schritt von der Wort- zur Silbenschreibung getan worden wäre, läßt sich nicht positiv nachweisen; doch ist – da die Täfelchen der Frühzeit nur in dürftigen Einzelheiten lesbar sind – mit der Möglichkeit durchaus zu rechnen.

Im Hinblick auf die Form der ältesten Schriftzeichen (und erst recht ihre Entwicklung) läßt sich kein unmittelbarer Zusammenhang zwischen der frühen sumerischen Schrift und der frühdynastisch-ägyptischen feststellen, was indes nicht der Ansicht widerspricht, daß im gedanklichen Ansatz beide voneinander abhängig sind, d.h. daß der Entstehung der Hieroglyphenschrift die Kenntnis des sumerischen Schriftprinzips zugrunde lag. Der archäologische Rahmen, in dem die ältesten babylonischen Schriftzeichen erscheinen, ist anderer Art als derjenige in Ägypten. Dabei verdient vor allem Beachtung, daß aus der Uruk- und Djemdet Nasr-Stufe keine monumentalen Steininschriften bekannt sind, und daß die früheste sumerische Schrift nicht zur Verherrlichung politischer Geschehnisse und königlicher Kriegstaten verwendet wurde, sondern zur Aufzeichnung von Angaben kultisch-wirtschaftlicher Art. Dabei bezieht sich das „kultisch" auf den Anlaß und den Zweck, das „wirtschaftlich" auf den Gegenstand der Niederschrift. Die Tontäfelchen von Uruk usw. enthalten offenbar Aufstellungen von Gütern und Arbeitsleistungen verschiedenster Art, die für den Tempeldienst, vornehmlich wohl für den Opferkult bestimmt waren.

## 6. KULT UND RELIGION

### A. ALTSTEINZEIT

Die ältesten archäologischen Zeugnisse einer religiösen Haltung und kultischer Handlungen des diluvialen Menschen gehören dem ausgehenden Altpaläolithikum und dem Mittelpaläolithikum an. Wenn aus den davorliegenden langen Zeitläuften, die ergologisch durch die altpaläolithischen Faustkeile und Abschlaggeräte gekennzeichnet sind, entsprechende Funde und Befunde nicht namhaft gemacht werden können, so ist das wohl einfach damit zu erklären, daß aus dieser Frühzeit an unmittelbaren Kulturhinterlassenschaften ja überhaupt nur jene Steingeräte und an mittelbar auswertbaren Quellen allenfalls die damit vergesellschaftet gefundenen, teilweise vom menschlichen Jagdwild herrührenden Tierknochen verfügbar sind. Unser empirisches Wissen von dieser ältesten Menschheit beschränkt sich demzufolge auf einen winzigen Ausschnitt der geschichtlichen Lebensformen dieser Altpaläolithiker.

#### *Opfer und Kultanlagen*

Einer der bezeichnendsten und bedeutungsvollsten Bestandteile des Kultes ist das Opfer. Wie das Schenken im innerweltlich-sozialen Verkehr als Zeichen der Verbundenheit und Dankbarkeit wie auch als Bekräftigung einer Bitte eine wichtige Rolle spielt, so drängt es den an eine transzendente Gottheit Glaubenden, dieser Verbundenheit über das gesprochene Wort hinaus durch dingliche Gaben Ausdruck zu verleihen. Unter den Opfergaben sind zu allen Zeiten eßbare Tiere besonders beliebt. Auch im Paläolithikum, in dem die Jagd eine so hervorragende Rolle spielte, war es Brauch, Tiere oder Teile derselben zu opfern.

Dies konnte in verschiedener Form erfolgen. Eine erste Art, die sich uns aber nur in seltenen Ausnahmefällen archäologisch faßbar erhalten hat, sind Versenkopfer in stehenden oder fließenden Gewässern. So wurden nahe den magdalénienzeitlichen Lagerplätzen von Stellmoor und Meiendorf bei Hamburg in einem ehemaligen Tümpel mehrere jugendliche, weibliche Rentiere von den spätpaläolithischen Jägern versenkt, nachdem man ihnen den Brustkorb geöffnet und mit Steinen beschwert hatte. Das eine Tier zeigt eine Schußwunde am Schulterblatt. Wir müssen also annehmen, daß die Renkühe erlegt, nicht etwa verendet aufgefunden worden waren. Nach ihrem Lebensalter handelt es sich um allerbestes Wildpret, das hier absichtlich und im Zuge eines gewissen Rituals – wie die gleichmäßige Behandlung von mehr als fünfzehn solchen Tieren erkennen läßt – vollständig durch Versenken geopfert wurde. Nur der Schädel dieser Tiere war gewaltsam aufgeschlagen, das Hirn also entnommen worden. Unweit der Stelle, wo diese Renopfer versenkt worden waren, fand sich ein über 2 m langer, bearbeiteter Pfahl aus Kiefernholz, auf dessen Oberteil ein Renschädel mit Unterkiefer steckte. Der Ausgräber schloß aus den Fundverhältnissen, daß der Pfahl ursprünglich aufrecht stand, und vermutete, daß es sich dabei um ein Kultmal handelt.

Eine andere Gruppe von Tieropfern wurde auf dem festen Boden, inmitten oder nahe bei Lagerplätzen niedergelegt. So fand sich am Eingang der Mauerner Weinberghöhlen in einer gravettienzeitlichen Kulturschicht auf einer dikken Lage roter Erde das vollständige Skelett eines etwa zehnjährigen Mammuts, bei dem beide Stoßzähne noch fest am Schädel saßen. Über dem Skelett lagen zahlreiche Elfenbeinperlen und gut gearbeitete Silexgeräte. Die Perlen und Steingeräte waren rot gefärbt. Dicht daneben, wo das Erdreich gleichfalls rot gefärbt und mit Holzkohlestückchen stark durchsetzt war, wurde der Schädel eines jugendlichen Mammuts angetroffen; die Stoßzähne waren teilweise abgebrochen. Daneben lagen Teile anderer Mammute, ferner einige Elfenbeinanhänger und durchlochte Tierzähne. Daß wir es hier mit einer kultischen Deponierung von Tieren bzw. Tierstücken im Sinne einer Opferung zu tun haben, wurde von den Ausgräbern wohl mit Recht angenommen. Ob ein sonderbarer, durch jungpaläolithische Geräte datierter Befund von Dunaföldvár, wo das vollständige Skelett eines noch nicht ganz ausgewachsenen Mammuts, „in gleichwertige Portionen aufgeteilt", gefunden wurde, ein Jagdfund ist, bei dem die Jäger aus irgendwelchen Gründen nicht zum Abtransport des erlegten Tieres gekommen waren, oder ob diese Zerlegung und Zurücklassung eines so kostbaren Jagdwildes kultische Bedeutung hatte, muß dahingestellt bleiben. Kein praktisches, sondern ein kultisches Motiv wird von der Forschung bei der Stapelung und Behandlung von Hirschschädeln von Achenheim im Elsaß angenommen. Das gleiche vermuten russische Gelehrte bei gewissen Deponierungen von Mammutknochen an jungpaläolithischen Freilandlagerplätzen der Ukraine, so z. B. in Jelisejeviči, wo innerhalb eines aus 27 Mammutschädeln gebildeten Kreises zerschlagene, teilweise mit eingeritzten Zeichen versehene Stoßzähne junger Mammute sowie ein 1,5 × 0,75 m großer ovaler Knochenhaufen und ganz zuunterst eine weibliche Statuette (*Taf. 2, 10*) gefunden wurden. Kultische Niederlegungsmotive werden auch bei der auffälligen Anordnung von Renskeletten in Malta in Sibirien, ebenso bei dem sonderbaren Fund von Ambroziewskaia nahe dem Asowschen Meer in Betracht gezogen, wo Knochen von über tausend Wisenten beisammenlagen. Ebenso wie bei den im Wasser versenkten Tieropfern sind natürlich auch bei den auf ebener Erde unter besonderen Zeremonien niedergelegten und nach dem Wegzug der Jägergruppe zurückgelassenen kultischen Fleisch- bzw. Tierdepositionen die Aussichten überaus gering, daß sie ungestört auf uns kommen.

Die Statuette des Kultplatzes von Jelisejevići gehört in die große Gruppe jungpaläolithischer Menschenfiguren *(S. 269 ff.)*, während die dort beobachtete Anordnung von Mammutschädeln zu vergleichen ist mit der artifiziellen Niederlegung von Höhlenbärenschädeln in einigen mitteleuropäischen Höhlen. Soweit eine nähere Datierung dieser Befunde möglich ist, gehören sie großenteils dem mittleren, teilweise aber auch dem jüngeren Paläolithikum an. Am bekanntesten ist das 2445 m hoch gelegene Drachenloch in der Schweiz. Dort wurden nach Angaben des Ausgräbers neben einer großen Feuerstelle zwei viereckige, aus übereinandergeschichteten Steinen errichtete, mit dicken Platten verschlossene Steinkisten entdeckt. Die eine war mit Holzkohle und teilweise angebrannten Höhlenbärenknochen angefüllt. Die andere enthielt außer einigen Langknochen sieben wohlerhaltene Höhlenbärenschädel, die einheitlich mit der Schnauze nach Osten, dem Höhleneingang zu, lagen. Bei zwei Schädeln fanden sich jeweils die ersten beiden Halswirbel. Außerdem war parallel zur Höhlenwand ein über 5 m langes Steinmäuerchen errichtet, hinter dem massenweise Höhlenbärenknochen lagen, und zwar nach Arten gesondert, zumeist Schädel, Hüftgelenkpfannen und Langknochen. Weiter im Höhleninnern wurden in nischenartigen Wandausbuchtungen weitere Höhlenbärenschädel angetroffen, jeweils auf einer Steinplatte ruhend, von Steinen umgeben und mit solchen abgedeckt, sowie schließlich eine Reihe von neun Höhlenbärenschädeln, die jeweils durch schräg darübergelegte Steinplatten geschützt waren. Eine zweite Höhle in den Schweizer Hochalpen, das Wildenmannlisloch, ergab gleichfalls eine Gruppierung von Höhlenbärenschädeln, die nach Ansicht des Entdeckers nur durch Menschenhand erfolgt sein konnte. Das gleiche ist der Fall in der mittelfränkischen Petershöhle bei Velden, wo Höhlenbärenschädel teils in Wandnischen, teils zu stattlichen Haufen aufgeschichtet, einmal in Holzkohle gebettet, von Steinen umgeben und bedeckt, angetroffen wurden. Ähnliche Verhältnisse werden aus der Höhle von Ilinka unweit von Odessa, aus der Istállósköer-Höhle im Bükkgebirge und von der Mornova-Zijalka in Slowenien gemeldet. Wichtig ist auch die von L. Zotz untersuchte Reyersdorfer Höhle in Niederschlesien. Dort lag in einer zu einer Steinkiste erweiterten und mit einer Steinplatte verschlossenen natürlichen Wandnische ein Höhlenbärenschädel mit Unterkiefer und zwei Halswirbeln. Im Höhleninnern sollen einige Höhlenbärenschädel der Reihe nach aufgestellt und mit Lehm bedeckt gewesen sein. Verläßlich beobachtet sind ferner die ganz entsprechenden Befunde in der Veternica-Höhle bei Zagreb, wo in zwei jeweils durch einen Steinblock bzw. eine geschichtete Trockenmauer verschlossenen Wandnischen bei Holzkohlenresten und einigen anderen Knochen je ein Höhlenbärenschädel mit der Schnauze nach vorne lag. Der eine dieser Schädel stammt von einem exzeptionell großen, männlichen Tier, dem mächtigsten der insgesamt etwa 70 durch ihre Schädel bekannt gewordenen Tiere dieser Höhle.

Mögen bei einigen dieser Deponierungen von Höhlenbärenschädeln und -knochen (bzw. von Höhlenbärenköpfen und -fleischstücken) gewisse Unklarheiten und Widersprüche in den Berichten der Ausgräber eine Rekonstruktion der ursprünglichen Befunde erschweren, so bleibt davon doch die Tatsache als solche unberührt, daß im Mittelpaläolithikum und vereinzelt offenbar auch noch später in Höhlen, welche Höhlenbären zum Winterschlaf oder sonst als Unterschlupf aufsuchten, und in denen daher die Tiere besonders leicht erlegt werden konnten, Teile dieser Jagdbeute vom Menschen in einer Art niedergelegt bzw. „aufgestellt" wurden, die schlechterdings nicht anders denn als kultisch gedeutet werden kann.

Außer der Versenkung von Opfertieren in Gewässern und der rituellen Bettung von Tieren bzw. Körperteilen oder Knochen geopferter Tiere auf freiem Boden oder in Höhlen scheint auch die Bereitung des Wildprets im Feuer über den praktischen Zweck einer Genießbarmachung als menschliche Nahrung hinaus einen religiösen Aspekt gehabt zu haben. Das möchte man aus dem Umstand schließen, daß auf dem gravettienzeitlichen Lagerplatz von Unterwisternitz inmitten einer 35 qm großen Herdstelle mit mehreren, insgesamt 0,8 m mächtigen Aschenlagen u. a. eine weibliche Statuette (*Taf. 1,15*) lag. Vermutlich handelt es sich hier nicht um einen reinen Opferplatz, sondern um eine zentrale Feuerstelle für die Nahrungszubereitung der ganzen, dort weilenden Jägergruppe, wobei offen bleiben muß, ob die Statuette darauf hinweist, daß die Tätigkeit der täglichen Nahrungszubereitung in eine kultische Sphäre erhöht wurde *(vgl. S. 94f.)*, oder ob außer der Bereitung der zur menschlichen Nahrung bestimmten Fleischstücke hier auch noch besondere Opfertiere verbrannt wurden.

Von tiefergreifender Bedeutung als diese letztere Frage ist das Problem, welche Motive, Vorstellungen und Absichten überhaupt den paläolithischen Tieropfern zugrunde liegen. Dabei geht es im wesentlichen darum, ob prinzipiell mit einem religiösen Gehalt gerechnet werden darf, oder ob wir es mit Zeugnissen magischer Praktiken zu tun haben. In neuerer Zeit wurde verschiedentlich die letztere Meinung in den Vordergrund gestellt. Sie stützt sich darauf, daß Angehörige rezenter Jägervölker auf Befragen über die Bedeutung von Tier- oder Fleisch-„Opfern" sich dahingehend äußerten, diese „Opfer" würden deponiert, damit daraus neues Jagdwild entstehe. In diesem Sinne, also im Grunde ohne einen wirklichen religiösen Bezug, seien auch die paläolithischen Renopfer von Stellmoor und Meiendorf sowie die Deponierungen von Höhlenbärenschädeln zu interpretieren. Daß die befragten Angehörigen heutiger Jägervölker eine in ihren Kultgemeinschaften verbreitete Ansicht über den Sinn bestimmter Opfersitten mitteilten, darf man getrost annehmen; daß diese Ansicht die jeweils allein verbreitete sei und alles erschöpfend umfasse, was in den betreffenden Gemeinschaften darüber geglaubt wird, kann man nicht mit derselben Unbedenklichkeit unterstellen; und daß diese Ansicht primitiv im Sinne von urtümlich sei und deshalb auf paläolithische Jägervölker übertragen und als die dort allein herrschende Vorstellung angesehen werden dürfe, ist schlechterdings durch nichts zu begründen.

Der Glaube an einen unmittelbar-kausalen Zusammenhang zwischen einem Tier-„Opfer" und einer Erneuerung oder Erhaltung des Jagdwildes, wie er in dieser unreligiös-magischen Auffassung zum Ausdruck kommt, ist in seiner widernatürlichen Kurzschlußhaftigkeit sogar alles andere als primitiv-urtümlich, sondern eher eine sinnentleerte Verflachung eines einstmals religiösen Anliegens. Gehen wir von einer Evolutionstheorie aus, die die Entwicklung der menschlichen Psyche in ihrer Eigenart zu erfassen sucht, so dürfen wir sagen, daß zu den primären Einsichten der Urmenschheit das Innewerden der eigenen Geschöpflichkeit und Abhängigkeit von einer transzendenten Macht gehört, was zu einem religiös verstandenen Opfer führt und das eigene Dasein im umfassenden und allgemeinen Sinn – bis hin zum Jagderfolg – in einer Beziehung zu dieser transzendenten Macht erleben läßt. Die notgedrungen offenbleibende Frage, welchen Grad rational-wacher Bewußtheit im Paläolithikum dieses religiöse Erleben der Abhängigkeit von einer transzendenten Macht haben konnte, und die gleichfalls nicht zu beantwortende Frage, inwieweit bereits in dieser Frühzeit Unterschiede in der Religiosität der einzelnen Angehörigen einer Gemeinschaft in Betracht zu ziehen sind, weisen nachdrücklich darauf hin, wie weit wir von einer methodisch begründbaren Beurteilung der paläolithischen Opfer entfernt sind und mit Rücksicht auf die Aussagefähigkeit der einzig vorhandenen archäologischen Befunde stets sein werden. Aber – und das ist festzuhalten – diese Ungewißheit rührt nicht an die grundsätzliche Berechtigung der Annahme eines echt religiösen Charakters der paläolithischen Tier- und Fleischopfer. Zu meinen, eine das wesentliche Anliegen der Religion treffende Bewertung eines Tieropfers hätte sich aus einer magischen, also mit einer rein innerweltlichen Kausalität rechnenden Bewertung „entwickelt", stellt eine Umdrehung psychoevolutionstheoretischer Logik dar.

Im Rahmen der religionsgeschichtlichen Interpretation paläolithischer Tier- und Fleischopfer wurde mitunter erwogen, diese Opfergaben seien einem Jagdgott dargebracht worden. Die Konzeption personifizierter Sondergottheiten setzt jedoch eine Stufe des abstrakten Denkens voraus, die keinesfalls als ursprünglich gelten kann. Die Transzendenz dürfte in dieser Frühzeit von den natürlichen Gegenständlichkeiten und den sinnlich wahrnehmbaren Kräften der Natur nicht so weitgehend abstrahiert, sondern eher als eine das Gegenständliche übersteigende Dimension in den natürlich erfahrbaren Dingen erlebt und gewertet worden sein, ähnlich wie die Personalität des Mitmenschen und des eigenen Ich nicht losgelöst von der Gegenständlichkeit des Körpers, sondern in inniger Verbindung mit dieser, aber als Dimension sie übersteigend, erlebt und gewertet wurde.

## *Totenbehandlung*

Die Personalität und die darauf beruhende Religiosität des Menschen spiegeln sich besonders eindringlich in seinem Verhältnis zum Tod und zu den Toten wider. Bei aller Vielfalt der geschichtlichen Ausdrucksformen, die dieses Erleben in den uns durch Quellen hinreichend bekannten Kulturen und Zeitaltern gefunden hat, kommt darin eine psychische Grundhaltung zur Geltung, die auf dem Gespür dafür beruht, daß der Mensch als Person nicht völlig in seinem physisch-biologischen Leben aufgeht. Der ausnahmslosen innerweltlichen Erfahrung zum Trotz wird der Tod nicht als etwas Endgültiges und die menschliche Existenz Auslöschendes hingenommen. Da der Lebende als Person nicht einfachhin mit seinem Körper identisch ist, wird der Verstorbene auch nicht als restlos tot angesehen. Hier klingt eine Ahnung von der nur sich selbst eigenen Existenzart des Geistigen an. Die Konkretisierung dieser metaphysischen Dimension zu Vorstellungen von einem „Jenseits" als einer zeitlich und räumlich außerhalb der sichtbaren Welt existierenden Seinsweise setzt – so werden wir wohl vermuten dürfen – ein differenzierendes und analysierendes Denken voraus, wie es der frühesten Menschheit wohl noch nicht eigentümlich war. Die religionsgeschichtlich so geläufige Vorstellung von einem „Weiterleben nach dem Tod" besaß ursprünglich wohl keine festen Formen oder war überhaupt noch nicht klar ausgebildet. Der religiöse Charakter der Stellung zum Tod und zu den Toten ist aber nicht von einem expliziten Glauben an ein konkret vorgestelltes Fortleben nach dem Tod abhängig. Ausschlaggebend ist hier vielmehr das angesichts eines Toten in besonderer Intensität zum Bewußtsein kommende Erleben dessen, was man Ewigkeit nennt. Dieses ahnende Innewerden wurzelt in menschlichen Bewußtseinstiefen, die ursprünglicher sind als die Entfaltung eines rationalen Intellektes. Insofern ist eine religiöse Haltung dem Tod und den Toten gegenüber bereits vom Anfang des Menschseins an denkbar und wohl vorauszusetzen.

*Altpaläolithikum:* Aus dem reinen Altpaläolithikum sind archäologische Zeugnisse, die uns Einblicke in die Totenbehandlung geben würden, unbekannt. Das hängt mit der allgemeinen Quellenlage zusammen und berechtigt natürlich nicht zu der Annahme, in dieser Frühzeit habe eine besondere Totenbehandlung nicht bestanden. Immerhin kann darauf hingewiesen werden, daß nach Auffassung namhafter Anthropologen die relative Häufigkeit von Schädeln und Unterkiefern unter den altpaläolithischen Menschenfunden nicht nur mit den besseren Erhaltungsbedingungen und der leichteren Auffindbarkeit dieser Skelette zu erklären, sondern eher so zu deuten sei, daß dem menschlichen Schädel und dem Unterkiefer bereits in dieser Zeit eine besondere Behandlung und Aufbewahrung zuteil geworden seien.

In der Station 1 von Chou-k'ou-tien unweit von Peking, deren Altersverhältnis zu den europäischen Paläolithstufen freilich nicht in wünschenswertem Maße geklärt ist, wurden – wenn auch nicht in ungestörtem Zustand – Reste von mehr als drei Dutzend Menschen gefunden, und zwar fast ausschließlich Schädeldächer und Unterkiefer. Die Annahme, daß der Mensch an dieser Auswahl und deren Erhaltung beteiligt war, ist zwingend. Aus den Fundverhältnissen und den Beschädigungen dieser Menschenknochen wurde mitunter auf Kannibalismus und Kopfjägerei geschlossen. Das regellose Zusammenliegen von Menschen- und Tierknochen würde aber nur dann für diese Annahme sprechen, wenn es sich nachweislich um ungestörte Mahlzeitreste handeln würde, was aber mit Sicherheit nicht der Fall ist. Die zahlreichen Raubtierknochen, vor allem solche von Hyänen, beweisen zur Genüge, wer außer dem Menschen – und jeweils nach diesem – in diesen einstigen Höhlen und Halbhöhlen gehaust hat und für den angetroffenen Befund verantwortlich zu machen ist. Entsprechendes ist von europäischen Höhlen hinreichend bekannt. Was das Aufbrechen der wenigen menschlichen Röhrenknochen anlangt, so muß dies gleichfalls nicht auf kannibalische Handlungen zurückgeführt werden, da Hyänen bekanntlich auch Langknochen aufbeißen. Wenn die Beobachtung, daß die Umgebung des Hinterhauptloches bei allen einigermaßen rekonstruierbaren Schädeln von Chou-k'ou-tien zertrümmert ist, bisweilen mit der Sitte rezenter Kopfjäger in Verbindung gebracht wird, durch eine künstliche Vergrößerung des Hinterhauptloches das Gehirn ihres erschlagenen Opfers herauszuholen, um es zu verspeisen, so kann diese ethnologische Analogie natürlich nicht mehr sein als eine Deutungsmöglichkeit. Eine Beweiskraft kommt ihr nicht zu. Mit einiger Sicherheit ist den Befunden von Chou-k'ou-tien nur allgemein zu entnehmen – auch unter Berücksichtigung ähnlicher Schädelfunde aus dem mittleren und jüngeren Paläolithikum –, daß der menschliche Schädel irgendwie besonders bewertet und behandelt wurde.

*Mittelpaläolithikum:* Von der Zeitstufe an, aus der uns die ersten intakten Befunde in Höhlen und an Freilandlagerplätzen erhalten sind, dem ausgehenden Altpaläolithikum und Mittelpaläolithikum, sind auch reguläre Bestattungen und andere Zeugnisse einer rituellen Totenbehandlung bekannt. In Westeuropa ist der wichtigste moustérienzeitliche Begräbnisplatz der von La Ferrassie. Dort wurden unter einem Abri sechs Skelette entdeckt, zwei von Erwachsenen, vier von Kindern. Mit einer Ausnahme lagen sie in seichten, ovalen Mulden, die mindestens teilweise künstlich gegraben waren. Durchweg waren diese Gruben und mit ihnen die Skelette nordwest-südöstlich ausgerichtet. War bei zwei Erwachsenengräbern diese Richtung durch die parallel dazu verlaufende Felswand nahegelegt, so ist dies nicht bei den gleichgerichteten Kindergräbern der Fall, da hinter ihnen die Felswand schräg nach hinten abbiegt. Demnach scheint die Totenausrichtung hier einer bestimmten Regel zu entsprechen. Über die Totenhaltung ist bekannt, daß der eine Erwachsene, ein Mann, auf dem Rücken mit dem Kopf im Westen lag, leicht nach links gedreht, so daß der Blick nach Süden gerichtet war. Der eine Arm war nach unten, der andere nach oben gewinkelt. Die Schultern und der Kopf waren durch Steinplatten geschützt. Der zweite Erwachsene, eine Frau, lag als rechtsseitiger Hocker mit dem Kopf im Osten, so daß sie zur Felswand blickte. Bei einem der Kindergräber fand sich der Schädel losgelöst vom Körper am entgegengesetzten Ende der Grabgrube. Der Ausgräber glaubte, eine Störung durch Raubtiere ausschließen und eine absichtliche Lostrennung des Kopfes vom Rumpf und eine isolierte Niederlegung annehmen zu dürfen. Beachtenswert ist die Tatsache, daß drei Kinderskelette mit je drei ganz besonders sorgfältig gearbeiteten Steingeräten ausgestattet waren, die in einem Falle sogar in einheitlicher Ausrichtung angetroffen wurden. Hier haben wir also offensichtlich einen bestimmten Beigabenbrauch vor uns. Da es sich um Kindergräber, das einemal sogar um dasjenige eines Säuglings oder eines Foetus, handelt, möchte man hier nicht an die Mitgabe eines Eigentums des Verstorbenen denken, aber auch nicht – wie häufig bei der Erklärung von Grabbeigaben angenommen wird – an Gegenstände, die dem Toten in einem vorgestellten Jenseits nützlich hätten sein sollen. Es erscheint vielmehr am einleuchtendsten, in diesen besonders qualitätvollen Steingeräten einfach Abschiedsgeschenke zu sehen. Auch bei den beiden Erwachsenen lagen Steingeräte, bei der Frau eine hervorragend gearbeitete Spitze nahe der rechten Hand. Bei dem Mann fanden sich auffallend zahlreiche Tierknochen, die vielleicht gleichfalls von Grabbeigaben herrührten.

Das aus dem Befund von La Ferrassie zu gewinnende Bild wird ergänzt durch die gleichfalls mittelpaläolithischen Bestattungen von Le Moustier und La Chapelle-aux-Saints. Am letzteren Fundplatz lag der Tote, ein erwachsener Mann, in einer in der Mitte des Haupthöhlenraumes künstlich eingetieften Grube, mit dem Kopf im Westen. Der Kopf war mit einer großen Knochenplatte bedeckt, offensichtlich um den Toten zu schützen. Nahe dem Skelett wurden außer Steingeräten der Fuß eines Boviden sowie der Unterkiefer und ein Stück der Wirbelsäule eines Rentiers beobachtet, ferner Ockerstücke. Weisen diese Farbreste auf eine rituelle Form der Grablegung hin, so könnte damit auch eine nahe der Grabgrube gelegene Mulde zusammenhängen, in der Feuer entzündet worden war. Sie enthielt außer verbrannten Tierknochen ein Renastragal. Dem jugendlichen Toten von Le Moustier waren zwei auffallend gut gearbeitete Steingeräte sowie Fleischstücke vom Bos primigenius mitgegeben worden. Den Kopf des Toten hatte man auf ein aus Silexstücken gebildetes Steinpflaster gebettet. Ein neugeborenes Kind von Le Moustier war in einer konischen Grube beigesetzt worden. Bei einem Häufchen Knochen vom Wildschwein, Riesenhirsch und Bos primigenius nahe dem Neandertalerschädel in der Grotta Guattari im Monte Circeo wurde von A. C. Blanc die Deutung als Totenopfer in Betracht gezogen und darüber hinaus sogar erwogen, daß die Kombination dieser Tiere als Vorläufer der Suovetaurilien aus historischer Zeit aufzufassen sei.

Die Fundverhältnisse in einer Höhle von Regourdou b. Montignac (Dordogne) sind insofern besonders aufschlußreich, als dort eine Verbindung zwischen einer Bestattung und den oben besprochenen Zeugnissen von Tieropfern festgestellt wurde: Eine Bestattung war von einem tumulusartigen Steinhaufen bedeckt, an den eine Trockenmauer angrenzte; auf deren anderer Seite lag eine Grube, die den Schädel und zerbrochene Knochen eines Bären enthielt und mit einer etwa 2 × 2 m großen, sehr schweren Steinplatte zugedeckt war. Diese zeigte auf der Oberseite eine künstlich eingearbeitete Vertiefung, in der sich viele Tierknochen, besonders solche von Bären, fanden.

Mindestens ebenso alt, vielleicht teilweise sogar noch etwas älter als diese westeuropäischen Moustérien-Gräber sind einige Bestattungen aus den europäischen und aus asiatischen Teilen der UdSSR. In der Mitte einer Höhle von Kiik-Kobá auf der Krim lag in einer ostwestlich gerichteten, bis 0,4 m tiefen, künstlich in den Felsboden eingearbeiteten Grube ein rechtsseitiger Hocker mit zum Gesicht erhobenen Händen und einigen Silexsplittern als Beigaben. Dicht daneben fand sich auf dem Felsboden das kopflose Skelett eines etwa einjährigen Kindes, auf der linken Seite liegend, die linke Hand unter dem Knie. Gleichfalls auf der Krim gelegen ist Starosélje, wo auf dem Vorplatz einer Höhle ein kleines Kind in gestreckter Rückenlage mit dem Kopf im Westen bestattet worden war. Es war mit Steinplatten bedeckt. Den Schichtverhältnissen nach scheint die Grablegung zu Beginn der moustérienzeitlichen Besiedlung dieses Platzes erfolgt zu sein. Während hier Beigaben nicht beobachtet wurden, waren solche bei einer weiteren mittelpaläolithischen Kinderbestattung von Tešík-Táš in Usbekistan vorhanden. Zwar ließ die Anordnung und Erhaltung der neben einer Feuerstelle entdeckten Skeletteile keine sichere Entscheidung mehr darüber zu, ob es sich um eine beabsichtigte partielle Beisetzung handelt, oder ob eine nachträgliche Störung durch Raubtiere stattgefunden hat. Die Art aber, wie fünf Hornpaare von Bergziegen im Kreis um den Schädel (oder das ganze Skelett) angeordnet waren, kann nach Ansicht des Ausgräbers nur als rituelle Ausstattung der Grabstätte aufgefaßt werden. Mit dem Bestattungsritual hängt es auch zusammen, wenn in Shanidar im Irak inmitten einer Moustérien-Kulturschicht das Skelett eines etwa zweijährigen Kindes auf eine Aschenlage gebettet war.

Was La Ferrassie für Westeuropa bedeutet, sind die Höhle Es-Skhul und die 200 m von dieser entfernten Höhle Et-Tabun im Berg Karmel für Vorderasien. Die dort zum Vorschein gekommenen mittelpaläolithischen Bestattungen waren nicht alle ungestört erhalten. Einige lagen in künstlich eingetieften Gruben; andere scheinen nur mäßig geschützt gewesen zu sein, so daß eine mehr oder minder weitgehende Beschädigung, sei es durch Tiere, sei es durch Menschen, erfolgte. Gestreckte oder doch fast gestreckte Rückenlage kommt vor; häufiger aber ist rechtsseitige Hockerlage, wobei die Hände vor dem Gesicht oder unter dem Kopf lagen. Ob die Ausrichtung nach bestimmten Regeln vorgenommen wurde, läßt sich wegen der geringen Anzahl ungestörter Bestattungen nicht mehr sicher sagen; doch scheint die O-W-Lage mit dem Blick nach NO, zum Tal hin, eine besondere Rolle zu spielen. Das Tabun-Skelett war von roter Erde umgeben; vielleicht gehörten die mitgefundenen Tierknochen mit zur Bestattung. Bei den Skhul-Gräbern ließ sich nur in einem Fall eine rituelle Beigabe feststellen. Es handelt sich um den Unterkiefer eines ausnehmend großen Wildschweines, der bei Skelett V unter dem linken Arm lag.

Bei mehreren mittelpaläolithischen Bestattungen war dem Schädel eine besondere Behandlung zuteil geworden: Entweder ruhte er auf einer Steinpflasterung, oder eine Stein- oder Knochenplatte bedeckte ihn; einmal waren Ziegenhörnerpaare rituell um ihn aufgesteckt; in einem anderen Falle hatte man den Schädel vom Körper gelöst und gesondert von diesem bestattet. In dieser Hinsicht noch einen Schritt weiter geht die isolierte Schädeldeponierung in der Guattari-Höhle im Monte Circeo südlich von Rom, wo auf der alten Höhlensohle ein einzelner Schädel inmitten einer ovalen Steinsetzung angetroffen wurde. Der Schädel weist eine alte Hiebverletzung auf, die vermutlich den Tod des Individuums herbeigeführt hat. Das Hinterhauptloch ist künstlich erweitert, was auf eine Herausnahme des Hirnes hindeuten könnte. Nach Niederlegung dieses Schädels wurde die Höhle offensichtlich verlassen und bis zur Ausgrabung nicht mehr betreten, weder von Menschen noch von Tieren, ein ausnehmend günstiger Umstand, dem es zu verdanken ist, daß dieser intakte Befund auf uns gekommen ist.

Nicht so günstig hinsichtlich der Erhaltungsbedingungen, aber prinzipiell wohl vergleichbar sind die Funde von Weimar-Ehringsdorf. Dort wurde auf einem interglazialen Lagerplatz - aber bezeichnenderweise niemals im Bereich der Feuerstellen - eine stattliche Anzahl von Menschenknochen gefunden, und zwar ausnahmslos Reste von Schädeln. Ein verhältnismäßig vollständig erhaltener Schädel besitzt kräftige Hiebspuren auf der Stirn. Auch hier hat man wohl eine Deponierung von isolierten Schädeln, bzw. von Köpfen anzunehmen, eventuell in einem ehemaligen Tümpel. Da aber die Lagerungsverhältnisse gestört waren, konnte über die ursprüngliche Art der Beisetzung nichts ermittelt werden. Günstiger waren die Fundbedingungen bei einem Kinderschädel von Le Pech-de-l' Azé, bei dem festzustellen war, daß ihn Steingeräte sowie Zähne von Wisent, Hirsch, Ren, Wildpferd und Wildziege umgaben. Bei anderen mittelpaläolithischen Funden von Schädeln, Schädelfragmenten oder Unterkiefern aus französischen Höhlen (La Quina, Le Petit-Puy-Moyen, La Chaise, Gourdan, Marlanaud, Estelas, Aubert, Isturitz, Sallèles-Carbardès) ist aufgrund der Fundumstände ein Nachweis, daß es sich um absichtliche Schädeldeponierungen rituellen Charakters handelt, zwar nicht zu erbringen; mit der diesbezüglichen Möglichkeit wird man aber mindestens teilweise rechnen dürfen.

Wenngleich es nicht an Übergängen und Gemeinsamkeiten zwischen regulären Bestattungen und isolierten Schädeldepositionen fehlt, so bereitet die religionskundliche Interpretation der letzteren doch erhebliche Schwierigkeiten. Daß die Verletzungen dieser Schädel von Unglücksfällen oder nachträglichen Beschädigungen herrühren könnten, wird von anthropologischen Experten in Abrede gestellt. Wir müssen daher mit einer gewaltsamen Tötung der betreffenden Individuen rechnen, was – wie der Befund vom Monte Circeo beweisen dürfte – im Rahmen eines kultischen Rituals geschah. Sind diese Handlungen demnach in die Kategorie der Opfer einzureihen, so erhebt sich die Frage nach den besonderen Umständen, den speziellen Anlässen, den dabei im Vordergrund stehenden Vorstellungen und dem beabsichtigten Zweck bzw. dem damit zum Ausdruck kommenden Anliegen dieser Opfer. Die Geschichte – unter Einschluß der Ethnologie – bietet eine Fülle verschiedenartiger Beispiele von Menschenopfern, die eine weite Skala von Motiven und Zwecken, Vorstellungen und Gefühlen umfaßt. Wir sehen aber schlechterdings keinen methodischen Weg, der aus der Fülle dieser Bedeutungen und Sinngebungen diejenigen herausfinden ließe, welche entsprechend oder doch ähnlich für jene mittelpaläolithischen Vorgänge zutreffen würden.

An mittelpaläolithischen Schädeln sind nicht nur die auf eine gewaltsame Tötung hindeutenden Hiebspuren auffällig, sondern ebenso die nicht selten festzustellenden Anzeichen für eine – wie versichert wird – künstliche Erweiterung des Hinterhauptloches. Dieses Merkmal dürfte mit der Entnahme des Hirnes zusammenhängen. Bei rezenten Naturvölkern tritt eine gewaltsame Vergrößerung des Hinterhauptloches zuweilen in Verbindung mit anthropophagen Sitten auf. Wenn dasselbe auch für die altsteinzeitlichen Funde angenommen wird, so bleibt das freilich hypothetisch. Was die Befunde unmittelbar bezeugen, ist nur dies: der Schädel wurde mitunter vom Körper gelöst, gesondert behandelt und sichtbar aufbewahrt. Dazu war eine Entfleischung sowie eine Herausnahme des Gehirnes notwendig. Was im Verlaufe des dabei vorauszusetzenden Rituals mit dem Hirn geschah, entzieht sich unserer Kenntnis.

*Jungpaläolithikum:* Die meisten jungpaläolithischen Bestattungen wurden auf Lagerplätzen – im Höhleninnern, unter Abris oder im Freiland – entdeckt. In einigen Fällen konnte aus der stratigraphischen Position geschlossen werden, daß die Niederlegung eines Toten am Ende der Bildung einer Kulturschicht, also unmittelbar vor dem Abzug der betreffenden Bevölkerungsgruppe, erfolgte (z.B. Cro-Magnon, Grimaldi, Kostjenki). Dabei wurde wohl kaum der Platz als Aufenthaltsort der Lebenden geräumt, weil nun ein Toter hier ruhte, sondern umgekehrt: Man überließ einem Verstorbenen diesen Platz, weil man im Begriff war, weiterzuziehen. Daß man sich mit dem Verstorbenen verbunden fühlte, ihn in der Gemeinschaft der Lebenden belassen wollte, wird dadurch unterstrichen, daß man ihn mitunter auf die Herdstelle bettete (Acquedolci, Laugerie-Basse, Le Roc de Sers, Grimaldi, Duruthy, Cheix, Rochereil, Předmost). In Grimaldi und Duruthy war der Herd sogar noch heiß, als dies geschah. Vermutlich war bei diesen Herdbestattungen einfach das emotionale Verlangen bestimmend, dem Verstorbenen im Gefühl liebender Verbundenheit die zentrale und wichtigste Stelle des Lagerplatzes als Ruhestätte zu überlassen. Daß – wie erwogen wurde – darüber hinaus die Vorstellung eine Rolle gespielt habe, dem Toten durch die Wärme des Herdes die Wärme des Lebens wiedergeben zu können, ist wenig glaubhaft, setzt sie doch ein analytisches Denken voraus, das keinesfalls primitiv-ursprünglich ist.

Häufig wurden die Toten im Jungpaläolithikum mit Ockerpulver bestreut; oder es wurde Ocker oder Rötel in Lehm geknetet und damit der Tote umgeben. Da in vielen späteren Kulten Rot als die Farbe des Lebens gilt, wurde angenommen, daß die Rötel- und Ockerbeigabe bei paläolithischen Bestattungen in ähnlichem Sinn zu verstehen sei: die rotfärbenden Materialien hätten dem Verstorbenen die Farbe des Lebens verleihen und ihn damit in gewisser Weise am Leben selbst teilnehmen lassen sollen. Dabei blieb aber offen, wie die gedankliche Verbindung zwischen roter Farbe, biologischem Leben und Leben eines Verstorbenen näherhin vorzustellen sei. Eine Symbolik, bei der biologisches und jenseitiges Leben in Analogie zueinander gesehen werden, setzt die Emanzipation der Vorstellung von einem Jenseits als einer selbständigen Daseinsform voraus und ist sicherlich die Frucht eines ausgesprochen entwickelten Denkens. Andererseits aber ist die Absicht, durch Bestreichen mit roter Farbe dem Toten Leben im biologischen Sinn zuführen zu wollen, ebensowenig einer ursprünglichen Denkart gemäß. Einleuchtender ist es vielmehr, daß die rote Farbe einfach ein Ausdruck der Festlichkeit ist, ohne die Absicht, damit magisch etwas bezwecken zu wollen. Eine Rotfärbung des menschlichen Gesichtes und Körpers, aber auch bestimmter Gegenstände (des Lagers, der Kleidung, der Behausung) mochte im Leben aus festlichen Anlässen verschiedenster Art vorgenommen worden sein. So konnte es naheliegen, auch bei der feierlichen Bestattung den Verstorbenen rot zu färben. Diese Bedeutung des Festlichmachens wird durch die Beobachtung erhärtet, daß die Toten nicht selten auf einer mehr oder minder dicken rotgefärbten Erdschicht wie auf einem ausgebreiteten, festlichen Tuch lagen (Arene Candide, Oberkassel, Kostjenki), oder daß eine solche rote Schicht sie bedeckte (Acquedolci, Les Hoteaux, La Madeleine, Grimaldi), bzw. einhüllte (La Madeleine, Chancelade). In anderen Fällen waren nur einzelne Körperteile rot gefärbt. So wies ein männliches Skelett aus der Barma Grande von Grimaldi einen mit Ocker verkrusteten Schädel auf. Ein Kinderskelett von Unterwisternitz war verkohlt, der Schädel indes intensiv rot gefärbt.

Die (durchweg unverbrannt beigesetzten) Toten wurden zuweilen auf dem ebenen Boden, häufig aber in einer natürlichen, eventuell künstlich erweiterten Mulde oder Felsspalte oder in einer regelrechten, eigens dafür eingetieften

Grabgrube niedergelegt. Nicht selten waren sie von Steinsetzungen umgeben; oder nur der Kopf wies eine solche Steinumstellung auf (La Madeleine, Solutré, Grimaldi, Předmost). In anderen Fällen wurde der Tote mit einer oder mehreren Steinplatten bedeckt (Arene Candide, Grimaldi, Le Roc de Sers, Oberkassel, Předmost). Ausnahmsweise war ein regelrechter Steinbau dolmenartigen Charakters errichtet (Saint-Germain-la-Rivière). Offensichtlich hatten alle diese Anlagen den Zweck, den Toten, namentlich den Kopf, vor Raubwild zu schützen. Dasselbe sollte gewiß auch durch die Mammutschulterblätter erreicht werden, die bei etlichen mährischen Bestattungen über die Toten gelegt worden waren (Předmost, Pavlov, Brünn, Unterwisternitz). Eine Bestattung von Kostjenki ruhte in einer kammerartigen Setzung aus Mammutschädeln und -knochen von 2,2 × 0,55 m innerer und 4 × 1,5 m äußerer Weite.

Manche Forscher nahmen an, die Bedeckung der Toten mit Steinen oder Mammutschulterblättern hätte den Verstorbenen im Grabe festhalten sollen, um seine Wiederkehr als „lebender Leichnam“ zu verhindern. Es ist dies bekanntlich eine Vorstellung, die in gewissen Bestattungssitten späterer Zeiten zum Ausdruck kommt. Wo allerdings bei den paläolithischen Grabanlagen die Stein- oder Knochenumstellung bzw. -bedeckung näher zu beurteilen ist, spricht sie mehr für die Absicht, den Toten vor wilden Tieren als die Hinterbliebenen vor dem Toten zu schützen. Daß das letztere bei der Urmenschheit im Vordergrund gestanden habe, entspricht der einstmals sehr populären, inzwischen aber von der Forschung als unhaltbar erwiesenen sog. animistischen Theorie E. Tylors. Nach dieser sollte als Vorstufe der Religionsentstehung der Urmensch aus den Erfahrungen von Schlaf, Verzückung, Traum und Krankheit zunächst zum Begriff eines vom Körper verschiedenen Prinzips, der belebenden Seele, gelangt sein. Dabei wurde von den Vertretern des Animismus jedoch in einem wichtigen Punkt die Ursache mit der Wirkung verwechselt: Traumerlebnisse, bei denen ein Verstorbener handelnd erscheint, können schwerlich die Entstehung eines Seelenglaubens und der Vorstellung von einem gespenstartigen „lebenden Leichnam“ bewirken, sondern sind ihrerseits der Widerspiegel eines bereits vorhandenen Seelenglaubens.

Die Körperlage der jungpaläolithischen Skelette ist sehr unterschiedlich. Gestreckte Rückenlage (Les Hoteaux, La Madeleine, Arene Candide, Grimaldi, Klausen, Oberkassel) kommt ebenso vor wie Seitenlage, wobei die Beine zumeist mehr oder weniger stark angezogen sind, so daß die typische Hockerstellung entsteht (Duruthy, Chancelade, Cheix, Laugerie-Basse, Saint-Germain-la-Rivière, Grimaldi, Předmost, Brünn, Pavlov, Unterwisternitz). Auch die Übergangsform: Rückenlage mit angezogenen Beinen ist bekannt (Combe Capelle). Einer natürlichen Schlafstellung entspricht es, wenn bei einem seitlichen Hocker die Arme angewinkelt sind, so daß die Hände in der Gegend des Gesichtes liegen. Wenn die Arme bei gestreckter Rückenlage allerdings gleichfalls stark angewinkelt sind und die Hände am Kopf liegen

(Grimaldi), so ist das keine natürliche Schlafstellung mehr, sondern läßt an eine rituelle Armhaltung denken. Ein Kind von Kostjenki wurde ausnahmsweise als sitzender Hocker angetroffen.

Die Hockerlage, vor allem die bei den Skeletten von Laugerie-Basse und Unterwisternitz begegnende extreme Hockerlage, wird zuweilen unter Berufung auf gewisse Sitten rezenter Naturvölker mit der Annahme einer Fesselung der Toten in Zusammenhang gebracht. Allerdings handelt es sich bei den ethnologischen Beispielen vorwiegend um sitzende, nicht um liegende Hocker. Bei ihnen kann mit der Fesselung beabsichtigt sein, eine Wiederkehr als „lebender Leichnam" zu verhindern. Die paläolithischen Hockerbestattungen legen freilich von sich aus die Annahme einer Fesselung nicht nahe, abgesehen davon, daß nicht einzusehen ist, weshalb ein Hocker besser zusammengebunden werden kann als ein gerade liegender Toter. Und was die theoretische Seite dieser Frage anlangt, so dürfte eine Psychoevolutionstheorie, die differenzierte Seelenvorstellungen und einen Glauben an den „lebenden Leichnam" nicht der für das Paläolithikum anzunehmenden urmenschlichen Denkart und Vorstellungswelt zuordnet, logisch begründeter sein als eine Evolutionstheorie, die dies voraussetzt.

Was die Orientierung bzw. die Blickrichtung der im Jungpaläolithikum Bestatteten anlangt, so sind da gewisse Regeln zu erkennen. Die zwanzig in einer Grube vereinigten Skelette von Předmost lagen zumeist mit dem Kopf nach Norden. Bei den in Nordsüdrichtung liegenden gestreckten Skeletten von der Klausen, von Combe Capelle, Les Hoteaux und Grimaldi, Grotte des Enfants war der Kopf nach rechts gedreht, so daß der Blick nach Westen zeigte, während die in Südnordrichtung liegenden Skelette von La Madeleine und Grimaldi, Grotte du Cavillon sowie Barma Grande den Kopf nach links gedreht hatten, so daß auch hier der Blick nach Westen, der untergehenden Sonne zu, gerichtet war. Bei einigen Skeletten, die auf dem Bauch lagen, war das Gesicht zur Erde gewandt.

Doppel- und Gruppenbestattungen kommen etlichemal vor. In der Arene Candide wurden zweimal ein Erwachsener und ein Kind gemeinsam zur letzten Ruhe gebettet. In Grimaldi, Grotte des Enfants lagen zwei Kinder von 4 und 5–6 Jahren dicht nebeneinander. In derselben Höhle kam die sonderbare Doppelbestattung eines auf der Seite liegenden Jünglings und einer von seinem rechten Arm umschlossenen, in gehockter Bauchlage mit dem Gesicht nach unten kauernden Greisin zum Vorschein. In Oberkassel wurden ein Mann und eine Frau nebeneinander und zweifellos zum selben Zeitpunkt bestattet. Das gleiche gilt für die drei Toten, einen Jüngling, eine junge Frau und einen erwachsenen Mann, in der Barma Grande von Grimaldi und für die drei Toten auf einem Herd von Le-Roc-de-Sers.

Aus dem Erhaltungszustand einiger Skelette (z.B. Předmost, Klausen, Combe Capelle) glaubten manche Anthropologen auf beabsichtigte Leichenzerstückelung und Kannibalismus schließen zu dürfen. Dabei wurde aber in die beobachteten Fundverhältnisse entschieden mehr hineingesehen, als diese auszusagen vermögen. Weder die Unvollständigkeit von Skeletten noch die Verletzungen einzelner Knochen können angesichts der vielfachen Störungen der Grabanlagen, die teils nachweisbar, teils allgemein in Betracht zu ziehen sind, in der fraglichen Richtung ausgedeutet werden.

Im Gegensatz zu den mittelpaläolithischen wurden den jungpaläolithischen Bestattungen häufig Schmuckstücke mitgegeben. Überwiegend handelt es sich dabei um durchlochte Tierzähne und Konchylien, die oft in großer Anzahl auf dem Schädel, am Hals, auf dem Becken, den Oberarmen, den Ellenbogen und den Handgelenken, den Knien und Füßen angetroffen wurden, und die zu verschiedenartigen Zieraten gehörten (La Madeleine, Combe Capelle, Cro-Magnon, Duruthy, Laugerie-Basse, Saint-Germain-la-Rivière, Arene Candide, Grimaldi, Grotte des Enfants, Barma Grande, Brünn, Unterwisternitz, Kostjenki). Die Schmuckausstattung von Männern, Frauen und Kindern weist in den Formen und im Reichtum weitgehende Gemeinsamkeiten auf. Eventuell könnte man von einer gewissen Bevorzugung der Männer sprechen; doch beruht dieser Eindruck vielleicht nur auf einem Zufall.

Außer dem Körper- und Kleiderschmuck besaßen die Bestattungen Beigaben anderer Art. Religionskundlich kommt einer männlichen Elfenbeinfigur aus einem Männergrab von Brünn eine besondere Bedeutung zu (*s. S. 269*). Die Zugehörigkeit einer zerbrochenen Sandsteinlampe zu einem Kinderskelett von Terrasson ließ sich leider nicht sicher nachweisen. Falls hier wirklich eine Grabbeigabe vorliegen würde, wäre dieser Fund eventuell als Hinweis darauf zu werten, daß bei Verstorbenen nächtliche Totenwache gehalten wurde.

Die von spätpaläolithischen Lagerplätzen in großer Zahl bekannten Lochstäbe aus Geweih wurden zweimal auch als Grabbeigaben beobachtet. In Les Hoteaux lag ein Exemplar neben einem Bein des Skelettes. In den Arene Candide waren es vier Exemplare, von denen zwei mit dem Lochende nach oben neben dem rechten Arm, die beiden anderen mit dem Lochende nach unten neben dem linken Arm angetroffen wurden. Da über die Verwendungsweise dieser Lochstäbe noch immer eine befriedigende Klarheit nicht erzielt ist, kann ihr Auftreten als Grabbeigabe einstweilen bestattungs- und damit religionskundlich nicht ausgewertet werden.

Die bei jungpaläolithischen Skeletten als Grabbeigaben dienenden Steingeräte zeichnen sich mitunter durch eine auffallende Größe und Bearbeitungssorgfalt aus. So haben drei Steinklingen bei den nebeneinanderliegenden Skeletten der Barma Grande von Grimaldi eine Länge von 23, 26 und 17 cm. Die Klinge, die der Jüngling der Arene Candide in der rechten Hand hielt, ist gleichfalls 25 cm lang. Von den zu Bestattungen gehörenden Steingeräten wird gelegentlich versichert, sie zeigten keinerlei Gebrauchsspuren. Das unterstreicht ihre Bedeutung als Abschiedsgeschenke.

Da die Bestattungen zumeist in einer von Lageraufenthalten herrührenden

Kulturschicht eingebettet sind, ist es bei den mitgefundenen Tierknochen in der Regel schwer zu entscheiden, ob sie von Fleischstücken stammen, die als Grabbeigabe aufzufassen sind. Einige sichere Befunde lehren jedoch, daß die aus jüngeren Kulturen so geläufige Sitte der Speisemitgabe grundsätzlich auch im Paläolithikum bekannt war. Mit Jenseitsvorstellungen, wonach die Toten solcher Nahrung bedürften, hat dieser Brauch wohl nichts zu tun. Vielmehr sind die Fleischstücke ebenso wie die Steingeräte vermutlich einfach als Abschiedsgeschenke zu deuten, die das Gefühl der Verbundenheit ausdrükken sollten.

Die Gruppierung von vier Pferdeschädeln mit Unterkiefer und einem Wisentschädel mit ansitzenden Hörnern sowie anderen Tierknochen um das durch eine Steinsetzung geschützte Skelett von Saint-Germain-la-Rivière erinnert an den oben erwähnten mittelpaläolithischen Befund aus der Tešík-Táš-Höhle. Inwieweit hier ein Zusammenhang mit anderen Depositionen von Tierschädeln besteht, die in die Gruppe der Opferfunde einzuordnen sind *(s. S. 244 ff.)*, und inwieweit diese Anlage einfach den emotionalen Wunsch widerspiegelt, den Liegeplatz des Verstorbenen besonders auszugestalten, muß dahingestellt bleiben. Ein Mammutschädel mit ansitzenden Stoßzähnen lag in einer Grube neben einer Bestattung von Paviland in Wales.

Wie schon aus dem Mittel- so sind auch aus dem Jungpaläolithikum außer vollständigen Bestattungen isolierte Kopfbestattungen und Schädeldeponierungen bekannt. Die beiden letzteren sollten tunlich voneinander unterschieden werden, wenngleich nicht jeder Schädelfund mit Sicherheit einer der beiden Gruppen zugeteilt werden kann. Kopfbestattungen, bei denen der Kopf des Verstorbenen vom Rumpf getrennt und gesondert beigesetzt wurde, sind daran kenntlich, daß nicht nur der Unterkiefer, sondern auch die obersten Halswirbel in anatomisch richtigem Verband angetroffen werden, was darauf hindeutet, daß die Weichteile zum Zeitpunkt der Beisetzung den Schädel noch umgaben. Die Sitte der Kopfbestattung ist durch das ganze Jungpaläolithikum hindurch zu verfolgen, vom Aurignacien (Vogelherd) und Gravettien (Předmost) bis zum Ausgang des Paläolithikums (Kaufertsberg, Ofnethöhle; Hohlerstein). Einigemal sind solche Köpfe nicht einzeln, sondern in Gruppen beigesetzt worden. In Le Placard lagen offenbar fünf Schädel nebeneinander. Drei auf einer Felsplatte ruhende Schädel aus der Grotte des Hommes von Arcy-sur-Cure sind aller Wahrscheinlichkeit nach auch jungpaläolithisch. Im Hohlerstein fanden sich der Schädel eines Mannes, derjenige einer Frau und derjenige eines Kindes, jeweils mit Unterkiefer und mehreren Halswirbeln versehen, dicht beisammen in einer gemeinsamen Grube auf einer gemeinsamen Rötelschicht. In der Ofnethöhle waren in zwei kaum einen Meter voneinander entfernten Mulden, auf Ocker und Asche gebettet, sogar gänze Schädelnester gebildet worden, das einemal aus 27, das anderemal aus 6 Schädeln bestehend. Da stets die Unterkiefer, zumeist auch die ersten Halswirbel vorhanden waren, handelt es sich eindeutig um Kopfbestattungen. Es sind 4

Männer, 9 Frauen und 20 Kinder. Während die Hohlersteiner Gruppe offensichtlich zu einem einheitlichen Zeitpunkt beigesetzt wurde, soll sich die Niederlegung der Köpfe in der Ofnethöhle nach Ansicht des Ausgräbers über einen gewissen Zeitraum erstreckt haben; vielleicht war dieser freilich nur sehr kurz. Alle Schädel der Ofnethöhle lagen so, daß sie nach Westen, zum Höhleneingang hin, blickten. Könnte diese Blickrichtung sich hier einfach durch die Lage des Höhleneingangs ergeben haben, so scheint die Tatsache, daß das Gesicht der Hohlerstein-Schädel einheitlich nach Südwesten gerichtet war, obgleich die Höhle sich nach Norden öffnet, darauf hinzudeuten, daß der Blickrichtung doch eine bestimmte Bedeutung zukam. Man möchte dann am ehesten eine Beziehung zur untergehenden Sonne in Betracht ziehen.

Hinsichtlich der Schmuckausstattung dieser isoliert beigesetzten Köpfe zeigt sich ein Unterschied zu den regulären Bestattungen. In der Ofnethöhle waren nur die Köpfe der Frauen und Kinder reichlich mit Schmuck versehen (etwa 200 durchlochte Hirschgrandeln und etwa 4000 durchlochte Schnekken); diejenigen der Männer waren beigabenlos. Auch im Hohlerstein war nur der Frauenkopf geschmückt (12 Schlundzähne vom Fisch). Ein weiterer, reich mit Muschelschmuck versehener Schädel mit Unterkiefer von Le Placard gehörte gleichfalls zu einem weiblichen Individuum. Demgegenüber stammt der beigabenlos beigesetzte Kopf vom Kaufertsberg von einem Mann. Das gleiche ist wohl bei den ohne Schmuck bestatteten Köpfen von Les Eyzies, Abri Pataud, Gourdan, Parpalló und Mas d'Azil zu vermuten.

Höchst auffällig an den jungpaläolithischen Kopfbestattungen sind, ebenso wie an denen des Mittelpaläolithikums, die schweren Schädelverletzungen, die den Tod der betreffenden Individuen herbeigeführt haben dürften. Sie finden sich bei Männern, Frauen und Kindern. Was es für rituelle Handlungen waren, die an diesen Menschen vor der Beisetzung ihrer Köpfe vollzogen wurden, können wir nicht ergründen. Und erst recht vermögen wir die diesen rituellen Handlungen zugrunde liegenden Vorstellungen und Anliegen nicht zu erhellen. Mit dem allgemeinen Begriff „Ritualtötung" ist das Geschehen, wenn auch wohl richtig, so doch nur in seiner alleräußersten Erscheinung gekennzeichnet. Um vom religiösen Gehalt dieser Vorgänge auch nur das mindeste aussagen zu können, müßten wir einen ganz anderen Einblick in die Religion dieser Menschen haben, als es tatsächlich der Fall ist. Nichts kann hier so in die Irre führen wie die Berufung auf ethnologische Analogien. Zwar trennt uns von den Kopfbestattungen aus dem Hohlerstein und der Ofnethöhle nur eine Zeitspanne, die kürzer ist als diejenigen zwischen diesen und den Kopfbestattungen des Vogelherdes oder gar der Schädeldeposition im Monte Circeo. Dennoch müssen wir sagen, daß uns die Geistigkeit der späten Paläolithiker nicht in einem solchen Maß zugänglich ist, als daß wir die aus den Zeugnissen gesicherte Tatsache von Ritualtötungen irgendwo wesensmäßig deuten und religionskundlich interpretieren könnten.

Von den Kopfbestattungen, namentlich denen, die – wie vermutlich die

Ofnet-Schädel – im Laufe einer gewissen Zeitspanne zu einer Gruppe zusammengesetzt wurden –, ist der Weg zu kultischen Schädeldepositionen und einem rituellen Gebrauch menschlicher Schädel und Schädelteile nicht weit. Im Gegensatz zu den Kopfbestattungen, die durch ihre Lage in einer Grube und ihre Bedeckung mit Erde im allgemeinen doch in gewissem Umfang geschützt waren, werden wir damit rechnen müssen, daß Schädel, die offen sichtbar blieben und eine wie auch immer geartete Bedeutung für die Lebenden besaßen (Ahnenverehrung oder dgl.), nur ganz ausnahmsweise unter Verhältnissen gefunden werden, die auf diese einstige Bedeutung schließen lassen. Ein solcher Glücksfall – darin dem Schädel vom Monte Circeo an die Seite zu stellen – stammt aus der Magdalénien-Schicht von Mas d'Azil: in einer nischenartigen Wandaushöhlung lag ein Schädel ohne Unterkiefer, bei dem die Zähne fehlten und gewaltsam ausgerissen zu sein scheinen; in der linken Augenhöhle befand sich als Einsatz eine sorgfältig aus einem Cervidenwirbel zugeschnittene Knochenplatte; unweit davon lag eine zweite, entsprechende Knochenplatte, die zweifellos als Einsatz der zweiten Augenhöhle gedient hatte.

Andere Zeugnisse einer rituellen Benützung menschlicher Schädel stellen die sog. Schädelbecher dar. Die an diesen Schädelkalotten erkennbaren Schnittspuren weisen darauf hin, daß nach Abtrennung des Kopfes vom Körper mit Steinmessern die Haare, die Haut und das Fleisch entfernt, die Gesichts- und Basalteile abgeschlagen und darüber hinaus Stücke der unteren Ränder des Stirn-, Scheitel- und Hinterhauptbeines so abgeschnitten wurden, daß eine ziemlich ebene Kante entstand. Die bekanntesten Beispiele solcher Schädelbecher stammen von Le Placard. Andere sind von Laugerie-Basse, La Madeleine, Castillo und Unterwisternitz bekannt. Ob es sich hier wirklich um Trinkschalen rituellen Charakters handelt, muß natürlich dahingestellt bleiben. Nur die allgemeine Tatsache, daß Teile menschlicher Schädel für einen bestimmten Zweck artifiziell zugerichtet wurden, ist gesichert.

Zu erwähnen sind schließlich durchlochte menschliche Zähne von La Combe, Bédeilhac und Unterwisternitz sowie ein Menschenzahn vom Abri des Vachons, der statt einer Durchbohrung an der Wurzel Kerbrillen aufweist, die beweisen, daß er ebenso wie jene durchlochten Zähne als Anhänger getragen wurde. Verglichen mit den Tausenden von durchbohrten Tierzähnen aus jungpaläolithischen Kulturschichten sind diese aus Menschenzähnen verfertigten Anhänger außerordentlich selten. Der Molar von La Combe weist eine geritzte Zeichnung auf, wie sie ähnlich auf durchlochten Bärenzähnen von Duruthy wiederkehrt. Vergleichbare Winkelreihen bzw. Fischgrätenzeichen sind mitunter auch in Zusammenhang mit Tierbildern bekannt und können dort vereinzelt als Harpunen gedeutet werden. Daß diese Zeichen auf den Bärenzähnen von Duruthy und dem Menschenzahn von La Combe auch als Jagdwaffe zu interpretieren seien, und daß der letztere – wie erwogen wurde – demnach eine Jagdtrophäe darstelle, die auf eine Kopfjagd hindeuten würde, ist höchst zweifelhaft. Abgesehen davon, daß die Frauendarstellung auf einer Knochenscheibe von Isturitz auf dem Oberschenkel ein ähnliches Fischgrätenzeichen besitzt, das hier nicht als Jagdharpune aufgefaßt werden kann, ist die Annahme, im Jungpaläolithikum sei ein solches Zeichen gleichsam zu einem Ideogramm geworden, nicht überzeugend. Was die Winkelzeichen des Zahnes von La Combe bedeuten, und ob sie überhaupt etwas bedeuten, muß offenbleiben.

Eine Verwendung als Anhänger wie für diese Zähne ist auch für das durchlochte, sonst aber unbearbeitete Stück eines menschlichen Schädels von Veyrier und für einen durchbohrten menschlichen Unterkiefer aus der Trois-Frères-Höhle anzunehmen. Hier von Amuletten zu sprechen, geht bereits über das hinaus, was bezüglich des Sinngehaltes dieser Knochenanhänger beweisbar ist. Wir müssen uns mit der allgemeinen Feststellung begnügen, daß gelegentlich menschliche Knochen und Zähne als Anhänger getragen wurden, ohne daß wir ermitteln können, ob sich darin nur das Bedürfnis ausdrückt, mit einem Verstorbenen gegenständlich verbunden zu sein, oder ob darin noch weitere Vorstellungen und Absichten mitschwangen.

## *Bildwerke*

Daß die figürliche Kunst des Jungpaläolithikums ihrem Wesen nach in den Bereich des Religiösen gehört, ist in der Forschung allgemein anerkannt. Über die Art der in ihr zum Ausdruck kommenden religiösen Vorstellungen, Handlungen und Anliegen gehen die Ansichten jedoch erheblich auseinander.

*Tierbilder:* Die Fundumstände der mit Tierdarstellungen versehenen Steinplatten und Knochenstücke, die Anbringung der Tierbilder auf den Höhlenwänden, die Anordnung, Verteilung, Vergesellschaftung und Darstellungsart der Bilder geben für ihre religionskundliche Interpretation mancherlei Hinweise.

Die Lage der Felsgravierungen und -malereien zumeist tief im Innern der Höhlen, weit vom Eingang entfernt, wohin kein Tageslicht dringt, nicht selten an Stellen, die nur nach Überwindung beträchtlicher Schwierigkeiten – jenseits von steilen Schächten, niedrigen Gängen, unterirdischen Wasserläufen und Seen – zu erreichen sind, läßt erkennen, daß diese Bilder ihre Entstehung besonderen Vorstellungen und Anliegen verdanken, die nur im kultisch-religiösen Bereich gesucht werden können. Sehr häufig finden sie sich in Höhlenpartien, die keine Kulturschichten aufweisen, und die auch aus allgemeinen Gründen nicht als Lagerplatz benutzbar waren. Ob Brandflecken an den Wänden und Steinlampen auf dem Boden (La Mouthe, Teyjat, Lespugue, Lascaux) auf die künstliche Erhellung dieser entlegenen Höhlenteile nur anläßlich der Anbringung der Wandbilder hindeuten, oder ob darüber hinaus irgendwelche rituellen Handlungen vor diesen Bildern vollzogen wurden, kann nicht eindeutig entschieden werden. Häufig verbietet allerdings die Enge eines mit Wandbildern bedeckten Ganges oder die geringe Höhe einer mit Tierfiguren bemalten Saaldecke die Annahme, dort hätten sich weitere kultische Vorgänge abgespielt. Andererseits beweist das Übereinanderliegen oft vieler Zeichnungen und Malereien, daß dieselben Höhlenpartien während eines offenbar recht langen Zeitraumes wiederholt in derselben Absicht aufgesucht wurden. Angesichts dieser Gegebenheiten ist sich die Forschung darüber einig, daß bei den Tierfiguren auf den Höhlenwänden nicht eine Bildwirkung auf einen Betrachter beabsichtigt war, sondern daß der Zweck dieser Bilder rein in ihrer Anfertigung als solcher lag. Dabei ging es – wie die Darstellungsart unmißverständlich erkennen läßt – um die Erfassung der Tiere in ihrer natürlichen Körperlichkeit und Bewegung, zumeist um einzelne Tiere, ohne einen bildmäßigen Zusammenhang zu danebenstehenden Tieren oder zu einem Bildhintergrund; nur ganz selten erscheinen Tierpaare oder -herden.

Wenn oben festgestellt werden konnte *(S. 157ff.)*, daß diesen Bildern psychologisch ein Sichvergegenwärtigen der Tiere in ihrer gegenständlichen Wirklichkeit zugrundeliegt, so ist für ihre religionsgeschichtliche Beurteilung die Frage entscheidend wichtig, ob diese Wirklichkeit eine in der Vergangenheit erlebte oder eine in der Zukunft erhoffte war, oder ob sie, jenseits einer bestimmten Zeitlichkeit und überhaupt nicht bezogen auf eine konkrete Verkörperung, gedanklich-allgemeiner Art war.

Die letztgenannte Möglichkeit weist auf eine Religionsform hin, bzw. setzt diese voraus, die unter der Bezeichnung Animalismus bei einigen rezenten Jägervölkern bekannt ist, und die in einer teils magischen, teils mystisch-religiösen Bindung des Menschen an bestimmte Tiere, vor allem Jagdtiere, oder an besonders hervorragende Vertreter des Tierreiches besteht. Die Tiere werden als beseelte, menschenähnliche Wesen angesehen. Menschliche Seelen können in Tierkörper eingehen, was eine tiefgegründete Wesensverwandtschaft impliziert. Der Mensch kann tierische Schutzgeister haben. Tänze in Tiermasken, Träume um Tiere, Tierspiele, auf Tiere bezogene Fruchtbarkeitsriten, der Glaube an tierische Stammväter u. a. m. sind Äußerungen des Animalismus. Dieser ist nicht einfach mit dem Totemismus gleichzusetzen, stellt aber dessen geistigen Hintergrund dar.

Im Hinblick darauf, daß die Jungpaläolithiker wirtschaftlich auch Jäger waren, könnte es naheliegen, für sie ebenfalls eine aus der engen Vertrautheit und emotionalen Beziehung zum Tier erwachsende, dem neuzeitlichen Animalismus verwandte geistig-religiöse Haltung anzunehmen. In dieser Richtung wurden gewisse Beobachtungen an den Tierbildern auszudeuten versucht. Die Gesichter der Wisente von Font-de-Gaume zeigen einen menschlichen Ausdruck. Bei einigen anderen Figuren treten anthropomorphe Elemente noch stärker in Erscheinung, so daß regelrechte Zwitterwesen entstehen. Wenn wir von flüchtigen oder unbeholfenen Darstellungen absehen, bei denen es bei Anlegen kritischer Maßstäbe fraglich bleiben muß, ob wirklich eine beabsichtigte Vereinigung menschlicher und tierischer Körpermerkmale vorliegt, so sind vor allem drei Figuren aus der Trois-Frères-Höhle *(Taf. 10,4. 8)* und eine aus der Höhle von Gabillou zu nennen, bei denen der vordere Körperteil (Kopf und Vorderbeine) in Cerviden- oder Bovidenart gebildet ist, der hintere jedoch menschliche Gestalt zeigt. Ob man hier in Analogie zu ethnologischen Tiermaskentänzern verkleidete Menschen sehen darf, die, in Tierfelle gehüllt, im Verfolg eines Sympathiezaubers jagdmagische Tänze ausführten oder diese Verkleidung benutzten, um auf der Jagd erfolgreicher zu sein, erscheint recht zweifelhaft. Eher möchte man annehmen, daß diese ausgefallenen Wesen der durch bestimmte Erlebnisse und sinnestäuschende Eindrücke erregten Phantasie des Jägerzeichners entsprungen sind. Die drei Figuren aus der Trois-Frères-Höhle sind in ihrer Darstellungsmanier so einheitlich, daß ein enger herstellungsmäßiger Zusammenhang, vielleicht sogar die Verfertigung durch denselben Zeichner, nicht von der Hand zu weisen ist. Als allgemein-typisch für die jungpaläolithische Mentalität können solche Zwitterwesen jedenfalls nicht betrachtet werden.

Von allen als Jagdwild des Mittel- und Jungpaläolithikums eine Rolle spielenden Tieren besitzt der Bär dadurch, daß er bisweilen aufrecht geht, die auffallendste Ähnlichkeit mit dem Menschen. Mag dies von den Paläolithikern auch empfunden worden sein, so läßt sich doch schwerlich nachweisen, daß dies religionskundlich zu einem Glauben an einen bärengestaltigen Alter Ego oder Ahnherrn geführt habe. Daß vereinzelte anthropomorphe Zeichnungen eine gewisse Ähnlichkeit mit Bären aufweisen, berechtigt noch nicht zu dieser Deutung; und was an reinen Bärenbildern bekannt ist (*Taf. 6,17; 9,10*), reiht sich zwanglos in den Bestand jungpaläolithischer Tierdarstellungen ein, ohne daß daraus eine religionsgeschichtliche Sonderstellung dieses Tieres abzuleiten wäre. Vieldiskutiert ist der sonderbare Fund eines fossilen Bärenschädels mit abgeschliffenen Vorderzähnen von der schlesischen Hellmichhöhle. Falls diese Abschleifung wirklich, wie der Ausgräber und andere fest annehmen – was indes nicht unbestritten geblieben ist –, künstlich an einem lebenden Tier vorgenommen wurde, würde das beweisen, daß man diesen Bären gefangenhielt, vermutlich um ihn lebend bei irgendwelchen zeremoniellen Handlungen oder Spielen zu verwenden.

Aus dem rezent-völkerkundlichen Bereich gibt es bei manchen Jägervölkern Bärenspiele und ein Bärenzeremoniell. Die damit verbundenen magischen oder religiösen Vorstellungen sind aber spezifisch neuzeitlicher Art, und es ist schlechterdings nicht ersichtlich, wie ihre Übertragung auf das Jungpaläolithikum methodisch begründet werden könnte.

Zwar ist das, was heute zusammenfassend als Animalismus bezeichnet wird, durchaus keine einheitliche Religionsform, sondern eine Summe von Einzelerscheinungen jeweils unterschiedlichen Umfanges und spezieller Ausprägung. Dennoch ist dem so Bezeichneten etwas gemeinsam, nämlich ein recht differenzierter, ausgesprochen entwickelter Seelenglaube. Nicht das Erleben einer naturhaften Daseins- und Schicksalsgemeinschaft zwischen Mensch und Tier ist es, was hier hervortritt, sondern eine komplizierte gedankliche Konzeption seelischer Kommunikationen. Es will uns scheinen, daß die sich in den jungpaläolithischen Tierbildern ausdrückende Geisteshaltung mit dem historisch bekannten Animalismus nicht nur nicht erschöpfend umschrieben wird, sondern daß ganz im Gegenteil statt einer mystischen Wesensverbindung zwischen Tier und Mensch ein bewußtes Erfassen des Tieres als eines Gegenübers zur Entstehung dieser Bilder geführt hat. Die wenigen Figuren, die tierische mit menschlichen Gestaltmerkmalen verbinden, können den Gesamteindruck nicht verwischen, daß es bei den paläolithischen Tierbildern gerade auf die Erfassung der Tiere in ihrem rein naturhaften Charakter, nicht in einer vorgestellten seelischen Wesensbeziehung zum Menschen ankam.

Grundsätzlich ist es wichtig, sich die methodologische Problematik der religionskundlichen Interpretation paläolithischer Bildwerke vor Augen zu halten. Hier überschneiden sich zwei Interpretationsmethoden, einmal die in der prähistorischen Archäologie allgemein übliche und bestens bewährte Art der technologisch-ökonomischen Interpretation und zum anderen die bei der Erforschung historischer Kulturen geläufige Methode der religionskundlichen Interpretation bildlicher Darstellungen. Im ersten Fall geht es darum, aus einem archäologischen Befund die technischen und wirtschaftlichen Eigenheiten, Fähigkeiten und Absichten der den Befund hinterlassenden Menschen zu erschließen, was methodisch möglich ist, da das zu Erschließende zu dem empirisch Faßbaren im Verhältnis reiner Zweckmäßigkeit steht und daher unmittelbar aus ihm ableitbar ist. Anders steht es bei der zweitgenannten Interpretationsweise. Hier geht es (wenn auch nicht ausschließlich, so doch) wesentlich um die Erhellung der speziellen Art, wie eine aus literarischen Zeugnissen bekannte religiöse Vorstellungswelt in den vorliegenden Bildwerken zum Ausdruck kommt. Dabei zeigt sich, daß das Verhältnis zwischen der zugrunde liegenden Vorstellung und dem konkreten Bild durchaus vielgestaltig, kompliziert und oft schwer zu ermitteln ist, jedenfalls durchaus nicht so unmittelbar dem empirisch Vorhandenen abgelesen werden kann wie bei der technologisch-ökonomischen Interpretation. Wenn wir diese beiden methodischen Vorgänge formelhaft miteinander vergleichen wollen und dabei den archäologischen Befund mit A, das den Befund ursächlich bedingende Anliegen der betreffenden Menschen mit X und die Art, wie dieses Anliegen sich im vorliegenden Befund widerspiegelt, mit Y bezeichnen, so können wir sagen, daß bei der technologisch-ökonomischen Interpretation X aus A zu erschließen ist, weil Y prinzipiell bekannt ist, während bei der religionskundlich-historischen Interpretation Y aus A erschlossen werden kann, weil X bekannt ist. Bei dem Versuch einer religionskundlichen Interpretation paläolithischer Bildwerke ergibt sich nun aber, auf eine entsprechende Formel gebracht, daß aus A die beiden anderen Größen, X und Y, erschlossen werden sollen, daß wir also einer Gleichung mit zwei Unbekannten gegenüberstehen.

Es gibt allerdings eine Theorie, bei der diese Problematik dadurch aufgehoben zu sein scheint, daß die religionskundliche Interpretation paläolithischer Bilder methodologisch einfach der technologisch-ökonomischen Interpretation paläolithischer Funde gleichgesetzt wird, indem angenommen wird, zwischen der Absicht einer paläolithischen Bildherstellung und dem betreffenden uns vorliegenden Bild habe ein ebenso unmittelbares, rein innerweltlich-zweckhaftes und daher ohne weiteres dem Bild abzulesendes Verhältnis bestanden wie zwischen der Absicht einer Geräteherstellung und dem uns vorliegenden Gerät oder zwischen der Absicht einer Wisenterlegung und den an einem Lagerplatz gefundenen Wisentknochen. Von der Anfertigung eines Bildes sei im Zuge einer Bildmagie eine zauberische Wirkung erhofft worden, indem das Abbild das gemeinte Urbild in einer bestimmten Weise hätte beeinflussen sollen: das Bild eines Jagdtieres habe einen Jagderfolg, dasjenige eines Raubtieres Schutz vor diesem verschaffen sollen. Dieser Interpretationsschlüssel, der den geistesgeschichtlichen Hintergrund der paläolithischen Bilder erschließen soll, wurde aus dem Umstand abgeleitet, daß es in jüngeren Kulturen tatsächlich eine solche Bildmagie gibt. Nicht dieses festzustellen, ist aber in unserem Zusammenhang belangvoll; es käme vielmehr darauf an, glaubhaft zu machen, warum diese zauberische Art der Bildbewertung ursprünglich die allein existierende gewesen sein soll. In diesem Zusammenhang wird eine entscheidende Beweiskraft einigen Tierbildern beigelegt, bei denen Jagdwaffen (Harpunen oder dergl.) auf oder bei dem Tierkörper wiedergegeben sind (z.B. *Taf. 4,10; 8,A 12)*. Diese Darstellungen werden mit einem bei vereinzelten heutigen Jägervölkern beobachteten Brauch in Verbindung gebracht, vor der Jagd ein Tier in den Sand zu ritzen und durch eingezeichnete Waffen oder Wunden zu „töten", als magische Vorbereitung und Erfolgsvorwegnahme der wirklichen Jagd. Die Unbekümmertheit, mit der hier isolierte Erscheinungen verallgemeinert und äußerlich entfernt Vergleichbares als Beweis für eine wesensmäßige Identität genommen wird, ist bedenklich. Was besagen eingezeichnete Harpunen im oder am Körper von Jagdtieren denn anders, als daß Jagdtiere dargestellt sind? Wie die Angehörigen eines Agrarvolkes beispielsweise ein Pferd mit einem Pflug, die Angehörigen eines Reitervolkes dasselbe Tier mit einem Sattel oder Halfter darstellen, so liegt es nahe, daß für die Angehörigen eines Jägervolkes das Pferd mit einer tödlichen Jagdwaffe darstellenswert ist. Das unterstreicht lediglich die Bedeutung dieser Tiere für das Leben der betreffenden Menschen. Über die Motive, die zur bildlichen Darstellung als solcher führen, und damit über den geistesgeschichtlichen Hintergrund, in dem sie wurzeln, besagen diese Details gar nichts. Ähnliches gilt für die Lehmfiguren in der Höhle von Montespan. Sie weisen eine Anzahl von Löchern auf und sind offensichtlich mit Waffen rituell beworfen worden. Auch dies ergibt sich ohne weiteres aus dem Charakter und Thema des Dargestellten. Zwischen einem Bild und seinem Verfertiger bzw. Betrachter besteht eine Beziehung, die häufig über das rein visuelle Betrachten hinausgeht und zu Tätlichkeiten führt. Statuen oder Puppen werden zu allen Zeiten bekleidet, geküßt, aufgehängt, versenkt oder verbrannt. Die Religions- und Kulturgeschichte – unter Einschluß der Ethnologie – ist reich an diesbezüglichen Beispielen. Jedes Bild enthält einen Abglanz der Wirklichkeit, der mitunter so mächtig sein kann, daß er beim Betrachter eine ähnliche psychische Erregung bewirkt wie die entsprechende Wirklichkeit, ohne daß man deswegen freilich sagen dürfte, es würde schlechthin zu einer Gleichsetzung von Bild und Wirklichkeit kommen. Den Begriff Bildmagie sollte man auf Verhaltensweisen beschränken, bei denen durch Anfertigung oder Behandlung eines Bildes mit zauberischer Absicht die im Bild dargestellte Wirklichkeit beeinflußt werden soll. Wenn ein Jungpaläolithiker ein Tierbild bewarf, so findet das seine psychologische Erklärung ungezwungen und einfach in dem Umstand, daß in ihm das Anliegen, das überhaupt zur Anfertigung des Bildes führte, in besonders intensiver, handgreiflicher Art zum Ausdruck gebracht wurde. Das Anliegen aber als solches – und um dessen Erhellung geht es uns ja – ist aus dieser impulsiven, temperamentvollen Unterstreichung des Bildcharakters nicht herauszulesen. Hier von einem Beweis für eine Bildmagie zu sprechen, ist ganz und gar unbegründet.

Wenn wir die oben gestellte Frage wieder aufgreifen, ob die paläolithischen Tierdarstellungen sich auf Tiere beziehen, die in Wirklichkeit, d.h. in der Vergangenheit, erlebt wurden, oder auf solche, die man in Zukunft zu erleben wünschte, so ist klar, daß die Theorie, diese Bilder seien Zeugnisse jagdmagischer Vorstellungen und Praktiken, voraussetzt, sie stellten Tiere dar, die man in Zukunft zu erleben hoffte. Das aber ist mit der Darstellungsart dieser Bilder schlechthin unvereinbar. Vorstellungsmäßig real ist prinzipiell nur das tatsächlich Erlebte; das Künftige, wenn auch noch so fest Gewünschte, ist wesenhaft irreal. Dieser unterschiedliche Wirklichkeitsgehalt prägt – das darf füglich angenommen werden – das einzelne Bild und mehr noch das gesamte Bildschaffen einer Kultur. Die paläolithischen Tierbilder lassen keinen Zweifel daran, daß sie eine erlebte Wirklichkeit wiedergeben. Sie haben nichts von ideogrammartiger Schematisierung an sich, wie es zu erwarten wäre, wenn sie sich auf etwas künftig zu Erlebendes, nämlich das erhoffte Jagdwild, beziehen würden. Vielmehr zeigen sie im Rahmen der künstlerischen Gestaltungsmöglichkeit eine solch erstaunliche Mannigfaltigkeit der Haltung und Bewegung, daß sie nur als Wiedergabe von real Erlebtem aufgefaßt werden können. Mitunter sind Jagdtiere im Augenblick des Zusammenbrechens oder des Getroffenwerdens dargestellt. Aus den Bildern spricht die ergreifende Unmittelbarkeit tatsächlicher Jagderlebnisse. Auch die Darstellungen von gefürchteten Raubtieren bezeugen dies. Die allem Herkommen zum Trotz en face wiedergegebenen Löwen in der Trois-Frères-Höhle *(Taf. 10,5)* halten in beeindruckender Lebendigkeit die Erinnerung an unheimliche Begegnungen mit den schrecklichen Raubkatzen im Bilde fest.

Diese Art gedanklich-bewußter Wiederholung und bildmäßiger Fixierung von Jagderlebnissen wirft ein bezeichnendes Licht auf die religiöse Haltung dieser Menschen. Wenn ein gelungenes Jagdunternehmen, ebenso aber auch eine gefährliche Begegnung mit einem Raubtier sowie das vermeintliche, auf einer Sinnestäuschung beruhende Ansichtigwerden mysteriöser Wesen (wie des sonderbaren Einhornes von Lascaux: *Taf. 8, A 1*) aus der ephemeren Flüchtigkeit des Geschehens herausgehoben und bildlich festgehalten wurden, so zeigt dies, daß diese Erlebnisse einer transzendenten Überhöhung, einer religiösen Weihe bedurften. Dabei müssen wir uns mit dieser allgemeinen Kennzeichnung begnügen, ohne im einzelnen ermitteln zu können, welche religiösen Anliegen im einzelnen jeweils im Vordergrund standen. Jedenfalls erscheint es gerechtfertigt, die paläolithischen Tierbilder an den Höhlenwänden in die aus historischen Religionen bekannte Kategorie der Votiv- oder Weihebilder einzureihen. Das läßt auch den ungeheuren Aufwand an Mühe und die Aktivierung der bedeutendsten künstlerischen Talente verständlich werden, die die altsteinzeitlichen Höhlenbilder zu *dem* haben werden lassen, was wir heute noch an ihnen bewundern. Was für alle Kulturen und Epochen gilt, daß die überragenden Kunstwerke im Dienste der Religion zustande kamen, ist auch für das Jungpaläolithikum anzunehmen.

Weit verbreitet war im Jungpaläolithikum die Sitte, Tierfiguren auf Knochenstücke und kleine Steinplatten zu ritzen. Dabei entsprechen die Figuren in der Art ihrer Darstellung den Bildern auf Höhlenwänden, was eine bedeutungsmäßige Verwandschaft wahrscheinlich macht. In einigen Fällen sind auch die Fundumstände der mit Tierfiguren versehenen Steinplatten in dieser Hinsicht aufschlußreich. Bei den in Badegoule und in Limeuil (*Taf. 5, 1–3; 6, 14–17*) dicht beisammenliegend entdeckten Platten (jeweils mehr als 130 Stück) ließen die Fundverhältnisse zwar keine Rückschlüsse auf die Art der einstigen Aufstellung bzw. Anordnung mehr zu; aber das enge Beisammenliegen ist am ehesten mit der Erklärung als deponierte Votivbilder vereinbar. Dasselbe gilt für elf Steinplatten mit Tiergravierungen von Labastide, die tief im Innern einer Höhle, 400 m vom Eingang entfernt, mit der Bildseite nach unten bei einer Feuerstelle lagen. In der spanischen Höhle von Parpalló kamen in einer kontinuierlichen, vom Gravettien bis zum Frühmagdalénien dauernden, 9 m mächtigen Schichtfolge in sämtlichen Niveaus Steinplatten mit Tierbildern (insgesamt etwa 5000 Stück) zutage (*Taf. 6, 1–12*). In einigen Schichten wurden dabei gewisse Besonderheiten festgestellt, so gemalte (neben den sonst üblichen gravierten) Figuren in den Solutréen-Niveaus und Gravierungen auf Knochen (neben den sonst üblichen auf Stein) in den Magdalénien-Schichten. War demnach im Verlauf der langen, für die Entstehung dieser Schichten zu veranschlagenden Zeitspanne der Brauch solcher Tierbildanfertigung auch geringfügigen Wandlungen unterworfen, so ist doch die Langlebigkeit dieses gleichartig geübten Brauches bemerkenswert. Leider bieten die stratigraphischen und statistischen Gegebenheiten keine Anhaltspunkte für die Erhellung der näheren Bedingungen, die zur Anfertigung dieser Tierbilder führten. Für die Entstehungszeit der Ablagerungen werden wir allermindestens mit fünftausend Jahren zu rechnen haben. Ob die Höhle Jahr für Jahr als Rastplatz aufgesucht wurde, oder ob zwischen den Belegungen längere Intervalle bestanden, muß offengelassen werden. Erst recht kann natürlich nicht geklärt werden, auf wieviele Aufenthalte sich die vorhandenen Bilder verteilen. So können wir nicht wissen, ob die einzelnen Bildsteine jeweils einzelnen Jagdunternehmungen entsprechen, oder jährlich bzw. in kürzeren Zeitabständen hergestellt wurden, oder ob gar jedem erlegten Tier die Anfertigung einer Votivzeichnung entspricht. Bei den Bildsteinen von La Colombière (*Taf. 6,18*), Fourneau du Diable und Gourdan könnte man erwägen, daß sich die einzelnen übereinandergeritzten Tierfiguren auf *die* Tiere beziehen, die im Laufe einer bestimmten Zeit von dem betreffenden Jägerkünstler erlegt wurden.

Mögen hier viele Fragen nicht zu beantworten sein, so ist doch die allgemeine Beurteilung der Tierzeichnungen auf Knochen und Steinen als Weihebilder glaubhafter als ihre Deutung als Äußerung magischer Handlungen und Absichten. Auch bei dieser Denkmälergruppe ist unverkennbar, daß die Vorstellung und Aufmerksamkeit des Verfertigers nicht einem künftig erhofften, das Allgemeine der natürlichen Formen erfassenden Jagdwild galt, sondern der Bildzweck die Fixierung einer jeweils konkreten Erlebnissituation war. Das spricht aus der überaus lebendigen und unterschiedlichen Wiedergabe der einzelnen Tiere und Tiergruppen, deren künstlerisch beste dies besonders eindringlich vor Augen führen: die Hirschkuh mit dem Jungen von Parpalló (*Taf. 6,10*), die in wirbelnde Verwirrung geratene Pferdegruppe und die den Jäger verdutzt anblickende Hirschkuh von Limeuil (*Taf. 5,2.3*), die aufgeschreckten Wisente von Puy-de-Lacan (*Taf. 5,13*), das friedlich weidende Rentier von Thayngen (*Taf. 6,21*), das zu Tode getroffene, mit einem letzten Aufschrei zusammenbrechende Rentier von Gourdan (*Taf. 6,24*), die gegeneinanderrennenden Wisentbullen von der Pekárnahöhle (*Taf. 5,8*) und das Mammutpaar von Laugerie-Haut (*Taf. 5,17*).

Was bei den Tierzeichnungen auf Steinen und Knochenstücken durchweg auffällt, ist die flotte – nicht flüchtige, aber flüssige – Darstellungsmanier. Bedenken wir, daß wohl nur vergleichsweise wenig auf unvergängliches Material gezeichnet wurde, weit mehr auf Holz, Leder, Lehm oder dergl., was uns nicht erhalten ist, so gewinnen wir den Eindruck, daß das Abbilden der Jagdtiere dem jungpaläolithischen Jäger so geläufig war wie das Jagen selbst – und wie das Erzählen davon. Das aber unterstreicht, daß die für den Jungpaläolithiker so daseinsentscheidende Tätigkeit des Jagens nicht ausschließlich der Sphäre physischer Nützlichkeit verhaftet war, sondern darüber hinaus permanent einen religiösen Aspekt hatte.

*Menschenbilder:*

Beim Versuch einer religionskundlichen Interpretation der paläolithischen Menschendarstellungen kommt zu den Problemen, die sich auch bei den Tierbildern ergeben, noch die grundsätzliche Frage, ob wirkliche Menschen oder übernatürliche Wesen dargestellt sind, ob es konkrete einzelne sind oder Verkörperungen bestimmter Vorstellungen und Motive, etwa – wie von manchen Interpreten bei den betont fülligen weiblichen Figuren erwogen wurde – der Fruchtbarkeit, des „mütterlichen Prinzips", der sexuellen Begierde. Gegenüber spontanen Deutungen einzelner Bildwerke muß der einer wissenschaftlichen Methode verpflichtete Versuch einer Erklärung der menschlichen Figuren von der Berücksichtigung aller vorhandenen Denkmäler einschlägiger Art, von den Fundumständen der betreffenden Stücke sowie den allgemeinen Kulturverhältnissen ausgehen.

*Statuetten:*

Die eine hier ins Auge zu fassende Bildergruppe umfaßt rundplastische Menschenfiguren aus Elfenbein, Knochen, Stein, Gagat, Rötel oder Ton (*Taf. 1; 2, 10. 11. 16*), die im Raum von den Pyrenäen bis zum Baikalsee in über 100 Exemplaren bekannt geworden sind (*s. S. 185 ff.*). Ob die bei diesen Statuetten verarbeiteten Materialien in ihrer jeweils besonderen Färbung (weiß, rot, schwarz) eine bestimmte Bedeutung hatten, muß einstweilen dahingestellt bleiben. Immerhin fällt auf, daß die Farbe des Rötels und die rote Farbschicht auf Kalksteinfiguren (Mauern, Willendorf) an die Rotbemalung von Körpern oder Körperteilen bei Bestattungen erinnern. Eng mit den rundplastischen Statuetten verwandt sind einige südfranzösische Steinreliefs (*Taf. 1, 3; 2, 18*).

Gewisse Hinweise auf die Bedeutung der Statuetten geben ihre Fundverhältnisse. Ein einziges Exemplar (Brünn) stammt mit Sicherheit aus einem Grab; bei einigen anderen (Grimaldi) besteht immerhin die Möglichkeit einer Zugehörigkeit zu Bestattungen. Die übrigen Stücke kamen, sofern nähere Fundbeobachtungen vorliegen, auf Lagerplätzen zum Vorschein (Tursac, Willendorf, Unterwisternitz, Předmost, Pavlov, Ostrava-Petřkovice, Mainz, Kostjenki, Gagarino, Buret, Mezin, Jelisevíči, Malta, Oelknitz, Nebra).

Die als Grabbeigabe verwendete Figur von Brünn ist für das in Rede stehende Problem insofern aufschlußreich, als das bei ihr angegebene männliche Geschlecht mit dem Geschlecht des Bestatteten übereinstimmt, was mit Rücksicht auf den Umstand, daß männliche Statuetten gegenüber weiblichen insgesamt außerordentlich selten sind, für einen absichtlichen Bezug der Figur auf den Bestatteten zu sprechen scheint. Bei den Statuetten von Grimaldi ist eine Zugehörigkeit zu bestimmten Skeletten zwar nicht beobachtet, doch könnten die Übereinstimmung zwischen dem Kopfschmuck eines als männlich beschriebenen Steatitköpfchens und dem aus Muscheln und Zähnen gebildeten Kopfschmuck eines Mannes aus der dortigen Grotte du Cavillon sowie die Verwandtschaft zwischen dem rassischen Habitus des Steatitköpfchens und demjenigen der „negroiden" Skelette aus der dortigen Grotte des Enfants die Annahme nahelegen, daß sich auch hier die Statuetten auf die Bestatteten beziehen.

Bei den von Lagerplätzen stammenden Statuetten liegen nähere Angaben über ihre Fundumstände hauptsächlich von den ukrainischen Exemplaren vor. In Jelisevići lag eine verhältnismäßig große weibliche Statuette (*Taf. 2, 10*), zusammen mit den zerschlagenen Stoßzähnen eines jungen Mammuts, weiteren Elfenbeinstücken mit verschiedenartigen, als symbolisch angesprochenen Zeichen und geometrischen Figuren inmitten einer kreisförmigen Anhäufung von Mammutschädeln. Der Ausgräber K. M. Polikarpovič – und die Forschung ist ihm gefolgt – zweifelte nicht an einem kultischen Charakter der Anlage. In Unterwisternitz wurde eine gleichfalls weibliche Statuette (*Taf. 1, 15*) zusammen mit Steingeräten inmitten eines 35 qm großen Brandplatzes entdeckt. Sie war aus Ton modelliert und vermutlich dort gebrannt, wo sie bei der Auffindung lag. Daß es sich hier um eine lange benutzte Feuerstelle für die Nahrungszubereitung handelt, darf man annehmen (*s. S. 94f.*). Die übrigen Statuetten fanden sich zumeist im Innern von Hütten oder zeltartigen Behausungen, nahe der Hüttenwand, mitunter in besonderen Nischen oder Mulden. Ob ihr gelegentlich zu beobachtendes spitz zulaufendes Fußende darauf hinweist, daß sie irgendwo einzustecken oder aufzusockeln waren, erscheint fraglich. Die überaus stark stilisierte Figur von Mauern (*Taf. 2, 11*) ist so gearbeitet, daß sie auf einem kantigen Sockel sitzen kann. Demgegenüber zeigen die ähnlich dieser Mauerner Figur stilisierten Gagatschnitzereien aus der Petersfelshöhle (*Taf. 2, 16*) oben eine Durchbohrung; sie waren also aufzuhängen. Möglicherweise dienten sie als Schmuckanhänger, wobei es für die Ermittlung ihres Bedeutungsgehaltes belangvoll wäre zu wissen, ob sie jeweils in der Einzahl getragen wurden, oder ob sie – weniger wahrscheinlich – alle zusammen zu einem Zierat gehörten, so wie Muscheln und Tierzähne serienweise zu Schmuckgehängen und -besätzen zusammengestellt wurden. Die Fundumstände geben darüber keine Aufklärung. Die Annahme, der Bedeutungsinhalt dieser magdalénienzeitlichen Figuren sei gegenüber denen des älteren Jungpaläolithikums abgeschwächt und durch einen mehr dekorativen Schmuckcharakter ersetzt worden, ist unbegründet, wie aber auch andererseits die Bezeichnung „Amulett" für diese anthropmorphen Anhänger im Grunde über das hinausgeht, was wir mit hinreichender Gewißheit über ihren religionskundlichen Charakter aussagen können. Ist bei den Petersfels-Figürchen nur das Gesäß kenntlich gemacht, so sind bei Anhängern von Unterwisternitz nur die Brüste hervorgehoben (*Taf. 2, 14. 15*). Leider fehlt es an Befunden, die darüber Auskunft geben, ob diese weibliche Körperformen darstellenden Anhänger von Frauen oder von Männern oder von beiden getragen wurden. Annehmen möchten wir, daß es nur Frauen waren. Bemerkenswert ist auch der Befund von Nebra in Mitteldeutschland. Dort lagen zwei Figürchen offenbar innerhalb von Behausungen (der Ausgräber V. Toepfer nimmt an: in Zeltstangengruben), eine dritte Figur außerhalb derselben in einer kleinen, aus Steinplatten errichteten und mit einer großen Steinplatte abgedeckten Kiste, die außerdem Tierknochen, Steingeräte und einen ausgehöhlten, als Lampe verwendeten Stein enthielt, allem Anschein nach eine kultische Deponierung.

Was bei den von Lagerplätzen stammenden Menschenfiguren auffällt, ist die Tatsache, daß weibliche Statuetten entschieden überwiegen. Dies wurde bisher zumeist mit der Annahme erklärt, die Frau habe in der Gesellschaftsordnung bzw. das weibliche Prinzip im religiösen Vorstellungs- und Erlebnisbereich der Jungpaläolithiker eine überragende Stellung eingenommen. Derartige Erklärungen und Rückschlüsse sind in Anbetracht der Quellenlage jedoch nicht überzeugend. Hält man sich vor Augen, daß die Häufigkeit weiblicher Statuetten an den Lagerplätzen einfach darauf beruhen kann, daß dort, namentlich in den Hütten oder zeltartigen Behausungen, das Hauptbetätigungsfeld der Frauen lag, während die Männer ihrer jägerischen Tätigkeit nachgingen, so könnte das wiederum ein Hinweis darauf sein, daß die Statuetten in ihrer formalen Kennzeichnung sich auf ihre Verfertiger oder Besitzer beziehen. Die weiblichen Statuetten spiegeln sehr verschiedene Typen wider: mädchenhaft-unentwickelte stehen neben reifen, schlanke neben fülligen bis überaus dicken. Zuweilen ist eine Schwangerschaft dargestellt (*Taf. 1,7.12.13,18*), ausnahmsweise sogar eine Entbindung (*Taf. 1,6.8;2,17*).

Nimmt man das Angeführte zusammen, so ergibt sich mit einiger Wahrscheinlichkeit, daß die paläolithischen Statuetten konkrete Einzelmenschen darstellen, und zwar diejenigen, die die Figuren anfertigten oder benützten. Wir hätten es demnach mit Selbst-Abbildungen zu tun, was auch evolutionstheoretisch (näherhin: psychoevolutionstheoretisch) wahrscheinlicher ist als ihre Deutung als Personifikationen abstrakter Vorstellungen oder als göttliche Wesen.

Die in Hütten, als Anhänger und als Grabbeigaben benutzten Menschenfiguren sind aber nicht nur psychologisch aufschlußreich, nämlich als Ausdruck eines bestimmten Sichbewußtwerdens, sondern sind vor allem bezeichnend im Hinblick auf ihren vorauszusetzenden religiösen Gehalt, der sie erst begreiflich macht. Nicht die Konfrontierung des Ich mit der außermenschlichen Natur, sondern das Innewerden der eigenen Kreatürlichkeit und die Ahnung einer Bezogenheit auf eine Transzendenz konnte zu einem bildlichen Sichdarstellen oder Sichdarstellenlassen drängen. Dabei genügte prinzipiell eine schlichte Menschenfigur, um das Anliegen: die bildliche Fixierung der personalen und damit der religiösen Seinsweise vollgültig auszudrücken. Zuweilen wurde in der Forschung darüber hinaus in der Haltung einiger paläolithischer Statuetten, bei denen die Hände auf oder unter der Brust liegen (*Taf. 1, 9.12.13.17.18*), ein Gebetsgestus vermutet. Die beiden Frauen von Lausell, von denen die eine in der ausgestreckten Rechten ein Füllhorn hält, während die Linke mit gespreizten Fingern auf dem Leib ruht (*Taf. 1,3*) und auch die zweite in der Rechten einen vermutlich gefäßartigen Gegenstand hält, wurden analog gefäßhaltenden Gestalten jüngerer Kulturen als Opfernde gedeutet.

Von der Frage, wie „entwickelt" die Vorstellung einer Transzendenz im Jungpaläolithikum war, dürfte es abhängen, inwieweit die Erkenntnis einer Abhängigkeit von einer transzendenten Gottheit und einer Bezogenheit auf sie sich in der ursprünglichen Gestalt mystischen Schauens und ahnenden Erlebens vollzog und inwieweit dazu bereits ein begriffliches Erfassen trat. Bei den paläolithischen Statuetten und Reliefbildern werden wir eventuell von einer Gebets- und Opferhaltung sprechen dürfen, sofern wir dabei nicht zu eng konkrete Ausprägungen späterer Religionen im Auge haben, sondern eingedenk sind, daß das Grundelement des Betens einfach der Wunsch einer gedanklichen Kommunikation mit der Gottheit ist und das Grundanliegen des Opferns der Wunsch, der Gottheit etwas anheimzugeben.

*Zeichnungen und Malereien:* Sowohl unter den Menschenbildern auf Höhlenwänden als auch denen auf losen Stein- und Knochenstücken gibt es solche, die hinsichtlich ihrer formalen Kennzeichnung den menschlichen Statuetten unmittelbar an die Seite zu stellen sind. Hier liegt die Deutung als Votivbild durchaus nahe. Das gleiche gilt für den Bilderstein aus der Trois-Frères-Höhle (*Taf. 2,12*). Die vielen auf ihm übereinandergeritzten Frauenfiguren in verschiedenen Lagen sind nicht nur stilistisch absolut einheitlich und sicherlich von derselben Hand im Verlauf einer kurzen Zeitspanne gezeichnet, sondern stellen offensichtlich ein und dieselbe konkrete Frau unmittelbar vor ihrer Entbindung dar. Auch in Les Combarelles und Gabillou scheint eine Entbindung wiedergegeben zu sein (*Taf. 2,9*).

Bei der Zeichnung eines Mannes und einer Frau auf einem Knochenstück von Isturitz (*Taf. 2,1*) hängt der Versuch einer inhaltlich-bedeutungsmäßigen Interpretation von der kunstgeschichtlich-formalen Beurteilung ab. Die in der bisherigen Forschung erwogene Deutung des Bildes als „couple érotique" gründet sich auf die Annahme, daß eine Szene, d.h. ein aus der Stellung der beiden Gestalten zueinander erschließbarer handlungsmäßiger Zusammenhang dargestellt sei, und daß demzufolge die beiden Gestalten liegen würden. Diese Prämisse ist indes unbeweisbar und sogar ganz unwahrscheinlich (*s. S. 181*). Zudem geht aus der Fußhaltung und der Brustdarstellung der Frau hervor, daß der Zeichner sie sich nicht liegend, sondern stehend vorstellte. Die Übereinanderordnung der beiden Gestalten ergab sich nur aus der langschmalen Form der verfügbaren Zeichenfläche; „gemeint" ist wohl ein Nebeneinanderstehen zweier menschlicher Gestalten. Bei den beiden Gestalten des Isturitzer Knochenstückes ist bemerkenswert, daß sie Hals-, Arm- und Knöchelschmuck besitzen und daß die Hände beidemal erhoben sind. Bei dem Mann läßt sich zudem noch erkennen, daß die Finger gespreizt sind und das Gesicht nach oben gerichtet ist. Das mutet sehr nach einem beabsichtigten Gestus an, den man dann wohl nur als den des Betens wird deuten können. Eine ganz entsprechende Armhaltung und Fingerandeutung kehrt bei mehreren anderen Menschenfiguren wieder (Gourdan: *Taf. 2, 2*; Laugerie-Basse: *Taf. 2, 5*; Altamira; La Madeleine; Les Combarelles: *Taf. 9, 1*), was die Annahme unterstreicht, daß wir es hier mit einer für die Darstellung entscheidenden Kennzeichnung zu tun haben.

Einige Bilder zeigen einen Menschen neben einem Boviden, wobei vermutlich ein inhaltlicher Bezug zwischen beiden besteht (Laugerie-Basse: *Taf. 3, 4*; Le Roc de Sers: *Taf. 7, 13*; Lascaux: *Taf. 3, 3*). Allgemein sind hier wohl Jagderlebnisse dargestellt: die erfolgreiche Verfolgung eines Wisents, die geglückte Flucht vor einem wild anstürmenden Tier oder – wenn mit der schematischen Figur von Lascaux wirklich ein Toter gemeint ist – eine unglücklich ausgegangene Begegnung mit einem Wisent, bei der einer der Teilnehmer den Tod fand. Die künstlerisch hochwertige, zeitraubende Arbeit des Steinreliefs von Le Roc de Sers und die Lage des Bildes von Lascaux an der tiefsten, überaus schwer zu erreichenden Stelle des ganzen Höhlensystems könnten daran denken lassen, daß für die Anfertigung dieser Bildwerke außergewöhnliche Motive verantwortlich zu machen seien, etwa eine Jagd besonderer Art oder ein für die Gemeinschaft allgemein wichtiges Ereignis. Wenngleich diese Möglichkeit nicht auszuschließen ist, erscheint es doch glaubhafter, das Besondere dieser Bilder im persönlichen Erleben und Können der betreffenden Jägerkünstler zu suchen. Weshalb hier nicht nur das Jagdtier dargestellt wurde, sondern auch der Jäger, muß dahingestellt bleiben; wir möchten annehmen, daß dieser bildliche Zusatz nur eine Unterstreichung dessen ist, was alle einfachen Tierdarstellungen ausdrücken sollen: die religiöse Bildweihung eines Erlebnisses.

Zwei kleinformatige szenische Darstellungen – eine Seltenheit innerhalb der Paläolithkunst – sind religionskundlich besonders bemerkenswert, wenngleich gerade sie wiederum neue Rätsel aufgeben. Auf einer Knochenplatte von Les Eyzies (*Taf. 3, 1*) erscheint eine Schar mit Speeren bewaffneter Männer in einer durch Bäume angedeuteten Landschaft und ein Wisent. Die riesige Größe und die unbewegliche Steifheit des Wisents werfen die Frage auf, ob es sich um die Darstellung einer gewöhnlichen Jagdbegegnung mit einem durch seine überwältigende Größe mächtig beeindruckenden Tier handelt, oder um eine imaginäre Begegnung, oder – wie erwogen wurde – um einen rituellen Akt vor einer künstlichen Wisentattrappe, eventuell unter Verwendung eines echten Felles und Kopfes. Dies letztere wird im allgemeinen angenommen bei der Darstellung auf einer Knochenplatte von Chancelade (*Taf. 3, 2*). Hier bildet offenbar ein toter Wisentkopf mit den herunterhängenden Vorderbeinen und der Wirbelsäule den Mittelpunkt einer jagdrituellen Handlung. Die allgemeine Definition „jagdrituelle Handlung" hat zwar den Vorteil, daß sie voraussichtlich richtig ist, aber den Nachteil, daß mit ihr religionskundlich im Grunde wenig gewonnen ist, bewegt sich doch die Spanne dessen, was darunter verstanden wird, zwischen echt religiösen Begehungen und rein magischen Praktiken. Was die Darstellung selbst anlangt, so scheint die Anordnung und Ausführung der menschlichen Gestalten um den Wisentkopf dafür zu sprechen, daß die rituelle Handlung nicht der Verherrlichung der Jagd oder der Jäger galt. Weiterführen könnte eine theoretische Überlegung: Ein magisches Ritual hat seinen Wert in sich, indem von dem Vollzug als solchem der beabsichtigte Zweck erhofft wird. Auf das Vollziehen kommt es an, nicht auf das Vollzogenhaben. Das handelnde Geschehen des Augenblicks enthält die ersehnte Wirkmächtigkeit. Eine Fixierung dieses Rituals in Gestalt einer bildlichen Darstellung würde das Wesen dieses Handelns aufheben und wäre ein Widerspruch in sich. Anders ist es, wenn eine religiöse Haltung, also das Sichbezogenwissen auf eine Transzendenz, eine Handlung erfüllt und bestimmt. Dann ist der Ritus Ausdruck einer seelischen Haltung, die dem Ritus gegenüber primär und übergeordnet ist. Die bildliche Fixierung eines religiösen Ritus, d.h. seine permanente Gegenwärtigsetzung in einem Bild, ist daher naheliegend und sinnvoll.

*Handabdrücke:* Die im gesamten Bereich paläolithischer Höhlenwandkunst zu belegenden negativen und positiven Handabdrücke (z.B. *Taf. 2,19*), die mit schwarzer oder roter Farbe einzeln oder in Gruppen an den Felswänden angebracht sind, oft zusammen mit figürlichen Bildern, aber nicht erweislich in einer inhaltlichen Beziehung mit diesen, oft indes auch allein erscheinen, spiegeln einen Brauch wider, dem offensichtlich eine bestimmte geistig-religiöse Vorstellung und Absicht zugrunde liegt. Für deren Erhellung vermag ein Hinweis auf die mehr oder weniger gesicherte Bedeutung ähnlicher Handabdrücke in rezent-ethnologischen Kulturen nur Denkmögliches beizutragen. Begründeter sind demgegenüber Einsichten, die sich durch eine Einordnung dieser Handabdrücke in den übrigen Bestand jungpaläolithischer Bildwerke eröffnen.

Zunächst verdient die Beobachtung festgehalten zu werden, daß das Öffnen der Hand und das Spreizen der Finger nach Ausweis von Statuetten und figürlichen Zeichnungen (*Taf. 1,3.9; 2,1.2*) offensichtlich eine bestimmte Bedeutung besaß. Physiognomisch ist diese Geste ein Ausdruck des Sichöffnens, und zwar sowohl im innerweltlich-gesellschaftlichen Verkehr als auch im religiösen Bereich. Nachweislich vom Neolithikum an ist diese Bedeutung der erhobenen oder ausgestreckten, weit geöffneten Hand in zahlreichen Kulturen wohlbekannt, so daß es glaubhaft erscheint, daß diese Geste auch im Jungpaläolithikum bereits diese Bedeutung hatte. Wie oben angedeutet, ist bei den paläolithischen Menschendarstellungen mit erhobenen, geöffneten Händen wohl an Betende zu denken.

Eine zweite, für die Beurteilung der Handabdrücke wichtige Feststellung ist die, daß während des ganzen Jungpaläolithikums häufig das Pars-pro-toto-Prinzip bei figürlichen Darstellungen angewandt ist: Das Gesäß (*Taf.*

*2, 11. 16*), die Geschlechtsteile, die Brust (*Taf. 2, 15*), der Kopf (*Taf. 1, 4; 2, 13*) stehen für den ganzen Menschen. Auch die besondere Behandlung menschlicher Köpfe oder Schädel im Rahmen des Bestattungsrituals unterstreicht diese Einstellung.

Daraus würde sich als glaubhafteste Deutung der Handabdrücke ergeben, daß sie Selbstdarstellungen paläolithischer Menschen – Männer, Frauen und Kinder – sind, die prinzipiell dasselbe bezwecken wie die plastischen, gravier- und gemalten Menschenbilder. Sie erforderten in geringerem Maße als diese ein bildschöpferisches, künstlerisches Gestalten, enthalten aber ein höheres Maß körperlicher Unmittelbarkeit.

Auf den allgemeinen Beweggrund, der zu diesem Brauch der abgekürzten – und doch vollgültigen – Selbstdarstellung in den Höhlen führte, könnte die aus den Handabdrücken festzustellende Geste hinweisen. Sofern wir darin einen Ausdruck des Sichöffnens einer göttlichen Transzendenz gegenüber sehen dürfen, wäre es die Haltung der *religio* schlechthin, die in diesen Selbstdarstellungen bildlich bleibend vergegenwärtigt werden sollte.

## B. JUNGSTEINZEIT

Die zur Ausbildung neolithischer Kulturverhältnisse führende geschichtliche Entwicklung, eine der tiefgreifendsten und folgenschwersten Wandlungen der Menschheitsgeschichte, beschränkte sich nicht auf technische Errungenschaften, neue Wirtschaftsformen, Siedlungsweisen und Sozialordnungen. Diesen archäologisch faßbaren Neuerungen des neolithischen Zeitalters liegt als Ursache offensichtlich eine Bewußtseinsentwicklung zugrunde (*s. S. 78ff.*): das Erleben des personalen Ich in seiner Konfrontierung mit der umgebenden Natur war wacher geworden; die Einsicht in gewisse Zusammenhänge und Wirkmöglichkeiten im Bereich der Natur hatte sich vertieft. Die das Paläolithikum wesenhaft kennzeichnende prinzipielle Abhängigkeit von den Zufällen des Naturgeschehens war dem Wunsche gewichen, ein gesteigertes Maß von Unabhängigkeit den unsteten Naturverhältnissen gegenüber zu erlangen. Wenn wir davon ausgehen, daß die menschliche Bewußtseinshaltung sich nicht nur im technischen Schaffen, in den Wirtschaftsformen und der Art des gesellschaftlichen Lebens auswirkt, sondern ebenso auch das religiöse Erleben, Glauben und Handeln in seinem innersten Kern prägt, so muß damit gerechnet werden, daß die neolithische Psychoevolution auch im Bereich der Religion zum Ausdruck kam.

Der Wesenskern der Religion von ihren Anfängen an ist das Bewußtwerden der kreatürlichen Abhängigkeit des Menschen von einer die sichtbare Welt übersteigenden transzendenten Macht und die Hinordnung auf sie in allen Bereichen und Situationen des Lebens von der Geburt bis zum Tod. Dieses religiöse Bewußtwerden hängt in seiner konkreten Ausprägung zusammen mit der jeweils herrschenden allgemeinen Bewußtseinshaltung. Durch archäologische Befunde dürfte es freilich kaum gelingen, unmittelbar eine Antwort auf die Frage zu erhalten, wie sich die religionsgeschichtlichen Aspekte der neolithischen Kulturentwicklung näherhin darstellten. Nur aus den übrigen Kulturäußerungen und -errungenschaften können eventuell gewisse allgemeine Anhalte für die wesensmäßige Kennzeichnung der geistes- und religionsgeschichtlichen Bewegung abgeleitet werden. Danach liegt die Annahme nahe, daß neben dem ökonomischen Prozeß der Neolithisierung, in deren Rahmen der Mensch eine größere Selbständigkeit anstrebte und erlangte, eine geistige Strömung einherging, die, auf der Grundlage des entwikkelteren Selbstbewußtseins, und sich berufend auf die wachsende Selbständigkeit in der Nahrungsmittelversorgung durch Ackerbau und Viehhaltung,auch in religiöser Hinsicht den Gedanken einer existenziellen Selbständigkeit und Unabhängigkeit konzipierte. Das könnte bewirkt haben, daß die das Paläolithikum prägende, bis dahin nicht angetastete, sondern nach Maßgabe der vorhandenen Einsicht und Freiheit bejahte Abhängigkeit des Menschen von der alles durchwaltenden göttlichen Macht erstmals in Frage gestellt wurde. Es wäre dies ein Geschehen, das dem in der religiösen Tradition vieler Völker vor allem des Vorderen Orients als so entscheidend wichtig gewerteten Sündenfall entsprechen würde. Die Möglichkeit ist nicht auszuschließen, daß die Erinnerung an ein solches Geschehen durch mehrere Jahrtausende hindurch, in den Kult und später in den Mythos eingebettet, bewahrt wurde. Auch die in der Überlieferung zum Ausdruck gebrachte Überzeugung, wonach dieses Geschehen, zunächst von einzelnen vollzogen, dann universale Bedeutung erlangt hätte, erscheint vor dem Hintergrund neolithischer Kulturerscheinungen als historisch vorstellbar: die Neolithisierung als ein ökonomisches und kulturelles Phänomen ergriff in vergleichsweise kurzer Zeit weiteste Teile der universalen Menschheit; eine dementsprechende allgemeine Verbreitung auch geistiger Neuerungen kann durchaus in Betracht gezogen werden. Dabei würde diese Neuerung religionsgeschichtlich das Ende des bis dahin währenden Zustandes völligen Sichabhängigwissens, aber auch vorbehaltlosen Sichgeborgenwissens in einer alles Natürliche und Erkennbare erfüllenden und beherrschenden göttlichen Ordnung darstellen.

Sollte dieser Gedanke richtig sein, so würde der Beginn des Neolithikums auch hinsichtlich der Religionsentwicklung eine Zäsur darstellen, die zu den gewichtigsten der Menschheitsgeschichte gehört.

## *Opfer und Kultanlagen*

Die früher vieldiskutierte Frage nach dem Verhältnis von Mythos und Kult ist eindeutig dahingehend zu beantworten, daß der Kult in wesentlich frühere Zeit zurückreicht als der Mythos *(s. S. 329)*. Lange bevor Mythen und die diese voraussetzenden Göttervorstellungen entstanden, gab es einen Kult, also rituelle Handlungen Einzelner oder einer Gemeinschaft, in denen die religiöse Haltung sichtbaren Ausdruck fand. Außerhalb des Kultes sind archäologische Zeugnisse des religiösen Lebens als solche nur schwer zu verifizieren. Nach Ausweis des Fundbestandes erscheinen die wichtigen kulturellen Äußerungen in konventionellen, von der ganzen Gemeinschaft getragenen und für sie verbindlichen Formen, so daß wir füglich damit rechnen dürfen, daß auch im religiösen Verhalten die Sozialverbände und Kulturbereiche feste, durch die Tradition sanktionierte Formen ausgebildet hatten, in denen die Religiosität des Einzelnen immer aufs Neue Gestalt gewann. Die Summe dieser festen religiösen Lebensformen macht den Kult aus, der so verbindlich ist wie das Brauchtum und die Sprache.

*Vorderasien:* In Mesopotamien, Palästina und Südanatolien lassen sich bereits in den ältesten jungsteinzeitlichen Kulturstufen an den Siedlungsplätzen Zeugnisse kultischer Handlungen und Anlagen nachweisen.

Den umfassendsten Einblick in dieser Hinsicht gewährt der Befund von Çatal Hüyük. In den zehn aufeinanderfolgenden Schichten dieses altneolithischen Siedlungshügels zeichneten sich mehr als fünfzig Räume (von insgesamt mehr als hundert Häusern) durch umfangreiche Wandmalereien z.T. deutlich rituellen Inhaltes, bemalte Gipsreliefs von Leopardenpaaren, einzelnen Boviden oder Hirschen sowie modellierte große Boviden- und Eberköpfe z.T. mit eingesetzten echten Hörnerpaaren aus (*Taf. 23,3–8*). Diese Tier- und Tierkopfplastiken sind ornamental bemalt, oftmals in mehreren übereinanderliegenden Schichten. Die Wandfiguren weisen auf ein das rein Dekorative übersteigendes, gewiß kultisch motiviertes Darstellungsanliegen hin. Das gleiche gilt für Lehmsockel, die am vorderen oder hinteren Ende mit Rinderhörnern versehen sind. Mitunter sind ganze Reihen solcher Rinderhörner nebeneinander aufgesteckt. Diese Sockel weisen niemals Brandspuren auf; sie sind also nicht als Herdstellen zu deuten.

Für die Frage, welcher Art der Kult war, der sich in diesen Räumen (den sog. „shrines") von Çatal Hüyük vollzog, ist der Umstand wichtig, daß sie ebenso wie die übrigen Wohnräume dieser lange bestehenden Siedlung Herde, Backöfen, Bänke und Plattformen aufweisen; auch hinsichtlich der Grundrisse und der Lage innerhalb zusammenhängender Raumkomplexe unterscheiden sich die ‚shrines' nicht von den übrigen Wohnräumen; sogar in der künstlerischen Ausstattung bestehen fließende Übergänge. Da zudem die „shrines" untereinander beträchtliche Unterschiede in den archäologischen Kulthinweisen zeigen und religiöse Zeugnisse auch in den gewöhnlichen Wohnräumen nicht gänzlich fehlen, sind diese ‚shrines' nicht zu einer geschlossenen Gruppe spezieller Kulträume zusammenzufassen, die als solche den übrigen Räumen gegenübergestellt werden könnten. Vielmehr erscheint die Annahme unabweislich, daß die ‚shrines' und die schlichten Wohnräume funktional dieselbe Bedeutung hatten und daß die figurale Ausstattung nur graduell unterschiedlich stark einen prinzipiell einheitlichen Wesenszug zum Ausdruck brachte, indem in den Wohnräumen allgemein ein kultischer Aspekt in Erscheinung trat. Angesichts der einzigartigen Großflächigkeit des Ausgrabungsbefundes in den zehn Schichten von Çatal Hüyük möchte man diesen Eindruck verallgemeinernd auf die altneolithische Kultur Vorderasiens beziehen und vermuten, daß dort keine speziellen Kultbauten bekannt waren, sondern daß der Kult ein integrierender Bestandteil des in den Wohnräumen sich vollziehenden Lebens war.

Was an einschlägigen Beobachtungen von Jericho und Byblos bekannt ist, läßt eine nähere Beurteilung nicht zu, widerspricht aber dem in Çatal Hüyük Bezeugten nicht. Aus der ältesten, natufzeitlichen Belegung von Jericho wurde eine künstliche Lehmschicht mit rechteckiger Steinbegrenzung von den Ausgräbern nicht als Hausgrundriß, sondern als Rest einer Kultanlage angesprochen. Aus der jüngeren akeramischen Schicht dieses Tells fallen zwei Rechteckräume aus dem Rahmen des Üblichen heraus. Der eine enthielt in der Mitte eine wannenförmige Vertiefung, der andere auf einer Schmalseite eine Wandnische, in der ein vierkantiger, keine tektonische Funktion aufweisender Steinpfeiler auf einer Steinbasis stand. Beides wird mit kultischen Handlungen in Verbindung gebracht. In Byblos wurde ein Raum ungewöhnlicher Form aus Schicht Ib in ähnlichem Sinn gedeutet, nicht zuletzt wegen der besonders großen Anzahl von Bestattungen unter seinem Fußboden.

Im mesopotamischen Tell as-Sauwan schien zunächst die Ansicht vertretbar zu sein, daß einige altneolithische Baureste von einem Tempel herrührten (*Taf. 31, A*). Allgemeine architektonische Beziehungen zu späteren Tempelbauten schienen diese Annahme zu rechtfertigen. Beim Fortschreiten der Ausgrabung wurde jedoch klar, daß es sich um normale Wohnräume handelt, und daß die auf kultische Handlungen hindeutenden Befunde (Menschenfiguren, Bestattungen) dem nicht widersprechen. Die architektonischen Traditionsfäden zu späteren Tempelbauten sind nicht für die Funktion der betreffenden Bauten vom Tell as-Sauwan, sondern für die formalen (und funktionalen) Wurzeln der späteren Tempel aufschlußreich.

Diese Entwicklung spiegelt sich besonders deutlich in den stratigraphischen Befunden von Eridu in Südmesopotamien und vom Tepe Gaura in Nordmesopotamien wider. Im Tepe Gaura ergab die unterste, der Halaf-Zeit nahestehende Schicht (XX) im Rahmen einer Wohnsiedlung mit Rechteckhäusern einen Rundbau mit einem kleinen Vorraum, wie er ähnlich in Schicht XVII wiederkehrte. Vergleichbar sind die halafzeitlichen Tholoi vom Tell Arpachije (*Taf. 22,3*). Wenn diese aufgrund von Statuettenfunden, ausgesucht feinem Buntgeschirr und anderen Indizien als Stätten kultischer Handlungen angesprochen wurden, so besagt dies wiederum nicht, daß sie deswegen ausschließliche Sakralbauten gewesen seien. Aller Wahrscheinlichkeit nach war ihnen die Bedeutung von Vorratsspeichern eigen (*s. S. 104*). Die sichere Speicherung der Ernteerträge war für die Siedlungsgemeinschaft von entscheidender Wichtigkeit, so daß es von daher begreiflich ist, wenn dort rituelle Handlungen stattfanden. In den Schichten XIX und XVIII vom Tepe Gaura (*Taf. 24, A XIX. XVIII*) werden einzelne, in agglutinierenden Raumverbänden liegende Rechteckräume mit niedrigem Mittelpodium als typologische Vorläufer der von Schicht XIII an auftretenden Tempelbauten angesehen. In dieser allgemeinen Formulierung trifft dies wohl zu und widerspricht nicht der Ansicht, daß diese Räume Bestandteile von Wohnhäusern waren.

In der Tepe Gaura-Schicht XIII erscheinen erstmals ausgesprochene Tempel, und zwar mehrere um einen Platz gruppiert. In dieser Zeit war dieser Hügel eine reine Kultstätte; eine Wohnsiedlung bestand dort nicht (*Taf. 24, A XIII*). Unter dem einen Tempel waren fünf Kinder bestattet, die wohl nicht einfach mit den in altneolithischen Tellsiedlungen geläufigen Hausbestattungen in Verbindung zu bringen, sondern eher als Bauopfer aufzufassen sind. Schon in einigen altneolithischen Wohnhäusern von Khirokitia scheinen gewisse Beisetzungen diese Bedeutung gehabt zu haben: ein 1–2 Jahre altes Kind fand sich unter dem Stein eines Herdes; ein 5 Jahre altes Kind lag unter einer Türschwelle. An der Stelle des anderen Tempels aus der Tepe Gaura-Schicht XIII befand sich vor dessen Erbauung ein mehr als 12 m tiefer Schacht, der u. a. Keramik, Siegel und Salukischädel enthielt, was ebenfalls an Opferrückstände erinnert.

Die in Eridu von der halafzeitlichen Schicht XVII bis zu den jüngerobedzeitlichen Schichten VII und VI sich abzeichnende Architekturentwicklung (*Taf. 24, B*) verdeutlicht die Herausbildung des sumerischen Tempeltypus (*s. S. 195 ff.*). Auch hier kann nicht unbedingt auf einen ausschließlich kultischen Charakter bereits der frühesten Stadien geschlossen werden. Für die älteren Schichten möchte man eine Verwendung der betreffenden Bauten als Speicher in Betracht ziehen. Freilich waren bereits an diese frühen Bauten kultische Verrichtungen gebunden, wie die beiden Rundanlagen vor dem Quadratbau in Schicht XVII anzeigen, von denen betont wird, daß es sich nicht um normale Öfen, sondern um Opferstätten handle.

In der Obed-Zeit vollzog sich in Mesopotamien eine Entwicklung, die ihre Vollendung in der sumerischen Hochkultur der Uruk-Zeit fand. Religionsgeschichtlich bewirkte sie, daß der Kult sich in zunehmendem Maße verselbständigte und für ihn eigene Bauten und Bezirke errichtet wurden, während im außermesopotamischen Vorderasien Zeugnisse von Kulthandlungen und religiösen Vorstellungen sich nach wie vor in Wohnhäusern finden (z. B. Ghassul,

Beycesultan), die strukturell den alt- und mittelneolithischen Anlagen Vorderasiens entsprechen.

Für den Kult wesentliche, archäologisch nachzuweisende Bestandteile der mesopotamischen Tempel waren der Altar (bzw. die Altäre) und ein Treppenaufgang für eine Benutzung des Flachdaches für bestimmte Riten, wie sie u. a. im Gilgamešepos erwähnt werden. Die zumeist rechteckigen, vereinzelt runden Altäre standen entweder frei im Mittelraum oder waren an eine Schmalwand gelehnt. Die beiden niedrigen, Brandspuren aufweisenden Lehmpodien des Tempels aus Schicht IX vom Tepe Gaura (*Taf. 24, A IX*) zeigten auf der Oberseite eine eingeritzte Menschenfigur. Solche Lehmpodien wurden vielfach erneuert. Gelegentlich bestand ein Wandaltar neben einem freistehenden Podium. Am besten erhalten war der Altar vom Tell Uqair (*Taf. 31, E 1*). Treppen führten seitlich zu ihm empor; liegende und sitzende Löwen flankierten ihn. Seine Vorderfront zeigte eine Architekturbemalung, die vermutlich die Außenansicht des Tempels darstellt (vgl. die Tempelansichten auf den Rollsiegeln *Taf. 14, 2. 8*). Dies kann ein Hinweis darauf sein, daß der Altar und die auf ihm vollzogene Kulthandlung als Herzstück des Tempels gewertet wurde. Seitlich von diesem Altar wurde in der Wandung ein Loch festgestellt, das möglicherweise mit Libationen in Zusammenhang stand.

Die mesopotamischen Tempel der Uruk-Zeit zeichnen sich durch eine bemerkenswert feste Typenbildung und -tradition sowie durch eine betonte Monumentalität aus. Gewisse Anzeichen sprechen für eine feste Form auch der lokalen Kulttraditionen. Wenn beispielsweise im frühdynastischen Tempel von Eridu der Gott Enki verehrt wurde, dessen spätere Darstellungen von den Schultern ausgehende Wasserstrahlen mit Fischen darin zeigen, und unter den Opferrückständen in einer Außennische des dortigen Tempels aus Schicht VIII sich auffallend zahlreiche Fischgräten befanden, so möchte man dies als Zeugnis einer speziellen Kulttradition werten. Das gleiche ergibt sich in Chafadje: Innerhalb einer Abfolge von zehn übereinander errichteten Tempeln war der zweitoberste aus frühdynastischer Zeit aufgrund einer Inschrift der Mondgottheit Sin geweiht; aus dem Tempel der Schicht III (*Taf. 31, F*) stammt ein goldener Mondanhänger; zu dem Tempel der ältesten Schicht I gehören zwei Steinanhänger mit Einlegemuster, die möglicherweise ebenfalls ein Mondzeichen darstellen. Von den Kultsymbolen, die später zum Attribut bestimmter Göttergestalten wurden, zunächst aber reine Kultzeichen waren, ist das bekannteste das sog. Schilfringbündel der Inanna von Uruk (*Taf. 14, 1. 3. 6. 14*), das auch auf den ältesten Schrifttäfelchen vorkommt.

Hinsichtlich des Kultvollzuges und des dadurch sichtbare Gestalt findenden religiösen Anliegens werden wir von dem aus den sumerischen Texten der nächstjüngeren Zeit bekannten Weltbild und der religiösen Grundhaltung dieses Volkes auszugehen haben. Danach sind es Lebensziel und Aufgabe des Menschen, die Gottheiten zu erkennen, ihrer Macht und ihres Daseins zu gedenken und ihnen zu dienen, die alles erschaffen haben und erhalten, die Natur, die menschliche Gemeinschaft und den einzelnen Menschen. Sinnvoller Ausdruck dieser Gesinnung sind die Struktur der sumerischen Tempelstaaten im allgemeinen (*s. S. 282*) sowie die Opfer, die Prozessionen und Gebete im einzelnen.

Beim Opfer wurden vorzugsweise Nahrungsmittel (Tiere, Getreide und Früchte) verbrannt, versenkt oder in anderer Form der Gottheit dargebracht, wobei die Opfergaben stellvertretend für die Nahrung insgesamt standen, von der man damit bekannte, daß sie prinzipiell von der Gottheit stammt und ihr gehört. Die wichtigsten Opfertiere waren Rinder (in der Regel domestizierte Tiere; daneben aber wurde die Vorstellung beibehalten, wonach der Wildstier als vornehmste Opfergabe zu gelten habe), ferner kleine Wiederkäuer (Schafe/Ziegen), die an Häufigkeit die Rinder übertrafen, Schweine und Wild (Hirsche, Wildziegen, Antilopen) sowie Fische und Vögel. Diese Tiere sind auch auf Rollsiegeln (*Taf. 14,3; 21,22*), auf Wandfresken in Tempeln (*Taf. 31,E1*) und auf steinernen Votivgefäßen dargestellt (*Taf. 14,14*), ferner als Votivfiguren bzw. als zoomorphe Gefäße gebildet (*Taf. 21,16*) und schließlich als Bild- oder Schriftbildzeichen auf den frühen Tontäfelchen eingedrückt (*Taf. 31,G*). Daß diese Darstellungen sich ausschließlich auf Opfertiere beziehen würden, läßt sich nicht erweisen (*s. S. 315*); für den wesentlichsten Teil ist dies aber anzunehmen. Dabei ist die Frage, ob diese Bilder Erinnerungsmale wirklich dargebrachter Opfer waren, oder ob ihr Verhältnis zu den Opfertieren anderer Art war, nicht leicht zu beantworten. Nicht weniger als fleischspendende Tiere dienten die Früchte des Feldes, andere tierische und pflanzliche Produkte sowie Getränke als Opfergaben. Daher erscheinen auf Darstellungen von Opfer- und Prozessionsszenen nicht selten große Henkelgefäße (*Taf. 14,10*), Schalen und Körbe mit gehäuftem Inhalt, vielleicht Broten (*Taf. 14,1.14*), sowie Ausgußkannen (*Taf. 14,1*). Die letzteren sind mitunter auch einzeln oder zusammen mit Tieren bzw. neben einer Tempelfassade dargestellt. Ausgußkannen in Ton, Silber und Stein spielen unter den Fundhinterlassenschaften eine auffällige, zweifellos von ihrer Bedeutung im Kult her motivierte Rolle. Auch auf den frühen Schrifttäfelchen von Uruk tritt dieser Typus bemerkenswert häufig auf, was gleichfalls in diese Richtung weisen dürfte.

Den Opfern stehen die Weihungen nahe. Auch bei diesen liegt die Absicht zugrunde, durch einen Kultakt etwas für den Menschen Wichtiges aus der Sphäre rein menschlicher Verfügbarkeit in diejenige des göttlichen Eigentums zu überführen. Es liegt auf der Hand, daß dabei die Übergänge zu den Opfern fließend sind. Bezeichnende Weihegaben sind Tonnachbildungen von Äxten, Sicheln, Messern und Pfeilspitzen. Auch die Menschenfiguren *Taf. 14,12.13.16*) sind gewiß in dieser Weise zu interpretieren.

Bei den neben den eigentlichen Opferhandlungen veranstalteten Prozessionen, wie sie Rollsiegelbilder darstellen (*Taf. 14,1.2.10*) wurden außer Opfergaben Kultsymbole in feierlichem Zug zum Tempel getragen. Anscheinend bewegten sich diese Prozessionen nicht nur im Tempelbezirk, sondern umzogen das gesamte Kulturland. Auch Schiffsprozessionen waren bekannt, bei denen ein Tempelmodell und große Tierfiguren sowie die auch sonst verwendeten Kultsymbole in Begleitung von Priestern auf dem Euphrat gefahren wurden (*Taf. 14, 9*). Die Prozessionen dienten einer Bekundung und bewußten Sichtbarmachung des der Gottheit Gehörigen und der ihren Kult bezeugenden Zeichen.

Diese religiöse Grundhaltung prägte über den Kult im engeren Sinn hinaus die Sozialordnung sowie die politische und kulturelle Lebensform dieser ältesten Hochkultur, indem im Prinzip alles Land und die gesamte Stadt Eigentum der Gottheit war, für die der Hohe Priester (Lugal bzw. En) die Verwaltung besorgte. War dieser somit gleicherweise höchste Kultperson, politischer Herrscher, Kriegsherr und Wirtschaftslenker (*s. S. 154f.*), so spricht doch nichts dafür, daß er als Verkörperung einer Gottheit aufgefaßt worden wäre. Auch gab es während der Uruk-Zeit in Mesopotamien anscheinend keine menschengestaltigen Bilder von Göttern. Derartiges beginnt offensichtlich erst später. Auch die lang gewandete weibliche Gestalt vor dem Inanna-Zeichen auf dem großen Kultgefäß von Uruk (*Taf. 14, 14*), zu der sich der Zug der Gabenbringer hin bewegt, stellt aller Wahrscheinlichkeit nicht Inanna selbst, sondern eine Kultperson dar.

*Ägypten:* Aus prädynastischer Zeit sind architektonische Kultanlagen in Ägypten nicht bekannt. Doch kann dies einfach darauf beruhen, daß solche Kultbauten nicht am Wüstenrand lagen wie die Friedhöfe, sondern im Fruchtland bei den Siedlungen, die man ja gleichfalls nicht kennt. In der altneolithischen Siedlung von Merimde wurden gewisse Deponierungen von Tierknochen vom Ausgräber H. Junker mit Opferhandlungen in Verbindung gebracht.

Die jüngeren Naqada-Gefäße (*Taf. 13, 24; 33*) sowie die bemalte Wand einer Grabkammer von Hierakonpolis (*Taf. 16, 11*) zeigen Darstellungen von Schiffen, die offenbar auf einen festlichen Ritus hinweisen, vergleichbar den durch die frühdynstischen Annalentäfelchen bezeugten Schiffsprozessionen. Diese Interpretation der naqadazeitlichen Schiffsdarstellungen gründet sich auf den auffallenden Schmuck der Boote durch Palmwedel, geflochtene Zierate, Fähnchen und Standarten. Das läßt erkennen, daß hier keine normalen Boote gemeint sind, mit denen der Material- und Personenverkehr auf dem Nil betrieben wurde. Andererseits aber ist eine Verknüpfung dieser Schiffe mit der aus späterer Zeit bekannten mythischen Sonnenbarke, mit der Re über den Himmel und durch die Unterwelt zog, nicht zu begründen und gewiß abzulehnen. Bei den Standarten lassen sich mehrere Typen unterscheiden: mit einem Vogel, einem Skorpion, einem Elefanten, einer Dreiecksgruppe, einer Z-Figur, einem Gehörn, einer Pfeilgruppe. Einige dieser Zeichen bzw.

Bildtypen sind in der nachfolgenden Zeit in einer bestimmten kultischen Bedeutung nachzuweisen, so der Vogel (Falke), der als Standartenbekrönung zum Šemsu Ḥôr, dem sog. Königsgeleit, gehört und dort auf die Horus-Gottheit als königliche Schutzmacht hinweist. Das Pfeilpaar der vordynastischen Schiffsstandarten könnte im späteren Neith-Zeichen, die Z-Figur im späteren Min-Zeichen und das Gehörn im Hathor-Symbol weiterleben. Daß der Elefant, der damals in Ägypten bereits höchst selten anzutreffen war, ob seiner Größe leicht zu einem eindrucksvollen Wahrzeichen religiös verstandener Macht werden konnte, ist verständlich. Das gleiche gilt für den trotz seiner Kleinheit so gefährlichen Skorpion. Die Auswahl dieser Zeichen beweist, daß sie nicht spezielle Schutzmächte für die Schiffahrt auf dem Nil symbolisieren. Sie beziehen sich offensichtlich auf bestimmte göttliche Machtäußerungen, die im Prinzip nicht begrenzt und lokalisierbar waren, sondern als Manifestation einer zwar vielgestaltigen, aber doch einheitlichen religiösen Machtsphäre erlebt wurden. Wenn in späterer Zeit in den einzelnen ägyptischen Orten und Gauen verschiedene Gottheiten verehrt wurden, so spiegelt dies wohl das Ergebnis einer sich in frühdynastischer Zeit vollziehenden Entwicklung wider. Vorher müssen wir mit einem formenreichen, durch gleitende Übergänge und austauschbare Bestandteile zusammengeschlossenen Glauben an göttliche Machtäußerungen (und menschliche Verehrungsweisen) rechnen, bei denen sich Tiere und kosmische Erscheinungen (Sonne, Sterne) ebenso anboten wie andere Naturphänomene (Nil, Blitz). Erst in einem fortgeschrittenen Stadium verfestigten sich die Begriffe, wurden die bildlichen Ausdrücke wörtlich genommen und setzte das ein, was H. Kees als Religionspolitik (bzw. Kultpolitik) kennzeichnete. Aber auch dann war trotz der vordergründig so auffälligen Differenzierung in regionale und lokale Gottheiten, deren Wirkungsbereich eng mit dem politischen Einfluß der betreffenden Stadt zusammenhing, doch das Erleben der in den verschiedenen Gottheiten einheitlich und wesensübereinstimmend wirkenden transzendenten Macht oft stärker als die Verschiedenartigkeit.

Die bei oder auf den Schiffen der naqadazeitlichen Gefäße dargestellten menschlichen Figuren gehören mindestens in einigen Fällen thematisch zu diesen. Dabei ist die Armhaltung weiblicher Gestalten insofern bemerkenswert, als der dabei angegebene Gestus auch bei Statuetten wiederkehrt (*Taf. 13, 20*) und wohl (nicht als Tanzhaltung, sondern) als Gebetsgestus zu deuten ist (*s. S. 327*). Daneben erscheinen vereinzelt männliche Gestalten, die einen Gegenstand über dem Kopf oder in einer Hand halten. Vergleichbar sind Figuren aus dynastischer Zeit, die bei einer Opferhandlung dargestellt sind.

Nach alledem scheint die Ansicht begründet zu sein, daß Schiffsfahrten auf dem Nil in vordynastischer Zeit einen wichtigen Bestandteil des kultischen Rituals bildeten. Für eine Bevölkerung, die – die lebenerstickende Wüste immer vor Augen – jährlich erlebte, wie der Nil durch sein Wasser und seinen

Schlamm dem Land Fruchtbarkeit und Wachstum schenkte, lag es nahe, dieses Naturgeschehen in besonderer Weise als Wirken und Geschenk einer göttlichen Macht zu verehren und ihre religiöse Dankbarkeit durch rituelle Handlungen auf dem Fluß zum Ausdruck zu bringen. Die beiden Gegenstände, die regelmäßig in der Mitte der Schiffe dargestellt sind, mögen Henkelkörbe sein, die die für den Fluß bestimmten Opfergaben enthielten. Solche Henkelkörbe erscheinen auf den Gefäßbildern auch unabhängig von Schiffsdarstellungen, bezeichnenderweise gleichfalls paarweise und stets zu beiden Seiten eines Gegenstandes, den man kaum anders denn als großflügelige Standarte deuten kann. Abgegrenzte Kultplätze wie auf den frühdynastischen Annalentäfelchen sind nicht dargestellt. Dennoch spricht alles dafür, daß diese fächerartigen Standarten mit den beiden Opferkörben einen Kultplatz anzeigen.

Aus der Zeit der ersten beiden Dynastien wurden architektonisch gestaltete Kultplätze in Abydos und in Hierakonpolis entdeckt. An beiden Orten handelt es sich um Tempelbauten, die im wesentlichen dem Alten Reich und noch jüngeren Zeitabschnitten angehören, die aber in ihren Anfängen in die frühdynastische Ära zurückreichen. Der an diesen Stellen geübte Kult, der sich in der Deponierung von Votivgaben (u.a. Figuren von Menschen und Tieren) äußerte, trug von Anfang an gleichbleibende Züge, so daß außer der Kontinuität des Kultplatzes auch eine solche der Kulthandlungen zu erschließen ist.

Was die architektonische Form der ältesten Kultbauten anlangt, so war in frühdynastischer Zeit der im Alten Reich (3. Dyn.) ausgebildete und dann bis in die Spätzeit hinein beibehaltene Typus des ägyptischen Tempels, der sein Herzstück in dem am weitesten vom Eingang entfernten, von keinem Sonnenlicht erreichten Allerheiligsten hatte, wo das Kultbild des Gottes stand, auf das der tägliche Kult gerichtet war, offensichtlich noch nicht bekannt. Dies muß freilich nicht besagen, daß das später übliche Ritual vor dem Götterbild (allmorgendliches Schminken und Bekleiden sowie die mehrmals am Tage erfolgten Speisungen) überhaupt erst nach der frühdynastischen Zeit entstanden wäre. Die Ausbildung des klassischen Tempeltypus war offenbar eine künstlerische Neuschöpfung – die Tradition schreibt sie dem berühmten Imhotep zu –, die für einen bestehenden Kult einen geeigneteren Rahmen, nicht aber überhaupt die Voraussetzungen für diese Kulthandlungen schuf.

In Hierakonpolis wurde unter einem vielräumigen Kultbau des Alten Reiches eine große abgerundet-quadratische Anlage festgestellt, offenbar die Steinverkleidung einer hügelartigen Erhebung, über deren Aussehen im einzelnen aus dem Befund keine Vorstellung zu gewinnen ist. Aufgrund bildlicher Darstellungen der 1. Dyn. dürfte es sich um den Sockel eines aus Stangen und Matten oder aus Ziegeln errichteten Sakralbaues handeln. Diese bildlichen Darstellungen zeigen mehrere Typen frühdynastischer Kultbauten. Einen dieser Typen trifft man auf Siegeln des Horus Aha von Abydos und Sakkara (*Taf. 16,15*): Der Bau steht zumeist auf einem Podium und ist durch eine hohe Vorderfront mit halbrundem oberem Abschluß, drei hörnerartigen Aufsätzen sowie einer geschweiften Firstlinie ausgezeichnet, die in eine quastenartige Hängezier ausläuft. Auf den Siegelbildern ist vor jenem aus Stangen errichteten Hörnerbau regelmäßig ein geschwungenes Linienband mit einem liegenden Löwen an einem Ende dargestellt, möglicherweise ein von Löwen flankierter Zugang zur Fassade des Kultbaues.

Andere für bestimmte Ritualhandlungen errichtete architektonische Anlagen haben baldachinartige Form. Sie sind mit einem Thronsitz versehen und stehen auf einem hohen Treppenpodest (*Taf. 16,35*). In ihnen nahm offensichtlich der König Platz.

Ein anderer Typus von Kultbauten zeichnet sich durch eine rechteckige Ummauerung aus, die entweder rundum oder nur auf einer Seite mit Zinnen, spitzen Aufsätzen bzw. mit einer Nischengliederung versehen ist *(Taf. 16.27)*. Im Innern dieser Umfassungsmauer steht ein Bau mit gerundetem Dach und senkrecht aufragenden Seiten bzw. Eckpfosten, mitunter begleitet von zwei Fahnen, wie sie auch in späterer Zeit zum üblichen Tempelschmuck gehörten. Diese Fahnen sind es, die im Rahmen der Hieroglyphenschrift zum Deutzeichen für den Begriff „Gott" oder „Götter" (ntr) wurden, ein unmißverständlicher Hinweis darauf, daß zu Beginn der dynastischen Zeit die Gottheiten nicht von einer speziellen Wirkung oder gar von ihrem mythischen Wesen her, sondern durch den ihnen entgegengebrachten Kult gekennzeichnet wurden. Ob die angeführten Darstellungen bezeugen, daß im Innenraum der rechteckigen Ummauerung Zeichen bestimmter Gottheiten (Horus: *Taf. 16,36*; Neith: *Taf. 16,37*) aufgepflanzt waren, oder ob die Zeichen auf jenen Bildern hieroglyphischen Charakter haben, mag dahingestellt sein. Auch der Vogel auf dem Dach von Kultbauten auf zwei Abydos-Täfelchen hat wohl inschriftlichen, nicht abbildenden Charakter, ähnlich wie die Namenshieroglyphen bei den Horus-Namen. Auch bei diesen letzteren gehört der „Palast" in dem Maße zu den Sakralbauten, als der König als Verkörperung der den Staat erhaltenden Gottheit angesehen wurde.

Auf die rituellen Handlungen, die in frühdynastischer Zeit an den Kultstätten ausgeführt wurden, weisen einige bildliche Darstellungen hin. Eines der großen Feste des alten Ägypten war das sog. „Jubiläum" oder Sedfest. Es hatte die rituelle, jedes Jahr von neuem vollzogene Konstituierung des Reiches und des Königtums als göttliche Einrichtung zum Thema. Einen festen Bestandteil dieses Festes bildete ein kultischer Lauf des Königs. Bei diesem (von H. Kees als Hebsed-Lauf bezeichnet) trug der König außer der geschulterten Geißel als Symbol seiner Macht in der ausgestreckten Rechten einen stabförmigen Gegenstand, der als Papyrusrolle gedeutet wird. Diese enthielt, so wird vermutet, eine Vermächtnis- oder Weiheformel, die vom König in seiner Doppelfunktion als Verkörperung göttlicher Macht und als Verkörperung des staatlich geeinten Sozialverbandes um ein geweihtes „Feld" getragen wurde, um dieses damit der Gottheit erneut zu überantworten. Wenn sich später nachweislich damit die Vorstellung verband, das so umlaufene und geweihte Kultareal stehe symbolisch für ganz Ägypten, so besteht durchaus die Möglichkeit, daß dieser Gedanke bereits von Anbeginn dieses Festes, d.h. seit frühdynastischer Zeit, vorhanden war. Denn die aus der 1. Dyn. stammenden Darstellungen dieses Ritus enthalten deutlich den Hinweis auf die beiden Landeshälften Ober- und Unterägypten: ein Siegel von Abydos zeigt zweimal Horus Djer mit geschulterter Geißel auf dem Thron unter einem Baldachin, das eine Mal mit der ober-, das andere Mal mit der unterägyptischen Krone (*Taf. 16, 12*). Die beiden baldachinartigen Kapellen mit Thronsessel (die später mit der Rückseite gegeneinander gekehrt wurden) sind typisch für das Sedfest. Der Zusammenhang von thronendem Pharao und dem mit Geißel und Papyrusrolle ausgeführten Hebsed-Lauf wird durch ein Annalentäfelchen des Horus Udimu von Abydos verdeutlicht. Während der König hier die Doppelkrone trägt, verdeutlicht ein Siegelbild desselben Königs von Sakkara *(Taf. 16, 16)* den Vorgang des Hebsed-Laufes und damit zusammenhängende rituelle Erscheinungen: der König vollzog den Ritus einmal in ober- und einmal in unterägyptischem Ornat und wurde dabei von Götterbildern begleitet, die jeweils in den betreffenden Landesteilen verehrt wurden.

Während beim Hebsed-Lauf der König der rituell Handelnde ist, erscheint er auf anderen Darstellungen als Ziel von Prozessionen, also als Empfänger kultischer Verehrung. Vor allem hat die obere Bildzeile eines Holztäfelchens von Sakkara *(Taf. 16, 29)* diese Deutung veranlaßt, indem angenommen wurde, die Prozession, zu der auch die Figuren der zweiten Zeile gehören, würde dem durch seinen Horus-Namen dargestellten König Djer entgegengehen und ihn zum Ziel haben. Bei dieser Prozession wurden große Kultbilder und -zeichen getragen: Deutlich erkennbar sind ein Fisch, ein Vogel und ein Stier, also Tiere des Wassers, der Luft und des Festlandes, weiterhin eine menschliche Figur (keine Mumie, sondern eine Statue). Weniger klar sind eine Lanze, ein sonderbares Zeichen, vielleicht die Hieroglyphe „schms" als Anführer sowie als Abschluß ein Rechteckfeld, für das verschiedene Deutungen möglich erscheinen.

Daß auf den frühdynastischen Annalentäfelchen normale Kulthandlungen selten oder gar nicht dargestellt sind, dürfte sich dadurch erklären, daß es der Zweck dieser Täfelchen war, Bemerkenswertes und Außergewöhnliches in Bild und Schrift festzuhalten. Gebet und Opfer sowie vermutlich in wachsendem Umfang der tägliche Dienst am Götterbild gehörten gewiß zu den Hauptbestandteilen des kultischen Rituals. Opfergaben wurden teilweise in Ton- oder Steingefäßen und auch in geflochtenen Körben dargebracht. So wurde das Tragen eines Gefäßes auf dem Kopf oder das Halten einer Schale in der ausgestreckten Hand (*Taf. 16, 37*) zur typischen Opfergeste und die flache Kalottenschale aus Alabaster oder aus Korbgeflecht zum hieroglyphischen Determinativ für „Fest". Unter den Speiseopfern nahm das Tieropfer eine bevorzugte Stellung ein. Das vornehmste Opfertier war das Rind, wobei im Prinzip der vom Stifter in der Wildnis gefangene Stier (*Taf. 16,37*) gemeint war; das domestizierte Rind wurde bereits als Substitut gewertet. In der noch in späterer Zeit herrschenden Auffassung, wonach Haustiere allgemein eine geringere Rolle als Opfertiere spielten als erjagtes Wild, haben sich uralte, sicherlich ins reine Neolithikum zurückreichende Verhältnissse und Bewertungsmaßstäbe erhalten. Zum Zerteilen der Opfertiere dienten geschweifte, doppelseitig flächig retuschierte Feuersteinmesser. Ihre oft erstaunliche Länge (bis 50 cm) unterstreicht ihren Charakter als ausgesprochene Ritualgeräte. Messer dieser Art kamen noch in Tempeln des Alten Reiches zum Vorschein; sie wurden also im Opferdienst noch in einer Zeit verwendet, als sonst der Gebrauch von Feuersteingeräten längst nicht mehr üblich war. Auch das Bereiten von bestimmten Speisen, Getränken oder Salben in großen Behältnissen, wie es manchmal dargestellt ist, scheint ein Teil des Opferrituals gewesen zu sein.

Nicht hinreichend geklärt ist, ob neben der rituellen Opferung von Tieren, Broten, anderen Speisen und Getränken, Parfüm, Salben, Textilien und handwerklichen Erzeugnissen verschiedenster Art auch Menschen im Rahmen kultischer Handlungen getötet und geopfert wurden, bzw. inwieweit die vom König vorgenommene Tötung von Gefangenen oder besiegten Feinden als Bestandteil des Kultes gewertet wurde. Die auf den ersten Blick so deutliche Grenze zwischen Krieg und Kult konnte angesichts der Stellung des Königs fließend sein. Die Pose, mit der Narmer auf seiner Palette von Hierakonpolis (*Taf. 15,1 links*) den in die Knie gesunkenen Gegner ergreift und mit der Keule zerschmettert, hat durch die Krone und das Gewand des Königs und dadurch, daß ihm die Sandalen von einem Diener nachgetragen werden, einen zeremoniellen Charakter. Das gilt noch mehr von der auf der anderen Seite dieser Palette (*Taf. 15,1 rechts*) dargestellten Konfrontierung des in feierlichem Zug erscheinenden Königs mit zehn Enthaupteten. Mögen sich diese Darstellungen auch auf konkrete Geschehnisse beziehen – was anzunehmen ist –, so legt diese Art künstlerischer Verherrlichung die Vermutung nahe, daß das hier bildlich Verewigte auch das Motiv von rituellen Verrichtungen der Folgezeit bildete. Die Szene am rechten Ende der oberen Reihe eines Sakkara-Täfelchens (*Taf. 16,29*) wird allgemein als eine rituelle Tötung gedeutet: ein vor einem Gefäß Sitzender sticht einem vor ihm kauernden, gefesselten Gefangenen einen Dolch in die Brust. Diese Szene hat nichts mit Krieg und Kampf zu tun. Ritualtötungen von Menschen gab es bereits in älterer Zeit (*s. S. 259*). Aber erst seit Beginn des dynastischen Zeitalters in Ägypten wird die Tötung von Gefesselten (*vgl. Taf. 11,14*) als sichtbarer Ausdruck eines triumphierenden Überlegenheitsbewußtseins dargestellt, das durch den sakralen Charakter des Königs in einer religiösen Überhöhung und Weihe erscheint.

Zu den rituellen Handlungen der frühdynastischen Zeit gehörten schließlich Schiffsprozessionen auf dem Nil. Dazu wurden vermutlich nicht die gewöhnlichen Holz- und Schilfboote benutzt, die dem normalen Verkehr auf dem Fluß dienten, sondern besonders festliche Boote, die nach Ausweis der bildlichen Darstellungen verschiedenen Typen angehörten.

*Europa:* Auch in den neolithischen Kulturen Europas sind allenthalben durch archäologische Zeugnisse kultische Handlungen, vor allem Opferungen, zu erschließen, die die wichtigen Vorgänge im Leben des Einzelnen und der Gemeinschaft begleiten: Zeugung, Geburt und Tod, Ernte, Anlage einer Siedlung oder eines Hauses, darüber hinaus aber auch das tägliche Leben mit seiner landwirtschaftlichen und gewerblichen Arbeit, dem Essen und Trinken.

Opferdeponierungen anläßlich der Errichtung eines Hauses (Bauopfer) sind manchmal als solche eruierbar. Kann ein menschliches Skelett in einem bandkeramischen Haus von Griedel nur mit einiger Wahrscheinlichkeit in dieser Weise gedeutet werden, so ist dies bei einem Hirschskelett unter einem stichbandkeramischen Haus von Dingolfing ziemlich sicher. In mehreren Pfostengruben von Häusern in Köln-Lindenthal wurden Silexklingen und Absplisse entdeckt, die die Ausgräber ebenfalls mit Bauopfern in Verbindung brachten. In der jungneolithischen Siedlung von Branč war auf der Sohle einer Pfostengrube das vollständige Tonmodell eines Hausdaches (*Taf. 27,5*) niedergelegt worden. In Traian waren unter den Herden mehrerer Häuser vollständige Gefäße vergraben; auch sonst fanden sich dort in den Häusern tief eingegrabene Gefäße mit Tierknochen, was nur durch die Annahme beabsichtigter Deponierung als Opfer erklärlich erscheint. Das gleiche gilt für ähnliche Befunde in den Cucuteni-Siedlungen von Truşeşti und Hăbăşeşti. In Varoš wurden unmittelbar unter dem Fußboden von Häusern menschliche Tonfiguren gefunden.

Außerhalb der Häuser wurden im Bereich der Siedlungen nicht selten Gruben angetroffen, deren Inhalt (Gefäßreste, Tierknochen, Holzkohle, Asche, z.T. auch Statuetten) die Deutung als Opferschächte (Bothroi) nahelegt. In Branč pflegten Schächte dieser Art von z.T. mehr als 2 m Tiefe paarweise auf der Nordseite der Häuser zu liegen; ihre Füllung zeichnete sich durch eine regelmäßige Schichtung (jeweils 15–20 Lagen) aus, was an eine Deponierung von Opferrückständen in gleichmäßigen Zeitabständen – etwa jährlich einmal – denken läßt. Eine glockenförmige, mit Steinen gepflasterte Grube von Jordansmühl enthielt das von Steinen umgebene und bedeckte vollständige Skelett eines Ferkels mit zertrümmertem Schädel, begleitet von dem mit Hornzapfen versehenen Stirnteil eines Rindes. Ein Bothros von Elateia ergab auf der Sohle ein „anikonisches Idol“; in der Grubenfüllung kamen vor allem Fußschalen und vierfüßige Rhyta zum Vorschein. Eine altneolithische Grube von 1,4 m Tiefe in der Otzaki-Magula ergab u.a. drei Statuetten und wurde vom Ausgräber V. Milojčić gleichfalls als Opfergrube gedeutet. Ähnliche

Bothroi wurden in Poiana în Pise, Vinča und Tărtăria festgestellt. Am letzteren Platz stammen außer Statuetten auch Tonscheiben mit eingedrückten Bildern und Zeichen aus einem solchen Kultdepot (*Taf. 31, H*).

Bei Depotfunden aus Silex- oder Felsgesteingeräten inner- und außerhalb von Siedlungen ist zumeist schwer zu klären, ob es sich um unfreiwillig bzw. zufällig zurückgelasssene Geräte oder um absichtlich niedergelegtes Opfergut handelt. Bei einem aus Schabern, einem Beil, mehreren Messerklingen und 275 g Ocker bestehenden Depot von Bondaricha am Donez wurde wegen des Ockers die Deutung als Votivgabe erwogen, ebenso bei einem Fund von Dresden-Nickern, der sieben mit roten Farbspuren versehene Schuhleistenkeile ergab.

Die Bauopfer im allgemeinen und dasjenige eines Votivdaches in der Fundamentgrube eines Hauses von Branč im besonderen deuten an, daß die menschlichen Wohnstätten über ihren praktischen Wert hinaus von der Fundamentgrube bis zum Dachfirst in einer religiösen Dimension gesehen wurden, die sich als Gefühl der Abhängigkeit von überirdischen Mächten und in der darauf bezogenen Bitte um Schutz äußerte. Von da her ist es zu verstehen, wenn die höchste Stelle des Hauses, der Dachgiebel bzw. First, mit einer Tierkopffigur versehen wurde (Szegvár-Tüzköves, Jaroměřice, Střelice, Vinča), die vermutlich ein Opfertier darstellte und somit permanent die durch das Opfer vollzogene Kommunikation mit der Gottheit verkörperte. Diese Dachfigur bildete demnach gleichsam das Gegenstück zu den unter dem Fußboden deponierten Bauopfern. Daß es nur einige wenige Befunde sind, die in dieser Hinsicht Aufschlüsse geben, dürfte an den geringen Erhaltungschancen liegen und widerspricht nicht der Annahme, daß jener religiöse Aspekt bei den neolithischen Wohnhäusern eine wesentlich größere Rolle spielte als der archäologisch vorliegende Denkmälerbestand es erkennen läßt.

Dasselbe ist der Fall bei dem sich in den Häusern vollziehenden Kult. Wo von den Wohnhäusern nur Pfostengruben und -gräbchen angetroffen werden, nicht aber die alte Fußbodenfläche (Bandkeramikkultur usw.), werden wir kaum Zeugnisse solcher Kulthandlungen erwarten können. Nur in den wenigen Fällen, in denen der Erhaltungszustand der Hausböden Rückschlüsse auf die Inneneinrichtung zuläßt, sind in dieser Hinsicht Erkenntnisse zu gewinnen. Vor allem wichtig ist da die ukrainische Tripolje-Kultur, deren Wohnhäuser vielfach als typische Bestandteile der Inneneinrichtung neben kuppelförmigen Öfen 20–25 cm hohe, bis 2 m breite kreuzförmige Sockel aufweisen (*s. S. 138*). Diese waren sorgfältig gebrannt; ihre Oberfläche zeigt eine leichte Vertiefung und war z. T. rot bemalt. Offensichtlich fanden auf diesen Kreuzsokkeln regelmäßig Opferhandlungen statt. Bei einigen Hausmodellen dieser Kultur wurden diese Kultpodien mit dargestellt, ein Beweis dafür, daß sie als besonders wichtig empfunden wurden. Vergleichbar dürften einige in Resten auf uns gekommene Kultstände von Truşeşti sein, die, dicht neben Herden aufgestellt, oben näpfchenartige Vertiefungen aufweisen. Sie sind vermutlich ebenfalls mit Opferhandlungen in Verbindung zu bringen. Daß der Herd als Stätte der Wärme und der Speisezubereitung besonders zur Ausbildung religiöser Riten einlud, wird dadurch unterstrichen, daß mitunter Tonmodelle von Herden angefertigt und als Votive benutzt wurden, und zwar bereits von der Bandkeramikkultur an.

In den neolithischen Siedlungen Europas lassen sich im allgemeinen neben den Wohn- und Wirtschaftsgebäuden keine Bauwerke herausstellen, die als reine Kultbauten gedeutet werden könnten. Nur bei einem Haus auf dem Mittelplatz der spätneolithischen Siedlung von Aichbühl (*Taf. 30, C*), das in seiner Bauweise, seiner Grundrißgestalt und seiner Innenausstattung von den dortigen Wohnhäusern abweicht (kein Eingang zum Vorplatz hin, breiterer Eingang auf einer Längsseite, zwei Säulenpaare im Innern, kein Herd), und das zweifellos eine andere Funktion hatte als die übrigen Häuser dieses Dorfes, wurde mitunter ein Charakter als Kultbau in Betracht gezogen.

Außerhalb der Ansiedlungen bildeten Moore, Gewässer und Höhlen geeignete Plätze zur Niederlegung von Opfergaben bzw. zur Aufnahme von Opferrückständen. In Griechenland wurden in einigen Höhlen, die in der Kupfer- und Bronzezeit nachweislich Kultstätten waren (z. B. Eileithyia-Höhle, Hellenes Amariu) auch neolithische Funde geborgen. In der ungarischen Aggtelekter Höhle wurde 200 m vom Eingang entfernt eine Herdplatte mit einer Mulde und einem zylindrischen Mittelloch entdeckt, die schwerlich etwas anderes als der Rest einer Kultanlage gewesen sein kann. Viele Höhlen in verschiedenen Teilen Europas dienten während des Neolithikums als Bestattungsplatz (*s. S. 304*). Dabei ist mitunter schwer zu entscheiden, ob es sich um die normale Beisetzung von Verstorbenen handelt, oder ob an Opferungen zu denken ist. In die letztere Richtung weisen die Befunde in der Jungfernhöhle bei Tiefenellern in Oberfranken: in einem mäßig großen, an einem Hang gelegenen Felsloch unweit einer Siedlung der Bandkeramikkultur war zunächst ein Feuer entzündet, sodann dort ein getötetes Ferkel deponiert worden. Die übrige Höhlenfüllung war mit Scherben vor allem der Bandkeramik, in geringerem Umfang auch der Rössener Art und späterer Kulturen, ferner Steingeräten, Rötelstücken, Holzkohle sowie Menschen- und Tierknochen durchsetzt. Die Lageverhältnisse ließen erkennen, daß es sich hier nicht um gestörte Primärbestattungen handelt; die Skeletteile (von insgesamt 38 Menschen, zumeist Frauen und Mädchen) waren vielmehr zusammen mit den übrigen Fundhinterlassenschaften vom Vorplatz der Höhle aus in das steile Felsloch geschüttet worden. Verletzungen an den Schädeln und gewaltsam herausgerissene Zähne legen die Vermutung nahe, daß die Menschen gewaltsam getötet worden waren und zwar im Rahmen eines Opferrituals.

An ein Menschenopfer wird auch bei einem ungarischen Fund von Hodmezövásárhely-Gorzsa gedacht: ein anthropomorphes Gefäß (*Taf. 18, 18*) enthielt zusammen mit Getreideresten die verbrannten Knochen eines Säuglings.

## *Totenbehandlung*

Einzelzüge neolithischer Bestattungssitten, so seitliche Hockerlage, Ausstattung mit Schmuck und Nahrungsmitteln, Verwendung von roten Farbstoffen, reichen ins Jung- und Mittelpaläolithikum zurück *(s. S. 249 ff.)*. Darin tritt eine urmenschliche Haltung dem Verstorbenen gegenüber in Erscheinung, die von dem Gefühl liebender, mit dem Tod nicht abbrechender Verbundenheit geprägt wird. Die Toten – Erwachsene und Kinder bis hin zum Neu- oder Ungeborenen – wurden in Schlafstellung zur letzten Ruhe gebettet und mit Gegenständen, die ihnen zu Lebzeiten gehörten, sowie mit Abschiedsgeschenken versehen. Darüber hinaus war man bestrebt, dem Abgeschiedenen durch kräftiges Schminken einen festlichen Charakter zu verleihen. In dieser emotionalen Grundhaltung der neolithischen Totenbehandlung in weiten Teilen der damaligen Ökumene spiegelt sich nicht nur ein Erbe der vorangehenden Zeit, sondern auch ein kultureller Kontakt der neolithischen Kulturgruppen untereinander wider.

*Vorderasien:* Bereits in der palästinensischen Natuf-Gruppe herrschten ausgeprägte Sitten der Totenbehandlung. Die Bestattungen lagen teils inmitten der Ansiedlung, teils außerhalb derselben in gesonderten Friedhöfen. Das letztere konnte am deutlichsten in Eynan und Nahal Oren festgestellt werden. In der Regel waren es Einzelgräber; liegende Hocker waren mit Ocker und Muschelschmuck versehen und gelegentlich mit Steinen bedeckt. In Nahal Oren pflegte neben dem Toten auf der Grabsohle ein großer Steinmörser aufgestellt zu sein, der wohl obertägig sichtbar war und eine bemerkenswerte gedankliche Verbindung zwischen Tod und Getreidezubereitung andeutet. Vielleicht in ähnlichem Sinn zu interpretieren sind Befunde von Eynan, wo glockenförmige Gruben mit weiß verputzten Wänden, eventuell einstige Getreidesilos, zur Aufnahme jeweils mehrerer Bestattungen benutzt wurden. Einmal waren die Grubenwände rot bemalt; zwei in die Grabmitte gebettete Tote waren von einer Steinpflasterung mit einem Herd darauf bedeckt. In der Mugharet el-Wad, wo dreißig natufzeitliche Bestattungen teils in der Höhle, teils auf dem Vorplatz angetroffen wurden, lagen ebenfalls mitunter mehrere Verstorbene in einer gemeinsamen Grube; einigemale waren es jeweils ein Erwachsener mit einem Kind, einmal sieben Tote, die im Halbkreis um einen Steinmörser gruppiert waren. Eine besondere rituelle Behandlung und Beisetzung wurde den vom Rumpf abgetrennten Köpfen bzw. den von Weichteilen entblößten Schädeln zuteil. In Eynan fanden sich einmal fünf, ein andermal neun isolierte Schädel; einmal war ein Schädel von vier Gazellenhörnern umgeben. Schädel von drei Erwachsenen und drei Kindern lagen in einem Grab der Natuf-Schicht von Erq el-Ahmar beisammen. Demgegenüber fehlte einem Skelett von Nahal Oren der Schädel. Eine Gruppe isolierter

Schädel kam in der ältesten Schicht von Hacilar zum Vorschein. Im altneolithischen Beidha waren Kinder vollständig beigesetzt, Erwachsene stets ohne Kopf. Die obersten Halswirbel waren dabei z. T. verdreht. Bei einem Skelett waren außer dem Kopf auch die Finger, bei einem anderen ein Fuß abgenommen. In der untersten Tellsiedlung von Jericho wurden die Bestattungen in den Häusern unter dem Fußboden vorgenommen; durchweg fehlten die Köpfe. Diese bzw. die Schädel wurden in den Wohnräumen aufbewahrt, zu Gruppen vereinigt und reihen- oder kreisförmig angeordnet. In der nächstjüngeren Jericho-Schicht waren ebenfalls Verstorbene unter den Fußböden beigesetzt, wiederum nicht selten ohne Kopf, zuweilen aber mit dem Unterkiefer. Eine Aufbewahrung der Schädel in den Wohnräumen war gleichfalls herrschender Brauch; im Gegensatz zur vorangehenden Schicht lagen sie aber nicht mehr in Gruppen beisammen, sondern jeweils einzeln. Die Schädel (jeweils ohne Unterkiefer) waren mit einer Gipsmasse übermodelliert und mit Augeneinsätzen aus Muscheln versehen; der Halsabschluß ist glatt, so daß regelrechte Kopfplastiken um den echten Schädelkern entstanden (*Taf. 12,1*).

Besonders umfassend ist unser Einblick in die Sitten altneolithischer Totenbehandlung in Çatal Hüyük. Die Leichname wurden, in ein Tuch oder ein Fell gewickelt und mit Riemen oder Stricken zusammengebunden, in den Wohnräumen (niemals in Speicherräumen oder auf Höfen) beigesetzt. Während bei einigen die Knochen in anatomisch intaktem Verband lagen, veranlaßten die Anordnung und der Erhaltungszustand anderer den Ausgräber J. Mellaart zu der Annahme, die Beisetzung der Gebeine sei in mehr oder weniger entfleischtem Zustand erfolgt, nachdem die Körper zuvor an Plätzen außerhalb der Siedlung unter freiem Himmel aufgebahrt gewesen seien, wo Geier und Insekten, nicht aber andere Raubtiere Zutritt gehabt hätten. Die Wandgemälde von riesigen Geiern, die sich über kopflose, also tote Hocker hermachen (*Taf. 23,4.5.8*), könnten sich auf diesen Teil des Totenrituals beziehen. Die Schädel pflegen bei den übrigen Skeletten zu liegen. Einmal war das Gehirn aus dem Schädel herausgenommen und durch eine feine Weberei ersetzt worden. Die Beisetzungen wurden vereinzelt in flachen Gruben unter dem Fußboden vorgenommen, in der Regel aber unter Wandpodien, die als Schlafstätten der Lebenden angesprochen werden. Bevorzugt war eine linksseitige, leicht zusammengekrümmte Körperhaltung. Mitunter wurden nacheinander mehrere Verstorbene unter denselben Sockeln bestattet, wobei es nicht ohne eine Störung der älteren Beisetzungen abging. Die Anzahl von Bestattungen in einzelnen Räumen schwankt zwischen 2 und 32. Ockerfärbung vor allem des Kopfes war eine Besonderheit von Frauen und Mädchen. Grüne Färbung wurde einmal bei einem Mann beobachtet; ein andermal zeigt eine Frau grün gefärbte Augenbrauen. Blauer Farbstoff begleitete zehn Skelette (männliche und weibliche). Viele Bestattungen waren beigabenlos; anderen waren hölzerne Gefäße mit Getreide, Beeren, Erbsen, Linsen, Eiern und Fleischgerichten mitgegeben, weiblichen Toten außerdem Paletten und Spatulae, Muscheln mit rotem Farbstoff und Obsidianspiegel, ferner Schmuckstücke, die am Hals, den Armen und Beinen, an den Fingern und an der Kleidung getragen wurden, männlichen Halsamulette und vor allem Waffen: Keulen, Dolche, Pfeilspitzen, Speerspitzen, Messer. Vereinzelt begegnen unter den Grabbeigaben gebrannte Tonpintaderas, niemals aber Menschen- oder Tierfiguren, wie sie außerhalb der Gräber in den Räumen häufig erscheinen. An Jericho erinnert das gelegentliche Auftreten von isolierten Schädeln auf den Fußböden und den Wandsockeln. Ein Schädel war mit einer dicken Ockerkruste überzogen und zeigte Kaurimuscheln in den Augenhöhlen, wie dies auch im syrischen Tell Ramad bezeugt ist.

Im altneolithischen Khirokitia und im Tell as-Sauwan, wo ebenfalls Verstorbene üblicherweise in den Häusern beigesetzt wurden, bestehen in der Beigabenausstattung bemerkenswerte Abweichungen gegenüber dem in Çatal Hüyük Festgestellten. An den beiden ersteren Plätzen wurden regelmäßig Steingefäße mitgegeben, im Tell as-Sauwan außerdem Alabasterfiguren (*Taf. 12,4–6*), wie sie gleicherweise auch außerhalb der Grabschächte in den betreffenden Wohnräumen zum Vorschein kamen. In Khirokitia wurde nur bei einer von 130 Bestattungen das Fragment einer menschlichen Alabasterfigur gefunden. Üblicherweise wurden die Toten mit Hals-, Arm- und Beinketten aus verschiedenartigen Steinperlen versehen. Im Tell as-Sauwan wurde Ockerfärbung nur ein einziges Mal beobachtet und zwar bei einem Skelett, bei dem der Kopf vom Rumpf getrennt war. Die sepulkralrituelle Behandlung von Männern, Frauen und Kindern war grundsätzlich einheitlich; die Ausstattung von Frauen war jedoch etwas reicher. Der Ausgräber von Khirokitia nahm bei einigen Beisetzungen an, daß es sich nicht um natürlich Verstorbene, sondern um Geopferte handele und deutete sie als Bauopfer (*s. S. 279*) oder als Opferung anläßlich des Todes eines anderen Menschen (Kind von 8 Jahren mit auf dem Rücken liegenden, wohl zusammengebundenen Händen bei einem Erwachsenen).

Gegenüber der während des Alt- und Mittelneolithikums verbreiteten Sitte, Verstorbene unter den Fußböden der Wohnräume beizusetzen (auch Tell Hassuna, Telul eth-Thalathat, Tepe Sijalk), wurden von der Obed-Zeit an zumeist außerhalb der Siedlungen geschlossene Friedhöfe angelegt (Arpachije, Eridu, El-Obed). In Eridu zeigten die obedzeitlichen, ziegelgemauerten Grabschächte auffälligerweise dieselbe Ausrichtung wie die benachbarten Tempel. Oft erhielten diese Schächte mehrere Tote, die jeweils in einigem zeitlichen Abstand dort beigesetzt waren. Unter den Beigaben spielen Ton- und Steingefäße die wichtigste Rolle; Schmuck fehlt völlig; einmal wurde eine männliche Statuette mitgegeben (*Taf. 13, 8*). Bei einigen Gräbern lag auf der Deckplatte ein Hundeskelett. In Ur wurden in der älteren Obed-Schicht sechs Gräber von weiblichen Statuetten begleitet (*Taf. 13,7.9*); einmal wurden in einem Grab mit drei Skeletten zwei Tonfiguren geborgen. Zwei andere Gräber ergaben Statuetten von Frauen mit Kindern auf dem Arm. Für einen bedeutungsmäßigen Zusammenhang von Bestatteten und beigegebenen Statuetten spricht die Beobachtung, daß einige Skelette am Kopf roten Farbstoff zeigten und auch eine Figur ein rot gefärbtes Gesicht aufweist. In der jüngeren Obed-Schicht vor Ur besitzen die Bestattungen eine andere Körperlage (nicht mehr wie vorher: gestreckte Rückenlage, gewinkelte Arme, Hände auf dem Leib, sondern seitliche Hocker mit Händen vor dem Gesicht) und andere Beigaben (keine Statuetten, sondern Steingefäße, Keulenknäufe und Steinbeile).

Die urukzeitlichen Bestattungssitten weisen gegenüber denen der vorangehenden Zeit einige neue Züge auf. Für Nordmesopotamien läßt sich dies am besten im Tepe Gaura verfolgen. In den älteren Schichten (ab XVIII) waren einfache, beigabenarme Schachtgräber geläufig (bis Schicht XVI mit zumeist rechtsseitigen, ab XV mit linksseitigen Hockern). Daneben traten Brandbestattungen in Urnen, die in Schicht XII die Körpergräber an Häufigkeit sogar weit übertrafen (94 zu 9). Ab Schicht XIV/XIII erhielten die Grabschächte eine Piséauskleidung. Aus diesen einfachen Gruben entwickelten sich dann in den Schichten IX und VIII große, stets NW-SO-Richtung zeigende Grabkammern, deren Wände mit Lehmziegeln oder Steinmauern gefüttert waren; die reiche Beigabenausstattung bestand aus Ton- und Steingefäßen, Waffen und Schmuck, Stempelsiegeln und Perlen (einmal 25 000 Ex., was eine Kette von 22 m Länge ergibt), Kultzeichen und Goldrosetten (17 Ex. in 7 Gräbern: *Taf. 21, 1*), die teils auf der Kleidung, teils auf einer Kopfbedeckung aufgenäht gewesen zu sein scheinen. Diese Rosetten sind keine bloßen Zierstücke. Sie stehen gewiß in Verbindung mit den aus Stein gearbeiteten Rosetten des Tempels vom Tell Brak und denen aus dem Eanna-Heiligtum von Uruk, sowie den Rosetten auf Reliefbildern von Uruk (*Taf. 14,4; 21,9*), aber auch mit den Sternzeichen auf den frühen Schrifttäfelchen von Uruk. In späteren Inschriften wird mit diesem Zeichen DINGIR „Gott" und AN „Himmel" ausgedrückt; und es ist zu vermuten, daß eine dahinzielende Bedeutung der Rosette bzw. dem Stern auch vorher bereits innewohnt. Die Goldsterne der Grabschächte vom Tepe Gaura würden dann einen deutlichen Hinweis auf den religiösen Charakter der Bestattung zum Ausdruck bringen.

In Südmesopotamien verdienen einige Bestattungen aus Schicht III von Uruk Beachtung: in langen, mit Lehmmörtel ausgekleideten und gebrannten Gruben waren Tote nebeneinander gebettet; man hatte sie ihrerseits in Lehmschichten gehüllt und gebrannt, anscheinend eine Art der Konservierung, wie sie aus älterer Zeit unbekannt ist. Richtige Beigaben fehlten. Indes fanden sich in den Gruben beschriftete Tontäfelchen. Sofern diese wirklich als Grabbeigaben aufgefaßt werden dürften, würden sie ähnlich zu verstehen sein wie die Tontäfelchen in den Tempelbezirken, nämlich als Verzeichnis geleisteter Opfergaben. Reich ausgestattete Grabkammern wie jene Tepe Gaura-Grüfte sind aus der frühsumerischen Kultur Südmesopotamiens bis jetzt unbekannt.

Was die Ausrichtung der vorderasiatischen Bestattungen anlangt, vor allem die Himmelsrichtung, nach der das Gesicht des Toten zeigt, so wurden mitunter bestimmte Positionen bevorzugt. Bei den obedzeitlichen Gräbern von Arpachije lagen die meisten Skelette in O-W- oder in W-O-Richtung; das Gesicht war nach Süden gewandt. Am präzisesten sind die diesbezüglichen Beobachtungen bei den 144 Hockerbestattungen der Schichten I A-C vom Tepe Hissar im nördlichen Iran. Überwiegend lagen die Toten auf der rechten Seite; der Kopf wies nach NW oder SW. In den Fällen, bei denen linksseitige Lage festzustellen war, wies der Kopf nach NO oder SO. Allemal war der Blick des Verstorbenen demnach nach SO oder nach SW gerichtet. Dabei zeigt sich keine gleichmäßige Variationsspanne der Ausrichtung; vielmehr schließen sich die Bestattungen deutlich zu einigen Richtungsgruppen zusammen, die zwischen sich leere Richtungssektoren lassen. Dies kann kein Zufall sein, zumal der diesbezügliche Befund in allen drei Schichten völlig übereinstimmt. Ist aber eine bestimmte Absicht bei der präzisen Ausrichtung anzunehmen, so dürfte diese nicht auf die Körperlage als solche, sondern auf die dadurch erzielte Blickrichtung bezogen sein. Der Schluß ist eigentlich unabweislich, daß diese letztere mit dem Sonnenstand zum Zeitpunkt der Bestattung zusammenhängt, indem die Beisetzung in den Morgen- und in den Nachmittagsstunden stattfand, nicht aber während der heißen Mittagszeit, so daß keine Toten mit dem Blick nach Süden zu liegen kamen.

In Palästina treten am Ende des dortigen Chalkolithikums Grabformen und Bestattungssitten auf, die gegenüber dem sonst für das Neolithikum Typischen etwas prinzipiell Neues bezeichnen. Es sind Felskammergraber von ovalem oder rundem Grundriß (Dm. 3–5 m) am Hang oder im ebenen Gelände mit kurzem, z. T. gestuftem Zugang, die bis 400 Bestattungen enthalten (z. B. Jericho, Megiddo, Beth-Schan, Tell el-Far'a, Gezer, Mezer). Die Skelette wurden überwiegend nicht in komplettem, intaktem Zustand angetroffen, so daß die Ausgräber vielfach Sekundärbestattungen in Betracht zogen; doch könnte man den bei der Auffindung sich bietenden Zustand wohl auch durch die Annahme weitgehender Störung anläßlich der zahlreichen Neubelegungen erklären. Dabei wurde ausgesprochen pfleglich nur mit den Schädeln verfahren, die, wenn für die übrigen Gebeine kein Platz mehr war, an den Kammerrändern aufgereiht oder -gestapelt wurden. Vereinzelt wurden die übrigen Skeletteile von Zeit zu Zeit verbrannt und die kalzinierten Knochen in der Kammermitte aufgehäuft.

Eine besondere palästinensische Gruppe spätneolithischer Kammergräber zeichnet sich dadurch aus, daß die Gebeine nicht (bzw. nicht ausnahmslos) unmittelbar in den Grabkammern niedergelegt, sondern in Ossuarien geborgen wurden, die zumeist aus Ton, ausnahmsweise aus Stein bestehen (Azor, Hadera, Benei-Beraq, Givatayim, Yavne). In Azor zeigte eine Kammer mehrere Belegungsschichten; über 100 Ossuarien enthielten durchweg unverbrannte Gebeine und Schädel, nicht selten jeweils von mehreren Individuen, niemals aber vollständige Skelette. Die Deponierung in den Ossuarien war demnach stets nach Verwesung des Leichnams erfolgt. Die Ossuarien besitzen zumeist Hausform, seltener zoomorphe Gestalt oder Eiform (*Taf. 25, E*). Aus dieser Formgebung möchte man gewisse Aufschlüsse über die diese Bestattungssitten erfüllenden religiösen Vorstellungen erhoffen. Die zoomorphen Bildungen hängen wohl mit den vielerorts in Vorderasien bekannten Kultgefäßen in Tierform zusammen, die vor allem im Opferdienst verwendet wurden (*s. S. 281*). Bei der Hausform ist unklar, inwieweit wirkliche Häuser als Vorbilder dienten und inwieweit truhenartige Möbel oder sonstige Behältnisse nachgebildet wurden. Eine formale Ähnlichkeit mit ägyptischen Holzsärgen der frühdynastischen Zeit und des Alten Reiches ist unverkennbar. Daß die Tonossuarien hölzerne Schreine nachahmen – was nicht ausschließt, daß auch Merkmale richtiger Häuser verwendet wurden –, dürfte durch die Leisten- und Knopfzier einiger Exemplare erhärtet werden, die anscheinend Kupferstangenaufsätze zum Vorbild haben. Was bei diesen Ossuarien am meisten auffällt, ist die Gesichtsandeutung über der Öffnung. Oft nur durch eine Nase, vielfach aber zusätzlich durch Augen angegeben, scheint dieses „Gesicht" den Zugang zum Schrein zu bewachen. Freilich gibt es Gesichtsangaben in vielen neolithischen Kulturen; diejenigen auf den genannten palästinensischen Ossuarien scheinen jedoch am meisten den annähernd gleichzeitigen Augenfiguren Mesopotamiens (*Taf. 16, 1–10*) und den Augen- bzw. Gesichtsangaben in maltesischen, iberischen, west- und nordeuropäischen Gräbern der Kupferzeit wesensverwandt zu sein. Dieses über den Gebeinen der Verstorbenen wachende ‚Gesicht' war gewiß nicht dasjenige irgendeines Menschen, sondern ist als Symbol für einen „göttlichen Blick" aufzufassen (*s. S. 326*).

*Ägypten:* Die altneolithischen Gräber von Merimde unterscheiden sich von allen sonstigen Bestattungen Ägyptens dadurch, daß sie nicht geschlossene Friedhöfe bilden, sondern, bei den Wohnstätten liegend, sich über die ganze Siedlungsfläche verteilen und so gut wie keine keramischen und lithischen Beigaben aufweisen. Über das nähere Verhältnis von Grab- zu Wohnstätten läßt sich bei ihnen eine definitive Klarheit nicht gewinnen, da der Siedlungsplatz lange Zeit hindurch bewohnt war. Die lockere Verteilung der Gräber könnte mit einer aufgelockerten Siedlungsweise zusammenhängen, während die geschlossenen Friedhöfe der jüngeren Zeit ähnlich geschlossenen Dörfern entsprechen mögen. Mitgegeben wurden den Verstorbenen in Merimde vor allem Getreidekörner, die etlichemal an oder nahe dem Mund beobachtet wurden. Daß bei der Grablegung bestimmte Bestattungsregeln herrschten, erhellt daraus, daß 84 rechtsseitige 12 linksseitigen Hockern gegenüberstehen und über vier Fünftel aller Bestatteten in SO-NW-Richtung lagen.

Die nachmerimdezeitlichen prädynastischen Gräber Ägyptens bilden bestattungskundlich eine zusammengehörige Gruppe, bei der eine kontinuierliche Entwicklung von der Tasa-Stufe bis zur Naqada II-Stufe erkennbar ist.

Sie äußert sich in der Form der Grabgruben (zuerst oval, dann rechteckig), ihrer zunehmenden Größe, ihrer Ausgestaltung (zuerst nur einfache Erdgruben, später gelegentlich mit Lehm- oder Holzauskleidung und schließlich vereinzelt Ziegelausmauerung), der Bettung des Verstorbenen (zunächst nur auf einer Matte liegend bzw. in eine solche eingewickelt, später zuweilen in einem Holz- oder Tonsarg) und im Beigabenreichtum. Tongefäße stehen dabei mengenmäßig an erster Stelle. Sie finden sich zuweilen in einer eigens für sie in die Grubenwand eingearbeiteten Nische, sonst ohne bestimmte Anordnung in der Grabgrube, manchmal konzentriert am Fußende. Sie dürften neben Nahrungsmitteln auch Getränke und Wasser enthalten haben. Einigemale wurden Fleischteile oder ein ganzes Stück Jagdwild mitgegeben. Zumeist nahe den Händen lagen häufig Schminkpaletten, dazu roter oder grüner Farbstoff. Zum Schminkgerät gehörten weiterhin Elfenbeinlöffel und -gefäßchen sowie Kieselsteine, mit denen der Farbstoff zerkleinert und verrieben wurde. Fette und Salben waren bei Naqada II-Gräbern in Wellengriffgefäßen untergebracht und in der Regel am Kopfende deponiert. Elfenbeinkämme und -nadeln, die zum Zusammenhalten weiblicher Frisuren dienten, sowie überreicher Perlenbehang vor allem am Hals, seltener am Gürtel und an den Füßen bezeugen im Verein mit Resten von Stoffen, von denen mitunter mehrere Arten übereinander festgestellt wurden, daß die Toten in festlicher Aufmachung ins Grab gebettet wurden. Dazu gehörten auch Brettspiele, die den Verstorbenen an vergnügliche Stunden seines Erdendaseins erinnern sollten. Steingeräte und -waffen erscheinen nicht selten, zuweilen auch in Tonnachbildungen. Die letzteren sind offenkundig speziell für den Grabzweck hergestellt. Das gleiche gilt für kleine Boote aus Ton oder Holz, für das Modell eines Hauses und für Tonfiguren von Haustieren.

Was die in den prädynastischen Gräbern Ägyptens ausgeprägte Art der Totenbehandlung und -ausstattung sinnfällig zum Ausdruck bringt, ist die Haltung liebender Pietät: man gab und überließ dem Verstorbenen, was ihm als Lebendem wertvoll gewesen war. Die religionswissenschaftliche Forschung pflegte bisher bei der Interpretation dieser vordynastischen Gräber von der ägyptischen Totenliteratur auszugehen, wie sie vom Alten Reich an nachzuweisen ist. Aus dieser spricht die Lebendigkeit bestimmter Jenseitsvorstellungen und der Wunsch, durch magische Sprüche und Handlungen den Eintritt des Toten in diese Jenseitswelt und sein dortiges Dasein zu begleiten und zu sichern, wobei man nicht anders konnte als diese Jenseitsvorstellungen mit ihren Erwartungen, Hoffnungen und Ängsten sich weitestgehend in Analogie zu diesseitig-innerweltlichen Verhältnissen, Wünschen und Ängsten zu bilden.

Den aus dieser Totenliteratur zu erschließenden Glauben an ein Weiterleben nach dem Tode vermutete die Forschung in wesenhaft ähnlicher Ausprägung auch hinter den vordynastischen Grabsitten; ja, es wurde die Ausstattung dieser frühen Gräber mit Nahrung und Habseligkeiten geradezu als Beweis für das Vorhandensein eines solchen Jenseitsglaubens bereits in dieser Frühzeit bewertet. Von den Befunden her ist diese Annahme aber nicht nur nicht erweislich, sondern widersprüchlich und im Hinblick auf die allgemein erschließbare urtümliche Bewußtseinshaltung durchaus unwahrscheinlich. Die vordynastischen Grabbeigaben bezeugen das Zusammengehörigkeitsbewußtsein der Gemeinschaft und das Füreinandersorgen bis in den Tod hinein. Dieses „bis in den Tod hinein" ist nicht gleichbedeutend mit „bis ins Jenseits". Bei der religionsgeschichtlichen Interpretation der Grabfunde muß man sich vor Augen halten, daß sich das eine nicht stringent aus dem anderen ergibt. Wenn vom Alten Reich an Grabbeigaben – bezeichnenderweise aber nicht in natura, sondern symbolisch als Bild oder in listenmäßigen Aufzählungen – aufgrund der Textbeischriften mit dem Weiterleben des Verstorbenen in einem Jenseitsleben in Beziehung gebracht wurden, so läßt sich diese Bedeutung der Grabbeigaben nicht einfach in die vorangehende Zeit zurückprojizieren, womöglich noch mit der Abwandlung, gemäß den nicht symbolisch dargestellten, sondern wirklich mitgegebenen Grabbeigaben seien die Jenseitsvorstellungen entsprechend dinglicher, weniger vergeistigt gewesen.

Die Ausbildung konkreter Jenseitsvorstellungen erfolgte in Ägypten vielmehr allem Anschein nach erst zu Beginn des dynastischen Zeitalters. Zunächst auf den König beschränkt, wurden sie dann allmählich zum Bestandteil der gesamten Volksreligion. Zu den die neuartige Stellung des vergöttlichten Königs kennzeichnenden Eigenheiten gehörte die Überzeugung, daß er als Horus nicht im Tode ende, sondern wesensähnlich, wenn auch entrückt weiterlebe. Dies war offensichtlich nicht eine neue Form von Jenseitslehre, sondern der Beginn dieser Glaubensvorstellung schlechthin. Dieser Zug des Königsdogmas trug zweifellos zu dessen gewaltiger Wirkung bei, die über die kulturelle und soziale Strukturwandlung hinaus auch geistesgeschichtlich den Beginn einer neuen Bewußtseinsstufe begründete. Aus der urtümlichen religiösen Haltung wurde ein Teilaspekt herausgegriffen und gedanklich besonders ausgestaltet. In welchem Umfang dies eine Ausweitung der Vorstellungswelt bedeutete, zeigt das historische Ägyptertum. Die Entstehung eines Jenseitsglaubens brachte für das religiöse Leben zweifellos neue Impulse und Einsichten, zugleich aber als Frucht dieser geistesgeschichtlichen Krisis die Möglichkeit eines Einfließens innerweltlicher Vorstellungsinhalte in Erlebnisbereiche, deren Wesensart es gerade war, jenseits einer konkreten Vorstellbarkeit zu liegen. Die darin sich andeutende Variabilität möglicher religiöser Haltungen als Folge einer Bewußtseinsreifung fügt sich in eine Entwicklungslinie ein, die religionsgeschichtlich das Neolithikum durchzieht: beginnend mit dem Umschwung, der am Beginn des Neolithikums die religiöse Situation des Menschen auf eine neue Grundlage stellte *(s. S. 275f.)*, über die erstmalige Formung eines Jenseitsglaubens und die Entstehung anthropomorpher Göttervorstellungen zu Anfang des dynastischen Zeitalters in Ägypten *(s. S. 331)* bis zur Bildung von Mythen wenig später *(s. S. 329f.)*.

Was die Lage bzw. die Blickrichtung der Toten anlangt, so sind aus prädynastischer Zeit feste Orientierungsregeln erkennbar; sie gelten hauptsächlich für jeweils einzelne Plätze. So lagen in El-Amrah nahezu alle Skelette in S-N-Richtung auf der rechten Seite (Blick nach O), während sie in Helwan-El-Omari, Abusir el-Meleq, El-Mahasna, Badari, Matmar, Mostagedda, Naqada und Abydos überwiegend zwar auch in S-N-Richtung, aber auf der linken Seite (Blick also nach W) angetroffen wurden. In Gerzeh hielten sich nach W und nach O Blickende die Waage; in Armant lagen die Toten zumeist in W-O- oder SW-NO-Richtung auf der linken (nur selten auf der rechten) Seite, blickten also zumeist nach N. Manchmal ist nicht nur eine bestimmte Körperrichtung, sondern auch eine Blickrichtung beabsichtigt. Daß die Körperlage im allgemeinen auf den Nil Bezug nimmt, d.h. parallel zu diesem verläuft, ist unverkennbar. Das bestätigt sich gerade bei Friedhöfen an Plätzen, wo der Fluß abweichend von der sonst vorherrschenden S-N-Richtung einen anderen Verlauf nimmt, wie bei Armant. Worauf aber die Blickrichtung jeweils bezogen ist, ob auf die zugehörige Siedlung, wie H. Junker bei den frühen Gräbern von Merimde in Betracht zog, auf den Nil oder auf die Sonne, läßt sich nicht generell klären. Wo am ehesten ein Zusammenhang mit der Sonne gegeben erscheint, wie bei den nach Westen Blickenden, möchte man – wegen der eben doch nicht seltenen Ausnahmen – nicht an die Vorstellung eines im Westen gelegenen Totenreiches denken, sondern einfach an die Richtung der Abendsonne, indem die Beisetzung in der Regel am Abend erfolgte und sich dann diese Blickrichtung anbot. Zur Vorstellung eines im Westen gelegenen Totenreiches, das von der hinter den Wüstenbergen untergegangenen Sonne beschienen und belebt wird, konnte es wohl erst kommen, nachdem Mythen entstanden waren (*s.S. 329f.*), also erst im Verlauf des Alten Reiches.

Was für die Grabbeigaben der prädynastischen Bestattungen gilt, daß sie sich auf den Besitz, auf Freuden und Erlebnisse des Verstorbenen während seines vergangenen Lebens beziehen, das ist auch für die bildlichen Darstellungen auf den Tongefäßen der naqadazeitlichen Gräber und für die Bilder in einer Grabkammer von Hierakonpolis (*Taf. 16, 11*) anzunehmen. Versuche, diesen Bildern eine mythologische Bedeutung unterzuschieben, wirken gezwungen. Die Darstellungen der Stufe Naqada I halten die Erinnerung an die natürliche Umwelt wach, wobei immer wieder der Gegensatz zwischen der trockenen Wüste und dem Niltal anklingt: Strauße, Antilopen und Giraffen repräsentieren die den menschlichen Siedlungsraum umschließenden Trockengebiete, Flußpferde, Krokodile, Fische und Schildkröten das Niltal und die benachbarten Oasen. Daß dieses bildliche Sichzumbewußtseinbringen der natürlichen Umwelt eine religiöse Dimension hatte, wird durch den Motivschatz bildlicher Darstellungen auf den Grabgefäßen der Stufe Naqada II wahrscheinlich gemacht. Auch hier weisen Großvögel, Giraffen, Antilopen und Krokodile auf die belebte Natur der Wüste und der Sümpfe hin. Diese

Motive treten aber zurück gegenüber solchen, die dem Bereich des Kultes entnommen sind (*s. S. 282 f.*): rituelle Schiffsprozessionen bzw. Opferungen und andere kultische Handlungen. Es dürften dies nicht Bestandteile des Totenkultes, sondern allgemein religiöse Feiern gewesen sein, in denen sich die ägyptische Bevölkerung an göttliche Mächte wandte. Diese festlichen Begehungen wurden offensichtlich als so wesentlich empfunden, daß sie in bildlicher Fixierung auch bei dem, was einen Verstorbenen in den Tod hinein begleitete, nicht fehlen sollten.

Wie im gesamten kulturellen und geistigen Leben so bedeutete auch in der Totenbehandlung und den damit verbundenen Vorstellungen die Entstehung des Königtums am Beginn des dynastischen Zeitalters einen fundamentalen Einschnitt. Die Königsgräber in Abydos und Sakkara (*Taf. 26, A. B*) sowie die Grabmonumente entsprechender Bauart in Naqada, Gize und anderen Orten, die Mitgliedern der königlichen Familie oder diesen nahestehenden Personen zuzuschreiben sind, spiegeln eine völlig neuartige Stellung des Verstorbenen wider, sowohl in gesellschaftlicher als auch in religiöser Hinsicht. War der König in seinem eigenen Bewußtsein und im Glauben des Volkes der Sphäre des Nurmenschlichen entrückt und, wie sein Horus-Titel ausdrückt, zu einem verehrungswürdigen Gottmenschen geworden, so konnte die allem Kreatürlichen anhaftende normale Sterblichkeit ihm nicht eigen sein. Hier scheint erstmalig der Tod als etwas empfunden worden zu sein, das man nicht bereit ist, als unabänderlich und selbstverständlich zur natürlichen Lebensordnung gehörig hinzunehmen. Dadurch, daß einzelne sich in ihrem Bewußtsein so weit von der natürlichen Daseinsordnung distanzierten, daß sie den Abstand zwischen sich und der Umwelt – einschließlich der sozial unter ihnen stehenden Mitmenschen – als bedeutender empfanden als denjenigen zwischen sich und der Gottheit, wurde der Tod zum Problem und zum Anlaß des inneren Widerstandes. Wie diese älteste Unsterblichkeitslehre im einzelnen definiert und wie dieses Weiterleben vorgestellt wurde, läßt sich schwer ergründen.

Es konnte nicht ausbleiben, daß die neue Lehre bestehende Sitten adaptierte bzw. neu interpretierte, so den althergebrachten Brauch der Grabbeigaben. Lebte der Tote irgendwie weiter, so sollte er auch aus den Grabbeigaben irgendwie Nutzen ziehen. Der sagenhafte Reichtum an Gütern jeglicher Art, der die toten Könige in ihren unterirdischen Grüften umgab, war gewiß nicht nur ein Ausdruck ihrer irdischen Machtfülle.

Die eingetieften Bestattungskammern der Königsgräber (*Taf. 26, B*) enthielten außer dem nur ausnahmsweise in Resten noch erhaltenen Holzsarkophag Steingefäße, kupferbeschlagene Holzmöbel und Goldreste. An die Bestattungsräume schlossen (nicht mit diesen in Verbindung stehende und mitunter nicht ganz so tief in den Boden eingesenkte) Magazinkammern an. Über diesem Untergeschoß, durch Holzdecken von ihm geschieden, erstreckte sich ein größerer, ebenerdiger Oberbau mit einer farbig bemalten Stuckverkleidung. Ihm ist in mehreren Fällen ringsum ein bankartiges Podium vorgelagert, auf dem zahlreiche Rinderköpfe aus ungebranntem Ton mit eingesetzten echten Rinderhörnern angebracht sind. Diese Bukranienreihen hatten zweifellos eine symbolische Bedeutung. Auf der Narmer-Palette (*Taf. 15,1*) flankierten Kuhköpfe beiderseits den Namen des Königs. Es liegt auf der Hand, daß hier die Vorstellung von der kuhgestaltigen Himmelsgöttin Hathor zum Ausdruck kommt, deren Name („Haus des Horus") bereits auf ihre enge Verbindung zum falkengestaltigen, im König verkörperten Horus hinweist. Diese Verbindung wurde nach Entstehen eines mythischen Denkens (*s. S. 329*) im Sinne eines Mutter-Sohn-Verhältnisses konkretisiert. Wenn Bilder der Hathor, deren kosmisches Wesen aus der Darstellung sternengeschmückter Kuhköpfe (*Taf. 21,2*) hinreichend deutlich hervorgeht, als Symbole des Himmelsgewölbes die Stätte umschließen, wo der Leichnam des im Jenseits lebenden Horus-Königs bestattet liegt, so ist das ein sichtbares Bekenntnis des neuen Glaubens.

Von Horus Udimu an wurde es üblich, die zentrale Bestattungskammer durch einen Treppengang zugänglich zu machen. Damit konnte die Beisetzungszeremonie bequemer und feierlicher vonstatten gehen. Darüber hinaus bewirkte dieser Treppenzugang, daß der Bestattungsraum für kultische Handlungen im Oberbau in stärkerem Maße zugänglich blieb. Dieses Anliegen führte unter Horus Kaʿa am Ende der 1. Dyn. zur Errichtung eines regelrechten Totentempels unmittelbar neben der königlichen Mastaba, der mit dieser von einer gemeinsamen Umfassungsmauer umschlossen war. Der ausgeprägte Totenkult, der dem verstorbenen und „verklärten" König – im Anfang nur ihm – gewährt wurde, ist unmittelbarer Ausdruck des Glaubens an ein Weiterleben des Toten.

In unmittelbarer Nähe einiger königlicher Grabmäler von Sakkara fanden sich Holzboote in einer Ziegelummauerung. Daß sie zu den Gräbern gehörten, ist klar. Der Grund, weshalb sie nicht mit den übrigen Beigaben in eine der Grabkammern gebracht worden waren, kann nicht in ihrer Größe liegen; bei der Inneneinteilung des Oberbaues hätte ohne weiteres auf sie Rücksicht genommen werden können. Vielmehr dürften diese Boote zum Zeitpunkt der Fertigstellung der Grabmäler noch in ritueller Funktion gewesen sein. Nach der Beisetzung wurden für den Verstorbenen auf dem Nil wohl noch rituelle Fahrten durchgeführt. Das dabei benützte Boot mag dann nachträglich in der Nähe des Grabmonumentes vergraben oder eingemauert worden sein.

Der Unsterblichkeitsgedanke mit seinen kultischen Konsequenzen, zunächst für den König konzipiert und auf ihn beschränkt, wurde bald von anderen Bevölkerungsschichten übernommen und war schnell religiöses Anliegen aller. Bereits in der Zeit der 1. Dyn. beginnen auch die Privatgräber, in den Grabformen und im Totenkult den Glauben an ein jenseitiges Weiterleben widerzuspiegeln. Das Denken an das Dasein nach dem Tod erfüllte von nun an in erstaunlichem Maße das Leben der Ägypter. Damit hängt fraglos auch die Sitte der Mumifizierung zusammen, also die kunstvolle Umwicklung und Präparierung der Leiche zur Verhinderung des Zerfallens und der Verwesung. Die Anfänge einer dahinzielenden Behandlung der Toten stammen aus der Zeit der 2.–3. Dyn.; die ersten Versuche wurden aber eventuell bereits bei den königlichen Bestattungen der 1. Dyn. unternommen.

In zahlreichen Gräbern der frühdynastischen Zeit wurden kleine Siegelzylinder gefunden, die sich in ihren bildlichen und hieroglyphischen Darstellungen zu einer einheitlichen Gruppe zusammenschließen *(Taf. 16, 18–23)*. Dargestellt ist eine sitzende Gestalt mit langer Frisur und ausgestrecktem bis leicht erhobenem Arm vor einem Tisch, auf dem übereinander mehrere brotartige Gegenstände liegen. Vereinzelt erscheint statt des Tisches ein Ölgefäß. Unter den weiteren Zeichen lassen sich Bezeichnungen für Wasserbehältnisse, Milch und Tiere erkennen. Außerdem scheint der Begriff nḥḥ (Ewigkeit) vorzukommen. Sicher zu identifizieren ist das Zeichen ka (*s. S. 327*), ebenso dasjenige der Gottheit Neith (gekreuzte Pfeile auf standartenartiger Stange). Gleichfalls auf eine Gottheit, nämlich Upuaut, könnte sich die Figur eines stehenden Caniden beziehen. Eine Fahne dürfte allgemein auf ein Heiligtum hinweisen oder im Sinne des hieroglyphischen Determinativs für „Gott" verwendet sein.

Diese am Beginn des dynastischen Zeitalters stehende Gruppe von Rollsiegeln mit Opferdarstellungen ist in gewisser Weise der Vorläufer einer anderen Denkmälergruppe, die von der 2. Dyn. an auftritt, den sog. Opferlisten (*Taf. 15,3*). Es sind dies schriftliche Aufzählungen von Opfergaben, wie sie sowohl in Gräbern als auch in Tempeln deponiert wurden, um den dargebrachten oder den darzubringenden Opfergaben für Tote und für Götter dauerhaften Bestand zu verleihen. Inwieweit dabei dem geschriebenen Wort eine magische Wirkung beigemessen wurde und inwieweit die Einsicht mitschwang, daß bei einer wirklichen Opfergabe der sichtbare Gegenstand die äußere Ausdrucksform eines Opfergedankens sei, welcher eventuell auch, losgelöst von der dinglichen Gabe, im Rahmen eines gesprochenen Rituals und in dessen abgekürzt schriftlicher Fixierung als Liste eine Gültigkeit haben könne, müssen wir dahingestellt sein lassen. Altägyptische Bezeichnungen solcher Opferlisten lauten „Schatz der Ewigkeit" und „dauernde Opfergabe". Während von der 5. Dyn. an die Opferlisten ganz an die Stelle wirklicher Grabbeigaben traten, wurden vorher beide Arten von Totenopfern vollzogen: sowohl die Mitgabe tatsächlicher Gegenstände als auch die listenmäßige Aufzählung. Auf den Steinplatten der 2. Dyn. (*Taf. 15,3*) ist eine männliche oder weibliche sitzende Gestalt vor einem Tisch dargestellt, auf dem Brote oder Brothälften liegen. Außerdem sind schriftlich aufgeführt: Brote, andere Gebäckarten, Getränke verschiedener Art, Rinder, Wild, Geflügel, Getreidearten, Textilien, Salben, Gefäße verschiedener Form und Materialien, wobei nie der Inhalt angegeben ist, Möbel und Geräte. Dazu treten oftmals Mengenangaben, die z.T. sehr hohe Zahlen nennen (bis zu 11000 Stück) und Qualitätsbezeichnungen (z.B. „das beste").

Diese Opferlisten wurden anfänglich in der Sargkammer der Grabbauten deponiert, später im Graboberbau, wo sich der Totenkult vollzog. Deutet diese Änderung einen bezeichnenden Wandel der sepulkralrituellen Bedeutung an, so spiegelt sich in der Verwendung der oben genannten Rollsiegel mit ähnlichen Darstellungen ein nochmals früheres Entwicklungsstadium wider. In der Forschung besteht Einigkeit darüber, daß auf den Siegeln und auf den Steinplatten mit der vor dem Opfertisch sitzenden Gestalt der Verstorbene gemeint ist. Trotz dieser Gemeinsamkeit, die die typologische und ikonographische Tradition unterstreicht, ist unverkennbar, daß die kultische Funktion der späteren Opferlisten nicht unverändert auf die Rollsiegel übertragen werden kann. Zwar erscheinen die Siegel auch in Gräbern, und dem Umstand, daß sie für die Toten eine Bedeutung hatten, verdanken wir ihre Erhaltung. Aber sie wurden nicht ausschließlich für die Totenausstattung bzw. den Totenkult angefertigt. Das häufige Auftreten des Neith-Zeichens legt vielmehr die Annahme nahe, daß diese Siegel von dem Verstorbenen zu Lebzeiten verwendet wurden: sie dienten zum Kennzeichnen von Opfergaben oder allgemein einer Opferhaltung, so wie andere Siegel den Titel und Amtsbereich, und damit die soziale Position des Inhabers ausdrückten. Jene Siegel mit Opferszene und -text dürften bestimmte, oft gebrauchte Sprüche und rituelle Formeln wiedergeben. Damit ergibt sich aber, daß mit der vor dem Opfertisch sitzenden Gestalt zunächst nicht der Empfänger, sondern der Vollzieher des Opfers gemeint war, gleichsam das „Ich" in den vorauszusetzenden Sprüchen und Opferformeln. Was am Beginn der frühdynastischen Ära, aus der Vorstellungswelt und den Frömmigkeitsformen der vordynastischen Zeit erwachsen, allgemein die religiöse Haltung des Verstorbenen kennzeichnete, wurde beim Herrschendwerden konkreter Jenseitserwartungen allmählich in einer spezielleren Beziehung zum Toten gedeutet: das Bild des opfernden Lebenden wurde zum Bild des Verstorbenen, der die Opfergaben in Empfang nimmt. Die Neith-Zeichen und andere Gottheits-Symbole verschwanden. Am Ende der Entwicklung stehen die für das Weiterleben des Verstorbenen bestimmten Opferlisten an den zentralen Stätten des Totenkultes.

*Europa:* In den europäischen Jungsteinzeitkulturen wurden Bestattungen nicht – wie in einigen Neolithkulturen des Vorderen Orients – innerhalb der Siedlungen oder gar innerhalb der Häuser angelegt. Bei Kindergräbern unter den Fußböden der Cucuteni-Häuser von Traian hat man vermutlich nicht an normale Bestattungen, sondern an Opferungen (Bauopfer, *s. S. 288*) zu denken. Eine andere Art von Hausbestattung scheint in Libenice vorzuliegen: dort war auf dem noch glühenden Herd eines stichbandkeramischen Hauses ein Kind beigesetzt worden, offensichtlich als Ende der Benutzung dieses Hauses, das danach verlassen wurde und verfiel.

Auf den Bestattungsplätzen unweit der Siedlungen liegen die Gräber bald enger bald weniger dicht beieinander. Allein aus dem Vorhandensein von geschlossenen Friedhöfen auf einen dahinterstehenden Glauben an ein Totenreich zu schließen, wie es mitunter geschieht, ist gewiß nicht gerechtfertigt. Außer den Gräberfeldern unter freiem Himmel wurden während der Jungsteinzeit ähnlich wie bereits zuvor Höhlen als Bestattungsplätze benutzt. Wenn in manchen Gebieten sogar fast nur Höhlenbestattungen bekannt sind, so dürfte dies vornehmlich an den Erhaltungs- und Auffindungsverhältnissen liegen und muß nicht als eine Kultureigenheit gewertet werden. In den ligurischen Höhlen waren die Bestattungen in der Regel von rechteckigen Steinkisten umgeben, diejenigen von Sasso di Furbara von halbkreisförmigen Steinsetzungen.

Die vorherrschende Bestattungsart in den neolithischen Kulturen Europas war die Beisetzung des unverbrannten Leichnams in einer einfachen Grabgrube. Vereinzelt war in diesen Gruben vorher Feuer entzündet worden (Körös-Kultur: Kotacpart, Hodmezövásarhely, Nagystep, Kopáncs; Bandkeramikkultur: Hoenheim-Souffelweyersheim). Holzsärge waren im allgemeinen unbekannt; nur in einem Fall wurde eine scharf begrenzte Verfärbung um eine spätbandkeramische Bestattung von Dresden-Nickern als Spur eines Baumsarges gedeutet. Auf sonstige Holzeinbauten bzw. -aufbauten, die womöglich obertägig sichtbar waren, lassen gelegentlich festgestellte Pfostengruppen schließen (z. B. Sondershausen, Arnstadt, Dresden-Nickern). Daß mit einer obertägigen Kennzeichnung der Gräber gerechnet werden muß, geht aus der Seltenheit von Überschneidungen selbst bei dicht nebeneinanderliegenden Bestattungen hervor. Mitunter waren Gräber der Bandkeramikkultur und anderer Kulturen mit einer schützenden Steinplatte abgedeckt (z. B. bei den spätneolithischen Fossagräbern Kataloniens). Nicht erweislich (und unwahrscheinlich) ist ein chronologischer Zusammenhang zwischen mittelrheinischen Menhiren und jungneolithischen Gräbern (Nierstein, Monsheim) bzw. Scherbenfunden. Eine besondere Ausgestaltung der Begräbnisstätte zeigten zwei stichbandkeramische Gräber von Prag-Bubeneč; sie waren von einem Steinkreis (Dm. 5 m) umzogen. Diese stellen schwerlich die Begrenzung von Grabhügeln dar, wie von der Ausgräberin erwogen wurde; Tumuli sind in Europa vor den älterkupferzeitlichen Kulturen nirgends mit Sicherheit zu belegen.

Ein umfangreicherer Steinschutz findet sich vor allem in jungneolithischen Kulturen. In Mitteleuropa unterscheidet sich darin die Rössener Kultur von der vorangehenden Bandkeramikkultur. Im Gräberfeld von Rössen war die Bestattung einer schwangeren Frau von einer apsidenförmigen Steinpackung überwölbt. In Quinzano wird bei einem spätneolithischen Grab von einer Art Kraggewölbe gesprochen. In Italien und Spanien sind regelrechte Steinkisten bekannt (Finale Ligure, Lipari, Llobera, Santasusanna, Sorba). Sie sind aus Steinplatten errichtet und mit solchen abgedeckt, zeigen rechteckigen oder trapezförmigen Grundriß und enthalten jeweils eine, bisweilen zwei Bestattungen.

Die Körperlage und -ausrichtung sowie die Blickrichtung der Beigesetzten zeigt in einzelnen Kulturen bestimmte bevorzugte Ausprägungen oder sogar feste Regeln. Trotz des einstweilen spärlichen Denkmälerbestandes aus der Starčevo-Körös-Kultur scheinen einige Befunde dahingehend interpretiert werden zu dürfen (z.B. Tečić). Deutlich verfolgen läßt sich dies in Südosteuropa dann von der älteren Boian-Kultur an: im Friedhof von Cernica lagen mehr als hundert Tote gestreckt auf dem Rücken oder leicht zur Seite geneigt, den Blick auffallend regelmäßig nach O gerichtet, der aufgehenden Sonne entgegen. Andernorts treten in der entwickelten Boian-Kultur linksseitige Hocker in O-W-Richtung auf (Boian, Andolina), so daß der Blick nach S geht. Der rechte Arm ist oftmals ausgestreckt, der linke angewinkelt, eine Körperhaltung, die gleicherweise in der folgenden Gumelniţa-Kultur wiederkehrt (Boian, Dridu, Rusé, Kubrat). In Kubrat zeichneten sich zwei benachbarte Gruppen von Gumelniţa-Gräbern durch eine unterschiedliche Ausrichtung aus: einmal O-W-Richtung mit dem Blick nach S, das anderemal N-S- oder S-N-Richtung mit dem Blick einheitlich nach W. Abweichend von diesen Kulturen wurden die Verstorbenen in der Hamangia-Kultur in gestreckter Rückenlage bestattet, anscheinend zumeist mit dem Kopf im SO. In der westungarischen Lengyel-Kultur kam es offensichtlich hauptsächlich auf die Blickrichtung des Toten nach O bis S an. In Lengyel wurde übereinstimmend rechte Seitenlage mit dem Kopf im S festgestellt; in Villanykövesd bevorzugt linke Seitenlage mit dem Blick nach SO. In Zengövárkony blickten von 339 festgestellten Bestattungen 336 in den Richtungsquadranten von O bis S, und zwar gleicherweise Männer wie Frauen; dabei verhielt sich linke zu rechter Seitenlage wie 8 : 1. Manchmal wurde der Kopf gewaltsam zur Seite gedreht, um die typische Blickrichtung zu erzielen. Andere Lage- und Orientierungsregeln herrschten in einem jüngeren Abschnitt der Theißkultur (z.B. Kökenydomb, Gorzsa): Männern und Frauen wurde eine unterschiedliche Behandlung zuteil; Kleinkinder waren z.T. von den herrschenden Regeln ausgenommen; beide Geschlechter wurden einheitlich in Hockerstellung mit dem Kopf im O beigesetzt, Männer auf der rechten, Frauen auf der linken Seite liegend. Im polnischen Brześć Kujawski war allgemein die S-N-Ausrichtung üblich, wobei Männer wiederum auf der rechten, Frauen auf der linken Seite lagen.

In Mitteleuropa herrschte innerhalb der Bandkeramikkultur allgemein die seitliche Hockerlage. Wenngleich die Ausrichtung nicht unerheblich schwankt, läßt sich doch linksseitige Lage mit dem Kopf im O bis NO (Blick allgemein nach S bis SO) als entschieden bevorzugte Position herausstellen: Sondershausen, Bruchstedt, Flomborn, Wiesbaden-Biebrich, Hoenheim-Souffelweyersheim, Eggenburg, Zábrdovic. In einem Spätabschnitt der Bandkeramikkultur wurde die gestreckte Rückenlage üblicher, hauptsächlich mit dem Kopf im W bzw. NW (z.B. Quatzenheim). Die typische Beisetzungsart in der mittelrheinischen Hinkelstein-Gruppe war demgegenüber die gestreckte Rückenlage mit dem Kopf im SO bis O. Die mitteldeutschen Rössener Gräber zeigen üblicherweise Hockerlage, und zwar, soweit festgestellt, rechtsseitige. Im Gräberfeld von Rössen entsprachen 29 Bestattungen dieser Regel; nur einmal lag das Skelett auf der linken Seite; der Kopf war jedoch auch hier nach rechts gewandt. Diese typische Totenhaltung wurde weiterhin in Rössener Gräbern von Halberstadt, Laucha, Bretsch und Wulfen beobachtet. Dabei überwog S-N-Richtung gegenüber O-W-Richtung. Im Gegensatz zu Mitteldeutschland weisen in Südwestdeutschland und im Elsaß die mit Keramik von Rössener Art ausgestatteten Gräber bevorzugt gestreckte Körperlage auf (Bad Cannstatt; Großsachsenheim, Euerfeld, Großgartach, Niederingelheim, Nierstein, Rheingönheim, Wallertheim, Erstein, Lingolsheim). Die hauptsächlich zu beobachtende Ausrichtung ist W-O mit dem Kopf im W oder NW. Nicht selten ist der Kopf absichtlich etwas erhöht.

In der Forschung wurde gelegentlich die Vermutung geäußert, die Ausrichtung bzw. die Blickrichtung der neolithischen Bestattungen habe eine religiöse Bedeutung, indem sie auf ein Totenreich oder auf Jenseitsvorstellungen Bezug nehme. Bei Berücksichtigung aller einschlägigen Befunde aus den europäischen Jungsteinzeitkulturen läßt sich jedoch eine bestimmte dahingehende Theorie nicht glaubhaft machen. Rücksicht auf den Stand der Sonne zum Zeitpunkt der Bestattung (*s. S. 295*) mag sich als naheliegende Annahme aufdrängen, ohne daß daraus etwas über eine religiöse Symbolik der Sonne oder über ein durch sie erleuchtetes Jenseitsreich in Erfahrung zu bringen wäre. Ein Richtungsbezug auf den Sonnenstand ist durchaus ohne eine explizite Jenseitsvorstellung denkbar, rein von der Bedeutung der Sonne als beherrschendem Naturphänomen aus. Von da her konnte dieser Bezug sehr wohl einen religiösen Gehalt haben, insofern als das die Religiosität der Lebenden ausmachende Bewußtsein der Kreatürlichkeit und Abhängigkeit von der religiös erfahrenen Natur- und Daseinsordnung auch die Grablegung der Verstorbenen erfüllte und durch ihre Hinordnung auf diese hoheitsvollste Verkörperung der transzendent erlebten Naturkraft zum Ausdruck brachte.

Auffallend ist eine in Sonderhausen, Hoenheim-Souffelweyersheim und Prag-Bubeneč beobachtete, vom Normalen abweichende Position bandkeramischer Toter: gestreckte Rückenlage mit erhobenen Armen. Diese Haltung erinnert an einen bestimmten Statuettentyp (*Taf. 18, 1.4.8–10; 17, 14; 19, 22.23*). Es erscheint erwägenswert, daß hier ein bedeutungsmäßiger Zusammenhang besteht, und daß die Haltung, in der man jene Verstorbene zur letzten Ruhe bettete, eine kultische Geste, nämlich eine Orationsgeste war (*s. S. 333*). Mitunter wurde auch erwogen, daß die übliche bandkeramische Hockerlage, bei der die Hände nicht in natürlicher Schlafposition liegen, sondern in die Höhe des Kopfes hinaufreichen, in ähnlichem Sinne zu deuten sei (sog. Orantenhaltung). Es würde sich dann eventuell um dieselbe

Haltung im Profil handeln, die bei der gestreckten Rückenlage durch die beiden seitlich erhobenen Hände ausgedrückt wurde (vgl. dazu die Figuren *Taf. 19,27*).

Die Verstorbenen waren bei der Beisetzung bekleidet oder in ein Tuch gehüllt. Mitunter scheint die Umwicklung recht fest gewesen zu sein, wie der Lage der Beine zu entnehmen ist. Ob darüber hinaus an eine Fesselung zu denken ist, die auf eine aus späteren Kulturen bekannte Furcht vor dem Toten als „lebendem Leichnam" hinweisen würde, ist nicht hinreichend zu begründen und sehr problematisch.

In mehreren neolithischen Kulturen sind vereinzelt auf dem Bauch liegende, gestreckte oder Hockerbestattungen bekannt, die das Gesicht zur Erde gewandt haben. Diese ungewöhnliche Stellung wird allgemein im Sinne eines Verstoßens gedeutet, indem die Bestattenden dem Toten nicht mehr ins Gesicht schauen wollten; dies mochte bei gewaltsam Getöteten oder bei aus der Gemeinschaft der Lebenden Ausgestoßenen der Fall sein. In Griechenland fand sich in der altneolithischen Schicht der Argissa-Magula ein Kind in hokkender Bauchlage; eine Bedeckung mit Lehmziegeln könnte darauf hindeuten, daß man sich von dieser Bestattung in besonderer Weise zu trennen wünschte. Im Boian-Friedhof von Cernica lag ein einzelner Toter auf dem Bauch; in demjenigen der Bandkeramikkultur von Sondershausen waren es vier, von denen drei aus Doppelgräbern stammten. Bandkeramische Bauchbestattungen liegen weiterhin von Bruchstedt und von Regensburg-Pürgelgut vor, solche der Gumelniţa-Kultur von Vărăsti, mehrere der Lengyel-Kultur von Zengővárkony. Mit den Bauchbestattungen werden einige andere Befunde in Zusammenhang gebracht, bei denen Skelette unvollständig angetroffen wurden und aufgrund der allgemeinen Lage- und Erhaltungsverhältnisse nach Ansicht der Ausgräber eine sekundäre Störung ausgeschlossen werden kann. So fehlten bei dem Grab 32 von Bruchstedt beide Füße und Hände. Auch in Sondershausen wurden solche Leichenzerteilungen beobachtet. Auf dem Friedhof von Cernica war eine Frau mit einem Fötus abseits der übrigen Gräber beigesetzt: Die vor oder während der Entbindung Verstorbene sollte offensichtlich rituell nicht voll der Gemeinschaft der Toten zugesellt werden.

Neben den allgemein in den europäischen Neolithkulturen üblichen Einzelbestattungen kommen allenthalben mitunter Doppelgräber vor, wobei zumeist ein Erwachsener und ein Kind, gelegentlich aber auch zwei Kinder oder zwei Erwachsene zusammen beigesetzt wurden. Ausnahmsweise waren sogar mehr als zwei Tote in derselben Grube beigesetzt, wobei allerdings nicht immer sicher ist, ob die Grablegung zum selben Zeitpunkt erfolgte. Grabgrüfte mit Kollektivbestattungen, wie sie für viele europäische Kulturen der Kupferzeit typisch sind, waren während des reinen Neolithikums jedoch unbekannt.

Die Bergung unverbrannter Menschengebeine in einem Tongefäß war in der Jungsteinzeit ganz ungewöhnlich (z.B. Lerna: Knochen eines Kindes in einem jungneolithischen Fußgefäß). Erst am Ende des Neolithikums begann in Griechenland der in der nachfolgenden Kupferzeit übliche Brauch der Pithosbestattung vor allem von Kindern (Rakhmani).

Wie bereits während des Paläolithikums (*s. S. 258f.*) so wurden auch in nachfolgenden Zeit menschliche Schädel mitunter rituell besonders behandelt. So lag bei Quedlinburg ein Kinderschädel in einer bandkeramischen Zipfelschale und war mit einem Vorratsgefäß zugedeckt. In einer Siedlung bei Borgio Verezzi war ein Schädel in einer Herdstelle eingegraben und von vier Steinen umgeben. Ein isolierter Schädel von Onga war zusammen mit drei Gefäßen der Theißkultur bestattet. In Taubach war ein Schädel von Scherben bedeckt; daneben lagen Schweineknochen, Steingeräte und ein stichbandkeramisches Gefäß mit der Mündung nach unten. In der Gumelniţa-Ariuşd-Siedlung von Bălăneşti fand sich auf einer mit Ocker bestreuten Scherbe ein Schädel, der ebenfalls mit Ocker bedeckt war. Zwei isolierte, nach Osten blickende Schädelbestattungen lagen inmitten des Gumelniţa-Friedhofes von Kubrat, wo außerdem bei einer Hockerbestattung der Kopf vom Rumpf getrennt und beim Oberschenkel niedergelegt war.

Im Lengyel-Friedhof von Zengövárkony fehlte bei 33 Bestatteten der Schädel; davon waren 24 sicher Männer, 2 wahrscheinlich Frauen, 1 ein Kind. Der Unterkiefer war mitunter vorhanden, in anderen Fällen fehlte jedoch auch dieser. Zweimal lag anstelle des Schädels ein Schweineunterkiefer, einmal ein zoomorphes Gefäß, eventuell ein Schwein. In der Regel waren diese schädellosen Bestattungen besonders beigabenreich. Die Annahme erscheint naheliegend, daß die betreffenden Schädel für eine besondere rituelle Aufbewahrung abgetrennt worden waren; welcher Art diese waren, wissen wir nicht.

Hier anschließen möchte man Schädeltrepanationen. Neben einigen in ihrer Datierung nicht hinreichend gesicherten Befunden gibt es zwei, die den besonderen rituellen Charakter dieser Schädelöffnungen und die hervorragende sepulkrale Ausstattung der durch eine Trepanation ausgezeichneten Personen bereits im Neolithikum beweisen. Der eine ist ein Hocker in der Höhle von Sasso di Furbara, der andere ein Grab des Rössener Friedhofes von Lingolsheim. Im letzteren lag ein exzeptionell großer Mann in einem bemerkenswert tiefen Grabschacht mit einer Ausstattung (6 Gefäße, Halskette, Pfeilspitze, andere Steingeräte, Armring aus Eberzähnen), die an Reichhaltigkeit in dieser Kultur einzig dasteht. Ihm war zu Lebzeiten einmal der Schädel geöffnet worden; offenbar nach dem Tode hatte man ihn noch einmal trepaniert.

Brandbestattungen begegnen in Mitteleuropa vereinzelt bereits im Rahmen der Bandkeramikkultur (Arnstadt, Elsloo), beginnen aber offenbar erst im Jungneolithikum eine größere Rolle zu spielen. Bei den stichbandkeramischen Brandgräbern von Prag-Bubeneč lag der Leichenbrand auf einem Häufchen oder ausgebreitet auf der Grabsohle, mitunter von einem darüber gestülpten

Gefäß bedeckt. Die beigegebenen Steinbeile, die übrigen Geräte und z. T. auch die Gefäße zeigen Brandspuren, lagen also mit dem Verstorbenen auf dem Scheiterhaufen, während Knochen von Schaf/Ziege auffälligerweise unverbrannt sind. Auch bei den stichbandkeramischen Gräbern von Riesa war der Leichenbrand manchmal von einer Schale bedeckt; oder eine Schale stand aufrecht auf ihm. Die Beigaben sind z. T. verbrannt; eine Steinkeule scheint absichtlich zerbrochen zu sein. Demgegenüber sind die Beigefäße, die übrigen Beigaben und die Tierknochen aus den Brandgräbern von Lužianky durchweg unverbrannt. In einem Grab von Kötitz lag auf der Sohle neben einer Fußschale der Leichenbrand eines Erwachsenen und derjenige eines nur wenige Monate alten Kindes. Urnengräber, bei denen der Leichenbrand in Tonossuarien geborgen wurde, sind aus der nordgriechischen Larissa-Kultur bekannt (Soufli-Magula).

Über religiöse Vorstellungen, die hinter der Totenverbrennung zu vermuten sind, wurden in der Forschung mancherlei Überlegungen angestellt. Zumeist gehen diese von späteren Kulturen und Religionen aus, bei denen die Brandbestattung verbunden ist mit dem Glauben an den Dualismus von Leib und Seele: die Seele als der unsterbliche Teil müsse nach dem Tod des Körpers durch die Verbrennung von diesem getrennt werden, damit sie zu dem ihr gemäßen Weiterleben befähigt werde. Es läßt sich jedoch schwer glaubhaft machen, daß die Totenverbrennung diese Bedeutung von Anfang an hatte; und die Brandbestattung ihrerseits als Beweis für das Bestehen einer solchen Vorstellung zu werten, erscheint erst recht nicht statthaft. Vielmehr möchten wir annehmen, daß ein expliziter Glaube an ein Weiterleben nach dem Tode und darauf abzielende Bestattungssitten und Grabformen erst die europäischen Kulturen der Kupferzeit kennzeichnen. Im Hinblick auf die neolithische Totenverbrennung möchte man eher daran denken, daß seit alters das Feuer beim Opfer eine Rolle spielte. Diese vom häuslichen Herd so vertraute und doch so unheimliche Naturkraft war geeignet, eine Opfergabe sichtbar hinwegzunehmen. Wurde aber die Bestattung in einer religiösen Dimension gesehen, d. h. schloß das Bewußtwerden der Hinordnung auf die göttliche Sphäre auch den Toten mit ein, so lag es nahe, ihn in eben der Form aus der Sichtbarkeit hinwegzunehmen, in der man Opfergaben der Gottheit darbrachte. In dieser Richtung aufschlußreich könnte ein ungarischer Fund von Gorzsa sein: ein der Körös-Kultur zugewiesenes anthropomorphes Gefäß (*Taf. 18, 18*) enthielt die kalzinierten Knochen eines Kindes. Es ist dies eine der ältesten europäischen Brandbestattungen der Jungsteinzeit, in der die Forschung ein Menschenopfer zu erblicken geneigt ist.

Die Beigabenausstattung der neolithischen Gräber weist z. T. sehr bezeichnende Züge auf. Unter den Beigaben aus unvergänglichem Material stehen Tongefäße an erster Stelle. Sie treten überwiegend in der Einzahl auf; zuweilen sind es aber auch deren mehrere. Eine zahlenmäßige Zunahme der Beigefäße kennzeichnet einige mitteleuropäische Kulturen des Jungneolithikums: Stichbandkeramik, Zselizer-, Lengyel- und Lužianky-Gruppe. Die letztere kennt Gräber mit 10 bis 14 Beigefäßen. Ein wohl annähernd gleichaltes Grab von Nezvisko in der Moldau enthielt sogar 18 Gefäße. Ziemlich allgemein gilt, daß der bevorzugte Platz zur Niederlegung der Beigefäße die Stelle vor dem Gesicht des Bestatteten ist. Diese Regel läßt sich verfolgen im griechischen Altneolithikum (Lerna) und in der Starčevo-Kultur (Tečić, wo bei zwei Hokkern jeweils eine bemalte Fußschüssel vor der Stirn stand), in der Boian-Kultur (Cernica) und der Gumelniţa-Kultur (Boian B), in der Sălcuţa-Kultur, in der Lužianky-Gruppe ebenso wie in der Bandkeramik- und der Rössener Kultur. In den Gräbern von Rössen pflegte das rituell wichtigste Gefäß, der Kugelbecher, vor dem Gesicht des Toten zu stehen. Besonders feste Regeln der Gefäßausstattung herrschten in der westungarischen Lengyel-Kultur. In Lengyel selbst hatten alle Bestattungen eine Fußschale bei sich, die oft vor dem Gesicht stand. Bei Kindern waren sie kleiner als bei Erwachsenen. Bei Doppelgräbern mit einem Erwachsenen und einem Kind traten entsprechend eine große und eine kleine Fußschale auf. In Zengövárkony fanden sich Fußschalen in 208 Gräbern (etwa $^2/_3$ aller Bestattungen), zuweilen zwei bis drei Exemplare beisammen; alle übrigen Gefäßtypen waren seltener.

Die Beigefäße enthielten zweifellos normalerweise Nahrungsmittel, wenngleich davon zumeist keine Spuren mehr festzustellen sind. In einem bandkeramischen Kumpf aus einem Grab von Zuffenhausen wurden entschälte gekochte Ackerbohnen mit ölhaltigem Leinsamen und Haselnüssen nachgewiesen, dazu Reste von geröstetem gesäuertem Brot. Mitunter lagen Gefäße mit der Mündung nach unten, was wohl nicht besagt, daß sie als rein keramische Beigabe aufzufassen wären; vielmehr war ihr Inhalt, etwa Flüssigkeit, wohl auf den Toten oder auf die Grabsohle geschüttet worden, bevor man sie in ausgeleertem Zustand dort deponierte. Andererseits deuten Tierknochen in Gräbern darauf hin, daß nicht selten Fleischstücke auch außerhalb von (Ton-)Gefäßen mitgegeben wurden. Im Gräberfeld von Rössen ergab fast jedes planmäßig untersuchte Grab Tierknochen; bestimmbar sind solche vom Rind und Schaf. Einmal war das betreffende Fleischstück zwischen die Zähne des Toten geschoben, einmal ihm auf die Brust gelegt, einmal neben das Knie, so daß es von der ausgestreckten rechten Hand berührt wurde. In einem Rössener Grab von Nierstein wurden Reste eines Ferkels gefunden, in einem spätneolithischen Grab von Szakalhat das kopflose Skelett eines Schafes. Ein kopfloses Ferkel war in einem Grab von Brünn-Královo Pole vor den Verstorbenen gelegt worden, unweit davon das Stück eines Hasen.

Eine Tierbeigabe anderer Art drückt sich in mitbestatteten Hunden aus. Einer lag zu Füßen einer Bestattung von Ripoli, ein anderer in Zengövárkony bei einem reich ausgestatteten Toten, ein weiterer in einem Rössener Grab von Nierstein. In einem spätneolithischen Grab von Szakalhat war nur der Rumpf eines Hundes mitgegeben worden, Kopf und Beine hingegen fehlten.

Vielfach war es herrschender Brauch, den Toten mit Schmuck zu versehen: Halsketten aus Muschel- und Steinperlen, Anhänger aus Muscheln und Knochen, Geweih- und Knochennadeln sowie Armringe aus Muscheln aus der Boian-Kultur: Cernica und Andolina, aus der Bandkeramikkultur: Flomborn, Erfurt, Zábrdovic, Eggenburg, Sondershausen, Wettolsheim). In der Bandkeramikkultur wurde Spondylusschmuck speziell von Frauen getragen. Anhänger aus Tierzähnen fehlen in dieser Kultur gänzlich, sind aber in Männergräbern der Rössener Kultur wohlbekannt (Lingolsheim, Erstein, Trebur), ebenso in denen der Hinkelstein-Gruppe. In der Rössener Kultur wurden Gagat-, Muschel-, Knochen- und Steinperlen von Männern und Frauen getragen, Marmorarmringe nur von Frauen, solche aus Geweih- und aus Erdpech von Männern. In Brześć Kujawski waren Frauen mit reich verzierten Oberarmringen, Kupferperlen und solchen aus Spondylus sowie Tierzahnanhängern geschmückt, Männer hingegen mit Eberhaueranhängern und Zierplatten.

Ebenso bezeichnend wie die Beigabe von Schmuck vor allem in Frauengräbern ist in Männer- und Knabengräbern diejenige von Waffen. Die in südosteuropäischen Gräbern von der älteren Boian-Kultur an (Cernica) begegnenden Steinbeile, vielfach aus auffallend weichen Gesteinsarten bestehend, sind ebenso als Waffen anzusprechen wie die sog. Schuhleistenkeile der Bandkeramikkultur, die in den Gräbern sich mit Spondylusschmuck ausschließen. Mitunter wurden Kindern – vermutlich Knaben – Schuhleistenkeile mitgegeben (z.B. Kleinhadersdorf). In Flomborn war dies einmal ein ausgesucht kleines Exemplar. In einem Doppelgrab der Bandkeramikkultur von Waiblingen, in dem hinter einem Erwachsenen ein 5–6 Jahre altes Kind lag, besaß dieses, nicht der Erwachsene einen Schuhleistenkeil. In den jungneolithischen Kulturen treten durchlochte Steinbeile als Waffenform hinzu. In Lengyel waren sie stets mit einem Jaspismesser kombiniert. In Zengövárkony begleiteten durchbohrte oder undurchbohrte Steinbeile mehr als 130 Bestattete; darunter befanden sich etwa 10 Knaben; die übrigen waren Männer. Auch Silexmesser und Eberhauer sind typisch für Männergräber. In den Rössener Gräbern lag die Streitaxt zumeist vor dem Gesicht des Verstorbenen. An sonstigen Waffen kommen Keulen und Pfeilspitzen sowie Pfeilschneiden vor. In einem bandkeramischen Grab von Bruchstedt erscheint ausnahmsweise eine durchbohrte Knochenaxt. Eine Geweihaxt stellt die Waffenbeigabe eines Rössener Kindergrabes von Wulfen dar. In den Männergräbern von Brześć Kujawski haben Geweihäxte gewiß die Bedeutung normaler Waffen.

In religionskundlicher Hinsicht besonders bemerkenswert ist das vereinzelte Auftreten von menschlichen Figuren in Gräbern. Zum herrschenden Brauch (wie die Beigabe von Gefäßen, Schmuck und Waffen) gehörte dies allerdings in keiner europäischen Neolithkultur. Ein Grab der Körös-Kultur von Bodzáspart enthielt neben Keramik und einer Füßchenplatte (Lampe) eine Tonstatuette. In einem der 160 Gräber des Boian-Friedhofes von Cernica lag neben dem rechten Unterarm eine aus Knochen geschnitzte schematische

Menschenfigur (*Taf. 17, 13*). Bei einem mittelneolithischen Hocker von Servia in Makedonien kamen Scherben eines Gesichtsgefäßes zum Vorschein. Hier zu nennen ist auch ein bandkeramischer Kumpf aus Grab 17 von Sondershausen. Abweichend von den in die Tausende gehenden sonstigen Kümpfen dieser Art zeigt er zwischen den Spiralmustern Figuren, in denen anthropomorphe Gestalten zu sehen sind (*Taf. 17, 17*). Sie zeichnen sich durch erhobene Hände aus (ähnlich wie die Figur auf dem Kumpf *Taf. 18, 1*), was der Haltung einiger bandkeramischer Toter (*s. S. 306*) entspricht. In dem Gräberfeld der Lengyel-Kultur von Zengövárkony kamen in zwei von mehr als 360 Gräbern Tonfiguren zutage.

Vergleichsweise selten begegnen in Gräbern Geräte haus- oder landwirtschaftlicher Art: Spinnwirtel, Sicheln und Mahlsteine mit Läufer. Zu den seltenen Erscheinungen gehören auch Pintaderas.

In mannigfacher Form üblich war hingegen allenthalben die Beigabe von rotem Farbstoff sowie die Rotfärbung des Körpers (*s. S. 292 f.*). Ocker und Rötelbrocken bzw. Brauneisensteine lagen entweder auf der Grabsohle oder in einem Beigefäß (z. B. Flomborn, Zábrdovic, Erfurt, Hoenheim-Souffelweyersheim, Pribugskoje). Nicht selten waren auch Reibplatten (Paletten) mitgegeben, die z. T. noch rote Farbspuren zeigen (z. B. Sondershausen, Entzheim, Erstein, Lingolsheim). In Sasso di Furbara war ein Reibstein offenbar absichtlich zerbrochen. In der Arene Candide lag ein Hocker teilweise auf einer rot gefärbten Reibplatte. Die Skelette selbst zeigen am häufigsten rote Farbspuren am Schädel; offensichtlich wurde hauptsächlich das Gesicht als Zeichen der Festlichkeit gefärbt. Außerdem waren mitunter die Füße, oder die Beine und die Unterarme rot bemalt, also deutlich die nicht von der Kleidung bedeckten Körperteile (so regelmäßig im Friedhof der Theißkultur von Szegvár-Tüzköves). Aber auch vollständige Rotfärbung des Leichnams (bzw. der diesen einhüllenden Tücher) kommt vor, wie mitunter auch ein Ockerbelag der Grabsohle beobachtet wurde.

Roter Farbstoff spielt eine Rolle auch bei einer Gruppe von Gräbern, die, untereinander nicht in allen Zügen einheitlich, sich von den normalen neolithischen Bestattungen durch das Fehlen keramischer Beigaben und geschliffener Steingeräte und durch das Hervortreten jägerischer Elemente unterscheiden, und die sich z. T. durch eine ungewöhnliche Totenhaltung – nämlich als sitzende oder halbsitzende Hocker – auszeichnen. Ein solcher Toter von Bottendorf saß in einer rötelgefüllten Grabgrube. Ein Grab von Offenau enthielt 50 Hornzapfen von Ziegen, Hirschgrandeln, Rötelstücke und Reibsteine, eines von Janislawice Hornzapfen, Tierzahnanhänger und Mikrolithen. Hier anzuschließen sind ein ockergefärbtes Skelett von Krivolučje a. d. Wolga sowie die Bestattungen von Téviec und Hoëdic an der bretonischen Atlantikküste, bei denen eine sonderbare Ausstattung mit Hirschgeweihen auffällt. Wesentlich seltener als roter Farbstoff wurde schwarzer verwendet (z. B. Sondershausen, Flomborn, Osthofen, Kleinhadersdorf).

Inmitten neolithischer Nekropolen wurden mitunter zwischen den Gräbern Gruben angetroffen, die keine Skelette enthielten, aber im übrigen Inhalt (Gefäße, Scherben, Reibplatten mit Farbspuren, Steingeräte) ganz den Grabstätten entsprechen. Daß hier ein Skelett völlig vergangen wäre, wird von den Ausgräbern für ausgeschlossen gehalten. Die in Betracht gezogenen Deutungen als Kenotaphe oder als „Opfergruben" wirken weniger einleuchtend als die Annahme, daß es sich hier um einstige normale Bestattungen handelt, der Verstorbene aber aus irgendwelchen, eventuell rituellen Gründen bald nach der Beisetzung aus dem Grab wieder entfernt worden ist.

## *Bildwerke*

### *Tierbilder*

*Vorderasien:* Wie in typologischer und stilistischer Hinsicht die jungsteinzeitlichen Tierdarstellungen gemalter, gezeichneter und plastischer Art an diejenigen des Jungpaläolithikums anschließen, so vermutlich auch im Hinblick auf ihre religionskundliche Bedeutung *(s. S. 261 ff.)*. Die Tiere waren der Bestandteil der natürlichen Umwelt, der in besonderer Eindringlichkeit und Unmittelbarkeit sowohl die Verwandtschaft als auch die Andersartigkeit und damit einerseits die Abhängigkeit und andererseits die Überlegenheit des Menschen den Naturerscheinungen gegenüber zum Bewußtsein kommen ließ. In den bildlichen Darstellungen der Tiere konnte dies adäquater zum Ausdruck gebracht werden als in den bildlichen Wiedergaben von Pflanzen, anorganischen Gegenständen und kosmischen Erscheinungen (Sonne, Mond und Sterne). Wenn wir voraussetzen dürfen, daß das menschliche Bewußtsein von Anfang an als integrierenden Bestandteil einen religiösen Aspekt besaß, so daß bereits die jungpaläolithischen Tierbilder (in ihrer Eigenschaft als Reproduktion von Erlebtem) als eine Darbringung des Dargestellten an die religiös erfahrene Transzendenz der Daseinsordnung aufgefaßt werden können *(s. S. 267)*, so werden wir annehmen dürfen, daß die das Neolithikum kennzeichnende Differenzierung der inneren Haltung gegenüber dieser Daseinsordnung im allgemeinen und der Tierwelt im besonderen auch die bildlichen Darstellungen von Tieren prägte. Bei einigen plastischen Bildwerken der Natuf-Gruppe scheint die jungpaläolithische Tradition, also ein Votivcharakter, bestimmend gewesen zu sein. Es ist klar, daß den veränderten wirtschaftlichen Verhältnissen entsprechend nun nicht nur erlegte Jagdtiere, sondern auch (im Besitz befindliche bzw.) geschlachtete Haustiere durch eine bildliche Fixierung über ihre praktische Zweckhaftigkeit hinaus in ihrer religiösen Bezogenheit verdeutlicht wurden. Insofern diente die bildliche Darstellung von Tieren demselben Anliegen wie die Opferung von Teilen erlegter oder geschlachteter Tiere. Beidemal sollte dem Wissen um die Übernatürlichkeit des Natürlichen, das alles Erworbene und allen Besitz als Geschenk erleben läßt, durch einen rituellen Akt sichtbarer

Ausdruck verliehen werden, in dem Freude am Bewußtwerden, Dankbarkeit und Bitte für die Zukunft sich vereinigen. Sowohl bei den Opfern als auch den bildlichen Darstellungen ist zu unterscheiden zwischen der Handlung bzw. der Verfertigung als solcher und der daraufhin stattfindenden Deponierung der Opfergabe bzw. der Abbildung. Vielfach war das letztere gegenüber dem ersteren kultisch weniger wichtig. Daher lassen die Fundverhältnisse der neolithischen Tierfiguren oftmals nichts mehr von ihrem religiösen Gehalt und ihrer kultischen Bedeutung erkennen. Erst in der frühen mesopotamischen Hochkultur mit ihren von den normalen Wohnbezirken abgesonderten Heiligtümern geben auch die Fundumstände unmittelbare Hinweise auf den Votivcharakter der Tierfiguren (*Taf. 20,33*), der prinzipiell auch in der vorangehenden Zeit vorhanden gewesen sein dürfte.

Vom Altneolithikum an spielten aber nicht nur dargestellte Einzeltiere als Träger religiöser Vorstellungen und Anliegen eine Rolle, sondern auch szenische Gruppenbilder, wie sie am eindrucksvollsten aus der Frühzeit in den Wandmalereien von Çatal Hüyük (*Taf. 12, 22–24; 23,3–8*) und aus der Spätzeit in den Darstellungen auf Steingefäßen und Rollsiegeln von Uruk (*Taf. 14,3–6.14; 21,4.9.21.22)* vorliegen. Den Tierbildern von Çatal Hüyük, sowohl den Fresken von Hirsch-, Boviden- und Wildschweinjagden als auch den Darstellungen von Geiern, die sich über Tote hermachen, sodann den Wandreliefs von Boviden, Hirschen und Leoparden sowie den zahlreichen Tier-, vor allem Rinderköpfen, denen mitunter echte Hörner eingesetzt sind, darf gewiß kein mythologischer Inhalt unterschoben werden. Verfehlt wäre aber auch die Annahme, diese Darstellungen würden sich auf Handlungen oder Vorstellungen beziehen, die einer rein kultischen Sphäre im Sinne eines vom übrigen Leben abgesonderten Bereiches angehörten. Vielmehr spricht alles dafür, daß die Tierbilder dieser altneolithischen Wohnräume die bildliche Vergegenwärtigung einer erlebten Wirklichkeit sind, die gleicherweise der Erinnerung und der verherrlichenden Repräsentation wie der religiösen Überhöhung und Weihe diente. Welcher dieser Aspekte jeweils im Vordergrund stand, ist dem einzelnen Bild nicht abzulesen; das Bezeichnende dieser Darstellungen scheint sogar gerade zu sein, daß diese verschiedenen Aspekte noch eine ungeteilte Einheit bildeten. In religionskundlicher Hinsicht bezeichnend dürften zwei die Bilder von Çatal Hüyük beherrschende Erlebnisse sein, einmal die in den Tieren dem Menschen begegnende Unheimlichkeit und Macht der religiös transparenten Natur und zum anderen das Wissen, diese machtvollen Wesen bekämpfen und besiegen zu können, was dann der rituellen Wiedergutmachung bedurfte.

Diese Bedeutung der Tierbilder fand in der nachfolgenden Zeit der Samarra-, Halaf- und Obed-Stufe eine Fortsetzung und Weiterentwicklung. Das bereits in Çatal Hüyük in Erscheinung tretende Prinzip, bestimmte Tiere und Tiergruppen als typische Verkörperung gewisser Lebenslagen und Wirklichkeitszüge zu nehmen, führte zur Ausprägung fester Bildtypen, so dem Motiv des Vogels, der einen Fisch frißt, des gefährlichen Skorpions *(Taf. 20,14)* oder der Giftschlange (*Taf. 20,3.5*), denen zweifellos eine religiöse Bedeutung eigentümlich war. Dargestellt sind hier offenbar sprachliche Bilder und Analogiebezeichnungen, wie sie auch später die orientalische Ausdrucksweise im religiösen Bereich prägten. Daß dabei Skorpione, Giftschlangen und Löwen außer ihrer unmittelbaren Bedeutung als gefährliche, unheilbringende Tiere, vor denen nur die Gottheit Schutz gewähren kann, bereits als Symbol des Widergöttlichen und als Inkarnation des Bösen gewertet worden wären, wie es für jüngere Zeiten der Fall ist, läßt sich nicht nachweisen. Immerhin stellt sich dieses Problem angesichts jener Bildtypen, und wir werden uns vor Augen halten müssen, daß eine empirische Antwort auf die religionsgeschichtlich so wichtige Frage nach dem Beginn der Vorstellung eines widergöttlichen Prinzips nur von einer subtilen formalen Analyse und ikonographischen Interpretation der neolithischen Bildwerke Vorderasiens zu erwarten ist. Wenn unsere obigen Grundüberlegungen richtig sind, wonach den ökonomischen, technologischen und kulturellen Wandlungen am Beginn des Neolithikums eine geistig-religiöse Bewegung entsprach, die eine neuartige Selbständigkeit des Menschen auch in seiner Religiosität beinhaltete, so könnte es sein, daß die religiöse Bindung nun nicht mehr in dem Maße wie während des Paläolithikums ein integrierender (und darum notwendiger) Bestandteil des Bewußtseins war, sondern in gewissem Umfang der Freiheit des Einzelnen anheimgestellt war, wodurch die Religiosität einerseits bewußter wurde, andererseits aber sich die Möglichkeit eröffnete, sie in den Hintergrund treten zu lassen. Damit ergab sich die Vorstellung eines widergöttlichen Prinzips. Wann dieses freilich gedanklich konkretisiert, begrifflich benannt und mit bestimmten widrigen Naturerscheinungen verknüpft wurde, sei es in der Vorstellung eines tatsächlichen Zusammenhangs, sei es im Rahmen einer bildhaft-analogen Ausdrucksweise, läßt sich schwer ergründen.

Besonders häufig erscheint in der Halaf-Stufe der Rinderkopf auf Tongefäßen (*Taf. 20,6.7*) und als Amulett. Daß dieses Motiv einen religiösen Gehalt besaß, gilt als sicher. Für die nähere Bestimmung dieser Bedeutung ist beachtenswert, daß neben den reinen Bukranien und den Rinderprotomen zuweilen die betreffenden Rinder als Ganzes dargestellt sind, wobei ersichtlich ist, daß nicht wild rennende Stiere gemeint sind, sondern friedlich liegende, möglicherweise sogar tote, d.h. dann wohl geopferte Tiere. Der Rinderkopf wäre demnach ein Wahrzeichen des Opfertieres und konnte von da aus zum Inbegriff der religiösen Haltung überhaupt werden.

In der frühen Hochkultur der Uruk-Zeit bringen die Tierbilder das religiöse Grundanliegen in neuartiger Deutlichkeit zum Ausdruck. Im Tempel des Tell Uqair (*Taf. 31, E 1*) sind die auf den Wandfresken dargestellten Löwen machtvolle Wächter des Altars und die abgebildeten Rinder ein ständiger Hinweis auf die dort vollzogenen blutigen Tieropfer. Auf Reliefgefäßen und Rollsiegeln erscheinen häufig Rinder- und Schafherden *(Taf. 14,3.6.14; 21,4.9.22)*, nicht selten neben einer Tempelfassade oder einem Kultzeichen (Inanna-Zeichen) bzw. von einem Mann begleitet, in dem der En von Uruk gesehen werden darf (*s. S. 326*). Es besteht kein Zweifel darüber, daß hier zum Tempel gehörige Herden gemeint sind. Sie stehen stellvertretend für das gesamte Land und alles Gut, das nominell Besitz der Gottheit ist.

Auf urukzeitlichen Rollsiegeln erscheint häufig das Motiv des Raubtieres, das Rinder, Ziegen und Hirsche anfällt (*Taf. 21,21*); auch Raubtiere allein sind dargestellt. Wenn diese zuweilen in heraldischer Anordnung begegnen, so kann dies nicht darüber hinwegtäuschen, daß in ihnen die Wildheit roher Naturmächte dargestellt ist. Die zwischen den schlangenhalsigen Ungeheuern abgebildeten Gefäße, z.T. durch große Henkel als Ritualgefäße kenntlich gemacht, bezeugen, daß diese Bilder eine religiöse Aussage machen wollten. Auch das Siegelbild *Taf. 14,4* mit der Riesenschlange, die ein Schaf verschlingt und ihrerseits von einem Mann angegriffen wird, erhält durch die Rosette einen Bezug auf die religiöse Sphäre. Die Schlange ist offensichtlich ein widergöttliches Ungeheuer (ähnlich dem schlangenhalsigen Panther *Taf. 21,19*), während der Stier in seiner majestätischen Ruhe an den in späteren Mythen erscheinenden „Himmelsstier" erinnert. Hier glaubt man, Zeugnisse einer mythischen Vorstellungswelt vor sich zu haben.

*Ägypten:* Bei den Felsbildern im Wüstengebiet beiderseits des Niltales, die vorwiegend Jagdwild, daneben aber auch Herdentiere darstellen, tritt der Bezug auf die wirtschaftliche Lebensgrundlage in ihrem religiösen Aspekt hervor, wodurch sie den jungpaläolithischen Höhlenbildern an die Seite zu stellen sind (*s. S. 265 ff.*). Aus der Badari- und der Naqada I-Stufe zeigen weißbemalte Keramik (*Taf. 33*) sowie Elfenbeinschnitzereien Tiere (*Taf. 20,20*), die die natürliche Umwelt des Menschen in ihrer segensreichen und ihrer gefahrvollen Seite verkörperten: Steinböcke, Antilopen und Giraffen als begehrtes Jagdwild der Wüste, Nilpferde und vereinzelt sogar Elefanten als Tiere des Fruchtlandes, Rinder als Haustiere, Krokodile, Skorpione und Schlangen als furchterregendes Getier des Niltales und der Oasen. Außer den Tierbildern dieser Art begegnet im vor- und frühdynastischen Ägypten Darstellungen von Tieren, die offensichtlich anderen Beweggründen und Vorstellungen ihre Entstehung verdanken. Könnte es auf den ersten Blick scheinen, die Vögel, Vogelpaare, Antilopen und Nilpferde an naqadazeitlichen Elfenbeinkämmen (*Taf. 20, 11*) hätten lediglich eine dekorative Bedeutung, so weist ein aus dem Frühabschnitt der 1. Dyn. stammender Kamm von Abydos (*Taf. 16, 34*) auf einen religiösen Gehalt der die Kämme zierenden Figuralmotive hin. Anhänger in Form von Vögeln oder Rinderköpfen, seltener von Nilpferden sind als Amulett anzusprechen. Mit plastischen oder gravierten Tierfiguren versehen bzw. ganz in Form eines Tieres (Fisch, Schildkröte, Antilope, Flußpferd, Vogel) gestaltet sind die Schminkpaletten vor allem der Stufe Naqada II (*Taf. 20, 12*). Da ihr Verwendungszweck in den Rahmen ritueller Handlungen gehörte, wird man geneigt sein, die Tiergestalten der Palette als Ausdruck von Vorstellungen zu werten, die diese Ritualien erfüllten oder begleiteten. Dazu paßt, daß die formalen Übergänge zu solchen Steinfiguren fließend sind, die gar nicht mehr als wirkliche Paletten, sondern offenbar als Amulette verwendet wurden.

Wohl ans Ende der prädynastischen Zeit gehören die beiden Paletten *Taf. 21,2; 15,8.* Die erstere weist durch die Kombination eines Rinderkopfes mit fünf Sternen darauf hin, daß in der religiösen Vorstellungswelt bereits dieser Frühzeit eine Verbindung von Tiergestalt und kosmischen Phänomenen geläufig war. In hohem Maße aufschlußreich ist das Reliefbild der zweiten Palette. Daß der links stehende Mann nicht der Jäger der drei Großstörche ist, dürfte klar sein. Die Armhaltung erweist ihn als Oranten (*s. S. 327*). Die am oberen Rand dieser Palette angebrachten Vogelköpfe beziehen sich eventuell auf dieselben Vögel, die auf dem Reliefbild betont in der Mitte stehen. Ähnliche Vogelreihen zählen auf den rotfigurigen Naqada II-Gefäßen zu den häufigst vorkommenden Motiven *(Taf. 13,24).* In der hieroglyphischen Schreibweise der Pyramidenzeit sind drei hintereinandergereihte Großvögel das Zeichen für bꜣ.w „Seelen". Im Singular dient b' (Ba) nach dem Alten Reich zur Bezeichnung dessen, was an Unsterblichem und Göttlichem im Menschen ist, und zwar nicht im Sinn eines Bestandteiles neben anderen, sondern als Ganzheitsbegriff. Aber auch die Götter haben einen ‚Ba', womit das den Menschen Erfahrbare der wesenhaft unsichtbaren Gottheiten gemeint ist. Diese Bedeutung überwiegt in den Texten des Alten Reiches entschieden. Dazu tritt die Pluralform als Sammelbezeichnung der an einem Ort verehrten Gottheiten. Wenngleich der „Bai"-Begriff später sein spezifisches Gepräge durch den expliziten Jenseitsglauben der Ägypter erhält, läßt sich aufgrund der letztangeführten Verwendung in den Pyramidentexten die Bedeutung des Begriffes bꜣ.w in der prädynastischen Zeit erahnen. Auf unserem Palettenbild sind gewiß nicht die ‚Seelen' von Menschen, womöglich von Verstorbenen gemeint, sondern göttliche ‚Bai', mit denen der Orant in Verbindung tritt.

Noch eine andere Art vordynastischer Tierbilder läßt sich typologisch und in gewissem Umfang bedeutungsmäßig in die frühdynastische und die nachfolgende Zeit hinein verfolgen, nämlich die standartenartigen Zeichen mit einer Tierfigur (Vogel, Elefant, Skorpion, Rindergehörn), die vermutlich zusammen mit Fahnen Kultplätze oder Kulthandlungen kennzeichneten (*s. S. 283 f.*). Solche Tierfiguren auf Tragstangen sind vom Beginn der dynastischen Zeit an als Zeichen von Gottheiten sowohl örtlicher Heiligtümer als auch ganzer Gaue wohlbekannt. Sie wurden in Prozessionen mitgeführt, an Kultplätzen aufgesteckt *(Taf. 16,29,37)* und wohnten sakralen Handlungen bei. Es ist leicht vorzustellen, daß diese zoomorphen Zeichen aufgrund ihrer Funktion im Kult zu persönlichen Schutzzeichen wurden. Das mag bereits in vordynastischer Zeit der Fall gewesen sein, wie die Amulette in Vogel- und Rinderkopfgestalt nahelegen könnten. Besonders deutlich tritt dies dann vom Beginn der 1. Dyn. an in die Erscheinung, indem der König in der Regel von mehreren Standarten mit Tierbildern begleitet wird, dem sog. Horusgeleit (Šemsu Ḥôr). Die wichtigsten Bestandteile sind eine Standarte mit einem Falken, eine solche mit einem Falkenpaar und eine mit einem wilden Caniden (*Taf. 15,1 rechts*). Zuweilen treten diese Standarten auch einzeln auf. Diese Zeichen lassen die Macht und Hoheit des Königs sichtbar werden und fordern Verehrung für seine göttliche Erscheinung.

Das Hervortreten tiergestaltiger Gottheiten ist eine für die spätere ägyptische Religion auffällige Eigenheit, deren Wurzeln bis in die prädynastische Zeit zurückreichen. Die Forschung ist diesen theriomorphen Ortsgottheiten nachgegangen und hat ihren Kultbereich, ihre speziellen Wesenszüge und ihre Entwicklung zu klären versucht. Besonders aufschlußreich sind dabei die gestaltlichen Wandlungen, die einige von ihnen in den quellenmäßig gut erhellten Zeiten durchgemacht haben. So wurde beispielsweise dieselbe Ortsgottheit von Hermopolis erst als Hase, dann als Löwe dargestellt, diejenige von Buto erst als Uräusschlange, dann als Löwin (solche Beispiele ließen sich vermehren). Der Gott Ḥr-wr von Antinoë wurde ursprünglich als Widder, dann als menschlicher Töpfer dargestellt. Beiden Bildern liegt deutlich dieselbe Aussageabsicht zugrunde: die göttliche Schöpfermacht. Der zeugungskräftige Widder ist dafür ebenso ein eindrucksvolles Symbol wie der Töpfer, der in wenigen Augenblicken auf der Scheibe kunstvolle Gefäße entstehen läßt. Bezeichnend sind weiterhin Verbindungen verschiedener Tiergottheiten zu festen Paaren oder die Identifizierung einer Tiergottheit mit einer kosmischen Erscheinung (z.B. Chnum von Elephantine mit dem Sonnengott Re oder Horus mit der Sonne, wodurch die kuhgestaltige Hathor, die „das Haus des Horus" ist, zur Himmelsgöttin wurde). Daß dieser kosmisch-universale Wesenszug der alten Tiergottheiten nicht erst spät im Zuge einer theologisch-spekulativen Entwicklung hinzukam, sondern im Prinzip von Anfang an vorauszusetzen ist, bezeugt die Palette von Gerzeh (*Taf. 21,2*). Der älteste Beleg für die Vorstellung, daß Horus, einerseits mit dem König verbunden, andererseits aber auf dem geflügelten Sonnenboot über den Himmel fährt, ist die Darstellung auf einem Kamm des Djet von Abydos.

An einen Bezug zur Sonne muß wohl auch bei den Darstellungen von Pavianen gedacht werden, die zwar unter den Grabbeigaben selten sind, aber als Votivgabe in den frühdynastischen Heiligtümern von Abydos und Hierakonpolis einen bevorzugten Platz einnehmen (*Taf. 21,25*). Zweifellos auch aus einem Heiligtum stammt die große Alabasterfigur eines Pavians im Berliner Museum (*Taf. 21,26*), die auf dem Sockel den Namen von Horus Narmer trägt. Aus späteren Zeugnissen wissen wir, daß wegen der Gewohnheit der Paviane, beim Sonnenaufgang schrill zu kreischen, diese Tiere den Ägyptern als Sonnenanbeter galten. Diese Bedeutung mögen bereits die frühdynastischen Pavianfiguren gehabt haben.

Über die Entstehung der tiergestaltigen Gottheiten vertrat die ältere Forschung die Theorie, daß ursprünglich ein reiner Fetischismus geherrscht habe: wie die Seele in einem Körper, so hätten die zahllosen Gottheiten in den verehrten Tieren gewohnt, in den Löwen und Löwinnen, den Stieren und Kühen, den Nilpferden und Krokodilen, den Pavianen, Antilopen, Gazellen, Hasen, Wölfen und Schakalen, den Ginsterkatzen und Ratten, den Geiern, Falken, Ibissen, Reihern und Gänsen, den Schlangen, Skorpionen usw. Zunächst hätte man die wirklichen Tiere verehrt, im Laufe der Entwicklung dann aber Bilder von diesen angefertigt; und schließlich habe man diese Tierbilder als Zugeständnis an eine geläuterte Form der Glaubensvorstellungen teilweise anthropomorphisiert. Dieser Konzeption widerspricht zunächst die Tatsache, daß die Anfertigung von kultischen Tier*bildern* nicht ein jüngeres Entwicklungsstadium gegenüber der Verehrung wirklicher Tiere kennzeichnet. Die Vergöttlichung des Apis-Stieres und des Mnevis-Stieres erfolgte nach der Überlieferung erst in der 2. Dyn., während Stierfiguren im Kult längst davor eine Rolle spielten (*s. Taf. 16, 29*). Daß der Falke und der Canide des königlichen sog. Horusgeleites nicht – wie einmal erwogen wurde – ursprünglich wirklich mitgeführte Falken und Hunde waren, steht fest. Abbildungen von Falken, Krokodilen und Rindern erscheinen seit Erfindung der Hieroglyphenschrift gelegentlich mit einem Sockel, also deutlich als Abbildung einer Figur. Die auf der Löwenjagdpalette und auf Siegeln der 1. Dyn. wiedergegebenen Doppeltiere (*Taf. 15, 2*) sind natürlich gleichfalls sinnbildhafte, nicht abbildhafte Darstellungen.

Angesichts des umfangreichen Bestandes an bildlichen Darstellungen aus der 1. Dyn. kann es nicht auf Zufall beruhen, daß erst von der 2. Dyn. an Bilder von Gottheiten mit Menschenleib und Tierkopf zu belegen sind (*Taf. 16, 17*), wie sie dann bis zum Ende der ägyptischen Religion geläufig waren: Horus als Mensch mit Falkenkopf, Chnum als solcher mit Widderkopf, Hathor mit Kuhkopf, Suchos mit Krokodilskopf, Sachmet mit Löwenkopf, Anubis mit Schakalskopf usw. Offenbar beginnt diese Art tiergestaltiger Götterbilder nicht zufällig in derselben Zeit, in der begonnen wurde, einzelne Tiere zu vergotten (Apis, Mnevis). Beide Erscheinungen gehören zwar unterschiedlichen (vermeintlich verschiedene Entwicklungsstufen bezeichnenden) Kategorien innerhalb der herkömmlichen religionswissenschaftlichen Phänomenologie an; doch sind sie imgrund wesensverwandt, indem sie eine bestimmte Ausprägung dessen anzeigen, was als Gottheit verehrt wurde.

Nach einhelliger Auffassung der Forschung bezeichnet der Glaube an Götter nicht die älteste Stufe der Religionsentwicklung. Ihr geht vielmehr die Zeit voraus, in der die göttliche Transzendenz allgemein als „Macht" („Mana", wie man es auch nach einem indonesischen Terminus nennt) in den Geschöpfen und den Naturkräften wirkend zum Bewußtsein gebracht und verehrt wurde. Diese Urreligiosität, die wir für das gesamte Paläolithikum voraussetzen müssen, hatte sich gemäß der aus dem Fundstoff erschließbaren Psychoevolution von den urtümlichsten Anfängen zu bewußteren Formen entfaltet und kennzeichnet vermutlich auf weite Strecken auch noch die Religion der neolithischen Zeit. Die für die Jungsteinzeit allgemein anzunehmende geistig-bewußtseinsmäßige Entwicklung dürfte die Personalität der göttlichen Macht in ihren einzelnen Hypostasen bewußter zur Erkenntnis gebracht haben. Wenngleich die personenhaften Wesenszüge, in denen der Glaubende die Gottheit sieht, und die sich darin äußern, daß er sie im Gebet und beim Opfer als ein „Du" ansprechen kann, sich nach der menschlichen Personalität richten, ist klar, daß von personalen Struktureigenheiten nicht erst dann gesprochen werden kann, wenn diese transzendente Personalität bewußt in die Vorstellung einer menschlichen Gestalt gekleidet wird. Anthropomorphe und personale Gottesvorstellungen fallen nicht notwendig zusammen. Der Beginn anthropomorpher Göttervorstellungen und -bilder ist in Ägypten bestimmbar (*s. S. 331*); er fällt in die frühdynastische Zeit. Tiergestaltige Götter sind gewiß Ableitungen menschengestaltiger Götter, nicht deren Vorläufer. Insofern scheinen das erstmalige Auftreten von Götterdarstellungen mit Menschenkörpern und Tierkopf und die ältesten Bezeugungen des vergöttlichten Apis-Stieres in der 2. Dyn. darauf hinzuweisen, daß „Tiergötter" durch eine Angleichung alter, als Zeichen göttlicher Macht geläufiger Tierbilder an anthropomorphe Gottheitsvorstellungen entstanden sind.

Die in der älteren Forschung vertretene Annahme, die tiergestaltigen Ortsgottheiten der späteren Zeit seien ein Überbleibsel aus der prädynastischen Urzeit, ist unhaltbar und gewiß zu revidieren. Die Spezialisierung örtlicher Verehrungsweisen und Kultempfänger wurde durch die Konsolidierung der politischen Verhältnisse in frühdynastischer Zeit gefördert und kann nicht einfach in die Urzeit zurückprojiziert werden. Im vordynastischen Ägypten müssen wir vielmehr mit weitergehenden Gemeinsamkeiten in der Verwendung von Tiergestalten bzw. -bildern zur Bezeichnung religiöser Vorstellungsaspekte rechnen, entsprechend einer bildhaften Ausdrucksweise in Gebeten, Litaneien und Hymnen. Wie es in jedem einzelnen Fall zu den allgemeinen und den jeweils örtlichen Konventionen in der Darstellung göttlicher Machtäußerungen in Gestalt bestimmter Tierarten gekommen ist, welche Erfahrungen, Überlegungen, Analogieschlüsse und lautlich-sprachliche Beziehungen dabei jeweils den Ausschlag gaben, ist schwerlich zu ergründen. Offensichtlich wurzelt dieser Vorgang in ebenderselben Geisteshaltung und ist mit dieser zutiefst verwandt, aus der heraus die Hieroglyphenschrift geschaffen wurde. Wie die Tierbilder von Gottheiten so ist auch die Bilderschrift typisch für die ägyptische Kultur bis zu ihren spätesten Lebensphasen. Beiden ist gemeinsam, daß mit einem Bild nicht das ausgedrückt wird, was aus dem Dargestellten unmittelbar ersichtlich ist, eventuell auch symbolisch über dieses hinausweist, sondern im umgekehrten Denkverfahren ein primär konzipierter Vorstellungsinhalt nur äußerlich (sei es rein lautlich, sei es durch eine analoge

Eigenschaft), in eine Beziehung zum Bildinhalt gesetzt wird. Wenn man dies außeracht läßt und meint, die tiergestaltigen Kultzeichen und Götterbilder der Ägypter unmittelbar von der Natur der Tiere her wesensmäßig erklären zu können, wird man ebenso wenig zu einem Verstehen dieser Götterbilder gelangen wie die frühen, nur von den Bildformen ausgehenden Entzifferungsversuche der Hieroglyphenschrift zu einem Verständnis des Inhaltes der Hieroglyphentexte führen konnten.

*Europa:* Die in mehreren europäischen Jungsteinzeitkulturen angefertigten Tonfiguren von Tieren (*Taf. 20, 29.30*) dürfen vermutlich religionskundlich ähnlich gedeutet werden wie die aus Elfenbein, Geweih und Stein hergestellten Tierplastiken des europäischen Paläolithikums und wie die z. T. ähnlich einfach gebildeten Tontiere der vorderasiatischen Jungsteinzeit, nämlich als Nachbildungen eines Besitzes, den man dadurch über seinen praktischen Nutzen hinaus in eine Beziehung zu einer religiösen Dimension bringen wollte. Dabei kam es zumeist nicht auf eine künstlerisch qualitätvolle Ausgestaltung an, wahrscheinlich mehr auf das bei der Bildanfertigung oder bei danach vollzogenen Handlungen bzw. gesprochenen Worten stattfindende Bewußtwerden einer Sache oder eines Erlebnisses, wobei wir als sicher voraussetzen dürfen, daß dieses Bewußtwerden eine religiöse Wertigkeit mit einschloß. Da der gedankliche Weg von derartigen Votivfiguren zu Nachbildungen von Opfertieren nicht weit ist und sogar Übergangserscheinungen denkbar sind, werden wir bei manchen neolithischen Tierfiguren Europas eventuell auch das letztere in Betracht ziehen müssen. Tiergestaltige Ritualgefäße, die wahrscheinlich im Rahmen eines Opferkultes verwendet wurden, sind gleichfalls aus mehreren Kulturen bekannt *(Taf. 20, 21.23)* und nicht nur formal, sondern wohl auch funktional an nahestehende vorderasiatische Typen anzuschließen.

Auch bei den auf Gefäßwandungen geklebten Tierfiguren (*Taf. 20, 25.26*) oder bei Tierköpfen auf Gefäßhenkeln oder -mündungen dürfte eine dementsprechende Sinngebung vorliegen. Bestärkt wird man in dieser Ansicht durch ein mährisches Gefäß von Střelice, bei dem die vier Tierfiguren unter dem Rand und die vier Ziegenköpfe am größten Bauchdurchmesser in Verbindung mit den anthropomorphen Zeichnungen auf der Schulter (*Taf. 17, 14*) den religiösen Charakter dieser Figuralausstattung sichern.

Bei einigen jungneolithischen Vogelfiguren mag strittig sein, ob auch sie als Votive bzw. als Nachbildung von Opfergaben aufzufassen sind, oder ob ihnen eine andere Bedeutung innewohnt. Wenig geklärt ist auch der Sinngehalt der Schlange, die im Innern von zwei jungneolithischen Schalen aus der Slowakei und Bulgarien begegnet, einmal plastisch und einmal gemalt *(Taf. 20, 31)*. Daß sie mehr waren als reine Dekorationsmuster, dürfte feststehen. Aber weder von seiten annähernd gleichzeitiger orientalischer Schlangendarstellungen (*s. S. 315*) noch von seiten kupferzeitlicher Schlangendenkmäler des minoischen Kulturkreises läßt sich eine hinreichend sichere Interpretation jener jungneolithischen Schlangenschalen begründen.

Tierköpfe zierten mancherorts den First von Wohnhäusern, was begreiflich wird von dem religiösen Charakter des Tierbildes. Nicht das Tier als solches, sondern als Bestandteil der in ihrer religiösen Transparenz erlebten Natur bzw. als Hinweis auf ein Opfer konnte sinnvollerweise als Heilszeichen ein Haus beschützen.

In den Tierbildern der spanischen Levante-Felsmalereien (*Taf. 20, 32*) ist bedeutungsmäßig gewiß ein Erbe der jungpaläolithischen Höhlenmalereien lebendig (*s. S. 261 ff.*). Dennoch meint man zu spüren, daß aus diesen neolithischen Tierbildern eine andere Haltung spricht als aus denen des Paläolithikums: es ist nicht mehr die ungebrochene Naturverbundenheit und die urtümliche Gesinnung, die bereit ist, die Natur uneingeschränkt als gegeben – und damit als göttlich geordnet – hinzunehmen. Neuartige Elemente drängen sich in den Vordergrund und lassen die Kluft erahnen, die in der religiösen Struktur diese Bilder von denen der paläolithischen Urzeit trennt.

*Menschenbilder*

*Vorderasien:* Bei der religionskundlichen Interpretation der neolithischen, vor allem der altneolithischen Menschendarstellungen Vorderasiens kann man nicht allein von in ihrer Bedeutung gesicherten Darstellungen späterer Zeitabschnitte ausgehen, in denen eine mythische Vorstellungswelt (also ein Glaube an menschengestaltige Götter) und ihre bildliche Darstellung geläufig waren. Nachdem heute feststeht, daß dies in Mesopotamien in vollem Umfang erst in frühdynastischer Zeit der Fall war und auch in Ägypten der Beginn eines mythischen Denkens und Vorstellens annähernd in dieselbe Zeit fällt (*s. S. 329*), erscheint es anachronistisch, bei den neolithischen Statuetten Vorderasiens an Göttinnen- und Göttergestalten zu denken. Methodisch besser fundiert ist statt dessen der Versuch, der religionsgeschichtlichen Stellung der frühen Menschenbilder des Vordern Orients durch eine archäologische Form- und Befundanalyse auf die Spur zu kommen.

In Jericho sind die frühesten plastischen Bildwerke Kopfplastiken, die um echte Menschenschädel herum modelliert sind (*s. S. 204: Taf. 12, 1*); in einer nächstjüngeren Stufe wurden „reine" Figuren, also ohne echten Schädelkern, hergestellt, die dazu nicht auf den Kopf beschränkt waren, sondern die vollständige Gestalt lebensgroß darstellten (dazu gehört *Taf. 12, 2*). Hier läßt sich somit verfolgen, wie ein Figurentyp aus dem Sepulkralkult entstand. Dargestellt waren zweifellos ganz bestimmte Menschen, die zunächst durch die Überformung des Schädels, dann durch eine freie Nachbildung in der Erinnerung der Hinterbliebenen lebendig erhalten werden sollten. Wenngleich diese Einstellung den Verstorbenen gegenüber an verwandte Erscheinungen des Paläolithikums anknüpft (*s. S. 258*), verkörpern die Jericho-Figuren doch dadurch etwas Neuartiges, daß hier nicht nur Teile der Verstorbenen sichtbar bewahrt, sondern diese zur Grundlage eines erst partiell, dann ganz freien Abbildes wurden (Gedächtnisbild). Von einem religiösen Gehalt dieser Bildwerke kann man nur insofern sprechen, als die in diesen Abbildern für die Anschauung und das Bewußtsein der Lebenden festgehaltene Gestalt des Verstorbenen dessen Religiosität als integrierenden Bestandteil seiner Personalität mit einschloß. Diese Haltung dürfte derjenigen vergleichbar sein, die die Bestattungssitten bestimmte. Wie dort (*s. S. 291ff.*), so werden wir auch hinter den Jericho-Figuren nicht einen bestimmten Jenseitsglauben vermuten dürfen. Das durch die Bestattung ebenso wie durch diese Abbildungen bezweckte „Bleiben" und „Weiterbestehen" bezog sich in dieser Frühzeit offensichtlich auf die Gemeinschaft als solche, verkörpert vornehmlich durch die Lebenden, denen die Verstorbenen aber bewußt zugerechnet wurden. Diese Beurteilung der Plastiken von Jericho tut ihrem religiösen Gehalt keinen Abbruch, sondern macht Ernst mit der Einsicht, daß in dieser Zeit die religiöse Haltung untrennbar mit der sozialen verbunden war und diese erfüllte und prägte.

Ähnlich wie die Figuren von Jericho sind diejenigen von Khirokitia zu deuten (*Taf. 19,29*). Auch sie kamen in Räumen zutage, in denen unter dem Fußboden Verstorbene bestattet waren. Zwar ist die Zahl festgestellter Bestattungen um ein Vielfaches größer als die der erhaltenen Steinfiguren; indes gab es dort neben den Steinfiguren auch solche aus ungebranntem Lehm, die erheblich qualitätvoller modelliert sind als die rohen Steinfiguren, und die nur wegen der ungünstigen Erhaltungsbedingungen so selten in Resten auf uns gekommen sind. Die Erklärung dieser Figuren als Bildfixierung (einst oder noch) lebender Menschen erscheint am einleuchtendsten. Hier anzuschließen sind formal und ihren Fundumständen nach vergleichbare Ton- und Steinfiguren naturnaher oder schematischer Bildung aus anderen, zeitlich ähnlich einzustufenden Fundstätten Vorderasiens.

Vor allem bedeutsam sind in dieser Hinsicht die Menschenfiguren vom Tell as-Sauwan (*Taf. 12,4–6*) und von Çatal Hüyük (*Taf. 12,8–18*). Auch hier ist ein Zusammenhang mit Bestattungen erweislich, augenfällig am ersteren Fundplatz, wo sie vielfach unmittelbar in den Gräbern lagen, mittelbarerer in Çatal Hüyük, wo sie nie zur eigentlichen Grabausstattung gehörten. Die Tatsache, daß die Statuetten im Tell as-Sauwan einige feste Typen aufweisen, die zwar im einzelnen mannigfache Abwandlungen, im ganzen aber eine übereinstimmende Grundformung besitzen, darf nicht so ausgelegt werden, damit sei ein und dieselbe (etwa mythische) Person, gemeint; diese Typenbildung beruht vielmehr wohl einfach auf gewissen künstlerischen Konventionen und widerspricht nicht der Annahme, daß die einzelnen Figuren konkret einzelne Menschen darstellen, deren Hinordnung auf die religiöse Sphäre zu bewahren, die Mühe rechtfertigte, die die Herstellung jener vortrefflichen Marmorplastiken kostete. Einige Figuren tragen durch die Angabe von Halsschmuck und Kopfputz betont eine gewisse Festlichkeit zur Schau. Daß darüber hinaus die Haltung der Arme eine besondere rituelle Geste wiedergibt, erscheint möglich. Auch später gelten die vor dem Leib zusammengelegten Hände vielfach als Geste der religiösen Kontemplation oder des Gebetes.

Die Figuren von Çatal Hüyük sind motivreicher als die vom Tell as-Sauwan. Besondere Zäsuren im Menschenleben wie Empfängnis, Geburt und Tod wurden bevorzugt in bildlichen Darstellungen „verewigt", waren sie doch in hervorragendem Maße von Wünschen, Hoffnungen und Gedanken des Dankes begleitet. Die Darstellungen geschlechtlicher Vereinigungen (*Taf. 12,15*; vgl. auch die diesbezügliche Natuf-Rundplastik *Taf. 12,7*) haben ebenso hier ihren Platz wie die Figuren von Schwangeren (z.B. *Taf. 12,9.11*). Dieses Darstellungsthema tritt vor allem auch bei den um einiges jüngeren Tonfiguren von Hacilar in Erscheinung (*Taf. 13,12–17*). Wenn in der bisherigen Forschung die Ansicht vertreten wurde, es könne sich bei diesen Statuetten um die Wiedergabe einer Muttergöttin, vergleichbar der späteren Astarte, handeln, so ist diese Deutung vor dem Hintergrund der archäologischen Befunde rein hypothetisch und recht unglaubwürdig (*s. S. 204f.*). Nichts spricht dagegen, daß hier normale, sterbliche Frauen in den für sie besonders wichtigen Situationen ihres Daseins dargestellt sind. In Çatal Hüyük drückt sich die religiöse Weihe des Geburtsvorganges nicht nur in diesen Statuetten aus, sondern eindringlicher und permanenter in ortsfesten Wandfiguren. Sowohl als Relief als auch als Fresko erscheint in den Wohnräumen eine große Figur (*Taf. 23,3.6*), die mitunter tierartig aussieht, aber doch anthropomorph gedeutet werden muß. Hier scheint der weitgehend stilisierte (in die Fläche projizierte) Bildtypus einer Geburtshaltung vorzuliegen.

Demgegenüber verdeutlicht der in Çatal Hüyük mehrfach begegnende Bildtypus des kopflosen Toten, dem riesige Geier das Fleisch von den Gebeinen hacken (*Taf. 23,4.5.8*), einprägsam die religiöse Stellung zum Todesgeschehen. Außer Furcht und Grauen kommt hier in überwältigender Großartigkeit das Bewußtsein der das Dasein beherrschenden und im Tod unmittelbar eingreifenden All-Macht zum Ausdruck, die in Naturwesen wie den Geiern verkörpert ist. In diesem ältesten Memento mori scheint sich nicht nur Bangigkeit und Schauer, sondern das Bewußtsein des Eingeordnetseins in ein übergreifendes Daseinsprinzip widerzuspiegeln, das man als solches religiös anerkennt. Führen jene kopflosen, den Geiern anheimgegebenen Gestalten das Ende der sichtbaren Körperlichkeit des Menschen vor Augen, so weisen Freskenbilder von isolierten Köpfen mit geschlossenen Augen (*Taf. 12,16*) auf die gesondert behandelten und aufbewahrten Köpfe von Verstorbenen hin.

Von dem sich zwischen Geburt und Tod im Laufe eines Menschenlebens Ereignenden ist auf den Wandmalereien von Çatal Hüyük vor allem die Jagd dargestellt (*Taf. 12,21–24*). Wenn gerade sie eine solche überragende Rolle spielte, obwohl sie damals durchaus nicht mehr dieselbe wirtschaftliche Bedeutung hatte wie im Paläolithikum, so läßt dies erkennen, was in der Vorstellung und Erinnerung jener Altneolithiker als Höhepunkte des Lebens gewertet wurde. Ein spezifisch religiöses Gepräge erhalten diese Bilder dadurch, daß die jägerische Begegnung mit den Wildtieren die Natur in ihren krafterfüllten und religiös-transparenten Erscheinungen erleben ließ. Zwar stellen diese Jagdbilder sichtlich stolz die Angriffe auf die gefährlichen Tiere und ihre Überwindung durch die mutig sich gebärdenden Jäger dar; aber zugleich kommt in einigen dieser Szenen die überwältigende Macht dieser Naturwesen zur Geltung, denen die Menschen so winzig gegenüberstehen wie die kopflosen Toten den riesigen Geiern.

Viele Jäger der Wandbilder von Çatal Hüyük zeigen nach oben gewinkelte Arme, was bei ihnen als Ausdruck heftiger Bewegung passend erscheint. Auch die kopflosen Gestalten unter den Geierbildern haben die Arme nach oben gewinkelt, hier wohl durch die gemeinte Hockerlage motiviert. Beide Figurentypen vermögen die ähnliche Armhaltung der großen weiblichen Gestalt *Taf. 12,19* nicht zu erklären. Weder ist diese in heftiger Bewegung noch liegend dargestellt; auch hält sie nichts in den Händen; ihre Hände sind vielmehr offensichtlich geöffnet. Das alles läßt daran denken, daß hier eine bestimmte Geste gemeint ist, die man – auch im Hinblick auf entsprechende Darstellungen aus jüngeren Zeitabschnitten – als Adorationshaltung auffassen möchte *(s. S. 327)*. Damit wären eventuell die Handabdrücke in einigen Räumen von Çatal Hüyük (*Taf. 12,20*) in Verbindung zu bringen, die ja gleichfalls die Geste geöffneter Hände festhalten (*s. S. 274 f.*). Nach oben gewinkelte Arme mit geöffneten Händen zeigen auch die durch riesige Skorpione gefährdeten Menschen auf der Samarra-Schale *Taf. 20,14*, ein Bildtypus, der treffend die allgemeine Lebenslage des Menschen in ihrer realistischen Einschätzung und ihrer religiösen Konsequenz kennzeichnet. Dieselbe Armhaltung kehrt bei Menschendarstellungen auf Halaf-Keramik wieder (*Taf. 13,4.5*). In ihrer Nachfolge stehen Gestalten mit erhobenen Armen auf iranischer Keramik vom Tell-i-Bakun *(Taf. 31,11)*, vom Tell-i-Gap und vom Tepe Sijalk sowie auf mesopotamischen Stempelsiegeln und auf Gefäßen der Obed- und Uruk-Zeit (*Taf. 13,10.11; 16,25.26*). Auch hier erscheint die Erklärung als kultische Geste am einleuchtendsten.

Die nordmesopotamischen Tonstatuetten der Halaf- und Obed-Zeit halten in der Regel die Hände unter der Brust (*Taf. 13,2*); nur vereinzelt ist ein Arm erhoben (*Taf. 13,3*). Die Hände unter bzw. über der Brust auf den Leib gelegt haben auch die obedzeitlichen Statuetten Südmesopotamiens, die daneben mitunter auch ein Kind oder einen Gegenstand halten (*Taf. 13,7–9*). Was die in den Statuetten Dargestellten anlangt, so kann eigentlich nicht in Zweifel gezogen werden, daß es sich dabei – wie bei denjenigen des Altneolithikums und den Figuren der zeitlich entsprechenden Wand- und Gefäßmalerei – um normale Menschen handelt, nicht etwa um Göttergestalten.

Die südmesopotamischen Menschendarstellungen der Uruk- und Djemdet Nasr-Zeit stehen in einer typologischen und bedeutungsmäßigen Tradition vom Vorangehenden. Satuetten wie *Taf. 14,17* von Uruk und *Taf. 14,16* von Chafadje zeigen dieselbe Armhaltung wie Obed- und Halaf-Figuren. Hier anschließen möchte man einige Darstellungen auf Rollsiegeln (*Taf. 14,9*). Mitunter ist dabei offensichtlich der En von Uruk als König und Hoher Priester gemeint. Die monumental wirkenden Steinfiguren der Uruk-Zeit sind im allgemeinen als Votivbilder lebender Menschen anzusprechen.

Das bevorzugte Thema frühsumerischer Kultdarstellungen sind Prozessionen und Opferhandlungen, bei denen Speisen verschiedener Art, Getränke, Kleidungsstücke und andere Gegenstände in Körben, Schalen, Ausgußkannen oder zoomorphen Gefäßen getragen und dargebracht werden (*Taf. 14,1,2.10.14*). Mit einiger Begründung sind in diesem Sinn auch die Freskenreste des Tempels vom Tell Uqair zu ergänzen (*Taf. 31, E*). Problematisch ist, ob bzw. inwieweit in den urukzeitlichen Siegelbildern mythologische Themen anklingen.

Unter den Bildwerken dieser Zeit aus Palästina weist die Elfenbeinstatuette einer jugendlichen Frau mit geschwollenem, zur Aufnahme einer Einlage ausgehöhlten Leib von Beersheba (*Taf. 19,3*) auf die Wünsche und Hoffnungen hin, die mit der Anfertigung und rituellen Verwendung dieser Statuetten verbunden waren. Schwierig gestaltet sich die Interpretation der fragmentarisch erhaltenen Freskenbilder von Ghassul (*Taf. 25, D 2*). Der große Stern bzw. die Sonne mit acht Strahlen erinnert an die Rosetten, die auf frühsumerischen Darstellungen die Göttlichkeit eines Vorganges anzeigen (*Taf. 21,1.9*). Die auf Schemeln sitzenden Gestalten vor einem solchen Stern- oder Sonnenbild, dessen unterste Partien erhalten sind, mögen mit Sitzfiguren mesopotamischer Siegelbilder in Verbindung gebracht werden, die rituelle Szenen wiedergeben (*Taf. 14,5*). Rätselhaft aber sind die Reste menschenartiger Gestalten mit Kreisaugen, die z.T. von sonderbaren geflügelten Wesen undeutbarer Art begleitet werden. Alle Versuche einer Erklärung bleiben im gegenwärtigen Stand unserer Denkmälerkenntnis hypothetisch. Die Möglichkeit, daß hinter diesen Bildern mythische Vorstellungen stehen, ist nicht von der Hand zu weisen. Das Gesichtsmotiv, bei dem eigentlich nur das Augenpaar markant hervorsticht, hebt sich stilistisch von den vergleichsweise naturnah gebildeten Menschendarstellungen der Beersheba-Kultur ab und zeigt statt dessen eine gewisse Ähnlichkeit mit mesopotamischen Augenmotiven (*Taf. 16,1–10*). Diese stehen einerseits in einer Tradition von anikonischen Kultzeichen (z.B. *Taf. 14,2*), zeigen andererseits aber einen Bezug auf ein anthropomorphes Augenpaar. Angesichts der typologischen Variationsbreite und der Stilisierungsart der diesbezüglichen Stücke vom Tell Brak (namentlich im Vergleich zu den übrigen Bildwerken dieses Tempelbezirkes), darf man wohl ausschließen, daß diese Augenpaare sich auf normale Menschen beziehen. Vielmehr erscheint die Annahme unabweislich, daß hier ein „göttlicher Blick" gemeint ist, der mit bestimmten mythologischen Vorstellungen verbunden war. Dies spiegelt vermutlich die Herausbildung anthropomorpher Göttergestalten wider.

*Ägypten:* Vordynastische Menschenfiguren und -zeichnungen sind in Ägypten

– von wenigen, nicht näher bestimmbaren Fragmenten von Merimde abgesehen – nur aus Gräbern bekannt. Erst vom Beginn der dynastischen Zeit an treten dazu plastische und gezeichnete Menschendarstellungen aus Heiligtümern.

Nur von vergleichsweise wenigen Menschenfiguren liegen nähere Angaben über die Fundsituation im Grab und über den speziellen Charakter der Bestattung vor. Danach ergibt sich immerhin ein bemerkenswerter, schwerlich auf Zufall beruhender Zusammenhang zwischen dem Geschlecht (z.T. auch dem allgemeinen Lebensalter) des Bestatteten und der mitgefundenen Elfenbein- oder Tonfigur (El-Mahasna, Tarkhan, Diospolis Parva, Mostagedda, Helwan, Sajala). Demnach möchten wir bei vereinzelten weiblichen Figuren mit einem Kind auf dem Arm annehmen, daß sie die Grabbeigabe einer Mutter bildeten, sei es, daß diese zusammen mit ihrem Kind verstorben war und beigesetzt wurde – solche Doppelgräber gibt es –, sei es, daß sie durch das mitdargestellte Kind nur bildlich als Mutter gekennzeichnet wurde. Was die Armhaltung und die Attribute der Naqada-Figuren anlangt, so sind die Geste der beiden erhobenen Arme (*Taf. 13,20*) und das Tragen eines Gefäßes (*Taf. 13,21*) bemerkenswert. An einem ikonographisch-typologischen Zusammenhang mit den späteren gefäßtragenden Figuren, bei denen eine Opferhaltung gemeint ist. (*Taf. 16,37*), kann nicht gezweifelt werden. Erhobene Arme sind auf späteren ägyptischen Denkmälern in der Regel im Sinne eines Gruß- oder eines Gebetsgestus zu verstehen. Jene älternaqadazeitlichen Frauenfiguren sind in dieser Armhaltung unmittelbar den weiblichen Gestalten auf den der Stufe Naqada II angehörenden rotfigurigen Gefäßen an die Seite zu stellen (vgl. auch *Taf. 13,25.26*). Wenngleich diese Figuren nicht in realistischer Position auf den mitdargestellten Schiffen abgebildet sind, sollte doch eine thematische Verbindung nicht in Abrede gestellt werden. Haben wir aber die Boote als Ritualgefährte anzusehen (*s.S. 282f.*), so dürfte auch bei den zugehörigen menschlichen Gestalten ein rituelles Tun angenommen werden. Worauf bei diesen rotfigurigen Frauendarstellungen besonderer Wert gelegt wurde, sind die flach geöffneten Hände, was wiederum der später geläufigen Gebetsgebärde entspricht. Dieselbe Haltung finden wir unter den Ritzungen auf Naqada-Gefäßen (*Taf. 16,30*) wieder. Häufiger als ganze menschliche Figuren mit dieser Armhaltung begegnet unter den Graffiti der frühdynastischen Zeit das Zeichen der erhobenen Arme mit geöffneten Händen (*Taf. 16,34*). Daß dieses Zeichen einerseits auf jene naqadazeitlichen Figuren zurückgeht, scheint ebenso offenkundig zu sein wie die Tatsache, daß diese Graffiti andererseits am Beginn der hieroglyphischen Verwendung dieses Zeichens stehen. Außer dem reinen Lautwert „kꜣ" diente dieser in späterer Zeit zur Bezeichnung des religionskundlich überaus bedeutsamen Begriffes Ka. Was die Ägypter unter diesem Begriff verstanden, ist nach den Ergebnissen der ägyptologischen Forschung schwer mit einem einzigen modernen Begriff wiederzugeben. Aus den textlichen Zusammenhängen, in denen der Ka von der Pyramidenzeit an auftritt, geht hervor, daß damit im wesentlichen die „Lebenskraft“ gemeint ist, also das geheimnisvoll in allem Lebendigen Existierende, das dieses lebendig sein läßt und es vom Leblosen unterscheidet, und das den Menschen beim Tod verläßt. Vielfach nimmt der Ka aber auch das Wesen eines Schutzgeistes an, der – in der bildlichen Darstellung in der Gestalt eines Doppelgängers – den Einzelnen begleitet und das gottähnliche Element in ihm verkörpert. Man hat den Ka verglichen mit dem Genius der Römer, in dem sich ja auch diese beiden Wesensseiten vereinigen. Wenn es aber richtig ist, daß es zur Ausbildung eines expliziten Unsterblichkeits- und Jenseitsglaubens erst am Beginn des dynastischen Zeitalters kam, mithin die Definition des Ka als eines in gewisser Weise selbständigen, vom übrigen Menschen gelösten Wesens erst in dieser Zeit erfolgt sein dürfte, so kommt dem Umstand erhöhte Bedeutung zu, daß das für die Schreibung dieses Begriffes gewählte Bildzeichen von der Gestalt des Oranten abgeleitet wurde. Im Hinblick auf die inhaltlich-thematischen Beziehungen, die bei der Schrifterfindung zwischen Hieroglyphen und Urbedeutung bestehen, wirft dieser genealogische Zusammenhang zwischen dem Ka-Zeichen und den naqadazeitlichen Menschenfiguren mit erhobenen Händen auf die religionskundliche Bedeutung der letzteren ein bezeichnendes Licht.

Einen bestimmten Ausdruckswert hatte vermutlich auch die Haltung der auf die Brust oder auf den Leib zusammengelegten Hände (*Taf. 13, 22*). Im Gegensatz zu den weit nach oben geöffneten Armen der oben genannten Figuren machen diese Statuetten den Eindruck gesammelter Ruhe.

Die Menschenbilder der frühdynastischen Zeit spiegeln wesentlich andere Verhältnisse wider als diejenigen der vorangehenden Kultur. Dennoch besteht eine darstellungstypologische Tradition: Die badari- und naqadazeitlichen Statuetten aus Elfenbein, gebranntem Ton oder ungebranntem Nilschlamm gehören gewiß in die Ahnenreihe der Menschendarstellungen auf den Siegeln der 1. Dyn. mit sog. Opfertischszene (*Taf. 16, 18–23*), den gleichzeitigen Grabstellen von Abydos und den am Ende der 2. Dyn. beginnenden Grabstatuen (*Taf. 15, 6*) sowie den Reliefplatten mit Opfertisch- und Opferwiedergaben (*Taf. 15, 3*), nur daß mit der Entwicklung eines Jenseitsglaubens das Bild des Verstorbenen mit der Vorstellung des in einer anderen Welt Weiterexistierenden erfüllt wurde und damit eine ganz andere Bedeutung im sepulkralrituellen Kult erhielt.

In den Heiligtümern der frühdynastischen Zeit von Hierakonpolis und Abydos kamen neben anderen Votivgaben auch Menschenfiguren zum Vorschein, männliche und weibliche, erwachsene und jugendliche Gestalten, kauernde, gefesselte Gefangene (*Taf. 15, 4*) und Könige (*vgl. Taf. 15, 7*). Die Weihung dieser Figuren im Rahmen jener Heiligtümer bezweckte ein Anheimgeben des Dargestellten an eine Gottheit, wobei es teils die Person des Weihenden selbst, teils Personen seiner Familie waren, teils besiegte Gegner, deren Versklavung oder Tötung auf diese Weise rituell sanktioniert werden sollte.

Für die allgemeine Religionsgeschichte von großer Wichtigkeit ist das Problem, von wann an wir Menschendarstellungen berechtigterweise als Bilder von Gottheiten ansprechen dürfen. In Ägypten liegen die methodologischen Voraussetzungen für eine Beantwortung der Frage nach dem Beginn von Götterbildern und damit wohl von anthropomorphen Göttervorstellungen vergleichsweise günstig. Diese Anthropomorphisierung der Vorstellung göttlicher Mächte hing mit der Mythenbildung eng zusammen. Nicht, daß beide Phänomene notwendig in eins fallen müßten; tatsächlich aber scheint das erstere das zweite bald nach sich gezogen zu haben.

Mythen, also Göttergeschichten, bei denen Göttern menschliche Eigenschaften und Fähigkeiten, Wünsche und Gefühle, Handlungen und Schicksale zugeschrieben werden, sind in Ägypten nicht in zusammenhängender Form, sondern aus der älteren Zeit nur in einzelnen Sätzen, Zitaten und Anspielungen im Textgut des Alten Reiches bekannt. Die wichtigsten mythischen Erzählungen handeln vom Kampf zwischen Osiris und seinem Bruder Seth, von der Tötung des Osiris, dessen Leichnam von Seth zerstückelt und verstreut wird, von der Sammlung der Teile durch Horus, dem Sohn des Osiris, der den Vater bestattet, ihn rächt und den väterlichen Thron besteigt. Diese Mythe ist eng mit dem historischen Königtum verbunden, wobei die Frage, ob bzw. inwieweit in Osiris ein wirklicher König weiterlebt, der heroisiert und schließlich vergottet wurde, nicht so stark in die Waagschale fällt wie die Tatsache, daß in historischer Zeit das Königtum sich auf diese Mythe bezog und durch sie legitimiert und überhöht wurde.

Die Mythe unternimmt es zwar, gerade durch die eng geknüpfte Beziehung zum historischen Königtum die Göttergestalten in der von ihr geprägten Form als ursprünglich und uralt hinzustellen. Jedoch kann dies nicht darüber hinwegtäuschen, daß die Entstehung dieser Mythe mit der Herausbildung des Königtums ursächlich zusammenhängt. Die Mythenentstehung scheint allerdings, wie eine subtile Untersuchung von S. Schott ergab, nicht den historischen Vorgang der Reichsgründung und die damit verbundene Konstituierung des über das ganze Niltal herrschenden Königtums begleitet zu haben. Vielmehr gehört nach Schott die erste Konzipierung ausgeprägter Mythen in die Zeit des kulturellen und politischen Aufschwungs des Königtums in der 3. Dyn. unter Djoser. Die ältesten, aus den Pyramiden stammenden religiösen Textsammlungen Ägyptens enthalten (nach den grundlegenden Untersuchungen vor allem von K. Sethe, H. Kees und zuletzt S. Schott) für den königlichen Totenkult aufgeschriebene Sprüche, die großenteils nicht erst am Ende des Alten Reiches eigens für diesen Anlaß verfaßt, sondern von älteren Papyrusrollen abgeschrieben sind und nicht selten Merkmale eines wesentlich höheren Alters an sich tragen. Sie müssen unverändert übernommen worden sein, wobei Form und Inhalt erhalten blieben. Besonders altertümlich ist die Beischrift zu einer Bilderfolge im Sonnentempel des Königs Neuserre (5. Dyn.) bei Sakkara. Nicht nur die Titel der anwesenden Beamten und die Bezeichnungen der Götterbilder und Standarten sind in einer damals längst veralteten Form wiedergegeben; auch die Angaben über die Kulthandlung selbst sind ohne Einhaltung von Schriftzeilen und -blöcken geschrieben, wie diese damals längst allgemein üblich waren. Daraus wird von der ägyptologischen Forschung geschlossen, daß das hier kopierte Ritual aus der Thinitenzeit (1. und 2. Dyn.) stammt. Höchst aufschlußreich ist nun, daß auf diesen Bildern und in dem zugehörigen Text Anspielungen auf mythische Vorstellungen gänzlich fehlen, obgleich die Kulthandlung solche nahegelegt hätte und bei anderen Darstellungen und Beschreibungen dieser selben Kulthandlung solche mythischen Bezüge durchaus zu stehen pflegen. Das wird als Beweis dafür gewertet, daß in der Zeit der Abfassung dieses Rituals, also in der Zeit vor König Djoser, der Kult noch mythenfrei war.

Die aus solchen Texten erschließbare vormythische Geisteshaltung und Kultform ist unmittelbar in den bildlichen Darstellungen und Inschriften aus der Zeit der Reichsgründung und der darauf folgenden frühdynastischen Ära bezeugt. Nichts spricht hier für die Existenz von Mythen. Schott konnte glaubhaft machen, daß der vollentwickelten Mythologie, die in der 5. Dynastie zusammen mit der Herausstellung des Sonnengottes Re als führender Gottheit erscheint, ein Frühstadium voranging, in dem die Kulthandlungen dadurch bereichert wurden, daß handelnde Kultpersonen Götterrollen spielten; ihre Reden galten also als Götterreden.

Die Mythenbildung begann offensichtlich damit, daß nach der 1. und 2. Dynastie der Gott Osiris in den Königskult eingeführt wurde. Die alten Kultformen genügten augenscheinlich den nach neuen Dimensionen verlangenden religiösen Bedürfnissen der geistig Wachen des beginnenden Alten Reiches unter König Djoser nicht mehr. Über die herkömmlichen Kultformen wurde das Netz mythischer Erzählungen, Anspielungen und Verweise gesponnen. Als Hymne wurde die Mythe den Gottheiten bei festlichen Anlässen, als „Verklärung" den Toten bei der Bestattung vorgetragen, als Glaubenslehre in Form von Göttersystemen verkündet. Einmal entstanden, durchzog sie schnell alle religiösen Äußerungen und Vorstellungen der Ägypter.

Die Forschung pflegt die in frühdynastischer Zeit erfolgte Entstehung von Götterbildern mit menschlichem Körper und tierischem Kopf (Horus mit Falkenkopf, Thoth mit Ibiskopf, Sobek mit Krokodilskopf, Chnum mit Widderkopf, Hathor mit Kuhgehörn usw. *s. S. 319)* als Vermenschlichung ursprünglich rein tiergestaltiger Götter zu deuten. In den mythischen Erzählungen stellt die ägyptische Tradition den Vorgang umgekehrt dar, so nämlich, daß die Götter von Hause aus eine Menschengestalt gehabt und erst später durch irgendwelche Ereignisse einen Tierkopf erhalten hätten. Vermutlich steckt in beiden Versionen ein richtiger Kern, indem zwar tiergestaltige Kultzeichen und Sinnbilder in ältere Zeit zurückreichen als die tiermenschlichen Mischgestalten, daß aber andererseits die Darstellung von Göttern mit Tierkopf eine Ausweitung ursprünglich rein menschengestaltiger Gottheitsvorstellungen bzw. Götterbilder auf den weiten Bereich göttlicher Machtmanifestationen bedeutet, der bis dahin bildlich (vielleicht sollte man teilweise sagen: hieroglyphisch) durch Tierfiguren bezeichnet worden war.

Wenn wir von den Darstellungen der ersten Könige absehen (*Taf. 15,1; 16,12.35*), ist das älteste Bild, das als namentlich zu bestimmender Gott in Menschengestalt angesprochen werden kann, die Zeichnung auf einem Alabasternapf von Tarkhan (*Taf. 15,5*), der in die Zeit der 1. Dyn., vermutlich näherhin in die Zeit des Königs Djet, gehört. Angesichts der typologischen Übereinstimmungen dieser männlichen, im Profil gegebenen Gestalt unter einem Baldachin mit späteren Darstellungen des Gottes Ptaḥ besteht an der entsprechenden Deutung des Bildes von Tarkhan kein Zweifel. Daß der Bildtypus, mit dem der in Memphis verehrte Gott Ptaḥ auch später noch wiedergegeben wurde, sich durch eine besondere Altertümlichkeit auszeichnet, ist schon immer hervorgehoben worden. Es darf als sicher gelten, daß dieses Götterbildnis den ältesten in Ägypten geschaffenen Bildtypus einer Göttergestalt verkörpert, der in seiner archaischen Form auch späterhin bewahrt wurde, als es längst geläufig geworden war, andere Götter freier und bewegter darzustellen. Ptaḥ ist eine der ganz wenigen ägyptischen Gottheiten, die immer rein menschengestaltig dargestellt wurden. Als Hauptgott von Memphis dürfte er seit Bestehen der Stadt dort verehrt worden sein, also – wie die zugehörigen Nekropolen von Helwan und Sakkara anzeigen – seit Beginn der 1. Dyn., wozu die Nachricht Manethos paßt, Memphis sei von Menes gegründet worden. Dann läge die Konzeption der Ptaḥ-Gestalt einige Jahrzehnte, höchstens ein Jahrhundert vor dem Ptaḥ-Bild von Tarkhan. Die näheren Verhältnisse, die zu Beginn des dynastischen Zeitalters zur Entstehung des ersten menschengestaltigen Gottheitsbildes führten, offensichtlich doch als Ausdruck dafür, daß nunmehr die Personalität der Gottheit soweit zum Bewußtsein gebracht worden war, daß sie im Bild eines Menschen dargestellt werden konnte, vermögen wir nur zu erahnen. Wenngleich bei diesem Vorgang das vergottete Königtum eine entscheidende Rolle gespielt haben dürfte, ist doch bemerkenswert, daß die bildliche Fixierung der ersten anthropomorphen Gottheitsgestalt sich nicht an die Erscheinung des Königs anlehnte, wie es später nach Entstehung der Mythen bei Osiris und bei Amun geschehen ist. Das kann kaum anders denn als Hinweis dafür ausgelegt werden, daß trotz des in der Identifikation mit Horus zur Geltung kommenden göttlichen Charakters des Pharao ein gradueller Unterschied in der Göttlichkeit zwischen ihm, dem vergöttlichten Menschen, und einer höheren, mächtigeren Gottheit empfunden wurde, die zwar für den Kult in Menschengestalt dargestellt werden konnte, die aber nicht – wie der falkengestaltige Horus – in einem konkreten Menschen verkörpert war und deren Kultbild daher auch absichtlich sich von der Darstellung wirklicher Menschen unterschied.

Über das Wesen der Gottheit, die in Memphis als Ptaḥ verehrt wurde, erhalten wir den tiefsten Einblick durch einen Text, der unter der Bezeichnung „Denkmal memphitischer Theologie“ bzw. „Götterlehre von Memphis“ bekannt geworden ist. Er hat sich uns auf einem schwarzen Stein aus dem Ptaḥ-Tempel vom Memphis erhalten, den König Schabaka (712–700 v. Chr.) anfertigen ließ. Wie darauf angegeben, stellt der Text die getreue Abschrift eines damals aufgefundenen alten Papyrus dar. Die ägyptologische Forschung ist sich einig darüber, daß aufgrund der Rechtschreibung und des allgemeinen Zusammenhangs mit den Pyramidentexten die Abfassung der Papyrusvorlage in das Alte Reich, speziell die 5. Dyn., zu datieren ist. Die sprachlichen Eigenheiten aber sind großenteils noch älter. K. Sethe wollte deswegen den ganzen Text in die vordynastische Zeit setzen; demgegenüber unterstrich H. Junker, daß gewisse sprachliche Eigenheiten zwar frühdynastisch seien, daß aber der Text so, wie er vorliegt, wohl in die Frühzeit des Alten Reiches gehöre. Der Inhalt des Schriftdenkmals stellt eine Verherrlichung des Ptaḥ dar. Von ihm heißt es: „Er schuf die Götter, er machte die Städte, er gründete die Gaue, er setzte die Götter auf ihre Kultstätte, er setzte die Opfer fest, richtete ihre Heiligtümer ein, er machte ihren Leib so, wie sie wünschten.“. Über die Art und Weise, wie Ptaḥ diese Schöpfung vollbracht habe, wird gesagt, daß er nicht durch seine „Finger und seinen Samen“, also nicht so wie Menschen etwas schaffen, erschuf, sondern er machte und regiert das All „durch die Gedanken seines Herzens und den Ausspruch seines Mundes“. Hier tritt demnach eine überraschend geistige Vorstellung von der Schöpfungskraft und Allmacht des höchsten Gottes in Erscheinung. Ptaḥ ist schlechthin ‚Wr‘, der Große, der „einzig allezeit Dauernde“, wie es dann in den Pyramidentexten heißt. Mit Recht nannte Sethe den Schabaka-Stein die „aufschlußreichste Quelle für den inneren Gehalt der ägyptischen Religion, die wir besitzen“.

*Europa:* Die im Zuge der hochkulturellen Entwicklung Vorderasiens und Ägyptens in der Zeit um und nach 3000 v. Chr. sich bildenden religionsgeschichtlichen Formen, darunter die Entstehung anthropomorpher Göttervorstellungen und -darstellungen, haben sich in den europäischen Jungsteinzeitkulturen nicht faßbar ausgewirkt und dürfen der religionskundlichen Interpretation der dortigen Menschendarstellungen nicht zugrundegelegt werden (*s. S. 322*). Demnach müssen alle Versuche, in den neolithischen Statuetten Europas Idole, also Bilder von Göttern bzw. Göttinnen, zu sehen, als unbegründet, methodologisch verfehlt und anachronistisch abgelehnt werden.

Für die Beurteilung der in vielen europäischen Jungsteinzeitkulturen auftretenden einfachen Ton-, seltener Steinfiguren von Menschen in stehender, sitzender oder kauernder Haltung sind einige Figuren besonders bedeutsam, deren Kopf- und Armhaltung, Attribute oder Fundlage Anhalte für eine Interpretation bieten. Die vom Altneolithikum bis in die späte Jungsteinzeit geläufigen, zumeist weiblichen, mitunter aber auch männlichen Figuren mit unter (selten über) die Brust gehaltenen Händen *(Taf. 17, 1.7.9.18; 18, 12.17)* stellen offensichtlich einen Typus dar, der sich auf eine rituelle Geste bezieht, vermutlich eine Gebetshaltung, wie diese ähnlich für zeitlich entsprechende vorderasiatische Figuren zu vermuten ist. Auch die bei orientalischen Menschendarstellungen belegte Haltung mit zwei seitlich erhobenen Armen und geöffneten Händen kommt bei europäischen Figuren der Starčevo-Körös- und der Bandkeramikkultur, der Vinča-Tordos- und der Střelice-Kultur vor (*Taf. 18, 1.4.8–10; 19, 22.23*). Das Handfragment einer vergleichsweise großen Figur von Knossos wird gleichfalls als Hinweis auf diese Geste gewertet. Das gleiche gilt für die Gefäßfiguren von Srodin (*Taf. 18, 11*), bei denen die erhobenen Arme in quer gerichtete, geöffnete Hände bzw. in Gefäßchen auslaufen, vermutlich auch für einen Gefäßfigurentypus der Gumelniţa-Kultur (*Taf. 18, 3*), bei dem die Armöffnungen eventuell Deckel oder Einsätze in Gestalt von Händen besaßen. Ebenfalls die Geste der erhobenen Arme zeigen die eingestochenen Figuren eines in seiner Art singulären Gefäßes von Střelice (*Taf. 17, 14*), bei denen deutlich Männer und Frauen unterschieden sind. Vermutlich beziehen sich auch die noch stärker ins Ornamentale gezogenen Figuren des bandkeramischen Kumpfes *Taf. 17, 17* von Sondershausen auf diesen Typus (*vgl. dazu* die Figur *18, 1*). Mit der Geste der seitlich erhobenen Arme hängt offensichtlich diejenige zusammen, bei der die Arme nach vorne angewinkelt und die Hände flach nach vorne geöffnet sind (*Taf. 19, 27*) oder sich nach oben öffnen (*Taf. 19, 26*). Bei der letztangeführten Statuette unterstreicht der durch die Haltung des gesamten Oberkörpers betont nach oben gerichtete Blick den kultischen Charakter der Geste. Man kann die religiöse Hinwendung auf eine himmlische Macht, die Adoration schlechthin ist, kaum sinnfälliger darstellen als in dieser Figur der Střelice-Gruppe. Ein nach oben gerichtetes Gesicht kennzeichnet zahlreiche weitere Menschenfiguren, die keine näher bezeichnete Armhaltung aufweisen, die aber dennoch bedeutungsmäßig wohl in demselben Sinne zu interpretieren sind.

Gewisse formale Eigenheiten einiger Menschenfiguren scheinen auf besondere Gebetsanliegen hinzuweisen, die mit der Anfertigung der betreffenden Bildwerke verbunden waren. Der betont dargestellte Mund der Figur *Taf. 18, 1* könnte die Bitte um Nahrung andeuten, das aus einem Mann und einer Frau bestehende, in einem Stück gearbeitete Figurenpaar *Taf. 19, 5* die Hoffnung auf eine gesegnete Ehe, die geschwollene Bauchpartie etlicher Figuren die erhoffte Fruchtbarkeit, die gespreizten Beine *(Taf. 18, 9.10)* die Erwartung einer glücklichen Entbindung. Auch bei den viermal in völlig gleicher Form erscheinenden Darstellungen *Taf. 18, 7* (bei denen der gerundete Kopf stets unten erscheint), ebenso wie bei der entsprechenden (nur umgekehrt stehenden) Ritzfigur *Taf. 18, 5* ist ein Geburtsvorgang gemeint. Das gleiche möchte man bei der Darstellung *Taf. 18, 2* annehmen, eventuell auch bei der ganz schematischen Zapfenfigur *Taf. 19, 10. 11*, die auf dem Unterteil eine entsprechende Ritzzeichnung aufweist. Wie der Wunsch nach Fruchtbarkeit und die Hoffnung auf eine glückliche Entbindung in die religiöse Haltung des Gebetes gebettet wurde, so auch die Freude über das zur Welt gekommene Kind, wie die Statuetten von Müttern mit einem Kind auf dem Arm zum Ausdruck bringen (*Taf. 17, 26*). Der Umstand, daß diese Figurentypen nicht nur als selbständige Votivstatuetten, sondern auch auf Gefäßen erscheinen, könnte so zu verstehen sein, daß sie mit dem Inhalt dieser Gefäße gedanklich in Zusammenhang gesehen wurden, am ehesten wohl so, daß diese als Opfergefäße benutzt wurden. Hier anzuschließen sind die zahlreichen, von der ältesten Stufe des europäischen Neolithikums an auftretenden Gefäße, die mehr oder minder weitgehend in Menschengestalt gebildet sind (z.B. *Taf. 18, 3. 11–13.17.18*), sodann die Figuren, die ein Gefäß tragen, sei es als Sitzende auf dem Schoß (*Taf. 18, 13. 16*) oder als Stehende auf dem Kopf (*Taf. 18, 6*). In Vorderasien war der Typus des Gefäßtragenden sinnfälliger Ausdruck der Opferhandlung und -haltung. Die innere Verwandtschaft mit den Frauenfiguren, die ein Kind auf dem Arm tragen, ist offenkundig. Eine religiöse Grundhaltung sieht alle Erscheinungen des Daseins, so auch die jährliche Ernte und die täglichen Nahrungsmittel, in einer transzendenten Bezogenheit und ist bestrebt, diese über ein sprachliches Bekenntnis hinaus durch bildliche Darstellungen auszudrücken. In dieser Richtung ist wohl auch die Sitzfigur von Szegvár-Tüzköves (*Taf. 19, 20*) zu interpretieren, sofern das sichelartige Gerät, das der Mann geschultert hält, tatsächlich als Sichel angesprochen werden darf. Die Votivstatuette dieses den Blick zum Himmel gewandten, durch Gürtel und Armringe festlich geschmückten neolithischen Bauern mit seinem Erntegerät verkörpert die Bitte um Erntesegen oder den Dank für dessen Gewährung.

# LITERATUR

Wie im Vorwort (*S. 6 f.*) angekündigt, wurde im vorstehenden Text auf Literaturangaben verzichtet, wie sie in der Erstpublikation enthalten sind: H. Müller-Karpe, Handbuch der Vorgeschichte I: Altsteinzeit (München 1966) Kapitel IV–IX sowie II: Jungsteinzeit (München 1968) Kapitel IV–IX. Dort ist weiterhin (jeweils als Kapitel III) über den archäologischen Fundstoff und seine zeitliche Gliederung gehandelt und (jeweils als Kapitel X) eine regestenartige Behandlung wichtiger Fundkomplexe der Alt- und Jungsteinzeit mit den notwendigen Abbildungen gegeben. Auf diese beiden Handbuchbände muß daher hier vor allem verwiesen werden.

Die folgende Literaturliste stellt nur einen kleinen Ausschnitt wichtiger Werke dar, wobei vor allem Monographien berücksichtigt wurden:


*M. Almagro,* Las pinturas rupestres levantinas (Madrid 1954)

*G. Bailloud / P. Mieg de Boofzheim,* Les Civilisations Néolithiques de la France dans leur Contexte Européen (Paris 1955)

*L. Balout,* Préhistoire de l'Afrique du Nord (Paris 1955)

*H.G. Bandi / J. Maringer,* L'art préhistorique (Basel 1955)

*C. Barrière,* Les Civilisations Tardenoisiennes en Europe Occidentale (Paris 1956)

*E. Baumgartel,* The Cultures of Prehistoric Egypt[2] I (London 1947); II (1960)

*D. Berciu,* Culture Hamangia (Bukarest 1966)

*F.M. Bergounioux,* Les Religions de la Préhistoire (Paris 1957)

*L. Bernabò Brea,* Gli scavi nella Caverna delle Arene Candide I (Bordighera 1946); $I_2$ (B. 1956)

*L. Bordes,* Typologie du Paléolithique ancien et moyen (Bordeaux 1961)

*M. Boule / H.V. Vallois,* Les Hommes Fossiles[4] (Paris 1952)

*H. Breuil,* Les subdivisions du paléolithique supérieur et leur signification[2] (Paris 1937)

*H. Breuil,* Quatre cents siècles d'art pariétal (Montignac 1952)

*H. Breuil / R. Lantier,* Les hommes de la pierre ancienne (Paris 1951)

*H. Breuil / H. Obermaier,* The cave of Altamira at Santillana del Mar (Madrid 1935)

*J. Brøndsted,* Nordische Vorzeit I: Steinzeit in Dänemark (Neumünster 1960)

*G. Brunton / G. Caton-Thompson,* The Badarian Civilization (1928)

*G. Brunton,* Mostagedda and the Tasian Culture (London 1937)

*J. Büdel,* Die Gliederung der Würmkaltzeit (Würzburg 1960)

*W. Buttler,* Der donauländische und der westische Kulturkreis der jüngeren Steinzeit (Berlin-Leipzig 1938)

W. *Buttler* / W. *Haberey*, Die bandkeramische Ansiedlung bei Köln-Lindenthal (Berlin-Leipzig 1936)
J. G. D. *Clark*, The Prehistory of Southern Africa (Harmondsworth 1959)
J. D. *Clark*, Excavations at Star Carr (Cambridge 1954)
S. *Cole*, The Neolithic Revolution[2] (London 1961)
S. *Cole*, The Prehistory of East Africa (London-New York 1964)
J. *Déchelette*, Manuel d'Archéologie I (Paris 1908)
P. *Dikaios*, Khirokitia (London 1953)
P. P. *Efimenko*, Kostjenki I (Moskau-Leningrad 1958)
J. W. *Ehrich* (Hrsg.), Chronologies in Old World Archaeology (Chicago-London 1965)
W. B. *Emery*, Ägypten, Geschichte und Kultur der Früheit (München 1961)
A. *Falkenstein*, Archaische Texte aus Uruk (Leipzig 1936)
A. *Falkenstein*, Die Ur- und Frühgeschichte des Alten Vorderasien, in: Fischer Weltgeschichte 2 (Frankfurt a. M. 1965)
R. *Feustel*, Technik der Steinzeit (Weimar 1973)
H. *Frankfort*, The Birth of Civilisation in the Near East 1959)
G. *Freund*, Die Blattspitzen des Paläolithikums in Europa (Bonn 1952)
J. *Garstang*, Prehistoric Mersin (Oxford 1953)
J. H. *Gaul*, The Neolithic Period in Bulgaria (Am. School Prehist. Res. Bull. 16, Cambridge/Mass. 1948)
R. *Grahmann*/H. J. *Müller-Beck*, Urgeschichte der Menschheit[3] (Stuttgart 1967)
P. *Graziosi*, Die Kunst der Altsteinzeit (Stuttgart 1956)
M. *Gimbutas*, The Prehistory of Eastern Europe I (Am. School Preh. Research Bull. 22, Cambridge/Mass. 1956)
G. *Heberer* (Hrsg.), Menschliche Abstammungslehre, Fortschritte in der Anthropogenie 1863–1964 (Stuttgart 1965)
R. *Indreko*, Mesolithische und frühneolithische Kulturen in Osteuropa und Westsibirien (Stockholm 1964)
H. D. *Kahlke*, Die Bestattungssitten des Donauländischen Kulturkreises der Jüngeren Steinzeit (Berlin 1954)
K. M. *Kenyon*, Digging up Jericho (London 1957)
G. H. R. *v. Koenigswald (Hrsg.)*, Hundert Jahre Neanderthaler (Köln 1958)
G. *Kraft*, der Urmensch als Schöpfer[2] (Tübingen 1948)
H. *Kühn*, Die Felsbilder Europas (Stuttgart 1952)
I. *Kutzián*, The Körös Culture (Budapest 1944, 1947)
A. *Leroi-Gourhan*, Préhistoire de l'Art Occidental (Paris 1965)
K. *Lindner*, Die Jagd der Vorzeit (Berlin-Leipzig 1937)
A. F. *May*, Der Schmuck aus jungneolithischen Bestattungen in Frankreich und Ligurien (Bern 1962)
J. *Mellaart*, Çatal Hüyük, Stadt aus der Steinzeit (Bergisch Gladbach 1967)
J. *Mellaart*, Excavations at Hacilar (Edinburgh 1970)
O. *Menghin*, Weltgeschichte der Steinzeit (Wien 1931)
V. *Milojčić*, Chronologie der jüngeren Steinzeit Mittel- und Südosteuropas (Berlin 1949)
P. J. R. *Modderman*, Linearbandkeramik aus Elsloo und Stein (Gravenhage 1970)

*A. Moortgat*, Die Kunst des alten Mesopotamien (Köln 1967)
*A.M. Munoz Amilibia*, La Cultura neolítica Catalana de los Sepulcros de fosa (Barcelona 1965)
*K.J. Narr*, Urgeschichte der Kultur (Stuttgart 1961)
*K.J. Narr* (Hrsg.), Handbuch der Urgeschichte I (Bern und München 1966)
*K.J. Narr*, Kultur, Umwelt und Leiblichkeit der Eiszeitmenschen (Stuttgart 1963)
*H. Obermaier*, Mensch der Vorzeit (Berlin–München–Wien 1911/12)
*P. Overhage*, Menschenformen im Eiszeitalter (Frankfurt a.M. 1969)
*L. Pericot García*, La Cueva del Parpalló (Madrid 1942)
*W.M. Fl. Petrie*, Prehistoric Egypt (1920)
*G. Riek*, Die Eiszeitjägerstation vom Vogelherd im Lonetal (Tübingen 1934)
*A. Rust*, Das altsteinzeitliche Rentierjägerlager Meiendorf (Neumünster 1937)
*F. Schachermeyr*, Die ältesten Kulturen Griechenlands (Stuttgart 1955)
*A. Scharff/A. Moortgat*, Ägypten und Vorderasien im Altertum (München 1950)
*H. Schmidt*, Cucuteni (Berlin–Leipzig 1932)
*H. Schmidt*, Tell Halaf I (Berlin 1943)
*R.R. Schmidt*, Jungsteinzeitsiedlungen im Federseemoor (Augsburg 1930)
*S. Schott*, Hieroglyphen, Untersuchungen zum Ursprung der Schrift (Wiesbaden 1950)
*Ph. E. Smith*, Le Solutréen en France (Bordeaux 1966)
*G. Smolla*, Neolithische Kulturerscheinungen (Bonn 1960)
*D. de Sonneville-Bordes*, Le Paléolithique supérieur en Périgord (Bordeaux 1960)
*B. Soudský*, Bylany (Prag 1966)
*A. Speiser*, Excavations at Tepe Gawra I, Levels I–VIII (Philadelphia 1935)
*D. Srejović*, Lepenski Vir (Bergisch Gladbach 1973)
*A.J. Tobler*, Excavations at Tepe Gawra II, Levels IX–XX (1950)
*J. Vandier*, Manuel d'Archéologie Egyptienne I (Paris 1952)
*H.T. Woldstedt*, Das Eizeitalter I[3] (Stuttgart 1961); II[2] (Stuttgart 1958); III[2] (Stuttgart 1965)
*H.M. Wormington*, Ancient Man in North America[4] (Denver 1957)
*F.E. Zeuner*, A History of Domesticated Animals (London 1963)
*F.E. Zeuner*, Dating the Past[4] (London 1958)
*Ch. Zervos/H. Breuil*, L'Art de l'Epoque du Renne en France (Paris 1959)
*L. Zotz*, Altsteinzeitkunde Mitteleuropas (Stuttgart 1951)

# TAFELERKLÄRUNGEN

## *Tafel 1. Jungpaläolithische Menschenfiguren*

1 Knochengeschnitzte Figur von Předmostí, Mähren. – 2 Kopf einer Elfenbeinfigur von Brassempouy, Frankreich. – 3 Stein mit Reliefdarstellung von Laussel, Dordogne. – 4. 15 Elfenbeinkopf und Lehmfigur von Unterwisternitz (Dolní Věstonice), Mähren. – 5 Elfenbeinfigur von Lespugue, Südfrankreich. – 6 Steinfigur von Sireuil, Dordogne. – 7 Steinfigur von Grimaldi, Ligurien. – 8 Steinfigur von Tursac, Dordogne. – 9 Steinfigur von Willendorf, Niederösterreich. – 10 Rötelfigur von Ostrava-Petřkovice, Mähren. – 11 Knochenfigur von Laugerie-Basse, Dordogne. – 12. 13. 18 Stein- und Elfenbeinfiguren von Kostjenki, Ukraine. – 14 Steinfigur von Chiozza, Italien. – 16 Elfenbeinfigur von Buret, Sibirien. – 17 Elfenbeinfigur von Gagarino, Ukraine.

## *Tafel 2. Jungpaläolithische Menschenfiguren*

1. 3 Ritzungen auf Elfenbeinstücken von Isturitz, Südfrankreich. – 2 Ritzung auf einem Geweihstück von Gourdan, Südfrankreich. – 4 Ritzung auf einer Elfenbeinplatte von Mas d'Azil, Südfrankreich. – 5 Ritzung auf einem Elfenbeinstück von Laugerie-Basse, Dordogne. – 6 Ritzung auf einem Stein von Saint-Sulpice-des-Magnets, Dordogne. – 7 Steinplatte mit Ritzungen vom Hohlenstein, Bayern. – 8 Elfenbeinstück mit anthropomorpher Ritzung von Předmostí, Mähren. – 9 Ritzung auf einer Höhlenwand von Gabillou, Dordogne. – 10 Elfenbeinfigur von Jelisejeviči, Ukraine. – 11 Steinfigur von Mauern, Bayern. – 12 Steinplatte mit mehreren, übereinandergeritzten Zeichnungen aus der Trois-Frères-Höhle b. Montesquieu-Avantès, Südfrankreich. – 13–15 Elfenbeinschnitzereien von Unterwisternitz (Dolní Věstonice), Mähren. – 16 Gagatfiguren von der Petersfelshöhle, Baden-Württemberg. – 17 Relief auf einer Abriwand von Laussel, Dordogne. – 18 Relief auf einer Abriwand von Angles-sur-l'Anglin, Westfrankreich. – 19 Negative Handabdrücke auf einer Höhlenwand von Gargas, Südfrankreich.

## *Tafel 3. Jungpaläolithische Darstellungen, Behausungsgrund und -rekonstruktion sowie Schmuckstücke*

1 Knochenplatte mit Ritzzeichnung von Les Eyzies, Dordogne. – 2 Knochenplatte mit Ritzzeichnung von Chancelade, Dordogne. – Malerei in der Höhle von Lascaux, Dordogne. – 4 Elfenbeinstück mit Ritzzeichnung von Laugerie-Basse, Dordogne. – 5 Knochenstück mit Ritzzeichnung von Lourdes, Südfrankreich. – 6. 7 Elfenbeinschnitzereien von Labastide, Südfrankreich. – 8 Gemalte Darstellungen aus der Höhle von La Pileta, Südspanien. – 9. 13. 18 Behausungsgrundriß und Zierstücke aus Elfenbein von Malta, Sibirien. – 10. 11 Behausungsgrundrisse (mit Rekonstruktion) von Kostjenki, Ukraine. – 12 Rekonstruktion einer Behausung von Buret, Sibirien. – 14 Dentaliumkette von

einer Bestattung in Brünn, Mähren. – 15 Knochenschnitzerei von La Madeleine, Dordogne. – 16 Elfenbeinschnitzerei von Isturitz, Südfrankreich. – 17 Knochenstück mit pflanzlicher Zeichnung von Mas d'Azil, Südfrankreich. – 19 Gelochte Elfenbeinscheibe aus der Petersfelshöhle, Baden-Württemberg. – 20.23 Elfenbeinplatte mit Endlöchern und -zierstück von Pavlov, Mähren. – 21 Knochenanhänger aus der Brillenhöhle, Württemberg. – 22 Elfenbeingeschnitztes Armband von Mezin, Ukraine.

## *Tafel 4. Jungpaläolithische Tierfiguren*

1.6 Schnitzereien von Laugerie-Basse, Dordogne. – 2.7 Schnitzerei von Mas d'Azil, Südfrankreich. – 3 Geweihschnitzerei von Bédeilhac, Südfrankreich. – 4.5 Elfenbeinschnitzereien von La Madeleine, Dordogne. – 9 Elfenbeinschnitzerei von Lourdes, Südfrankreich. – 10 Knochenschnitzerei von Isturitz, Südfrankreich. – 11.15 Geweihschnitzereien von Arudy, Südfrankreich. – 12–14 Elfenbeinschnitzereien aus der Vogelherdhöhle, Württemberg. – 16 Schnitzerei aus der Trois-Frères-Höhle b. Montesquieú-Avantès, Südfrankreich. – 17 Elfenbeinschnitzerei von Mezin, Ukraine. – 18 Elfenbeinschnitzerei von Malta, Sibirien. – 20 Geweihschnitzerei von Bruniquel, Südfrankreich.

## *Tafel 5. Jungpaläolithische Tierdarstellungen*

1–3 Ritzzeichnungen auf Steinplatten von Limeuil, Dordogne. – 4 Knochenstück mit Ritzzeichnung von Le Chaffaud, Frankreich. – 5.6 Geweihstücke mit Ritzzeichnungen von Teyjat, Dordogne (von Nr. 6 auch Nr. 11). – 7.8 Elfenbeinstücke mit Ritzzeichnungen von der Pekárna-Höhle, Mähren. – 9 Geweihstück mit geschnitzten Darstellungen auf beiden Seiten von Limeuil, Dordogne. – 10 Abgerollte Ritzzeichnung auf einem Knochenstück von Lespugue, Südfrankreich. – 12 Knochenstück mit Ritzzeichnung von Gourdan, Südfrankreich. – 13 Steinplatte mit Ritzzeichnung von Puy-de-Lacan, Westfrankreich. – 14.16 Steinplatte mit Ritzzeichnungen von Saut-du-Perron, Westfrankreich. – 15 Elfenbeinstück mit Ritzzeichnung auf beiden Seiten von Laugerie-Basse, Dordogne. – 17 Ritzzeichnung auf Knochenstück von Laugerie-Haute, Dordogne.

## *Tafel 6. Jungpaläolithische Tierdarstellungen*

1–12 Steinplatten mit Ritzzeichnungen und Malereien von Parpalló, Ostspanien. – 13 Steinplatte mit Ritzzeichnung von der Klausenhöhle, Bayern. – 14–17.20 Steinplatten mit Ritzzeichnungen von Limeuil, Dordogne. – 18 Stein mit übereinandergeritzten Tieren von La Colombière, Südfrankreich. – 19.23 Gagatplatte und Geweihstab mit Ritzzeichnungen von der Petersfelshöhle in Baden-Württemberg. – 21 Geweihstück mit Ritzzeichnung von Thayngen, Schweiz. – 22 Geweihstück mit Ritzzeichnung von Gourdan, Südfrankreich. – 24 Knochenstück mit Ritzzeichnung von Gourdan, Südfrankreich.

## *Tafel 7. Jungpaläolithische Tierdarstellungen*

1.2 Steine mit Ritzzeichnungen vom Abri Labatut, Dordogne. – 3.4 Farbige Wandzeichnungen aus der Höhle von La Pileta, Südspanien. – 5 Wandmalerei aus der Höhle von Pindal, Nordspanien. – 6 Eingerillte Linien in Lehm und 7–9 Wandmalereien aus der Höhle von Altamira, Nordspanien. – 10.11 Zeichnungen auf einer Höhlenwand von Font-de-Gaume, Dordogne. – 12 Relief auf einer Abriwand von Le Cap Blanc, Dordogne. – 13 Relief von einem Abri von Le-Roc-de-Sers, Charante. – 14 Relief auf einer Abriwand von Fourneau du Diable, Dordogne. – 15 Wandmalerei aus der Höhle von Santimamiñe, Nordspanien.

## *Tafel 8. Jungpaläolithische Tierdarstellungen: Höhlenmalereien*

A Malereien aus der Höhle von Lascaux, Dordogne. – B Malereien aus der Höhle von Font-de-Gaume, Dordogne. – C Malereien aus der Höhle von Niaux, Südfrankreich. – D Malerei vom Abri Labatut, Dordogne. – E Malerei aus der Höhle von La Pasiega, Nordspanien. – F Gravierungen aus der Höhle von La Mouthe, Dordogne.

## *Tafel 9. Jungpaläolithische Tier- und Menschendarstellungen: Höhlenzeichnungen von Les Combarelles*

## *Tafel 10. Jungpaläolithische Tierdarstellungen: Höhlenzeichnungen*

1–3 Ritzzeichnungen von Teyjat, Dordogne. – 4–8 Ritzzeichnungen und Malerei aus der Trois-Frères-Höhle b. Montesquieu-Avantès, Südfrankreich.

## *Tafel 11. Darstellungen von Kriegshandlungen und Waffen der Jungsteinzeit*

1 Felsmalerei von Morella la Vella, Ostspanien. – 2 Steinstreitaxt vom Tepe Gaura, Nordmesopotamien. – 3 Steinkeule der Rössener Kultur vom Goldberg, Württemberg. – 4 Geweihstreitaxt von Jordløse, Dänemark. – 5 Geweihstreitaxt von Carstenminde, Dänemark. – 6 Knochenspitze mit Steineinsatzschneiden von Kongemose, Dänemark. – 7 Steinstreitaxt aus einem Grab von Entzheim, Elsaß. – 8–10 Mikrolithen (Schneideneinsatz von Dolchen oder Speerspitzen) von West- und Nordeuropa, Afrika und Vorderasien. – 12 Felsmalerei aus der Gasulla-Schlucht, Ostspanien. – 13 Elfenbeingriff eines Silexmessers von Gebel el-Arak, Ägypten. – 14 Abgerollte Darstellung von einem frühdynastischen Zierstück von Hierakonpolis, Ägypten. – 15 Stück einer Ritualpalette aus Stein mit Darstellung einer Städtezerstörung vom Beginn der 1. Dyn. von Hierakonpolis, Ägypten.

## *Tafel 12. Altneolithische Menschendarstellungen aus Vorderasien*

1 Übermodellierter menschlicher Schädel und (2) Kopf einer lebensgroßen Lehmfigur von Jericho, Jordanien. – 3 Kopf einer Tonfigur von Djarmo, Irak. – 4–6 Steinfiguren vom Tell as-Sauwan, Irak. – 7 Steinfigur von Ain Sachri, Jordanien. – 8–24 Steinfiguren und Wandmalereien von Çatal Hüyük, Türkei.

## *Tafel 13. Mittel- und jungneolithische Menschendarstellungen aus Vorderasien und Ägypten*

1–6 Steinfigur, Tonfigur, Figur an einem Tongefäß und bemalte Keramik vom Tell Halaf, Nordmesopotamien. – 7.9 Tonfiguren von El-Obed-Art von Ur, Südirak. – 8 Tonfigur von Eridu, Südirak. – 10.11 Bemalte Tongefäße vom Tepe Gaura, Nordirak. – 12–18 Tonfiguren von Hacilar, Türkei. – 19 Elfenbeinfigur von El-Badari, Ägypten. – 20 Tonfigur von Naqada-Art von Mohammerije, Ägypten. – 21 Elfenbeinfigur von Naqada, Ägypten. – 22 Elfenbeinfiguren von Naqada-Art aus Ägypten. – 23.26 Weißfigurige Keramik von Naqada I-Art. – 24 Rotfigurige Bemalung eines Naqada II-Gefäßes. – 25 Felsmalerei aus der oberägyptischen Wüste.

## *Tafel 14. Siegelabrollungen, Stelenfragment, Steingefäße und Steinplastiken der Uruk-Zeit aus Mesopotamien*

1–10 Abrollungen von Rollsiegeln, zumeist von Uruk, Südirak. – 11.14 Stelenfragment und Steingefäß von Uruk. – 12.13 Steinköpfe vom Tell Brak, Nordirak. – 15.17 Steinkopf und -figur von Uruk. – 16 Steinfigur von Chafadje, Mittelirak.

## *Tafel 15. Bildwerke der frühdynastischen Zeit aus Ägypten*

1 Votivpalette des Narmer mit Reliefdarstellungen auf beiden Seiten von Hierakonpolis. – 2.3 Steinpaletten, Fundort unbekannt. – 4 Figur eines Gefesselten von Hierakonpolis. – 5 Steingefäß mit Ritzzeichnung des Ptaḥ von Tarkhan. – 6 Steinfigur von Abusir. – 7 Steinfigur des Königs Cha-sechem von Hierakonpolis. – 8 Grabopferplatte von Sakkara.

## *Tafel 16. Mesopotamische Bildwerke der Uruk-Zeit und solche aus Ägypten der Naqada- und frühdynastischen Zeit*

1–10 Augenidole aus Stein vom Tell Brak, Nordmesopotamien. – 11 Wandmalerei aus einer naqadazeitlichen Grabkammer von Hierakonpolis. – 12–17 Abrollungen von Rollsiegeln von ägyptischen Königen der 1. und 2. Dyn. von Abydos und Sakkara. – 18–23 Abrollungen von frühdynastischen Rollsiegeln von Naga ed-Der, Ägypten. – 24–26 Stempelsiegel vom Tepe Gaura, Nordmesopotamien. – 27.29 Frühdynastische Elfenbein- bzw. Holztäfelchen von Sakkara. – 28 Abrollung eines Rollsiegels von Uruk. – 30–33 Ritzungen von naqadazeitlichen Tongefäßen von Naqada. – 34 Frühdynastischer Elfenbeinkamm. – 35 Votivkeule (und abgerollte Darstellung) des Narmer von Hierakonpolis. – 36.37 Elfenbein- bzw. Holztäfelchen von Abydos.

## *Tafel 17. Menschendarstellungen aus südost- und mitteleuropäischen Jungsteinzeitkulturen*

1 Sesklo, Thessalien (Sesklo-Stufe). – 2 Otzaki-Magula, Thessalien (Argissa-Stufe). – 3 Turdaş, Rumänien (Turdaş/Tordos-Kultur). – 4 Vidra, Rumänien (Gumelniţa-Kultur). – 5 Korinth, Griechenland. – 6 Karanovo, Schicht I, Bulgarien. – 7 Karanovo, Schicht III, Bulgarien. – 8 Baia-Hamangia, Rumänien (Hamangia-Kultur). –

9.23.24 Cernavoda, Rumänien (Hamangia-Kultur). – 10.11 Butmir, Bosnien (Butmir-Kultur). – 12 Flache Knochenfigur von Vidra, Rumänien (Gumelniţa-Kultur). – 13 Knochenfigur von Cernica, Rumänien (Boian-Kultur). – 14 Abrollung der eingestochenen Schulterverzierung eines Gefäßes von Střelice, Mähren (Střelice-Kultur). – 15.21 Stein- und Tonfiguren von Dimini, Thessalien (Dimini-Stufe). – 16 Truşeşti, Rumänien (Cucuteni-Kultur). – 17 Ritzfiguren von einem Bandkeramik-Gefäß von Sondershausen, Mitteldeutschland. – 18 Malthi, Peloponnes. – 19 „Patissia", Griechenland. – 20.26 Sesklo, Thessalien (Dimini-Stufe. – 22 Nitriansky Hrádok, Slowakei (Spätneolithikum). – 25 Kato Jerapetra, Kreta.

*Tafel 18. Menschenfiguren auf Tongefäßen, menschenförmige Gefäße und gefäßhaltende Menschenfigur aus donauländischen Jungsteinzeitkulturen*

1 Gneiding, Bayern (Bandkeramikkultur). – 2.8.14 Turdaş, Siebenbürgen (Vinča-Turdaş-Kultur). – 3 Jilava, Südrumänien (Gumelniţa-Kultur). – 4 Csoka, Ungarn (Körös-Kultur). – 5 Nová Ves, Böhmen (Bandkeramikkultur). – 6 Gumelniţa, Südrumänien (Gumelniţa-Kultur). – 7 Truşeşti, Ostrumänien (Cucuteni-Kultur). – 9 Sarvaš, Kroatien (Starčevo-Kultur). – 10 Kolešovice, Böhmen (Bandkeramikkultur). – 11 Svodín, Slowakei (Spätneolithikum). – 12.15 Vidra, Südrumänien (Gumelniţa-Kultur). – 13 Erfurt, Mitteldeutschland (Bandkeramikkultur). – 16 Bordjoš, Serbien (Theißkultur). 17 Kökenydomb, Ungarn (Theißkultur). – 18 Gorzsa, Ungarn (Körös-Kultur).

*Tafel 19. Jungsteinzeitliche Menschenfiguren aus Westasien (1. 3. 29), Mittelasien (13), Ostasien (9), Südost- und Mitteleuropa sowie Felsmalerei aus Lybien (31)*

1 Mugharet el-Wad, Israel (Frühneolithikum). – 2 Karanovo, Schicht VI, Bulgarien, Steinfigur (Gumelniţa-Kultur). – 3 Beersheba, Israel (Spätneolithikum). – 4 Aigina, Griechenland (Spätneolithikum). – 5 Gumelniţa, Südrumänien (Gumelniţa-Kultur). – 6 Chaironeia, Boiotien (Sesklo-Kultur). – 7 Lepenski Vir, Serbien (Altneolithikum). – 9 Kansu, Nordchina (Yang-shao-Kultur). – 8.10.12 Vidra, Südrumänien (Gumelniţa-Kultur). – 13 Dašlydši-Tepe, Turkmenische SSR. (Namazga-Kultur). – 14.19.30 Vinča, Serbien (Vinča-Kultur). 15 Truşeşti, Ostrumänien (Cucuteni-Kultur). – 16.17 Hacilar, Südtürkei (Mittelneolithikum). – 18 Vădastra, Südrumänien (Vădastra-Kultur). – 20 Szegvár-Tüzköves, Ungarn (Theißkultur). – 21 Kodžadermen, Bulgarien (Gumelniţa-Kultur). – 23 Štěpánovice, Mähren (Střelice-Kultur). – 24 Lerna, Argolis (Spätneolithikum). – 26 Hluboké Mašůvky, Mähren (Střelice-Kultur). – 22.27 Jaroměřice, Mähren (Střelice-Kultur). – 28 Střelice, Mähren (Střelice-Kultur). – 29 Khirokitia, Cypern (Altneolithikum). – 31 Kargur Talh, Libyen.

*Tafel 20. Jungsteinzeitliche Tierdarstellungen aus Vorderasien (1–8. 13–17. 19. 33. 34), Ägypten (9–12. 20), China (18) und Europa*

1.2.4.5 Gefäßbemalung vom Tell Halaf, Nordsyrien (Halaf-Kultur). – 3.6.7.8 Gefäßbemalung vom Tell Arpachije, Nordirak (Halaf-Kultur). – 9.11.12 Gefäßritzung, Elfenbeinkamm und Steinpalette von Naqada, Oberägypten (Naqada-Kultur). – 10 Bemalung auf einem Stein von Sakkara, Unterägypten (1. Dyn.). – 13.14 Gefäßmalerei von Samarra, Irak (Samarra-Kultur). – 15 Gefäßmalerei vom Tepe Sijalk, Iran. – 16 Gefäßmalerei vom Tepe Hissar, Nordiran. – 17 Rana Ghundai, Pakistan. – 18 Pan-po-ts'un, Nordchina (Yang-shao-Kultur). – 19 Steinfigur von Umm ez-Zueitina, Jordanien (Natuf-Kultur). – 20 Elfenbeingefäßchen von Mostagedda, Mittelägypten (Badari-Kultur). – 21 Abrahám, Slowakei (Lužianky-Kultur). – 22 Chafadje, Irak (Uruk-Zeit). – 23 Calomfirești, Südrumänien (Gumelnița-Kultur). – 24–26 Scherben mit Relieffiguren aus ungarischen Siedlungen der Körös-Kultur. – 27.28 Bernsteinfiguren aus Resen und Engesvang, Dänemark (Maglemose-Kultur). – 29 Niederweisel, Hessen (Bandkeramikkultur). – 30 Izvoare, Ostrumänien (Cucuteni-Kultur). – 31 Gefäßbemalung von Banjata Mogila, Bulgarien (Marica-Kultur). – 32 Felsmalerei aus der Valltorta-Schlucht, Ostspanien. – 33 Steinkopf von Uruk, Südirak (Uruk-Zeit). – 34 Gefäßmalerei von Djemdet Nasr, Südirak (Uruk-Zeit).

## *Tafel 21. Mesopotamische (1.4.6.7.9.10.13.16.19.21.22.24) und ägyptische (2.3.5.8.11.12.14.15.17.18.23.25.26) Fundstücke aus der jeweiligen Frühstufe der dortigen Hochkultur (Uruk-Zeit bzw. frühdynastische Zeit)*

1 Goldsterne vom Tepe Gaura. – 2 Steinpalette von Gerzeh. – 3 Steinpalette aus Ägypten. – 4 Steingefäß von Uruk. – 5 Steingefäß von Hierakonpolis. – 6 Stempelsiegel vom Tepe Gaura. – 7 Steinkeule vom Tell Brak. – 8 Steinkeule von Abutig. – 9 Steinwanne von Uruk. – 10 Steinfigur von Uruk. – 11.12.14 Steinfiguren von Abusir el-Meleq. – 13.24 Steinfiguren vom Tell Brak. – 15 Steinstele von Abydos. – 16 Steingefäß von Uruk. – 17 Steingefäß von Abusir el-Meleq. – 18 Elfenbeingriff eines Steinmessers von Saghel el-Baghlije. – 19.21.22 Rollsiegelabdrücke von Uruk. – 23 Rollsiegelabdruck von Abusir el-Meleq. – 25 Steinfigur von Abydos. – 26 Steinfigur mit Namensinschrift des Narmer.

## *Tafel 22. Neolithische Siedlungen bzw. Häuser aus Vorderasien (1–5), Ägypten (7) und China (6)*

1, 1a. 1b Grundrißausschnitt, Querschnitt eines Rundbausockels und Rekonstruktion der altneolithischen Siedlung von Khirokitia, Cypern. – 2 Grundrißausschnitt und Ansicht eines Mörsers mit einem Skelett der frühneolithischen Siedlung von Nahal Oren, Israel. – 3 Grundriß von Rundbauten z. T. mit rechteckigen Anbauten vom Tell Arpachije, Nordirak (Halaf-Kultur). – 4 Grundrißausschnitt der spätneolithischen Siedlung von Sotira, Cypern. – 5 Ansicht des steinernen Turmes von Jericho, Jordanien (Altneolithikum). – 6 Reste eines Rundhauses von Pan-po-ts'un, Nordchina (Yang-shao-Kultur). – 7 Reste eines altneolithischen Rundhauses von Merimde, Unterägypten.

## *Tafel 23. Altneolithische Siedlung von Çatal Huyuk, Südtürkei*

1 Ausschnitt des Grundrißplanes aus Schicht VI B. – 2 Wandgemälde, möglicherweise die Stadtansicht darstellend. – 3 Raum aus Schicht VI B. – 4.5.8 Räume aus Schicht VII. – 6 Raum aus Schicht VI A. – Raum aus Schicht VI.

*Tafel 24. Architekturbefunde mit Tempelgrundrissen aus aufeinanderfolgenden Schichten vom Tepe Gaura in Nordmesopotamien (A: Schichten XIX–VIII) und Eridu in Südmesopotamien (B: Schichten XVI–VI)*

*Tafel 25. Architektur Vorderasiens*

A Rekonstruktion eines Tempels und einiger Wohnhäuser vom Tepe Gaura, Schicht XII, Nordirak (frühe Uruk-Zeit). – B Rekonstruktion des urukzeitlichen Tempels vom Tell Uqair, Südirak. – C Grundrißausschnitt von der Stadtmauer und der Siedlung von Mersin, Schicht XVI, Südtürkei (Halaf-Zeit). – D Grundrißausschnitt von der Siedlung und Reste einer Wandbemalung von Telelat Ghassul, Jordanien (Spätneolithikum). – E Hausförmige Ossuarien von Azor, Israel (Spätneolithikum). – Grundrißausschnitt der Siedlung von Hacilar, Schichten II und I, Südtürkei (Jungneolithikum). – G Grundrißausschnitt der Siedlung vom Tell-i-Bakun, Iran. – H Grundrißausschnitt der Siedlung von Mundigak, Afghanistan (Spätneolithikum). – I Grundrißausschnitt und Wandbemalung der Siedlung vom Yassy-Tepe, Turkmenische SSR.

*Tafel 26. Ägyptische Königsgräber der 1. Dyn. von Sakkara (A.B) und frühsumerische Tempel der Uruk-Zeit von Uruk*

A Rekonstruktion des Grabes von Königin Meret-Neit. – B Grundriß des Grabes von König Udimu. – C Grundriß des sog. Kalksteintempels von Uruk, Schicht V/IV b. – D Grundriß der Tempel im Eanna-Heiligtum von Uruk, Schicht IV a. – E Säule und Wand mit Stiftmosaik von Uruk, Schicht IV b. – F Grundriß des sog. Weißen Tempels auf der Anu Zikurrat von Uruk.

*Tafel 27. Jungsteinzeitliche Häuser aus Ägypten (1) und Europa (2–14)*

1 Hausmodell von El-Amrah (Naqada-Kultur). – 2 Hausmodell von Aldeni, Südrumänien (Gumelniţa-Kultur). – 3 Hausmodell von Kodžadermen, Bulgarien (Gumelniţa-Kultur). – 4 Hausmodell von Střelice, Mähren (Střelice-Kultur). – 5 Dachmodell von Branč, Slowakei (spätneolithische Brodzany-Kultur). – 6 Stück von bemaltem Hauswandverputz von Karanovo, Schicht VI, Bulgarien (Gumelniţa-Kultur). – 7 Übereinanderliegende Hausgrundrisse von Tsangli, Thessalien (Sesklo-Kultur). – 8 Hausgrundriß von Veselinovo, Bulgarien (Veselinovo-Kultur). – 9 Hausgrundriß von Knossos, Kreta (Spätneolithikum). – 10 Hausgrundriß von Geleen, Niederlande (Bandkeramikkultur). – 11 Hausgrundrisse von Bylany, Böhmen (Bandkeramikkultur). – 12 Rekonstruktion eines Hauses der Bandkeramikkultur. – 13 Hausgrundriß von Pietrele, Rumänien (Gumelniţa-Kultur). – 14 Hausgrundrisse von Zwenkau, Mitteldeutschland (Bandkeramik- und Stichbandkeramikkultur).

*Tafel 28. Grundrisse von Häusern und Umfassungsgräben von Köln-Lindenthal (Bandkeramikkultur)*

*Tafel 29. Jungsteinzeitsiedlungen bzw. -häuser aus Südosteuropa (A.E.G), Mitteleuropa (B.D.F) und der Ukraine (C)*

A Grundrißausschnitte von Häusern von Karanovo, Bulgarien, Schicht I (altneolithische Karanovo-Kultur); Schicht II (mittelneolithische Veselinovo-Kultur); Schicht V (jungneolithische Marica-Kultur); Schicht VI (spätneolithische Gumelniţa-Kultur). – B Grundrißausschnitt (1 Übersicht; 2 Detail) der Siedlung von Brześć Kujawski, Polen (Spätneolithikum). – C Rekonstruktion eines Hauses der ukrainischen Tripolje-Kultur von Kolomijščina (Spätneolithikum). – D Grundrisse von nacheinander an derselben Stelle errichteten Häusern von Zengövárkony, Ungarn (Lengyel-Kultur). – E Grundrißausschnitt einer Siedlung von Kökenydomb, Ungarn (Theißkultur). – F Grundriß eines Hauses vom Goldberg, Württemberg (Rössener Kultur). – G Grundriß der Siedlung von Truşeşti, Ostrumänien (Cucuteni-Kultur).

*Tafel 30. Jungneolithische Siedlungen aus Mitteleuropa*

A Grundrißausschnitt der Rössener Siedlung von Inden, Nordrhein-Westfalen. – B Grundriß eines Rössener Hauses von Bochum-Hiltrop, Nordrhein-Westfalen. – C 1.4 Grundriß und Rekonstruktion der Siedlung von Aichbühl, Württemberg (Aichbühler Kultur); C 2.3 Grundriß von Häusern von Taubried, Württemberg (Aichbühler Kultur).

*Tafel 31. Jungsteinzeitliche Siedlungen aus Mesopotamien (A. B) und Europa (C. D), Tempel der Uruk-Zeit (E. F), Schrifttäfelchen der Uruk-Zeit (G), Tonplatten aus Siebenbürgen (H) und Gefäße der iranischen Bakun-Kultur (I)*

A.B Tell as-Sauwan, Irak (Altneolithikum). – C Dimini, Thessalien (Jungneolithikum). – D Hăbăşeşti, Ostrumänien (Spätneolithikum). – E Tell Uqair, Südirak (Uruk-Zeit). – F Chafadje, Schicht I und II, Irak (Uruk-Zeit). – G Schrifttäfelchen von Uruk (Uruk-Zeit). – H Tonplatten von Tărtăria, Siebenbürgen (Vinča-Turdaş-Kultur). – I Gefäße vom Tell-i-Bakun und Tell-i-Gap, Iran.

*Tafel 32. Steinzeitliche Stufen mit Leittypen*

*Tafel 33. Jungsteinzeitliche Stufen mit keramischen Leittypen*

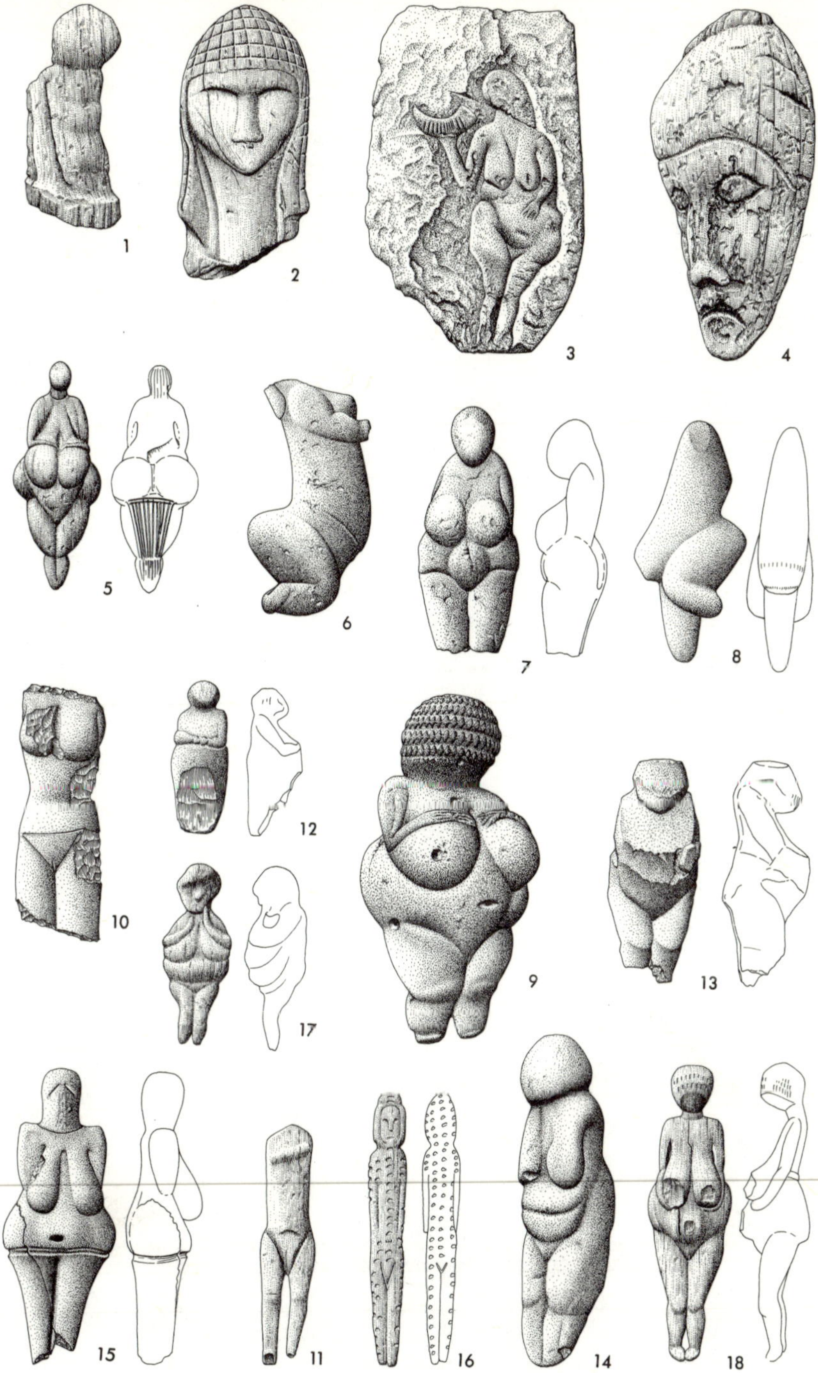


*Tafel 1.* Jungpaläolithische Menschenfiguren.

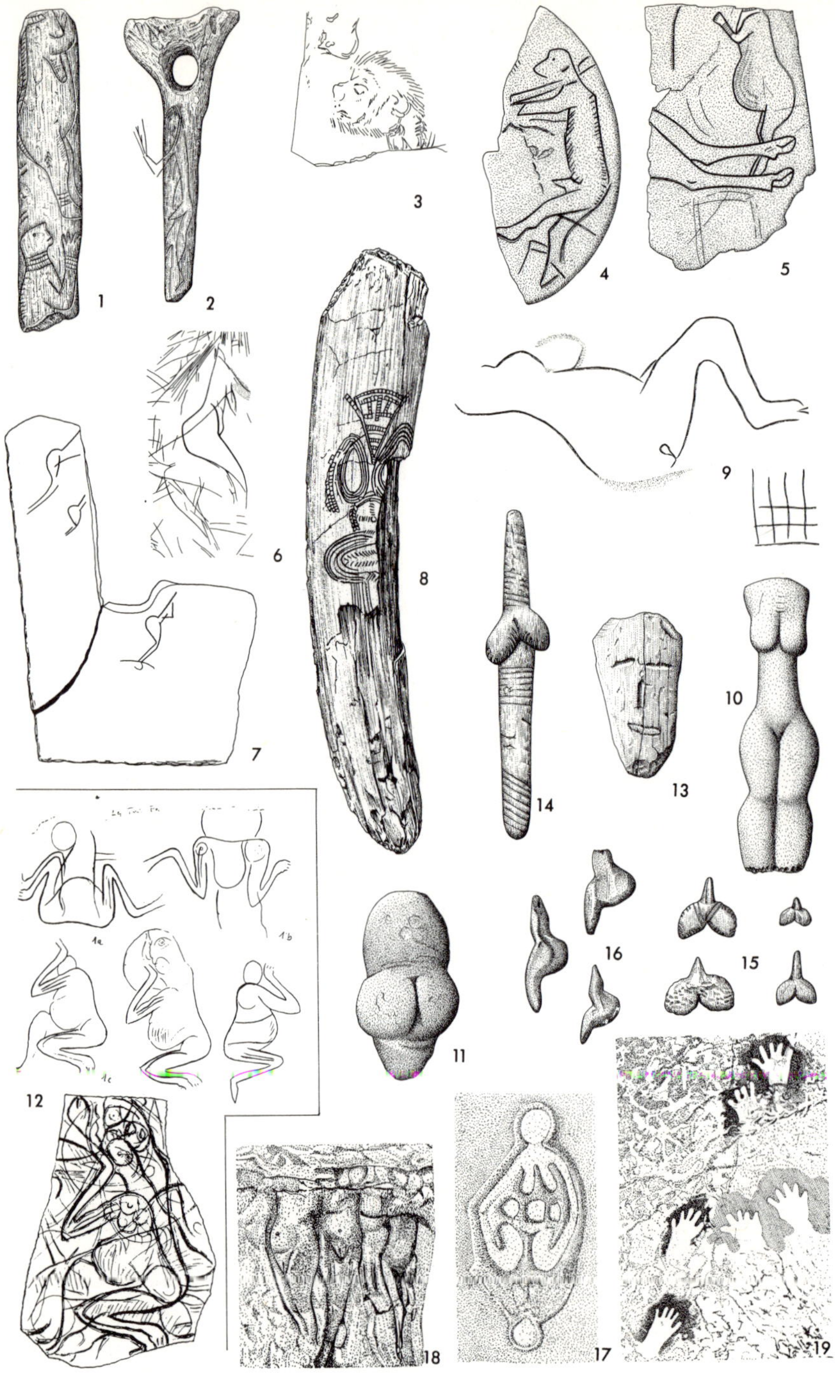


*Tafel* 2. Jungpaläolithische Menschenfiguren.

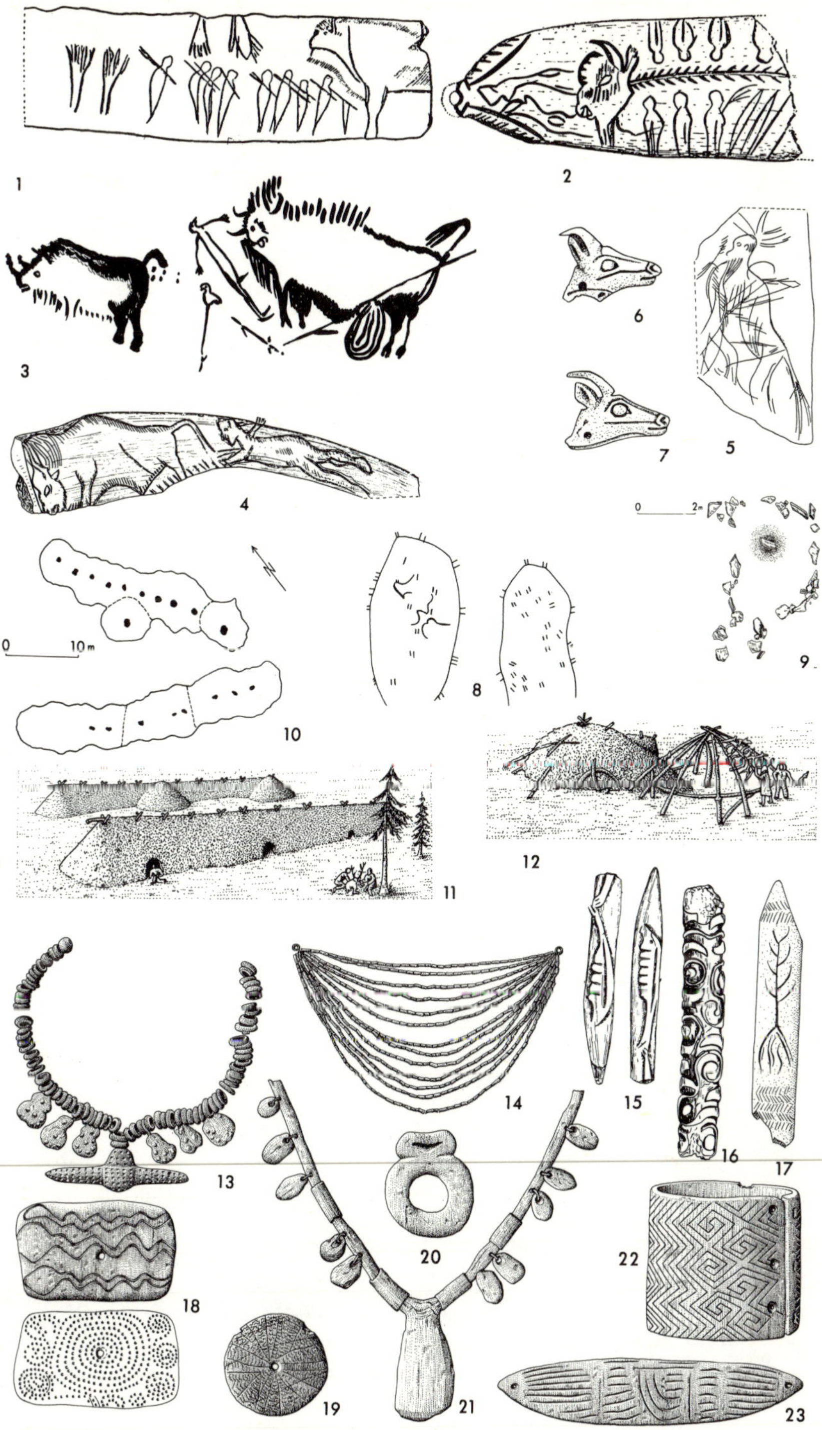


*Tafel 3.* Jungpaläolithische Darstellungen, Behausungsgrundrisse (und -rekonstruktionen) sowie Zierstücke.

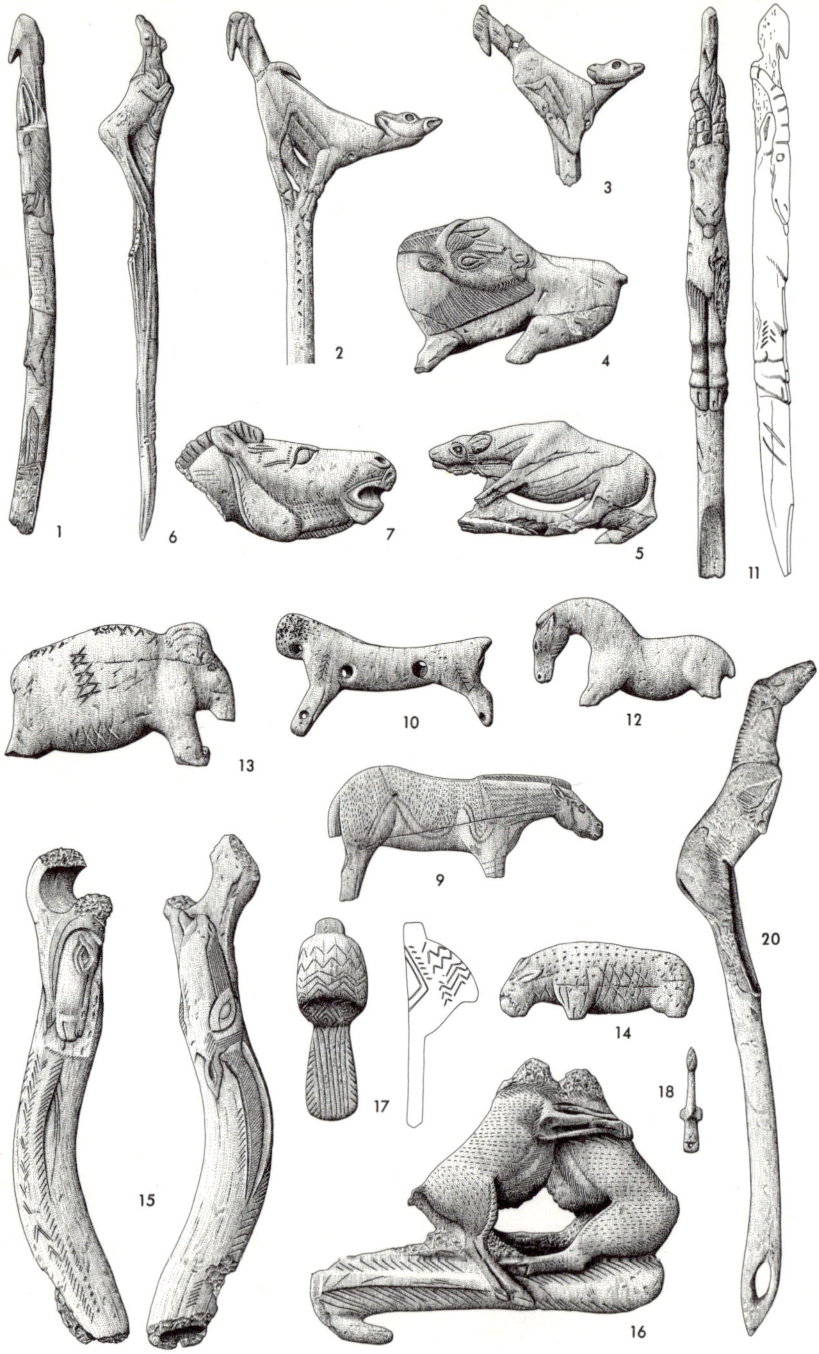


*Tafel 4.* Jungpaläolithische Tierfiguren.

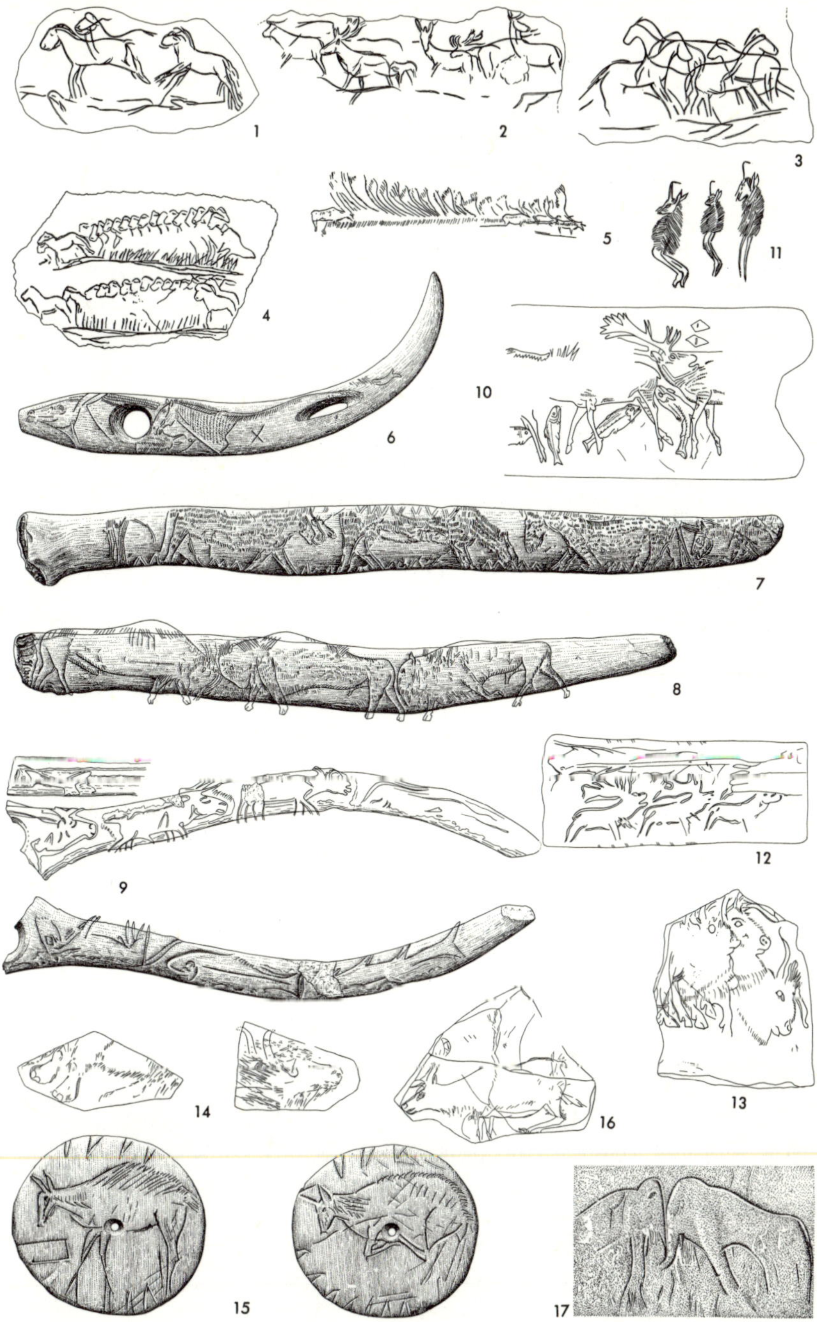


*Tafel 5.* Jungpaläolithische Tierdarstellungen.

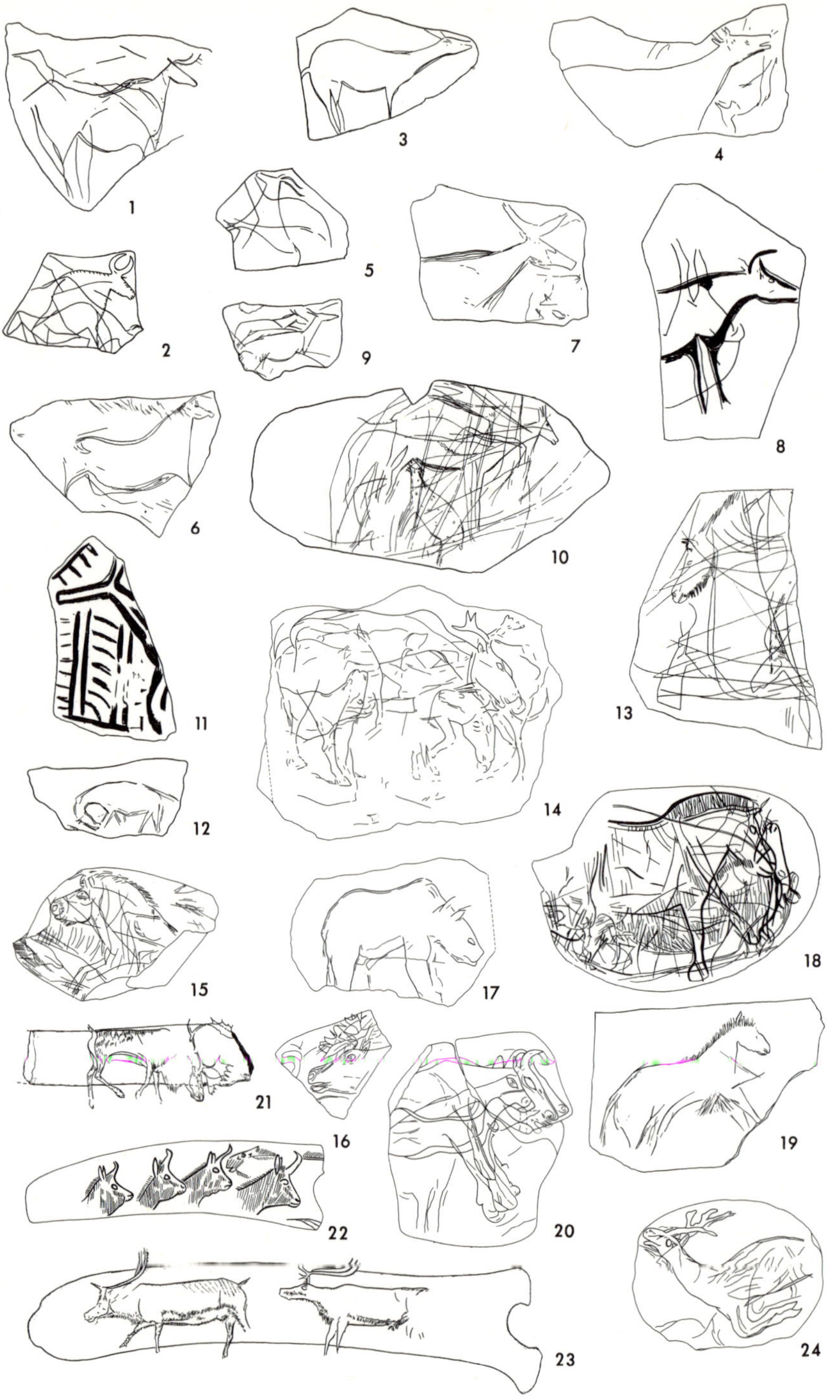


*Tafel 6.* Jungpaläolithische Tierdarstellungen.

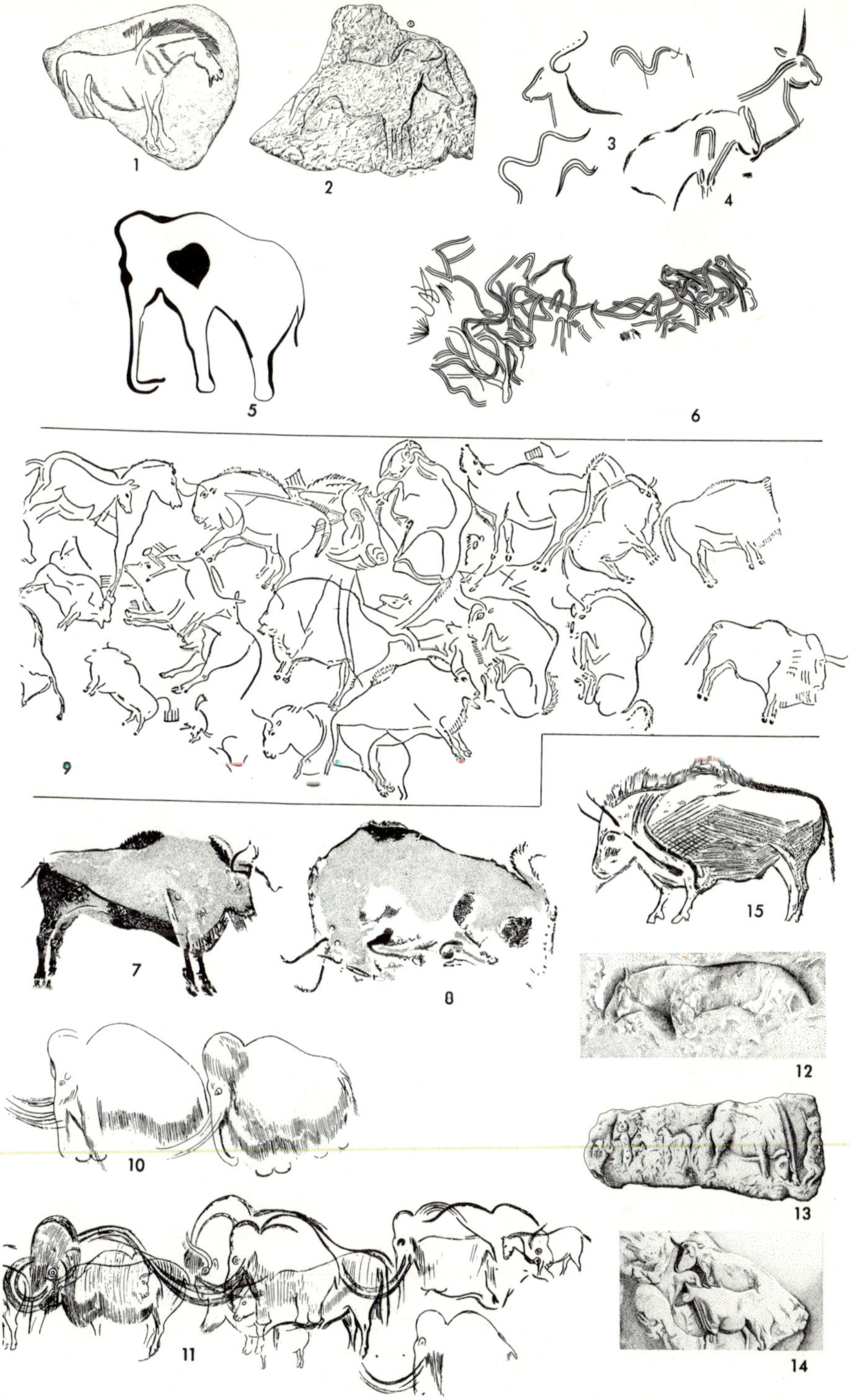

*Tafel 7.* Jungpaläolithische Tierdarstellungen

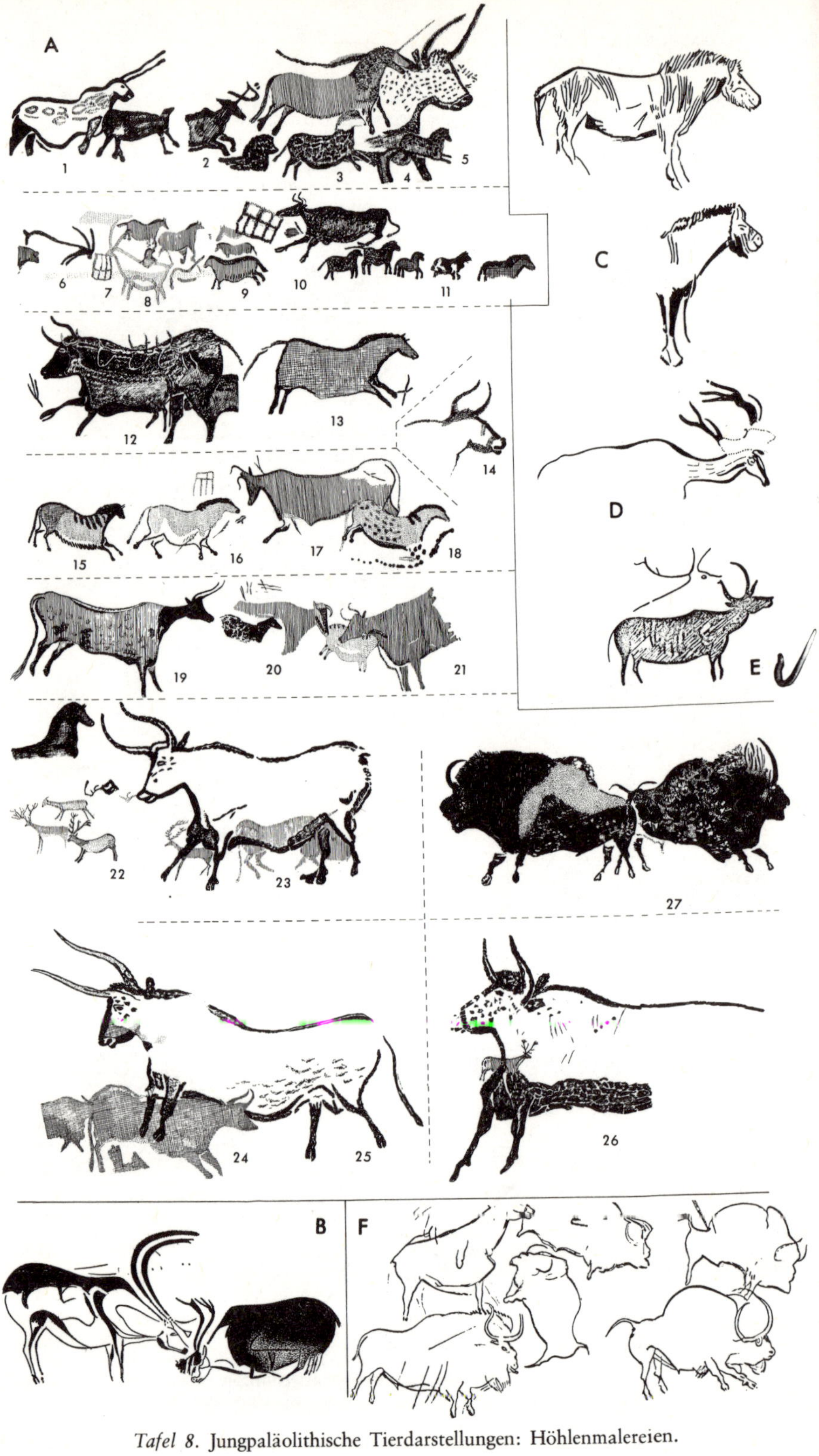


*Tafel 8.* Jungpaläolithische Tierdarstellungen: Höhlenmalereien.

*Tafel 9.* Jungpaläolithische Menschen- und Tierdarstellungen:
Höhlenzeichnungen von Les Combarelles.

*Tafel 10.* Jungpaläolithische Tierdarstellungen: Höhlenzeichnungen.

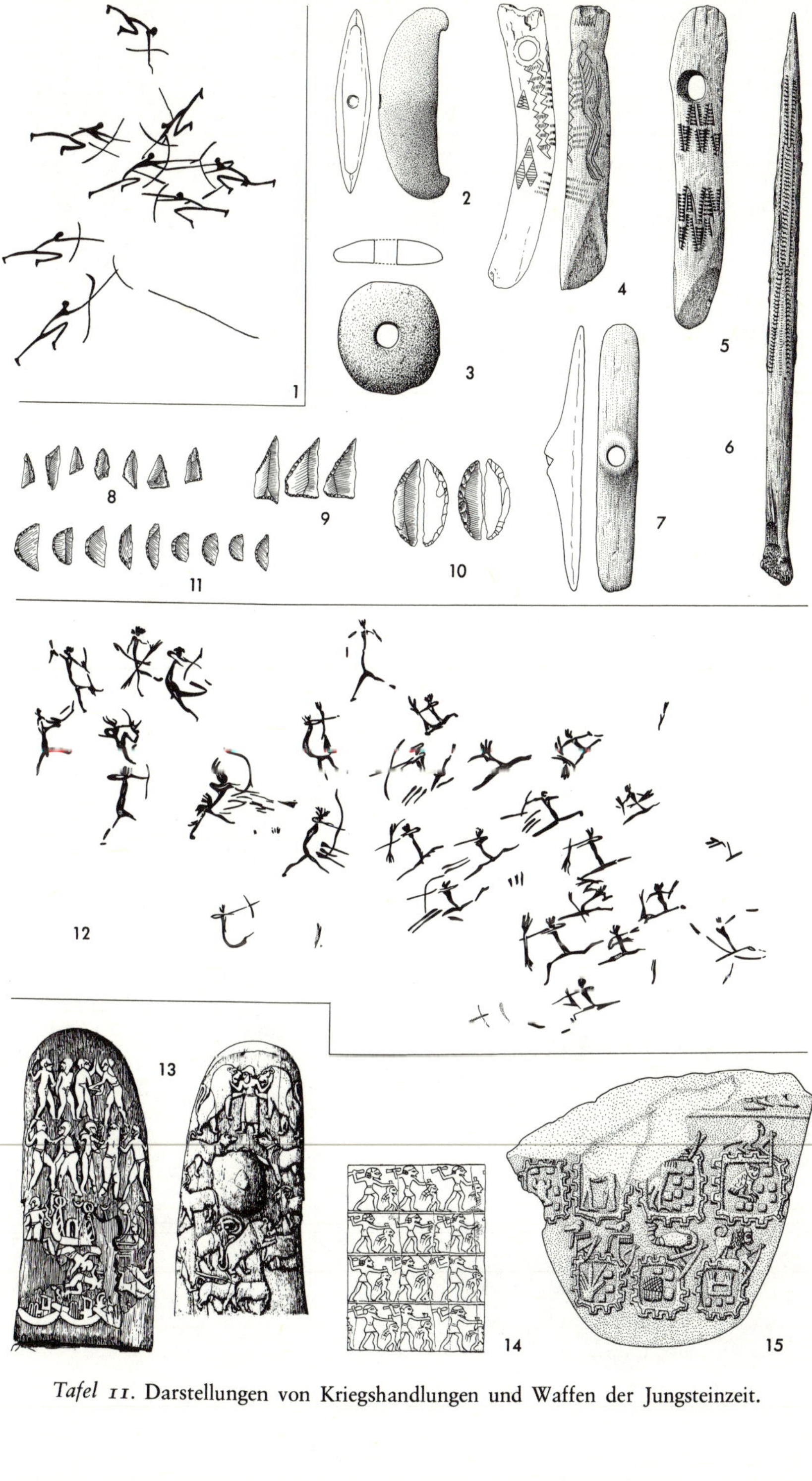


*Tafel 11.* Darstellungen von Kriegshandlungen und Waffen der Jungsteinzeit.

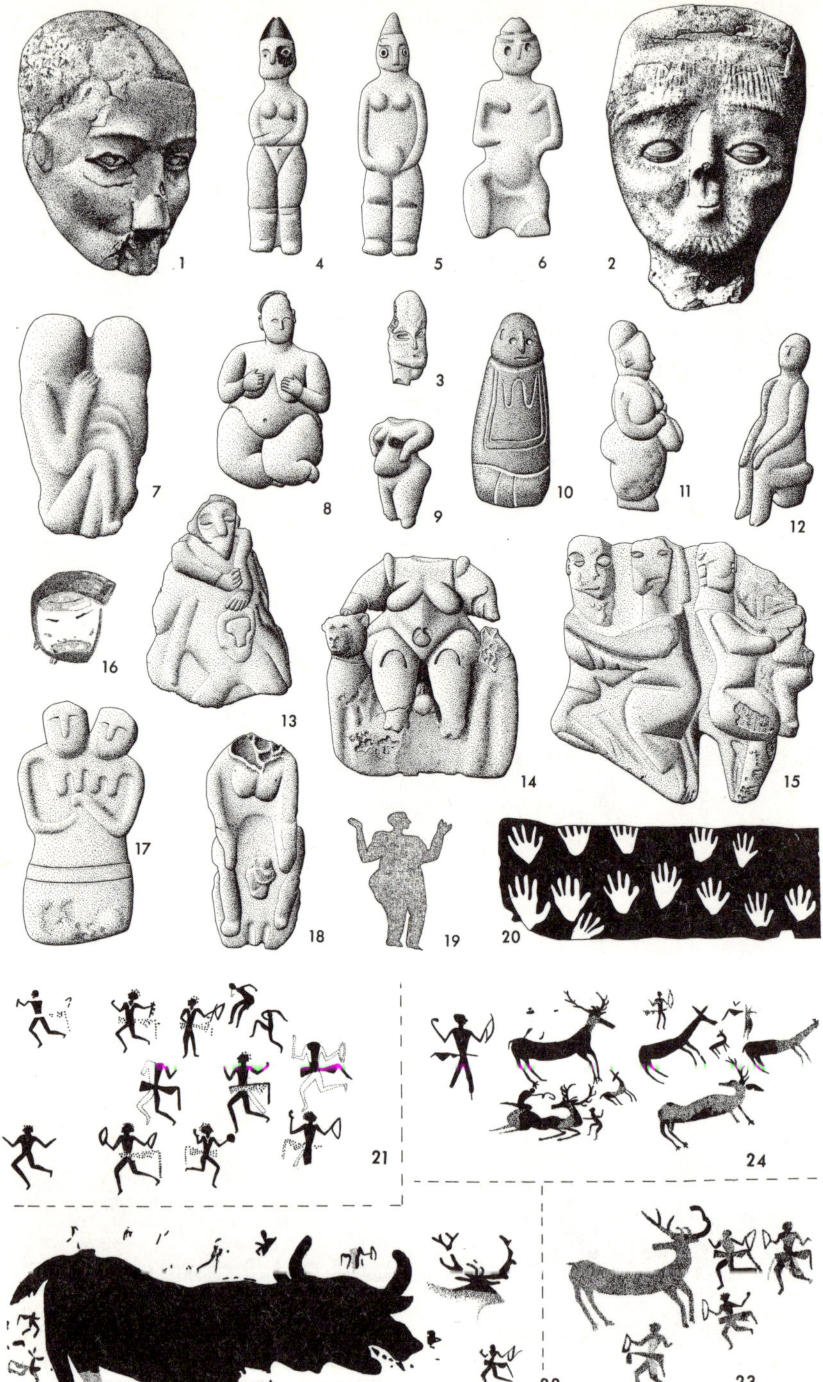

*Tafel 12.* Altneolithische Menschendarstellungen aus Vorderasien.

*Tafel 13.* Mittel- und Jungneolithische Menschendarstellungen aus Vorderasien und Ägypten.

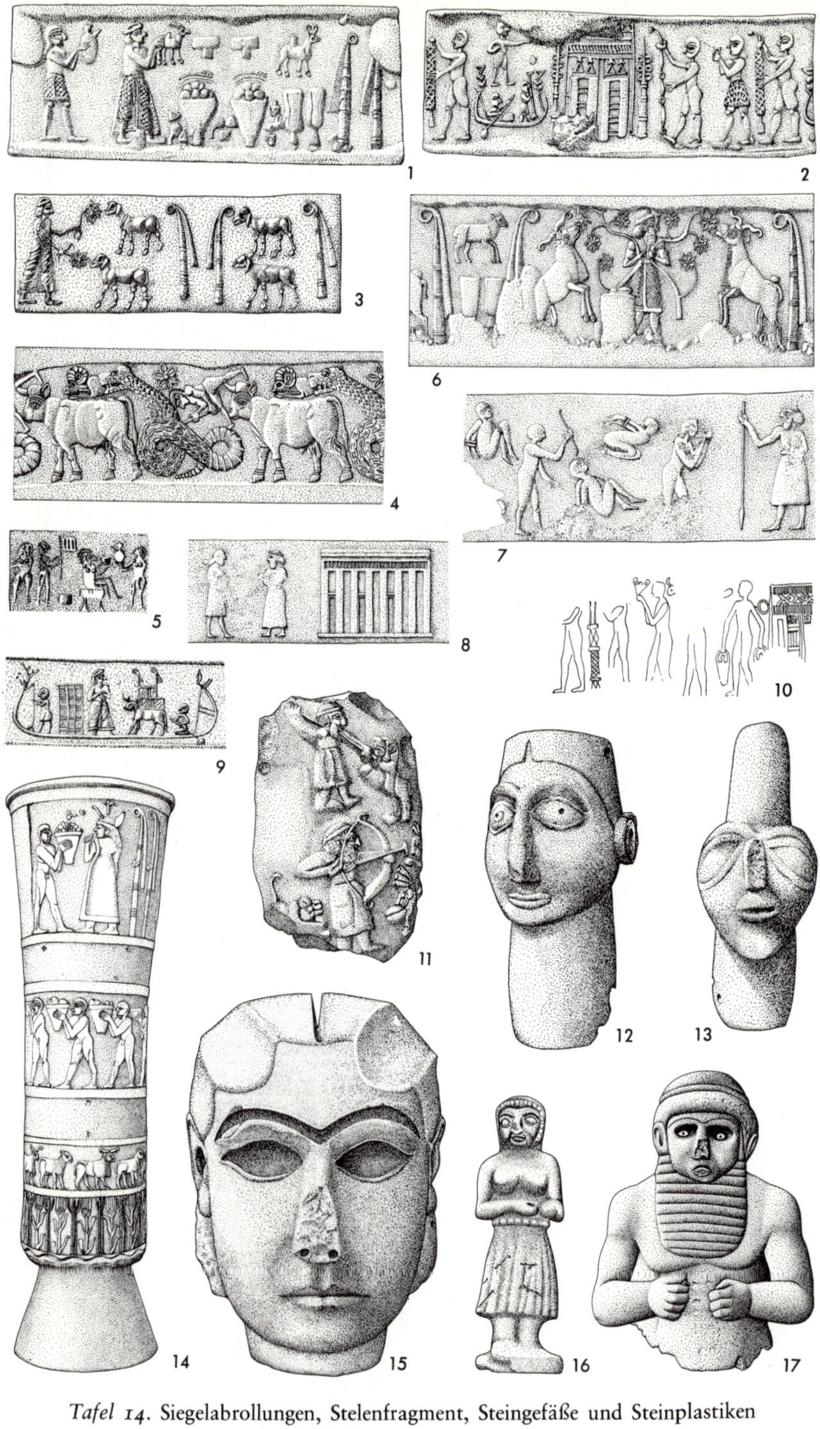


*Tafel 14.* Siegelabrollungen, Stelenfragment, Steingefäße und Steinplastiken der Uruk-Zeit aus Mesopotamien.

1

4

5

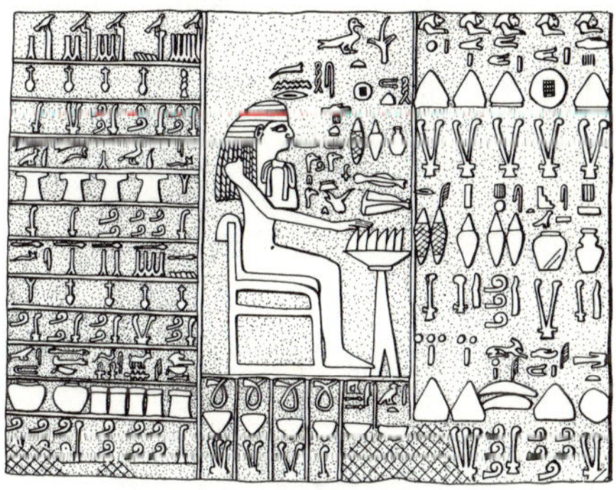

3

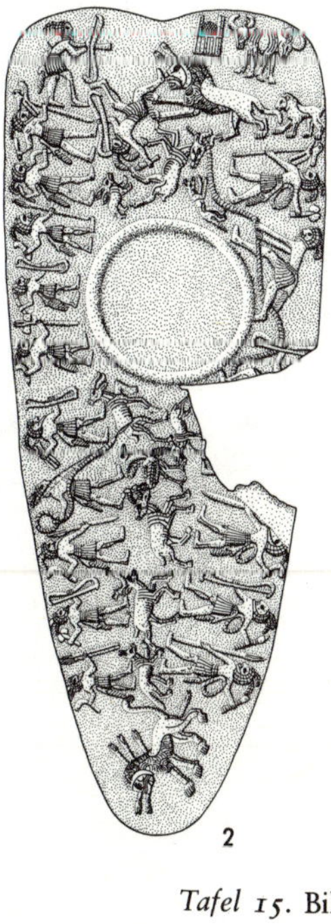

2

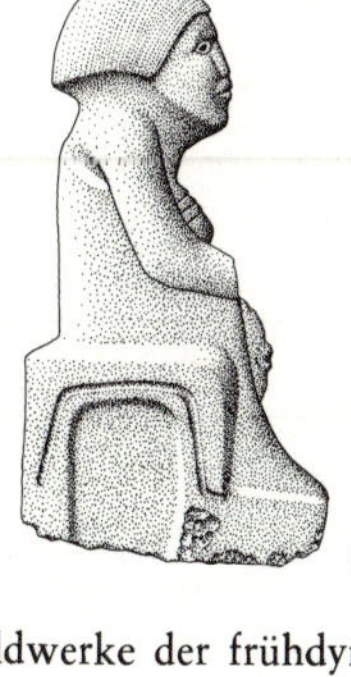

6

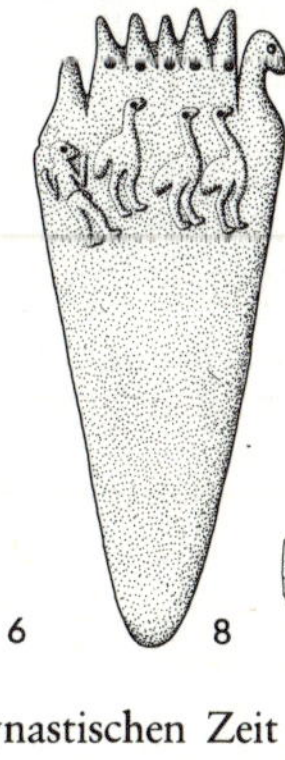

8

7

*Tafel 15.* Bildwerke der frühdynastischen Zeit aus Ägypten.

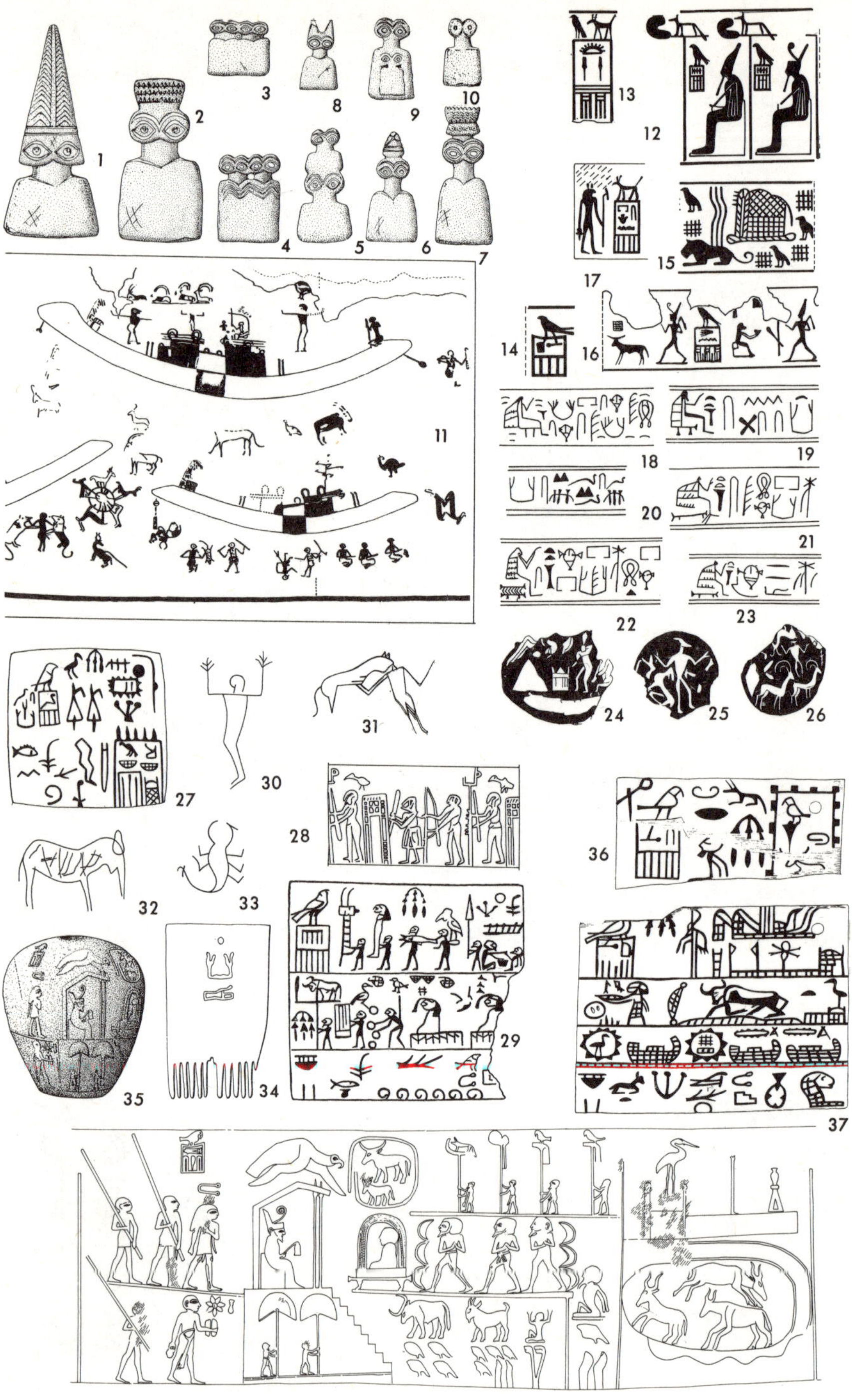

*Tafel 16.* Mesopotamische Bildwerke der Uruk-Zeit und solche aus Ägypten der Naqada- und frühdynastischen Zeit.

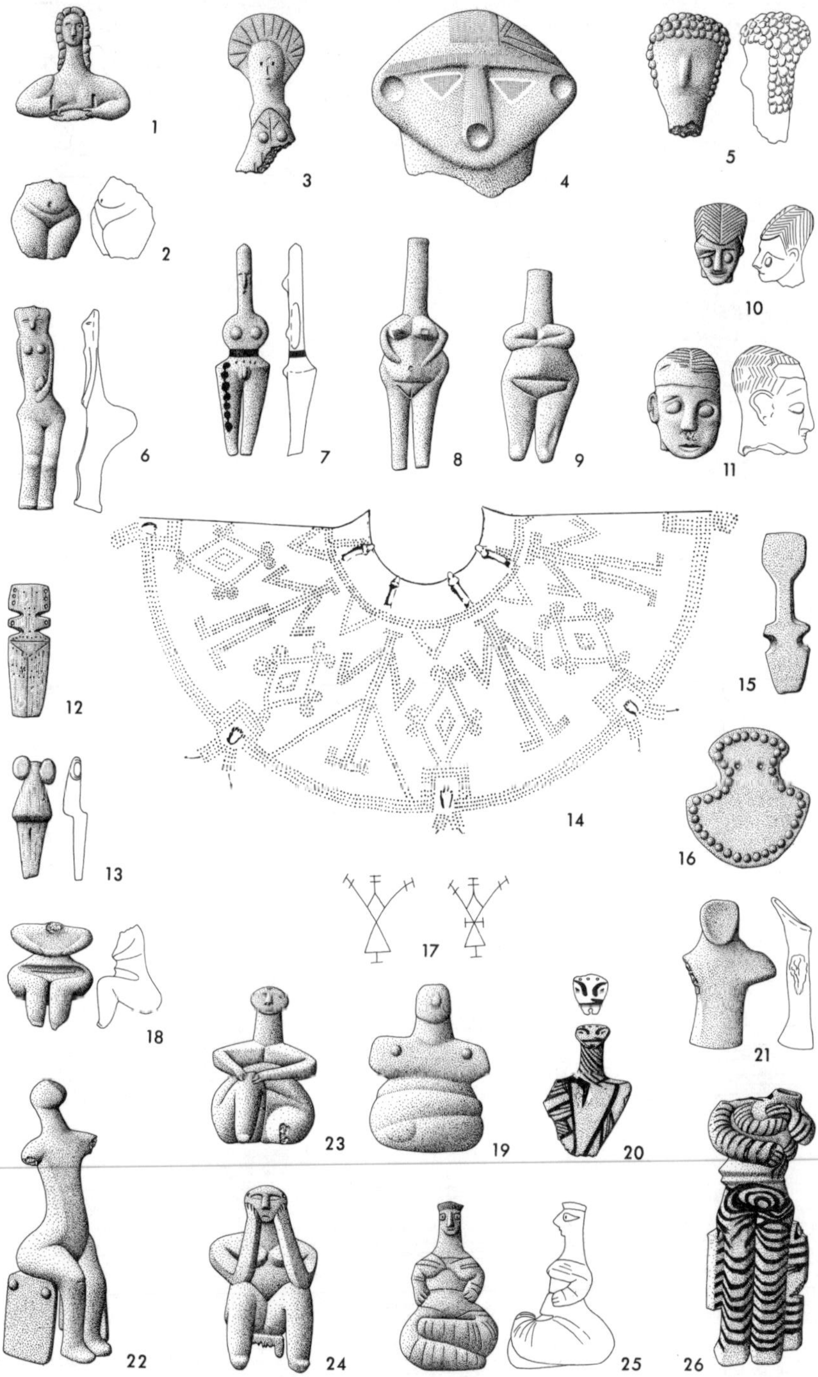


*Tafel 17.* Menschendarstellungen aus südost- und mitteleuropäischen Jungsteinzeitkulturen.

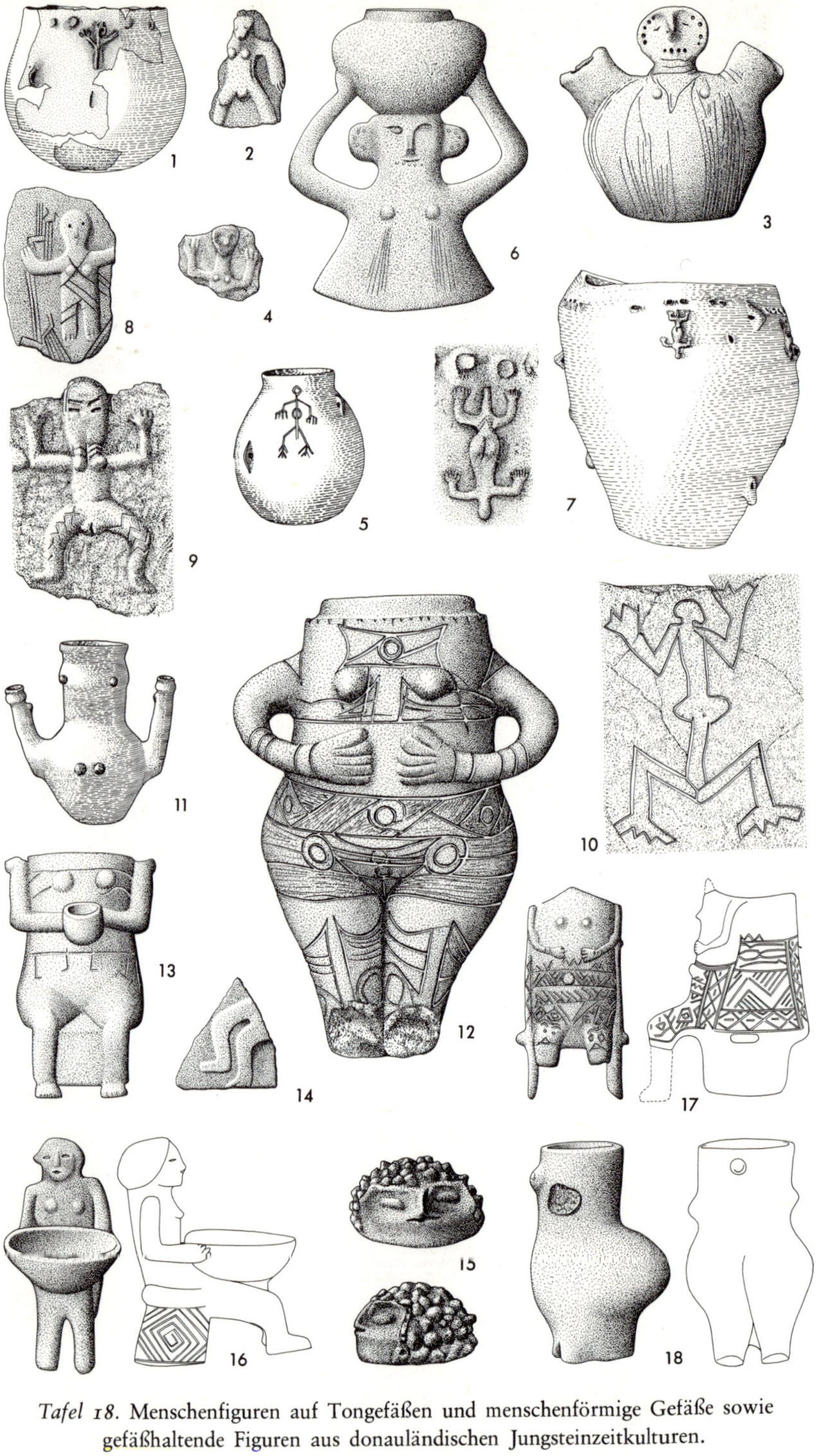


*Tafel 18.* Menschenfiguren auf Tongefäßen und menschenförmige Gefäße sowie gefäßhaltende Figuren aus donauländischen Jungsteinzeitkulturen.

*Tafel 19.* Jungsteinzeitliche Menschenfiguren aus Westasien (1. 3. 29), Mittelasien (13), Ostasien (9), Südost- und Mitteleuropa sowie Felsmalerei aus Libyen (31).

*Tafel 20.* Jungsteinzeitliche Tierdarstellungen aus Vorderasien (1–8. 13–17. 19. 22. 33. 34), Ägypten (9–12. 20), China (18) und Europa.

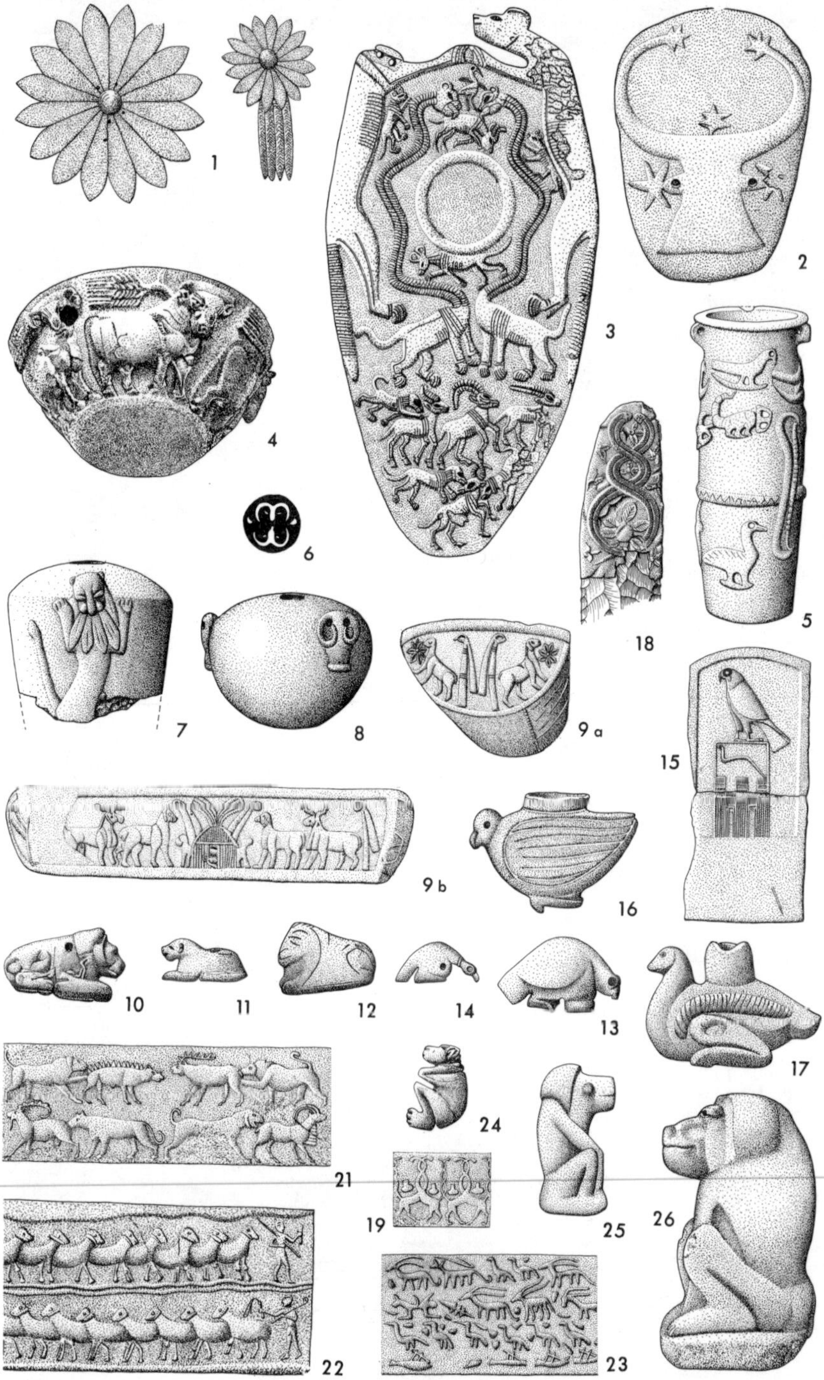

*Tafel 21.* Mesopotamische (1.4.6.7.9.10.13.16.19.21.22.24) und ägyptische (2.3.5.8.11.12.14.15.17.18.23.25.26) Fundstücke aus der jeweiligen Frühstufe der dortigen Hochkultur (Uruk-Zeit bzw. frühdynastische Zeit).

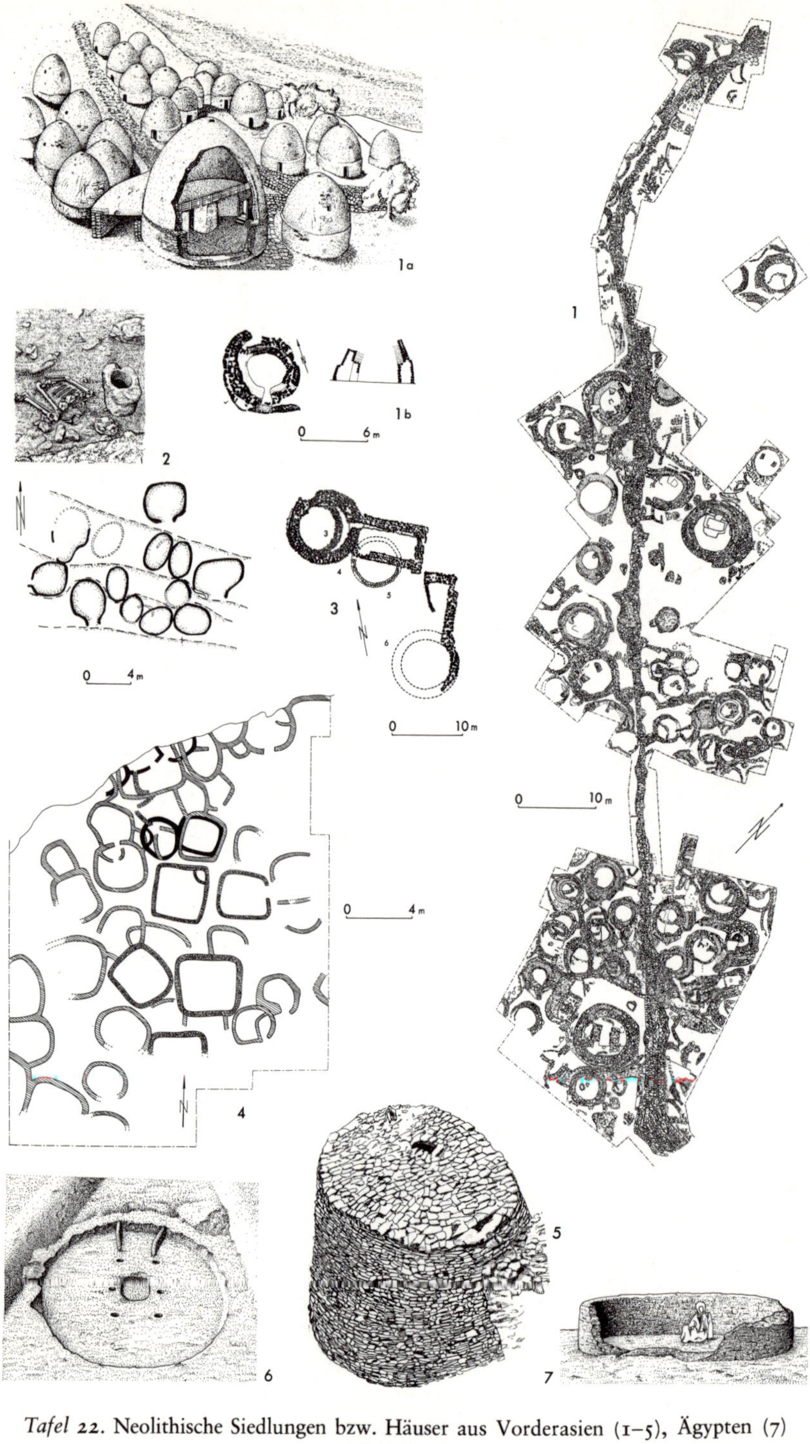


*Tafel 22.* Neolithische Siedlungen bzw. Häuser aus Vorderasien (1–5), Ägypten (7) und China (6).

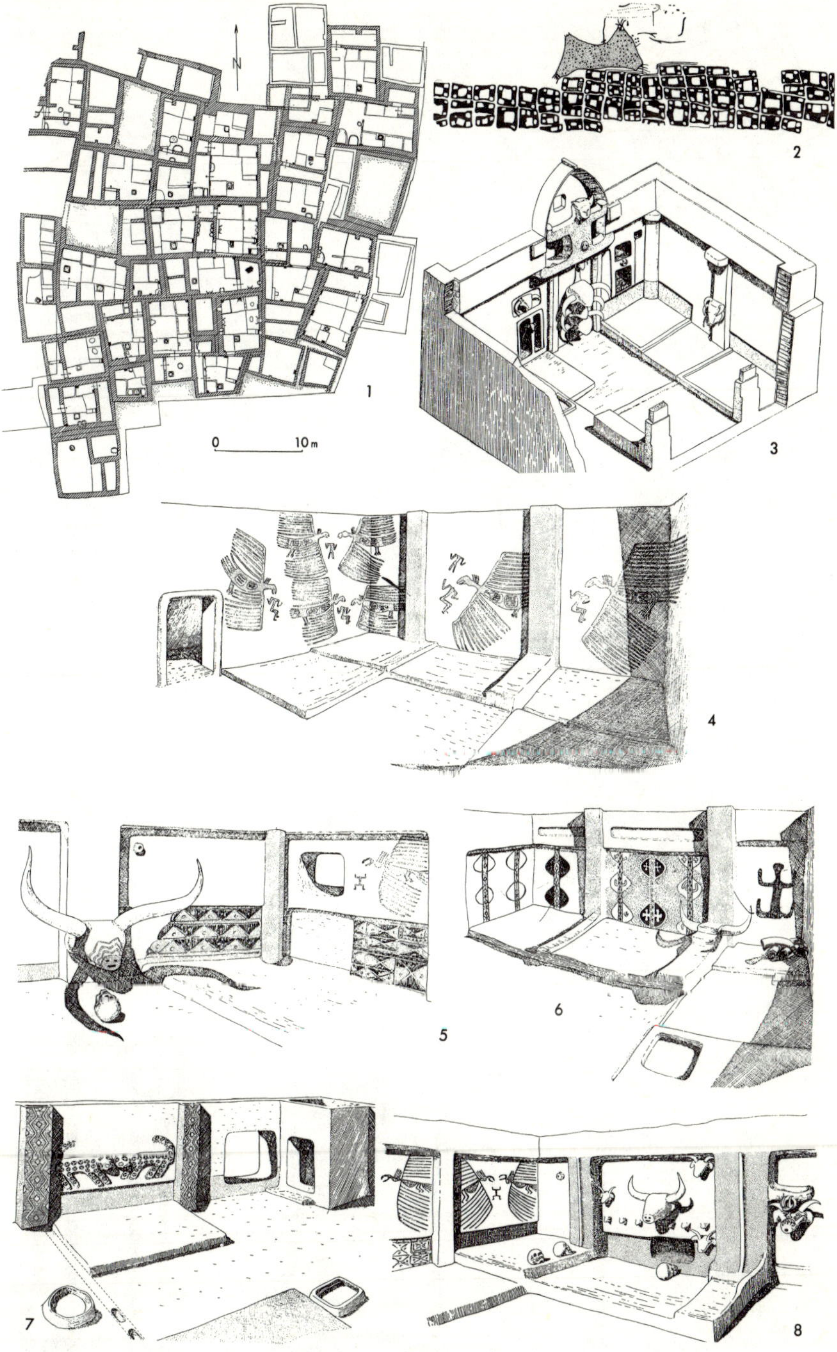


*Tafel 23.* Altneolithische Siedlung von Çatal Hüyük, Südtürkei.

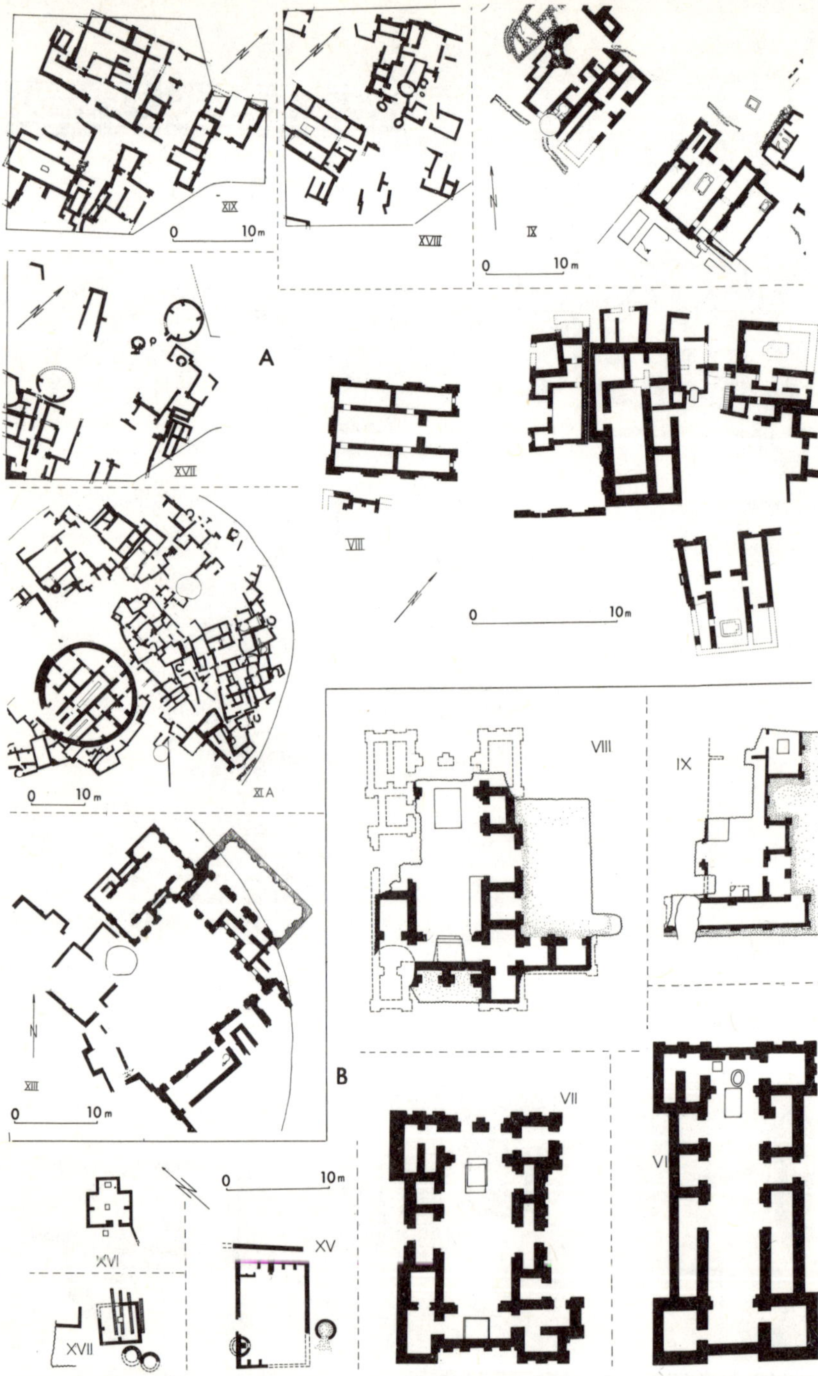


*Tafel 24.* Architekturbefunde mit Tempelgrundrissen aus aufeinanderfolgenden Schichten vom Tepe Gaura in Nordmesopotamien (A: Schichten XIX–VIII) und Eridu in Südmesopotamien (B: Schichten XVI–VI).

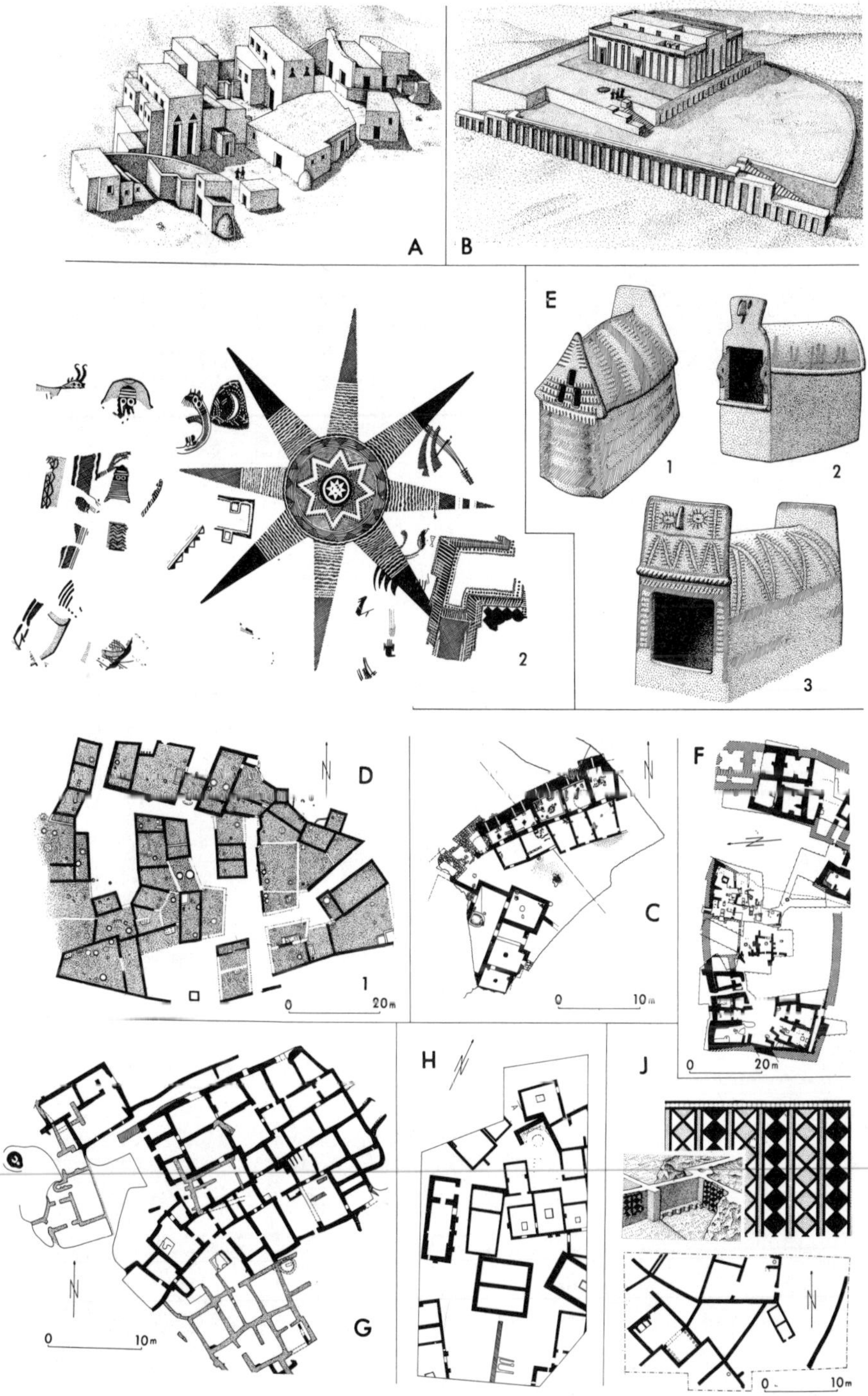


*Tafel 25.* Architektur Vorderasiens.

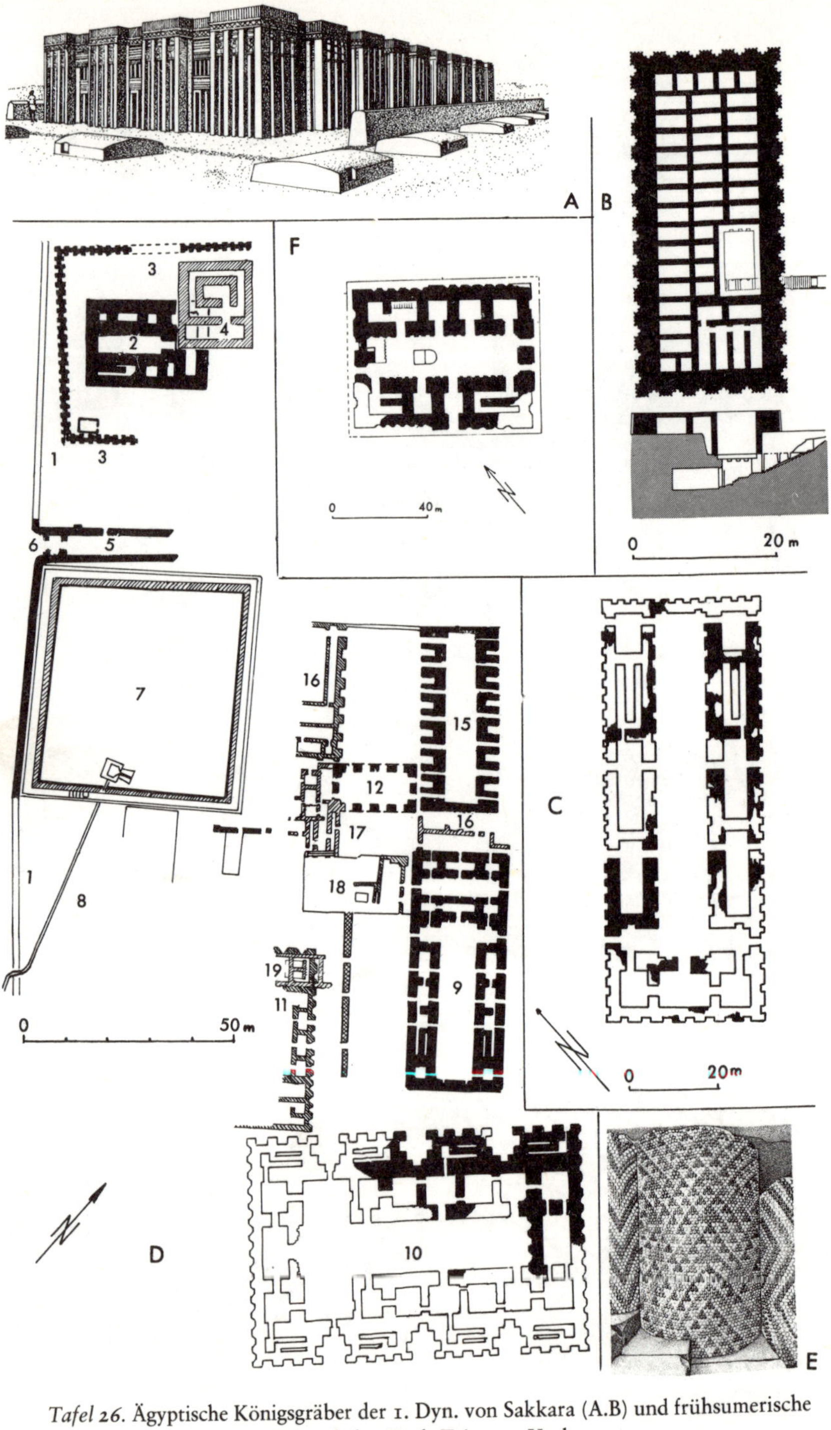


*Tafel 26.* Ägyptische Königsgräber der 1. Dyn. von Sakkara (A.B) und frühsumerische Tempel der Uruk-Zeit von Uruk.

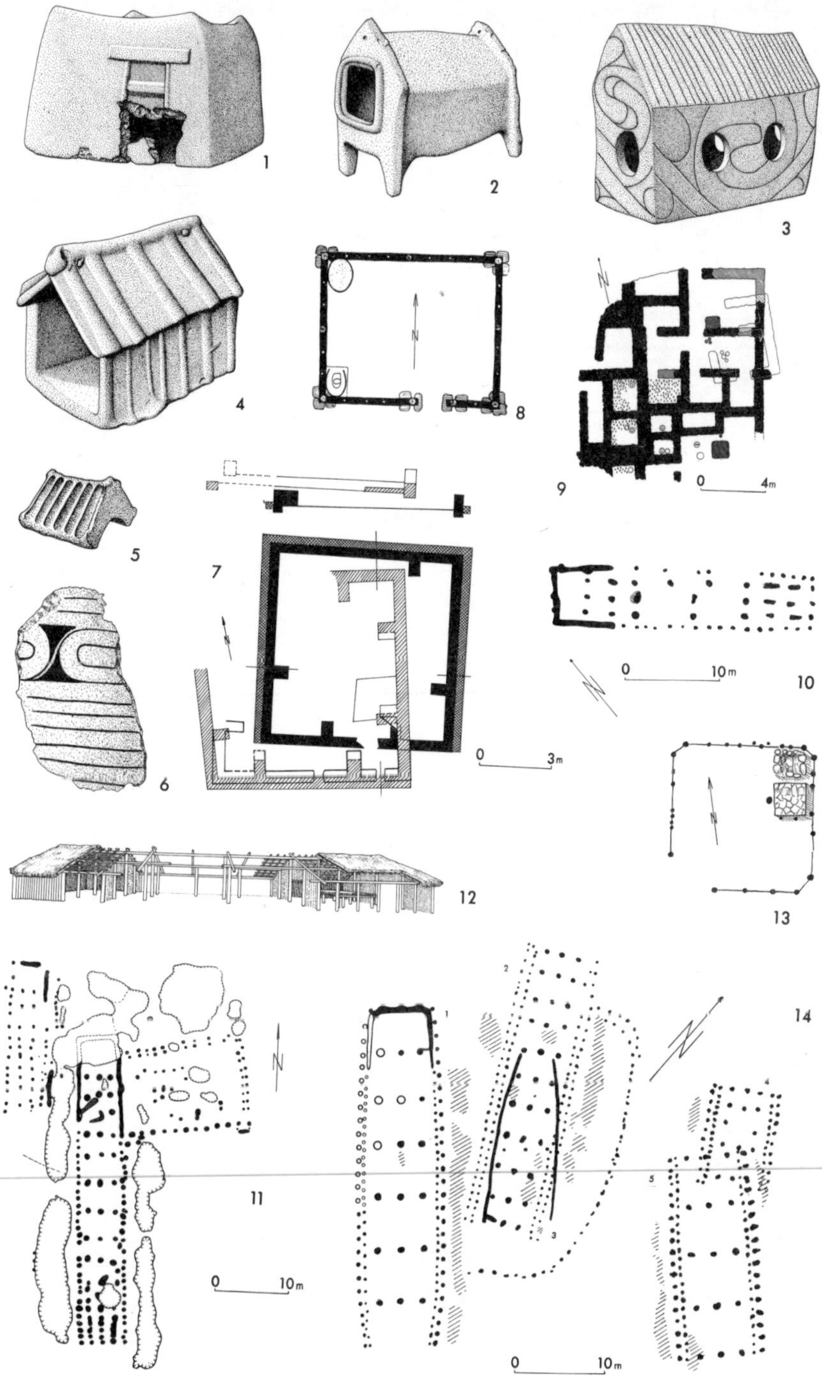


*Tafel 27.* Jungsteinzeitliche Häuser aus Ägypten (1) und Europa (2–14).

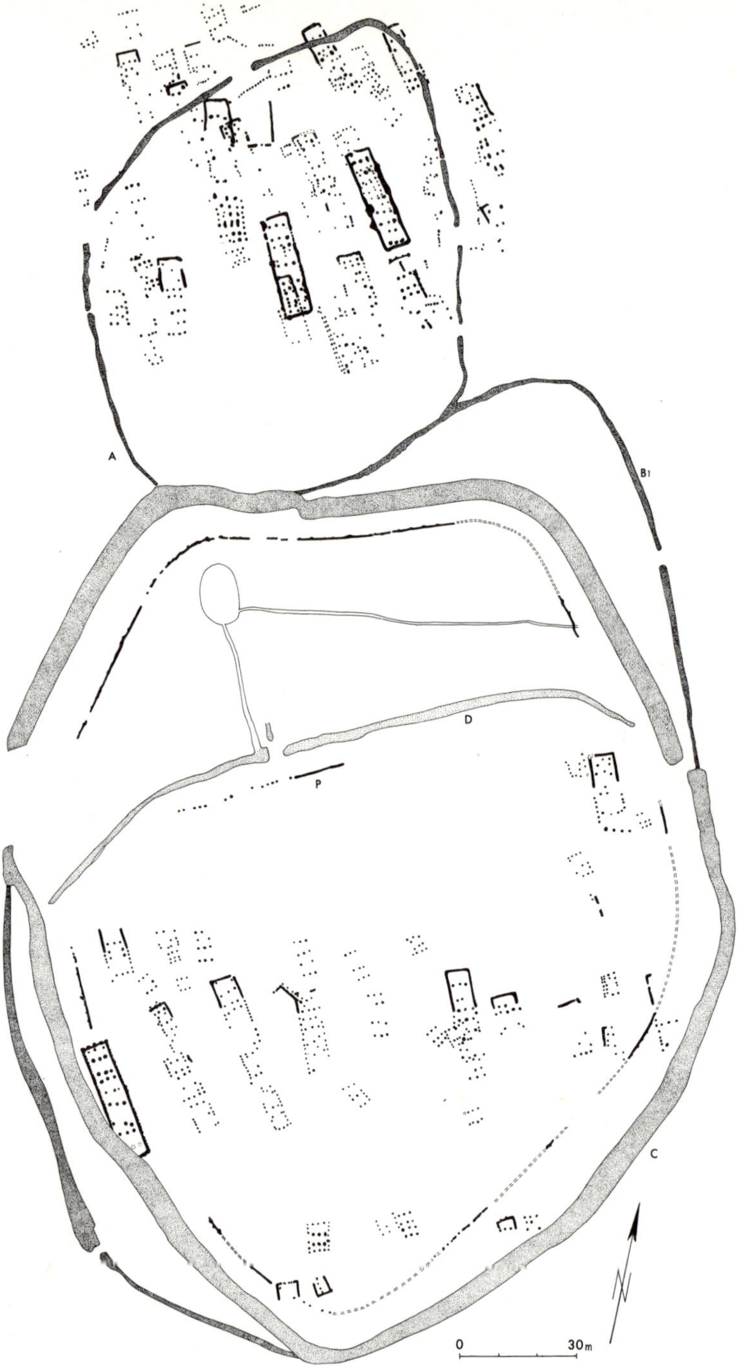


*Tafel 28.* Grundrisse von Häusern und Umfassungsgräben von Köln-Lindenthal (Bandkeramikkultur).

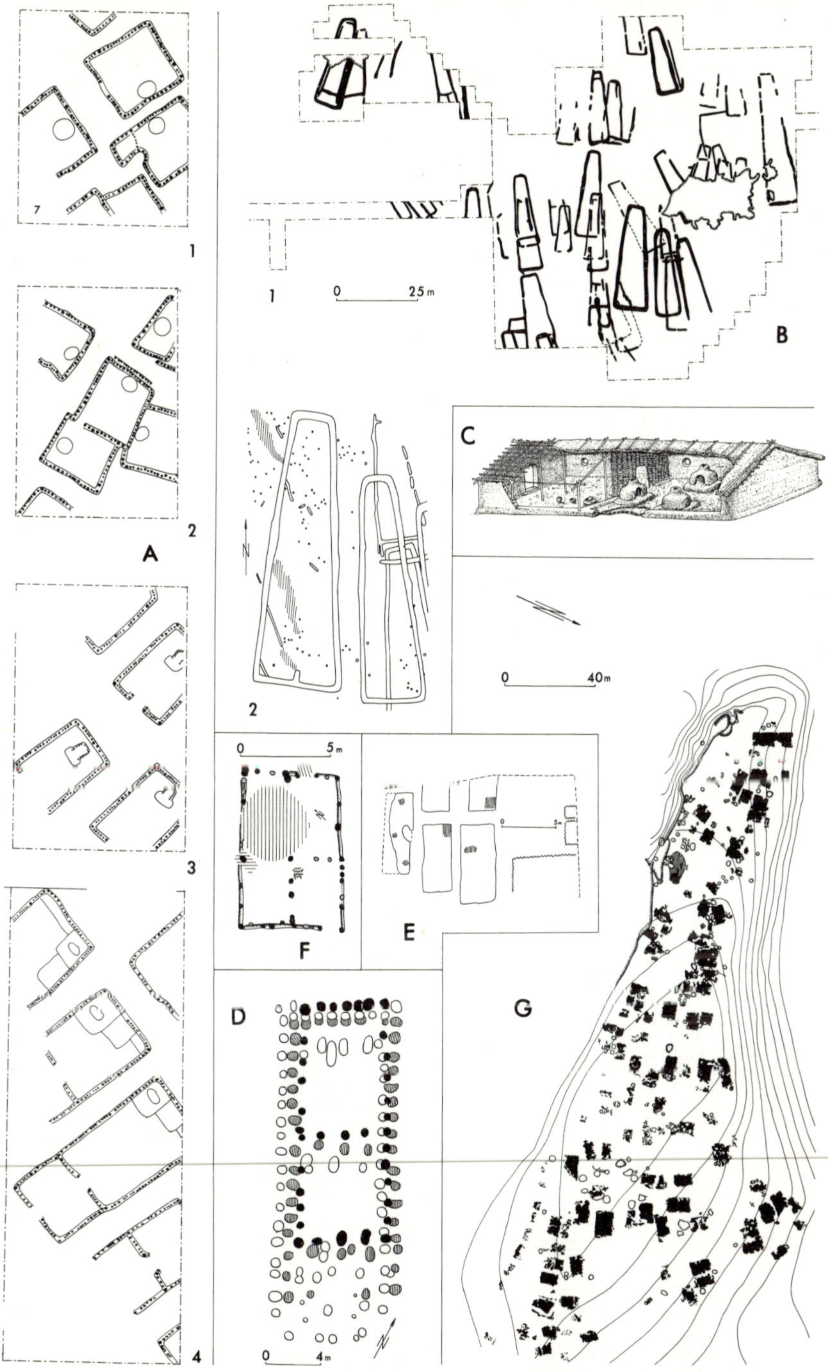


*Tafel 29.* Jungsteinzeitsiedlungen aus Südosteuropa (A. E. G.), Mitteleuropa (B. D. F) und der Ukraine (C).

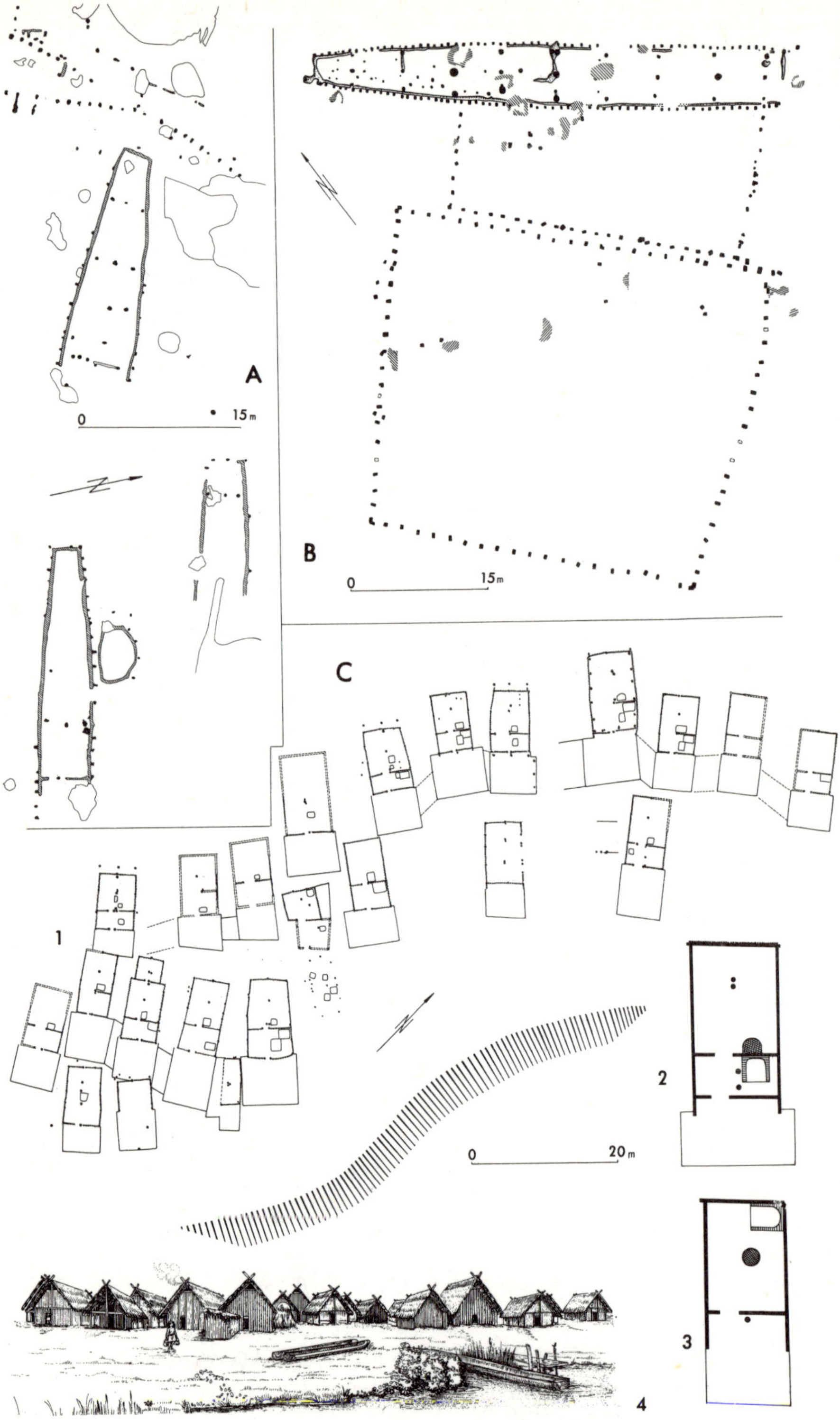


*Tafel 30.* Jungneolithische Siedlungen aus Mitteleuropa.

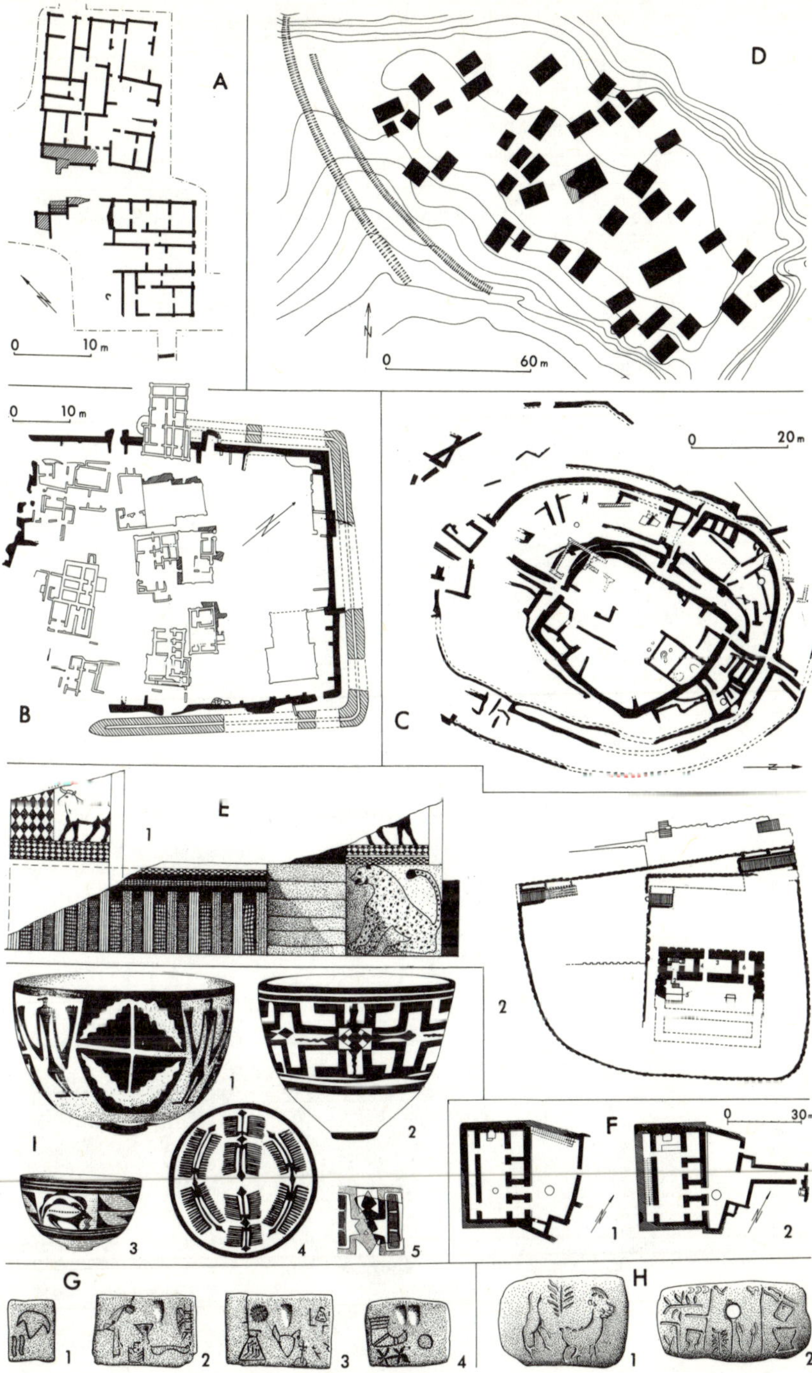


*Tafel 31.* Jungsteinzeitliche Siedlungen aus Mesopotamien (A. B) und Europa (C. D), Tempel der Uruk-Zeit (E. F), Schrifttäfelchen der Uruk-Zeit (G), Tonplatten aus Siebenbürgen (H) und Gefäße der iranischen Bakun-Kultur (I).

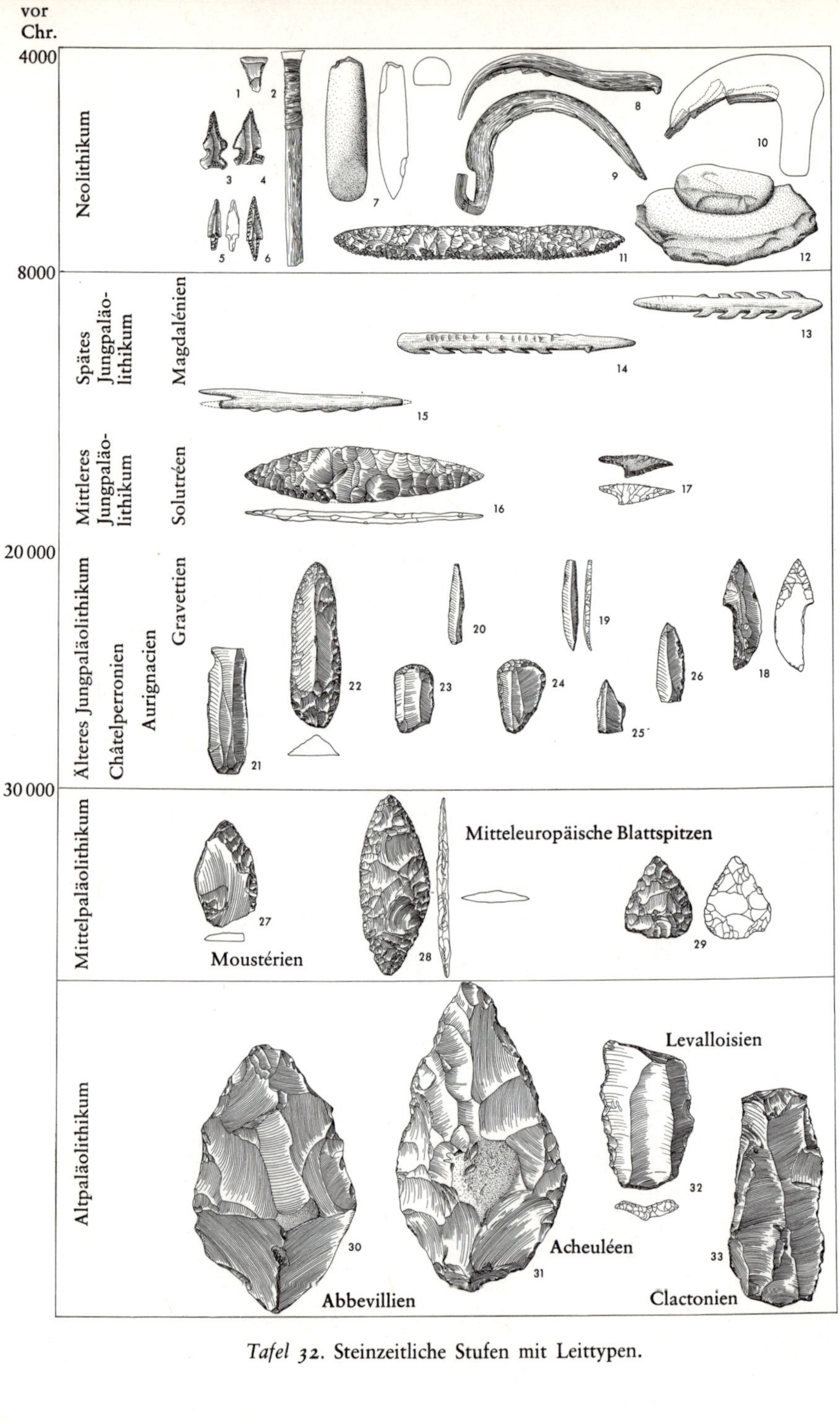


*Tafel 32.* Steinzeitliche Stufen mit Leittypen.

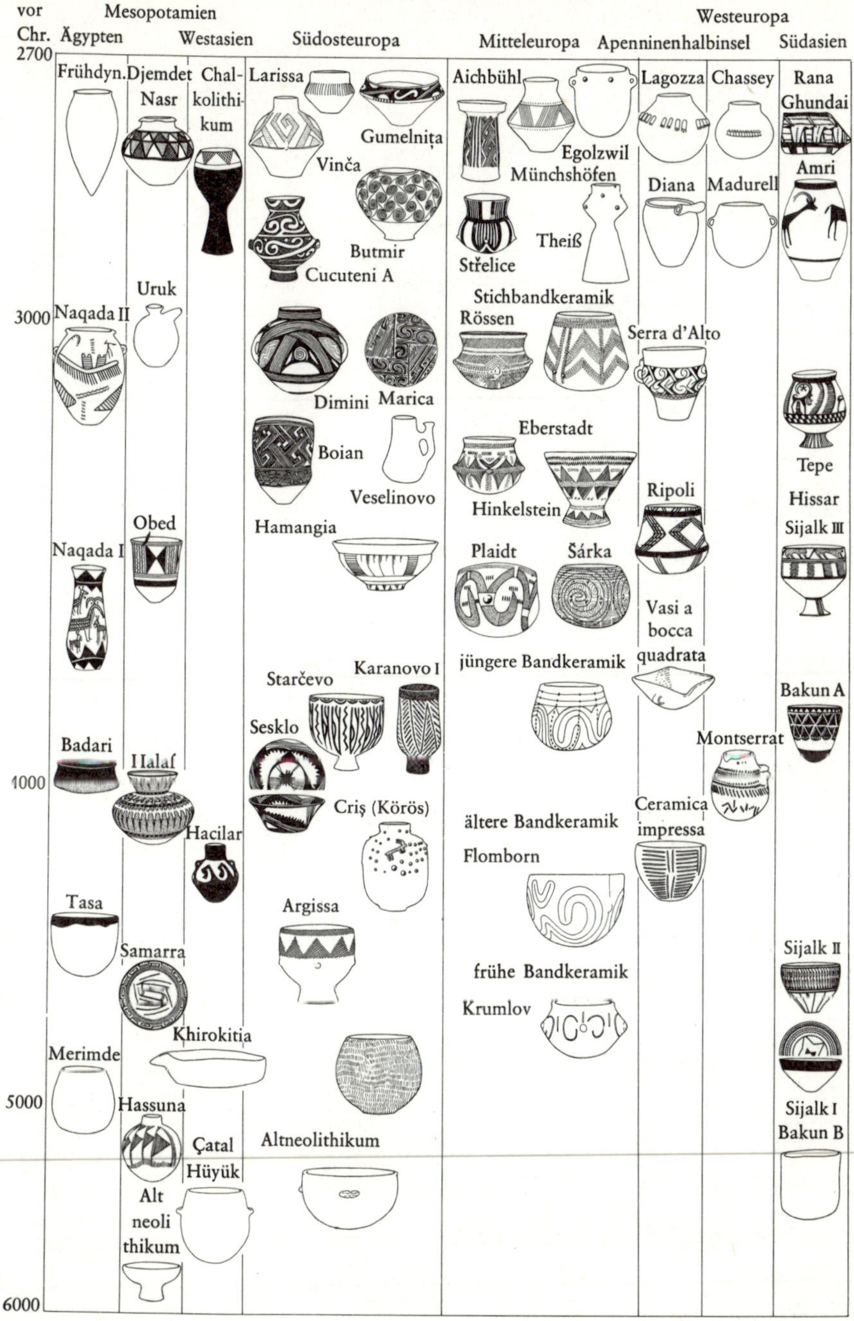


*Tafel 33.* Jungsteinzeitliche Stufen mit keramischen Leittypen.

# REGISTER